MAKESI ZHUYI LILUN
JIQI ZHONGGUOHUA XINJINZHAN YANJIU

马克思主义理论

及其中国化新进展研究

主　编　胡绍红　刘晓茹　杨　敏
副主编　雷颖颐　石　洋　赵勇进

中国水利水电出版社
www.waterpub.com.cn

内 容 提 要

本书从马克思主义基础理论出发，结合中国传统文化与实践进行了马克思主义中国化研究。全书共分三篇，体例新颖，内容丰富。第一篇着重阐述了马克思主义在中国的传播与影响。第二篇着重研究了马克思主义与中国文化传统的结合。第三篇以马克思主义与中国实践为重点研究内容。本书在内容设置和体系结构上都有新的尝试，研究框架全面系统，研究方法灵活多样。

图书在版编目（CIP）数据

马克思主义理论及其中国化新进展研究 / 胡绍红，刘晓茹，杨敏主编. -- 北京 : 中国水利水电出版社，2015.6（2022.10重印）
ISBN 978-7-5170-3272-4

Ⅰ. ①马… Ⅱ. ①胡… ②刘… ③杨… Ⅲ. ①马克思主义一发展一研究一中国 Ⅳ. ①D61

中国版本图书馆CIP数据核字(2015)第132038号

策划编辑：杨庆川　责任编辑：陈　洁　封面设计：马静静

书　　名	马克思主义理论及其中国化新进展研究
作　　者	主　编　胡绍红　刘晓茹　杨　敏 副主编　雷颖颐　石　洋　赵勇进
出版发行	中国水利水电出版社 （北京市海淀区玉渊潭南路1号D座 100038） 网址：www.waterpub.com.cn E-mail：mchannel@263.net（万水） sales@mwr.gov.cn 电话：(010)68545888（营销中心）、82562819（万水）
经　　售	北京科水图书销售有限公司 电话：(010)63202643、68545874 全国各地新华书店和相关出版物销售网点
排　　版	北京厚诚则铭印刷科技有限公司
印　　刷	三河市人民印务有限公司
规　　格	184mm×260mm　16开本　25印张　640千字
版　　次	2015年9月第1版　2022年10月第2次印刷
印　　数	2001-3001册
定　　价	86.00元

凡购买我社图书，如有缺页、倒页、脱页的，本社发行部负责调换

前　言

一部中国革命和建设的历史，也就是马克思主义中国化的历史。马克思主义中国化的历程，既是一个理论创新过程，也是一个社会实践过程。自马克思主义在中国正式传播起，就开始了马克思主义中国化的艰难探索。毛泽东思想的形成和发展，以及邓小平理论、“三个代表”重要思想和科学发展观在内的中国特色社会主义理论体系的建立，形成了一个个中国化的马克思主义理论成果，而这一个个中国化的马克思主义形态的相互衔接，就构成了马克思主义中国化的真实历史过程。

马克思主义中国化要求马克思主义必须和中国实际相结合。中国实际具有相互关联的两个方面：一是中国文化传统的积淀和表现，二是中国现实的社会实践。因此，马克思主义与中国实际的关系，表现为马克思主义与中国文化历史传统的关系，以及马克思主义与中国现实的社会实践的关系。

马克思主义作为一种来自西方的思想文化理论，要在中国的文化土壤上扎下根来开花结果，必须同中国文化传统相结合，呈现中华民族的特色，真正实现中国化的马克思主义。如何在立足于当代中国实际需要的基础上，把马克思主义与中国传统文化结合起来，已经成为马克思主义中国化所必须解决的一个重大问题。

实践性是马克思主义的本质特征，马克思主义作为一种理论形态，必然要在与现实的实践形态结合过程中才能实现自身，离开中国社会实践主题和任务的需要，就无从说明马克思主义何以能够及如何实现“中国化”的问题。不同阶段上社会实践主题和任务的产生，归根结底是由这一阶段的经济、政治、文化等因素所决定的，当前，社会主义和谐社会的构建，党的执政能力建设，社会主义核心价值体系建设，社会主义生态文明建设等是主要的实践主题。

本书从马克思主义基础理论出发，结合中国传统文化与实践进行了马克思主义中国化研究。全书共分三篇，体例新颖，内容丰富。第一篇着重阐述了马克思主义在中国的传播与影响。其中，第一章论述了马克思主义基础理论；第二章研究了马克思主义在中国传播的理论先驱；第三章探究了马克思主义在中国的第一次飞跃——毛泽东思想；第四章论述了马克思主义在中国的第二次飞跃——邓小平理论；第五章重点研究了“三个代表”重要思想；第六章以科学发展观和十八大以来的马克思主义理论创新为重点。第二篇着重研究了马克思主义与中国文化传统的结合。第七章论述了文化与传统文化；第八章重点阐述了中国传统文化的基本思想；第九章探究了马克思主义与中国传统文化相结合的路径。第三篇以马克思主义与中国实践为重点研究内容。第十章探究了“以人为本”与社会主义和谐社会的构建问题；第十一章着重分析了加强党的执政能力建设问题；第十二章以社会主义核心价值体系建设为主要内容；第十三章对社会主义生态文明建设进行了分析。

全书由胡绍红、刘晓茹、杨敏担任主编，雷颖颐、石洋、赵勇进担任副主编，并由胡绍红、刘晓茹、杨敏 负责统稿，具体分工如下：

第二章、第四章、第八章第二节至第五节、第十一章：胡绍红（云南农业大学）；

第二章、第五章、第十章：刘晓茹（河南科技大学）；

第七章、第八章第一节、第九章：杨敏（琼台师范高等专科学校）；

第一章、第十三章：雷颖颐（西安航空学院）；

第六章：石洋（西安工程大学）；

第十二章：赵勇进（西安工程大学）。

本书在内容设置和体系结构上都有新的尝试，研究框架全面系统，研究方法灵活多样。在编写过程中，参阅了大量资料，在此对有关学者表示衷心的感谢。同时，因水平有限，难免有疏漏和不妥之处，恳请专家、读者批评指正。

编　者

2015 年 3 月

目　录

第一篇　纷争、比较与选择——马克思主义在中国的传播与影响

第一章　马克思主义基础理论 …… 2

第一节　马克思主义物质论 …… 2
第二节　马克思主义辩证法 …… 13
第三节　马克思主义认识论 …… 22
第四节　马克思主义历史论 …… 27
第五节　马克思主义全面发展论 …… 36

第二章　马克思主义在中国传播的理论先驱 …… 45

第 节　马克思主义在中国的传播条件 …… 45
第二节　马克思主义在中国初期传播中的思想交锋 …… 49
第三节　党的早期革命领袖和革命家的贡献 …… 61

第三章　毛泽东思想:马克思主义在中国的第一次飞跃 …… 73

第一节　毛泽东思想的形成与发展 …… 73
第二节　新民主主义革命的理论 …… 85
第三节　社会主义改造和初步探索国家建设的理论 …… 91
第四节　毛泽东思想的历史地位 …… 97

第四章　邓小平理论:马克思主义在中国的第二次飞跃 …… 101

第一节　邓小平理论的形成与发展 …… 101
第二节　社会主义初级阶段的基本路线 …… 104
第三节　中国特色社会主义的政治、经济和文化 …… 110
第四节　邓小平理论的历史地位 …… 126

第五章　“三个代表”重要思想:马克思主义在中国的新发展 …… 130

第一节　“三个代表”重要思想的形成与发展 …… 130
第二节　“三个代表”重要思想的科学体系 …… 140
第二节　“二个代表”重要思想的历史地位 …… 156

第六章　科学发展观和十八大以来的马克思主义理论创新…… 161

第一节　科学发展观…… 161
第二节　十八大以来的马克思主义理论发展…… 182

第二篇　传承、整合与创新——马克思主义与中国文化传统

第七章　文化与传统文化…… 196

第一节　文化与传统文化的内涵…… 196
第二节　文化的分类、特点及功能…… 200
第三节　中国传统文化的历史演变…… 204

第八章　中国传统文化的基本思想…… 226

第一节　“天人合一”思想…… 226
第二节　仁爱思想…… 232
第三节　宗法思想…… 237
第四节　中庸思想…… 242
第五节　大一统思想…… 248

第九章　马克思主义与中国传统文化相结合的路径…… 253

第一节　马克思主义与中国传统文化相结合的原因…… 253
第二节　马克思主义与中国传统文化相结合的经验…… 263
第三节　切实推进马克思主义与中国传统文化的深度结合…… 270

第三篇　实践、探寻与创获——马克思主义与中国实践

第十章　“以人为本”与社会主义和谐社会的构建…… 284

第一节　“以人为本”与“和谐社会”的发展脉络与基本内涵…… 284
第二节　“以人为本”:构建和谐社会的根本原则与核心价值…… 286
第三节　构建社会主义和谐社会的基本原则和措施…… 288

第十一章　加强党的执政能力建设…… 311

第一节　加强党的执政能力建设理论的形成与发展…… 311
第二节　加强党的执政能力建设的基本内容及战略意义…… 314
第三节　以马克思主义理论创新推动党的执政能力建设研究…… 326

第十二章　社会主义核心价值体系建设…… 331

第一节　社会主义核心价值体系及其内在逻辑…… 331
第二节　社会主义核心价值体系的基本特征与功能…… 349
第三节　中国特色社会主义核心价值体系建设的逻辑思路…… 353

第十三章　社会主义生态文明建设…… 367

第一节　社会主义生态文明建设的内涵和现实意义…… 367
第二节　生态文明的相关理论基础…… 375
第三节　新时期生态文明建设的战略选择…… 384

参考文献…… 390

第一篇　纷争、比较与选择
——马克思主义在中国的传播与影响

第一章　马克思主义基础理论

马克思主义基础理论是近代社会和哲学发展的必然产物。它是适应无产阶级争取自身解放和人类解放的需要而产生的，同时又是对以往科学和哲学发展的概括与总结。马克思主义基础理论以无产阶级和人类解放为主题，以科学实践观为核心，深刻地阐明了人与世界的关系，将唯物主义和辩证法、唯物主义自然观和历史观统一起来，实现了哲学发展史上的革命性变革，为哲学的发展、社会的进步、人类的解放开辟了广阔的道路。

第一节　马克思主义物质论

物质是马克思主义哲学世界观的基础，是马克思全部哲学的出发点，是马克思主义哲学关于哲学基本问题的回答。马克思主义哲学认为，世界是基于物质这一客观实在上的统一，是系统存在着的，以运动为根本属性，以时间和空间为基本的存在形式。马克思主义哲学关于物质的世界观的本体论前提，也是我们工作之中所坚持的实际出发、实事求是思想路线的理论基础。

一、辩证唯物主义的物质观

(一)辩证唯物主义物质观的含义

辩证唯物主义是在历史上其他唯物主义的基础上发展而来的，是对万物本源认识的深化。辩证唯物主义反对朴素唯物主义关于世界本源的看法，同时也不认为机械唯物主义建立在经典物理学基础之上的观点是对世界真实正确的反映。它认为本体论意味着对事物本源的概括，应该包含一切事物的普遍本质，揭示无限多样性的统一性。恩格斯曾明确地表达了关于抽象的概括物质本源的观点，他说，物质“这样的名词无非是简称，我们就用这种简称，把许多不同的、可以从感觉上感知的事物，依照其共同的属性把握住”。[①] 恩格斯其实是要强调在哲学意味上对物质的概括应该舍弃一切具体的内容，抽象的描述物质的本性。恩格斯在《反杜林论》中总结物质抽象性时说：“世界的真正统一性是在于它的物质性。”[②]物质性即客观实在性。

列宁根据马克思、恩格斯关于物质的定义，以及现代科学发展的新成果，给物质下了一个科学的定义，“物质是标志客观实在的哲学范畴，这种客观实在是人通过感觉感知的，它不依赖于我们的感觉而存在，为我们的感觉所复写、摄影、反映。”[③]列宁这个物质定义深刻揭示了恩格斯所说世界的物质统一性，集中地体现了辩证唯物主义的物质观。列宁这个定义是辩证唯物主义关于物质定义的科学概括主要体现在：

首先，它指出了物质的本性客观实在性，舍弃了物质的任何具体形态、具体结构、具体属性，是对物质本性的一个抽象概括。物质的客观实在性这一本性其实从一方面根本上否定了唯心主

---

① 恩格斯. 自然辩证法[M]. 北京：人民出版社，1971，第 214 页

② 马克思恩格斯选集(第 3 卷)[C]. 北京：人民出版社，1995，第 383 页

③ 列宁选集(第 2 卷)[C]. 北京：人民出版社，1995，第 89 页

义物质是主观感觉的产物和物质是客观精神的产物这两个基本观点，认为物质是一个客观存在的独立的物质体系，不因人的客观精神而发生改变。另一方面物质的客观实在性还肯定物质可以被人的意识所认识的，并不因主观经验不同而发生各种各样的转变，指明了人的认识和知识可以对客观世界进行正确的反映。这样物质的客观实在性其实否定了不可知论，指明了人的认识方向。物质的客观实在性完整的回答了哲学基本问题的两个方面。

其次，列宁的定义并没有把机械决定论关于物质的观点纳入到物质的新定义中来，是对机械决定论的一种超越。物质的存在方式是多样性的，人们只有通过自己能动性的实践才能完整的认识物质的本性，任何一种先验的，貌似包含规律的认识都不是从物质本身出发的辩证唯物主义认识。人只有通过自己的实践，通过感觉方能认识到物质的本性。

再次，列宁的定义并没有把某种物质实体或物质结构的原子层次或主体与客体的中介——实践，当作万物的本质，而是把整个世界从根本上统一起来的本质特性——客观实在性，即物质性当作万物本原、宇宙本体。物质性是对万物本源的一个科学概括，是对包括自然物质与社会存在、宏观宇宙物质与微观原子物体在内的所有物质本性的一个科学概括。物质的客观实在性概括适用于过去、现在和未来，是人类关于物质认识的一个总概括。尽管未来具有不确定性，现在具有多变性，过去具有永恒性，但是无论是处于过去、现在还是未来的一切物质其本质都是客观实在的，其内在的变化与外在的联系都要服从一定的客观规律，而且这种客观规律是可以被人们认识的。

最后，列宁的物质定义给我们的科学研究指明了方向。物质的客观实在性说明物质本身是可以被认识的，作用于物质变化的客观规律也是可以被认识的。人们通过自身的实践，获得对物质的感性认识，经过自身关于规律的科学总结形成理性认识，并经过二次实践将这种理性认识作用于物质发展之中，获得二次的感性认识，并以此不断的循环往复，最终获得关于物质的全面的科学的认识。物质的客观实在性还要求在认识物质的过程中应该从物质的客观实际出发，注重物质本身的客观实在性，而并非从意识中决定物质的发展。

列宁关于物质的定义其实给我们的认识提供了一个科学的原理，这个原理是辩证唯物主义与历史唯物主义整个理论大厦的基石，是我们的党从实际出发，实事求是，理论联系实际的思想路线的主要理论依据，是我们按照世界的本来面貌认识世界，遵循世界固有的发展规律改造世界的坚实的哲学基础。因此我们无论在理论工作中还是在实际工作中，都应该坚持物质的客观实在性，坚持从实际出发，避免因为意识的错误而导致严重的不良后果。

(二)世界是物质与辩证的统一

客观实在的物质是不断发展与普遍联系的，永恒运动，充满信息，由矛盾所构成，具有辩证性，是物质性与辩证性的统一。关于物质的科学的具体的认识必须一方面从物质的本体论——客观实在性出发，另一方面还要从物质的发展联系的辩证法出发，形成关于物质的客观实在的辩证统一性认识。

辩证唯物主义之所以是科学的，就是因为它是对物质坚持抽象性与具体性相结合的反映。物质本身就具有抽象与具体相结合的根本性特征。物质因其抽象性而具有共同的特征，因其具体性而不断发展互相联系，构成丰富多彩的自然世界。物质的抽象性与具体性的结合也说明了人类不断进行实践认识的必然目的——寻找抽象性之下的具体性之上的类属的一般和规律的一般。

马克思主义哲学也正是从这一点出发，强调了实践在人认识世界过程中的必然性和可能性。

事实正是如此，在辩证唯物主义的一系列原理原则中都贯穿着唯物论与辩证法的有机统一。比如，在世界的物质统一性原理中包含着辩证法思想，它认为世界统一于物质，而物质与运动不可分，世界的物质统一性是无限多样性的统一性，包罗万有的统一性。又如，辩证法原理又以唯物论思想为基础，它认为辩证法的基本规律和范畴都具有客观性、普遍性，其作用都有必定性和不抗拒性。

二、物质世界的存在方式

（一）运动是物质的根本属性

运动从广义上说就是物质的变化和发展。在具体科学之中，运动的概念目的是突出各种具体运动形态的特殊规律和个性；而在辩证唯物主义哲学之中，运动范畴的含义则是具体运动形态之后的普遍规律和共性。运动范畴，“包括宇宙中发生的一切变化和过程，从单纯的位置移动起直到思维”。[①] 因此哲学之中的运动范畴，是对各种具体运动形式的共同特征做的科学抽象与概括，“应用到物质上的运动，就是一般的变化”。[②]

运动是物质的根本属性。世界上的一切物质都处于不断地运动过程之中。运动是绝对的，其对里面静止是相对的。而抽象的运动和静止也是不存在的，一切运动形式都必须与一定的物质相结合。

运动是物质不断发展的根本原因和动力。任何事物在内部和外部都处在相互联系之中，相互联系又构成了物质内部的和外部的各种矛盾。事物的运动属性推动着矛盾的对立面不断发展和变化，从而构成事物从量变到质变的上升过程。事物的内部矛盾的不断发生发展也注定了运动是一切物质的根本属性。人们的生活经验和大量的科学实验也都证明了运动是一切物质的根本属性。

为什么会处在不停的运动中？因为任何事物的内部和外部都处在相互联系、相互作用中。内部联系构成事物的内部矛盾，外部联系构成事物的外部矛盾，“矛盾着的对立面又统一又斗争，由此推动事物的运动和变化。”[③]事物内部各个要素之间的相互作用以及事物与事物之间的联系和作用，使事物不停地运动、发展、变化。矛盾的普遍性和斗争的绝对性，决定了运动的永恒性、绝对性。处在地球附近静止不动的人由于地球的自转，也会“坐地日行八万里”（以地球直径为12500公里、圆周率为3.1416计算：12500公里×3.1416＝39270公里，约等于八万里）。理论上和经验上都认为的不动的恒星——太阳，其实也在不断运动，它携带着整个太阳系以每秒250公里的速度绕银河系中心旋转，公转一周需要2.2亿年。更大范围的银河系内的各种星球也在不断的运动。微观世界的运动更是惊人。组成分子的原子在运动，构成原子的电子也在不断运动。科学研究发现的三百多种基本粒子都在以不同的状态在运动着、转化着。无论是在生物的有机世界还是在人类社会的所谓文明世界，运动也都无处不在。生物的生老病死，社会形态的上升演化其实都是一种不同形态的运动。正如恩格斯所说：“从最小的东西到最大的东西，从沙粒到太阳，从原生生物到人，都处于永恒的产生和消失中，处于不断的流动中，处于不息的运动和变化

① 马克思恩格斯选集（第4卷）[C].北京：人民出版社，1995，第346页

② 马克思恩格斯全集（第20卷）[C].北京：人民出版社，1971，第591页

③ 毛泽东著作选读（下册）[C].北京：人民出版社，1986，第766页

中。”[①]“没有运动，物质是不可想象的。”[②]

由于运动与物质之间的关系，所以我们在认识自然界的发展规律之时，必须从两个方面着手。第一，认识物质这一运动的主体。我们要认识物质的发展规律，首先要认识物质，从物质本身出发。第二，认识物质的运动发展变化规律。“人的认识物质，就是认识物质的运动形式，因为除了运动的物质以外，世界上什么也没有。”[③]

把物质和运动割裂开来的唯心主义和形而上学关于物质和运动的看法是错误的。唯心主义把运动看作是精神的特性，否认物质是运动的主体。主观唯心主义者把运动看作是人的思想、表象和感觉等主观意识的运动，认为“只有我的感觉在交替交换，只有我的表象在消失和出现，仅此而已。在我之外，什么也没有。‘在运动着’——这就够了”。[④] 客观唯心主义者则将物质的运动看作是“绝对精神”、“理念”的外化，是“绝对精神”在推动着物质世界的不断运动。近代的唯心主义观点则宣扬把运动和物质相互割裂的观点。例如德国物理学家化学家威廉·奥斯特瓦尔德所主张的“唯能论”就是如此。他认为是能量在推动物质的运动，而所谓的物质也是能量的一种存在形式。列宁在《唯物主义和经验批判主义》中指出：“唯能论物理学是那些想象没有物质的运动的新的唯心主义尝试的泉源，这种尝试是由于以前认为不可分解的物质粒子的分解和从来没见过的物质运动形式的发现而产生的。”[⑤]形而上学则主张运动并不是物质的根本属性，而是具体物质的特性。比如，17 世纪英国哲学家霍布斯就认为：物体的固有性质有广延或形状，运动不是物体的固有属性。这种类似于机械唯物主义的观点其实是从物质的具体形态去看待物质，而忽视了物质内部的抽象属性。再如牛顿在解释物质发展变化的原始速度之时，他引入了“神力”这个概念。其实作者认为，是他忽视了物质运动的根本属性其实是一种矛盾，是物质内部的矛盾在推动着物质不断运动。列宁指出：“使运动和物质分离，就等于使思维和客观实在分离，使我的感觉和外部世界分离，也就是转到唯心主义方面去。”[⑥]

运动是物质的根本属性，事物是处在绝对运动、不断变化的过程之中的，而静止只是一种相对的运动，是暂时的、有条件的、不是绝对的，所以叫相对静止。恩格斯认为，物质不存在绝对的静止。“任何平衡或者只是相对的静止，或者甚至是平衡中的运动，如行星的运动。绝对的静止只是在没有物质的地方才是可以想象的。”[⑦]我们通常所讲的静止实际上在机械运动中，物体相对于其他物体的位置没有变化，而在广义的场域之中，再去讨论这个失误，我们就必须找好参照系，才能讨论它是静止的还是运动的。而在整个宇宙之中一般地说，这个物质其实是普遍运动的。因此我们所说的静止，其实是相对的静止，而不是绝对的。

绝对的运动和相对的静止是一对辩证统一的关系，其统一体是物质。运动是永恒的、无条件的、绝对的，静止是暂时的、有条件的、相对的。运动和静止各有不同的意义，这是二者对立的方面。同时，运动和静止又是统一的。运动和静止是相互贯通、相互渗透的。在绝对运动中包含有相对静止，在相对静止中又贯穿着绝对运动。动中有静、静中有动，任何事物的变化都是绝对运

---

① 马克思恩格斯选集(第 4 卷)[C]. 北京：人民出版社，1995，第 271 页

② 马克思恩格斯选集(第 4 卷)[C]. 北京：人民出版社，1995，第 347 页

③ 毛泽东选集(第 1 卷)[C]. 北京：人民出版社，1991，第 308 页

④ 列宁. 唯物主义和经验批判主义[M]. 北京：人民出版社，1950，第 267 页

⑤ 列宁. 唯物主义和经验批判主义[M]. 北京：人民出版社，1950，第 274 页

⑥ 列宁. 唯物主义和经验批判主义[M]. 北京：人民出版社，1950，第 267 页

⑦ 马克思恩格斯全集(第 20 卷)[C]. 北京：人民出版社，1971，第 664 页

动和相对静止的统一。

掌握事物的绝对运动和相对静止必须要和形而上学的突变论和相对主义的诡辩论做斗争。形而上学并不否认运动，但是它夸大了静止的作用，把静止等同于一种运动形式。事物的变化是一种突然的形式。相对主义则夸大事物的绝对运动，否认事物的相对静止，任何事物都是瞬息万变不可捉摸的，陷入了不可知论的怪圈之中。比如，古希腊的哲学家克拉底鲁认为，万物像旋风一样不可捉摸。他的老师赫拉克利特具有朴素辩证法思想，曾讲过“人不能两次踏进同一条河流”。

（二）物质存在的基本方式是空间时间

恩格斯在谈论空间和时间的时候说，“一切存在的基本形式是空间和时间，时间以外的存在和像空间以外的存在一样，同样是非常荒诞的事情。”[①]空间和时间是一对人们广为熟知却难以给出合适定义的两个概念，就像是人一样。物质的运动必然要与一定的空间相互联系，具有三维性，即有长、宽、高三度。比如，要测量一个物体的体积，必须具有长、宽、高三个数值，才能确定它在空间的位置。列宁说：“自然科学毫不怀疑它所研究的物质只存在于三维空间中，因而这个物质的粒子虽然小到我们不能看见，也‘必定’存在于同一个三维空间中。”[②]我们在教科书上或是其他一些材料上所见到的四维或者两维的空间（例如平面），其实是为了科学研究的方便添加上时间的维度或者抽象掉了一个空间维度。如果说空间是物质运动的广延性和伸张性的话，那么时间则是物质运动的持续性、顺序性。所谓持续性是指事物变化发展的连续过程，表现为过程的展开，过程的间隔，即时段。顺序性是指不同事物在演变过程中出现的先后次序，用时刻来表征。时间具有一维性：它总是朝着从过去、现在到未来的单一方向前进，不能颠倒，不能倒退，时间好比河中水只能流去不流回。

在哲学研究之中，空间时间是与物质不可分割的。空间的意义只有在物质的运动之中才有意义，我们所能够见到的不存在物质的空间，其实由于光的存在而证明了空间与物质的不可分割性。存在于我们意识之中的空间其实则是一种广袤的物质可能运动得到的一种空间。无论是在科学的意味上，还是哲学的意味上，量度的空间也是相对于物质运动来说的一种空间。比如我们用带指针的钟表来量度时间，是用指针运动所示的不同位置来量度的。年、月、日等测量时间的单位，是根据地球、月球的转动情况确定的。地球绕太阳公转一周为一年，月球绕地球公转一周为一月，地球自转一周为一日。正如恩格斯所说，时间和空间“这两种存在形式离开了物质，当然都是无，都是只在我们头脑中存在的空洞的观念、抽象”。[③]

由于空间和时间是用物质的运动来量度的，当然我们也可以认为，空间和时间也是物质运动的一种方式。因此空间和时间也是具有客观性的一对概念。“唯物主义既然承认客观实在即运动着的物质不依赖于我们的意识而存在，也就必然要承认时间和空间的客观实在性。”[④]唯心主义是否定空间和时间客观性的。唯心主义先入为主地认为一切都是理念外化的产物，空间和时间也包含在内。例如，18世纪德国哲学家康德认为，空间、时间是人头脑里固有的先天认识形式。英国的毕尔生也认为，空间和时间是人的感觉。黑格尔则把空间和时间看作是绝对观念的产物。

---

① 马克思恩格斯选集（第3卷）[C].北京：人民出版社，1995，第392页

② 列宁选集（第2卷）[C].北京：人民出版社，1995，第143页

③ 恩格斯.自然辩证法[M].北京：人民出版社，1971，第213页

④ 列宁.唯物主义和经验批判主义[M].北京：人民出版社，1950，第177

空间和时间还具有相对性。在无限的空间之中，人们因自己的感觉度量空间的长短和实践的快慢。客观性的空间和时间必然在人的感觉之中被确认成为一种相对的概念。20 世纪初爱因斯坦创立了狭义相对论以后揭示出空间的长度和实践的速度会因为物质运动的速度接近光速之后而收缩和变慢。

空间和时间还具有无限性。物质的运动是不会间断的，因此物质运动的范围和时间也将是无限的。空间的无限性是指物质在广延性方面的无限性，时间的无限性是指物质运动在持续性方面的无限性。至今科学家也没有推算出宇宙的边际和宇宙的诞生与灭亡之时。

(三)物质联系以信息传输为普遍形式

信息传输方式的革新是当代科学技术发展的重要成果。信息技术之所以能够及时的运用到现代生活之中，其实也是因为信息是推动着物质普遍运动的重要动力。而从本体论意义上来说，一切物质形态都具有作为信息源的属性。

信息在人类活动中十分重要，“有人类活动，就有信息的获取、传递和利用。”[①]在唐诗和宋诗之中都有关于信息的描述。“唐诗云：‘塞外音书无信息，道旁车马走尘埃。’(许浑)宋诗云：‘辰沙更在武陵西，每望长安信息稀。’(王廷圭)”信息科学的发展可以从 1928 年美国哈特莱发表《信息传输》一文算起。40 年代美国贝尔电话研究所的数学家申农发表了论文《通讯的数学理论》和《噪声中的通讯》这两篇文章则标志着信息科学的诞生。信息科学的内容就是要研究信息源、信息传播和信息编码等问题。随着科学技术的发展，信息论超越了通讯领域向着广义信息论的方向发展。广义信息论则比较接近哲学意味的信息传输，它覆盖了计算机科学、人工智能问题、神经生理学、生理心理学、社会学、经济学等问题。

从狭义的信息论到广义的信息论，信息科学不断的发展，对于信息本质的揭示也不断的加深。1948 年美国的维纳在其《控制论》中认为“机械大脑不能像初期唯物论者所主张的，如同肝脏分泌胆汁那样分泌出思想来，也不能像肌肉发出动作那样能以能量的形式发出思想来。信息就是信息，不是物质，也不是能量。不承认这一点的唯物论，在今天就不能存在下去。”维纳没有给信息一个明确的定义，但明显地是他也并没有把信息看作是一种物质。很多人对维纳关于信息的论述不能认同，在不断的探讨之中，最终形成了共识：信息是物质运动和运动状态的一种表达，是根源于物质的。“客观世界和人脑中都不存在同物质相分离的‘裸信息’。现实存在的一切信息都是由一定的物质运动过程产生、发送、接收和利用的。世界上没有非物质的信源和信宿(信息的接收者)，没有非物质的信息载带者，信息的传送离不开物质的通道、线路、介质坊，一切信息作业，包括采集、固定、传送、加工处理、存储、提取、控制、利用、消除等，都是针对携带信息的物质载体施行的。”没有物质作为信息来源的依托，信息就是无本之木，无源之水，不用物质作为最基本的载体，信息就无法传输。信息不是纯粹的能量波动，而是在一定物质基础上的能量波动。

信息的传输也是需要一定物质作为依托的。信息之所以能够发生作用，实际的作用于具体的现象世界，是因为它携带着关于物质运动的内容，是物质运动的一种表达，其最终结果也将是要推动物质运动的快速发生。信息是为了表现他物，是一种运动状态的见解表达。比如，生物的遗传物质 DNA(脱氧核糖核酸)是遗传信息的载体，它传输的不是 DNA 结构的性质特点，也不

① 苗东升.系统科学精要[M].北京：中国人民大学出版社，2006，第 234 页

是传输 DNA 时所需要的能量，而是 DNA 经 RNA 转录以后反映出来的生物在结构性状方面的遗传特性。又如，蜜蜂的舞蹈所传达的信息则是何处有花蜜，号召蜂群前去采集，其作用的结果则是蜂群前去采得花蜜归来。再如古代战争中的烽火，则是表达了敌人向我方运动的状态，号召我方广大战士迅速向烽火之处集结，准备迎敌。我们上述举的三个例子，其实都说明了信息产生、传递和意图的物质性，说明信息是要以物质为依托的。

综上所述，信息作为一种属性、一种运动形式区别于其他属性、运动形式的特殊本质在于：它是以再现他物的形式而存在的一种普遍的属性、一种特定的运动形式，是物质间接存在性的表征。“所谓信息指的是能够表征事物、具有可信性而又从被表征事物中分离出来栖息于载体上的东西。”信息与信源具有可分离性。这种可分离性具有十分重要的意义。“由于这种可分离性，人可以不直接接触某物而获取它的信息，可以不改变对象自身而对它的信息进行采集、交换、加工存取、利用，可以进行跨时空传送。由于这种可分离性，同一信息可以用不同形式表示，用不同载体固定，用不同系统进行传送、加工、存取；不同信息可以用相同形式表示，用同类载体固定，用相同的系统进行传送、加工、存取。由于这种可分离性，一个对象客体虽然早已消亡，有关它的信息却可能保留在适当的物质载体上或人的记忆中，诚所谓‘尤物已随清梦去，真形犹在画图中’（苏轼）；有时还可以依据这种信息借助一定技术手段把该对象客体复制出来。由于这种可分离性，一个客体尚未产生，但人们可以用符号建构它的信息形态，再利用技术手段把它建造出来。由于这种可分离性，事物的过去、现在、未来被联系在一起，人可以立足于现在，回顾过去，展望未来。”①

信息科学所揭示的信息本质其实也说明了物质之间普遍联系的客观实在性和具体性。从哲学意义上，我们可以将信息理解为物质在运动过程之中相互作用的一种产物。信息的这种本质也恰好说明了物质之间的联系是普遍的、广泛的。因为信息是无处不在，物质的运动是时时发生的。信息产生的目的也是要为了加强和说明物质之间的联系。

三、意识是物质世界在人脑中的主观映像

意识活动说到底是人类进化的产物，再进一步说也是人类参与社会劳动的产物。特定的人类具体意识的产生，还要依赖于人类的大脑活动，依赖于人类对客观物质的真实反映。

（一）意识活动是社会劳动的产物

意识是对人类活动的客观反映，而所谓这种反映，其实是指一种物质形态对于作用于它的另一种物质形态的应答活动。放在人类的意识活动也就是说，意识是对人类活动作用于人类生活状态的一种应答性反映。意识活动可能不像化学反应或者物理反应那样具有即时性的效果，需要一段较长的时间才能实际地反馈到人类的生活之中。而实际上从人类进化的历史上来看，意识活动也与化学和物理反应一样具有相同的本质，是一种综合作用的化学和物理反应。人类形成这种综合作用的意识活动，也是人类参与到生物进化的结果。

地质学和古生物学的研究证明，地球早期是没有生物的，只有无机物。无机物的反映特性具有三种形式，即机械反应、物理反应和化学反应。无机物的反应形式是物质的最低级的反映特性。其特点是在反应过程中，往往使自己消耗掉或转化为其他的东西，不能够继续独立存在。恩

① 苗东升．系统科学精要［M］．北京：中国人民大学出版社，2006，第 31 页

格斯说:“机械的、物理的反应,随着每次反应的发生而耗尽了。化学的反应改变了发生反应的物质的组成,并且只有在给后者增添新量的时候,反应才能重新发生。”[①]从恩格斯的这段论述之中,我们可以看出,无机物的反应特点是要消耗掉自己活着转化成为新的东西。

约在32亿年前,自然界从无机界进入到有机界,生命物质出现了。生命物质的出现也就意味着生物的反映特性的出现。生物的反映特性和无机物的反应特性的不同点在于:生物在反映过程中和反映后不是消耗掉或转化为其他的东西,而是仍能独立存在。比如,给放在窗台上的花浇了水,花吸收了水分,花依然保持自己的特性,而并不是转化成为别的东西。所以,恩格斯说:“只有有机物才独立地发生反应。”而生物之所有这样的特性,其根本原因在于生物的新陈代谢反应。

生物有机体的反映特性与无机物的反应特性相互作用使得生物能够从低到高的不断发展,从原生生物的刺激感应性的反映特性,到腔肠动物专门的反映器官网状神经,再到环节动物能够其独立调节作用的神经节,初步发展的中枢调节机构。动物不断进化,不断建立新的,更为高级的神经网络,最终产生出人的大脑,并成为生物反映特性的最高级阶段。自然界从无机物的发展到最低等的原生动物,由原生动物发展到高等动物类人猿,其反应特性由无机物的反应特性发展到生物的刺激感应性,由生物的刺激感应性发展到动物的感觉、动物的心理、意识的萌芽。这一发展过程为人类意识的产生奠定了生理发展的基础。而人的意识真正产生,从类人猿过渡到人,还在于人劳动的实践活动。

劳动是人类意识产生的必不可少的条件,是劳动推动了猿脑向人脑的进化。恩格斯说:“首先是劳动,然后是语言和劳动一起,成了两个最主要的推动力,在它们的影响下,猿脑就逐渐地过渡到人脑。”[②]劳动之所以能够成为意识产生的主要原因,首先是因为劳动产生了意识的需要。在劳动的作用过程之中,人类大量接受外来的刺激,从而产生意识形成的物质基础,人类由于本能的驱使选择与自身生存相关的意识活动,并在这种意识活动的作用下寻找适合自己生存的条件。人们要想利用自然、改造自然,使自然更加适合自己生存,就需要认识自然规律。因此也就提出了意识活动的要求。其次,在劳动中,人类锻炼了自己的思维活动,促进了自身的思维器官向更加完善的程度进行转化。由于外界的一系列的强化与刺激,人类使得自己的大脑活动越来越丰富,手以及其他器官的活动越来越和大脑相协调。生理学也证明,人的大脑的功能分区也主要是针对不同机能的分工,更加适宜不同劳动活动的开展。再次,人类在劳动中发明了语言,为意识的产生创造了重要条件。早期猿人由于学会了直立行走,使身体各部分的姿势都发生了变化。与语言有至关重要关系的是口腔、鼻腔和咽喉形成直角,呼吸道增长,便于制造各种阻力控制气流,从而发出各种清晰的音节,这就为语言的产生创造了有利的生理条件。恩格斯曾经说:“这些正在形成中的人,已经到达彼此间不得不说些什么的地步了……逐渐学会发出一个接一个的清晰的音节。”在音节的辅助下,人类形成了自己的第二信号系统,开始了与其他物种所不同的交流活动。这里所谓第一信号系统和第二信号系统其实就是非条件反射与条件反射。尤其是第二信号系统是人类在语言刺激下的活动,是意识发展到一定程度的产物。人类在语言的帮助下,不断的积累知识,形成新的认识,促进人类文明的发展。

从以上的论述之中,我们可以看到,劳动在意识的产生过程中起着重要的作用,在人类劳动

---

① 马克思恩格斯全集(第20卷)[C].北京:人民出版社,1971,第687页

② 马克思恩格斯选集(第4卷)[C].北京:人民出版社,1995,第377页

的帮助下从猿脑到人脑，意识不断发展，形成语言，产生对于社会和自然的新认识，从而推动文明的发展，社会的进步。恩格斯说："意识一开始就是社会的产物，而且只要人们存在着，它就仍然是这种产物。"①

（二）意识是人脑这块复杂物质的机能

人脑是意识形成的客观载体，人的所有意识活动必须在人脑之中产生。而意识当然也是人脑的技能。人脑是一个由大量神经细胞组成的，极其精密、极其复杂完善的反映器官。在人类的认识之中，至今有三个区域仍是我们所未知的，第一是宇宙，第二是海洋，第三就是人脑。人脑之复杂，之精密，已经达到人类所无法想象的一个地步。人的脑重大约1500克左右，分大脑两半球，覆盖在大脑两半球最上面的是大脑皮层，大脑皮层是大脑的主要构成部分。大脑皮层有许多纵横折叠、起伏不平的沟回，若伸展开有2600平方厘米左右。由于大脑皮层的表面积大，便于和外界建立广泛的联系和储存大量的信息。一般人的一生中可利用大脑储存1000万亿个信息单位。大脑皮层由140亿个以上的神经细胞组成，这些神经细胞之间直接和间接地联系着。这些人脑细胞，到底是以什么样的方式联系着的，其联系程度有多么精密，怎样对这种联系做出改进，或者说把这种细胞结构应用到我们的建筑活动之中。人类对这种知识依然未知。但毋庸置疑，人类的意识活动的确就是从这种结构的器官之中产生的。人脑的神经元，通过微弱生物电流的刺激，各种组织区域互相联系，在刺激的作用下形成关于外界的主观认知。例如冷的感觉。冷的感觉分为过冷和可以接受的冷，冷的感觉总起来经过感觉神经细胞，经过微生物电流运送到大脑，过冷的感觉被丘脑过滤掉，可以接受的冷的感觉被送到大脑皮层感觉区。过冷的感觉迅速被处理掉，可以接受的冷的感觉通过大脑皮层的反应，作用于身体的各个器官，从而形成相关的意识活动。从上述的论述之中，可以看出，人的意识是在神经细胞在外界的刺激作用之下产生的，通过生物微电流和其他的化学物理反应作为意识传输的载体。这些都说明了人的一切意识活动都是以大脑为物质基础的。人类之所以能够成为高等动物，成为相对于自然界主体种群就是因为人的大脑的作用。在所有物种的大脑之中，人脑的机能是最为复杂，结构最为合理的。现代人的平均脑量在1500克左右，脑重与体重之比约为五十分之一。而黑猩猩的脑重和体重的比为一百五十分之一，大猩猩则为五百分之一，大象的脑重与体重之比则为千分之一，鲸的脑重与体重之比则只有万分之一。猴子的相对脑重为十八分之一，远远大于人脑，但它的绝对脑重远远低于人脑。这些都说明，人脑在能以足够的活动管理人的身体之余，还能够产生大量的意识，促进人的生活改善。

病理学的研究也能证明意识是在人脑之中产生的，是人脑活动的结果。从病理学的研究成果之中，可以看到，在不损伤大脑的前提下，在没有致命危险的条件下，人都能产生各种意识，有病痛的感觉，有克服困难的意志，能看书看报，思索问题。如果大脑受到损害，那么人就将变成植物人，现代病理学之中已经出现这样的病例。正如列宁所说："心理的东西、意识等等是物质（即物理的东西）的最高产物，是叫作人脑的这样一块特别复杂的物质的机能。"②

唯心主义哲学否认意识是人脑的产物，认为意识是理念演化的产物，是绝对精神在人的身体之中的复演。庸俗唯物主义则认为意识是人类大脑的内分泌，就像胆囊分泌胆汁和胃腺分泌胃

---

① 马克思恩格斯选集（第1卷）[C].北京：人民出版社，1995，第81页

② 列宁选集（第2卷）[C].北京：人民出版社，1995，第170页

液一样。这种观点也是错误的。因为意识并不是一种物质，意识与胆汁有本质区别的，因为在没有外科手术的帮助下，我们能够感觉到他人的意识，但是我们并不能感觉到他人的胆汁。同时，把意识混同于物质，而物质是世界的本原，就会陷入认为精神、意识是世界的本原的唯心主义。所以列宁说："不论思想或物质都是'现实的'，即存在着的，这是对的。但是把思想叫作物质的，这就是向混淆唯物主义和唯心主义方向迈了错误的一步。"①

（三）意识产生的本源是客观存在

人脑是意识产生的载体，但人脑产生意识并不是自动的。意识只有在外界对大脑产生刺激的情况下才能产生。因此可以认为，意识是人脑对客观存在的反映。马克思曾经说，"观念的东西不外是移入人的头脑并在人的头脑中改造过的物质的东西而已。"②证明这条真理，我们可以从意识的产生、意识的形式、意识的内容三个方面着手。

1. 意识的产生

意识是客观事物对大脑产生刺激的条件下才引起的。在论述人脑是意识的载体之时，我们已经谈到人脑能够在外界的刺激之下做出反应，这个反应实际上也就是人类客观意识活动。没有外界的刺激，没有客观事物，人的大脑不可能产生任何的意识活动。"一个闭目塞听、同客观外界根本绝缘的人，是无所谓认识的。"③人们在客观活动中，通过眼、耳、鼻、舌、身接受外界的刺激，反映到头脑中来，产生意识。因此人的意识活动是在实践基础上的，主观对客观的反应。

主观之于客观，其认识过程，往往会采取感觉、知觉、表象、概念、判断、推理这几种主要形式。这几种反映形式，其本质上是以客观存在作为客体的。

所谓感觉其实是人脑通过感觉器官，例如眼睛、耳朵、鼻子，这些视觉、听觉、嗅觉器官，形成的关于外界的基础意识，是意识的一种初级形式。在感觉和客体之间，并不存在任何中介，是人直接对客体的形状、大小、颜色、光泽、音调等的判断，是人形成关于外界事物属性的基本认识。

而所谓知觉则是对感觉所反映的各种意识的一种综合。因此可以认为知觉是在感觉的基础之上形成的。任何具体事物并不是只有一种属性，而是多种属性的复合。人只有通过多种属性的共同认识，方可产生对客观事物整体形象的完全反映。这种对客观事物的完全反映其实就是知觉。大脑通过知觉活动，形成一个关于事物完整形象的认识，在大脑之中形成关于事物表象的一种图式。表象是知觉形象在记忆中的再现。它虽然不是在人与客观事物的直接联系中产生的，但也不是主观自生的，是在知觉的基础上形成的，是多次知觉的结果。而概念则是在人的大脑关于知觉表象的一种系统的反思，是对客观事物的一种主动思维，并进而产生对客观事物的系统概括。而判断和推理则是在概念表象这种高级知觉的结果之下关于客观事物的再认。大脑在一种事物表象和概念的基础之上，形成一种关于事物的元认识。当知觉之中再次产生类似的表象之时，产生的关于事物的新认识。"人的实践经过千百万次的重复，它在人的意识中以逻辑的格固定下来。这些格正是（而且只是）由于千百万次的重复才有着先入之见的巩固性和公理的性质。"④

---

① 列宁全集（第 14 卷）[C]. 北京：人民出版社，1957，第 256 页

② 马克思恩格斯选集（第 2 卷）[C]. 北京：人民出版社，1995，第 112 页

③ 毛泽东选集（第 1 卷）[C]. 北京：人民出版社，1991，第 290 页

④ 列宁. 哲学笔记[M]. 北京：人民出版社，1956，第 233 页

在生活的实践之中，人们经常观察到不同的人对于相同的事物有不同的认识，也就是在大脑之中有不同的意识活动。在心理学之中，这被称为人的认识的差异性。从马克思主义哲学的角度看，这种主观认识的差异性其实也是来源于物质的。一方面，不同的主体在反映相同的客体之前已经有了关于客体的一个主观判断，而不同的主体正是依据这一主观判断才产生的关于客体的完全认识。

另一方面，不同的主体在对于一相同的客体产生共同的新认识之前，换句话说，也就是一个共同的新事物出现在所有的主体面前。不同的主体首先因为其社会关系的不同而产生关于共同的新客体的不同认识。例如克林顿总统和英国科学家关于多莉羊的诞生就有不同的认识。在创造多莉羊的英国科学家团队之中，克隆是他们关于物质细胞的一个新认识，是人类社会关于细胞学的一种新认知。而在总统看来，克隆则是对人类社会稳定的一种威胁，是应该通过共同的社会契约将其禁止。其次，就算是有着相同社会地位的主体也会因为自己产生的关于与新事物相近的认识不同而产生的关于新事物的不同概念与推理。在之前的文字之中，我们已经认识概念、判断、推理的来源和对于人类认识的重要作用。因此这里就能够理解相同社会背景的人关于共同的新客体所产生的不同认识的来源。无论是社会关系还是人的意识背景，从本源上来说，都是物质的。因此从这一点出发，可以认为主体关于共同客体认识的差异性来源于客观存在。

综上所述，不同主体关于客体认识的差异性其根源是客观存在。结合主观意识产生的过程，可以发现意识产生来源于客观存在。客观存在则是意识产生的本质来源。

2. 意识的内容

意识的内容是来源于客观存在的。诚然，意识的内容有正确和错误之分。正确的意识是人脑对客观事物的正确反映，错误的意识是人脑对客观事物的歪曲反映。但二者都能从客观存在中找到根据。但是无论是正确的意识还是错误的意识，我们都可以从客观存在之中找到根据。

正确的意识是经得起实践检验的，是可以被实践证实的。正确的意识根源于人的客观存在是很明显的。例如关于数和形的概念，虽然看似十分抽象，但是都来源于客观存在。人们在生产活动之中，经过多年的总结，认识到比较事物的多少，需要一些观念进行辅助，这就是数和形的来源。恩格斯说："数学是从人的需要中产生的，如丈量土地和测量容积，计算时间和制造器械。""和数的概念一样，形的概念也完全是从外部世界得来的，而不是在头脑中由纯粹的思维产生出来的。"①

即便是错误的意识活动，甚至是不切实际的幻想活动，也并不是头脑自生的产物，也是需要人从客观实践活动之中发现的。例如宗教这一最不符合现代科学的一种神秘活动。其本质上也是来源于生活实践的。奥林匹斯的众神之间有类似人类社会的神际关系，其形象也大多是从人这一高等动物出发。即便是狮身人面像这一产生在埃及的关于神的幻想，也是人从自身出发关于人和动物结合的一种认识。在中国文化之中，《西游记》这一超现实主义与现实主义结合的作品，也是从人类社会出发的。虽然孙悟空这一形象，在实际生活中是没有的，从孙悟空的整体形象来说，是超现实的，在客观世界中找不到原型，但组成孙悟空形象的各个部分，如猴子的形象，人的性格，连孙悟空的七十二变，都可以从客观存在中找到的根据。"一切观念都来自经验，都是

① 马克思恩格斯选集(第3卷)[C]. 北京：人民出版社，1995，第378、377页

现实的反映——正确的或歪曲的反映。”①这句话并不难理解。主体的各种意识产生都是根源于客观存在。客观存在对主体意识的影响十分重要，那么自然可以推论在主体意识产生基础之上的各种幻想也是来源于客观存在，是客观存在的反应。

第二节 马克思主义辩证法

辩证法作为一种本体论的发展观，是同形而上学发展观相对立的、关于事物的联系和发展的学说。辩证法作为本体论、方法论和逻辑相统一的哲学学说，是同形而上学相对立的一种世界观、方法论和逻辑。西方辩证法的发展，经历了“古代的朴素辩证法——近代的思辨辩证法——马克思主义辩证法”三种基本的历史形态。马克思主义辩证法是西方传统辩证法历史性的超越和创新。

一、马克思主义辩证法

(一)马克思对黑格尔辩证法的“颠倒”

马克思的辩证法主要来自于黑格尔，是对黑格尔思辨辩证法“颠倒”的结果。马克思认为，黑格尔的辩证法是头足倒置的，为了“发现神秘外壳中的合理内核”，“必须把它倒过来”；“我的辩证方发，从根本上来说，不仅和黑格尔的辩证方法不同，而且和它截然相反。在黑格尔看来，思维过程，即他称为观念而甚至把它转化为独立主体的思维过程，是现实事物的创造主，而现实事物只是思维过程的外部表现。我的看法则相反，观念的东西不外是移入人的头脑并在人的头脑中改造过的物质的东西而已”。根据马克思的这些话，传统马克思主义哲学教科书做了这种诠释：黑格尔的辩证法是唯心主义的，因为在他那里讲的是“绝对精神”的运动与发展；马克思的辩证法是唯物主义的，因为在他那里讲的是“客观物质”的运动与发展，这就是马克思对黑格尔的“颠倒”。如果对马克思主义辩证法作如此理解，就会存在很多问题：(1)这种辩证法，同朴素辩证法、机械唯物主义讲的辩证法有什么本质区别？谈论完全与人无涉的自然世界的联系和规律，是符合马克思的实践唯物主义的本性的吗？(2)精神颠倒为物质，只是从一个极端走向了另一个极端，这是一种和黑格尔“对着干”的方式，其理解问题的思维方式仍然是旧唯物主义的思维方式。

我们知道，马克思在对黑格尔这种“颠倒”过程中，费尔巴哈哲学起到了“中间环节”的作用。费尔巴哈使哲学脱离了纯粹的思辨回到了感性直观的现实，把自然和人都看作感性的存在。他认为人虽源于自然，在“时间上”是第二性的，但在“地位上”人则高于自然，应该从人的本质的对象化去看待与人处于对象性的一切存在，这就是他的人本思维方式。这对马克思整个哲学(当然包括他的辩证法)感性现实基础的建立有很大的启迪。到1845年的《关于费尔巴哈的提纲》，马克思看到费尔巴哈哲学最大的缺陷就是它的直观性。他把一切事物都看作直观的存在、了解为直观的现实。这使他的辩证法仍然是以前那种物质自我运动的辩证法，而抛弃了被黑格尔辩证法所发展了的“能动的方面”。另一方面，马克思敏锐地意识到，哲学的能动的方面，又不能像黑格尔那样从人的思维的能动性中引出，而必须从人的自由自觉的活动，即从主体实践的能动性中引出。由之，导致了马克思对费尔巴哈人本思维方式对黑格尔思辨思维方式的否定之否定，从而

① 马克思恩格斯全集(第20卷)[C].北京：人民出版社，1971，第661页

确立了马克思主义哲学的实践思维方式。实践思维方式既是对费尔巴哈人本思维方式的否定，也是对黑格尔思辨思维方式的“颠倒”。所以，马克思的辩证法对黑格尔的辩证法的“颠倒”，应当理解为是马克思的实践思维方式对黑格尔的思辨思维方式的颠倒。由此，才能合理地理解马克思主义辩证法的历史变革。

（二）马克思主义辩证法的科学内涵

与马克思主义实践唯物论相适应，马克思主义辩证法是以实践思维方式为根本特征的，按实践的内在本性、规律和逻辑思考问题的实践辩证法。

首先，马克思主义辩证法从主体实践的视角和维度，把实践作为哲学思维把握存在的切入点和归宿点。对客观存在理解、把握的视角和维度不同，所产生的辩证法理论亦不同：从实体（形而上学的本体存在）的视角和维度把握，就会把客观存在理解为本体或变体的存在，由之产生出朴素辩证法。从关系的视角和维度把握，就会把客观存在理解为思维抽象的纯存在，不仅存在的本质是思维（本体的形而上学预设），而且必须从它的对立面——非存在来把握存在和从它的对立面——存在来把握非存在，由之产生思辨辩证法。从实践的视角和维度把握，就会把客观存在理解为实践的存在，从实践去理解、把握人的世界、人的社会和人的生成、发展，从而产生马克思主义的实践辩证法。

其次，马克思主义辩证法从主体实践的内在本性和规律去理解和把握辩证法。主体是现实的、改造着客观事物的人；客体也是现实的、为主体实践所改造的客观事物。“实践”是马克思主义辩证法言说事物、诠释存在的不可逾越的中介，而实践思维方式则蕴涵着马克思主义辩证法如何理解、把握世界、社会、人及其一切相关哲学问题的全部奥秘。实践是主体性和客体性的统一、普遍性和特殊性的统一、合规律性和合目的性的统一、真善美的统一等人的自由自觉的活动，这是实践的内在本性和规律。马克思主义辩证法把这种实践的内在本性和规律，提炼、升华为马克思主义哲学思维把握存在的规律和方法，用以去理解、把握一切相关的哲学问题。

最后，马克思主义辩证法从主体实践的内在发生、发展的逻辑（客观逻辑、存在逻辑），去把握、理解和阐释在实践中生成、发展的事物的辩证法。历史从哪里开始，叙述事物在实践中产生、发展的历史逻辑便从哪里开始，事物在实践中是怎样联系、转化、对立面的统一而发生、发展的，叙述事物在实践中产生、发展的逻辑便应怎样去展开。对于马克思主义辩证法来说，历史是现实的人的自由自觉的活动史，即人的实践的发生、发展的过程史，人在实践中对自然、社会和人身的对立统一关系的生成发展史，在实践中便是相互影响和制约的，它们的出发点、归宿点及其生成发展的过程是完全一致的。

二、对立统一规律

矛盾是联系的实质内容和发展的根本动力，对立统一规律就是事物矛盾运动的规律。人的实践活动验证并表明了这一规律的普遍性。“就本来的意义说，辩证法是研究对象的本质自身中的矛盾”[①]。因此，要把握对立统一规律，需要正确理解矛盾，以及矛盾的同一性与斗争性、普遍性与特殊性及其关系。

（一）矛盾是对立面的统一

矛盾概念反映的是事物内部或事物之间对立和统一的关系。矛盾即对立统一。当我们的认

① 列宁全集（第55卷）[C].北京：人民出版社，1990，第213页

识由事物的现象深入到本质时，就会形成关于矛盾的观念。

1. 中国传统的矛盾观

在中国，矛盾的观念早就产生了。《易》就以阴阳变化来解释世界，《易传》称“一阴一阳之谓道”“一阖一辟谓之变”，这就把阴阳的对立统一看成是运动变化发展的根本动力。张载从矛盾学说的高度提出了“一物两体”的思想，认为事物“动非自外”，内部对峙的两个方面的相互作用构成了事物变化的根本原因。朱熹把“一物两体”进一步概括为“一分为二”，并认为万物“无独必有对”，“凡物皆有两端”，并且“独中又自有对”。“相反相成”“和而不同”“一分为二”“合二为一”，等等，都是中国古代哲学对矛盾观念的理解和表达。

2. 西方的矛盾观

在西方，古希腊哲学家赫拉克利特就已经意识到对立双方的相互依存、相互排斥和相互转化构成了事物的对立统一关系，并把这种对立统一关系上升为宇宙万物运动变化发展的普遍法则。直与曲、生与死、存在与非存在等，都具有统一性。“我们踏进又不踏进同一条河流，我们存在又不存在。”黑格尔自觉地意识到“从对立面的统一中去把握对立面”是辩证法的“最重要的方面”，并认为对立统一是一切概念的本性，矛盾构成了自然世界和精神世界中一切事物的本质、存在的根据和发展的动力。黑格尔第一个全面地论述了辩证法，但黑格尔的概念辩证法是建立在唯心主义基础上的，在他那里，概念的矛盾本性具有神秘的形式，因而不能成为认识世界的科学方法。

3. 马克思主义的矛盾观

马克思、恩格斯在批判改造黑格尔概念辩证法的基础上，创立了唯物辩证法，由此使矛盾概念得到科学的说明。

(1)矛盾的含义

矛盾是用来表达、说明事物及其发展过程的本质的概念。简单地说，矛盾就是对立统一关系。一切矛盾都是由对立着的两个方面构成的，矛盾关系就是发生在对立面之间的关系，没有对立的两个方面便不能构成矛盾。同时，构成矛盾的对立面又是相互规定中的存在，二者相互依存，一方存在以另一方存在为前提。

(2)矛盾的实质

作为关系范畴，矛盾既表现为事物之间的关系，又表现为事物内部因素之间的关系；既表现为物与物之间的关系，又表现为人与物、人与人之间的关系。无论矛盾表现为哪种具体形式，其实质都是既对立又统一的关系。

对立关系和统一关系是两种不同的关系，但这两种不同性质的关系又是结合在一起的。统一关系存在于对立关系之中，而且在它内部就包含着对立关系；对立关系存在于统一关系之中，而且它本身就包含着统一关系。对立是统一中的对立，统一是对立中的统一。辩证思维方法之所以不同于形而上学思维方法，从根本上说，就在于它在对立的东西中发现统一关系，在统一的东西中发现对立关系，从而能够透过事物的表面，深入事物的底蕴，抓住事物的本质。

(3)辩证矛盾与逻辑矛盾

正确理解矛盾的含义，要注意把辩证矛盾与逻辑矛盾区别开来。逻辑矛盾是指人们的思维过程违反逻辑规则造成的矛盾，它是思维过程中的自相矛盾。辩证矛盾则是指事物本身所固有的对立统一关系，它同思维过程中由于违反逻辑规则而造成的逻辑矛盾完全不是一回事。任何科学的认识都要求排除逻辑矛盾，而任何科学的认识又都是研究对象本身所固有的辩证矛盾的。

(二)矛盾的普遍性与特殊性

1. 矛盾的普遍性

矛盾的存在是普遍的,没有什么事物不包含矛盾。矛盾存在的普遍性有两方面的意义:从共时性看,矛盾存在于一切事物之中,处处有矛盾;从历时性看,每一事物的发展过程自始至终都存在着矛盾,时时有矛盾。矛盾无处不在,无时不有。正如毛泽东所说:"矛盾的普遍性或绝对性这个问题有两方面的意义。其一是说,矛盾存在于一切事物的发展过程中;其二是说,每一事物的发展过程中存在着自始至终的矛盾运动。"①

矛盾是一切现实存在着的事物及其运动过程的本质。所谓事物的本质包含矛盾,就是说一个事物不仅在本质上与自身是统一的,而且在本质上与自身又是对立的。只有承认每一事物的本质中都包含着肯定自身和否定自身两种对立的因素,才能把事物的运动理解为是事物自己的运动,才能真正达到对事物的辩证理解。

任何矛盾都有一个发生、发展的过程。我们不但要把握那些已经发展成熟的矛盾,而且要认识处于初始阶段、萌芽阶段的矛盾。在常识观念中,矛盾只是在事物发展的一定阶段上才产生出来,在事物发展初期,只存在差异。实际上,差异就是矛盾,是潜在形态的矛盾,后来的对立、冲突等都是从它发展而来的。在这个意义上,差异、对立、冲突不过是矛盾在发展过程中所表现出来的不同形式,其本质关系都是对立统一关系。矛盾永远存在,总是处在不断解决又不断产生的过程中。

我们不但要认识矛盾发展过程中的对立、冲突形式,而且要注意矛盾发展过程中的和谐状态。古希腊哲学中的毕达哥拉斯学派提出了"和谐"这一范畴,并认为和谐就是"将不同的东西美好地连接、调和在一起"。中国古代哲学家则提出"和而不同"这一思想,并认为"和实生物,同则不继"。这表明,和谐以"不同的东西"的存在为前提,是矛盾运动的一种结果,是矛盾存在的一种状态。任何社会都存在矛盾,构建和谐社会就是一个不断化解矛盾,实现人与自然和谐共生、人与人和谐相处的过程。

2. 矛盾的特殊性

矛盾的存在是普遍的,但现实中的矛盾却各不相同。在每一领域、每一事物及其运动过程中存在的矛盾既有性质上的共同性,即共性,又有特殊性,即个性,从而体现出矛盾的差异性和多样性。矛盾的差异性和多样性都属于矛盾的特殊性。认识矛盾,主要就是认识不同的矛盾所具有的特殊的对立统一关系;解决矛盾,关键也在于找到适合特殊矛盾性质和状况的特殊方法。

(1)每一种运动形式中的矛盾都具有特殊性

每一种运动形式内部都包含着特殊的矛盾,正是这种特殊矛盾构成一事物区别于他事物的特殊本质。机械运动、物理运动、化学运动、生物运动、社会运动、思维运动,每一种运动形式所具有的特殊本质,都为自己的特殊矛盾所规定。自然运动之所以不同于社会运动,思维运动之所以不同于自然运动和社会运动,就在于三者的内在矛盾各自具有特殊性。

自然矛盾的存在与解决,可以不通过人的活动;社会矛盾的存在与解决,必须通过人的活动,人的实践活动是人类社会一切矛盾的总根源;思维矛盾则是自然矛盾、社会矛盾的反映与升华,表现为运用概念反映对象时所发生的矛盾。

---

① 毛泽东选集(第1卷)[C]. 北京:人民出版社,1991,第305页

(2)每一个事物发展过程中的矛盾都具有特殊性

每一种事物的发展过程都具有特殊性,这种特殊性就是由事物内部的根本矛盾及其特殊性所决定的。所谓根本矛盾,就是指贯穿事物发展过程始终并规定事物及其过程性质的矛盾。例如,同化与异化是生物体的根本矛盾,它规定生物体的性质,这个根本矛盾的运动一旦停止,生物体就会死亡。每一个事物都有其根本矛盾,同时又都包含一些非根本性的矛盾。根本矛盾规定和制约着非根本矛盾,非根本矛盾反过来又影响根本矛盾,加速或延缓根本矛盾的解决,从而加速或延缓事物的发展过程,使其显示出阶段性的特点。

(3)每一个事物中的矛盾及其不同方面的地位都具有特殊性

事物是由多种矛盾构成的矛盾总体。在矛盾体系中,往往有一种矛盾,由于它的存在和发展,规定或影响着其他矛盾的存在和发展。这种在事物发展的一定阶段上处于支配地位、起着决定作用的矛盾,就是主要矛盾。其他处于从属地位、不起决定作用的矛盾,就是次要矛盾。主要矛盾决定着次要矛盾的发展和解决,次要矛盾也会反过来影响主要矛盾的发展和解决。同时,主要矛盾与次要矛盾在一定条件下能够相互转化。

无论是主要矛盾,还是次要矛盾,矛盾双方的力量往往是不平衡的。其中,处于支配地位、起着主导的作用的一方,就是矛盾的主要方面;处于被支配地位、不起主导的作用的一方,就是矛盾的次要方面。矛盾的主要方面对次要方面起着支配作用,矛盾的次要方面又会影响和制约主要方面;矛盾主要方面和次要方面处在相互作用中,这种相互作用,在一定条件下会引起双方地位的相互转化。

3. 两点论与重点论的统一

正确把握主要矛盾与次要矛盾、矛盾的主要方面与次要方面的关系,就要坚持唯物辩证法的两点论和重点论的统一。所谓两点论,就是在工作、生活中,既要把握主要矛盾,又要注意次要矛盾;既要把握矛盾的主要方面,又要注意矛盾的次要方面。重点论就是在工作、生活中要着重地把握主要矛盾、矛盾的主要方面。两点论是有重点的,两点论内在地包含着重点论;重点论是以承认非重点为前提的,重点论内在地包含着两点论。

矛盾普遍性与特殊性这种"互相联结"的关系就是矛盾的共性与个性的关系。第一,共性是不同矛盾中共同的、本质的东西,个性是不同矛盾中独自具有的东西。第二,矛盾个性总是与矛盾共性相联系而存在,个性影响并制约着共性。第三,在一定条件下,矛盾共性与个性相互转化,即在这个场合为普遍性的东西,在另一场合则变为特殊性的东西,反之亦然。

4. 把握矛盾的普遍性与特殊性、共性与个性的意义

把矛盾普遍性与特殊性、共性与个性的关系原理运用到实际活动中具有特殊的重要意义。这一共性与个性的辩证法是马克思主义基本原理与各国具体实际相结合的哲学基础。新民主主义革命、中国特色社会主义建设都体现并贯彻了这一共性与个性的辩证法。学习唯物辩证法就是要运用矛盾学说去具体分析矛盾、解决矛盾,而具体分析和解决矛盾并把矛盾学说转化为活动方式、认识方法、工作方法的关键,就在于把握矛盾的普遍性与特殊性,即共性与个性的辩证关系。

三、量变质变规律

(一)马克思主义质、量、度范畴

1. 质的含义

作为哲学范畴,质是指一事物成为自身并区别于他事物的内部固有的规定性。质和事物的存在是直接同一的。此物之所以为此物,并有别于他物,就是由于它具有自身的质的规定性。质和事物的直接同一意味着:事物是具有一定质的事物,某物一旦丧失了自己固有的质的规定性,它就不是原来的某物而变为他物,而他物也具有自己质的规定性;质是一定事物的质,离开特定事物的质是不存在的。

事物的质是事物所固有的规定性,但一事物的质又要通过同其他事物的关系表现出来,一事物在与他事物的关系中表现出来的质,就是该事物的属性。每一事物都具有多方面的属性,为了准确而全面地判断哪些属性对于确定事物的质具有决定作用,必须把人的实践作为实际的确定者包括在内,必须从事物多方面的属性中抓住与实践密切相关的属性,确定符合实践需要的事物的质。

要确定和把握事物的质,应当把事物本身的客观属性和人们的实践需要两个方面结合起来,进行全面的、具体的分析,或者说,从事物本身属性与人们实践需要的统一中去把握事物的质。

2. 量的含义

量是事物存在和发展的规模、程度、速度等可以用数量表示的规定性,以及事物构成因素在空间上的排列组合方式。量的规定性不同于质的规定性:质与事物的存在是直接同一的;量在一定的范围内的增减并不影响某物之为某物。但是,量和质一样都是事物本身所固有的规定性。量总是一定事物的量。离开具体事物的“纯粹”的量,只存在于思维的抽象中。即使像数学这门从“纯粹”形态上研究量的科学,归根到底也是对客观事物的量与量关系的反映。

在科学研究中,确定事物及其运动状态的性质,属于定性研究;对其数量的分析,则是定量研究。定性是定量的基础,反过来,定量是定性的精确化。由定性到定量的发展是认识发展的规律,也是科学进步的表现。马克思认为,一门科学只有当它达到能够运用数学时,才能成为成熟的科学。

3. 度的含义

任何事物都是质与量的统一体。质和量的统一体现在“度”这个范畴中。度就是一定事物保持自己质的量的限度。任何度的两端都存在着极限或界限,这就是关节点或临界点。度就是关节点范围内的幅度。在这个范围内,事物的质保持不变;超出这个范围,事物的质就发生变化。

在度中,质规定量的运动范围和变化幅度,量的变化迟早又要突破质的限制。超出度的范围,事物的质与量的统一就会破裂。这就要求我们在实践活动中应当掌握“适度”的原则。为了保持我们所需要的特定的质,应当把事物的变化控制在度的范围内;为了改变我们所不需要的特定的质,则应当创造条件,促进量的变化,并使其向度的边缘不断发展,使该物转化为他物。

(二)量变与质变及其相互转化

1. 量变与质变的含义

量变与质变是事物变化的两种基本状态或形式。量变即量的变化,是指事物数量的增减和场所的变更，是事物在原有性质的基础上，在度的范围内所发生的变化。统一、平衡、静止等，都是事物在量变过程中所呈现的面貌。质变即质的变化，是指事物性质的变化，是事物由一种质态向另一种质态的转变。统一物的分解，平衡、静止等的破坏，就是事物处在质变过程中呈现的面貌。事物的变化是发生在度的范围之内还是超出度的范围，这是区分量变与质变的根本标志。

2. 量变与质变的关系

量变与质变的关系是辩证的。量变不是质变，但又可以引起质变；质变不是量变，但又可以引起新的量变。量变在度的范围内进行，是一种保持事物质的稳定的状态，但它同时又是一种向度的边缘或关节点不断推移的趋势，一旦达到度的关节点时，就会引起质变；质变是原来量变的终结，又是新的量变的开端，在新质的基础上，又进行着新的量变。量变—质变—新的量变，如此相互转化、相互交替，构成了事物的发展过程，形成了量变质变规律或质量互变规律。

(1)量变是质变的必要前提

这是因为，质变是一种质的事物向另一种质的事物的转化，而不同质的事物总有自己所特有的度，这个度再小也有一定的限量。例如，不同元素之间有的只是由于原子核内差一个正电荷，没有这个“一”的增加或减少，就不会有不同元素之间的转化。同时，在量变过程中，往往同时存在着两种方向相反的量，如物体运动中的吸引与排斥，生物进化中的遗传与变异，阶级社会中对立阶级双方的力量差异等。在这种情况下，量变不仅表现为量的绝对值的增减，而且表现为双方力量对比的变化。这种变化不仅是质变的前提，而且决定着究竟会导致什么样的质变。

(2)质变是量变的必然结果

量变的每一种变化都影响并改变着质，量变对质变的这种作用逐渐积累，达到临界点，就必然引起质变。同时，质是通过属性表现出来的，量变就是不断地改变事物的属性以及属性与属性的关系，因而必然引起质变。

(3)质变体现并保存量变的成果，并为新的量变开辟道路

在自然界中，无论是宏观物体，还是微观物体，无论是分子、原子，还是基本粒子，其变化都会引起量的规定性的变化。在人类社会中，生产方式的每一次变革都带来了劳动生产率的提高，物质生活产品数量的增加，自由支配时间的增多，等等。质变意味着发展过程中的飞跃，即新事物的产生，意味着新质和新量相结合并构成新的度，从而使事物在新的度的范围内开始新的量变，开始新的渐进性发展。

3. 发展是连续性与间断性的统一

发展是渐进与飞跃的统一、连续性与间断性的统一。连续性是指事物只是在量上发生了变化，表现在现实中就是这一事物还是它自身。间断性是指质变，是从旧质到新质的飞跃，是渐进性过程的“中断”。渐进性过程的中断或连续性的间断并不是发展的停止，而是打破旧的质的规定性而代之以新的质的规定性，表现在现实中就是出现了新事物。

发展是连续性与间断性的统一。事物的发展作为一个完整的过程必须有不间断的量的积累才有间断性的质的飞跃。更重要的是，连续性与间断性是相互包含的。连续性的每一步进展都是对自己的破坏，都在走向自己的反面，即间断性；正是因为有以往的连续性的积累才产生了间断性，间断性包含着连续性。发展是量变与质变、渐进与飞跃、连续与间断的统一。

四、否定之否定规律

质变意味着新事物的产生与旧事物的灭亡，表明新事物对旧事物的否定是一种自我否定。

任何事物内部都包含着肯定的方面与否定的方面，由于矛盾双方的相互作用，当否定的方面由被支配地位上升为支配地位，事物便转化为自己的对立面，由肯定达到对自身的否定，而后，再由否定进到新的肯定，即否定之否定。这样，事物便显示出自己发展自己的完整过程。

（一）肯定与否定

任何事物内部都包含着肯定与否定两个方面。肯定的方面是事物保持自身存在的方面，即肯定这一事物为它自身的方面。否定的方面是促使该事物灭亡的方面，即促使它转化为其他事物的方面。

1. 肯定与否定的对立统一

事物内部的肯定方面与否定方面是对立的。肯定不是否定，因为肯定维持着事物的质的规定性，当肯定方面处于优势时，事物就会保持其原有的性质和自身的存在；否定不是肯定，因为否定就是要消解肯定的规定性，一旦否定方面在发展中取得了支配地位，事物就会改变自己的根本性质，达到对原有事物的否定。

事物内部的肯定方面与否定方面又是统一的。一方面，肯定包含否定，在一定意义上，肯定就是否定。任何一个事物中都包含着肯定性的因素和否定性的因素，二者的对立与斗争必然使事物的发展进入自我否定阶段，并因自我否定而自我更新，这就是肯定中包含否定、肯定就是否定的真实含义和丰富内容。所以，黑格尔认为，在肯定的“自身中就具有否定性，所以它可以超越自身之外，并引起自己的变化”。另一方面，否定包含肯定，在一定意义上，否定也就是肯定。黑格尔指出：“否定的东西也同样是肯定的；或说，自相矛盾的东西并不消解为零，消解为抽象的无，而是基本上仅仅消解为它的特殊内容的否定；或说，这样一个否定并非全盘否定，而是自行消解的被规定的事情的否定，因而是规定了的否定。”所谓“规定了的否定”，是指否定本身有着肯定的意义，就是说，否定的结果不是虚无，而是产生新的规定。所以，“否定也是规定”，即否定就是肯定，否定包含肯定。

2. 辩证的否定

事物内部同时包含肯定因素与否定因素，二者的此消彼长必然导致事物的发展过程包含肯定阶段与否定阶段。在事物的发展过程中，相对于肯定来说，否定是较后也是较高的环节，它包含着肯定，同时又具有比肯定更为丰富的内容，更能体现出事物发展的辩证法。唯物辩证法把这种包含肯定于自身的否定称为“辩证的否定”。

辩证否定的丰富内容在“扬弃”这一范畴中得到了恰当的表达。黑格尔指出：“扬弃一词有时含有取消或舍弃之意，依此意义，譬如我们说，一条法律或一种制度被扬弃了。其次，扬弃又含有保持或保存之意。在这意义下，我们常说，某种东西是好好地被扬弃（保存起来）了。这个字的两种用法，使得这字具有积极的和消极的双重意义。”因此，我们要把否定的环节、否定的过程既看成是消灭旧事物的环节，又看成是产生新事物的环节；既看成是先前事物和后续事物中断的环节、划界的环节，又看成是后续事物和先前事物连续的环节、相通的环节。

在辩证否定中，克服的意义尤为重要，因为辩证否定的作用就是要克服旧事物，保留是在克服的基础上实现的。正因为如此，作为发展的环节，否定是对旧事物整体、旧矛盾统一体的否定。没有这一整体、统一体的否定，旧事物就不能灭亡，新事物就不能产生。否定中所包含的肯定绝不是对旧事物整体、旧矛盾统一体的肯定、保留，而是对旧事物整体、旧矛盾统一体中合理因素的肯定、保留；即使对合理因素的保留，也不是原封不动地将它挪到新事物中，而是经过对其改造，把它们容纳到新事物中。因此，无论是对中国传统文化，还是对现代西方文化，都既不能全盘否定，也不能整体肯定，而应对其进行批判的改造，将其合理因素纳入中国特色社会主义文化体系中，融入当代中国民族精神之中。彻底的唯物主义者就是要"实事求是地肯定应当肯定的东西，否定应当否定的东西"。

（二）否定之否定

辩证的否定不仅包含肯定的否定，而且包含对否定的否定，即否定之否定。辩证的否定只有到了否定之否定阶段，才能展现出它的全部内涵。只有揭示这种肯定—否定—否定之否定过程，才能完整地把握事物自我运动、自我发展、自我完善的辩证性。

否定之否定规律之所以同对立统一规律、质量互变规律一样，是自然、社会和思维发展的普遍规律，其根据就在于，任何事物的发展过程本质上都是矛盾的发展过程，而矛盾的发展过程都要经历从潜在到展开及尖锐化再到矛盾解决这样三个阶段。简而言之，事物的矛盾运动决定了事物的发展必然表现为否定之否定过程。

否定之否定规律表明，事物的发展都是经历三个环节、两度否定实现的。否定之否定的三个环节是指，事物发展过程必然经历的三个阶段，即矛盾的开始、展开和解决；两度否定是指，矛盾的展开对开始的否定，以及矛盾的解决对矛盾展开的再否定。每一具体事物在它的发展过程中所经历的发展环节和发展阶段各不相同，呈现出多样性，但是，从其内部对立面的转化看，发展的过程都是肯定、否定、否定之否定的过程，都经历了矛盾潜在状态向矛盾尖锐化状态的转化，以及矛盾尖锐化向矛盾解决的转化。

否定之否定规律表明，事物的发展是前进性与重复性的统一，表现为螺旋式或波浪式的发展过程。在肯定—否定—否定之否定的发展周期中，结果、新事物把起点、旧事物的一些因素以改变了的形式肯定下来，使得整个运动仿佛是回到出发点。实际上，这是在更高的阶段并以改造过的形式再现低级阶段的某些特点。否定之否定规律使发展成为继承与破坏、前进性与重复性的统一，表现为螺旋式或波浪式的发展过程。

（三）否定性的辩证法

黑格尔之所以能够提出"作为推动原则和创造原则的否定性的辩证法"，就在于他对劳动进行了深刻的、富有启发意义的哲学思考。按照黑格尔的观点，劳动是人对自然物进行"赋形"的活动，即对自然物加以改造的活动，它构成了人与自然之间的"否定的中项"；正是借助这个"否定的中项"，人从自然界中分离出来，并在自然物上打上人的烙印，否定了自然物的原生形态。同时，在这个过程中，人使自身的力量得以外化，并占有、获取自然物。在黑格尔看来，劳动的否定性使人本身的力量外化，即对象化，这种对象化所形成的客体又反过来同人发生矛盾，产生异化。所以，否定不仅表现为外化、异化，而且还表现为外化、异化的扬弃。这是一个否定之否定的过程。但是，在黑格尔那里，只有抽象的思维活动和精神劳动，才具有本源意义上的能动性和创造性，物质的、感性的劳动只是"精神的样式"。这表明，黑格尔的否定性辩证法实际上是在唯心主义的基础上，以一种"抽象的、逻辑的、思辨的"形式表达了人类历史运动的辩证法。

马克思批判继承了黑格尔的否定性辩证法。当马克思把实践理解为人的存在方式，并把物质实践理解为人与自然关系的基础时，否定性的辩证法就获得了一个现实的基础，成为一种"合理形态"的辩证法。

人与自然的关系不同于动物与自然的关系。人并不是像动物那样肯定自然的直接存在状态，使自己消极地适应自然，而是以自身的活动否定自然的直接存在状态，并赋予它合乎人的需要和目的的形式。但是，目的本身并不能直接加于对象之上，要把目的赋予对象，还必须要有把它们统一起来的中介，这个中介就是劳动工具。人是持有某一工具或某一工具系统、为着某种目的进入改造自然的实践活动之中的。工具与目的、对象都具有同一性：一方面，工具作为人的肢体的延伸，是合乎人的目的的，或者说，与目的具有同一性；另一方面，工具本身也是一个物质客体，与实践的物质对象具有同一性。因此，工具能够在目的的支配下以其物质性与实践对象的物质性相互作用，并将人的目的赋予实践活动的对象，使其具有属人性质，也就是使自在自然转化为人化自然，“自在之物”转化为“为我之物”。在这个过程中，自然“对人生成”，人与自然的关系成为一种“为我而存在”的关系。这种“为我而存在”的关系本身就是一种特殊而又复杂的矛盾关系。

人对自然的否定性活动发展到一定程度、一定阶段产生了生产资料私有制，私有制的存在使人的活动本身发生异化，即劳动异化。异化的存在标志着人类历史进入人受异己力量支配的阶段，即物支配人、奴役人的阶段，而物之所以支配人、奴役人，实际上是少数人借物的力量支配、奴役多数人。资本主义社会是异化的典型和极端形式，同时它又为个人的全面发展创造和建立了物质条件。

人的本质的异化和异化的扬弃并不是一个纯粹的精神性自我意识的矛盾运动过程，而是一个客观的实践活动的矛盾运动过程。从异化的产生到异化的扬弃是一个否定之否定的过程。这是一种现实的否定性的辩证法，是“物的尺度”与“人的尺度”及“合规律性”与“合目的性”对立统一的辩证法。实践本身就是一种矛盾运动过程，内在包含着否定性的辩证法，并构成了社会生活的本质和人类世界的基础。人类历史就是由否定性的辩证法所推动的。

第三节　马克思主义认识论

认识论是探讨认识的前提和基础，认识的本质、结构、认识发生、发展的过程及其规律，认识的真理性及检验标准等问题的哲学学说。认识论试图通过对认识的反思，寻求到人们关于认识的本质、规律和方法的自我认识。认识论在西方哲学中经历了一个长期发展的历史过程，马克思主义认识论是对西方传统认识论的革命性超越，是西方唯物主义认识论发展的第三种历史形态。

一、认识论的伟大变革

认识论是关于认识的本质及其规律的学说，它在一切哲学派别中都占据重要一席，具有十分重要的作用。

人有自我意识，能把世界对象化。人们面对自己赖以生存的外在世界，能不能认识世界的问题便被首先提了出来；如果能认识，那么怎样认识？认识的基础、过程和结果是什么？这些都是认识论必须探究和回答的问题。在对上述问题的回答中，马克思主义认识论坚持了区别于以往一切认识论的能动的、革命的反映论观点，实现了认识论的伟大变革。

（一）马克思主义认识论坚持可知论，同不可知论划清了界限

1. 不可知论的观点及其代表人物

不可知论否认思维与存在之间的同一性，怀疑人们有认识世界的能力，把人的认识看作是一

种不能证明其对错、不能证明其是否正确反映了客观事物的东西，怀疑科学知识的客观性和可靠性。不可知论的前身是古代的怀疑论。古希腊的怀疑论者皮浪认为，对任何感觉和判断都不能说出真或假，谁都无法知道任何事物。中国古代哲学家庄子夸大了认识的相对性，否认对事物的看法有正确和错误的是非标准。西方近代哲学家注重认识论问题的研究，并出现了不可知论的系统理论，其著名代表人物是英国哲学家休谟和德国哲学家康德。休谟竭力回避世界的本质，认为人所认识的只是自己的感觉，而所谓通过认识而发现的客观规律性或因果必然性，不过是人在多次重复感觉以后形成的习惯性联想，至于这种因果必然性是否真实地存在于客观世界当中，这是无法证明的。康德承认客观世界的存在，认为在意识之外客观地存在着一个“自在之物”，它引起人的感觉。但“自在之物”只提供认识的材料，而认识的结果是由主体所具有的先验认识形式对这些材料进行加工改造而成的。因此，人们所认识的只是“自在之物”作用于感官所形成的表象，“自在之物”本身的状况我们是永远也认识不了的。

不可知论的共同特点是怀疑人类科学知识的客观性和可靠性，不相信人类认识世界的能力，在人的认识和客观世界之间人为地划了一条不可逾越的鸿沟。这种对人的认识所持的消极、悲观和否定的态度，不利于科学的发展，并往往为信仰主义保留和开辟地盘。

2. 不可知论出现的认识论根源

不可知论的出现，有着深刻的认识论根源。它反映了人的认识过程中矛盾的复杂性。不可知论发现并揭露了认识过程中主观和客观、现象和本质、感性和理性、有限和无限的矛盾，并且指出了机械论和独断论在这些问题上的片面性，这些都有力促进了认识论的发展。但是，不可知论只看到认识过程诸环节中矛盾的一面，并把它们绝对割裂开来，在人的认识和客观世界之间人为地划了一条不可逾越的界限，本质上是错误的。

在哲学史上，唯物主义哲学家和彻底的唯心主义哲学家都反对不可知论，都在不同程度上对不可知论进行过批判。费尔巴哈在批判不可知论时指出，事物及其属性是可以认识的，人的感官能够正确地反映外部世界。费尔巴哈在原则上是正确的。黑格尔也批判过不可知论，指出在现象和本质之间并没有不可逾越的鸿沟。本质和现象是同一的，本质通过现象表现出来，因此，可以通过现象看本质。黑格尔对不可知论的批判包含着辩证法思想。但在马克思主义以前，旧唯物主义者和黑格尔等都未能彻底驳倒不可知论。

3. 马克思主义哲学用实践的观点批判不可知论

哲学史上绝大多数哲学家都承认世界的可知性，并对不可知论的观点作了深刻的批判。但是，由于他们只是从逻辑上和理论上批判不可知论.没有能找到思维和存在、主观和客观相统一的真正基础，因而未能驳倒不可知论。马克思主义哲学是用实践的观点批判不可知论的。恩格斯指出：“对这些以及其他一切哲学上的怪论的最令人信服的驳斥是实践，即实验和工业。既然我们自己能够制造出某一自然过程，按照它的条件把它生产出来，并使它为我们的目的服务。从而证明我们对这一过程的理解是正确的，那么康德的不可捉摸的‘自在之物，就完结了。”①之所以如此，是因为认识与对象、主观与客观的统一不仅是个理论问题，更重要的是实践问题。人只有在实践中才能证明自己的认识是否与客观对象相一致。事实上，人们在实践中每天都在把大量的“自在之物”转变成“为我之物”。

① 马克思恩格斯选集(第4卷)[C].北京：人民出版社，1995，第225页

4. 马克思主义认识论坚持世界及其规律的可知性

马克思主义认识论坚持世界及其规律的可知性,并不是说人们有朝一日能够穷尽对于整个世界的认识,即并不否认认识的矛盾性和相对性。马克思主义认识论认为,世界上只有未知之物,没有不可知之物;人的认识能力没有原则上不可逾越的界限;人能在实践中证实自己思维的真理性,即自己思维的现实性和力量。马克思主义认识论把认识的相对性和绝对性、有限性和无限性、主观性和客观性等在实践基础上统一了起来,因此它同不可知论划清了界限,批判并超越了不可知论,成为科学的认识理论。

(二)马克思主义认识论坚持了唯物主义的反映论,同唯心主义的先验论划清了界限

在认识论中,历来存在着两条根本对立的认识路线,即"从物到感觉和思想"的唯物主义反映论的认识路线和"从思想和感觉到物"的唯心主义先验论的认识路线。

1. 马克思主义认识论与唯心主义先验论根本对立

唯心主义先验论从唯心主义世界观的基本立场出发,主张意识第一性,物质第二性,把物质世界看作是主观或"客观"精神的产物,把认识看作是先于物质、先于实践经验的东西,奉行"从思想和感觉到物"的认识路线。客观唯心主义认为,认识来自物质世界之外的某种客观精神或是神的启示、赐予。古希腊哲学家柏拉图的"回忆说",把认识看作是不死的灵魂对于人诞生于尘世以前所居住的理念世界的回忆。中国古代的程朱哲学、德国近代的黑格尔哲学,都坚持这种客观唯心主义的认识论路线。主观唯心主义认为,人的思想、知识是主观自生的,是头脑固有的,是心灵的自由创造。中国古代哲学家王阳明认为,一切知识的根源是"良知"。"良知"为人们心中所固有,是不教而知的;英国哲学家贝克莱则认为,认识来源于自我感觉。

2. 马克思主义产生之前唯物主义哲学家对先验论的批判

马克思主义产生之前的唯物主义哲学家站在反映论的立场上,对唯心主义的先验论进行过多方面的批判。它们从物质第一性、意识第二性的哲学前提出发,运用各种事实指出脱离感觉经验就不可能有人的认识,强调认识、知识只能从经验中获得,认识是对存在的反映。这些观点对于揭露先验论的错误,特别是对于批判神秘的天启说和生而知之的荒谬观点起过积极的作用。但是,马克思主义以前的旧唯物论,由于脱离实践和辩证法,忽视了主体能动性在认识中的作用,因此不但没有彻底驳倒唯心主义先验论,反而由于片面强调环境、对象的作用,使自己陷入了消极、直观的反映论。

3. 马克思主义哲学对唯心主义先验论的批判

马克思主义认识论高度重视唯心主义先验论中所包含的主体能动性的思想,充分肯定各种主观因素特别是由经验知识、情感意志、思维方式组成的主体认识图式、认识结构对认识的制约和影响。但认为这种认识图式并不是先验地产生的,而是人类世代相传的亿万次重复的实践活动在人的大脑中观念内化的结果。唯心主义先验论的根本错误不在于承认和强调主体的能动性,而在于把认识封闭在主观精神的范围内,对认识作纯主观的解释,否认认识的客观来源,结果使得认识活动中的主体能动性成为不可理解的神秘的东西。马克思主义认识论从实践方面看认识,不仅为认识的能动性找到了客观的基础。而且在哲学史上第一次解决了认识活动中主体能动性与唯物主义相统一的基础。

(三)马克思主义认识论坚持了能动的反映论，同旧唯物主义的直观反映论划清了界限

1. 马克思主义认识论与旧唯物主义的直观反映论有着原则的区别

旧唯物主义认识论坚持“从物到感觉和思想”的认识路线，认为客观世界独立于人的意识而存在。认识是人脑对客观物质世界的反映。唯物主义反映论还坚持可知论，认为认识能够正确地反映客观物质世界，即思维与存在具有同一性。对此。马克思主义认识论予以充分的肯定。但是，旧唯物主义的反映论是直观的、机械的反映论，它把主体对客体的能动的反映看作是主体消极、被动地接受客体刺激的过程。德谟克利特的“影像说”认为，构成事物的原子群会不断流射出事物的“影像”，“影像”作用于人的感官和心灵，便产生感觉和思想。洛克的“白板说”把人的心灵视如白纸，在它上面没有任何标记和观念，一切印记、观念都是客观事物作用于人的心灵的结果。

马克思主义认识论坚持了唯物主义反映论的基本立场，彻底克服了旧唯物主义直观反映论的根本缺陷，把旧唯物主义认识论的直观反映的概念，经过改造提升为辩证唯物主义的能动反映的概念。

2. 旧唯物主义反映论的根本缺陷

旧唯物主义反映论的根本缺陷在于：第一，脱离社会实践去观察认识。马克思曾指出，“从前的一切唯物主义包括费尔巴哈的唯物主义的主要缺点在于对对象、现实、感性，只是从客体的或者直观的形式去理解，而不是把它们当作感性的人的活动。当作实践去理解，不是从主体方面去理解。”他们认为，认识主体只是自然的生物人，而不是处于社会关系和实践活动中的人；认识的客体只是直观的对象，而不是实践活动中的被改造者；认识的本质只是站在客观世界之外的人对于客观世界的机械、被动的反映。第二，脱离辩证法去观察认识。既然认识的发生过程只是客体作用于人的感官、主体被动地接受客体的刺激，那么，认识就是一次完成的，如同照相一样。他们不了解认识是充满矛盾的无限发展的过程。

3. 马克思主义认识论坚持能动的反映论的主要表现

马克思主义认识论坚持能动的反映论主要表现在以下两个方面。

第一，马克思主义认识论把人类社会实践作为全部认识论的基础，立足于社会实践的观点，全面、正确地分析和说明了人对世界反映的社会性、主体性和能动性，从认识与实践的相互作用中科学地说明了认识的形成、本质及其发展规律，与旧唯物主义离开社会实践和人的历史发展来理解人的反映不同。它认为，人与世界的关系首先是改造与被改造的关系，在此基础上才产生出它们之间的反映与被反映的关系；生活、实践的观点，是认识论的首要的、基本的观点。这就克服了旧唯物主义把人的认识生物化、自然化的根本缺陷。

第二，马克思主义认识论把辩证法贯彻于反映论，与形而上学唯物主义脱离辩证法不同。马克思主义认识论把辩证法贯彻于反映论是指出人对世界的能动反映是充满矛盾运动的辩证过程。而旧唯物主义的非辩证性则是把复杂的认识过程简单化，把活生生的认识运动凝固化，把多方面的认识要素片面化。实践的唯物主义把实践引入认识论，把辩证法同认识论相结合，从而指明认识是思维对客体的永远的、无止境的接近，科学地揭示出人对世界的能动反映是一个由浅入深、由片面到全面的无限发展过程。

总之，马克思主义认识论把实践作为认识的基础，把辩证法引入反映论，实现了认识论的伟大变革。

二、马克思主义认识论

思维和存在的关系问题既是哲学的基本问题，也是认识论的基本问题。认识论就是紧紧围绕思维和存在的相互关系来揭示认识的本质及其发展规律的理论。马克思主义认识论就是通过研究思维与存在、主观与客观、理论与实践的相互关系，为主观正确地反映客观，更有效地改造客观提供了一个科学的方法论，为人类指明认识世界和改造世界的正确途径。

辩证唯物主义的认识论是彻底的反映论。它不但坚持了反映论这一唯物主义认识论的共同前提，同时还把实践引入了认识论，指出了实践在认识论中的重要地位和作用，强调了认识对实践的依赖关系，把解决主观与客观关系问题同解决认识和实践关系问题有机地结合了起来，强调要正确解决主观与客观的关系这一认识论问题，必须对联结主观与客观关系的实践问题、对认识和实践的关系问题做出正确的科学的回答。

（一）马克思主义认识论继承了唯物主义反映论的基本立场

它坚持物质第一性、意识第二性、意识是对存在的反映这个唯物主义的基本前提，承认客观物质世界不依赖于人的意识而存在。认识是对客观世界的主观映像，离开了客观世界也就无所谓认识，从而同唯心主义、不可知论根本区别开来。马克思主义认识论还把反映论的原则贯彻于社会历史领域，指出人们的社会意识、社会知识是对社会存在的反映，对社会的意识现象作了唯物主义的解释。

（二）马克思主义认识论彻底批判了唯心主义先验论的观点

唯心主义的先验论认为，认识是先于社会物质而存在着的，只是我们遗忘了它，而后来得到的认识是由于受到了某种启发而对先在知识的一种记忆恢复。事实上，各种唯心主义认识论虽各有其特点，但其本质而言是无任何区别的，都主张人的认识先于物质、先于实践经验。马克思主义哲学批判地吸取了唯心主义认识论所含有的主体能动性思想。它从认识内容和认识形式两方面揭示认识的实践来源，强调认识和对象、主观和客观统一的真正基础是实践，承认主体的能动活动对认识的形成有着重要作用。在哲学史上第一次科学地解决了能动性与唯物主义基础相统一的问题，使能动性具有了社会历史的现实内容，从根本上揭露出唯心主义先验论反科学的性质。

（三）马克思主义认识论立足于社会实践的观点

它科学地说明了人对世界反映的社会性、主体性和能动性。人与世界的关系首先是改造与被改造的关系，在此基础上才产生了它们之间的反映与被反映的关系。人是在自觉地、主动地改造世界的过程中反映世界的。只有在改造客观世界的实践活动中，正确的认识才得以产生和发展。而且在这双重的关系中，人们既改造着客观世界，也改造着自己的认识能力。人对世界的反映能力是随着实践的发展而历史地变化发展的。马克思主义认识论正是把实践作为认识的起点和归宿，并将其贯穿于认识的全过程，才找到了被唯心主义抽象化了的认识能动性的物质根源，也克服了旧唯物主义把人的认识生物化、自然化的根本缺陷。

（四）马克思主义认识论从根本上驳倒了不可知论

不可知论否认思维与存在的同一性，否认人有正确反映客观世界的能力，否认客观世界是可以被认识的。不可知论认为认识不能超出经验的界限，对未来事物的猜想不能算是认识，并且将经验作为检验认识正确与否的标准。我们从理论上讲，不可知论的错误就在于割裂思维与存在的关系，形而上学地把思维和存在绝对对立起来，夸大了人类感知的局限性，认为认识超出感觉的界限是不可能的，把感觉当成了隔绝认识与外部世界的屏障，还形而上学地割裂了认识的有限与无限之间的辩证关系。马克思用社会的实践论彻底地驳斥了不可知论，指出实践是人与世界相统一的一个基本环节和桥梁。而实践之所以能彻底驳倒不可知论，最根本的原因在于：认识与对象、主观与客观的统一不仅是理论问题，更重要的是实践问题，人只有在实践中才能证实自己的认识是否与客观对象相一致。人在实践基础上产生的认识，既是人观念地把握世界的方式，也是实践改造世界的必要前提。

（五）马克思主义认识论把辩证法运用于反映论

马克思主义认识论把辩证法运用于反映论，科学地说明了认识发展的辩证过程。由于旧唯物主义的反映论不能把反映论与辩证法结合起，因而看不到思维对存在的巨大的反作用，把人对世界的认识理解为一种静态的、死板的、类似于照镜子那样的消极映射活动。马克思主义认识论把辩证法同认识论相结合。指出人对客观世界的反映是充满矛盾的辩证过程。就人们对具体事物的认识而言。反映要经过从生动的直观到抽象的思维再到实践：就人类对整个世界的认识而言，反映是实践、认识、再实践、再认识的循环递进的过程。这就进一步克服了旧唯物主义反映论把复杂的认识过程简单化，把活生生的认识运动凝固化，把多方面的认识要素片面化的错误。科学地揭示出人对客观世界的能动反映是一个由浅入深、由片面到更多方面的无限发展的历史过程。

（六）马克思主义认识论彻底克服直观反映论的根本缺陷

旧唯物主义的直观反映论把认识主体看成一种生物性的自然存在物，把人产生认识的过程看作是认识者消极、被动地接受外界刺激的过程。古代的影像说、流射说、蜡块说一直到近代的白板说和感觉论等都属于这种理论。它看不到认识对社会实践的依赖关系，认为世界只是观察的对象、适应的对象、感觉的来源，而不是实践的对象、改造的对象，人只能在消极的适应外界的过程中去被动地、直观地、照相式地反映外部世界。马克思主义认识论把辩证法贯彻于反映论，指出人对世界的能动反映是充满矛盾运动的过程，克服了旧唯物主义把复杂的认识过程简单化、把活生生的认识运动凝固化、把多方面的认识要素片面化的错误，科学地揭示出人对世界的能动反映是一个由浅入深的无限发展过程。

因此，马克思主义哲学继承了唯物主义反映论的基本立场，以能动反映的观点彻底批判了唯心主义先验论的观点，并科学地说明了被唯心主义所抽象发展了的主体能动性思想。马克思主义认识论立足于社会实践的观点，从根本上驳倒了不可知论，指出实践是人与世界相统一的一个基本环节和桥梁。马克思主义认识论第一次把实践引入认识论，把辩证法运用于反映论，不仅彻底粉碎了唯心主义的认识论和不可知论，同时也克服了旧唯物主义认识论的根本缺陷，对思维和存在、主观和客观、认识和实践的关系问题作了全面的科学的理解，使认识中的一系列问题都得到了解决。

第四节　马克思主义历史论

历史观又称社会历史观，是指人们关于人类社会历史的总的看法和根本观点的理论体系。历史观涉及许多重大的社会历史问题，如社会存在和社会意识的关系，社会历史发展有无内在的动力和客观规律性，阶级斗争、人民群众、杰出人物在历史上的作用，人的本质和人的价值等问题。历史观的基本问题是社会存在与社会意识的关系问题。马克思主义产生之前唯心主义历史观长期居于统治地位，马克思主义历史观是对西方传统历史观的革命性超越。

一、唯心主义历史观

在马克思主义历史观产生之前，在社会历史观的领域内，只有某些具有历史唯物主义因素的观点和命题，在总体上是唯心史观长期居统治地位。唯心主义历史观的基本历史形态，是天命论史观、意志论（英雄）史观、人本论史观和理性论史观。

（一）天命论史观

天命论史观把在社会历史之外的“天命”或“天意”这种神秘的、虚幻的精神力量，看成是社会历史发展的最终决定力量，把社会的发展变化视为是按“天命”或“天意”进行的，认为社会的发展变化是天道运行的产物和表现。天命论史观是一种客观唯心主义的历史观。

天命论史观萌芽于早期的原始宗教，早期的人类往往通过神话故事来确定自己在天地（世界）中的位置，图腾崇拜是其最原始的表现形式，而后是崇拜那些代表着神的意志、禀赋了天命的英雄。这是因为在远古时代，“自然界起初是作为一种完全异己的、有无限威力的和不可克服的力量与人们对立的，人们同自然界的关系完全像动物同自然界的关系一样，人们就像牲畜一样慑于自然界，因而，这是对自然界的一种纯粹动物式的意识（自然宗教）”。随着社会生产力的提高，人类主体可以依靠自己的群族力量与自然相对，能够利用自然力量为自己服务，从而人具有了一定的与自然抗争的现实力量时，在社会历史观中就出现了直接以人为神话主体的天命论史观。如西方的宙斯、阿波罗和维纳斯，以及为人类盗火的普罗米修斯等；中国的女娲补天、大禹治水，“替天行道”的圣人和天子等。这是人们试图通过对人类主体性的一种象征性夸大，来解决人与自然的矛盾、摆脱被自然奴役的地位的表现。西方哲学史上持天命论史观的，如柏拉图构建的“理想国”、奥古斯丁构建的“上帝之城”等观念，都把人类历史的发展过程看成是神道或天道的运行和实现的过程，就是天命论史观的具体表现形式。

（二）意志论（英雄）史观

意志论者所言说的意志，如果是指神、上帝的意志决定社会历史，就表现为客观唯心主义的历史观；如果是指人的意志决定社会历史，就表现为是主观唯心主义的历史观。从人为意志来说，意志论史观和英雄史观都是一种主观唯心主义的历史观。由于唯意志论者所言说的意志，往往指的是伟大人物（英雄豪杰）的意志，因而，意志论史观的落脚点为英雄史观，而英雄史观的归宿点是意志论史观。

意志论史观否定历史发展的客观原因，把历史发展的终极原因归结为人的主观的思想动机和主观意志。英雄史观主张少数英雄人物主宰和创造社会历史，把英雄人物当成人类的救世主，认为英雄人物的意志可以决定历史的进程，英雄人物能够随心所欲地创造历史，人民群众则是消极的、被动的、惰性的物质，是英雄人物的盲目追随者和供他们使用的材料。西方哲学史上的意志论史观、英雄史观，如英国的托马斯·卡莱尔认为，世界历史实际上都是降生到这个世界上来的伟大人物的思想的外在物质的结果，是他们思想的实现和体现；俄国的民粹派认为，英雄人物是“实数”、人民群众是“零”，只有把“实数”放到“零”的前面，才能构成有效的数字；尼采在“超人哲学”中，鼓吹“超人”具有与生俱来的发号施令的权力，人民群众只是供“超人”实验的材料，只能服从超人的意志等观念，都是意志论史观、英雄史观的具体表现形式。

(三)人本论史观

人本论史观是欧洲人文主义运动的历史性产物。文艺复兴时期的人本论史观，强调人的各种本能、欲望、荣誉、尊严、自由等，所谓“完整的人性”的合理性及其对社会历史的决定作用，从而把人性抬高到神的地位上去。17世纪以后，自然界在工业中被现实地当作人改造的对象，资本主义开始萌发，人类开始现实地成为世界的主人。到英国资产阶级革命时期，人们开始以人的眼光来观察人类社会及其发展。这个时期的哲学家们关于人的学说，大多以感觉论为基础，把感性的利益和需要当作人性的基本内容，主张一切以满足、发展、解决人性问题为准则。

到德国资产阶级革命的前夜，费尔巴哈的人本哲学则把“人”当作自己的历史观的核心。他强调“人”的至高无上的地位，不仅把人当作他的哲学的出发点和归宿，而且把人和作为人的基础、具有先在性的自然界，看作是他的哲学所把握的唯一的、包罗万象的和最高的对象。费尔巴哈认为，从人和自然界这两个实体在感性世界中的地位和作用看，人是主词(主体)，自然界是宾词(客体)，只有人是自为的对象性的存在，自然界及其事物都不能自在地成为对象性的存在，所以，在现实的感性世界中，任何对象性都是人的对象性。费尔巴哈从抽象同一的人的“类本质”的观点出发，运用他独特的人本主义思维方式(从人的本质的对象化去看待与人处于对象性的一切存在)，引出了他的社会历史观的根本原则——即作为他所称人性的重要组成部分的“爱”。他把“爱”看作一种能创造任何奇迹的“神”，认为“爱”是人类社会历史发展的动力。他甚至声称要建立一种“无神”的“爱”的新宗教，以取代有神的旧宗教——基督教。

(四)理性论历史观

理性论历史观理性论史观是一种科学理性论在社会历史观中的表现，主要特点是力图把历史理论建立在科学理性的基础上。在他们看来，历史进程体现的是一种理性精神的进程，历史的发展体现的是一种理性精神的发展过程。这些思想家主要是企图通过把“理性”、“人性”、“理念”等精神性的观念作为历史的主体，以试图探求把握人类社会历史发展进程的某种规律性。

维柯在《新科学》一书中，把人类历史看成是“神的时代——英雄时代——人的时代”这样一个螺旋发展的过程，以区别于自然界的历史。弗兰西斯·培根主张，人类主体通过实验科学就能够获得对自然的知识，通过发展工业就能主宰自然对象和自己。霍布斯认为，无论是自然、还是社会，都服从并受因果规律的支配。洛克看到了霍布斯的缺陷，他提出了以人性论为基础、以分权制衡理论为特征的社会政治学说。

18世纪的思想家则大都是从人性论出发来阐述其社会历史观理论的，尊重人类理性和人权是这个时期社会历史理论的特征。如孟德斯鸠，他认为法是人类社会和国家制度赖以存在的基础，并提出了以自然环境论、民族精神论和立法理性论为主要内容的社会历史观体系。伏尔泰通过对世界各民族历史的考察，得出全世界的人类从总体上说是沿着不断进步的道路发展的结论。卢梭认为，人类的不平等是历史形成的，社会发展是一种退步，可以通过社会契约恢复人的自然权利。爱尔维修认为追求肉体的快乐和逃避肉体的痛苦是人的“自爱”或“自保”的本性，人是一部为肉体的感受性所发动的机器，现实中的人的差异在于所处的社会环境的差异，但他同时又得出了“意见支配世界”的结论。

在德国古典哲学中，康德认为人是感性生物和理性生物的混合体:作为感性生物体，处于经验世界，服从自然因果必然性，追求享乐和幸福；作为理性生物体，处于本体世界，又具有摆脱感性欲望、自由自觉地履行绝对命令的善良愿望，并提出人的理性为自然立法，实践理性高于理论理性，至善是理性的终极目标。费希特认为人依靠文化这个手段，可以达到自身的感性与理性、情感与理智的统一，使个人和人类的意志、目标、理想相和谐。黑格尔认为人类历史的发展是一个有规律性的过程。他力图透过人的思想、动机去寻找历史发展的动因，把历史中的偶然事件与潜藏在这些事件之中的动力的东西相区别，试图从纷繁复杂的历史现象背后把握历史前进中的规律性的东西。恩格斯称黑格尔的“这个划时代的历史观是新的唯物主义观点的直接的理论前提”。

二、马克思主义历史观

（一）马克思主义历史观是解开人类社会历史之谜的钥匙

马克思主义以前，作为剥削阶级意识形态的唯心史观，把社会历史理论这种本应是关于人类历史的真正科学导向了神秘主义。在马克思看来：“全部社会生活的本质是实践的。凡是把理论引向神秘主义的神秘的东西，都能在人的实践中以及对这个实践的理解中得到合理的解决。”

唯心主义不懂得人的现实世界是在实践中生成发展的——这个人类世界的实践本质，就不懂得人的社会生活的实践本质。它们不是从人的现实的实践活动去理解人类社会的历史及其发展，而是把人们对自己现实活动的反映——抽象的“观念”当作前提和根据，从这种现实活动的“影子”出发去说明人们的现实活动，从而企求在观念中构造超历史的“一般历史哲学”。这就必然颠倒人的现实活动和反映现实活动的观念的关系。马克思主义历史观实现了思维方式的根本转换：与“唯心主义历史观不同，它不是在每个时代中寻找某种范畴，而是始终站在现实历史的基础上，不是从观念出发来解释实践，而是从物质实践出发来解释观念的形成”。这样，马克思主义哲学就把自己解决哲学基本问题的立场贯彻到了社会历史领域内，使从实践理解自己活动对象的自然与从实践理解自己活动对象的社会达到了有机统一。

旧唯物主义只主张存在决定意识，必然在社会历史观方面陷入历史的唯心主义。唯物主义历史观主张社会存在决定社会意识，认为“社会存在”不是脱离人的活动、不从实践去理解的“社会存在”的概念或观念性的存在，而是在人的社会实践中生成发展着的现实性的社会存在，只有坚持从实践出发去解释观念的形成，才算是真正坚持了社会存在决定社会意识的实践唯物主义原则。正如马克思、恩格斯所指出的：“这种历史观就在于：从直接生活的物质生产出发阐述现实的生产过程，把同这种生产方式相联系的、它所产生的交往形式即各个不同阶段上的市民社会理解为整个历史的基础，从市民社会作为国家的活动描述市民社会，同时从市民社会出发阐明意识的所有各种不同理论的产物和形式，如宗教、哲学、道德等等，而且追溯它们的产生过程。”这就是说，从现实的实践解释作为人们对现实实践反映的观念的形成，从物质资料的生产方式和交往方式的相互关系，去说明社会意识的各种形式及其产生过程。恩格斯在为马克思的《路易·波拿巴的雾月十八日》所写的“第三版序言”中指出：“正是马克思最先发现了伟大的历史运动规律，根据这个规律，一切历史上的斗争，无论是在政治、宗教、哲学的领域中进行的，还是在任何其他意识形态领域中进行的，实际上只是各社会阶级的斗争或多或少明显的表现，而这些阶级的存在以及它们之间的冲突，又为它们的经济状况的发展程度、它们的生产的性质和方式以及由生产所决定的交换的性质和方式所制约。”可以说，马克思主义正是从对相关社会历史问题的“在人的实践中以及对这个实践的理解中”，找到了实践思维方式这把马克思主义解开全部人类社会历史之谜的钥匙。

马克思主义历史观的“唯物”，不是一般的唯物，而是实践的唯物。实践思维方式是马克思主义揭开人类社会历史之谜的钥匙。所以，从马克思主义历史观的理论性质看，又可以把马克思主义的唯物史观称为“实践的历史观”（简称“实践历史观”）。

（二）实践历史观对社会存在和社会意识关系的解决

所谓社会存在指人们社会生活的物质方面，主要指物质生活资料的生产及生产方式，也包括地理环境和人口因素。地理环境是人类物质生活的必要条件之一，人类的生存依赖于地理环境所提供的社会物质生活条件，地理环境对人类社会发展起着重要的制约和影响作用。同时，人口因素也是社会物质生活的重要条件，人口因素虽然对社会发展不起决定作用，但人口的数量、素质、结构等状况对社会发展起着重要的影响和制约作用。在社会物质生活条件中，生产实践和生产方式是人们进行社会生活最重要的条件，它对人类社会的发展起着决定作用：第一，生产实践及生产方式是人类社会赖以存在和发展的基础，是人类社会其他一切活动的前提。第二，生产实践及生产方式决定整个社会的结构、性质和面貌，制约着人们的经济生活、政治生活和精神生活的过程。第三，生产实践及生产方式的发展变化决定整个社会历史的发展变化，推动社会形态由低级向高级的更替和发展。

所谓社会意识是指人们社会生活的精神方面，是社会实践和社会生活的各种精神条件的总和。社会意识是对社会存在的反映，包括社会的政治法律思想、哲学、道德、艺术、科学、宗教等意识形式，以及风俗、习惯等社会心理现象。属于上层建筑的社会意识形式称为社会意识形态，主要包括政治法律思想、哲学、道德、艺术、宗教等。这部分社会意识具有鲜明的阶级属性，是为一定的阶级服务的。非上层建筑的意识形式主要包括语言学、自然科学、逻辑学等。这部分社会意识不具有阶级性，是可以为任何阶级服务的。

马克思主义的实践历史观认为：“物质生活的生产方式制约着整个社会生活、政治生活和精神生活过程。不是人们的意识决定人们的存在，相反，是人们的社会存在决定人们的意识。”但是，社会意识一经从社会实践中产生出来，它就不是消极被动地适应社会存在，而是对社会存在具有相对的独立性。

首先，社会存在决定社会意识，社会意识依赖于社会存在。这主要表现在：第一，社会存在是社会意识内容的客观来源，社会意识是社会物质生活过程及其条件的主观反映。第二，社会意识是人们社会生活、交往实践的产物。如同语言的产生一样，社会意识也是人们在生产、实践中，由于交往活动的需要而产生的。第三，随着社会存在的发展，社会意识也相应地或迟或早地发生变化和发展。

其次，社会意识一旦产生，就具有其相对独立性，即它在反映社会存在的同时，有自己特有的发展形式和规律。这主要表现在：第一，社会意识与社会存在发展的不平衡性。主要包括以下两种情况：社会经济发展水平较高的国家和地区，社会意识的发展水平未必都是最高的；某些经济水平相对落后的国家，其社会意识的某些方面却可以领先于经济发达的国家或地区。例如，19世纪中期的德国在经济发展水平上远远落后于当时的英国和法国，但是让德国人骄傲的是，他们在哲学领域里的研究水平却远远高于英国和法国；社会主义的中国在经济发展水平上落后于某些发达资本主义国家，但在思想领域的某些方面却超过了这些发达资本主义国家。第二，社会意识与社会存在的变化发展的不完全同步性。一种表现是，社会意识往往落后于社会存在的变化，即社会意识的滞后性。另一种表现是，社会意识有时可以超越现实社会存在的发展状况，即社会意识的超前性和先导性。第三，社会意识的发展具有历史继承性。任何时代的社会意识，都是人类社会意识整个发展链条上的一个环节，都和以前的社会意识有联系，它的产生和发展是以前人所积累的思想材料为前提的。第四，社会生活的内在联系及其统一性，决定了社会意识各形式之间也不是彼此孤立的，它们各自在存在和发展中是相互影响、相互渗透、相互作用的。第五，社会意识对社会存在具有能动的反作用。这是社会意识相对独立性最突出的表现。反映社会发展客观规律的先进的社会意识，对社会发展起积极的促进作用；不反映社会发展客观规律的落后的社会意识，对社会发展起消极的阻碍作用。

马克思主义历史观由于从实践理解社会存在和社会意识的相互关系，从而正确地解决了社会存在和社会意识关系问题，为马克思主义历史观思考和解决社会历史理论的其他相关重大问题奠定了实践唯物主义的基础。

三、人民群众的历史作用

在马克思主义哲学产生之前，唯心主义的英雄史观长期占据支配地位。与此相反，马克思主义认为，人民群众是创造历史的主体。人民群众作为社会生产的直接承担者，始终是社会物质财富和精神财富的创造者，是社会变革的决定性力量。

（一）群众史观与英雄史观

历史是人的活动历史。围绕着人这一主体在历史上的作用，始终存在着两种根本对立的观点，即英雄史观和群众史观。英雄史观认为历史是少数英雄人物创造的，而后者则认为历史是人民群众创造的。

相对于少数叱咤风云人物，人民群众在人们的感观中似乎是默默无闻的。而少数英雄人物则在历史上声名显赫，甚至是某些历史时代也往往以某些英雄人物作为标志。于是就有了这样的问题：是英雄创造了历史，还是广大人民群众创造了历史？对这一问题的不同回答成为历史唯物主义和历史唯心主义的一个原则区别。

英雄史观从社会意识出发，夸大了少数历史人物在历史发展中的作用。认为一定阶段的历史是在英雄的意志和思想主导下形成的。英雄史观主要有两种形式：主观唯心主义的唯意志论和客观唯心主义的历史宿命论。

主观唯心主义的英雄史观认为，英雄豪杰、帝王将相的思想、品格和意志，决定了社会发展的进程。而人民群众在历史中只不过是英雄的附庸，是英雄的追随者。客观唯心主义的英雄史观认为，历史是由“上帝”和“天命”这种客观的而且神秘的力量所决定的。英雄人物秉承这种神秘力量现实主体，是现实世界的发展中这种力量的体现者。

唯物史观的创立，是对英雄史观的否定。马克思、恩格斯在《神圣家族》中批判了青年黑格尔派为的英雄史观，指出历史是追求着自己目的的人的活动。人民群众在这种活动中不是“消极”和“非历史的”因素，恰恰相反的是，“历史上的活动和思想都是‘群众’的思想和活动”，“历史活动是群众的事业”，决定历史的是“行动着的群众”。[①]

（二）人民群众是历史的创造者

人民群众是整个历史活动的主体。从量上来看，人民群众占据了社会成员的绝大多数。无论在什么时代，劳动群众都是人民群众的主要成员。从质上来看，人民群众通过生产力的创造和对生产关系的构想，逐渐从旧的社会制度之中积累新社会制度变革的质变，一次推动历史不断前

---

① 马克思恩格斯全集(第2卷)[C].北京：人民出版社，1957，第103～104页

进。“人民，只有人民，才是创造世界历史的动力。”[①]

人民群众是一个历史范畴。人民群众的具体内容因不同的历史、国家、社会发展形态而各不相同。即使是剥削阶级的成员在一定的历史条件下，也可以人民群众中的一部分。例如在中国统一战线的发展过程中，一切抗日的基层都可以成为人民群众的范畴。

人民群众创造历史的作用，集中体现在三个方面。

第一，人民群众创造社会物质财富成为历史发展的物质基础。物质生产是人类历史发展的核心内容，是推动历史发展的决定力量。而人民群众则是物质生产的承担者，是社会物质生活资料的创造者。在生产过程中，劳动群众不断积累生产经验，改造生产工具，实现社会物质财富跨时代的增长。纵观人类文明的发展历史，可以说整个社会赖以生存的物质财富都是由人民群众创造的。

第二，人民群众创造精神财富成为历史发展的间接助力。在人类广泛的精神生活中，在哲学、科学和文艺等领域里，杰出的思想家、科学家和艺术家对社会精神财富的创造，对人类科学文化的发展，有着十分重要的贡献。但归根到底，人类文明的一切精神财富都是源自人民群众的生产生活实践的。思想家、科学家和艺术家的创造活动不是凭空而来的，都是在人民群众的实践之中寻找来的灵感。毛泽东在谈到文学艺术创作时说：“人民生活中本来存在着文学艺术原料的矿藏，这是自然形态的东西，是粗糙的东西，但也是最生动、最丰富、最基本的东西……它们是一切文学艺术的取之不尽、用之不竭的唯一的源泉。”

人民群众对精神财富的创造，又突出地表现在他们对生活素材进行加工从而提供丰富的初成品，成为许多伟大的艺术作品的直接依据。正如马克思在谈到近代科技的发明时所说：“如果有一部考证性的工艺史，就会证明，18 世纪的任何发明，很少是属于某一个人的。”[②]

第三，人民群众还是社会变革的决定性力量。人民群众在社会变革之中显示出巨大的历史前途直接推动了社会变革朝向人民群众所希望的方向发展。“革命是被压迫者和被剥削者的盛大节日。人民群众在任何时候都不能像在革命时期这样以新社会制度的积极创造者的身份出现。”[③]人类历史表明，一场成功的社会革命运动，都必须把人民群众组织起来，凝聚人民群众的力量，以推翻腐朽的社会制度。无论是在革命中还是在改革中，人民群众始终都是决定力量。人民群众作为生产力和生产关系的集合体，能够最深切的感受到历史发展的方向。

总之，社会的发展与变革，是生产力与生产关系、经济基础与上层建筑矛盾运动的结果，是人民群众创造性活动的结果。正是人民群众世世代代的实践活动创造着历史，推动着社会前进，并最终决定着社会发展的历史进程。

(三)人民群众创造历史的条件

人民群众的历史创造活动总是要受一定的社会条件制约。“我们自己创造着我们的历史，但是……我们是在十分确定的前提和条件下创造的。其中经济的前提和条件归根到底是决定性的。但是政治等等的前提和条件，甚至那些萦回于人们头脑中的传统，也起着一定的作用，虽然不是决定性的作用。”[④]因此，我们大致上可以将人民群众创造历史的条件区分为经济条件、政治

① 毛泽东选集(第 3 卷)[C]. 北京：人民出版社，1991，第 1031 页

② 马克思恩格斯全集(第 44 卷)[C]. 北京：人民出版社，2001，第 428～429 页

③ 列宁选集(第 1 卷)[C]. 北京：人民出版社，1995，第 616 页

④ 马克思恩格斯选集(第 4 卷)[C]. 北京：人民出版社，1995，第 696 页

条件和文化条件。

首先，经济条件。从马克思主义经济基础决定上层建筑的历史唯物主义原理出发，经济条件是人民群众参与社会历史活动的一项最基本制约条件。这一条件主要包括生产力和生产关系。历史现实中存在的社会生产力，对人们的活动具有决定性的制约作用。不同社会的生产力状况，决定了物质生产的社会规模和内容。而社会物质生产的规模和内容则进一步决定了社会物质生活的方式，以及社会革命的形式。生产关系也是制约人们的历史活动的重要因素。不同性质的生产关系与人民群众积极主动性发挥有很大关系。在先进的适应生产力发展的生产关系之中，人民群众的积极主动性被普遍调动，而在落后的生产关系之中，人民群众的积极主动性则被束缚。尤其是在阶级社会之中，生产关系对人民群众的调动作用更加明显，人民群众囿于一定的阶级之中，其历史活动往往也要从本阶级的利益出发。

其次，政治条件。政治条件包括了广泛的内容，其中有政治制度，法律制度，阶级意识等等。特别是在阶级社会之中，国家制度通过各种不同的方式限制或者促进着人民群众积极主动性的发挥。在不同的社会政治制度下，人民群众所起的历史作用很不一样。在人压迫人、人剥削人的制度下，劳动群众从事社会活动的积极性不能不遭受压抑，其聪明才智不可能得到充分的发挥。

最后，文化条件。马克思所说的“一切已死的先辈们的传统”[①]，恩格斯所说的“萦回于人们头脑中的传统”[②]，其实就是指文化条件，它在人民群众创造历史活动中有不可忽视的作用。文化是一种思想上的历史形态，是社会的精神因素，其内容有进步的也有落后的。进步的文化能够对人民群众的历史创造活动起激励、鼓舞的作用，而落后的文化则对此起着压抑和束缚的作用。因此在人民群众创造历史的活动中，应该积极发挥进步文化的作用。文化战线应该创造民族的、科学的、大众的文化以推动社会的发展。

人民群众的历史活动受制于一定的条件，但他们在这样的条件面前并不是无能为力的。人民群众通过其实践不断地认识条件、改变条件、创造条件，推动历史向前发展。虽然每一特定时代的人民群众创造历史的力量都是有限的，但就其世代延续而言，人民群众的历史创造力又是无限的。

四、个人的历史作用

历史唯物主义否定英雄史观，但是并不否定个人在历史活动中的积极作用。积极肯定历史上个人的贡献，并给予正确客观的评价是坚持历史唯物主义的核心原则。

(一)历史活动中的个体和群体

个体，相对于群体而言，指的是一个个具有社会、精神和生理特性的个人。其中，社会的特性居于支配地位，体现个人的本质。单个的人“是一个特殊的个体，并且正是他的特殊性使他成为一个个体，成为一个现实的、单个的社会存在物”[③]。群体是指一定数量的社会个体通过一定的社会关系所组成的社会集合体。个体和群体是辩证统一的。个体是组成群体的“细胞”，没有个体也就没有群体。“人们的社会历史始终只是他们的个体发展的历史，而不管他们是否意识到这

① 马克思恩格斯选集(第1卷)[C].北京：人民出版社，1995，第585页

② 马克思恩格斯选集(第4卷)[C].北京：人民出版社，1995，第696页

③ 马克思恩格斯全集(第3卷)[C].北京：人民出版社，2002，第302页

一点。”[①]一定群体的发展还必须依赖于个体主观能动性的发挥。社会群体的正常发展必须要有个体在一定条件下的积极支持，并以此为基础巩固更广范围的群体的发展。

个体也必须存在于群体之中。没有群体和社会的塑造作用，任何个体的生存都是不可能的。“人是最名副其实的政治动物，不仅是一种合群的动物，而且是只有在社会中才能独立的动物。”[②]群体并不是个体类似货物的堆积，而是个体主观意志能够得到表达的有一定社会联系的集合体。个体在群体之中获得了生活生产资料，学会了使用这些生活生产资料的方法，并通过这些生活生产资料发展自己。

个体和群体的关系是不断发展变化着的。在阶级社会之中，个体属于一定的阶级，以阶级利益为自己生活生产的准则，阶级内部的团结和阶级外部的独立是这个时期个体与群体关系的突出特征。“他们不是作为个人而是作为阶级的成员处于这种共同关系中的。”[③]在这种社会分裂的状态中，群体之间，特别是统治阶级与被统治阶级之间，存在着全面的、激烈的对抗，由此而形成的社会共同体不过是一个阶级反对另一个阶级的联合。“对于被统治的阶级来说，它不仅是完全虚幻的共同体，而且是新的桎梏。”在社会主义社会消灭了阶级以后，人与群体之间的关系将要朝向主体间性的方向发展。通过主体间性的作用。人与人之间的关系将是平等的和谐的。

（二）历史人物的作用

每个人都是历史的参与者，这是人在历史活动中的共性。然而每个人参与到历史的活动中所起到的作用也并不相同，这是人参与历史活动的特性。根据每个人所起的不同作用，我们可以把个人区分为普通个人和历史人物。

普通个人和历史人物的差距往往只在一线之间。普通个人就像一股涓涓细流，众多的力量汇集起来最终影响历史，而历史人物则是这诸多涓涓细流之中最为耀眼的那一股。任何人都能从不同的侧面看到这股细流的与众不同。

历史人物是指在历史上发生比较重大影响、给历史事件打上比较深刻的个人印记的人物，包括政治家、军事家、思想家、科学家、艺术家、发明家等。历史人物在社会发展中的作用主要表现在以下方面。

1. 推动或阻碍历史进程

历史人物在历史进程中，往往能够起到推动或阻碍的作用。据此，往往也可以将历史人物分为进步人物或反动人物、正面人物或反面人物。进步人物清楚的分析了历史前进的趋势，发挥自身的力量推动历史不断进步。而反动人物则往往固守旧的历史局面，阻碍新生事物走向历史舞台。例如在晚清时期的社会改革中，大学士倭仁等人在历史的发展中就扮演的是这一角色。反动人物虽然阻碍了历史的发展，但并不是一无是处。进步人物通过与他们的斗争，能够使自己的思想变得更加的成熟，更加的贴近历史实际，自己的思想也更容易为普通群众所熟知。可以说，没有反动人物这一磨刀石，历史的发展也同样不会顺畅。

2. 加速或延缓历史进程

无论是正面人物或者是反面人物，最终都不可能改变历史发展的规律。从影响的程度上来

---

① 马克思恩格斯选集(第 4 卷)[C]. 北京：人民出版社，1995，第 532 页

② 马克思恩格斯选集(第 2 卷)[C]. 北京：人民出版社，1995，第 2 页

③ 马克思恩格斯选集(第 1 卷)[C]. 北京：人民出版社，1995，第 121 页

说，他们的特殊作用也仅限于加速或者延缓历史的发展。正面人物的积极作用能够加速历史的进程，而反面人物的消极反动作用则试图延缓历史发展进程。而历史本身则是在这种加速或延缓之中，曲折发展前进的。因此从整个历史进程来看，即使再伟大的历史人物也不可能完全的影响到整个历史进程发展的一般方向。“俾斯麦能不能把德国拉回到自然经济时代去呢？这是他在他威势最高的时候也做不到的。一般的历史条件，要比任何意志坚强的个人更为强大。”①或许某些杰出人物能够使历史打上一些自己的特性，但是却不能否定历史条件和人民群众在历史之中的需要。

3. 局部改变历史进程的面貌

从结果来看，历史人物通过号召和领导一定的历史活动，使得历史事件往往具有历史人物个人的色彩。人是具体的，这不仅体现在生活中，而且还表现在历史活动中。历史人物在直接参与历史的过程中，通过自身感性的和理性的因素，使一些历史事件掺杂一些自己的性格。这种作用的结果是每个历史事件都呈现自己所独有的面貌，以至于当人们提起某个历史事件时，往往首先想到某些主要历史人物的鲜明形象。“个人的性格只有在社会关系所容许的那个时候、地方和程度内，才能成为社会发展的‘因素’。”②

第五节　马克思主义全面发展论

人的本质在其现实性上是一切社会关系的总和。人在实践中不断地创造社会关系，从而也不断地铸造着自身，丰富着人的本质，使人向着全面性的方向发展。迄今为止，人类并没有得到全面的发展，真正实现人的自由全面发展的社会形态就是马克思所说的“自由王国”。只有在共产主义社会中，人才能真正成为自然的主人、社会关系的主人和人自身的主人。共产主义并非在现实的彼岸，而是贯穿于人类的物质实践之中。

一、人的本质及其规定

人的本质存在于具体的人性之中，是人性中实质性的内容。人的本质力量的对象化决定了人在社会生活中的意义，这种意义是理解人的价值的基础。把握人的本质和价值及其实现，是追求人的自由和全面发展的主体性前提。

(一)人的本质

在马克思主义哲学看来，人不是上帝所创造的，而是由动物进化而来的。在这个过程中，正是劳动创造了人。劳动之所以创造了人，更重要的还在于劳动不断地创造出新的社会关系。人是社会的人，社会是人的社会，每个人都以自己特定的劳动和产品构成他人生存的条件，从而形成人与人之间的社会关系。当新的劳动、新的产品不断产生时，也是新的社会关系不断形成的过程。因此社会关系并不是固有的、一成不变的，而是具体的、复杂的、不断变化着的。因此，马克思在批判费尔巴哈关于抽象的人的观点时指出：“人的本质不是单个人所固有的抽象物，在其现

---

① 普列汉诺夫哲学著作选集(第1卷)[C].上海：生活·读书·新知三联书店，1959，第348页

② 普列汉诺夫哲学著作选集(第2卷)[C].上海：生活·读书·新知三联书店，1959，第359～360页

实性上，它是一切社会关系的总和。”①

(二)人的本质的规定性

从人的本质在其现实性上是一切社会关系的总和出发，从人总是现实的、具体的、实践着的人出发，我们不难发现，人的本质是多种规定的统一。

1. 自然性

人的自然性是人在生物学上区别于其他动物的特点，它包括生理结构、生理机能和生理需要等。人作为一种感性的存在物，人必然会有各种感性的需求，其中食欲、性欲和自我保存是人的三种基本机能。这些基本机能对于人类来说是不可缺少的，是人的基础性属性。但是我们不能简单地把人的自然属性等同于一般的动物的属性，这是因为人的自然性的表现形态和生理需求的满足方式等方面，都已离不开人的社会关系。

2. 社会性

人的社会性是指在实践活动中人与人之间发生的各种关系。人的社会性与动物合群性或自然种群关系有着本质的区别。动物的合群性是不自觉的、本能的活动，而人的社会性是建立在生产劳动基础上，并随着社会实践的发展而发展，并形成了各种社会关系。社会关系是多方面、多层次的，由此决定了社会思想的多样性，也决定了人的本质必然要涉及政治、经济、思想、文化等社会生活的各个领域。

但人的本质又不是这些社会关系的简单相加，其中生产关系是决定其他一切社会关系的基础。人的本质，归根到底是人们在社会生产体系中所处的地位决定的。在阶级社会中，由于生产关系集中表现为阶级关系，因而人的社会性就集中表现为人的阶级性，阶级性也就成了人的本质属性的一个重要方面。

3. 意识性

人的意识性是指人的意识、精神、思想、观念是社会劳动的产物，也是人类区别于动物和其他万物的最重要特征之一。正是由于人的意识性使得人的劳动与动物活动有了本质区别，动物的活动是适应自然的本能活动，而人的劳动是有目的、有计划、有意识地改造世界活动。人的自然性、社会性是复杂多样的，同样人的意识性也是复杂多样的。人的意识性有感性和理性的区别，也有对象意识和自我意识的区别，就感性这一层面来说吧，又可以从不同的角度区划出感觉、知觉、表象和情感、意志、直觉等。

总之，人的本质应该是建立在实践性基础上的人的自然性、社会性和意识性的有机统一。任何片面夸大其中的一个方面，都是错误的。但同时我们又必须看到，这三个方面不是并驾齐驱的，其中最重要的方面是人的社会性，人的自然性和意识性，离不开人的社会性，它们包容在人的社会性之中，也只有通过人的社会性才能得到合理的说明，正是在这一意义上，马克思作出了人的本质在其现实性上是一切社会关系的总和这一科学论断。

二、人的发展规律

人的发展是一个自然历史过程，它是从群体到个体、从共性到个性、从片面向全面、从地域向

---

① 马克思恩格斯选集(第1卷)[C].北京：人民出版社，1995，第56页

全球的发展过程,其中是有一定的规律可循的。人学所研究的人的发展规律主要是社会人的规律。人的各方面发展归根到底是由人的社会存在决定的,又反作用于人的社会存在,二者相互依存、相互作用,由此推动人的发展。

(一)人和环境相互作用的规律

人首先是环境的产物,然后才能改造环境,人与环境是互相依存、互相制约、互相创造的,但是环境对人的作用是第一性的、基础性的,人对环境的作用是第二性的、从属性的。

人总是生存于一定的环境之中。人的生存环境包括自然环境和社会环境两个既有区别又有联系的部分。人的活动受其生存于其中的自然环境和社会环境的制约。这里所说的环境主要是社会环境,其内容是十分复杂的。自从古猿演变成为真正的人以后,人就主要靠自己的劳动实践来求得生存和发展,人对自然界的依赖程度也随人类社会的发展而不断降低。至于个体的人则是从出生以后就依赖于社会。所谓社会,包括父母、家庭、氏族、部落、部族、国家、区域,乃至全人类;还包括这些人或人群的各种活动和关系、各个层次的制度。这些活动、关系和制度大致可以分为经济的、政治的和文化的三大类。

人一旦生下来,就生存和发展于社会之中,受当时社会及其历史的哺育、教育、影响、塑造。一个时代的人就是这个时代的人,不可能是那个时代的人。农业封建时代的人,其形象、知识、技能、思想、感情、价值观、行动不可能是工业资本主义时代人的状态,不能要求古代人和近代人具有现代人的品质。但是反过来,社会又是在原有的基础上由现实的人创造的。这似乎出现了一个怪圈,人是社会环境的产物,社会环境又是人的产物。其实,这并不是什么怪圈,而是人与环境的相互作用,但在相互作用中,社会环境处于基础的、根本决定的地位,而人处于从属的、非根本决定地位。因此,社会环境的面貌一方面是前社会的延续,另一方面又表现出人的痕迹,特别是一些杰出人物的烙印。杰出人物也是社会环境的产物,他可以在某些方面在一定程度上超越他的时代,但不可能在根本上超越他的时代成为一个将来时代的人。他可能坚强有力,让社会按他的设想发展,但他的设想也是当时社会环境的产物,受当时社会条件的制约。如果他的设想符合社会发展的需要,就会促进社会的发展;如果他的设想与社会发展背道而驰,就会阻碍社会的发展。当然,无论是哪一种情况,历史都会打上它的烙印。

就个人发展来说,环境是影响人身心发展的主要因素。纵向环境影响人的发展的绝对水平,横向环境影响人的发展的相对水平。好的环境为人的发展提供了良好的学习、教育、工作、生活及医疗卫生等条件;不好的环境,如贫困的生活条件、落后的教育环境、闭塞的交通状况都会对人与外部世界的交流及人的自身发展起阻碍作用。环境中除政治经济、教育等外,还有许多无意识影响。个人选择、利用、改变政治经济及与其相应的文化、教育、家庭等环境的自由十分有限。

(二)人的实践活动和其他活动之间相互作用的规律

人的三个主要活动是实践活动、认识活动和评价活动,其中实践活动是基础,认识活动和评价活动是实践活动的产物,又反作用于实践活动,实践活动与认识活动、评价活动之间存在着互相作用的关系。认识活动与评价活动之间也存在着互相作用的关系,但认识活动占基础地位。

以社会为坐标,人的活动可以概括为三大类:经济活动、政治活动和文化活动;以人的自觉性为坐标,人的活动也可以概括为三大类:实践活动、认识活动和评价活动。从人学角度看,后三大类活动的关系反映了人的发展规律。实践活动就是人自觉改造世界的活动。这里核心的因素是改造世界,世界包括自然界、人类社会和人的精神世界。劳动是最基本的实践活动,劳动创造了人，创造了人的一切。从这个意义上讲，人的一切活动都包含在实践之中，认识活动和评价活动都是实践的因素，但它们具有相对独立性。人改造世界的实践活动不是盲目的，而是自觉的，其自觉性表现在它是有目的和有思想指导的。实践活动中包含了不能缺少的评价标准和知识，没有评价标准和知识就没有自觉的实践。但是评价标准与知识都不是人天生就有的，而是在改造世界的过程中逐渐形成的，即从自发到自觉。人的实践从其具有一定目的与思想指导而言，是自觉的，但同时还包含自发的一面，即目的不明确和指导思想不全面甚至错误的一面。只有在实践过程中，目的才更加明确起来，指导思想才更加全面正确。因此，实践活动与评价活动、认识活动之间是一种互相依存和互相作用的关系，从时间上无法肯定地讲实践在先，还是评价标准与知识在先。如果从人类活动的整体上讲，从一个人一辈子的活动来讲，归根结底来讲，实践在先，因为实践是整体，评价标准与知识是它的局部；实践是源头，评价标准与知识是它的产物；实践是基础，评价标准与知识是它的上层建筑。实践在先之“先”也许可以说是本体论的“先”。总而言之，人的活动是在实践活动的基础上由于实践活动与认识活动、评价活动的互相推动而不断前进的。

认识活动与评价活动也是互相依存、互相作用不可分割的，因为人的实践活动如只有目的而没有思想指导就是盲目的，达不到目的；如只有思想指导而没有目的，更是难以设想。在这里，目的占主导地位，认识是手段，为目的服务。目的是由主体的价值标准决定的，显然评价活动与认识活动比较，评价活动占主导地位。但从一个人的整个评价标准和整个认识比较，认识则处于基础地位，一定的正确的评价标准都是以一定的正确的认识为基础。

(三)人的个体发展的有限性和类的发展的无限性相互蕴涵的规律

人既作为个体而存在，又作为类而存在。人类的发展成果积淀在每个历史时代的个体身上，人类的历史其实是个体和个性发展的历史。每个时代类的发展程度只有通过该时代一般个体的素质、发展状况和水平来把握。二者的发展过程存在着有限和无限之别。由于个体生命的延续是有限的，人的个体的发展也是有限的；由于类的繁衍是无限的，类的发展也是无限的。但是，由于类的发展由个体的发展构成，类的发展又蕴涵着个体的发展；同时，个体的发展也以浓缩的形式蕴涵了类的发展。

个体的各种能力和社会存在的发展都是由低级向高级发展。尽管这种发展中包含着曲折、循环、倒退，但其整体是一个前进的过程，所以每一个正常人的发展总是从幼稚走向成熟，从少能走向多能，从低智走向高智，从简单走向丰富，这是一个社会的过程。但这个过程受到自然过程的限制，当个体的自然过程，像任何生物体一样从成熟走向衰老的时候，这个社会过程也就放慢了或陷于停滞，最终随同肉体的死亡而终止。与此同时，由于受到个人所生存的具体时代的社会生产力和科学技术发展状况的制约，也由于单个“个人”的实践能力、认识能力、体能、智能以及生命的有限性等等，“个人发展”总是有限的。

但是，对人类来说，只要地球不毁灭，人类不毁灭，类的发展就不会停止。由前后相继的无数个人构成的人类总体的发展过程是无限的，它在一代又一代年轻个体的身上延续下去了。前人在发展过程中积淀下来的经济的、政治的、文化的成就，不会由于个体的自然死亡而全部消失，会有相当大的部分作为后人发展的起点，或有分析地继承的基础，而融入后人的发展过程之中。如此一代又一代地延续下去，就形成了类的发展。除了前人与后人之间的延续之外，还有同时代人之间的交往、竞争与合作、融合。代际传递与代内交流，这种纵的延续与横的交融共同形成了类的发展。具有自觉能动性和创造性的人类的实践能力和认识能力以及由此而创造的社会生产力和科学技术的发展都是无限的，这些都为人类的无限发展奠定了物质和精神基础。

可以明显看出，类的无限性与个体的有限性是不同的，但二者又不能分离，是相互蕴涵的、相互过渡的。个体的有限性中蕴涵着类的无限性，类的无限性寓于个体的有限性之中，因此个体的有限性才能过渡到类的无限性。反过来说，类的无限性是由个体的有限性组成的，类的无限性蕴涵着无限的个体的有限性，因此类的无限性才能转化为无限多的有限性。这就是个体与类、有限性与无限性的辩证规律。它告诉我们，个体的无限发展是不可能的，而类的无限发展是可能的，而由于个体的有限性中蕴涵着类的无限性，个体的有限发展也就融入在类的无限发展之中。从这种意义上讲，有限的个体也就实现了自己的无限性。

(四)人的实践活动的自发性递减与自觉性递增的规律

人的实践的自觉性萌芽于古猿，形成于猿人、智人过渡到人；人的自觉性随着实践能力的提高和人类社会历史的发展而逐渐提高；人的自发性仍然存在，但随着自觉性的增多而不断减少；人的自发性不会减少为零，人的自觉性不会增多到无限。

自发的活动是人的基础性或最低层次的活动，它具有自在性、自发性和典型的重复性特征。它是由重复性的思维、传统习惯、给定的模式和规则而自发地维系的活动，是一种自然而然地、不假思索地进行的重复性实践活动。人的自发的活动最突出地展示出人的活动受自然规律、客观必然性和异己力量制约的一面，或称为人的活动的被决定性一面。

但是，必须看到，人的自然活动与动物的自然活动在本质上存在着差别。人的活动，无论具有什么样的自在性和自发性，无论如何受自然的和社会的因素制约，都具有属人的特征。具体说来，构成人的自发的活动内在结构和模式的传统、习惯、习俗等文化因素不是纯粹自然的产物，它们一方面来源于远古时代的精神遗产，是人类精神尚未完全自觉、人尚未形成同自然的自觉分化时期，原始初民所自发地形成的精神框架在日常生活中的自发传递或遗传；另一方面，它们表现为人的自觉活动的产物向日常生活的回归，创造性的精神成果和自觉自为的活动方式经过周而复始的重复和历史的积淀，也会成为个体所面对的先验给定的、自在的规则。因此，无论从哪个来源看，以传统、习惯和重复性为基础的自在自发的活动都是不同于纯粹自然运动的一种特定的人的实践活动。

自由自觉的实践活动是人类实践的最高和最发达的形态，体现出人与动物及其他自然存在物的本质差别。人的自觉性不是遗传的，而是在劳动和实践活动中获得的，其具体内容有二：一是目的，二是指导思想。它们都是人所意识到的。实际上，构成人的实践本性的自由自觉性、目的性、能动性、创造性和规定性都呈现为一个开放的历史生成过程。在自发的实践活动中，这些特征是以潜在的、未分化的和不自觉的方式存在。随着人类历史的发展，人的实践所具有的自由自觉性和创造性越来越集中地体现于人的各种存在活动中，一方面表现为大规模和有组织的政治经济、经营管理等社会活动中的计划性、目的性、组织性、社会关联性等；另一方面表现为科学、艺术、哲学等自觉的精神活动中的自由自觉性、超越性和创造性。

在人类社会历史过程中，人的实践活动的自发性总是在不断地转化为自觉性，但一定层次的自觉性总包含着更深层次的自发性。经过实践经验的总结，这种自发性又会转化为自觉性，如此循环往复，以至无穷。因此，在任何历史时代，自觉性和自发性总是同时存在的，不过早期社会形态中自觉性比晚期社会形态中低，而自发性在早期社会高于晚期社会。这种状况与人类社会的科学史、认识史是一致的，科学史或认识史的过程就是对客观世界的认识越来越多、越来越广、越来越深的过程。一般说来，这个过程应该是无限的。但一旦某种认识涉及人的利益时，认识的发展也可能受到某些难以逾越的限制，这就是认识的主体性的限制，特别是主体的目的性的限制。

人的自觉性就认识自然而言在人类社会历史的长河中是逐渐增多的。而就认识社会而言虽然也是逐渐增多的过程，却可以区分为明显的两个阶段，只有到共产主义社会时自觉性才能占主导地位，人们才高度自觉地自己创造自己的历史；而在共产主义社会以前，则是自发性处于主导地位。恩格斯关于共产主义社会是自由王国的论断，是相对于阶级社会是必然王国而言的，自由王国的自觉性也是相对的，不是绝对的。即使是共产主义社会，人的自发性也不会完全消灭，自觉性也不会成为无所不知、无所不能的无限智慧。

(五)特殊个人的作用递减与人民群众的作用递增的规律

随着类的自发性的日益减少和自觉性的日益增多，特殊个人对人民群众的影响越来越小，而人民群众通过民主集中制的形式对社会事务的作用越来越大。

英雄史观认为，历史是特殊人物创造的，所谓特殊人物包括杰出人物，但不等于杰出人物，是指那些通过多种方式拥有极高的权势、财富或地位的与人民群众不同的人物，包括优秀的、平庸的、奸恶的人物，他们中有帝王将相、才子佳人、英雄豪杰、人民领袖，总之，对人类社会的现状与未来产生过重大作用的人物，不管是好的作用还是坏的作用，推动的作用还是阻碍的作用。历史的面貌和走向，都是这些人决定的，而占人口绝大多数的人民群众则是在这些特殊人物的指挥和支配之下默默无闻地顺从地完成着他们的使命。这种观点没有认识到，归根到底，这些特殊人物是当时社会的产物，而社会是由全体人民群众构成的，人民群众的活动形成了不可抗拒的历史发展的动力。不仅如此，人民群众的活动又形成了有规律的不以人的意识为转移的过程，这不是任何个人的力量所能扭转的。

相比较而言，历史的发展呈现出特殊个人的作用从古到今日益缩小的趋势，人民群众的作用日益增大的趋势。大体说来，在封建社会及其以前的时代中特殊个人的作用较大，近代减弱，现代更弱。中国封建社会史上似乎都是一些特殊个人在活动，正是因为人的自觉性低，那些通过种种手段而跃居高位的人就似乎能主宰一切了。在 20 世纪，世界各国的发展水平各不相同，人民群众的自觉性也各不相同，因此特殊个人在各个国家的作用的大小也各不相同。就资本主义国家而言，发达国家的民主制度比较健全，国家领导人替换比较正常，例如美国总统任职最多不超过 8 年，任满退位，由新选出的总统接任。其他发达国家的最高领导人的更换也都能和平地进行，没有人利用，也没有谁敢利用自己的军政大权强行继续执政。但发展中国家的领导人的更换往往要通过政变的途径甚至通过残酷的战争才能实现，显示了特殊个人的更大的作用。

随着社会的进步，特殊个人主宰历史发展的作用将日益降低，人民做主的力量将日益增大。我们有根据设想，在共产主义社会中，每个人都有可能得到自由而全面的发展，其自觉性可以提高到很高的水平。那时，阶级社会那种“特殊个人主宰历史”的现象已消失。为个人名利而争夺权势也已成为文明的史前史。个人对社会发展所起的某种不同于他人的特殊作用仍会存在，但由于人人都能自觉地无私地尽己所能为社会作贡献，个人和集体、社会之间不再会有对抗性的矛盾，各种个人的作用将互相促进，并完全会聚、融合到人民共同创造世界的伟大洪流之中。

(六)人的发展的不自由性、片面性递减和自由性、全面性递增的规律

根据历史的经验和人的本质特性，可以断言，在总的发展趋势上，人的发展是逐步由自在走向自为，由自发走向自觉，由异化受动走向自由与创造。概而言之，人的自由与全面发展既是人类社会的理想追求，也是人的发展趋势。每个人的自由而全面的发展是人的发展的理想状态，这只有在共产主义社会中才能基本达到。与这种状态相对立的是不自由的片面的发展。人的发展

是这两方面相互消长的过程，是与社会发展过程相适应，积极方面逐渐增长、消极方面逐渐减少的过程。

人的自由而全面发展的思想是马克思提出来的。认为这是人在共产主义社会中的主要特征。

什么是人的自由而全面的发展呢？显然，不能作绝对的理解。不能把自由的发展说成是绝对自由的发展，想怎么发展就怎么发展；把全面的发展说成绝对全面的发展，无所不知，无所不能。人的发展都是相对的，总是一个过程，没有任何限制的自由发展和最后的绝对全面发展都是不存在的。共产主义社会中人的自由发展是相对于过去社会中人的发展不自由而言的。在过去的社会中，人的发展首先受为谋生而劳动所限制；其次为阶级剥削和阶级压迫所限制；第三为社会传统、家庭影响、个人经历中形成的错误观念、偏见、成见所限制。这就是对人的发展的三大限制：生产力、社会制度和思想观念。人的全面发展是相对于过去社会中人的片面发展而言的。人的发展不全是由于人的发展的不自由造成的，人们经常谈到的人的发展的片面性有：人的素质的片面性、人的分工的片面性、人的思想行为的片面性。人的素质的全面发展是人的德智体美劳的全面发展。劳即劳动，广泛一点讲，就是动手、实践的能力。这五种素质，对每个人来讲缺一不可。旧式分工往往把一个人限制在一种行业、一种专业，甚至一个工种。但分工上的全面性不是要求一个人无所不能，行行精通，而只是使他能够根据个人的愿望或社会的需要易于转移自己的行业或工种。思想行为的片面性造成许多思想怪僻、行为乖张甚至反社会、反人类的人们。共产主义社会中的理想人格则是自由全面发展的人，他们具有共产主义自觉性和德智体美劳的全面素质，而且随着共产主义社会的发展，这些品质也将不断发展，使人的发展的自由性与全面性发展到更高的水平。

人的自由和全面发展是一个开放的过程，而不是一种可以一蹴而就、一劳永逸地进入的状态。换言之，人可以在越来越大的程度上获得自由和全面发展，获得主体性的增长，但永远不会达到至善完满的境界。从人的全面发展的过程性意义来看，人的全面发展既是一个永恒的历史追求，也是一个永恒的历史过程，它是人的发展的自由性与全面性的逐渐增加和不自由性与片面性逐渐减少的过程。这一过程表现出一定的阶段性和相对性，在漫长的历史过程中是分阶段逐渐实现的。

人的全面发展也没有一个绝对的、恒定的标准，其内涵的丰富程度与历史的发展阶段是相关联的。几百万年的人类社会历史中，生产力水平提高也就提高了人的发展的自由性和全面性，虽然人类史中也出现过生产力停滞甚至倒退的时候，但从整体上讲，它始终是一个不断前进的过程。因此，就人与自然的关系而言，人的发展也是一个越来越自由越全面的过程。因为生产力的发展不仅推动了人对自然界的认识，而且推动了人对社会的认识，推动了认识史、科学史的发展，从而使人在改造自然和改造社会的过程中提高了自觉性。因此，就人与社会的关系而言，人的发展也是一个越来越自由越全面的过程。就人对自己的认识而言，人的发展也是一个越来越自由越全面的过程。人对世界的认识，就对象而言，开始和发展得最早最快的是自然界，其次是人类社会，对人自己的精神现象的认识最晚也最慢，因为精神现象无影也无形，难以捉摸。人的精神现象包括思想、感情、价值观等等，十分复杂。随着人类社会的发展和科学的发展，人的主观世界也在发展，日益丰富，日益自由和全面，虽然其中也有不少错误的或过时的东西，不少成见和偏见，这些东西也阻碍着人的自由而全面发展，但最终不会改变人对自身的认识走向自由而全面。

三、人的全面发展的历史“实现形式”

人的全面发展是一个具体的、历史的过程。它伴随着社会的不断进步，有一个个体范围不断扩大，素质能级不断提高的过程。

(一)原始社会

原始社会是人的全面发展的一个初始阶段。原始社会人的发展状况之所以能够是“全面”的，是因为那时社会关系不太发展，还没有造成自己的丰富关系，特别是脑体分工尚未形成。原始社会中的个体活动虽然具有“原始的丰富性”，但毕竟不是人类理想的生存状态，人类的生存活动受到了极大的限制和威胁，人的活动在很大程度上是盲目的、不自由的。因而个体活动的“原始的丰富性”正是整个族类的不发展(或片面发展)所造成的。随着原始社会内部生产力的缓慢发展，当个体劳动成为可能，并在满足自己最低需求外还有小部分剩余物时，就为阶级的产生和脑体分工创造了物质的前提。

(二)私有制和脑体分工

私有制和脑体分工的出现是人的全面发展的第二个阶段。众所周知，早期的脑体分工其实质也就是阶级分工。脑体分工的出现，打破了个体活动的“原始的丰富性”，使绝大多数个体(奴隶阶级)处于片面发展状态，奴隶被强制性地从事某种繁重的体力劳动，只有奴隶主阶级这一小部分人得到了“自由发展”。脑体分工是推动社会进步过程中最关键、最重要的一次社会分工：一方面极大地促进了社会生产力的发展，同时又促进了人的全面发展；但是另一方面又导致了绝大多数个体的片面发展，并造成了社会对抗和冲突，制约了社会生产力的进一步发展。奴隶社会这种不合理的社会分工，最终使奴隶社会走向终结，代之而起的是封建社会。

在封建社会，知识传播到了民间，出现了一些市民和乡村的知识分子，但数量有限，且其中的相当一部分人通过仕途进入了官吏阶层。虽说农民较之奴隶来说，有一定的自由，但是在封建土地所有制的束缚下，农民仍然不自由，仍然没有文化，仍然还处在片面发展的状态。在封建社会，“劳心者”在数量范围上有所扩大，在素质能级上有所提高，但由于占人口绝大多数的农民仍然处在“片面发展”中，这又阻碍了生产力的进一步发展，导致了封建社会制度的瓦解。

在迄今为止的阶级社会里，那些受旧式分工的片面发展的人又可以分为两个阶段：前资本主义阶段与资本主义阶段。在前资本主义阶段，封闭的自然经济把人限制在狭窄的天地里，“人的依赖关系”并没有发生根本变化。在资本主义阶段，由于商品货币关系占据支配地位，以往限制个人交往的血缘关系、等级差别被打破，极大地促进了人的全面发展。然而在“以物的依赖性为基础的人的独立性”资本主义社会里，同样存在着受旧式分工支配的片面发展的人。所不同的是，在资本主义阶段，极大地促进社会生产和社会关系的丰富发展，促进了人的能力的全面发展，为人类走向第三阶段的真正全面发展的人准备好物质基础。在资本主义的历史进程中，一方面使无产阶级相当一部分人的片面发展走向了极端，他们较之过去的农民，工作更枯燥、单调、乏味；另一方面又使得无产阶级中的小部分人受到了较高的教育，专门从事科研、管理和服务等专业性工作。随着社会生产力的迅速发展，这两端呈现出此消彼长的发展趋势。在这一发展趋势中，差不多一切单调、乏味、重体力的工作都为机械或机器人所取代，社会结构、产业结构、生活方式发生了巨大的变化。

在现代社会，人的自由发展较之过去的封建社会，无论在规模和知识能力上都得到了空前的发展。但在资本主义制度下，人的自由发展仍然受到根本限制，留给无产阶级的自由只是形式上的自由，出卖劳动力的自由，劳动者并不能自由地支配自己的劳动，并不能自由地发挥自己的肉体和精神力量，劳动仍然还只是谋生的手段。在这种状态下的一部分人的自由发展是建立在另一部分人的片面发展基础上，当社会生产力发展到一定的阶段，这种不合理的社会分工又会阻碍社会生产力的进一步发展。人类要从这一历史困境中走出来，只有沿着马克思主义所指出的道路前进，消灭旧式分工，消灭私有制，才能真正实现每个人的自由发展是一切人自由发展的条件。

第二章　马克思主义在中国传播的理论先驱

马克思主义中国化是近代以来中国社会和中国革命运动发展的客观需要和必然结果。我党领导人民在追求民族独立、人民解放，国家富强、人民富裕的过程中，从中国的特殊国情和具体实际出发，运用马克思主义的基本原理和立场、观点、方法，借鉴吸收中国传统文化的精华，总结中国革命、建设和改革的独创性经验，概括出符合中国实际的马克思主义的理论原则，使马克思主义中国化积淀了丰富的内涵，对我国革命和建设有着重大的指导意义。

第一节　马克思主义在中国的传播条件

马克思主义是一种静态的思想学说，只有具备一定的社会条件，才能得到动态的传播。近代以后，国际环境和国内环境的变化，为马克思主义传入中国提供了必需的条件。

一、国际环境

从世界范围看，20 世纪之初整个世界历史进入了一个新时代，即资本主义国家陷入危机与第一个社会主义国家诞生并相互竞争的时代。一方面，主宰世界的西方国家正在从资本主义向帝国主义转变，西方资本主义社会内部危机日益加深，引发了持续四年之久的第一次世界大战，战后各资本主义国家陷入严重的经济危机、社会危机、政治危机和文化危机；另一方面，国际共产主义运动蓬勃发展，欧美各国社会主义政党普遍建立，工人运动广泛发展并开始扩展到欧美边缘地区及亚洲和非洲的一些国家。

第一次世界大战期间，列宁领导俄国人民在资本主义世界最薄弱的链条上进行了十月革命，变帝国主义战争为国内革命战争，建立了世界上第一个社会主义国家，打破了资本主义一统天下的世界局面。正如毛泽东所说："第一次帝国主义世界大战和第一次胜利的社会主义十月革命，改变了整个世界历史的方向，划分了整个世界历史的时代。"[①]归纳起来看，这一时期对马克思主义哲学中国化产生了重要影响的国际因素，主要有以下几个方面。

(一)第一次世界大战

自鸦片战争以来，西方列强就不断侵略古老的封建中国，显示出资本主义文明的巨大优势，迫使先进的中国人向西方寻求救国救民的真理。从洋务运动到戊戌变法再到辛亥革命，这一系列的社会革新运动实质上也都是中国人学习西方文化的发展阶段，即试图以西方文化为蓝本，实现国家独立和民族解放。

但在学习西方文化的过程中，中国人也逐步看到西方资本主义社会并非完美无缺，并认识到资本主义并不是人类文化发展的顶峰。特别是第一次世界大战，不仅造成了空前的人员财产损失和社会混乱，而且暴露了资本主义社会的严重弊端，引发了人们对西方资本主义文明的深刻怀

---

① 毛泽东选集(第 2 卷)[C].北京：人民出版社，1991，第 667 页

疑，甚至连西方人自己都在大叫“欧洲文明的破产”，以至于要到东方寻找拯救西方文明的药方。

先进的中国人逐步认识到，中国既不可能继续沿着自己的传统老路走，也不可能按照西方资本主义的道路走，而必须寻找一种新的文明、一种新的社会发展道路。李大钊总结说：“由今言之，东洋文明既衰颓于静止之中，而西洋文明又疲命于物质之下。”“为救世界之危机，非有第三新文明之崛起，不足以渡此危崖”。[①] 俄国十月革命的胜利和苏俄社会主义建设，正好为中国人民提供了这“第三种文明”。

（二）十月革命的胜利及其影响

正当资本主义陷入世界性危机的时候，俄国爆发了十月革命，使社会主义从理论变成活生生的现实。世界形势和国际共产主义运动由此发生了时代性转折，开辟了人类历史的新纪元，第一次为人类提供了一种新生活和新文明的榜样，让人们看到了一个新的社会模式和发展道路。十月革命的胜利促进了马克思主义在世界范围内的广泛传播，尤其是使中国人民深受影响。

俄国十月革命对于中国具有特殊的意义。它不仅使中国人认识到，资本主义不是唯一的道路，在它之外还存在着一种更高级的社会发展道路；而且使中国人相信，中国可以走社会主义道路，因为中国和俄国有许多相似的地方。这就满足了中国人民长期存在的一种赶超西方社会的渴望。按照西方资本主义的道路走，中国无法摆脱西方列强的欺压，也永远赶不上西方。只有走上一种比西方社会更高级的社会发展道路，才能超越西方资本主义。

十月革命也使马克思主义哲学在横跨欧亚的俄国成为国家哲学，由此突破了原有的影响范围而逐步风行世界，改变了其在世界文化格局中的边缘地位，成为另一个思想文化中心。正是十月革命将马克思列宁主义凸显在中国人面前，使中国人看到了走社会主义道路的光明前景，开始探求社会主义的理论基础。

（三）苏俄对华政策与巴黎和会

中国人民从资本主义国家和社会主义国家各自内外政策的比较中，深刻感受到了资本主义的残酷和社会主义的光明。社会主义俄国不仅使国内劳动人民获得了经济解放和社会政治平等权利，而且一改帝国主义的殖民政策，以平等友好的态度对待其他国家。苏俄政府曾三次发表对华宣言，宣布和重申废除沙皇政府与中国以及与其他国家签订的压迫中国的不平等条约，放弃在华特权，放弃庚子赔款，建议两国建立平等关系，并表示支持中国人民的革命斗争。

与此相反，资本主义列强在巴黎和会上争权夺利，以强凌弱，根本无视他国人民的尊严和利益，暴露出资本主义列强的丑恶面目。作为战胜国，中国人民最初对巴黎和会寄予厚望，普遍认为可以取消不平等条约，收回德国在山东的权益，摆脱半殖民地的遭遇，相信公理最终会战胜强权，弱国小国可以与强国大国平起平坐。但最后中国人民看到的是英、法、美、意、日五大列强操纵巴黎和会，使之成为一次分赃会议。它不仅没有取消不平等条约，而且要把德国在山东的权益转让给日本，由此激起了“内惩国贼、外御强权”的五四运动。外部刺激导致内部反应。这种鲜明的对比使中国人民迅速认同社会主义，更加痛恨帝国主义。帝国主义的卑鄙行径再次惊醒了中国人学习西方、与西方资本主义各国比肩而行的美梦，从反面促使中国的先进分子倾心于社会主义和马克思主义。

---

① 李大钊全集(第2卷)[C].北京：人民出版社，2006，第214页

(四)共产国际的建立和对中国革命的帮助

十月革命胜利后,在列宁的领导下,成立了指导各国无产阶级运动的国际组织——共产国际,把殖民地、半殖民地被压迫民族的解放斗争纳入世界无产阶级革命的范围,积极支持殖民地、半殖民地人民的民族解放运动,提出国际无产阶级必须和被压迫民族联合起来共同斗争的主导思想与必须实行民族自决权的基本原则。为此,共产国际加强了对中国等亚洲各国民族解放运动的指导和支持。它不仅邀请中国、朝鲜等亚洲国家的无产阶级代表参加会议,而且还建立培训基地、派出代表,帮助和指导亚洲各国传播马克思主义、开展工人运动和筹建各国共产党的工作,极大地促进了马克思主义在亚洲特别是中国的早期传播。

总之,在第一次世界大战和十月革命的影响下,在对资本主义和社会主义的比较中,在共产国际的支持与援助下,先进的中国人深切地感受到了马克思主义的真理性和巨大威力,相信马克思主义是观察中国命运的世界观,是战胜封建主义和帝国主义的思想武器,是认识旧中国、建立新中国的伟大指南。

马克思主义因此从众多西方思潮中脱颖而出,在中国得到迅速传播,并最终被中国共产党确立为自己的理论基础,作为指导中国革命的世界观和方法论。十月革命给中国人民送来的不仅是马克思主义的理论知识,更是马克思主义的社会理想和选择走社会主义道路的政治决心。

二、国内环境

就中国范围看,从五四运动到大革命失败这一历史时期,正是中国社会和中国革命发生历史性转折的时代。总体而言,一方面,辛亥革命后的中国并没有成为一个名副其实的中华民国,而是深陷于军阀割据、政治腐败、社会混乱、民不聊生和阶级矛盾、民族矛盾日益激化的危机之中;另一方面,中国兴起了新的政治组织和社会力量,主要表现在中国工人运动蓬勃发展,出现了第一批马克思主义者并创建了中国共产党,国共两党开始第一次合作,进行了北伐战争等。五四运动标志着中国进入新民主主义革命时代,而大革命的失败则促使中国共产党人运用马克思主义基本原理独立自主地探索中国革命的具体道路。对于马克思主义中国化的国内社会背景,可以从如下三个方面来看。

(一)辛亥革命

1911 年爆发的辛亥革命是 20 世纪初对中国社会影响最大的社会政治事件,是鸦片战争以来中国社会变革的必然结果。辛亥革命是中国两千年来第一次真正的社会革命,也是一场流产的资产阶级革命。它成功地推翻了封建帝制,建立了中华民国,极大地促进了中国资本主义的发展,促成了中国新文化运动的兴起,将中国现代化进程推向一个新的发展阶段。但是,辛亥革命没有能够重新建立起维系全国统一的新政治秩序,反而使社会矛盾日益复杂化、白热化。

由于中国资产阶级的软弱和帝国主义的挟持,中华民国有其名而无其实。先进的中国人希望在西方国家找到救国救民的真理,不断尝试新的思想武器。但以西方资本主义为榜样的一系列社会改革都失败了,洋务运动、戊戌变法甚至辛亥革命等社会变革,都既不能抵御帝国主义的侵略,也难以克服中国社会内部的腐朽性,中国陷入更深重、更广泛的灾难之中。

辛亥革命的流产再次打破了中国人学习西方的梦想,促使中国人继续寻找救亡图存的崭新道路。

(二)中国工人阶级的发展壮大

中国工人阶级是在鸦片战争之后伴随着外国资本企业、本国官僚企业和民族资本企业而逐渐产生、发展和壮大起来的。

由于帝国主义和封建主义的沉重压迫、排挤和剥削，长期以来，中国民族工商业和民族资产阶级发展得十分缓慢。与此相应，中国工人阶级队伍也一直徘徊不前，难以迅速成长。1894年中日甲午战争爆发时，中国近代产业工人总数不到10万人；1911年辛亥革命爆发时，中国产业工人总数也只有大约60万人。

辛亥革命后，特别是在第一次世界大战期间以及此后一段时间内，由于各帝国主义列强忙于战争和国内矛盾而暂时放松了对中国的侵略和控制，中国资本主义获得迅速发展，甚至有人把1914～1923年称做中国资本主义发展的黄金时代。中国民族工商业的较快发展，促使中国工人阶级队伍迅速壮大，到1919年五四运动时，已经有近300万产业工人，另有1000多万手工业工人和商店店员。

中国工人阶级不仅在数量上迅速增长，而且在分布上高度集中。1920年全国工人总数的85%集中在500人以上的大工厂中，主要分布在上海、汉口、天津和广州等大城市。尽管其历史不长，数量不大，所占比例更小，但中国工人阶级毕竟代表了新的生产方式和中国社会的发展方向。

中国工人阶级具有较强的组织性、纪律性和高度集中的特点，容易形成强大的政治力量，并由于深受帝国主义、封建主义和资本主义的三重压迫而具有强烈的革命要求和战斗品格。中国工人运动已经逐渐从单纯的经济斗争转向具有反帝反封建意义的政治斗争，从分散自发的斗争转向有领导、有组织的斗争，并在五四运动时期第一次作为独立的力量登上中国的政治舞台，为马克思主义在中国的传播奠定了阶级基础。

(三)新文化运动

辛亥革命后，中国封建军阀势力为了维护和巩固自己的独裁统治，妄图继续利用中国封建传统思想，在中国思想界掀起了一股尊孔读经的复古逆流。为了反对这股封建逆流，从1915年开始，以《新青年》杂志为主要阵地，以进化论、天赋人权、个性自由、科学与民主等资产阶级理论为主要思想武器，以陈独秀、李大钊、胡适、鲁迅等为主将，在中国思想界展开了一场讨伐封建思想、封建道德和提倡新文学的新文化运动。

他们认为，辛亥革命之所以失败，是因为中国民众长期深受封建压迫而过于愚昧落后，缺乏一场彻底的反封建的思想革命，缺乏一种新心理和新道德；为了建立名副其实的共和国，必须根本改造国民性格，实现一种彻底的伦理觉悟，形成一种新的道德人格。

新文化运动以民主与科学为旗帜，讨伐封建礼教，其实质就是要以西方近代文化改造中国人和中国社会，因为民主和科学正是近代西方文化的核心精神。新文化运动是中国历史上一次空前的思想解放和启蒙运动，也是政治革命的思想先导。在新文化运动的前期，陈独秀、李大钊、鲁迅、胡适以及其他许多先进分子，都把救国强国和建立真正的共和国的希望寄托在开办学校、文学革命、妇女解放、输入学理、宣传新思想和新生活试验等思想启蒙上，认为只要破除迷信、开启民智、摆脱封建束缚、实现个性自由，人民生活就可改善，国家就可富强。个性解放因此而成为一时风尚，甚至被视为立国基石。正因为如此，新文化运动被称为中国的“文艺复兴”或“启蒙运动”。

但是，新文化运动很快发生转折。当时的中国处在东西列强的进逼围攻之下，清除封建文化开启民智固然重要，但与实现自由、民主、平等和个性解放等相比，整个国家和民族正面临着生死存亡的命运抉择，这个问题更重要、更紧迫。造成亡国灭种危机的主要原因不是民众愚昧和教育落后，也不仅仅是地主、资本家对民众的经济剥削，而是中国腐朽的政治制度和社会制度。

远水难解近渴，靠思想启蒙根本无法解决救亡图存这一迫在眉睫的大问题。要救亡必须强国，要强国必须进行激烈的政治改革，获得根本的政治解决。救亡高于一切，救亡压倒一切，启蒙被迫退居其后。正是"救亡压倒启蒙"的时代主题，促使新文化运动很快地就发生了重大转折，由思想启蒙转向政治行动，这在以"外御强权、内惩国贼"为口号的五四运动中鲜明地反映出来。

五四运动是新文化运动的高潮，也使新文化运动实现了时代性转折，标志着中国社会进入了一个新的阶段。它不仅促使中国一些先进分子从民主主义者转变为社会主义者，而且促进了马克思主义与中国工人运动的结合，开始了无产阶级领导的新民主主义革命。五四运动使新文化运动逐渐发展成为马克思主义的思想运动。中国新文化以此为界标，从旧民主主义性质的文化转向新民主主义性质的文化，成为社会主义文化革命的一部分。中国社会改革也以此为界标走上新的道路。五四新文化运动为以后的各种政治运动奠定了思想基础。所以，五四运动被称为中国现代历史、现代革命和现代文化的历史起点。

五四运动也导致了新文化运动内部的分化。五四运动后来发展成两个思想潮流，新文化运动内部的这两种革命势力开始分化，其右翼走向资产阶级，其左翼由科学民主走向马克思主义。分化导致思想上的冲突，出现了关于问题与主义、社会主义和无政府主义等思想大论战，开始走上不同的政治道路。在新文化运动的早期，人们主要是在寻找评价中国传统文化的方法，并在批判中国传统文化这一方面达成了基本的共识，而在五四运动中人们则是要寻找改造中国社会的理想目标、革命道路和具体措施。新文化运动由此发生了政治和思想上的分野和对立。五四运动后，中国思想界开始形成马克思主义、自由主义和保守主义三足鼎立的局面，其代表人物走上不同的政治道路，长期互相争论，盘根错节，分合不定。

五四运动促进了马克思主义与中国工人运动的结合，产生了中国第一批马克思主义者。他们在共产国际的帮助下，于1921年创建了中国共产党，制定了以实现共产主义为奋斗目标的革命纲领。1922年，中国共产党在第二次全国代表大会上，依据马克思主义基本原理和中国革命的具体情况，制定了反帝反封建的民主革命纲领。

与此同时，孙中山也在失败和挫折中认识到，不能继续走以往的道路，中国革命既不能靠某个帝国主义的支持，也不能单纯依靠某种军事力量，而必须发动广大群众，才能获得最后成功，由此开始改组国民党并确立了"联俄、联共、扶助农工"三大政策。

1923年，中国共产党以孙中山新三民主义为共同政治基础，实现了与中国国民党的第一次合作，开辟了中国革命的新局面。马克思主义在中国不仅获得日益广泛的思想影响，而且获得了强大的组织支持和政治推动，开始发挥其巨大的实践功能。

第二节 马克思主义在中国初期传播中的思想交锋

马克思主义在中国初期传播一开始就不是一帆风顺的，经过了问题与主义、社会主义与基尔特社会主义、马克思主义与无政府主义三次大论争。通过论争，特别是社会改造的实践，无政府共产主义、基尔特社会主义逐渐淡出中国历史文化舞台，马克思主义逐渐成为五四时期社会进步思潮的主流，并为中国共产党的创立奠定了思想基础。

一、问题与主义的论争

(一)问题与主义论争的主要内容

要正确客观分析"问题与主义"之争这一历史事件,必须从论争的文本中提炼出双方的观点,并结合历史实际加以对比分析。胡适的《多研究些问题,少谈些"主义"!》一文,表达了以下的基本观点:"第一,空谈好听的"主义"是极容易的事,是阿猫阿狗都能做的事,是鹦鹉和留声机器都能做的事";"第二,空谈外来进口的'主义',是没有什么用处的";第三,偏向纸上的"主义",是很危险的。因此,他奉劝舆论界,"请你们多提出一些问题,少谈一些纸上的主义","请你们多多研究这个问题如何解决,那个问题如何解决,不要高谈这种主义如何新奇,那种主义如何奥妙"。"'主义'的大危险,就是能使人心满意足,自以为寻着包医百病的'根本解决',从此用不着费心力去研究这个那个具体问题的解决办法了。"他指出:"现在中国应该赶紧解决的问题,真多得很。从人力车夫的生计问题,到大总统的权限问题;从卖淫问题到卖官卖国问题……那一个不是火烧眉毛的紧急问题? …""我们不去研究人力车夫的生计,却高谈社会主义……老实说罢,这是自欺欺人的梦话,这是中国思想界破产的铁证,这是中国社会改良的死刑官告!"针对胡适的观点,李大钊发表《再论问题与主义》,明确表达自己的立场,同胡适展开了交锋。

第一,"主义"与"问题",是交相为用,并行不悖的,只有主义明确,问题才能一个一个地解决。它们之间"有不能十分分离的关系。因为一个社会的解决,必须靠着社会上多数人共同的运动……应该使这社会上可以共同解决这个那个社会问题的多数人,先有一个共同趋向的理想、主义,作他们实验自己生活上的满意不满意的尺度"。"不过谈主义的人,高谈却没有什么不可,也须求一个实验"。大凡一个主义,都有理想与实际两面,"我们只要把这个那个的主义,拿来作工具,用以为实际的运动,他会因时、因所、因事的性质情形生一种适应环境的变化"。

第二,要认定自己的主义。今日"社会主义"的名词,在社会上流行,就有安福派的社会主义,跟着发现其他的冒牌的社会主义。正如孙中山先生所云,新开荒的时候,有些杂草毒草,夹杂在善良的谷物花草里长出,也是当然应有的现象。对于反动统治的攻击、威胁,我们要立场鲜明,就是"一面认定我们的主义,用他作材料,作工具,以为实际的运动;一面宣传我们的主义,使社会上多数人都能用他作材料,作工具,以解决具体社会问题。"在各种主义中,李大钊公开宣布自己相信唯物史观,喜欢苏俄的布尔什维克。

第三,用阶级斗争作为改造社会的根本手段。李大钊认为马克思主义是一个理论体系,分成若干彼此相联系的部分,阶级斗争的理论是一条金线,将各个部分联系起来。换句话说,在李氏那里,阶级斗争是联系各个理论部分的中介。他指出:"依马克思的唯物史观,社会上法律、政治、伦理学等精神的构造,都是表面的构造。他的下面,有经济的构造作他们一切的基础。经济组织一有变动,他们都跟着变动。"因此,"经济问题的解决,是根本解决。经济问题一旦解决,什么政治问题、法律问题……都可以解决"。同时,经济制度的改造不能消极地等待自行实现,必须通过阶级斗争,"专取这唯物史现(又称历史的唯物主义)的第一说,只信这经济的变动是必然的,是不能免的,而于他的第二说,就是阶级竞争说,了不注意,丝毫不去用这个学理作工具,为工人联合的实际运动,那经济的革命,恐怕永远不能实现,就能实现,也不知迟了多少时期。"社会问题"必须有一个根本解决,才有把一个一个的具体问题都解决了的希望"。所谓根本解决就是用阶级斗争手段,建立劳动者掌握统治权的制度。

胡适作为对李大钊批评的回应,又写了《三论问题与主义》和《四论问题与主义》,继续阐释自己的观点。一方面他调整了一下观点，把“少谈些主义”，改为“少谈些抽象的主义”，表示“对输入学理和思潮的事业是极赞成的”，并进一步提出了输入学理的方法：(1)输入学说时应该注意那发生这种学说的时势情形；(2)输入学说时应该注意“论主”的生平事实和他所受的学术影响；(3)输入学说时应该注意每种学说所已经发生的效果。他主张：“如果是为了实际的改革，那就应该使主义和实行的方法，合为一件事，决不可分为两件不相关的事。我常说中国人(其实不单是中国人)有一个大毛病，这病有两种病症：一方面是‘目的热’，一方面是‘方法盲’。”

另一方面，胡适继续强化“多研究问题”的主张：“我们应该先从研究中国社会上、政治上，种种具体问题下手，有什么病、下什么药；诊察的时候，可以参考西洋先进国的历史和学说，用作一种‘临症须知’；开药方的时候，也可以参考西洋先进国的历史和学说，用作一种‘验方新编’。”

同年12月，胡适发表《新思潮的意义》，提出了“研究问题、输入学理、整理国故、再造文明”的十六字主张，并说：“文明不是笼统造成的，是一点一滴的造成的”，“再造文明的下手工夫，是这个那个问题的研究。再造文明的进行，是这个问题那个问题的解决”。甚至发出：“十篇‘赢余价值论’，不如一点研究的兴趣；十种‘全民政治论’，不如一点独立思想的习惯”等论调。一个月后，李大钊在《新青年》第7卷第2号上发表的《由经济上解释中国近代思想变动的原因》，用唯物史观剖析了经济与文化的关系，指出经济是社会变动的最根本的原因，伦理、精神、思想、学术等变动的原因，要从经济上去解释。因此：第一，“孔子的学说所以能支配中国人心有二千余年的原故……因为经济上有他的基础”。第二，中国的纲常、名教、伦理、道德，都是建立在封建家族制度上的东西，“中国思想的变动，就是家族制度崩坏的症候”。第三，“现代的经济组织，促起劳工阶级的自觉，应合社会的新要求，就发生了‘劳工神圣’的新伦理”，由此“新思想是应经济的新状态、社会的新要求发生的，不是几个青年凭空造作出的。”胡适的《新思潮的意义》与李大钊的《由经济上解释中国近代思想变动的原因》实际上是“问题与主义”论争的继续和总结，至此这场论争就基本结束了。

(二)论争的历史作用

第一，促使一些激进知识分子向马克思主义转变。这场论争发生在1919年下半年到1920年年初，正值一部分激进青年世界观发生根本转变之际，在论争中，李大钊宣传马克思主义，对他们产生了影响。1919年12月，毛泽东在《学生之工作》中指出：“社会制度之大端为经济制度”，“如此造端宏大之制度改革，岂区区‘改良其旧’云云所能奏效乎?”1920年6月，他在《湖南人民自治》中又说，“社会的腐朽，民族的颓败，非有绝大努力，给他个连根拔起，不足以言摧陷廓清”。1920年11月25日，毛泽东在给罗章龙的信中，提出“要有一种为大家共同信守的‘主义’，没有主义，是造不成空气的”，“主义譬如一面旗帜，旗子立起了，大家才有所指望，才有所趋赴”。这个曾发起成立“问题研究会”的青年的转变是显见的。

陈独秀新世界观的萌发一样受到了这场论争的影响。问题与主义论争之初，陈独秀正在蹲监狱，但也正是他的思想转型期。出狱不久，他在《(新青年)宣言》中，虽然将实验哲学作为社会进化的必要条件，但承认“民主政治，必会把政权分配到人民全体”。不久他在武汉演讲，极力鼓吹“打破阶级的制度，实行平民社会主义”。他在强调主义(学说)的重要性时，指出一种学说之所以能够输入，“是跟着需要来的，不是跟着时新来的”。但他反对青年专门空谈主义，不去做实际的努力，指出：“无论在何制度之下，人类底幸福，社会底文明，都是一点一滴地努力创造出来的。”当有一些人批评他的这个说法是主张办实事不要谈什么主义时，他在《主义与努力》一文里辩解道：这是“一般妄人误会了我的意思”，“主义制度好比行船底方向，行船不定方向，若一味盲目的努力，向前碰在礁石上，向后退回原路去都是不可知的”；若不努力则永远“达不到方向所在”，所以主义与努力“二者缺一不可”。

第二，在论争中马克思主义得以进一步传播。在这场论争中胡适本意并非专指马克思主义，而是泛指一般“主义”，但李大钊在辩论中坚持马克思主义的立场则十分鲜明。在《再论问题与主义》中，他专门写了“所谓过激主义”一节，特意声明：“我可以自白，我是喜欢谈谈布尔扎维主义的”。众所周知，在李大钊等早期马克思主义者那里，当代的马克思主义就是以列宁思想为主体的布尔什维克主义，他以极大的热情写道：“我总觉得布尔扎维主义的流行，实在是世界文化上的一大变动。我们应该研究他，介绍他，把他的害[实]象昭布在人类社会，不可一味听信人家为他们造的谣言，就拿凶暴残忍的话抹煞他们的一切。”在论争中，他进一步传播了唯物史观，并且用其立场、观点分析中国社会。在《由经济上解释中国近代思想变动的原因》中指出，延绵 2000 多年的孔学是农业经济组织反映出来的产物，现在动的西洋文明打进来了，传统的农业经济因受了重大的压迫而生动摇，孔子主义也就首先“崩颓粉碎”。中国今日在世界经济上，“实立于将为世界的无产阶级的地位”，因此，走社会主义道路是历史的必然。在论争过程中，中国一批具有初步共产主义思想的知识分子诞生，一批进步杂志进入传播马克思主义的队伍之中。因此，从这个角度来讲，可将问题与主义之争与《晨报》、《新青年》研究马克思主义专栏的开辟，视为马克思主义广泛传播之始。

第三，明确指出改造中国的正确道路。李大钊与胡适在改造社会的方法上是对立的，他针对胡适的改良道路，非常明确地指出，改造社会要用马克思主义的方法，一是“专取这唯物史观（又称历史的唯物主义）”，“就是经济问题的解决，是根本解决。经济问题一旦解决，什么政治问题、法律问题、家族制度问题、女子解放问题、工人解放问题，都可以解决”。二是取阶级斗争是从事工人联合的实际运动，进行社会改造的根本解决的方法。

第四，在论争中，鲜明地提出了“主义”要联系实际的学风。马克思主义的本质要求理论必须解决社会的实际问题。耐人寻味的是，早期马克思主义者从理性的角度第一次彰显马克思主义学风是李大钊从辩论对手那里获得启示而提出来的。李大钊对胡适的观点并不全然反对，而是有的或可与对手的“主张互相发明”，吸取对手合理的成分，以作改造社会的工具。他对胡适主张务实，反对空谈的意见持肯定的态度，“承认我们最近发表的言论，偏于纸上空谈的多，涉及实际问题的少。以后誓向实际的方面去作。”“一个社会主义者，为使他的主义在世界上发生一些影响，必须要研究怎么可以把他的理想尽量应用于环绕着他的实境”。

这里，李大钊实际上提出了研究理论的思想方法问题，尤其是政治理论必须与解决社会与国家问题紧密联系在一起。从某种意义上来讲，胡适推动了“主义”与“实境”相结合的过程，尽管胡适强调的主义是实验主义，但就观察问题的方法论而言，强调学理要考察社会的需要，注意学说产生的效果，与马克思主义的理论联系实际原则在思想方法上是相通的。李大钊从中觉悟到马克思主义要与中国实际结合，从而获得了至关重要的救亡图存的科学思想方法。因此有学人认为这场辩论实际上提出了马克思主义中国化问题，为中国共产党将马克思主义创造性地运用于中国革命的具体实践，创建中国式的马克思主义作了奠基性探索，是有一定道理的。

总之，“问题与主义”之争反映了五四时期中国先进知识分子在探求救国救民道路上的两种不同的理论思维和行动路径，一是着眼于问题，主张点滴改良；一是强调主义的指导，主张根本解决的激进革命路线。对此的选择，表现出了马克思主义在中国传播的曲折路径，同时，大体折射出了 20 世纪中国社会发展的轨迹与走向。

二、与基尔特社会主义的论争

(一)中国共产主义者与中国基尔特社会主义者的论争

中国基尔特社会主义传播与马克思主义初期传播几乎同步,但在如何使中国进入世界潮流的道路上彼此对立,因此中国基尔特社会主义的言论出笼不久,便遭到中国早期马克思主义者的尖锐批评。第一个站出来批评的是李汉俊,继而陈独秀、李达等参战。论争大致以张东荪1920年11月发表《由内地旅行而得之又一教训》(以下简称《又一教训》)为分水岭,划为两个阶段。

第一阶段从1920年5月李汉俊发表《浑朴的社会主义者底特别的劳动运动意见》为始到张东荪发表《又一教训》为止。1920年5月7日张东荪继发表了《我们为什么要讲社会主义?》后,又在《解放与改造》上发表了《为促进工界自觉者进一言》,对"稳健的社会主义"作进一步阐释。张氏的政治主张引起李汉俊高度关注,他在5月16日出版的《星期评论》第50号上发表长篇批评文章《浑朴的社会主义者底特别的劳动运动意见》。3天后,又写了《社会主义与自由批评》,刊登在5月21日上海《民国日报》副刊"觉悟"上,是月30日在同一副刊上再发表《自由批评与社会问题》。

第一,明确主义的内容,揭露张东荪"浑朴的趋向"的社会主义是没有前途的社会主义。主义是"解决一个特殊问题的基本原理","是我们择取方向时候的指南针"。因此李汉俊质问道:"既然是一个主义一定有一个内容,断没有只有趋向而无内容的,可以说是主义的"。社会主义虽然不是一个严格的主义,只是一个世界的时代精神,但绝不是没有内容的,社会主义有许多派别,如集产主义、无政府主义、波尔色维主义、珊地加利主义等,都有一定的内容,决不仅只有一个趋向和"境象"。张东荪所标榜的社会主义竟没有内容,只有一个"浑朴的趋向",连将来的"境象"都不清楚。这样张氏的社会主义"就好比是一个瞎子,手里棍子也没有拿一根,只朝着一个方向,也不晓得前面有路无路,是山是水,只向前面走的一样。瞎子所趋向的前面却是浑朴的,到了尽头或是遇着虎豹,或是吊[掉]下崖去,或是落下水去,或是走到桃源去,总是要达到比现在不同的一种特别境象的"。所以张氏的社会主义是走投无路的社会主义,他是走投无路的社会主义者。

第二,运用马克思的阶级斗争的理论,批判张氏主张劳资互助的改良主义。李汉俊一针见血地指出,其实张氏的社会主义并不是没有内容,他很清楚地表明:"我以为在现在中国不必促进工人对于资本家的敌忾心,而只应促成工人对于工人的同情心。换句话说,就是暂且不要提倡工人对于异阶级的反对观念,而只要提倡对于同阶级的互助观念。"这段话表明了张氏宣扬基尔特社会主义的立场。李氏通过商品、市场的运行规律,指出"劳动是商品,卖的是劳动者,买的是资本家",这两者之间是不能互助的。资本家是掠夺阶级、强盗阶级,剥削工人是它的阶级本性,工人是被掠夺阶级,与掠夺阶级之间的"冲突"是必然的,是无法调和的。至于工人自决,也绝不是张氏所希望的"由资本家底桎梏之下的自决",所谓自决的行动,"就是阶级斗争"。工人阶级只有实现"阶级觉悟"才能产生相互间的同情心和互助观念,才能有自决的行动。而工人的"阶级觉悟",就是"晓得他们共同的敌人是资本家,他们底厉害是一致,晓得他们底利益不是巴结资本家,互相排挤敌视,可以得到,一定是要以资本家为敌标"。我们应当是促进工人阶级实现"阶级觉悟",向社会大众"应当大大地灌输资本家阶级是掠夺阶级或强盗阶级得观念,使社会一班(般)都明了资本家底横暴,劳动者底不合理的痛苦的理由。"张东荪一方面希望工人有团结有组织,一方面又杞忧工人对资本家发生的反感的行动,同时又反对工人阶级觉悟,"这又不是叫人走投无路么?"

第三,在辩论中,应取"自由研究"、"自由批评"的立场。当李汉俊与张东荪展开论争时,一个叫“陶乐勤”的作者在《时事新报》上发表意见，企图调和他们之间的争论，声称大家都是走同一条路，“异趋同归”，希望停止争论。李汉俊严正指出：主义和社会问题是改造社会的重大问题，决不能含糊。“我底这篇(引者注：指《浑朴的社会主义者底特别的劳动运动意见》)批评是我底自由批评，不是对于东荪君这个人的批评，是对于东荪君研究的这两个问题的批评；不是对于东荪君批评的，是对于社会批评。”张东荪宣扬的社会主义只有一个浑朴的趋向，及一个不能详知的特别境象，因此“不能成为主义”，与我走的恐怕不是一条路，更谈不上“异趋同归”。

第二阶段从张东荪1920年11月发表《又一教训》为始到北伐战争结束，论争在1921～1922年达到高潮。1920年英国著名哲学家罗素应梁启超的邀请到中国讲学，张东荪陪他去了湖南。罗素在中国暂不主张社会主义，当务之急是发展实业与教育的思想影响了张东荪，张于是写了《又一教训》。文章发表后，立即引起了李达、李汉俊、陈望道等人的批判，继而陈独秀、李大钊、施存统、周佛海、许新凯等相继参战。1921年2月远在法国的蔡和森亦写了《马克思学说与中国无产阶级》助战。中共党团刊物《新青年》《共产党》《先驱》《向导》等发表文章予以批判。1922年陈独秀将与基尔特社会主义者、无政府主义者两次论争的主要文章辑录成《社会主义讨论集》由新青年社出版。此阶段参战的人数多，规模大，问题广泛、深入，时间长，更具理论形态。中国早期马克思主义的主要观点：

第一，指出在中国实行基尔特社会主义无法救国，只是空想。中国基尔特社会主义者认为中国的主要问题是贫乏。这里涉及中国社会的主要矛盾是什么。早期马克思主义者运用唯物史观来回答这个问题。李汉俊指出造成中国落后的原因绝不是中国的贫乏，贫乏只是现象。中国是世界的一部分，中国离不开世界的发展，世界进入资本主义时代，中国就成为世界资本主义图谋占领的“市场”。竞争是资本主义的本性，为了竞争和夺得中国市场，世界的资本主义与中国的资本主义发生争夺战，它们必然帮助中国的封建贵族，反对中国资产阶级革命。某个资本主义国家要独占中国的市场，就必然与其他资本主义国家发生矛盾，这样中国“在政治上的纷争情形，就复杂起来；中国底封建贵族本来没有存在的实力，但似倒而不倒；中国底资本阶级本来可以握得政治，但似得而终不得；[中国]终陷于不死不活的状态，纷争终不得解决。”早期马克思主义者在剖析世界大势时，虽然“帝国主义”这个概念鲜见，但“世界底资本阶级”、“国际资本主义”、“军国主义”等是造成近代中国社会乱源的根本原因则是十分明确的。那么走什么样的道路才能救国呢？中国基尔特社会主义者开出的药方就是发展协社(行会)才有实现强国的可能，“其余概为空谈”。协社正是基尔特社会主义改造社会的核心方案。陈独秀剖析基尔特社会主义，“也非一种特别独立的学说，他一方面主张经济组织由行会管理，是受了工团主义工业自治的影响，然失了工团主义阶级斗争底精神；一方面主张政治组织由国家管理，是受了国家社会主义不反对国家存在的影响，然失了国家社会主义由国家干涉生产事业底作用。行会社会主义者自以为他的理想在各派社会主义中算是最圆满最稳当的了，他以为拿行会代表生产者底权利，以国家代表消费者底权利，这样的公平的调和，可以免得剧烈的革命了。这种调和的理想是英国人的特性：其实它有两个不可掩蔽的缺点：(一)把压制生产劳动者底国家政权、法庭、海陆、军警完全交给资本阶级了；(二)政治事业和经济事业有许多不能分离的实践，例如国际贸易之类是也。”

用改良手段改造社会是中国基尔特社会主义者的基本方案，与协社紧密相关的是组织劳动组合(工会)，基尔特社会主义者视其为改造社会的第一步。施存统一针见血地指出：中国的基尔特社会主义者所谓提倡组合协社、工会，实质不过是“主张资本主义底别名，聊以自慰而已”。因为社会主义是与资本主义根本对立的，是要消灭资本主义的，而基尔特社会主义反对暴力革命，主张渐进，也就是说在资本主义制度下进行协社，组织工会，这种蚕食主义的蚕是加入协社、工会的劳动者，所要食的东西却是资本主义。这种主义只能是空想。基尔特社会主义发达的英国人口有4700万，劳动者有3000万，加入工会的不过800万，“假定这800万加入组合的劳动者都相信基尔特社会主义，也不过占全人口六分之一强，全劳动者四分之一强，以这样的数目，就能够蚕食资本主义，废除资本主义吗?”何况资产阶级还掌握了国家政权维护其统治。中国有四亿人口，而产业劳动者不到100万(笔者注：应为200万)，工会组织才开始萌芽，要实行基尔特社会主义，“我想世界上再没有比这还更伟大的空想，幻梦了”。

第二，揭露中国基尔特社会主义发展实业的实质就是发展资本主义。张东荪的发展资本主义是在增加富力，打着发展实业的幌子，并企图与“稳健”的社会主义调和下提出来的，故有很大的欺骗性。陈独秀在复张东荪的信中说：“如果说中国贫穷极了，非增加富力不可，我们不反对这话；如果说增加富力非开发实业不可，我们也不反对这话；如果说开发实业非资本不可，且非资本集中不可，我们不但不反对这话而且端[极]端赞成；但如果说开发实业非资本主义不可，集中资本非资本家不可，我们便未免发笑。”因为资本与资本家不是一物，陈氏引述戴季陶的话说明资本与资本家的不同：“资本是资本，资本家是资本家。劳动力是生在劳动者身上的，是拆不开的；资本不是长在资本家身上的，是拆得开的。惟是中国的实业不振兴，所以我们要求资本，惟是中国眼前没有很多的大资本家，所以更不应该制造资本家。”施存统揭露这种社会主义者“就是存心要想主张资本主义而不敢明目张胆主张资本主义的儒人，不然，就是自欺欺人的伪善者”。

(二)对社会主义问题讨论的再认识

在改革开放新时期，学人用当代语境对发生在80年前的中国早期马克思主义者与中国基尔特社会主义者的这场大论争作了新探讨，提出一些新观点，得出一些新结论，并且将其作为解放思想的新成果，对此笔者提出自己的看法，求教学人，以推动该问题的研究。

第一，当今在评论社会主义论争时，有一种似是而非的观点较为流行，即张东荪、梁启超等人对国情的分析，对在中国发展实业，对中国资产阶级的认识等方面，给我们留下了某些有益的思想资料或启示，甚至为中国共产党探索中国革命的性质、对象提供了一些资料。这样一来，至少涉及了两个问题。

其一，这场论争的实质是什么？本来这个问题很清楚，是中国走什么样的道路才能复兴国家。简言之：中国基尔特社会主义者企图将资本主义与协社调和起来使国家复兴，按照张东荪的话就是“盖协社即以资本主义之方法，而贯彻社会主义之精神者也”。早期马克思主义者则旗帜鲜明地主张走科学社会主义道路使国家复兴，按照李达的话说就是“采用劳农主义的直接行动，达到社会革命的目的”。两条道路，两种途径，泾渭分明。

至于中国基尔特社会主义者提出的中国贫乏、现代工业落后等，早期马克思主义者早就认识到了这些问题，并且极端赞成增加富力，发展生产力，发展实业非增加资本不可；对发展合作社(协社)、工会(组合)，劳动者参加管理等，他们并不反对，反对的是把中国主要社会矛盾说成是贫乏，中国的出路是发展资本主义与协社，一针见血地指出在不改变旧的经济、政治制度的情况下，采用协社、工会等作为复兴国家的方法不仅是空想，而且还伪善。

诚然，张东荪等强调研究、实验任何主义、政策必须与“国情”(笔者注：张氏用“本土情形”、“国内情形”来表述)相结合，曾指出采用彼辈主义、政策一定要与国内情形相比较，“若将本土情形完全忘却，则纵考察得彼中办法与主义，亦止适于彼地而已，未必遽能移用我也。”从认识论的角度看，张东荪这个立场值得肯定，但问题在于他所说的“国情”只是一些表面的现象，如贫穷、实业落后等，而他开出的解决中国问题的药方即基尔特社会主义，则根本不适合国情。对此他自己都缺乏信心，在回答友人的信中曾清楚表白："弟向倾心于同业公会的社会主义，近则以为，人类原理而普泛言之固属最善，而在中国则不知须俟何年何月始能实行。"他承认在中国实现基尔特社会主义还为期甚远，目前第一步只是宣传原理，第二步是"择业实验"。因此，同样从认识论的角度，可以看出张东荪的认识是脱离实际的，是唯心的，没有多少现实意义。

其二，有人称张东荪等人对资产阶级的认识为中国共产党探索中国革命的性质、对象提供了资料。这涉及如何正确定位马克思主义中国化的问题。所谓马克思主义中国化指的是中国共产党人将马克思主义应用于中国革命与建设的实践活动与理论总结。前提是运用马克思主义，正是中国早期马克思主义者坚持了马克思主义，坚持了科学社会主义，才有了后来的马克思主义中国化的第一个理论成果：毛泽东思想。中国基尔特社会主义者反对马克思主义，反对中国走社会主义道路，因此他们对资产阶级的分析丝毫没有为中国共产党探索中国革命规律提供一些资料，不能将两个毫无关联的问题硬扯在一起。再说，中国共产党人是在民主革命实践中，才对中国资产阶级的本质属性与对中国革命的态度得出科学结论，没有任何证据证明中国共产党人关于中国资产阶级的理论是采用了中国基尔特社会主义者的某些资料。

在这场论争中，早期马克思主义者最大的失误是没有正确把握国情，提出了直接进行社会主义革命的主张，这说明当时他们的马克思主义水平还不高，只是将马克思主义的一般原理机械套用于中国。但很快，即 1922 年，他们就在列宁的民族与殖民地问题理论的指导下，认识到中国社会的特殊性，中国革命必须分两步走，第一步是进行民主革命，第二步才是实行社会主义。在《先驱》与基尔特社会主义者进行论争时，他们便用这个最新认识投入了战斗。

第二，早期马克思主义者在批判中国基尔特社会主义的时候，亦有情绪化的倾向，指责张东荪等为投机的政客有失公允。长期以来，人们在评论近代中国社会思潮、人物、事件时，存在着单向思维，即以马克思主义作为衡量近代中国人与事的唯一标准。按照这个标准，在近代中国思潮的选择上，凡是主张马克思主义的就是革命的，或进步的；在政治道路的选择上，凡是主张走社会主义道路的就是革命的，或进步的，其他则是反动的，或落后的。

1988 年 5 月，邓颖超致函在美国的宋美龄时写道："我与夫人救国之途虽殊，爱国之心则同。"这句话对我们审视近代中国的人与事是一个标志性的启示。在近代中国，爱国主义有很宽泛的内容，这是近代中国错综复杂的国情所决定的。面对资本一帝国主义的不断侵略，国势日衰，一代又一代的先进中国人寻求着各种各样的救国方案和道路，凡是追求民族独立，国家富强（即追求中国现代化）的，就是革命的，或进步的，就值得肯定。

从这个角度考察，张东荪、梁启超等的基尔特社会主义，是目睹民国初年的帝国主义侵略加剧，军阀横行，国势日衰而提出的救国方案。他们企图将资本主义与基尔特社会主义调和起来振兴国家，希望在中国从资本主义、科学社会主义之间走出第三条救国之路。尽管实践已经证明这条资本主义与基尔特社会主义相混合的道路是不切实际的幻想，但他们救亡图存的爱国之心则应该给予肯定。

张东荪等还看到了"外国的资本主义是致中国贫乏的唯一原因"，"故倒外国资本主义是必要的"；认识到军阀是中国内乱的主要祸源，他主张用武力和经济力致军阀的死命。从张东荪、梁启超等反对帝国主义和军阀统治的态度角度考察，他们应该是中国共产党的联合对象，是民主革命联合战线的同盟者。同时张东荪的救国设计虽然是空想，但他从西方引进改造中国方案时，强调要结合国情，将资产阶级分成外国和国内两部分，主张中国要大力的发展现代工业，强调文化运动的重要性等，对于设计中国现代化的方案是具有重要参考价值的。

应该指出，他们反对马克思主义，固然是他们的政治立场和价值取向所决定的，但与对马克思主义的无知、误解，以及苏俄一度采取的激烈的过“左”战时军事共产主义政策也有一定的关系。

三、与无政府主义的论争

（一）早期马克思主义者与无政府主义者论争的意义

第一，通过论争揭露了无政府主义的本质，促进了一部分激进民主主义者转变成马克思主义者。绝大多数早期马克思主义者均曾受过无政府主义思想的影响，但通过革命的实践，特别是在这场大辩论中反思，他们逐步与无政府主义划清界限，转变成马克思主义者。青年恽代英的思想转变之旅具有代表性。

恽代英于1913年考入武昌中华大学预科时，开始接触克鲁泡特金的互助论。1917年10月成立进步小团体互助社。他接受互助论主要是用来批判帝国主义与封建主义，他将私有制视为万恶之源，认为帝国主义、资本主义、封建主义是权利论者，是“天下争攘之源泉”，西方文明是“万恶之凶手”。与此对应的是他从克鲁泡特金的社会进化论中憧憬美好的社会——“破除私有制，各尽所能，各取所需，自由工作，废除金钱”的共产主义。如何达到理想社会呢？恽代英认为：首先养成善势力去扑灭恶势力，“吾望有志之士，善用其由文明进化所得之智力，群出于善之途，使道德有进化无退化，以早促黄金世界之实现也。”

有鉴于此，当新村、互助工读运动出现时，受到了他的热烈欢迎，并立即行动起来。1920年2月1日，他与志同道合者创办利群书社，这是一个“工读互助团性质”的营业机关，一个文化运动的场所，一个修养团体的结晶体，一个社会服务的共同生活的雏形。以后他又希望在林育南的家乡湖北黄冈浚新小学办一个新村性质的基地。他们企图用这种避开黑暗社会，单纯办实业，搞文化事业，建设资本团体的方式，“把全世界变为社会主义的天国”。然而，残酷的现实，使他的美好梦想处处碰壁，促他逐渐觉悟：新村运动于“精神每易太趋重了对内的完成，太疏忽了对外的发展。结果一部分的成功，无益于全世界的改造。”对工读互助运动，他的觉悟更彻底些，“我们要知道工读虽是好事，究竟在生活能力不充实的人，不是容易做到的事，不要轻易的盲从妄动呢。”对无政府主义，他在《怎样创造少年中国?》文章里，一针见血地指出，“若我们一天天走受掠夺的路，却谈甚么无政府主义，这只是割肉饲虎的左道，从井救人的诬说”。新世界观在否定旧我中萌芽，在同一文章里，他赞成阶级斗争：“我想只要平情达理的人，他或者不信政治活动或流血是必要的手段；然果遇着显见政治活动或流血，为简捷有力的改造手段的时候，甚至于显见其为改造的独一无二不可逃避的手段的时候，亦没有不赞成取用政治活动或流血的手段的道理。”1921年7月，他在黄冈浚新小学组织成立了共存社，确定了“以积极切实的预备，企图阶级斗争、劳农政治的实现，以达到圆满的人类共存为目的”。

与此同时，毛泽东的思想也开始发生根本性的变化。1920年12月1日，毛泽东致信萧旭东、蔡和森说：“我对于绝对的自由主义、无政府主义，以及德莫克拉西主义，依我现在的看法，都只认为理论上说得好听，事实上是做不到的。”相当一部分激进民主主义者与恽代英、毛泽东一样，在这个时期，与无政府主义决裂后，先后走上了共产主义道路。从这个意义上讲，我国早期马克思主义者的队伍是一批曾被无政府主义影响的青年精英反戈一击参加进来而逐渐壮大的。

第二，通过论争进一步分清改良与革命的区别，确定用阶级斗争手段彻底改造社会的复兴中华的道路。走什么道路才能振兴中华，是中国早期马克思主义者与无政府主义者论争的主要内容之一。中国无政府主义者的思想武器主要是克鲁泡特金的互助思想，主张在精神层面改造社会。克鲁泡特金将社会的弊端归罪于恶道德，要根本解决社会问题，在于善道德的养成，去战胜恶道德，即企图通过道德的进化达到共产主义。克氏的伦理改造论与传统的"政治伦理"是相通的，对五四时期的广大知识分子有很大的影响，以致"立品救国""人心革命"等一度成为他们的济世良方，从道德领域改造社会的思想也成为长期困扰激进知识分子寻求正确救国道路的关键问题。利群书社在讨论社会改造问题时，恽代英总是希望避免"流血事业"。施存统也说："革命手段，并不是不可变的，我们也不是以无产阶级专政为最好的手段的；不过没有发见更好的革命手段之前，我们却不论如何都不能不承认彼是最有效的革命手段的。"

这场大论争，给具有初步共产主义思想的知识分子指明了改造社会的正确方向。他们用唯物史观作为批判无政府主义、改良主义的思想武器，指出无政府共产主义宣扬道德救国，是颠倒了意识形态与经济基础的关系。道德属于上层建筑，只有经济制度、政治制度发生根本改变，善道德才能建立，恶道德才能铲除。无政府主义在不改变政治、经济制度的前提下，所谓通过"道德革命"达到共产主义只是空想的，只有通过阶级斗争、无产阶级专政的途径才能达到共产主义。

第三，通过论争，加速了无政府主义队伍内部的解体。1922 年 6 月 16 日，黄凌霜致信陈独秀承认无产阶级专政"乃今日社会革命唯一之手段，以后惟有随先生之后，为人道尽力而已"。无政府主义刊物《互助》月刊也不得不承认"这个政治派别（引者注：指无政府主义）已奄奄一息，几无生气"。从这个意义上讲，我国无政府主义组织派别是因遭到早期马克思主义者的痛批，被打中要害才逐渐在历史舞台上失去作用。

第四，通过论争为中国共产党的成立扫清了障碍。无政府主义者极力反对在中国建立无产阶级政党。这场论争使广大革命知识分子肯定了以俄共（布）为榜样建立无产阶级政党与建立无产阶级专政的必要性，批判了无政府主义抽象反对强权的错误思想，为中共领导民族解放斗争准备了思想条件。中国第一代传播者一开始就非常鲜明地指出，列宁领导的俄国共产党是马克思主义的，中国就是走苏俄马克思主义的道路，改造社会的根本手段是 Revolution，决不容 Evolution；理想的社会就是苏俄式的"无产阶级专政"。同时，论争中对组织和纪律、集中和领导的必要性也进行了充分的阐述，这有力地促进了早期马克思主义者按照民主集中制原则建党，使中国共产党一开始就是一个具有严密组织和纪律的无产阶级政党，为党领导中国革命准备了组织条件。正如刘少奇在五四运动 20 周年时所说："马克思主义的拥护者到处都与无政府主义的拥护者争论着，斗争着，马克思主义直至在各方面克服无政府主义以后，并与中国的工人运动，人民反帝运动结合以后，才成为中国政治生活中一个雄伟的力量。"

（二）对我国早期无政府主义的再评价

长期以来人们在评论无政府主义时已经形成了固定的思维定势，即无政府主义是反动的思潮。在论述马克思主义与无政府主义者的论争中，将无政府主义作为对立的一方加以彻底的否定，认为早期马克思主义者对无政府主义者进行了坚决、毫无妥协的斗争。如果事情果真如此简单的话，那么为什么军阀政府一直将无政府主义与共产主义同视为"洪水猛兽"，作为"过激党"，对其活动加以禁止，对其宣传品给予取缔？为什么我国早期马克思主义者，如李大钊、陈独秀、恽代英、毛泽东、施存统等无不受过无政府主义的影响？为什么共产国际使华代表在建党前后，曾将无政府主义者作为争取、合作的对象？为什么中国共产党成立后，中共仍明确将无政府主义者作为统战对象？这四个为什么提示我们，历史是十分复杂的，对我国的无政府主义需要放在特定的历史条件下重新加以认识。

第一，无政府主义是作为改造社会的进步思潮在晚清传入我国的。历史往往有这种现象，西方某种思潮到东方，其作用、结果会完全不同，这是因国情不同，时代不同使然。无政府主义在我国的情况正是如此。无政府主义在欧洲已经遭到马克思、恩格斯的痛批，但来到东方，却成为一部分激进爱国主义者进行救亡运动的思想武器。为什么呢？这是因为自鸦片战争后，我国的社会性质发生了巨大变化，无政府主义主张的自由是针对封建专制的，他们反对的强权主要是针对帝国主义和军阀政府，他们尖锐批判资本主义的弊端，憧憬的共产主义与我国传统的大同社会联系在一起，给中国人民展示了一个乌托邦的美好前景。

无政府主义思潮比马克思主义要早来到中国，此时资本主义的种种弊端已经暴露出来，寻求救国的爱国青年企图找到一条避开资本主义的新道路来济世，社会主义道路正是迎合了这种需要，特别是无政府主义一度吸引了他们，成为他们救国道路的首选，即便马克思主义传入中国之初，也没有改变他们对无政府主义的兴趣，正如刘少奇说的那样："在马克思主义传播到中国的时候，各派社会主义都来了，我就看过各派社会主义的书，在最初一个时期，无政府主义受到欢迎，超过了马克思主义，很多人相信无政府主义，以为痛快得很，可以一下子解决问题。"

第二，从某种意义上讲，无政府主义是我国一部分革命知识分子从民主主义—空想社会主义—共产主义的桥梁。如前所述，我国早期马克思主义者几乎都受到过无政府主义的影响，所谓桥梁作用主要是从两个层面来看的：首先，无政府主义猛烈地批判帝国主义、封建军阀，同情劳动大众，以及憧憬"各尽所能，各取所需"的共产主义与马克思主义是一致的，这些成为中国革命知识分子转变成马克思主义者的思想基础。其次，无政府主义在哲学层面的唯心主义，在政治层面的反对无产阶级专政和建立共产党，革命知识分子只有与之进行彻底决裂，才能在世界观上完成伟大的转变，接受马克思主义。李大钊、毛泽东、恽代英、周恩来、蔡和森等第一批马克思主义者世界观实现伟大转变之路都是这样走过来的。

第三，中国共产党成立前后，无政府主义者曾是党的统战盟友。历史是极其复杂的，马克思主义在我国传播之初，无政府主义者曾充当了传播的主要中介。1907 年张继、刘师培等人在日本发起组织成立"社会主义讲习会"，发行机关刊物《天义报》。《天义报》是介绍《共产党宣言》最早、最多的刊物之一。同年 12 月的第 13 卷、第 14 卷合刊上就刊登了《宣言》中关于"论妇女问题"的论述，"编者按"中指出："马氏等所主共产说，虽与无政府共产主义不同，而此所言则甚当。彼等之意以为资本私有制度消灭，则一切私娼之制自不复存，而此制之废，比俟经济规模以后，可谓探源之论矣。"次年 1 月，刊登了恩格斯 1888 年为《共产党宣言》英文版写的序言。在编者写的《跋》中指出："《共产党宣言》发明阶级斗争说，最有裨于历史，此序言所言，亦可考究当时思想之变迁，欲研究社会主义发达之历史者，均当从此入门。"在 16～19 卷合刊上，翻译了《共产党宣言》第一章《资产者和无产者》，摘译了恩格斯的《家庭、私有制和国家的起源》。此外在巴黎的《新世纪》也宣传马克思主义。民国初年最有影响的无政府主义组织是刘师复的晦鸣学社，其刊物《民声》(由《晦鸣录》改名)在宣传社会主义时，介绍了马克思学说，主要是经济理论。

五四时期，无政府主义者办的刊物《劳动》(1918 年 3 月创刊)、《进化》(1919 年 1 月创刊)，极力鼓吹劳动与互助，成为无政府主义宣传的最亮点。《劳动》用大量的篇幅报道工人农民的悲惨生活，说明劳动的价值和尊重劳动的重要性；揭露资产阶级对劳动者的残酷剥削，严厉批判资本主义私有制；鼓吹通过劳动、互助的手段达到共产主义的理想社会。作为实践这个理想社会的手段之一就是工读互助与勤工俭学运动。五四运动前后，赴欧勤工俭学运动的发起者是李石曾、吴稚晖等无政府主义者。但是种豆得瓜，周恩来、蔡和森、邓小平等一批激进青年抵达欧洲后，通过对科学社会主义的学习，在与工人相结合中，逐渐与无政府主义划清了界线，转变成为坚定的马克思主义者。

这一时期，无政府主义者还有一个亮点，就是歌颂十月革命，善意地介绍过列宁。十月革命后，《劳动》发表了《俄罗斯社会革命之先锋李宁事略》、《李宁之解剖》等文章，称赞道："现在我们中国的比邻俄国，已经光明正大的做那贫富一般齐的社会革命来了。现在社会革命四个字人人以为可怕，其实不过是世界的自然趋势。""法兰西一革命，乃孕育19世纪之文明，俄罗斯一革命，将转移20世界之时局"。列宁是领导俄国谋求"人类的幸福"，"所抱的主义，是要这世界一般的人男女同一样，贫富一般齐"。该刊用了较多篇幅力求报道一个真实的苏俄，这与当时充斥其他报刊大为污蔑与攻击的报道形成鲜明的对比。当时颇具声名的无政府主义者震寰（袁振英）在《新青年》、《共产党》月刊上发表大量赞扬苏联"劳农政权"之"成就"的译介文章。

鉴于无政府主义者最早将社会主义宣传转向工人运动，并从事职工运动；对资本主义私有制进行严厉的抨击；对苏俄持友善的立场，共产国际使华代表将无政府主义者作为来华工作的对象之一，魏金斯基来华的第一份报告就说明了这个况："为了协调和集中各个组织的活动，正在着手筹备召开华北社会主义者和无政府主义者联合代表大会"。1920年7月19日，在他的主导下，早期马克思主义者与无政府主义者举行了联合会议，共同组成社会主义者同盟。魏氏使团成员斯托扬诺维奇还在北京、广州与无政府主义联系，参加中共早期组织。黄凌霜、区声白、梁冰弦、袁振英等无政府主义者参加了北京、上海、广州等地早期党组织的工作，参加党办的劳动刊物，如袁振英担任《劳动界》的编辑，黄凌霜、陈伯根主办《劳动音》。在共产国际驻华代表资助下，在上海辣斐德路（今复兴中路）成裕里221弄12号开办的又新印刷厂，是党的第一家印刷厂，则由无政府主义者郑佩刚全权负责。无政府主义者后因在组织原则和无产阶级专政等方面与早期马克思主义者有严重分歧，便退出了北京、广州的早期党组织。

尽管如此，党一方面在理论战线上批判无政府主义，另一方面仍然将无政府主义者作为统战盟友。《共产党》月刊第4号（1921年5月7日）发表的《无政府主义之解剖》一文开宗明义指出写此文的"旨趣"是："无政府党是我们的朋友，不是我们的同志。无政府党要推倒资本主义所以是我们的朋友。无政府党虽然要想绝灭资本主义，可以没有手段，而且反不免有姑息的地方，所以不是我们的同志"。"我因为要约同这些朋友加入我们的队伍里，共同对世界资本主义作战，共同剿灭世界资本制度，以便早期实现社会主义的社会，所以写了这篇文章出来和各位朋友们商量一下"。

在1922年年初召开的远东各国共产党和各革命团体代表大会上，共产国际将无政府党作为革命团体，邀请黄凌霜、黄壁魂作为代表莅会。基于对无政府主义团体的政治判断，中共二大制定了与无政府党合作的策略。在《工会运动与共产党》的决议案中称："为工人目前利益的奋斗，我们共产党人要随时与国民党、无政府党甚至与基督教合作"，无政府主义"虽于政策上有许多错误的地方，然为富于革命性及为无产阶级的团体。所以我们为无产阶级利益的各种奋斗起见，应与之结成共同的战线。"决议案指出，在联合中继续批评无政府主义的错误观点，教育无政府主义者，促使他们思想转变。

在探索中共与无政府主义的关系时，还需要考察苏俄、共产国际对无政府主义的策略。这方面的内容远比现在历史教科书中记载的要复杂得多，这恐怕需要专题研究，此处只能稍作说明。十月革命胜利后，苏俄空前的孤立，为了打破这种状况，鉴于无政府主义对资本主义的批判，一些俄国的无政府主义者还参加了十月革命，以及无政府主义者对十月革命的赞扬等因素，列宁曾与俄国无政府主义者进行合作，故有“安那其布尔什维克”(Anarcho-Bolsheviks)之称。共产国际成立后，曾制定与无政府主义合作的策略。但由于无政府主义反对无产阶级专政，必然会反对苏俄政府及其许多政策等原因，1921 年 3 月俄共(布)十大决定与工团主义和无政府主义进行坚持不懈的思想斗争。为此共产国际也改变了对无政府主义的策略。中国早期马克思主义者对中国无政府主义认识要比魏金斯基清楚一些，魏氏刚到中国不久，即 1920 年 9 月，陈独秀就发表了著名的《谈政治》，揭开了批判无政府主义的序幕。在我国，作为对共产国际改变对无政府主义策略的反映，就是各地社会主义同盟的解散和李达、施存统、周佛海等重量级批判文章的出台，使批判无政府主义思潮的斗争进入高潮。

第三节　党的早期革命领袖和革命家的贡献

马克思主义在中国的传播是在特定的历史背景下开始的。推动这一过程的主体是中国先进知识分子，其中李大钊、陈独秀、瞿秋白、李达等对马克思主义在中国的早期传播发挥了重要作用。

一、李大钊的马克思主义思想

(一)唯物史观与马克思主义

在《我的马克思主义观》一文中，李大钊对唯物史观的基本思想作了较系统的阐发，表达了他对唯物史观的理解。在他看来，唯物史观不仅是马克思主义哲学的基本内容，而且是整个马克思主义的思想基础。《我的马克思主义观》正是以唯物史观为其红线贯穿全文的。

李大钊认为，唯物史观的基本思想，在于指出社会内部的最深层的构造，比社会外部的明显的构造要重要得多；社会内部的最深层的构造，就是人们的经济生活；经济生活是历史运动的决定性要件，经济以外的物质条件也对人类社会有意义有影响，但只能是经济要件的支流；经济构造是社会的基础构造，在其上形成了包括法律、政治、伦理及种种精神现象在内的全社会的表面构造，全社会的表面构造都依着经济构造的迁移而变化。

与论述唯物史观相联系，李大钊又论述了阶级斗争理论。他把阶级斗争理论称为“阶级竞争说”。他指出，在西方思想家中，讲“阶级竞争”的并非只有马克思一人，只是其他思想家对“阶级竞争”的产生根源各持一说，而马克思则从唯物史观出发，从经济生活中寻找阶级斗争的最终原因。李大钊认为阶级及其阶级之间的斗争，是经济发展到一定程度的产物，并不是与人类俱来的。正是经济上的利害冲突，导致了阶级之间的相互矛盾，并由此导致了生产方式的更替。资本主义生产方式的出现，成为这种阶级之间相互敌对的最后形式；无产阶级夺取政治权力后，将使这种相互敌对的斗争成为过去。因此，阶级及其阶级之间的斗争，又将随着经济发展到一定程度而终结，并不是永远如此。

在撰写《我的马克思主义观》一文时，李大钊由于当时条件的限制，不可能读到更多的马克思主义文献，也对马克思的思想存在某些误解。如他在文中认为马克思过于强调经济的决定作用，而忽视了人类精神的作用和改造，又把第二国际因片面强调经济决定作用而陷入的困境，说成是唯物史观的流弊。但从总体上看，他确实抓住了马克思主义的基本理论与实践性格，对马克思主义作了至今看来也是较准确完整的阐释。这篇文章对李大钊的思想发展来说，无疑是一块重要的里程碑，标志着他的历史观念已由民彝史观转变为唯物史观。

(二)由经济上解释中国近代思想变动的原因

李大钊在接受唯物史观后,首先所要思考和解答的中国问题,就是如何看待当时正在开展之中的新文化运动,如何看待以新文化运动为代表的中国近代思想变动。李大钊在 1919 年 12 月和 1920 年 1 月接连发表了《物质变动与道德变动》《由经济上解释中国近代思想变动的原因》两篇文章,用唯物史观为指导来重新解释新文化运动及中国近代思想变动发生的原因。

在李大钊看来,新文化运动及中国近代思想变动体现了中国人的道德观念、思想文化的新变动。但是这种变动的原因,并不就存在于道德观念、思想文化自身,而在于经济基础的变动。这一点已为唯物史观所揭示。他说:"马克思一派唯物史观的要旨,就是说:人类社会一切精神的构造都是表层构造,只有物质的经济的构造是这些表层构造的基础构造。在物理上物质的分量和性质虽无增减变动,而在经济上物质的结合和位置则常常变动。物质既常有变动,精神的构造也就随着变动。"

由此来看中国,李大钊指出,二千年来支配中国思想的真正原因实在于中国的农业社会及其大家族制度。正是在这个基础上,生发了二千年来的中国人的政治制度和精神世界。一切政治、法度、伦理、道德、学术、思想、风俗、习惯,都建筑在大家族制度上而成为它的表层构造。在这些表层构造中,孔子思想最具有代表性。

李大钊又指出,自中国进入近代以来,随着西方文明的影响日益扩大,随着西方工业经济对东方农业经济压迫的加深,中国农业社会及其大家族制度开始崩解,孔子思想、儒家伦理的原有基础发生了根本动摇,孔子思想、儒家伦理也就开始失去支配中国人精神世界的作用了。正是在这种条件下,20 世纪初的中国开始出现了种种新的思想潮流、新的社会运动。

(三)从现实中探索中国革命的道路

在李大钊生命的最后一段时期,正是国共两党合作进行国民革命的时期,也正是中国共产党人急切地寻找现实力量来支撑这一革命的时期。对于这个重大问题,不论是马克思主义的本本、俄国十月革命胜利的经验,还是远在莫斯科的共产国际发来的许多指示,都未能作出具体而有效的解答。这促使李大钊开始以唯物史观为指导,结合中国的实际情况和革命实践,在中国社会中寻找党所能够依靠的现实力量。他依据马克思对于太平天国运动的观察,根据孙中山从事革命活动的经验,根据对中国历史和现实的实际情况的分析,开始在中国农村和下层社会中把这一力量发掘出来。他在这一时期发表的《马克思的中国民族革命观》《孙中山先生在中国民族革命史上之位置》《土地与农民》《鲁豫陕等省的红枪会》诸文,集中反映了他的这一探索。

第一,李大钊对中国的国情进行了分析,指出:"在经济落后沦为半殖民的中国,农民约占总人口百分之七十以上,在全人口中占主要的位置,农业尚为其国民经济之基础。故当估量革命动力时,不能不注意到农民是其重要的成分。"[①]在他看来,农民问题的核心就是土地问题;而要解决土地问题,实现平均地权,只有依靠工农阶级起来进行革命。

第二,李大钊对孙中山的革命经验进行了总结。在李大钊看来,孙中山的革命道路实是革命知识分子承继农民革命传统、结合下层民间社会、从而造成浩大革命运动的过程,他的这些革命经验是中国共产党人值得学习和吸取的。

第三,李大钊要求中国共产党人必须关注中国农民和下层社会,到乡村中去,建立起与他们

---

① 李大钊文集(第 5 卷)[C].北京:人民出版社,1999,第 69 页

的密切联系。他提出，革命者到乡村中去，一方面应当注意对农民进行宣传教育，另一方面应当注意改造农民的旧式武装组织。在这里，他实际上已提出了中国共产党人进入农村、组织农民、掌握农民武装的初步构想。

李大钊的这些思考与构想，尽管还只是一个大体的思路，在他生前未能充分展开并付诸实践，但却显示出他力图运用唯物史观，从现实中寻找中国革命的特殊道路。

(四)“个性解放”与“大同团结”

从唯物史观出发，李大钊在指导现实革命斗争的同时，还指出了未来的理想社会与奋斗目标。在他看来，尽管在前进的道路上存在着艰难险阻，但只要努力实践，勇敢奋斗，不懈创造，马克思所揭示的社会理想是一定能够实现的。

李大钊指出，未来的新生活、新社会，应是人类一体的生活，世界一家的社会。在这里，人类一方面获得了个性解放，一方面又实现了大同团结。他说：“现在世界进化的轨道，都是沿着一条线走，这条线就是达到世界大同的通衢，就是人类共同精神连贯的脉络。……这条线的渊源，就是个性解放。个性解放，断断不是单为求一个分裂就算了事，乃是为完成一切个性，脱离了旧绊锁，重新改造一个普通广大的新组织。一方面是个性解放，一方面是大同团结。这个性解放的运动，同时伴着一个大同团结的运动。这两种运动，似乎是相反，实在是相成。”[①]这样一来，李大钊就提出了一种中国思想史上从未有过的新型的社会理想和人生理想。这种理想把中国人世代追求的大同理想与马克思的共产主义理想结合起来，把中国传统文化重视“类”的精神与西方近世文化强调“个性解放”的精神结合起来，显示出早期中国马克思主义哲学的青春气息。

二、陈独秀的马克思主义思想

(一)从“科学”与“民主”走向马克思主义

陈独秀是作为新文化运动的发起人和领导者而走向马克思主义的。他在新文化运动之初通过《新青年》所树立的“科学”与“民主”两面旗帜，不仅深刻影响了一代新青年，而且也成为他自己走向马克思主义的思想之桥。

1915 年，在《青年杂志》创刊号上，陈独秀发表《敬告青年》一文。这篇文章实际上是《青年杂志》的发刊词。在文中，他以诗一般的语言，强调新陈代谢是宇宙人生的不可抗拒的法则，强调中国社会正需要进行以新代旧的彻底改造，强调再造中国的希望在于富有朝气的中国青年，强调中国青年推动自己与中国新陈代谢的关键在于做到六条要求：一是“自主的而非奴隶的”，二是“进步的而非保守的”，三是“进取的而非退隐的”，四是“世界的而非锁国的”，五是“实利的而非虚文的”，六是“科学的而非想象的”。这六条要求，也就是值得倡导的新文化与必须批判的旧文化的区分。在这六条要求中，最震人心弦的，莫过于第六条对科学与人权的推崇，由此，“科学与人权并重”成为新文化运动的最重要的标志。

以后，陈独秀又把“科学”与“人权”改为“科学”与“民主”，亲切而形象地称之为

“德先生”，使之成为新文化运动的两面旗帜。

陈独秀的思想转变，是在 1919 年通过时代风潮的影响和现实政

1919 年 1 月，《新青年》第 5 卷第 5 号发表了李大钊的《庶民的胜利》与

① 李大钊文集(第 4 卷)[C]. 北京：人民出版社，1999，第 253 页

文，首先在中国思想世界热烈欢呼俄国十月革命胜利，开始了新文化运动的思想转向。陈独秀亦在1919年4月20日出刊的《每周评论》第18号上发表《随感录·二十世纪俄罗斯的革命》，指出："十八世纪法兰西的政治革命，二十世纪俄罗斯的社会革命，当时的人都对着他们极口痛骂；但是后来的历史家，都要把他们当作人类社会变动和进化的大关键。"①五四运动和六三运动的发生，再次激起陈独秀的政治热情，把他又一次推向现实政治斗争。1919年6月11日，陈独秀前往北京新世界游艺场，向群众散发由他起草的《北京市民宣言》。这份《宣言》向北洋政府提出收回山东主权、罢免卖国官吏、取消步兵统领及警备司令两机关、由市民组织北京保安队、给予市民绝对集会言论自由权五项要求。陈独秀在当时即被暗探逮捕，一时间形成全国性的声援陈独秀、抗议北洋政府的浪潮。陈独秀获释之后，开始把自己的政治要求直接诉诸无产阶级。1919年12月1日，他在《晨报》上发表《告北京劳动界》一文，开头即言："我现在所说的劳动界，是指绝对没有财产全靠劳力吃饭的人而言。就职业上说，是把那没有财产的木匠、泥水匠、漆匠、铁工、车夫、水夫、成衣、理发匠、邮差、印刷排字工、佣工、听差、店铺的伙计、铁路上的茶房、小工、搬运夫，合成一个无产的劳动阶级。"②接着对他所倡导的"民主"作了一种全新的解释："劳动界诸君呀！十八世纪以来的'德谟克拉西'是那被征服的新兴财产工商阶级，因为自身的共同利害，对于征服阶级的帝王贵族要求权利的旗帜。……如今二十世纪的'德谟克拉西'，乃是被征服的新兴无产劳动阶级，因为自身的共同利害，对于征服阶级的财产工商界要求权利的旗帜。"③在这里，陈独秀把"民主"的主体由18世纪的资产阶级转换为20世纪的无产阶级，对"民主"赋予了社会主义的新内涵，表明他开始从"科学"与"民主"走向马克思主义。这篇文章发表不久，陈独秀就在离京返沪途中与李大钊讨论了在中国建立共产党问题，并很快在上海展开了工人运动和建党工作，使上海成为中国共产党的诞生地。

(二)用唯物史观重新阐释"民主"

陈独秀从"科学"与"民主"走向马克思主义，首先根据他所接受和理解的唯物史观，对"民主"作了一种全新的解释，提出了建立以无产阶级为主体的新型民主的思想。在这种新解释中，他以马克思和列宁的观点，对于民主、阶级、革命、国家诸政治哲学问题进行了较系统的阐发。

首先，无产阶级如何才能成为民主的主体。陈独秀认为，无产者原本并不是一个自觉的阶级，只有具有了阶级的觉悟、组织成自觉的阶级后，才能作为一个阶级行动，才能取代资产阶级成为民主的主体。

其次，无产阶级如何才能实现新型的民主。陈独秀认为，资产阶级决不会自动地让无产阶级成为民主的主体，无产阶级必须通过阶级斗争战胜资产阶级，才能使自己成为民主的主体，建立新型的民主。他强调："若不经过阶级战争，若不经过劳动阶级占领权力阶级地位底时代，德谟克拉西必然永远是资产阶级底专有物，也就是资产阶级永远把持政权抵制劳动阶级底利器。"④

再次，无产阶级怎样才能保障新型的民主。陈独秀认为，无产阶级只有建立起自己的国家，实现无产阶级专政，才能有效地保障新型的民主。他认为："用革命的手段建设劳动阶级（即生产

① 陈独秀著作选(第1卷)[C].上海：上海人民出版社，1993，第525页
② 陈独秀著作选(第2卷)[C].上海：上海人民出版社，1993，第49页
③ 陈独秀著作选(第2卷)[C].上海：上海人民出版社，1993，第49页
④ 陈独秀著作选(第2卷)[C].上海：上海人民出版社，1993，第163页

阶级）的国家，创造那禁止对内对外一切掠夺的政治法律，为现代社会第一需要。”①

通过这些解释，陈独秀实对马克思主义的基本主张进行了阐释，使中国人由之而对马克思主义有了较具体的初步了解。

（三）把唯物史观看作是“科学”

陈独秀在从“科学”与“民主”走向马克思主义的时候，如果说对“民主”是作了一种全新的解释，那么对“科学”则是作了一种广义的解释。陈独秀原来对“科学”的理解，主要限于实证自然科学，以生物进化论为代表；而当他成为马克思主义者以后，他对“科学”作了进一步放大，不仅包括实证自然科学。而且包括实证社会科学，强调马克思主义也是“科学”的重要内容。特别是对于唯物史观，他更作了一种科学主义化的阐发。

陈独秀认为，马克思主义虽不属于自然科学，但却属于这种广义上的“科学”。他在介绍马克思的社会主义时，就强调了马克思的社会主义与古代所讲的社会主义的区别，在于前者是科学的、后者是非科学的。在陈独秀看来，马克思主义作为“科学”的根据和基础，正是由唯物史观所提供的。他说：“马克思派的共产主义，第一个原则就是要有科学的根据。所谓科学的根据，是根据社会之历史的进化和现代社会的经济文化状况种种的客观境界，不是空中楼阁主观的幻想。我们对于改造社会，不可只看见我们自己主观上意志上改造的必要，必须由客观上观察社会的物质的条件有何种改造的可能，要处处不离开唯物的历史观，不可陷于唯心派的思想。”②这样一来，陈独秀就明确地把唯物史观看作了一种“科学”。

三、瞿秋白的马克思主义思想

（一）辩证唯物主义的宇宙观

瞿秋白直承普列汉诺夫对马克思主义哲学的理解，强调马克思主义最根本的基础即辩证唯物主义。在《马克思主义之意义》一文中指出：“马克思主义，通常以为是马克思的经济学说，或者阶级斗争论，如此而已。其实这是大错特错的。马克思主义是对于宇宙、自然界、人类社会之统一的观点，统一的方法。何以马克思主义的宇宙观及社会观是统一的呢？因为他对于现实世界里的一切现象都以‘现代的’或互辩法（dialectical）——即第亚力克谛的唯物论观点去解释。这是马克思主义的最根本的基础，就是所谓马克思的哲学。”③

这一观点，瞿秋白在《社会哲学概论》中就已通过对“哲学”的界定而提出。在他看来，哲学实际上并没有什么高深玄奥，最初不过是一切知识的总称。以后由于知识的渐渐分类、综合、组织而各成系统，各种科学相继从哲学中分离出来，至今哲学中所剩的仅仅是方法论和认识论了。科学分工的结果，使哲学渐渐能成为综合一贯的知识，有统率精神、物质各方面的知识而求得“一整个儿的宇宙观”的倾向；随着科学进步所造成的知识系统日益严密，哲学的“求宇宙根底”的功夫愈益得以深入。在这里，瞿秋白实际上是从本体论入手来理解哲学及马克思主义哲学。

瞿秋白进而指出，在对“宇宙根底”的探求上，哲学不可避免地会遇到一些根本性的问题。这些根本性问题，就是哲学中的唯心论和唯物论问题。只有从这一问题入手，才能真正把握古往今

① 陈独秀著作选（第2卷）[C]. 上海：上海人民出版社，1993，第164页

② 陈独秀著作选（第2卷）[C]. 上海：上海人民出版社，1993，第470页

③ 瞿秋白文集政治理论编（第4卷）[C]. 北京：人民出版社，1993，第18页

来的哲学家们对"宇宙根底"的探求。在这里,瞿秋白第一次把恩格斯提出的哲学基本问题介绍给了中国人。从哲学基本问题出发,他特别强调全部哲学史就是通过唯物主义与唯心主义两派哲学的对立与互动而展开的。但他并没有把哲学史上的派别论争与历史上的阶级斗争简单地联系起来,而是认为唯物主义与唯心主义两派哲学的分歧首先是一种认识史上的分歧。

瞿秋白强调,辩证唯物主义的作用,不仅在于正确说明自然世界,而且在于正确说明人类历史和社会现象。他指出:"社会的研究和自然界的研究是不能绝对分离的,因为人类社会生存在自然界之中,一切生产分配都是人类对于自然界物质的关系,同时也是人类社会中人与人之间的关系,在这里必然要求对于一切科学综合的方法,因此而入于哲学上的问题——第亚力克谛(互辩法)的唯物论。"①正是这样,他认为:"研究社会现象的时候,尤其应当细细的考察这唯物主义的互辩法的哲学,——他是一切社会科学的方法论。"②这里的"互辩法",今天通译为辩证法;这里的"唯物主义的互辩法的哲学",即辩证唯物主义哲学。

瞿秋白尤其重视阐发"唯物主义的互辩法的哲学"。在《社会哲学概论》中,他对于"唯物主义的互辩法的哲学"的内涵作了进一步的介绍,包括宇宙的起源、生命的发展、物质与意识、善与恶、平等、自由与必然、辩证法等内容,特别是对于唯物辩证法的对立统一规律、量变质变规律、否定之否定规律作了论说。在对唯物辩证法三大规律予以说明后,他进一步揭示了三大规律之间的联系。他说:"宇宙的根本是物质的动,动的根本性质是矛盾——是否定之否定,是数量质量的互变。社会现象的根本是经济的(生产关系的)动——亦就是'社会的物质'之互变。所以我们研究社会哲学,应当从经济关系的哲理入手。"③在这里,他突出了矛盾在辩证法中的重要性,强调了辩证法与唯物主义之间的联系,不仅用唯物辩证法说明自然世界,而且用唯物辩证法说明人类历史和社会现象。在中国马克思主义哲学发展史上,这是第一次对唯物辩证法作出系统的阐发,并第一次把辩证唯物主义与唯物史观贯通了起来。

(二)用辩证唯物主义解答中国革命问题

中国问题是瞿秋白辩证唯物主义理论中的首要问题。而在思考中国问题时,他最为关注的是当时正在进行中的国民革命,特别是无产阶级在国民革命中的领导权问题。这个问题对于当时年幼的中国共产党来说是至关重要的。他说:"马克思主义的应用于中国国情,自然要观察中国社会的发展,政治上的统治阶级,经济状况中的资本主义的趋势,以及中国革命史上的策略战术问题。可是尤其重要的,是国民革命中无产阶级之职任;五卅以前无产阶级应当参加国民革命,准备取得其领导权,认定国民革命的目的,是在于建立革命平民的民权独裁制,而与世界无产阶级革命合流直达社会主义;五卅以后,无产阶级领袖国民革命的问题,更加成了实际斗争的现实问题,无产阶级与资产阶级的联合战线已经因农民问题的要求切实解决而不能久持了,五卅屠杀后之无产阶级,实在已经实际的直接的开始了国民革命。"④瞿秋白对辩证唯物主义的介绍、传播和中国化,正是以辩证唯物主义对中国革命问题的解答为落脚点而开展的。

瞿秋白首先从中国经济发展入手,分析了中国资产阶级与中国无产阶级,分析了他们在国民革命中的地位与关系。他指出:"中国的宗法社会遇着帝国主义之政治经济的侵入,而起崩溃,方

① 瞿秋白文集政治理论编(第4卷)[C].北京:人民出版社,1993,第21页
② 瞿秋白文集政治理论编(第2卷)[C].北京:人民出版社,1988,第334页
③ 瞿秋白文集政治理论编(第2卷)[C].北京:人民出版社,1988,第357页
④ 瞿秋白文集政治理论编(第4卷)[C].北京:人民出版社,1993,第416页

开始有真正的‘资产阶级的发展’，亦可称‘资本主义的发展’。帝国主义开发剥削殖民地以拓展其资本主义，适以自种世界资本制度彻底崩坏的祸根；中国之资产阶级的充分发展本非帝国主义所能容忍，然而他既要投资投货于中国，就不得不破毁中国的宗法社会之束缚，不得不建立相当的资产阶级的关系。”[①]这就使得中国资本主义发展不同于西欧资本主义发展，形成了自己的特点：第一，中国资本主义的发展，因为来自西欧资本主义的侵入，所以自身的经济发展能力十分弱；为了抵御外来经济压力，获得自身的发展，中国资产阶级不得不求助于国家，从而形成了官僚资本；第二，这种官僚资本不是纯粹的商品经济，不是靠自由竞争增强经济实力，而是借助政权作弊发展经济，这就使得中国资产阶级惯于与旧统治者阶级妥协；第三，中国资本主义的发展既然是适应外国帝国主义而非适应中国经济生活，所以首先发展的是国内新式交通事业，以便外货输入、原料输出，这就使得交通资本优先于工业资本而发展。这些特点造成了中国资产阶级在经济上和政治上的软弱性，决定了中国资产阶级不能依靠自身的力量完成国民革命任务；而中国无产阶级亦因中国资本主义的不发达而没有得到充分的发展，也不能独立的完成革命任务；这就使得中国革命只能在民族运动的旗帜下，通过中国无产阶级与中国资产阶级联合战线的方式来实现。具体地说，国民革命不应当是由国民党来领导，也不可能由共产党来领导，而应当由共产党联合国民党来领导。

瞿秋白对于中国无产阶级进行了分析。他认为，由于中国近代工业发展迟缓，中国无产阶级的人数很少，尽管其中加入了大量的游民无产阶级、宗法制度下的农民、小手工业者、小商人，但比较起中国其他阶级来说，其数量还是很小的。与之相联系，中国无产阶级的成分变得十分复杂，大部分工人与宗法制度下的农民、小手工业者以及小资产阶级，保持着密切的联系；工人队伍中存在着大量的游民无产者，保留着流氓习性。但同时，中国无产阶级又有着特殊的优点，参加了近代中国的革命斗争，特别是国民革命，从中显示出自己的阶级性与革命性。

四、李达的马克思主义思想

（一）对唯物史观的系统阐释

中国早期马克思主义者，由于接受唯物史观的途径不同和理解唯物史观的知识背景各异，因而对唯物史观的说明和运用各有侧重、各有特色，如李大钊主要结合历史学阐释唯物史观，陈独秀主要结合政治哲学阐释唯物史观。李达对唯物史观的阐释，最初也是结合政治哲学、特别是结合中国共产党的创建和社会主义道路的选择来进行的。但在湖南的教学实践，使他转向对唯物史观的阐释体系的建构，以赋予唯物史观以完整的有中国特色的表达形态，使中国人能够对唯物史观有更为系统、准确、深入的把握，从而推进唯物史观更为广泛地在中国传播。在《现代社会学》中，他首先吸取和综合了中国早期马克思主义者对唯物史观的各种阐释，对唯物史观作了一种新的系统阐释。

在《现代社会学》的序中，李达指出了唯物史观与社会学的关系。他认为，社会学的使命，在于发现社会组织之核心，探求社会进化之方向，明示社会改造之方针，而马克思的唯物史观实际上已深刻地说明了社会学所探讨的这些主要问题。他说："马克思固未尝著述社会学，亦未尝以社会学者自称，然其所创之唯物史观学说，其在社会学上之价值，实可谓空前绝后。彼不仅发现

① 瞿秋白文集政治理论编(第2卷)[C].北京：人民出版社，1988，第87页

社会组织之核心，且能明示社会进化之方向，提供社会改造之方针，其贡献之功实有不可磨灭者。”①正是这样，社会学可以通过唯物史观得到改造和说明，使其成为真正的社会科学。

李达在《现代社会学》第一章“社会学之性质”中，说明了社会学与其他学科的关系。在他看来，社会学不是一门封闭的学问，而有着相当广阔的研究空间，与历史学、经济学、政治学、法学、人类学都有着密切的联系和相互的影响。李达认为，通过社会学与这些学科的联系，可以确定社会学研究的范围。这也就说明了，唯物史观不是一种思辨的历史哲学观念，而具有历史的和现实的内容，需要从与这些学科相联系的视域来加以把握和阐发。正是这样，他在《现代社会学》中对唯物史观的阐释，有着广阔的视野和丰富的内涵，既坚持历史观中的唯物论，又注重历史观中的辩证法，把历史的唯物论与历史的辩证法有机地结合起来。

（二）历史的唯物论与历史的辩证法

唯物而辩证地理解和阐发唯物史观，既坚持历史观中的唯物论，又注重历史观中的辩证法，是《现代社会学》的总特点。中国早期马克思主义者对唯物史观的理解和阐释，从一开始起即重视和强调历史观中的唯物论，重视和强调人类历史运动中的物质因素，重视和强调生产力和经济生活对人类历史运动的决定性作用。直到《现代社会学》问世，经过李达在书中的阐发，唯物史观原本具有的辩证法性格才得以充分地阐发和显示出来。

在《现代社会学》中，李达始终强调生产力和经济生活对人类社会的最终决定作用，把这一点作为唯物史观的基本点。在强调生产力和经济生活对人类社会的最终决定作用的同时，李达又十分重视生产关系、上层建筑的反作用。他指出，生产关系固然为生产力所决定，但又反过来对生产力发展有重大影响，在大工业及世界市场日益发展的现代社会更是如此。他说：“生产力……若置之合理之生产关系中，则遂其畅发之性，即成为顺从人类之忠仆。然则改变生产关系以发展生产力，实社会进化所必经之程序，亦即现代社会革命之所由来也。”②在《现代社会学》中，第四章论社会起源，除强调器具制造与发明的意义外，设专节论语言与思想的功用；第五章论社会发达，除强调劳动、战争、交换的作用外，设专节论文物制度的发达；第十章论社会变革，除强调社会变革的经济条件外，设专节论文物制度的革新；第十一章论社会进化，除论经济进化外，分别设专节论政治、法律、道德、宗教、哲学、艺术的进化；第八章论国家，第九章论社会意识，第十四章论社会思想，都是对上层建筑所作的阐发。这样系统地关注上层建筑，探讨上层建筑，阐发上层建筑对生产力、生产关系、经济基础的反作用，是《现代社会学》的一个特点，也是其他中国早期马克思主义者所未能做到的。

李达在论社会变革的要件时，还探讨了个人在社会变革中的作用问题。他指出，社会变革的要件有二：一方面须待物质条件的具备，另一方面须有个人的努力。社会变革不是只待生产力和经济生活发展即可实现的，还需要个人的自觉的参与和创造。他指出，这种个人作用的发挥，当然不是任意的创造活动，而是以物质条件的具备为其前提的，是在无数个人意志的冲突中实现的。“故个人而欲创造其自身之历史也，第一必在确实之前提与条件之下；第二其结果又常由多数个人意志之冲突而生。”③

李达在论社会变革时，又突出了现代社会运动的巨大作用。他所说的现代社会运动，即无产

---

① 李达文集(第1卷)[C]. 北京：人民出版社，1980，第237页

② 李达. 现代社会学[M]. 武汉：武汉大学出版社，2007，第82页

③ 李达. 现代社会学[M]. 武汉：武汉大学出版社，2007，第89页

阶级一切解放运动的总称。在他看来，这种运动是受压迫阶级对于社会历史的自觉创造，深刻地影响了社会历史，有力地推动了社会历史进程。他进而指出，受压迫阶级以阶级斗争的形式掀起社会运动，需要有其机关作为组织者和指挥者，因此无产阶级政党和工会组织对于现代社会运动具有重要的意义。

（三）阶级意识与社会思想

在《现代社会学》中，李达由于在重视历史的唯物论时又重视历史的辩证法，因而十分重视阐发意识形态问题。他对意识形态问题的阐发，有两点尤具特色：一是阶级意识的提出，二是社会思想的论析。阶级意识与社会思想，都非个人意识，而是人类进入阶级社会后的群体性思想，只是前者还未呈现出理论形态，而后者则呈现出理论形态。

李达在《现代社会学》中，明确地提出了阶级意识概念，并对此加以了阐发。他认为，阶级形成的要素，除了经济的基础和政治的原因外，还有阶级意识的产生。阶级意识经过各阶级思想家、哲学家的提炼升华、加工制作，最终形成代表不同阶级要求的社会思想。

李达又指出，新思想对于新社会的建立有着十分重要的意义。在第十章《社会之变革》中，他把新思想看作是社会变革中新社会取代旧社会的极重要的因素。一方面，新思想对于推翻旧社会有着重要作用："新思想代表新阶级，旧思想代表旧阶级。新旧思想之冲突，即为阶级斗争之写照。阶级斗争愈烈，则思想冲突亦愈烈。新思想发达之程序与新阶级发达之程序完全一致，新阶级战胜旧阶级之日，即新思想战胜旧思想之日也。"[①]另一方面，新思想对于巩固新社会有着重要意义："新阶级战胜旧阶级之后，则新阶级夺得政治权力，必根据其新思想，确立新政治法制以改造经济组织；同时另创新意识形态以变更旧社会上层建筑之全部。故新经济组织与旧经济组织两相比较，而其性质根本变异时，则新社会之思想完全一新，遂以产生新政治制度，新宗教信仰，新道德观念，新艺术趣味，新哲学体系，于是社会乃完全超出低级状态进于高级状态，此社会进化必经之历程也。"[②]在他看来，建设新社会必须依据新思想，建构新意识形态，使整个社会生活得到根本性的改造。

（四）帝国主义与中国革命

在帝国主义问题上，李达直接继承了列宁的思想，认为20世纪中国所面对的是帝国主义时代。李达进而指出了中国在帝国主义时代的处境，他说："国际帝国主义者侵略世界弱小民族之方式有三：第一，可独吞者则独吞之；第二，不能独吞者，则分割之；第三，不能独吞亦不能直接分割者，则以变相之分割方法处理之。中国地大物博，列强因均势之故，不能不利用第三之侵略方式，使屈服于帝国主义铁蹄之下，中国遂以开'国际的半殖民地'之新局。"[③]

李达强调，帝国主义时代的国民革命有一个领导权问题，即弱小民族的民族革命是由无产阶级领导还是由资产阶级领导。由于当时环境的限制，李达未能直接谈到中国，但实际上已指出了中国国民革命必须由中国共产党来领导。

（五）提出"马克思学说与中国"的论题

在中国马克思主义哲学家中，李达很早就注意到了马克思主义与中国国情的关系问题。在

---

① 李达.现代社会学[M].武汉：武汉大学出版社，2007，第86页

② 李达.现代社会学[M].武汉：武汉大学出版社，2007，第86页

③ 李达.现代社会学[M].武汉：武汉大学出版社，2007，第175页

他看来，中国马克思主义者对中国的认识与改造，绝不是用马克思主义的本本和共产国际的指示来规范中国的实际情况和革命运动，而必须把马克思主义与中国的实际情况和革命运动相结合。早在 1923 年，他就在《马克思学说与中国》一文中明确地提出了这一主张。

李达在文章中指出，马克思学说之在中国，已是由介绍的时期而进到实行的时期了；但中国共产党人如何应用马克思学说改造中国社会，中国无产阶级应该为解决中国问题作怎样的准备，这些问题却尚未解决；因此，必须认真地提出并讨论“马克思学说与中国”的论题。

李达明确提出了马克思主义有一个与中国国情相结合的问题，强调不能离开中国国情来照抄照搬马克思主义的本本，指出即使是《共产党宣言》也不能为解决中国问题提供直接的计划和现成的答案。在他看来，制定解决中国问题的计划，求得解决中国问题的答案，需要从马克思那里获得启示，但不能以为有了马克思主义的本本，就有了解决中国问题的计划和答案。

李达明确地提出“马克思学说与中国”的论题，开启了中国马克思主义者对这个问题的高度关注和反复思考，在中国马克思主义史上意义十分重要。

（六）探讨中国社会问题的特点

如何认识中国国情？中国国情有何特点？这是李达在提出“马克思学说与中国”的论题后进一步思考的重要问题。李达在《现代社会学》第十三章“社会问题”中，专设“中国社会问题之特性”一节，明确提出并探讨了这一问题。

李达对鸦片战争以来中国的社会问题进行了考察。在他看来，社会问题本为不同社会形态所具有，但它被明确地提出和得到自觉地认识，是伴随资本主义发展而来的，远肇端于印度航路及美洲大陆的发现，近开始于产业革命时代。因此，中国社会问题严格地说是出现于近代海通以后。中国种种社会问题，正是伴随资本主义打开中国闭关自守的大门、在中国得到迅速发展而来。

李达又指出，中国与西方的社会问题虽然都是资本主义发展的产物，但中国又有自己的特殊情况，中国资本主义发展又有自己的特殊性，中国社会问题也由此有自己的特性。他说：“中国社会问题虽亦同为资本主义之产物，然其发生之理由，乃因产业之不得发展，与工业先进国因产业发展过度而发生之社会问题大不相同，此其特性也。”①例如中国劳动者问题，就有着与西方劳动者问题不相同的三个特性：一是产业劳动者，因无立法保护，所受剥削压迫特别严重，尤以外国人所设工厂为最甚；国际资本家利用其特殊政治势力，对中国劳动者异常残酷，稍不如意，鞭责相加，有反抗者则枪毙处死，远不如对付本国劳动者之犹知畏法而不敢肆无忌惮。二是中国手工业者，因产业革命而失业，再寻职业十分困难，往往流为盗匪，不像西方失业者犹得售劳动力于资本家以取得就业。三是中国农业劳动者，由于农村受资本主义影响而引起农村经济破产，虽穷年劳动亦不能赡养身家，壮者散之四方，弱者转死沟壑，此亦他国农村劳动问题所无者。在李达看来，认识和把握这种特殊性，是认识和把握中国国情的关键。

（七）研究中国产业革命的历史

在提出中国社会问题的特性之后，李达在 1929 年出版的《中国产业革命概观》一书中，对中国产业革命概况进行专门的历史考察。当时正值大革命失败后中国革命进入低潮时期，摆在中国马克思主义者面前紧迫而重大的理论问题，就是如何看待中国社会性质，并由此出发探寻中国

---

① 李达．现代社会学[M]．武汉：武汉大学出版社，2007，第 131 页

革命的道路。李达在白色恐怖笼罩下，以极大精力对这一问题进行了探讨，在这部著作中给出了自己的思考与回答。

李达在书中认为，要对中国社会作出正确的了解，从而对中国革命的道路作出正确的选择，必须要对中国近代的经济变动、特别对中国近代的产业革命作深入了解。

李达从全球性现代化运动的视域出发，对中国产业革命与欧洲产业革命的联系与区别进行了考察，从而揭示了中国产业革命的性质与任务。他通过对大量统计资料的分析指出，中国自近代以来虽已开始产业革命，但中国的产业革命与欧洲的产业革命就其原因与内容来说颇不相同。大体上说，欧洲的产业革命是自力的，是因自力的充实由国内而逐渐展开以及于世界；中国的产业革命则是外力的，是因外力的压迫由世界而渗入国内。这就使得中国的产业革命有其特殊性，不是一般意义上的资本主义发展，而是半殖民地这一特殊历史环境下的资本主义发展。中国社会的新生产力，不仅受到封建势力和封建制度的阻碍，而且受到国际资本主义生产关系的限制而绝少发展的余地，从而使得中国产业革命和经济发展步履维艰。在这种背景下发生的中国革命，即是要打破这种经济的混乱和政治的混乱，求得中国产业革命和经济发展的新的出路。帝国主义和封建势力，是中国产业发展的两大障碍，也是中国革命的两大对象。这也就是说，中国革命的发生，从经济根源上看，实际上是中国产业革命的结果，是在中国发展新的生产力的需要。在这里，李达一方面从全球性现代化运动的视域来看待中国产业革命，另一方面又强调要“考虑中国社会问题的特殊性”①。

据此，李达反对把中国现代社会问题简单化，只归结为产业劳动者问题和农民问题，而认为中国现代社会问题涉及中国最广大人民群众的切身生存，具有相当的复杂性和普遍性，不仅有产业劳动者问题、农民问题，而且还包括手工工人问题、商业店伙问题和失业者问题。后面的三项问题，在中国封建社会里本不是大的社会问题，但由于产业革命的发生所造成的农业的崩坏、手工业的没落、商业资本的发展、工业资本的形成，使得这些问题成为严重的社会问题。这就使得这些社会力量也有参加中国革命的要求，中国革命实是有广大民众参加的反对帝国主义和反对封建主义的人民大革命。

(八)中国革命的性质与道路

李达进一步对中国革命的性质作了分析。他指出，中国革命所要打倒的帝国主义和封建主义两大敌人，在性质上是有区别的，因此，打倒这两大敌人的革命，分别属于两种不同性质的革命：打倒帝国主义的侵略，是民族革命的性质；廓清封建势力和封建制度，是民主革命的性质。

李达对中国革命两重性质的分析，揭示了中国革命的具体性和复杂性，对指导中国革命具有实际的意义。在大革命失败后，由于处于国共两党的国内战争之中，又加之中国共产党领导层的“左”倾路线的影响，使得民族及民族革命问题被忽视。而李达却在这个时候对民族及民族革命问题十分重视，写成《民族问题》一书。在《民族问题》一书中，李达突出地论述了现时代民族解放运动对于无产阶级革命运动的意义，强调被压迫民族的无产阶级要举起民族解放运动的旗帜，指出：“民族解放运动，是世界革命最重要的枢纽，是资本主义支配全部的问题，是与打倒帝国主义及被压迫阶级革命相关联的问题，绝不是孤立的单独的问题。”②在这里，李达虽是从一般意义上

① 李达文集(第1卷)[C].北京：人民出版社，1980，第488页

② 李大文集(第1卷)[C].北京：人民出版社，1980，第604页

对民族解放运动进行论述,但他实际上是指出,中国革命要取得胜利,必须要重视民族解放问题,必须要高举民族革命的旗帜。以后中国革命的历史证明了李达看法的正确性。

总之,李达从20世纪20年代开始,即在马克思主义与中国国情的联系中来探寻中国的出路。他在这种探寻中,认识到中国社会的特殊性以及解决中国社会问题的特殊性,反对把马克思主义本本变成教条,从而对于中国革命的性质和道路问题作了相当深入具体的思考,为回答"中国向何处去"这一时代大问题作出了自己的贡献。

第三章　毛泽东思想:马克思主义在中国的第一次飞跃

毛泽东思想是以毛泽东为代表的中国共产党人,坚持把马克思主义普遍原理与中国革命的具体实践相结合,根据马克思主义的基本原理研究中国革命的特点,总结中国革命的经验,探寻中国革命的特殊规律,促进了马克思主义的中国化。作为马克思主义中国化的第一个理论成果,毛泽东思想揭示了中国革命和建设的规律,是指导中国革命和建设走向胜利的科学指南。

第一节　毛泽东思想的形成与发展

毛泽东思想是以毛泽东为代表的中国共产党人在运用马克思主义的基本原理指导中国革命的具体实践过程中,在同教条主义的错误倾向做斗争并深刻总结这方面的历史经验的过程中逐渐形成和发展起来的。它在土地革命战争后期和抗日战争时期得到系统总结和多方面展开而达到成熟,在解放战争时期和新中国成立后继续得到发展。

一、毛泽东思想的形成过程

(一)毛泽东思想的萌芽

1921 年 7 月,中国共产党成立后立即投身到改变中国现状的现实斗争中。1922 年,党的二大根据马克思主义基本原理和对中国社会的分析提出民主革命与社会主义革命两步走的思想,制定了彻底的反帝反封建的民主革命纲领。在此纲领指导下,党的主要活动是发动工农运动,特别是工人运动,抗击帝国主义。在领导工农运动的斗争实践中,以毛泽东为代表的中国共产党人在马克思主义的指导下,在对中国国情的研究中,对中国革命的对象、动力、同盟军等有了初步认识,特别是认识到了农民革命及土地革命对中国革命的意义,为后来革命新道路的开辟奠定了基础。

首先,发现农民这个革命力量,看到了农民革命的意义和土地革命的重要性。党在领导工人运动,抗击帝国主义的过程中发现,中国革命的敌人异常强大,仅靠工人阶级孤军奋战不够,必须争取一切可能的同盟者。1923 年党的三大确立了同国民党建立革命统一战线的方针。国共合作促进了工农运动的恢复和发展,推动大革命快速发展,也导致国共的矛盾、冲突,第一次国共合作破裂。大革命失败后,中国革命如何进行,中国革命的动力、中国工人阶级的同盟军在哪里?以毛泽东为首的共产党人进行了可贵的探索。党的三大上毛泽东曾提出,任何革命,农民问题都是最重要的。毛泽东在农民运动讲习所授课中回顾总结了历史经验,指出以往革命党人都没有注意研究农民问题,辛亥革命、五卅运动之所以失败就是由于没有得到三万万二千万农民的拥护。并从人口、生产、革命力量、战争关系、革命目的五个方面系统地阐明农民问题在国民革命中的地位,得出结论:“可以说中国国民革命是农民革命”。土地是农民的根本,关注农民不能不关注土地。毛泽东在认识到农民革命特殊意义的同时,也看到了土地革命的重要性,提出:“故土地问题为本党中心问题”。经过长期探索,以毛泽东为代表的中国共产党终于认识到,只有依靠占中国人口绝大多数的深受压迫的农民群众,只有把农民关心的土地问题放在革命的中心问题地位上，才有可能领导中国革命取得胜利。

其次，从中国国情的研究出发，对中国革命特点进行理论上的初步研究。毛泽东在领导革命运动的实践中认识到中国革命的关键问题，并对此进行了理论上的探索和研究，主要理论成果是《中国社会各阶级的分析》和《湖南农民运动考察报告》。《中国社会各阶级的分析》运用马克思主义的唯物史观和阶级观点，分析了中国当时社会各阶级的经济地位和政治态度，从而明确提出中国革命的对象、同盟军等问题。《湖南农民运动考察报告》肯定农民运动“好得很”，并论述了农村革命的伟大意义。

总的来说，这一时期马克思主义同中国革命实践相结合的成果主要体现在开始运用马克思主义的立场、观点、方法，研究中国国情、分析中国革命特点。特别是毛泽东在此期间通过研究中国国情，分析农村、农民在中国社会结构中的特殊地位，初步阐明农民革命和土地革命的重要性；通过分析农民中各阶层的经济、政治地位指出中国革命的动力和目标，从而既具体说明了中国革命同盟军问题，也为他后来“农村包围城市，武装夺取政权”的理论奠定了基础，标志着毛泽东思想开始萌芽。

(二)毛泽东思想的初步形成

大革命失败后，国内政治局势急剧逆转。蒋介石在南京建立政权，残酷镇压、屠杀共产党人和革命群众，中国革命进入低潮。八七会议确定了土地革命和武装起义的方针，这是由大革命失败到土地革命战争兴起的一个历史转折点。随后，以毛泽东为首的中国共产党人排除各种干扰，克服各种困难，遵从客观实际，开创井冈山革命根据地。毛泽东、朱德等共产党人以马克思主义理论为指导，以中国国情为根据，在党的建设、军队建设、土地革命、政权建设等方面进行了全新的、深入的理论思考和丰富的实践探索，逐渐探索出了中国革命的新道路，开创了中国革命的新理论。

首先，革命新道路理论的形成。八七会议确定了武装起义方针后，派出许多干部分赴各地，组织武装起义。南昌起义、广州起义等大都采用城市暴动的模式而失败，秋收起义最初也以攻占中心城市为目标，结果因强大的敌对力量而失利。严酷的现实向党提出了如何运用马克思主义理论分析中国革命的特殊性，寻找中国革命正确道路的重大问题。毛泽东通过对客观形势的分析，决定放弃进攻长沙，把起义军向南转移到敌人力量薄弱的农村山区，建立了井冈山革命根据地。从进攻大城市到向农村进军，是中国革命历史上具有决定意义的新起点。毛泽东总结井冈山等革命根据地的经验，对中国革命的道路问题作了理论上的探索，从 1928 年 10 月到 1930 年 1 月，撰写《中国的红色政权为什么能够存在?》《井冈山的斗争》《星星之火，可以燎原》等文章，从理论上论证了在四周白色政权的包围中，小块红色政权区域能够长期存在和发展的原因和条件，系统阐述了“工农武装割据”的思想，特别是阐述了以农村为革命的重心，先占农村、后取城市的思想，标志着中国革命道路理论的基本形成。

其次，人民军队建设的理论和红军作战原则的确立。秋收起义部队在向井冈山转移的过程中一再受挫，加上旧军队的影响、斗争艰苦，一些意志不坚定的人开始动摇。到达三湾的时候，减员较大，组织很不健全，思想相当混乱。如果不解决部队存在的问题，不加强党对军队的领导，难以完成艰巨的革命任务。毛泽东在部队到达三湾的当天晚上，主持召开前敌委员会议，决定对起义部队进行整顿和改编。三湾改编，确定了中国共产党对军队的绝对领导，保证了我军的无产阶级性质，从政治上、组织上奠定了新型人民军队的基础，在人民军队的建军史上具有重要的意义。井冈山革命期间，毛泽东又指出，革命军队不仅要打仗，而且要做群众工作，并加强对军队的纪律建设,形成"三大纪律 六项注意",改善了工农革命军同群众的关系。1929 年 12 月的古田会议明确规定了红军阶级性质、任务,解决了在农村环境中,在农民为主要成分的情况下,如何从加强思想建设着手,保持党的无产阶级先锋队性质和建设无产阶级领导的新型人民军队的问题。随着游击作战经验的进一步丰富,"敌进我退、敌驻我扰、敌疲我打、敌退我追"的游击战十六字诀形成。1931 年形成红军的作战原则,主要内容是以游击战和带游击性的运动战为主要作战形式,实行积极防御的方针,诱敌深入,慎重初战,着眼于消灭敌人的有生力量,集中优势兵力,打速决战、歼灭战。

再次,土地革命理论的形成。井冈山的革命斗争促进了土地革命运动的发展,积累了土地革命运动的经验,土地革命理论日益成熟。1928 年颁布的《井冈山土地法》,第一次以法律形式确定了中国农民占有土地的神圣权利。1929 年 4 月,毛泽东主持制定江西兴国县《土地法》,对《井冈山土地法》作出重大的原则性修改:把没收一切土地改为没收一切公共土地及地主阶级的土地。后又通过《土地问题决议案》、《富农问题》,对土地革命理论不断完善。1931 年,毛泽东又提出:农民分得土地由其私有,别人不得侵犯,买卖自主,田中生产,除交土地税于政府外,均归农民所有。纠正了井冈山以来《土地法》中土地所有权属于政府,农民只有使用权,禁止土地买卖的规定,至此形成了一套较完备的符合中国实情的土地制度改革方案。

最后,党的思想路线的提出。毛泽东始终注重调查研究,坚持从实际出发,灵活运用马克思主义。但是,党内特别是党的领导层经常出现一种不顾中国实际、不顾战争环境,机械照搬马克思主义、国际经验的教条主义思想,毛泽东的正确探索经常遭到这种教条主义思想的批判、排斥,中国革命因此遭受严重损失。为什么会出现教条主义思想?这就促使毛泽东进行思考,1930 年写出《本本主义》,阐述了共产党人对马克思主义应有的态度:"马克思主义的'本本'是要学习的,但是必须同我国的实际情况相结合。"并明确提出中国革命斗争的胜利要靠"中国同志了解中国情况"。这篇文章深刻阐明了坚持辩证唯物主义的思想路线、坚持理论与实际相结合原则的极端重要性,初步形成了实事求是、群众路线、独立自主的思想。

把党领导的武装斗争、土地革命、建立革命政权三者密切结合起来,解决了建立和发展农村革命根据地的重大问题,是毛泽东运用马克思主义理论研究中国社会、中国革命特点的重要成果。革命道路新理论、土地革命理论、人民军队建设理论、党的思想路线的基本形成标志着毛泽东思想的初步形成。

(三)毛泽东思想的确立

抗日战争爆发后,经历了 20 多年血雨腥风的革命洗礼,中国共产党逐渐成为在政治、军事、理论上成熟的政党,成为走向全国政治生活的大党。共产党能够也需要有一个成熟的理论、明确的纲领,为人民指明中国未来的发展方向,吸引中国人民团结在自己的周围。这时,抗日民族统一战线也已建立,中国共产党如何在抗日民族统一战线中坚持独立自主,也需要在全国人民面前旗帜鲜明地提出自己区别于其他政党的政治主张,这些促进了毛泽东思想走向成熟。

1937 年 7 月至 8 月间,毛泽东撰写了《实践论》、《矛盾论》,运用马克思主义认识论和辩证法,从哲学高度总结了以往的历史经验,阐明了中国共产党人的世界观和方法论,确立了正确的思想路线,表明毛泽东哲学思想已经形成。《中国共产党在民族战争中的地位》《改造我们的学习》《整顿党的作风》《反对党八股》等,则是毛泽东这一时期关于党的建设的重要著作,丰富和发展了党的建设的理论,创造性地提出了采用整风形式解决党内矛盾的理论,并在全党成功地开展了大规模的整风运动,这是一场系统的马克思主义思想教育运动,从指导思想上清算了教条主义错误，使全党进一步掌握了马克思主义与中国革命具体实际相结合的基本原则。

1939年、1940年之交，毛泽东接连发表了《〈共产党人〉发刊词》《中国革命和中国共产党》《新民主主义论》等文章，第一次旗帜鲜明地提出新民主主义的完整理论，并对它作了系统的说明。不仅回答了当前时局中提出的种种问题，而且回答了中国现阶段民主革命的未来、建设新中国的一系列根本问题，这在马克思主义中国化的历史进程中是一个飞跃，是前所未有的理论创新。《〈共产党人〉发刊词》一文，充分阐明了马克思主义的理论必须与中国革命实践相结合的原则，且根据这一原则的基本要求系统地总结了党成立以来在统一战线、武装斗争和党的建设三个方面的基本经验。《中国革命和中国共产党》指明了中国革命的性质，第一次把资产阶级革命区分为旧民主主义革命和新民主主义革命，并从中国国情的分析出发得出结论：现阶段中国革命的性质为"新民主主义的革命"，即"无产阶级领导之下的人民大众的反帝反封建的革命"。《新民主主义论》系统阐述了新民主主义的理论和纲领，论述了新民主主义国家的政治、经济、文化的基本特征和具体内容，实际是把中国共产党所要建立的新中国勾画了一个清晰而完整的轮廓给世人，也就是指明了革命的方向和前途，也表明党对中国革命的认识达到了完备化的程度。

所有这些，标志着马克思主义同中国革命实践相结合的毛泽东思想已经成熟，以毛泽东为代表的中国共产党人终于为中国人民指明了一条适合中国国情的夺取民主革命胜利、建设新中国的正确道路。1945年，党的七大把毛泽东思想确立为中国共产党的指导思想，马克思主义中国化有了第一个成果。

(四)毛泽东思想新形势下的继续发展

抗日战争胜利后，在毛泽东思想的正确领导下，解放战争很快取得胜利，社会主义新中国建立。新的实践推动以毛泽东为首的共产党人进行新的探索，毛泽东思想进一步得到了充实和发展，增添了许多新内容。

首先，丰富了战略策略思想。主要表现在：提出"政策和策略是党的生命"；"针锋相对，寸土必争"的方针和用革命的两手反对反革命的两手的策略；"帝国主义和一切反动派都是纸老虎"的著名论断；在战略上藐视敌人，在战术上重视敌人，敢于斗争、敢于胜利，善于斗争、善于胜利的战略思想和理论；十大军事原则，其核心是集中优势兵力打歼灭战。其次，提出了新民主主义革命三大纲领，提出没收官僚资本，保护民族工商业。再次，提出人民民主专政的理论，进一步丰富、发展了马克思主义国家学说。最后，提出全党进行战略中心转移的思想，即由农村转移到城市，由武装斗争转移到经济建设，由新民主主义革命转移到社会主义革命等。

新中国成立后，对封建制度统治几千年、半封建半殖民地占统治地位一百多年的旧中国进行社会主义改造，在一穷二白的基础上建设社会主义，是一项全新的、艰巨的伟大事业。以毛泽东为代表的中国共产党人以马克思主义基本理论为指导，在借鉴苏联社会主义建设经验教训的基础上，在总结中就会主义改造和社会主义建设经验的过程中，逐渐探索出了适合中国国情的社会主义改造和社会主义建设的道路和理论，这些理论也是毛泽东思想的重要组成部分。

二、毛泽东思想指导地位的确立

以毛泽东为首的中国共产党人在探索适合中国国情的革命道路的实践中，在实现马克思主义与中国实际相结合的过程中，在反对教条主义斗争中总结实践经验，于1938年明确提出马克思主义中国化的命题，使中国革命斗争有了适合国情的、具体的理论指导，并在1945年中国共产党第七次全国代表大会上明确将毛泽东思想确立为中国共产党的指导思想。

(一)提出马克思主义中国化命题

马克思主义中国化命题的提出有着深刻的历史背景。它是以毛泽东为首的中国共产党人在探索适合中国国情的革命道路的实践中,在实现马克思主义与中国实际相结合的过程中,在反对教条主义斗争中逐步形成的。

中国共产党从成立起就以马克思列宁主义作为自己的指导思想。但是,马克思主义的一般原理,不可能对任何国家的革命,尤其是中国这样的半殖民地半封建东方大国的革命提供现成的公式。中国共产党的幼年时期,曾经一再犯过把马克思主义教条化和把外国经验神圣化的幼稚病,使中国革命在黑暗中摸索,甚至陷于绝境。以毛泽东为代表的中国共产党人在同这种错误倾向做斗争的过程中,在党和人民的集体奋斗中,逐步认识到:马克思主义是放之四海而皆准的革命真理,离开它的指导,中国革命不可能取得成功,因此,必须坚持马克思主义对中国革命实践的指导。同时,马克思主义不能脱离具体的实践.必须把马克思主义基本原理同中国的具体实际相结合,形成符合中国社会发展规律和时代特点的理论和路线,才能在中国土地上生根,变成改造中国的物质力量。

在这一背景下,1938 年 9 月至 11 月中国共产党召开了六届六中全会。在会上,毛泽东代表党中央作了《论新阶段》的政治报告。在报告中,毛泽东针对党内存在的"左"和右的错误,明确向全党提出了"把马克思主义中国化"的任务。他说:"马克思、恩格斯、列宁、斯大林的理论,是'放之四海而皆准'的理论。不应当把他们的理论当作教条看待,而应当看作行动的指南。对于中国共产党来说,就是要学会把马克思列宁主义的理论应用于中国的具体的环境。……因此,使马克思主义在中国具体化,使之在其每一表现中带着必须有的中国的特性,即是说,按照中国的特点去应用它,成为全党亟待了解并亟须解决的问题。"他并且阐明:"成为伟大中华民族的一部分而和这个民族血肉相连的共产党员,离开中国特点来谈马克思主义,只是抽象的空洞的马克思主义",强调"洋八股必须废止,空洞抽象的调头必须少唱,教条主义必须休息",主张作为中国人,一定要有"中国作风、中国气派"。这次全会的召开,在马克思主义中国化历史上具有重大的意义:一是正式提出开始马克思主义中国化的运动;二是提出了马克思主义中国化的原则和概念;三是为延安整风彻底清算和批判王明"左"倾教条主义,扫除马克思主义中国化进程中的障碍,使全党进一步从教条主义中解放出来打下了思想基础;四是为中国化的马克思主义——毛泽东思想的确立从理论上作了论证,标志着中国共产党把马克思主义同中国实际相结合,进入更加自觉地深入了解中国国情并从事理论创造的新阶段。

以毛泽东为代表的中国共产党人把"民族特点"和"民族形式"看作是马克思主义普遍真理在中国大地上发挥作用的必经环节,解决了马克思主义中国化面临的文化认同与重构问题。毛泽东在《新民主主义论》一文中,就如何创建"民族的科学的大众的文化"提出了自己的看法,他认为:"中国应该大量吸收外国的进步文化,作为自己文化的食粮的原料,这种工作过去做得很不够"。对外国文化,应去粗取精,批判吸收,不能"形式主义地吸收外国的东西","中国共产主义者对于马克思主义在中国的应用也是这样,必须将马克思主义的普遍真理和中国革命的具体实践完全地恰当地统一起来,就是说,和民族的特点相结合,经过一定的民族形式,才有用处,决不能主观地公式地应用它。公式的马克思主义者,只是对于马克思主义和中国革命开玩笑,在中国革命队伍中是没有他们的位置的。中国文化应有自己的形式,这就是民族形式。民族的形式,新民主主义的内容——这就是我们今天的新文化。"这段话,道出了马克思主义中国化问题的实质,说明了马克思主义中国化的过程:既是先进思想文化的民族化整合过程,也是科学理论与实践的结合过程，亦即马克思主义指导中国革命与建设实践的过程。马克思主义从文化结合到实践结合，才走完其中国化的全过程。因而，马克思主义中国化的过程，不仅是马克思主义被中国民族文化认同和吸收的过程，而且是马克思主义在新的实践中得到创造性丰富和发展的过程，从而给马克思主义中国化作了最准确的界定。

（二）确定“毛泽东思想”概念

抗日战争时期，毛泽东思想得到系统的总结和多方面的展开而达到成熟。在这种情况下，党的一些理论工作者和党的许多重要领导人感觉到，需要对中国共产党的这个革命理论给以适当的命名和正确的评价。

首先就此系统、公开提出见解的，是在延安的党的理论工作者张如心。1941 年 3 月，他在《共产党人》杂志上发表《论布尔什维克的教育家》一文，指出毛泽东的言论著作“是马列主义理论与中国革命实践结合典型的结晶体”。他说：“我们党，特别是毛泽东，根据于中国党长期斗争丰富的经验，根据他对中国社会特质及中国革命规律性深邃的认识，在中国革命诸问题的理论和策略上，都有了许多不容否认与不容忽视的创造性与马克思主义底贡献。”中国共产党的教育人才“应该是忠实于列宁、斯大林的思想，忠实于毛泽东的思想”。这是“毛泽东的思想”提法的首次使用。

1942 年 2 月 18 日、19 日，张如心在《解放日报》上发表《学习和掌握毛泽东的理论和策略》一文，指出，毛泽东的理论和策略正是马列主义理论和策略在殖民地半殖民地半封建社会中的运用和发展，毛泽东的理论就是中国马克思列宁主义。从正面意义上使用了“毛泽东的理论”。同年 7 月 1 日，朱德在《解放日报》发表题为“纪念党的二十一周年”的文章，指出：“我们党已经有了自己的最英明的领袖毛泽东。他真正精通了马列主义的理论，并且善于把这种理论用来指导中国革命步步走向胜利。”同一天，中共中央晋察冀边区机关报《晋察冀日报》发表由主编邓拓撰写的社论，题目就是“全党学习和掌握毛泽东主义”。这篇社论不但给毛泽东的理论命名为“毛泽东主义”，而且对这个理论作了系统的论述。同年陈毅为纪念党的二十一周年 1936 年底到 1937 年夏，毛泽东先后写出《中国革命战争的战略问题》《实践论》《矛盾论》，并就其内容在红军大学（1937 年 1 月改称抗日军事政治大学）作了一系列演讲，从思想路线的高度总结党的历史经验，力求在全党范围内确立实事求是的思维方式和行动准则。

《中国革命战争的战略问题》通过总结土地革命战争时期的斗争经验，系统阐述了中国无产阶级领导的农民战争的战略思想。在这一著作中，毛泽东以辩证唯物主义和历史唯物主义的基本原理为指导，探讨了中国革命战争的规律和特点。他指出，中国是一个政治经济发展不平衡的半殖民地的大国，敌人强大，红军弱小。在此前提下，红军的战略战术原则应该是：在战略上，采取积极防御的方针；在作战上，当强大的敌人进攻时，一般应实行战略退却，保存实力，准备反攻；在战略反攻中，要慎重初战，战则必胜，并不失时机，连续再战；要集中兵力，以运动战为基本作战形式，力求打歼灭战；实行战略上的持久战与战役战斗上的速决战等。毛泽东强调：任何一个指导中国革命战争的人，必须懂得中国革命的特点和特殊的规律，懂得从这些特点产生出来的中国革命战争的战略战术。那些“左”倾教条主义者把红军对国民党军队的作战，看作与一般战争或与苏联内战相同，机械地照搬一般战争经验和苏联军事指导原则，就不能不招致红军第五次反“围剿”的失败。

《实践论》着重从辩证唯物主义的认识论方面，论证理论与实践相统一的关系，强调实践在认识运动中的重要地位与作用，彻底批判党内长期存在的以教条主义为主要表现的主观主义，揭露其对中国革命事业造成的严重危害，提出"把实践提到第一的地位"，只有人们的社会实践，才是人们对外界认识的真理性的标准，除此以外，再没有第二个标准。其结论是"主观和客观、理论和实践、知和行的具体的历史的统一，反对一切离开具体历史的'左'的或右的错误思想。"

《矛盾论》全面地论述了作为唯物辩证法最根本法则的对立统一规律。毛泽东指出，很多人，特别是教条主义者不懂得矛盾的普遍性寓于矛盾的特殊性之中，不懂得"用不同的方法去解决不同的矛盾，这是马克思列宁主义者必须严格地遵守的一个原则"。教条主义者对具体事物不作艰苦的认真的调查研究，不懂得中国革命的特殊性，而把一般真理变成纯粹抽象的公式，到处硬套，结果就不能不摔跤。

如上三部著作，既从哲学高度概括了中国革命斗争实践的经验，又对"左"倾教条主义思想进行了哲学批判，奠定了实事求是思想路线的理论基石。

不过，改造教条主义者的思维方式，在全党范围内树立实事求是思想路线，其难度之大，远非朝夕之功可完成。抗日战争开始前后，在相当长的一段时间里，中国共产党的理论宣传和教育工作引经据典蔚然成风。同时，毛泽东的理论文章和小册子，没有得到理论报刊宣传工作负责人的重视，"只把毛泽东的著作，列入临时的策略教育与时事教育之内，只当作中央的一般政策文件看待"，甚至由王明负责的《新华日报》拒绝发表《论持久战》。教条主义思维方式的继续存在，严重危害着中国革命事业。几乎同时，王明在延安再版《为中共更加布尔塞维克化而斗争》，并在再版序言中写道："本书所记载着的事实，是中国共产党发展史中的一个相当重要的阶段，因此，许多人要求了解这些历史事实。"王明认为："不能把昨日之是，一概看作今日之非；或把今日之非，一概断定不能作为昨日之是。"王明的如上举动实际上是为过去的"左"倾错误辩护。在统一战线问题上，王明教条地理解共产国际的指示，提出"一切服从统一战线"和"一切经过统一战线"，盲目迁就国民党，"只知片面的联合而不要斗争、不要独立自主的政策"。在这一思想的影响下，新四军政委项英犯了"右倾机会主义"错误，未能有效、及时执行中共中央指示，导致"皖南事变"，给新四军造成巨大损失。

毛泽东认为，"皖南事变"之所以发生，根源在于有些人没有把普遍真理的马克思列宁主义与中国革命的具体实际联系起来，不了解中国革命的实际，不了解经过十年反共的蒋介石，而是唯苏联和共产国际是从。随后，毛泽东于 1941 年 5 月 19 日发表《改造我们的学习》，公开批评教条主义者把马列主义当成死的教条，"对于研究今天的中国和昨天的中国一概无兴趣，只把兴趣放在脱离实际的空洞的'理论'研究上"，"只知背马克思、恩格斯、列宁、斯大林著作中的若干词句"，"只知生吞活剥地谈外国"，"无实事求是之意，有哗众取宠之心"，"言必称希腊"，"自以为是，老子天下第一，'钦差大臣'满天飞"，以万古不变的教条吓唬不懂理论的工农干部和青年学生。毛泽东明确提出："要使马克思列宁主义的理论和中国革命的实际运动结合起来，是为着解决中国革命的理论问题和策略问题而去从它找立场，找观点，找方法的。这种态度，就是有的放矢的态度。'的'就是中国革命，'矢'就是马克思列宁主义。我们中国共产党人所以要找这根'矢'，就是为了要射中国革命和东方革命这个'的'的。这种态度，就是实事求是的态度。"

随后，中共中央向全党发出《关于调查研究的决定》，针对党内许多"还不了解没有调查就没有发言权这一真理"、"还不了解系统的周密的社会调查，是决定政策的基础"的实际状况，明确反对"将学习马列主义原理原则与了解中国社会情况、解决中国革命问题互相脱节的恶劣现象"，提出"实事求是，理论与实际密切联系"，"是一个党性坚强的党员的起码态度"，号召加强"对于历史，对于环境，对于国内外、省内外、县内外具体情况的调查与研究"，在全党树立立足中国革命和一切从实际出发的观点。依据这一决定，党中央和各中央分局及各省委先后设立了调查研究的专门机构。此后，全党从中央机关到地方组织纷纷深入实际，大搞调查研究，从根本上改变了学风，实事求是因此成为中国共产党的一个突出的优良作风。

根据毛泽东的提议，中共中央政治局思想方法学习小组成立，从 1941 年 9 月 10 日开始举行党风学习的专题会议。在会议上，毛泽东做主题报告，指出党在很长时期为主观主义所统治，特别是在苏维埃后期的主观主义表现更严重，形态更完备，统治时间更长久，结果更悲惨。这是因为他们自称为“国际路线”，穿上马克思主义的外衣，其实是假马克思主义。毛泽东提出，要在理论上分清创造性的马克思主义与教条式的马克思主义，用马克思主义观点研究实际问题，使中国革命丰富的实际经验马克思主义化。在毛泽东等负责人的批评教育下，博古、张闻天等教条主义代表人物逐渐认识到自身的错误，明确表示愿意接受批评。王稼祥分析，从莫斯科共产国际回来，没有实际工作经验的人，易做教条主义者。博古、张闻天等领导者思维方式的改变，标志着反对教条主义思维方式取得了重大突破。

从 1942 年春天开始，全党进行普遍整风，中心内容为反对主观主义以整顿学风。毛泽东吸纳张闻天的意见，将党内长期存在的主观主义学风概括为教条主义和经验主义两种表现形式。毛泽东着重论述了什么是理论和理论家的问题。他认为，犯教条主义错误的有一些马克思主义的书本知识，但不能掌握马克思主义的精神实质，却以“理论家”的姿态吓唬人。毛泽东指出，不能把马克思列宁主义理论当成僵死的教条，“如果仅仅读了他们的著作，但是没有进一步地根据他们的理论来研究中国的历史实际和革命实际，没有企图在理论上来思考中国的革命实践”，“就不能妄称为马克思主义的理论家”；真正的理论家“能够依据马克思列宁主义的立场、观点和方法，正确地解释历史中和革命中所发生的实际问题，能够在中国的经济、政治、军事、文化种种问题上给予科学的解释，给予理论的说明”。毛泽东强调，“直到现在，还有不少的人，把马克思列宁主义书本上的某些个别字句看作现成的灵丹圣药丹，似乎只要得了它，就可以不费气力地包医百病。这是一种幼稚者的蒙昧，我们对这些人应该作启蒙运动。那些将马克思列宁主义当宗教教条看待的人，就是这种蒙昧无知的人。对于这种人，应该老实地对他说，你的教条一点什么用处也没有。马克思、恩格斯、列宁、斯大林曾经反复地讲，我们的学说不是教条而是行动的指南。这些人偏偏忘记这句最重要最重要的话。中国共产党人只有在他们善于应用马克思列宁主义的立场、观点和方法，善于应用列宁斯大林关于中国革命的学说，进一步地从中国的历史实际和革命实际的认真研究中，在各方面作出合乎中国需要的理论性的创造，才叫做理论和实际相联系。如果只是口头上讲联系，行动上又不实行联系，那么，讲一百年也还是无益的。我们反对主观地片面地看问题，必须攻破教条主义的主观性和片面性。”

整风运动破除了中国共产党内“把马克思主义教条化，把共产国际指示和苏联经验神神圣化”的错误倾向，解放了思想，在全党范围内树立了实事求是的思想路线，为抗日战争和新民主主义革命的胜利奠定了坚实的思想基础，也在全党范围内取得了毛泽东思想为中国共产党指导思想的共识。从此，“毛泽东思想”这个概念由王稼祥初次提出后，逐步为党内许多人所接受。1943 年 8 月 2 日，周恩来提出了“毛泽东的方向就是中国共产党的方向”这一断语。随后，在党的一些文件和许多负责人的讲话里，使用和论述“毛泽东思想”等概念的情况，逐渐多起来了。11 月 10 日，邓小平在北方局党校整风运动会上的讲话中，不仅使用了“毛泽东思想”的概念，而且明确指出中国共产党及其中央是以毛泽东思想为指导的。他说：“我党自一九三五年一月遵义会议之后，在以毛主席为首的党中央领导之下，彻底克服了党内‘左’右倾机会主义，一扫主观主义、宗派主义和党八股的气氛,把党的事业完全放在中国化的马列主义,即毛泽东思想的指导之下。直到现在已经九年的时间,不仅没有犯过错误,而且一直是胜利地发展着。这种事实我们大家都知道得很清楚。的确,在以毛泽东思想为指导的党中央的领导之下,我们回忆起过去机会主义领导下的惨痛教训,每个都会感觉到这九年是很幸福的。""现在我们有了这样好的党中央,有了这样英明的领袖毛泽东,这对于我们党是太重要了。"

进入到1944年,全党开展了广泛学习和宣传毛泽东思想的活动,为毛泽东思想确立为中国共产党的指导思想奠定了坚实的基础。1945年,党的六届七中全会闭会前夕,邓小平在一次关于形势问题的报告里,提出每个党员要"更加学习马列主义与毛泽东思想"。在广泛学习和宣传毛泽东思想的基础上,在中共七大上,毛泽东思想被确立为党的指导思想。1945年3月31日,刘少奇在六届七中全会上讨论七大报告时说:"总纲是党的基本纲领,作为党章的前提与组成部分,可以更加促进党内的一致。党章以毛泽东思想来贯串,这是一个前所未有的历史特点"。5月14日,刘少奇在中国共产党七大全体会议上作《关于修改党的章程的报告》,对毛泽东思想作了科学的概括和全面的论述。他说:"毛泽东思想,就是马克思列宁主义的理论与中国革命的实践之统一的思想,就是中国的共产主义,中国的马克思主义。……毛泽东思想,就是马克思主义在目前时代的殖民地、半殖民地、半封建国家民族民主革命中的继续发展,就是马克思主义民族化的优秀典型。它是从中国民族与中国人民长期革命斗争中……生长和发展起来的。它是中国的东西,又是完全马克思主义的东西。"毛泽东思想"是我们党的唯一正确的指导思想,唯一正确的总路线"。毛泽东思想"是中国人民完整的革命建国理论。这些理论,表现在毛泽东的各种著作以及党的许多文献上。这就是毛泽东关于现代世界情况及中国国情的分析,关于新民主主义的理论和政策,关于解放农民的理论与政策,关于革命统一战线的理论与政策,关于革命战争的理论与政策,关于革命根据地的理论与政策,关于建设新民主主义共和国的理论与政策,关于建设党的理论与政策,关于文化的理论与政策等。这些理论与政策,完全是马克思主义的,又完全是中国的。这是中国民族智慧的最高表现和理论上的最高概括。"刘少奇强调指出:"毛泽东思想,就是这次被修改了的党章及其总纲的基础。学习毛泽东思想,宣传毛泽东思想,遵循毛泽东思想的指示去进行工作,乃是每一个党员的职责。"6月11日中共七大通过的党章正式规定:"中国共产党,以马克思列宁主义的理论与中国革命的实践之统一的思想——毛泽东思想,作为自己一切工作的指针"。

确立毛泽东思想在全党的指导地位,其意义和影响是深远的。首先,随着毛泽东思想指导地位的确立,中国共产党从主观主义、教条主义的思维方式中解放出来,实现了思想解放和思想统一的双重任务,并在中国共产党内确立了把马克思主义的普遍真理同中国革命的具体实践相结合的发展方向。其次,毛泽东思想指导地位的确立,高度地凝聚了党心和民心,正确地指明了中国革命的斗争方向,成为中国革命从胜利走向胜利的伟大旗帜。

(三)毛泽东思想永远是中国革命、建设和改革的旗帜

毛泽东思想系统回答了中国革命的社会历史环境、经济文化基础,以及革命性质、基本动力、斗争形式、发展道路、奋斗目标和领导力量等一系列基本问题,是中国人民完整的建国理论,是以毛泽东为主要代表的中国共产党人,从中国的实际情况出发,在探寻把半殖民地半封建的中国转变为社会主义的新中国的过程中,善于把马克思主义的基本原理同中国的民族文化特点、社会心理结构以及中国革命的具体实践相结合,创造性地建立的一系列新的科学理论。

1. 活的灵魂

实事求是、群众路线、独立自主贯穿于毛泽东思想的各个组成部分，是毛泽东思想活的灵魂，是中国共产党人在中国革命的长期艰苦奋斗中形成的具有中国特色的马克思主义的立场、观点和方法。

实事求是是毛泽东思想的精髓，是中国共产党的思想路线，是“毛泽东思想最根本的最重要的东西”。实事求是原出自班固《汉书·河间献王传》“修学好古，实事求是”。唐颜师古解释为：“务得事实，每求真是也。”中国共产党在把马克思主义同中国革命的具体实践相结合中，提出并确立了实事求是的思想路线，使这一古已有之的词汇，具有了符合时代精神的新内涵。

实事求是要求从中国国情出发，以中国革命的实际问题为中心，着眼于马克思主义的运用，并在具体的运用中不断发展马克思主义。马克思主义所提供的只能是一般的指导原则，而不可能是包治百病的万应灵丹。不仅如此，正如马克思、恩格斯所一再告诫的，他们的理论是发展的理论，而不是教条，始终严格地以客观事实为根据，与时俱进，不断在实践中丰富和发展。

群众路线，就是一切为了群众，一切依靠群众，从群众中来，到群众中去。群众路线是无产阶级政党处理同人民群众的关系问题的根本态度和领导方法，是中国共产党一切工作的根本路线。群众路线这一概念，是中国共产党人遵循马克思列宁主义基本原理，在革命的实践中逐渐形成并确立的。马克思主义认为，人民群众改造世界的社会实践是推动历史发展的动力；只有人民群众真正发动起来，社会变革才能成功；人民群众是无产阶级政党革命力量的源泉。作为无产阶级的革命政党，中国共产党成立之初就注重发动群众。1922 年，中共二大通过的党章指出：“党的一切运动必须深入到广大的群众里面去。”1928 年，党的六大也强调，党的中心工作就是“夺取广大工农兵群众”。此后，“群众路线”词汇开始出现在党的领导人的讲话中。如 1928 年 11 月，时任中共中央主要负责人的李立三在一次谈话中首次提出“在总的争取群众路线之下，需要竭最大的努力到下层群众中去”。1929 年 9 月，由周恩来起草的中共中央给红四军前委的指示信中指出，“没收地主豪绅财产是红军给养的主要来源，但一定要经过群众路线，在最短促时间中也要注意这一工作方式的运用。”①抗日战争期间，毛泽东等党的第一代领导集体逐渐将“群众路线”系统化、理论化。1943 年 6 月，毛泽东在《关于领导方法的若干问题》中，阐明和概括了“群众路线”的基本内容。1945 年 5 月，刘少奇在《论党》一文中进一步将“群众路线”作为一个科学概念进行了系统论述。群众路线的主要内容是：

第一，一切为了群众，全心全意为人民服务。这是中国共产党一切工作的根本出发点。中国共产党从最初起，就是为了服务于人民而建立的。人民的利益，即是党的利益。除了人民的利益之外，党再无自己的特殊利益。毛泽东说：“共产党人的一切言论行动，必须以合乎最广大人民群众的最大利益，为最广大人民群众所拥护为最高标准。”②中国共产党的一切努力和斗争，众多共产党员的流血牺牲，都是为了人民群众的利益。共产党员不论是干部还是一般党员，不论干什么具体工作，都是为人民服务的。

第二，一切依靠群众。在中国敌我力量十分悬殊的国情下，中国共产党要领导中国革命取得胜利，就必须深入群众，相信群众，依靠群众，向群众学习，充分发动群众的积极性和创造性。毛

① 周恩来选集(上卷)[C].北京：人民出版社，1980，第 39～40 页

② 毛泽东选集(第 3 卷)[C].北京：人民出版社，1980，第 1096 页

泽东说:“只要我们依靠人民,坚决地相信人民群众的创造力是无穷无尽的,因而信任人民,和人民打成一片,那就任何困难也能克服,任何敌人也不能压倒我们,而只会被我们所压倒。”①

第三,从群众中来,到群众中去。毛泽东说:“从群众中集中起来又到群众中坚持下去,以形成正确的领导意见,这是基本的领导方法。”②人民群众不仅是中国共产党革命力量的源泉,而且是党的正确思想的源泉,智慧的源泉。毛泽东说:“必须明白:群众是真正的英雄,而我们自己则往往是幼稚可笑的,不了解这一点,就不能得到起码的知识。”③党的领导能否保持正确,决定于党能否在深入群众的过程中,把群众的经验和意见,经过分析和概括,系统地集中起来,化为党的主张,并据此制定相应的方针、政策。再经过党在群众中的宣传和组织工作,变为群众自己的主张和行动,并在实际行动中检验这些方针和政策,进行必要的补充和修正。“然后再从群众中集中起来,再到群众中坚持下去。如此无限循环,一次比一次地更正确、更生动、更丰富。”

独立自主,就是中国人一定要靠自己的力量,坚持从本国的实际出发,独立地寻找适合中国国情的前进道路,决不能机械地照搬别国的经验和模式,也不能屈从于任何外来的压力。独立自主是以毛泽东为代表的中国共产党人,在领导中国革命与建设的全部活动中,把马克思列宁主义与中国革命实践相结合而得出的一个创造性的结论。

无产阶级的革命事业是国际的事业,各国革命者相互援助、相互支持是题中应有之义。学习外国一切好的东西,努力争取外援,对于任何一国的革命和建设事业而言,都是必要的和必须的。对于中国而言,更是如此。但是,这并不意味着可以迷信别人、依赖外援。迷信盲从、照搬照抄,不仅会迷失自己,更会导致失败的结局。国际共产主义运动的历史深刻证明,要想取得无产阶级革命事业的成功,必须将马克思主义同各国具体实际相结合。实现这一结合,只能靠各国共产党人在马克思主义基本原理的指导下,深入本国实际,从自己的国情出发,走自己的路。中国的历史文化悠久,幅员广阔,人口众多,经济落后,地区发展不平衡,广大人民群众遭受帝国主义、封建主义和官僚资本主义的压迫和剥削,民族矛盾和阶级矛盾相交织。在这样一个社会条件极其特殊,革命过程极其复杂的国家里进行革命,是前人和别人“所没有遇到过的任务”。中国革命要取得成功,只能靠中国人自己大胆探索,主要依靠本国人民群众的力量和智慧,从成功和失败的实践中总结经验教训,独立自主地作出自己的决断,在探索中前进,除此之外,没有别的捷径可走。

中国革命和建设的经验证明,实事求是、群众路线、独立自主,是毛泽东思想活的灵魂,是中国共产党最可宝贵的成功经验,是指引中国革命、建设与改革不断从胜利走向胜利的璀璨明灯。

2. 三大作风

中国共产党是按照马克思列宁主义的革命理论和革命风格建设起来的党,它除了具有马克思主义政党的一般风格之外,还在长期的革命实践中,结合中国的具体实际,形成了自己独特的优良传统和作风,“这主要的就是理论和实践相结合的作风,和人民群众紧密地联系在一起的作风以及自我批评的作风。”毛泽东指出,这三大作风是中国共产党人区别于其他任何政党的显著标志。

理论和实践相结合,是毛泽东等党的第一代领导集体一贯坚持的工作作风。早在1927年,毛泽东就躬身实践,在一个多月的时间里,实地考察了湖南省湘潭、湘乡、衡山、醴陵、长沙五县的

---

① 毛泽东选集(第3卷)[C].北京:人民出版社,1980,第1096页

② 毛泽东选集(第3卷)[C].北京:人民出版社,1980,第900页

③ 毛泽东选集(第3卷)[C].北京:人民出版社,1980,第790页

农民运动，以大量的第一手材料，撰就《湖南农民运动考察报告》，论述了农民在中国革命中的历史地位和历史作用，不仅对中国革命产生了深远影响，而且受到了共产国际的高度重视，是中国共产党早期理论联系实际，紧密联系群众的一个成功范例。

但是，这种运用马列主义的理论和方法，对中国社会的实际进行调查，按照不同的时间、地点和条件提出问题、解决问题的工作方法，在中国共产党内，最初并没有受到足够的重视。相反，把马克思主义教条化、把共产国际决议和苏联经验神圣化的"左"倾错误在党内盛行，造成党内"理论脱离实践、脱离群众、缺乏自我批评的作风"居于统治地位，给中国革命造成了极大的损害。

抗日战争时期，中国共产党总结了二十多年的经验教训，加深了对党风建设重要性的认识。从 1942 年春天起，中国共产党在全党范围内展开了一次整风运动。这次整风运动的任务是：反对主观主义以整顿学风，反对宗派主义以整顿党风，反对党八股以整顿文风。整风运动所遵循的基本原则是理论联系实际，所采用的基本方式是批评与自我批评。

理论联系实际的作风，是中国共产党实事求是思想路线的体现。它包含着两个方面的内容：一是要完整、准确地理解和掌握马克思主义的基本原理，以此作为自己行动的指南，灵活地、创造性地应用马克思列宁主义的立场、观点和方法，去分析、研究和解决中国革命的实际问题。二是从实际出发，针对不同的社会经济、政治和文化环境，深入客观实际，通过调查研究，正确把握实际情况，认识客观事物的发展规律，并按照规律办事。

理论联系实际，一切从实际出发，就必须同最广大的人民群众保持最密切的联系。毛泽东指出："凡属正确的任务、政策和工作作风，都是和当时当地的群众要求相适合，都是联系群众的；凡属错误的任务、政策和工作作风，都是和当时当地的群众要求不相适合，都是脱离群众的。教条主义、经验主义、命令主义、尾巴主义、宗派主义、官僚主义、骄傲自大的工作态度等弊病之所以一定不好，一定要不得，如果什么人有了这类弊病一定要改正，就是因为它们脱离群众。"中国革命的实践经验证明，人民群众是共产党赖以存在和生长的土壤。中国共产党只有同人民群众建立起正确的密切的关系，才能在人民群众的解放斗争中起先锋模范作用。反之，如果脱离人民群众，不能及时地、正确地提出正确的任务、政策，不能用正确的方法去领导人民群众，甚至提出过高的口号、过"左"的政策，或者提出了当时情况所不能允许的、为群众所不能接受的过高的斗争形式、组织形式，那就不但不能实现其领导人民解放的任务，反而有被敌人消灭的危险。

通过批评与自我批评进行马克思列宁主义思想教育，是中国共产党作风建设的一个伟大创举。以延安整风为标志，中国共产党树立了批评和自我批评的优良作风，并形成了一整套的方式方法。首先，批评和自我批评是解决党内矛盾、促进党内民主的有效方法。对此，毛泽东以生动的比喻，形象地阐明了批评和自我批评的必要性。他说："房子是应该经常打扫的，不打扫就会积满了灰尘；脸是应该经常洗的，不洗也就会灰尘满面。我们的思想，我们党的工作，也会沾染灰尘的，也应该打扫和洗涤。对于我们，经常地检讨工作，在检讨中推广民主作风，不惧怕批评和自我批评，实行'知无不言，言无不尽'，'言者无罪，闻者足戒'，'有则改之，无则加勉'这些中国人民的有益的格言，正是抵抗各种政治灰尘和政治微生物侵蚀我们的思想和我们党的肌体的唯一有效的方法。"其次，批评和自我批评以"惩前毖后，治病救人"和"团结——批评——团结"为方针。再次，强调必须用民主的、说服教育的方法，认真地、科学地进行分析，多做自我批评；批评要有证据，反对主观武断，不能采取强制的、压服的方法，更不允许残酷斗争，无情打击。

理论联系实际，紧密联系群众和批评与自我批评三大作风是一个统一的、完整的、不可分割的整体，是以马克思主义的理论思想武装起来的中国共产党在长期革命与建设的实践斗争中形成和发展起来的特有作风,是中国共产党的性质和主要特点的反映。三大作风的最终确立,使中国共产党赢得了人民的敬仰和拥护,成为团结亿万人民进行革命斗争的坚强核心,使中国革命有了中流砥柱。中国共产党依靠这种优良作风,发展了自己,团结了人民群众,取得了新民主主义革命的伟大胜利。

第二节　新民主主义革命的理论

新民主主义革命理论,是毛泽东思想的重要组成部分,是以毛泽东为主要代表的中国共产党人,在长期的革命实践中,把马克思列宁主义基本原理与中国革命具体实际相结合,从而形成的关于中国革命的理论。它揭示了中国革命的规律,成为中国共产党人制定革命路线和策略的依据,引导新民主主义革命取得了伟大胜利,并且为实现新民主主义革命到社会主义的伟大转变奠定了基础。

一、新民主主义革命的基本思想

新民主主义革命理论,正确地回答了中国革命的性质及中国革命发展的方向,中国革命的对象,中国革命的领导阶级等中国革命的基本问题,是马克思列宁主义基本原理与中国革命具体实际相结合的重大理论产物。

(一)新民主主义革命理论的形成

新民主主义革命理论不是凭空产生的,而是对中国革命实践经验的概括和总结。中国共产党对民主革命规律的认识,是通过革命的实践,经过了从没有经验到有经验,从有较少的经验,到有较多的经验,从未被认识的必然王国经过逐步地克服盲目性,在认识上有了一个飞跃,而到达自由王国这样一个艰难曲折的发展过程。

中国共产党成立后,开始把马克思主义与中国革命具体实际相结合。党的二大明确提出了党在民主革命时期的纲领。在此前后,党以主要精力组织工人阶级,开展工人运动,并且形成了中国工人运动的第一次高潮,显示了工人阶级的力量。同时,京汉铁路工人罢工失败的教训也使党认识到,面对帝国主义的侵略和封建主义的反动统治,单靠工人阶级的力量不可能取得中国革命的胜利,必须建立广泛的统一战线。党的三大提出了建立国共合作统一战线的思想,但是,并没有明确提出无产阶级的领导权问题。随着大革命的兴起和发展,统一战线内部争夺领导权的斗争日益激化。到党的四大,第一次明确提出了坚持无产阶级领导权和农民同盟军的思想,指出如果不发动农民起来斗争,无产阶级的领导地位和中国革命的成功是不可能的。但是,四大对于在统一战线中资产阶级与无产阶级争夺领导权的问题估计不足,对农民的土地问题、政权和武装问题没有给予足够的重视。

1927年大革命失败后,毛泽东对党成立以来、尤其是大革命时期的经验进行了比较系统的总结,对中国革命的新道路进行了艰辛探索。在党的八七会议上,毛泽东总结大革命失败的教训,提出"须知政权是由枪杆子中取得的"著名论断。在创建农村革命根据地的过程中,毛泽东论述了中国红色政权存在和发展的原因及其条件;总结了实行"工农武装割据"的经验;提出中国革命应当先占领乡村、后夺取城市的战略,初步形成了农村包围城市,武装夺取政权这一具有中国特点的民主革命道路理论。

到抗日战争时期,中国革命经过了北伐战争的胜利和失败,也经过了土地革命战争的胜利和第五次反“围剿”战争的失败，积累了丰富的实践经验。经过对这些经验和教训的总结及理论概括，在遵义会议以后，中国民主革命开始再次走向新的胜利。特别是经过抗日战争时期的锻炼，党对中国革命的认识逐步成熟。毛泽东指出：“在民主革命时期，经过胜利、失败，再胜利、再失败，两次比较，我们才认识了中国这个客观世界。”新民主主义革命理论是中国革命经验的总结，这一理论只有在这时才能产生，在以前不可能，是因为没有经过大风大浪，还没有充分的经验，包括正面的经验，特别是反面的经验，还不能充分认识中国革命的规律。毛泽东系统总结了中国革命的实践经验，在新民主主义革命的基本问题、新民主主义革命的三大法宝、新民主主义基本纲领、人民军队建设、革命根据地建设和党的建设等多方面得到展开，使新民主主义革命理论达到成熟。

抗日战争胜利后，中国应向何处去？围绕着在中国需要建立一个什么样国家的问题，代表中国地主阶级和官僚资产阶级利益的国民党同代表中国无产阶级和人民大众利益的共产党展开了两种命运、两种前途的战略决战，从政治、军事等各方面进行了激烈的较量。这场较量以共产党领导人民取得解放战争的胜利、建立新中国而告结束。党和毛泽东总结中国革命尤其是解放战争以来新的经验，完整地表述了新民主主义革命的总路线，提出了从新民主主义向社会主义转变的思想。新中国成立前夕，毛泽东系统论述了人民民主专政的思想，指出人民民主专政是中国革命的主要经验和主要纲领，为新中国的成立奠定了理论基础。

从新民主主义革命理论的形成来看，没有两次国共合作的实践，就没有关于统一战线的理论；没有建立和巩固农村根据地的实践，就不会有关于中国革命道路的理论；没有革命战争的实践，就不会有建立人民军队和关于军事战略的理论；没有在领导中国新民主主义革命历程中，党由小到大、由弱到强的实践，就不会有党的建设的理论。总之，没有中国革命的实践，没有对实践经验的概括和总结，也就不会有新民主主义革命理论的形成和发展。

（二）新民主主义革命的总路线

党的路线是党在一定时期的主要任务和工作准则，新民主主义革命的总路线，概括地说就是“无产阶级领导的，人民大众的，反对帝国主义、封建主义和官僚资本主义的革命”。这条总路线，正确解决了中国新民主主义革命的领导权、动力、对象和任务等一系列基本问题，是指引中国新民主主义革命胜利前进的灯塔。

关于新民主主义革命的领导权，领导权问题是革命的根本问题。毛泽东指出，在五四运动以后，中国无产阶级，由于自己的成长和俄国革命的影响，已经迅速地变成了一个觉悟了的独立的政治力量了。由于中国无产阶级的特点，中国民主革命的领导权不能不落在无产阶级的肩上，没有无产阶级的领导，中国革命就必然不能取得胜利。

关于新民主主义革命的对象和任务，中国近代社会的性质和主要矛盾，决定了中国革命的对象或主要的敌人，就是帝国主义和封建主义，就是帝国主义国家的资产阶级和本国的地主阶级。此外，曾经在相当长时期勾结帝国主义、并和地主阶级结成反动的同盟、背叛了中国革命的资产阶级，也是中国革命的对象。从总体上说，帝国主义、封建主义和官僚资本主义这三大敌人，是新民主主义的对象，但在不同历史时期，革命的主要打击对象实际上又是有所不同的。主要是打击帝国主义和封建主义两个敌人，同时打击背叛了革命或民族利益的大资产阶级分子，完成对外推翻帝国主义压迫的民族革命和对内推翻地主买办阶级压迫的民主革命，这就是中国革命的两个基本任务。二者既相互区别、又相互统一，构成了中国新民主主义革命全部的历史使命。

关于新民主主义革命的动力。毛泽东指出：“在中国社会的各个阶级和各个阶层中，有些什么阶级有些什么阶层可以充当反对帝国主义和封建主义的力量呢？这就是现阶段中国革命的动力问题。认清这个革命的动力问题，才能正确地解决中国革命的基本策略问题。”新民主主义革命的动力，不仅包括最有觉悟性和最有组织性的中国无产阶级，包括占全国人口多数、与无产阶级有着天然联系的中国农民阶级，以及农民以外的各种类型的小资产阶级，而且包括了带有革命和妥协这样两重性的中国民族资产阶级。中国无产阶级应该懂得，单凭自己一个阶级的力量，是不能取得革命胜利的。而要胜利，就必须在各种不同的情形下团结一切可能团结的革命的阶级和阶层，组织革命的统一战线。在中国社会的各阶级中，农民是工人阶级的坚固的同盟军，城市小资产阶级也是可靠的同盟军，民族资产阶级则是在一定时期中和一定程度上的同盟军，这是现代中国革命的历史所已经证明了的根本规律之一。

关于新民主主义革命的性质，近代中国半殖民地半封建社会的性质和中国革命的历史任务，决定了中国革命的性质不是无产阶级的社会主义革命，而是新民主主义革命。新民主主义革命与旧民主主义革命相比有其新的内容和特点，集中表现在中国新民主主义革命处于世界无产阶级社会主义革命的时代，是世界无产阶级社会主义革命的一部分；革命的领导力量是中国无产阶级及其先锋队——中国共产党；革命的指导思想是马克思列宁主义；革命的前途是社会主义而不是资本主义。

新民主主义革命与社会主义革命性质不同。新民主主义革命仍然属于资产阶级民主主义的革命范畴，它要建立的是无产阶级领导的各革命阶级的联合专政，而不是无产阶级专政。社会主义革命是无产阶级性质的革命，它所要实现的目标是消灭资本主义剥削制度和改造小生产的私有制。新民主主义革命与社会主义革命又是互相联系、紧密衔接的，中间不容横插一个资产阶级专政。毛泽东把新民主主义革命和社会主义革命比喻为文章的上篇和下篇。“两篇文章，上篇与下篇，只有上篇做好，下篇才能做好。坚决地领导民主革命，是争取社会主义胜利的条件。”民主主义革命是社会主义革命的必要准备，社会主义革命是民主主义革命的必然趋势。只有认清民主主义革命和社会主义革命的区别，同时又认清两者的联系，才能正确地领导中国革命。

(三)新民主主义的基本纲领

一个政党的纲领，是公开树立起来的一面旗帜，是表明党的性质的重要标志。1940 年，毛泽东在《新民主主义论》中阐述了新民主主义的政治、经济和文化。1945 年，他在党的七大所作的《论联合政府》的报告中，进一步把新民主主义的政治、经济和文化与党的基本纲领联系起来，进行了具体阐述。新民主主义基本纲领是新民主主义革命总路线的具体展开和体现，为新民主主义革命指明了具体奋斗目标。

1. 新民主主义的政治纲领

新民主主义政治纲领是：推翻帝国主义和封建主义的统治，建立一个无产阶级领导的、以工农联盟为基础的、各革命阶级联合专政的新民主主义的共和国。新民主主义共和国既不同于欧美式的资产阶级专政的共和国，又和苏联式的无产阶级专政的社会主义共和国相区别。新民主主义共和国。这是一定历史时期的形式，因而是过渡的形式，但是不可移易的必要的形式。

新民主主义国家的国体是无产阶级领导的以工农联盟为基础，包括小资产阶级、民族资产阶级和其他反帝反封建的人们在内的各革命阶级的联合专政。毛泽东指出，在“全世界多种多样的国家体制中，按其政权的阶级性质来划分，基本地不外乎这三种：(1)资产阶级专政的共和国；(2)无产阶级专政的共和国；(3)几个革命阶级联合专政的共和国。”资产阶级共和国的道路已被实践证明在中国行不通,而中国社会的性质决定了中国革命的历史进程必须分两步走,第一步是建立新民主主义共和国,无产阶级专政的共和国是将来才能实现的目标。新民主主义共和国所采取的国家政权形式是几个革命阶级的联合专政——人民民主专政。与新民主主义国体相适应的政体是实行民主集中制的人民代表大会制度。新民主主义国家的国体决定了人民当家做主,由人民行使管理国家的一切权力,这是新民主主义国家制度的核心内容和基本准则,而人民代表大会制度能够最直接、最全面地体现这一核心内容和准则。总之,国体——各革命阶级联合专政,政体——民主集中制的人民代表大会制度,这就是新民主主义政治。

2. 新民主主义的经济纲领

新民主主义经济纲领是:没收封建地主阶级的土地归农民所有,没收官僚资产阶级的垄断资本归新民主主义国家所有,保护民族工商业。

"没收封建地主阶级的土地归农民所有",是新民主主义革命的主要内容。在半殖民地半封建的中国,土地制度极不合理,要解放农村生产力,改变中国贫穷落后的面貌,必须废除封建地主土地所有制,进行土地革命,实行"耕者有其田",以扫除封建的剥削关系,把土地变为农民的私产,发展农民的个体经济,解放农村生产力。党在民主革命时期,逐步认识到土地革命的极端重要性,形成了土地革命路线,这就是依靠贫雇农,团结中农,有步骤、有分别地消灭封建剥削制度,发展农业生产。

"没收官僚资产阶级的垄断资本归新民主主义国家所有",是新民主主义革命的题中应有之义。没收官僚资本,包含着新民主主义革命和社会主义革命的双重性质。一方面,它是摧毁国民党反动政权经济基础的重要措施,带有新民主主义革命的性质;另一方面,它是社会主义性质国营经济的主要来源,为新民主主义向社会主义的过渡奠定经济基础,具有社会主义革命的性质。

"保护民族工商业",是新民主主义经济纲领中极具特色的一项内容。在新民主主义条件下保护民族工商业,发展资本主义,是由中国落后的生产力和新民主主义革命的性质所决定的。新民主主义革命的对象是帝国主义、封建主义和官僚资本主义,而不是一般的消灭资本主义和资产阶级。同官僚资产阶级相比,民族资产阶级与帝国主义和封建主义联系较少。民族资本主义经济,是一种与新生产力相联系的先进的生产方式和经济成分,它对发展现代技术、发展社会生产力具有积极作用。因此,对民族资本主义工商业必须采取保护的政策。毛泽东指出:"拿资本主义的某种发展去代替外国帝国主义和本国封建主义的压迫,不但是一个进步,而且是一个不可避免的过程。它不但有利于资产阶级,同时也有利于无产阶级,或者说更有利于无产阶级。"在新民主主义的国家制度下,让私人资本主义经济在不能操纵国计民生的范围内获得发展的便利,有益于社会向前发展。因此,这种保护不是无条件的。需要保护和发展的资本主义,是有利于而不是有害于国计民生的私人资本主义经济,是不能操纵国计民生的资本主义。

3. 新民主主义的文化纲领

新民主主义的政治和经济,必须要有与之相适应的新民主主义文化。新民主主义文化就是无产阶级领导的人民大众的反帝反封建的文化,即民族的科学的大众的文化。

新民主主义文化是民族的,就其内容说是反对帝国主义压迫,主张中华民族的尊严和独立的;就其形式说是具有鲜明的民族风格、民族形式和民族特色,要有中国作风和中国气派。新民主主义文化是科学的,是反对一切封建思想和迷信思想,主张实事求是、客观真理及理论和实践的一致性。对于封建时代创造的文化,应剔除其封建糟粕,吸收其民主性精华。同时要尊重中国的历史，反对民族虚无主义，以历史唯物主义的态度对待古今中外文化，以发展民族新文化和提高民族自信心。新民主主义文化是为全民族中90%以上的工农大众服务的，是人民大众的文化，也就是民主的文化。文化工作者要用革命文化教育和武装人民大众，使它成为人民大众的有力思想武器；同时又要以人民群众的实践作为创作的源泉，坚持为人民大众服务的方向。

总之，新民主主义的政治、经济和文化纲领，是新民主主义理论的重要组成部分，三者的有机结合，构成了毛泽东思想关于新民主主义社会理论的基本内容。

二、新民主主义革命的三大法宝

毛泽东在《〈共产党人〉发刊词》一文中，总结了中国革命两次胜利和两次失败的经验教训，揭示了中国革命发展的客观规律，指出："统一战线，武装斗争，党的建设，是中国共产党在中国革命中战胜敌人的三个法宝，三个主要的法宝。"正确地理解和处理了这三个问题及其相互关系，就等于正确地领导了全部中国革命。

（一）统一战线

统一战线问题是无产阶级政党策略思想的重要内容。建立最广泛的统一战线，首先是由中国半殖民地半封建社会的阶级状况所决定的。毛泽东指出："中国社会是一个两头小中间大的社会，无产阶级和地主大资产阶级都只占少数，最广大的人民是农民、城市小资产阶级以及其他的中间阶级。"作为无产阶级先锋队的中国共产党所领导的革命力量，要战胜作为地主阶级和官僚资产阶级集中代表的国民党所领导的强大的反革命力量，就必须把农民、城市小资产阶级以及其他的中间阶级都团结在自己的周围，结成最广泛的统一战线。其次是由中国革命的长期性、残酷性及其发展的不平衡性所决定的。中国政治经济发展的不平衡性也造成了革命发展的不平衡性，这就使得无产阶级及其政党有必要采取正确的统一战线的策略，把一切可以团结和利用的力量尽可能团结在自己的周围，以逐步从根本上改变敌强我弱的态势，夺取中国革命的最终胜利。

在半殖民地半封建的中国社会，诸多矛盾交织在一起，客观上为无产阶级及其政党利用这些矛盾建立和发展统一战线提供了可能性。近代中国社会最大的压迫是民族压迫，决定了无产阶级及其政党可以把一切爱国的、不愿受帝国主义奴役的人们团结在自己的周围。民族资产阶级深受帝国主义和封建主义的压迫，因而能够在一定时期内和一定程度上参加反帝反封建的革命斗争。当革命的锋芒主要是反对某一个帝国主义的时候，属于别的帝国主义系统的官僚资产阶级集团也可能在一定程度上和一定时期内参加统一战线。

中国共产党领导的革命统一战线，包含着两个联盟：一个是工人阶级同农民阶级、广大知识分子及其他劳动者的联盟，主要是工农联盟；另一个是工人阶级和非劳动人民的联盟，主要是与民族资产阶级的联盟。第一个联盟是统一战线的基础，只有争取农民、知识分子和其他劳动人民，巩固工农联盟，才能实现党对统一战线的领导权。同时，第二个联盟也非常重要，只有建立这个联盟，联合一切可以联合的力量，壮大自己，孤立主要的敌人，无产阶级及其政党才能掌握中国革命的全部领导权，中国革命的胜利才有完全的保障。

党在领导建立和巩固抗日民族统一战线的实践中，强调必须坚持独立自主的原则，保持党在思想上、政治上和组织上的独立性。在统一战线中，存在着不同阶级、不同政治力量和不同派别，由于各个阶级在不同时期有不同的要求而表现出不同的政治态度。因此，在革命进程中，必须坚持发展进步势力、争取中间势力、孤立顽固势力的策略方针。在同顽固派进行斗争时，坚持有理、有利、有节的原则。

新民主主义革命时期，党领导的统一战线，先后经过了第一次国共合作的民主联合战线、工农民主统一战线、抗日民族统一战线、人民民主统一战线等几个时期，积累了丰富的经验。其中最根本的经验就是正确处理好与资产阶级的关系。当党能够正确处理与资产阶级建立统一战线问题时，党的发展和巩固就会前进；反之，党的发展和巩固就会后退。

（二）武装斗争

以毛泽东为代表的中国共产党人，把马克思列宁主义关于武装斗争的基本原理同中国革命战争的实践相结合，从中国革命战争的实际出发，把中国革命战争引向胜利。在这个伟大实践中形成了具有中国特色的武装斗争的理论，人民军队建设理念、人民战争思想和人民战争的战略战术是其最基本的内容。

毛泽东关于人民军队建设理论、人民战争思想和人民战争的战略战术，是中国共产党领导中国人民在长期革命战争中经过曲折的道路艰苦的探索才得以形成的。它是毛泽东集中集体智慧的结果，是党和人民宝贵的精神财富。

关于人民军队建设理论的主要内容是：人民军队是执行革命政治任务的武装集团，必须置于党的绝对领导之下；人民军队以全心全意为人民服务为唯一宗旨，执行战斗队、工作队、生产队三大任务；在人民军队中建立强有力的政治工作，实行官兵一致、军民一致、瓦解敌军的原则，在人民军队中建立民主制度，实行政治、经济、军事三大民主；实行自觉的严格纪律，执行三大纪律八项注意；发扬勇敢战斗不怕牺牲和艰苦奋斗的作风。

关于人民战争思想的主要内容是：革命战争是群众的战争，人民群众是战争的主体，兵民是胜利之本；建设一支以农民为主体的新型人民军队作为进行人民战争的骨干力量，实行主力兵团和地方兵团相结合，正规军和游击队、民兵相结合，武装群众和非武装群众相结合；在农村创建革命根据地，使之成为发动群众、扩大武装、准备干部、发展生产和支持长期革命战争的战略地；以武装斗争为主要斗争形式，配合以各种形式的斗争，如经济的、政治的、思想文化的等斗争形式，形成全面的人民战争。

关于人民战争的战略战术的主要原则是：战争的目的是保存自己，消灭敌人；实行积极防御，反对消极防御；实行游击战、运动战、阵地战三种作战形式，三者密切配合，互相协同，并根据敌我双方力量的消长适时地进行以改变主要作战形式为基本内容的转变；集中兵力打歼灭战，力求全歼的速决，避免打消耗战；慎重初战，不打无准备无把握之仗，执行有利决战，避免不利决战。

（三）党的建设

中国共产党要领导革命取得胜利，必须不断加强党的思想建设、组织建设和作风建设。半殖民地半封建的中国社会是一个农民为主体的国度，无产阶级人数很少，农民和其他小资产阶级占人口的大多数，农民和小资产阶级出身的党员占多数。加之长期处于农村游击战争的环境，各种非无产阶级思想，特别是小资产阶级思想必然反映到党内来，党内无产阶级思想和非无产阶级思想之间的矛盾成为党内思想上的主要矛盾。毛泽东指出："有许多党员，在组织上入了党，思想上并没有完全入党，甚至完全没有入党。"

这种情况决定了要建设一个广大群众性的、马克思主义的无产阶级政党，是一项艰巨的任务，也是一项伟大的工程。加强党的建设，必须把思想建设始终放在首位，克服党内的非无产阶级思想。在加强党的思想建设的同时，必须加强党的组织建设和作风建设，必须把党的建设同党的政治路线紧密联系起来。这些是新民主主义革命时期党的建设的主要经验。党在领导新民主主义革命过程中,把党的建设作为一项“伟大的工程”,逐步形成了理论和实践相结合的作风、和人民群众紧密地联系在一起的作风以及批评与自我批评的作风,这是中国共产党区别于其他任何政党的显著标志。

毛泽东指出,党成立以来中国革命三个阶段的历史经验证明,党的建设的过程,是同党的政治路线密切联系着,是同党对于统一战线问题、武装斗争问题之正确处理或不正确处理密切联系着的。第一次国内革命战争的初期和中期,党的路线是正确的,党员群众和党的干部的革命积极性是非常之高的,因此,使革命获得了重大胜利。然而,这时的党终究还是幼年的党,由于没有革命经验,缺乏深刻的革命认识,还不善于将马克思列宁主义的理论和中国革命的实践相结合,党的领导机关中占统治地位的成员,在这一阶段的末期,在革命的紧要关头,没能领导全党巩固革命的胜利,受了资产阶级的欺骗,而使革命遭到失败。土地革命战争时期由于有了第一阶段的经验,由于对于中国历史和社会状况、中国革命特点和规律的进一步理解,由于更多地学会将马克思主义的理论和中国革命的实践相结合,党才在艰苦的斗争条件下,取得了重新发展和巩固党的组织、开辟人民政权、创建坚强武装部队等重大进步和重大成功。然而,仍是由于领导机关中的一部分人,不去虚心领会过去的经验,对中国历史和社会状况、中国革命特点和规律的不了解,对马克思列宁主义和中国革命实践没有统一的理解,而使自己进了机会主义的泥坑,使革命事业屡遭危害,直到遵义会议才使党的建设真正走上健康发展的道路。党的发展过程的第三阶段,即抗日民族统一战线的阶段。党凭借着过去两个革命阶段中的经验,凭借着党的组织力量和武装力量,凭借着党在全国人民中的很高的政治信仰,凭借着党对于马克思列宁主义理论和中国革命实践更加深入的更加统一的理解,不但建立了抗日民族统一战线,而且进行了伟大的抗日战争,并使党的组织从狭小的圈子中走出来,变成了全国性的大党,取得了伟大的成功。

毛泽东的党建理论,是在实践中产生和形成的,无论在内容、形式上都有许多自己的特点。党的思想建设、组织建设、作风建设有机地统一在新民主主义革命的伟大实践中。党的思想建设为党的组织建设和作风建设提供了思想基础,党的组织建设为党的思想建设和作风建设提供了组织保证,党的作风建设是党的思想建设和组织建设的重要体现。它们既是中国共产党加强自身建设的历史经验的总结和概括,也是对马克思主义建党学说的继承、丰富和发展。

1949年,毛泽东在《论人民民主专政》一文中,对新民主主义革命的基本经验作了集中概括:“一个有纪律的,有马克思列宁主义的理论武装的,采取自我批评方法的,联系人民群众的党。一个由这样的党领导的军队。一个由这样的党领导的各革命阶级各革命派别的统一战线。这三件是我们战胜敌人的主要武器。这些都是我们区别于前人的。依靠这三件,使我们取得了基本的胜利。”毛泽东关于新民主主义革命基本经验的总结,丰富和发展了马克思主义关于无产阶级领导人民革命的理论。

第三节 社会主义改造和初步探索国家建设的理论

随着社会主义制度在中国的确立,中国共产党人面临历史提出的一个全新课题:在人口众多、经济文化十分落后且发展极不平衡的中国,应怎样建设社会主义?对此,以毛泽东为代表的中国共产党人提出在借鉴苏联经验的基础上,探索走中国自己的社会主义建设道路。在初步探索这一道路的历史进程中,以毛泽东为代表的中国共产党人取得了经济建设、政治建设与思想文化建设等方面的重要成果,为毛泽东思想理论宝库增添了新内容,也为后来建立中国特色社会主义的理论体系和坚持中国特色社会主义的正确道路，提供了十分宝贵的思想源泉、智慧启迪和实践借鉴。

一、走中国自己的社会主义建设道路

进入社会主义建设时期以后，针对在以苏联为样板的社会主义建设中存在的诸多问题，以毛泽东为代表的中国共产党人提出，要走中国自己的社会主义建设道路，并结合中国自身的国情——社会主义的基本矛盾、主要矛盾和主要任务进行了深刻的理论思考，在此基础上提出了我国社会主义建设的基本方针、发展阶段和发展战略。

（一）探索中国社会主义建设道路任务的提出

1. 探索中国社会主义建设道路命题提出的背景

中国的社会主义建设与苏联模式有着直接的关系，毛泽东认为，要学会建设一个新国家，首先要从学习别人的经验开始。苏联是世界上第一个社会主义国家，它的社会主义建设的突出成就显示了苏联模式的威力，中国共产党选择了苏联这个唯一的样板。“苏联的今天，就是我们的明天”，成为当时中国各族人民的理想追求和奋斗目标。建国初期中国从苏联学来的高度集中的计划经济体制，在恢复国民经济、保证重点建设和保障人民生活等方面发挥了重要作用，体现了社会主义能够集中力量办大事的优势。然而，中国共产党人在学习苏联经验的进程中也逐渐觉察到了苏联模式的某些弊端，陆续发现苏联的一些经验不完全适合我国的国情。1955 年底，毛泽东在党内率先提出了如何借鉴苏联经验、探索适合中国国情的社会主义建设道路的重大问题。

在广泛深入的调查研究过程中，毛泽东和刘少奇等中央领导人，在如何对待包括苏联在内的外国经验问题上形成了许多共识。毛泽东在各种场合阐述对待外国经验应该采取的辩证态度。他指出，“我们的方针是，一切民族、一切国家的长处都要学，政治、经济、科学、技术、文学、艺术的一切真正好的东西都要学。但是，必须有分析有批判地学，不能盲目地学，不能一切照抄，机械搬运。”“对于苏联和其他社会主义国家的经验，也应当采取这样的态度。”他充分肯定了陈云主管财经工作不完全照抄照搬苏联的做法，有自己的创造；提出要破除迷信，不管是中国迷信还是外国迷信，相信我们的后代也要打破对我们的迷信。这体现了彻底的唯物主义者的精神风貌和探寻中国自己的社会主义建设道路的坚定信心。

2. 探索中国社会主义建设道路命题的提出

正当毛泽东提出探寻中国自己的社会主义建设道路的时候，20 世纪 50 年代中期，国际关系缓和趋向的出现以及世界经济与科学技术的迅速发展，为中国刚刚起步的大规模社会主义经济建设提供了难得的机遇。同时，国际共产主义运动也发生了一系列重大事件。1956 年 2 月召开的苏共二十大尖锐地揭露斯大林在领导苏联社会主义建设中的严重错误以及对他的个人崇拜所造成的严重后果，在社会主义阵营引起极大震动。对此，中共中央在 1956 年 3 月多次召开政治局会议进行讨论，不赞成全盘否定斯大林领导苏联党和人民为社会主义而奋斗的历史，同时认为，揭开斯大林问题的“盖子”，对于我们党破除迷信，解放思想，探索适合本国情况的革命和建设道路具有重要意义。毛泽东说：我们从苏共二十大得到的最重要教益是要独立思考，从各个方面考虑如何按照中国的情况办事，努力找到中国建设社会主义的具体道路。他说，民主革命时期，我们在吃了大亏之后才成功地实现了这种结合，取得了新民主主义革命的胜利。现在是社会主义革命和建设时期，我们要进行第二次结合，找出在中国怎样建设社会主义的道路。

根据毛泽东的谈话精神,《人民日报》相继发表了《论无产阶级专政的历史经验》和《再论无产阶级专政的历史经验》两篇文章,对国际共产主义运动特别是十月革命以来无产阶级革命和无产阶级专政的历史经验进行了系统总结。这两篇文章在一定程度上,比较集中地体现了20世纪50年代中国共产党人对什么是社会主义、怎样建设社会主义的认识水平。

1956年4月25日,毛泽东在《论十大关系》引言中指出:"特别值得注意的是,最近苏联方面暴露了他们在建设社会主义过程中的一些缺点和错误。过去我们就是鉴于他们的经验教训,少走了一些弯路,现在当然更要引以为戒。"这就进一步明确了建设社会主义必须从本国实际出发、走自己道路的根本指导思想。

(二)对进入社会主义时期基本国情的思考

随着探索中国社会主义建设道路任务的提出,以毛泽东为代表的中国共产党人对中国国内的基本情况、主要矛盾与党和人民的主要任务进行了深刻的理论思考,并在此基础上提出了我国社会主义建设的基本方针、发展阶段和发展战略。

第一,我国社会主义制度需要不断完善。中共八大前后,毛泽东多次指出,我国的社会主义制度还刚刚建立,还没有完全建成,还不完全巩固。社会主义生产关系已经建立起来,但又还很不完善。社会主义上层建筑中也存在着薄弱环节。社会主义制度的完全建成和完全巩固,不仅需要时间,而且需要国内外各种条件,其中首要条件就是必须实现国家的社会主义工业化,充分发展社会生产力,使社会主义经济制度和政治制度获得比较充分的物质基础。

第二,我国的基本国情是"一穷二白"。毛泽东多次指出,中国是一个社会主义的大国,但又是一个经济文化落后的穷国,人口众多,农业人口占80%以上。他还多次用"一穷二白"来比喻中国的国情,认为中国6亿人口的显著特点是一穷二白。"穷"就是没有多少工业,农业也不发达;"白"就是一张白纸,文化水平、科学水平都不高。他说,这些既是缺点,是坏事,但也是好事。穷则思变,要干,要革命。"一张白纸,没有负担,好写最新最美的文字,好画最新最美的图画"。但他同时认为,这种"一穷二白"的落后状态不可能在短时间里根本改变。

第三,生产关系和生产力、上层建筑和经济基础之间的矛盾仍然是社会主义社会的基本矛盾。1957年2月,毛泽东在《关于正确处理人民内部矛盾的问题》的讲话中提出,矛盾是普遍存在的,社会主义社会同样充满着矛盾。在社会主义社会中,基本的矛盾仍然是生产关系和生产力、上层建筑和经济基础之间的矛盾。社会主义社会的基本矛盾不是对抗性的矛盾,呈现出既相适应又相矛盾的特点。毛泽东强调,社会主义社会的基本矛盾完全可以在社会主义制度的框架内得到解决,可以通过调整和改善生产关系同生产力、上层建筑同经济基础不相适应的方面,使社会主义制度不断得到巩固和完善。毛泽东对社会主义社会基本矛盾的分析,第一次科学地揭示了社会主义社会发展的动力,为社会主义改革提供了哲学基础。

第四,国内主要矛盾与党和人民的中心任务。1956年,中共八大明确宣布,我国的社会主义改造已经取得决定性的胜利,社会主义的社会制度在我国已经基本建立起来了。在社会主义制度条件下,我国的主要矛盾,已经是人民对于建立先进的工业国的要求同落后的农业国的现实之间的矛盾,已经是人民对于经济文化迅速发展的需要同当前经济文化不能满足人民需要的状况之间的矛盾。党和全国人民当前的主要任务,就是要集中力量发展社会生产力来解决这个矛盾,把我国尽快地从落后的农业国变为先进的工业国。

(三)社会主义建设的基本方针、发展阶段和发展战略

1.社会主义建设的基本方针与指导思想

早在新民主主义革命时期，中国共产党人就认识到国家建设要以得到人民的拥护与有助于解放和发展生产力为基本方针。1945年4月，毛泽东在《论联合政府》中明确指出："中国一切政党的政策及其实践在中国人民中所表现的作用的好坏、大小，归根到底，看它对于中国人民的生产力的发展是否有帮助及其帮助之大小，看它是束缚生产力的，还是解放生产力的。"

1954年6月，毛泽东在《关于中华人民共和国宪法草案》中提出，我们的总目标是要团结一切可以团结和应当团结的力量，为建设一个伟大的社会主义国家而奋斗。同年9月，毛泽东在中国人民政治协商会议第一届会议的开幕词中明确宣告，为建设社会主义伟大国家，必须团结全国人民，必须争取一切国际朋友的支援。

1956年4月，毛泽东在《论十大关系》中明确提出，"围绕着一个基本方针，就是要把国内外一切积极因素调动起来，为社会主义事业服务"，为把我国建设成为一个强大的社会主义国家而奋斗。1957年2月，在《关于正确处理人民内部矛盾的问题》中，毛泽东进一步指出在民主革命和社会主义革命基本完成后，我们要正确处理各种矛盾，团结各族人民发展经济和文化，建设现代化的社会主义强国。显然，调动一切积极因素，建设社会主义伟大国家，是中国社会主义建设的基本方针和根本指导思想。

2.中国社会主义发展阶段论的提出

建设社会主义伟大国家，必须正确认识社会主义社会的发展阶段。马克思、恩格斯和列宁对社会主义、共产主义的发展阶段有过论述，然而，对社会主义社会的发展阶段，没有做过明确的划分。斯大林在1936年就宣布苏联建成了社会主义，开始酝酿向共产主义过渡的问题。斯大林对苏联社会主义建设过分乐观的思想认识，对毛泽东为代表的中国共产党人曾经产生过很大的影响。

在新中国建立以后的几年时间里，中国共产党人对中国的社会主义建设也有过十分乐观的估计。但是，随着对中国自己建设社会主义道路的探索，中国共产党人对中国经济文化落后的状况有了进一步的深刻认识，对在这种基础上建设社会主义的艰巨性和长期性开始有了比较实际的思考。

1955年3月，毛泽东在党的全国代表会议上指出："在我们这样一个大国里面，情况是复杂的，国民经济原来又很落后，要建成社会主义社会，并不是轻而易举的事。我们可能经过三个五年计划建成社会主义社会，但要建成为一个强大的高度社会主义工业化的国家，就需要有几十年的艰苦努力，比如说，要有五十年的时间，即本世纪的整个下半世纪。"1955年10月，在中共七届六中全会上，他又提出：大约在50年到75年的时间内，就是10个五年计划到15个五年计划的时间内，可能建成一个强大的社会主义国家。到1956年我国社会主义改造即将基本完成的时候，毛泽东意识到，社会主义改造的基本完成，只能说是社会主义制度的基本建立；而社会主义制度的建立和社会主义社会的建成，是两个不同的概念。在当年1月的知识分子问题会议上，毛泽东首次提出了我国"社会主义社会已经进入，尚未完成"的思想；9月，在会见前来参加中共八大的南斯拉夫共产主义者联盟代表团时，毛泽东又说："使中国变成富强的国家，需要50年到100年的时间。"

经过1958年的"大跃进"和人民公社化运动的挫折，中国共产党人在纠正已经觉察的某些

“左”的错误的时候,对在中国建成社会主义的长期性、艰巨性有了进一步的认识。在1959年底1960年初毛泽东在《苏联〈政治经济学教科书〉的谈话》中强调,社会主义一定要向共产主义过渡;过渡到了共产主义的时候,社会主义阶段的一些东西必然是要灭亡的;就是到了共产主义阶段,也还是要发展的。毛泽东认为:“社会主义这个阶段,又可能分为两个阶段,第一个阶段是不发达的社会主义,第二个阶段是比较发达的社会主义。后一个阶段可能比前一个阶段需要更长的时间。”1961年,毛泽东在会见英国陆军元帅蒙哥马利时明确指出,在中国建成强大的社会主义经济需要一百年甚至更长的时间。1962年1月,毛泽东在扩大的中央工作会议上的讲话中再次强调:“建设强大的社会主义经济,在中国,五十年不行,会要一百年,或者更多的时间。”

二、社会主义经济建设

(一)社会主义经济建设的方针

在社会主义建设基本方针的指导下,关于我国社会主义经济建设,探索提出了“既反保守又反急躁冒进,注意在综合平衡中稳步前进”的经济发展方针。

1. 既反保守又反冒进

建设的速度、规模以及各产业部门之间的比例关系如何协调,是社会主义经济建设的指导方针问题。随着大规模的社会主义建设的开展,我国经济建设出现了“提前实现工业化”的违反科学精神的冒进情绪和行为。为了组织好生产建设,制定切实可行的第二个五年计划,周恩来、刘少奇等及时采取措施防止和反对冒进,提出了经济工作要实事求是,超过现实可能和没有根据的事不要乱提,不要乱加快等许多有关我国经济建设的重要思想。

2. 制定经济计划必须搞好综合平衡

搞好综合平衡是制定国民经济计划的重要指导思想。毛泽东、陈云等对此作过多方面的论述。毛泽东在《关于正确处理人民内部矛盾的问题》的讲话中指出:“在客观上将会长期存在的社会生产和社会需要之间的矛盾,就需要人们时常经过国家计划去调节。我国每年作一次经济计划,安排积累和消费的适当比例,求得生产和需要之间的平衡。”对此,陈云明确提出:“所谓综合平衡,就是按比例;按比例,就平衡了。任何一个部门都不能离开别的部门。一部机器,只要缺一部分配件,即使其他东西都有了,还是开不动。按比例是客观规律,不按比例就一定搞不好。”“搞经济不讲综合平衡,就寸步难移。”

(二)适合中国国情的工业化道路

工业化是现代化的主体和基础,中国工业化道路是中国社会主义建设道路的重要组成部分。以毛泽东为代表的中国共产党人提出探索适合中国国情的社会主义建设道路,在很大程度上是从探索中国工业化道路开始的。

在毛泽东为代表的中共中央看来,要在中国实现工业化,首先必须正确处理重工业、轻工业和农业的发展关系问题。在中共八大前后至1960年初,毛泽东和中共中央借鉴苏联经济建设的经验和教训,提出了“以农业为基础,以工业为主导,以农轻重为次序安排国民经济,全面发展工农业生产的中国式的工业化道路”的发展总方针。1956年我国的社会主义制度刚刚建立,还没有完全建成,还不完全巩固。许多经济体制和管理制度中的问题,需要逐步地加以解决。对此党根据客观形势要求、生产力发展和社会生活的需要,以及人民群众的意愿,对有关问题进行了调整和改革。

三、社会主义政治建设

(一)正确认识和处理人民内部矛盾

正确处理人民内部矛盾的具体方针、原则和方法。针对人民内部矛盾在具体实践中的不同表现,毛泽东提出了正确处理人民内部矛盾的一系列具体方针、原则和方法,其中主要有:对于政治思想领域的人民内部矛盾,实行"团结—批评—团结"的方针,坚持说服教育、讨论的方法;对于物质利益、分配方面的人民内部矛盾,实行统筹兼顾、适当安排的方针,兼顾国家、集体和个人三方面的利益;对于人民群众和政府机关的矛盾,要坚持民主集中制原则,要努力克服官僚主义,也要加强对群众的思想教育;对科学文化领域里的矛盾,实行"百花齐放、百家争鸣"的方针,通过自由讨论和科学实践、艺术实践去解决;对于共产党和民主党派的矛盾,实行在坚持社会主义道路和共产党领导前提下的"长期共存、互相监督"的方针;对于民族之间的矛盾,实现民族平等、团结互助的方针,着重反对大汉族主义,也要反对地方民族主义,等等。

(二)扩大社会主义民主和加强法制

1956 年 7 月,周恩来在中共上海市第一次代表大会的讲话中,就着重讲了民主要扩大的问题。他说,民主应该更扩大,而不应该缩小。我们要时常警惕,要经常注意扩大民主,以便有效地纠正和克服官僚主义,这一点更带有本质的意墨。"专政要继续,民主要扩大",准确反映了毛泽东关于建设社会主义民主政治的基本思想,也为新时期的政权建设指明了方向。

法制建设是中国进入社会主义社会以后中国共产党面临的一个新课题。刘少奇在中共八大政治报告中说,我们目前在国家工作中的迫切任务之一,是着手系统地制定比较完备的法律,健全我国的法制。

董必武在中共八大上就加强法制建设作了系统发言。他明确指出,法制不完备的现象如果再让它继续存在,甚至拖得过久,无论如何不能不说是一个严重的问题。他强调指出,人民民主法制必须进一步加强才能适应党和国家的中心任务,保障社会主义建设事业的顺利进行。"依法办事,是我们进一步加强人民民主法制的中心环节。"依法办事有两方面的意义:一是必须有法可依,二是有法必依。董必武还就如何加强人民民主法制提出了若干措施,其中包括注重法制思想教育,适当加强司法机关的组织尤其是检察机关的组织,加速推行律师制度和公证制度,更重要的还在于加强党对法制工作的领导。

"长期共存,互相监督"是毛泽东首倡、中国共产党确定的处理与民主党派关系的基本方针,是中国社会主义时期统一战线的一项重要政策。它为中国共产党领导的多党合作和政治协商制度奠定了思想基础。

中国是一个统一的多民族国家,中国的民族发展在地区上呈现出互相交叉的特点。根据我国历史发展的实际和各民族人民的共同利益,中国共产党制定了民族区域自治制度,把它作为解决我国民族问题的基本政策,并确定为国家的一项重要政治制度。

四、社会主义文化建设

1956 年 4 月,毛泽东在中央政治局扩大会议上,正式提出了"百花齐放,百家争鸣"的方针。他说,艺术问题上要百花齐放,学术问题上要百家争鸣。同年 5 月 2 日,毛泽东在最高国务会议第七次会议上又说,百家争鸣,就是诸子百家,在中华人民共和国宪法范围之内,各种学术思想,正确的,错误的,都不干涉。

毛泽东在1956年8月,还阐明了对待古今中外一切文化成果的“古为今用、洋为中用”的方针。“古为今用”是对待历史和传统文化的正确方针。毛泽东指出,历史总是要受重视的。他强调对待传统文化要作具体分析,要把封建主义的东西与非封建主义的东西区别开来。同时他又说,就是封建主义的东西也不全是坏的,有它发生、发展和灭亡的时期。当封建主义还在发生、发展的时候,它有许多东西还是不错的。我们应当善于进行分析,应当把封建主义发生、发展和灭亡时期的文化区别开来,应当批判地利用封建主义的文化,应当吸取其精华,剔除其糟粕,发展社会主义新文化,“洋为中用”是对待外国文化的正确方针。毛泽东说,近代文化,外国比我们高,要承认这一点,我们要学习外国的好东西。中国的和外国的要有机地结合,而不是套用外国的东西。文化上对外国的东西一概排斥,或者全盘吸收,都是错误的。向古人学习是为了现在的活人,向外国人学习是为了今天的中国人。总之,应该学习外国的长处,来整理中国的,创造出中国自己的、有独特的民族风格的东西,以发展中国的新文化。

1956年1月中共中央召开全国知识分子工作会议,周恩来在代表中央所作的报告中说,社会主义时代比以往任何时代都需要更加充分地提高生产技术和发展科学,科学是关系我们的国防、经济和文化各方面的决定性因素。毛泽东、周恩来号召全党全国人民“向科学进军”,大搞技术革命,并提出了分步骤分阶段缩小与世界发达国家先进科学技术水平的差距,赶超世界先进科学技术水平的思路。后来,毛泽东、周恩来等对科学技术在我国社会主义现代化建设中的地位和作用作了进一步论述。毛泽东在1963年的一次谈话中指出,科学技术这一仗一定要打好,而且必须打好,因为不搞科学技术,生产力就无法提高。

20世纪60年代初,中共中央又制定了重点发展、迎头赶上的科技发展战略。其基本精神是:尽量瞄准当代世界的新兴科学和技术,尽量采用世界先进技术,加快我国科学技术发展步伐,迎头赶上世界先进水平。在具体发展过程中,在选择和确定科技项目时,要根据我国国力有限的实际情况,突出重点,以免分散力量。

第四节 毛泽东思想的历史地位

毛泽东思想是马克思主义中国化的第一个飞跃,它揭示了中国革命和建设的基本规律,揭示了社会发展的一般规律,是知道中国革命和建设走向胜利的科学指南,是中华民族宝贵的精神财富。毛泽东思想为中国特色社会主义理论的创立奠定了思想理论基础,是中国特色社会主义理论的渊源。

一、马克思主义中国化的第一次飞跃

毛泽东思想是马克思主义与中国革命和建设具体实践相结合的产物,它用中国人民喜闻乐见的民族形式和语言概括中国革命和建设的理论和方针政策,既体现了马克思主义的基本原理,又包含了中华民族的优秀思想和中国革命和建设的实践经验,从而开辟了马克思主义中国化的先河,实现了马克思主义理论与中国实际相结合的第一次历史性飞跃,并成为马克思主义中国化的奠基性成果。

(一)第一次提出了马克思主义中国化的历史任务

以毛泽东为代表的中国共产党人,创造性地运用马克思主义的基本原理,在中国共产党历史

上第一次明确提出了马克思主义与中国实际相结合、实现马克思主义中国化的任务。1938 年，毛泽东在中国共产党第六届中央委员会扩大的第六次全体会议上的政治报告《论新阶段》提出了马克思主义中国化的历史任务，他说："对于中国共产党说来，就是要学会把马克思列宁主义的理论应用于中国的具体的环境。成为伟大中华民族的一部分而和这个民族血肉相连的共产党员，离开中国特点来谈马克思主义，只是抽象的空洞的马克思主义。因此，使马克思主义在中国具体化，使之在其每一表现中带着必须有的中国的特性，即是说，按照中国的特点去应用它，成为全党亟待了解并亟须解决的问题。"

(二)提出了马克思主义中国化的实现途径和基本要求

毛泽东在提出马克思主义中国化的历史任务的同时，也提出了马克思主义中国化的实现途径和基本要求。马克思主义中国化的实现途径就是以马克思主义的基本原理、立场和方法去研究中国问题，并根据中国的具体实际，在中国革命和建设的实践中积极探索，大胆创新，以适合中国特点、带有中国特色的独创性理论丰富和发展马克思主义。正如毛泽东所说，中国共产党人要善于应用马克思列宁主义的立场、观点和方法，善于应用列宁斯大林关于中国革命的学说，进一步地从中国的历史实际和革命实际的认真研究中，在各方面作出合乎中国需要的理论性的创造。马克思主义中国化的基本要求就是"在其每一表现中带着必须有的中国的特性"。从内容上说，就是既要体现马克思主义的立场、观点、方法。也要反映中国革命和建设的实践需要和规律。从表现形式上就是要有民族特色，即"新鲜活泼的、为中国老百姓所喜闻乐见的中国作风和中国气派"。

(三)实现了马克思主义与中国优秀传统文化的有机结合

毛泽东思想是马克思主义与中国革命和建设具体实践相结合的产物，是马克思主义中国化的第一次飞跃。首先，毛泽东思想坚持了马克思主义的立场，遵循了马克思主义的基本原理，是对马克思主义的发展。其次，毛泽东思想又是中国化的。它既反映了中国革命和建设的规律，又吸收了中国传统文化的优秀成果，具有鲜明的民族特色。这方面表现最突出的就是毛泽东思想活的灵魂之一的实事求是思想。"实事求是"一词，出自东汉班固所著《汉书·河间献王传》，原文是"修学好古，实事求是"，意在颂扬河间献王刘德求实的治学态度和方法。毛泽东对它作了新的阐释："'实事'就是客观存在着的一切事物，'是'就是客观事物的内部联系，即规律性，'求'就是我们去研究。我们要从国内外、省内外、县内外、区内外的实际情况出发，从其中引出其固有的而不是臆造的规律性，即找出周围事变的内部联系，作为我们行动的向导。"这一阐释，使这一古老的成语成为马克思主义的中国语言表达形式。其他诸如"民贵君轻"的民本思想，"公而忘私"的献身精神，注重道德修养的文化传统，无不在毛泽东思想中得到了继承和发扬。

二、指导中国革命和社会主义建设的科学指南

中国革命和建设的实践证明，毛泽东思想是中国革命和社会主义建设的科学指南。正是在毛泽东思想的指引下，中国革命不断从胜利走向胜利；正是在毛泽东思想的指导下，我国的社会主义建设取得了丰硕的成果。

(一)毛泽东思想是指导中国革命胜利的科学指南

中国共产党在半封建半殖民地的中国领导人民进行新民主主义革命是一项前无古人的伟大事业，任务艰巨且无现成的经验可循。大革命时期，党的事业就因为缺乏经验而遭受失败。大革

命失败后,正是靠着毛泽东思想开辟的农村包围城市道路,创建了井冈山革命根据地,点燃了革命的星星之火,并在毛泽东思想的正确领导下形成燎原之势。但是,在共产国际和党内教条主义的干扰下,革命几遭挫折,特别是第五次“反围剿”的失败把革命推向生死存亡之境,又是毛泽东思想的正确指导使中国革命转危为安。抗日战争以及解放战争的胜利也都是在毛泽东思想的正确指导下取得的。总之,中国革命的历史证明,毛泽东思想是指导中国革命胜利的唯一指南。正如刘少奇所说:毛泽东思想“是客观的真理,是唯一正确的救中国的理论与政策”。“过去有无数历史事实证明:当着革命是在毛泽东同志及其思想的指导之下,革命就胜利,就发展;而当着革命是脱离了毛泽东同志及其思想的指导时,革命就失败,就后退”。邓小平也说:“中国的革命不是由别的思想引导到胜利的,而是由毛泽东思想引导到胜利的。”

(二)毛泽东思想是社会主义革命和建设的科学指南

对旧中国进行社会主义改造,在半封建、半殖民地的社会基础上建设社会主义更是一项开天辟地的事业。虽有苏联社会主义建设的经验,但苏联社会主义建设也是一个探索,并不成熟,而且他们的建设基础也和我们不同。以毛泽东为代表的中国共产党人以马克思主义为指导,对我国的社会主义改造和社会主义建设进行了艰辛的理论探索,提出了涉及经济、政治、文化、国防、外交等方面的关于中国社会主义建设的重要观点。正是这些理论使我党领导全国人民,找到了在中国这样一个人口众多、经济文化落后的大国建立社会主义制度的道路,使我党在一穷二白的基础上用了30年的时间就建立起了独立的比较完整的工业体系和国民经济体系,为社会主义现代化建设奠定了重要的物质基础,而且在思想文化等方面都取得了伟大的成就。邓小平说:“革命胜利后,也正是在毛泽东思想的指导下,我们的社会主义建设才获得了这样伟大的成就,并且继续胜利地前进着。”

(三)毛泽东思想是中华民族宝贵的精神财富

毛泽东思想不仅揭示了中国革命和社会主义建设的规律,也揭示了社会发展的一般规律。其中的一些具体思想会随着时代的发展而成为历史,但其中的一些基本理论、基本观点并不会随着历史的发展而过时,它们是指导我们社会主义建设事业的永恒指导。特别是毛泽东思想关于实事求是、群众路线、独立自主的活的灵魂是我们无论过去、现在还是将来都要坚持的出发点、立足点、根本点;其热爱人民、追求自由平等、自尊自强、团结一心、不怕牺牲、无私奉献的精神是中华民族永恒的宝贵的精神财富。可以说,毛泽东思想已经渗透到社会生活的各个方面,成为维系中华民族的精神支柱和推动中国社会前进的强大精神动力。

三、毛泽东思想是中国特色社会主义理论的思想渊源

毛泽东思想与中国特色社会主义理论体系,有着不可分割的历史与逻辑的密切联系。毛泽东思想为中国特色社会主义理论提供了世界观、方法论基础,它关于社会主义建设的探索和理论,是中国特色社会主义理论形成的理论基础和思想源泉。

以邓小平为核心的党的第二代中央领导集体,开辟了中国特色社会主义道路,创立了中国特色社会主义理论,实现了马克思主义中国化的第二次历史性飞跃。邓小平理论的很多内容都是在毛泽东思想的基础上发展起来的。比如,毛泽东关于社会主义阶段划分、“不发达的社会主义”的思想;“干革命,是要为生产力的发展扫清道路”、“由于社会主义革命已经基本完成,国家的主要任务已经由解放生产力变为保护和发展生产力”的思想;社会主义基本矛盾理论;对外开放思

想；独立自主、自力更生思想等。此外，邓小平理论继承毛泽东思想关于思想政治工作、科技教育工作的思想，提出“科学技术是第一生产力”，“两手都要抓，两手都要硬”；继承和发展毛泽东思想中关于争取和平统一祖国的设想，形成“一个国家、两种制度”的构想；继承和发展毛泽东思想关于“中间地带”和“三个世界划分”的国际战略理论，根据时代的新变化，得出“和平与发展是当代世界的两大主题”的科学判断等。

中国特色社会主义理论体系里的“三个代表”重要思想，即“中国共产党必须始终代表中国先进生产力的发展要求，代表中国先进文化的前进方向，代表中国最广大人民的根本利益。”主要是对毛泽东思想以下内容的继承和发展。毛泽东思想根据马克思主义关于社会生产力是推动人类社会前进的最基础、最活跃、最革命的因素的基本原理，指出：“中国一切政党的政策及其实践在中国人民中所表现的作用的好坏、大小，归根到底。看它对于中国人民的生产力的发展是否有帮助及其帮助之大小，看它是束缚生产力的，还是解放生产力的”；毛泽东思想根据马克思主义关于物质和精神、社会存在和社会意识的关系原理重视思想文化建设，强调“我们将以一个具有高度文化的民族出现于世界”。提出要建设民族的、科学的、大众的文化。文艺要为最广大的人民大众特别是工农兵服务；一切为了群众、全心全意为人民服务的思想等。

党的十六大以来，以胡锦涛为中共中央提出科学发展观等重大战略思想。科学发展观继承和发展了毛泽东思想中的“一切为了人民，一切依靠人民”、“全心全意为人民服务”思想，将以人为本作为科学发展观的核心，提出发展为了人民、发展依靠人民、发展成果由人民共享；继承和发展了毛泽东的“综合平衡”思想，把全面协调可持续作为科学发展的基本要求；继承和发展毛泽东思想关于“统筹兼顾”和“调动一切积极因素”的思想。把统筹兼顾作为科学发展的根本方法。

总之，中国特色社会主义理论体系，源于毛泽东思想，坚持毛泽东思想，又根据时代特征将从毛泽东思想中吸取的宝贵财富与从改革开放伟大实践中总结的新鲜内容有机融为一体，创造性地发展了毛泽东思想。

第四章　邓小平理论:马克思主义在中国的第二次飞跃

党的十一届三中全会以来,以邓小平为主要代表的中国共产党人,解放思想,实事求是,认真总结新中国成立以来正反两方面的经验,实现了全党工作重心由阶级斗争向经济建设的转移,实行了改革开放政策,开辟了社会主义事业发展的新时期,逐步形成了建设有中国特色社会主义的路线、方针、政策,阐明了在中国建设社会主义、巩固和发展社会主义的基本问题,创立了建设有中国特色的社会主义理论——邓小平理论。邓小平理论是马克思列宁主义的基本原理同当代中国实践和时代特征相结合的产物,是毛泽东思想在新的历史条件下的继承和发展,是马克思主义在中国发展的新阶段,是当代中国的马克思主义,是中国共产党集体智慧的结晶,是引领我国社会主义现代化事业不断前进的科学理论。

第一节　邓小平理论的形成与发展

邓小平理论是在和平与发展成为时代主题的历史条件下,在我国改革开放和社会主义现代化建设的实践过程中,在总结我国社会主义胜利和挫折的历史经验并借鉴其他社会主义国家兴衰成败历史经验的基础上,逐步形成和发展起来的。

一、邓小平理论的萌芽

"邓小平理论"这一概念,是 1997 年党的十五大上正式提出来的,特指"邓小平建设有中国特色社会主义的理论"。而邓小平理论的形成则不同于概念的提出,是诸多外部、内部因素作用的结果,它的发展过程也呈现出阶段性特征。邓小平理论的形成和发展,以党的十一届三中全会为历史起点。这是因为,这次大会标志着新时期伟大历史转折的开始,也标志着改革开放和集中力量进行社会主义现代化建设的开始,因而,也反映了这个历史过程并指导这个历史过程的理论形成和发展的开始。但是,必须明确的是,这个历史起点并不是突如其来的,在 1975 年的全面整顿中,邓小平试图力挽狂澜,一个新的理论已经开始酝酿。

1975 年,邓小平主持中央日常工作,在十分困难的条件下着手进行全面整顿。他一再重申实现四个现代化的目标,提出要把经济建设作为党和国家的大局,要求全力把国民经济搞上去。以整顿为纲,通过抓好各方面的治理整顿,开始逐步纠正"文化大革命"造成的各种混乱和错误。他为生产力正名,把是否促进生产力的发展作为区分真假马克思主义和真假社会主义的根本标准。整顿虽然没有也不可能明确指出"文化大革命"从根本上的错误,但可以说,全面整顿的指导思想总体上同当时居主导地位的"文化大革命"的指导思想是对立的。从这个意义上说,一个新指导思想即将诞生。这为以后粉碎"四人帮"、否定"两个凡是",为党的工作重点向经济建设转移做了一定准备。正如后来邓小平自己所说,"其实,拨乱反正在 1975 年就开始了。那时我主持中央党政工作,提出了一系列整顿措施。那时的整顿也就是拨乱反正;说到改革,其实在 1974 年到 1975 年已经试验过一段。那时的改革,用的名称是整顿,强调把经济搞上去,首先是恢复生产秩序。凡是这样做的地方都见效。改革是很得人心的,反映了人民的愿望。"十一届三中全会重新确立了党的实事求是的思想路线，确定了以发展生产力为全党全国的工作中心，改革重新发动。因此，总的说来，尽管在1975年邓小平还没有形成比较系统完整的建设有中国特色社会主义的思想，但这些思想都在酝酿和萌芽之中。

二、邓小平理论的发展

邓小平理论的形成和发展，以具有划时代意义的党的十一届三中全会为起点。按照邓小平同志本人的说法，"以十一届三中全会为标志，才真正发生变化"。以十一届三中全会为标志，是因为在十一届三中全会上确立了邓小平在党的第二代中央领导集体中的核心地位，开辟了改革开放和现代化建设的新时期新局面，也为邓小平理论的形成和发展奠定了基础和前提。

邓小平理论的形成和发展，大体可以分为三个阶段。

（一）邓小平理论的形成阶段

从党的十一届三中全会，经过党的十二大，到党的十三大，邓小平理论的轮廓逐步清晰。1978年召开的十一届三中全会，是一个伟大的历史性转折，从此结束了粉碎"四人帮"后两年的徘徊局面，进入了改革开放新时期。我们党通过真理标准的大讨论，冲破"两个凡是"的束缚，重新确立了解放思想，实事求是的思想路线，这是思想路线的拨乱反正。我们党果断地抛弃了"无产阶级专政下继续革命"和"以阶级斗争为纲"的口号，决定结束"文革"，把党和国家工作的重心转移到社会主义现代化建设上来，这是政治路线的拨乱反正。与此同时，通过大规模的平反冤假错案的工作和干部"四化"方针的提出，这是组织路线的拨乱反正。针对拨乱反正过程中出现的错误思潮，邓小平旗帜鲜明地强调必须坚持社会主义道路、坚持人民民主专政、坚持中国共产党的领导、坚持马克思列宁主义毛泽东思想。并指出，四项基本原则是实现社会主义现代化的政治思想前提。"一个中心、两个基本点"的思想开始形成，奠定了新时期党的基本路线的基础。在拨乱反正基本完成的基础上，1982年召开了党的第十二次全国代表大会，这次大会首次明确提出"把马克思主义的普遍真理同我国的具体实际结合起来，走自己的道路，建设有中国特色的社会主义"的主题。建设有中国特色的社会主义，成为我们党举起的一面引导全国各族人民迈向二十一世纪的伟大旗帜。

1987年召开了党的第十三次全国代表大会。这次大会的主要历史功绩，是根据邓小平的思想，比较系统地论述了我国社会主义初级阶段的理论，明确概括和全面阐发了党的"一个中心、两个基本点"的基本路线。大会高度评价十一届三中全会以来开始找到建设有中国特色社会主义道路的伟大意义，强调指出，这是马克思主义与中国实践相结合的过程中，继找到中国新民主主义革命道路、实现第一次历史性飞跃之后的第二次历史性飞跃。十三大报告指出：十一届三中全会以来，我们党在对社会主义再认识的过程中，在哲学、政治经济学和科学社会主义等方面，发挥和发展了一系列科学理论观点。这些观点，构成了建设有中国特色的社会主义理论的轮廓，初步回答了我国社会主义建设的阶段、任务、动力、条件、布局和国际环境等基本问题，规划了我们前进的科学轨道。十三大报告把这些观点概括为12条。党的十三大对"建设有中国特色社会主义,，理论要点和科学命题的确立，标志着邓小平理论的初步形成。

（二）邓小平理论的成熟阶段

从党的十三大，到1992年邓小平南方谈话和党的十四大，邓小平理论逐步成熟，并形成了科学体系。1989年春夏之交，党和政府依靠人民，旗帜鲜明地反对动乱，平息了在北京发生的严重政治风波,捍卫了社会主义国家政权,维护了人民的根本利益,保证了改革开放和现代化建设继续前进。十三届四中全会选出第三代中央领导集体。1990 年 12 月党的十三届七中全会,在科学总结十一届三中全会以来建设有中国特色社会主义的基本理论和基本实践的基础上,提出十二条根本指导原则,构成了建设有中国特色社会主义基本理论和基本道路的主要内容。

1992 年初,在国际国内政治风波严峻考验的重大历史关头,邓小平视察南方并发表重要谈话,明确地回答了这些年来经常困扰和束缚我们思想的许多重大认识问题。邓小平南方谈话对建设有中国特色社会主义理论进行了科学系统地阐述,是把改革开放和现代化建设推进到新阶段的又一个解放思想、实事求是的宣言书,是邓小平理论的集大成之作。1992 年 10 月,党的十四大作出了三项具有深远意义的决策:一是抓住机遇,加快发展;二是明确我国经济体制改革的目标是建立社会主义市场经济体制;三是确立邓小平建设有中国特色社会主义理论在全党的指导地位。十四大第一次明确提出了邓小平"建设有中国特色社会主义理论"这个概念。十四大报告把建设有中国特色社会主义理论的主要内容概括为九个方面,第一次比较系统地初步回答了中国这样的经济文化比较落后的国家如何建设社会主义、如何巩固和发展社会主义的一系列基本问题,用新的思想、观点,继承和发展了马克思主义。大会通过的《中国共产党党章》(修正案)把建设有中国特色社会主义理论和党的基本路线写进了党章,成为党的指导思想。

毛泽东曾经指出:"主义譬如一面旗子"。中国共产党成立之初,就郑重地把马克思列宁主义写在自己的旗帜上。经过延安整风和党的七大,又郑重地把马克思列宁主义与中国革命的实践之统一的思想——毛泽东思想写到自己的旗帜上。从十一届三中全会开始,经过十二大、十二大到十四大,我们党又郑重地把邓小平建设有中国特色社会主义的理论写到了自己的旗帜上。

(三)邓小平理论的继续发展阶段

党的十四大以后,邓小平理论进入继续发展阶段。1993 年和 1994 年,《邓小平文选》三卷相继出齐。其中,《邓小平文选》第二、三卷是邓小平理论的奠基之作,汇集了邓小平在形成和发展建设有中国特色社会主义理论过程中最重要最富有独创性的著作。它内容丰富,博大精深,洋溢着鲜明的时代精神与民族精神,闪耀着马克思主义真理的灿烂光辉。江泽民在学习《邓小平文选》第三卷报告会上的讲话中指出,建设有中国特色社会主义理论内容丰富,博大精深,用新的思想、观点,继承、丰富和发展了毛泽东思想,是马克思主义同中国实际相结合的最新成果,是当代中国的马克思主义。这是我们党付出了巨大代价获得的极为珍贵的精神财富,是我们党和人民进行新的历史创造的科学总结,是我们发展社会主义事业的伟大旗帜,是我们民族振兴和发展的强大精神支柱。

1997 年 2 月,邓小平逝世。江泽民在悼词中指出:邓小平建设有中国特色社会主义理论,"科学地把握社会主义的本质,第一次比较系统地初步回答了中国这样的经济文化比较落后的国家如何建设社会主义、如何巩固和发展社会主义的一系列基本问题。它是马克思列宁主义基本原理与当代中国实际和时代特征相结合的产物,是毛泽东思想的继承和发展,是当代中国的马克思主义。它是全党全国人民集体智慧的结晶,是中国共产党的指导思想和中华民族的精神支柱。"1997 年 5 月,江泽民在中央党校发表讲话,强调一定要高举邓小平建设有中国特色社会主义理论的伟大旗帜,用这个理论来指导我们的整个事业和各项工作。1997 年 9 月,我们党召开了第十五次全国代表大会。江泽民在十五大报告中指出,大会的主题是:高举邓小平理论伟大旗帜,把建设有中国特色社会主义事业全面推向二十一世纪。坚持十一届三中全会以来的路线不动摇,就是高举邓小平理论的旗帜不动摇。在当代中国,只有把马克思主义同当代中国实践和时代特征结合起来的邓小平理论，而没有别的理论能够解决社会主义的前途和命运问题。邓小平理论是当代中国的马克思主义，是马克思主义在中国发展的新阶段。江泽民在十五大报告中不仅正式提出了"邓小平理论"的新概念，而且对邓小平理论的历史地位、指导意义，精神实质、科学精神和革命风格等，作了精辟的阐述。党的十五大把邓小平理论正式写进了党章，与马克思列宁主义、毛泽东思想并列，成为全党的指导思想。1999 年 3 月全国人大九届二次会议，把邓小平理论写进了宪法修正案，确立了邓小平理论在国家和社会生活中的指导思想地位，反映了全党全国各族人民的共同意愿。

第二节　社会主义初级阶段的基本路线

邓小平在对社会主义、对中国国情进行再认识的过程中，作出了"我国还处在社会主义初级阶段的科学论断，强调这是一个至少上百年的很长的历史阶段，制定一切方针政策都必须以这个基本国情为依据，不能脱离实际，超越阶段"[①]这一科学论断。不仅使具有中国特色社会主义的宏伟事业建立在坚实的科学分析基础上，而且极大地丰富和发展了马克思主义关于社会主义发展阶段的学说，使人们对社会主义社会发展规律和历史进程有了更加深刻的认识。

中国共产党在社会主义初级阶段的基本路线是：领导和团结全国各族人民，以经济建设为中心，坚持四项基本原则，坚持改革开放，自力更生，艰苦创业，为把我国建设成为富强、民主、文明的社会主义现代化国家而奋斗。

一、社会主义初级阶段基本路线的形成和基本内容

一般说来，基本路线的形成和制定不可能一蹴而就，一步到位。按照辩证唯物主义的认识论，基本路线是党的领导人在反复总结客观世界发展变化和群众革命实践经验的基础上逐步形成和制定的。

(一)十一届三中全会后社会主义初级阶段基本路线提出和形成的四次总结性概括

1978 年 12 月召开的中共十一届三中全会，打破了个人崇拜和个人集权，充分恢复并发扬了党内民主，从实际出发批判了以阶级斗争为纲的"左"的路线所造成的严重危害，拨乱反正，正本清源，从而开始端正了党的思想路线、政治路线和组织路线。三中全会最早提出党在新时期的总任务是"把全党工作的着重点和全国人民的注意力转移到社会主义现代化建设上来"。要实现农业、工业、国防和科学技术的现代化，大幅度地提高生产力，就必然要求"正确改革"、"多方面地改适应的管理方式、活动方式和思维方式，因而是一场广泛、深刻的革命。"这是对新的政治路线、新的基本路线要点的最初表述。

1979 年 9 月 28 日发表的十一届四中全会公报对党在新时期的总任务作出了新的概括。全会通过了全国人大委员长、中共中央副主席叶剑英于 9 月 29 日举行的庆祝国庆 30 周年大会上发表的重要讲话，其中按照四中全会的决定讲到了党在社会主义现代化建设新时期的总任务。邓小平于 1980 年 1 月 16 日在中共中央召集的干部会议上作的《目前的形势和任务》的报告中指出："要有一条坚定不移的、贯彻始终的政治路线。""这条路线我们已经制定出来了。叶剑英的国

① 十四大以来重要文献选编[C]. 北京：人民出版社，1996，第 10～11 页

庆讲话,这样表述我们的这个总任务,或者叫总路线:团结全国各族人民,调动一切积极因素,同心同德,鼓足干劲,力争上游,多快好省地建设现代化的社会主义强国。这是第一次比较完整地表述了我们现在的总路线。这就是当前最大的政治。总路线还不是最大的政治?这是一个长期的任务。"在这个表述中,虽然还采用了1958年提出的社会主义建设总路线中"鼓足干劲,力争上游,多快好省地建设社会主义"的说法,却在端正了指导思想、纠正了以阶级斗争为纲的基本路线的错误之后,这显然已具有新的含义和意义。在这个表述中,是以建设现代化的社会主义强国为中心,这与以往以阶级斗争为纲是针锋相对、截然相反的。在这个表述中,强调要团结各族人民,调动一切积极因素,同心同德搞建设,这与以往以阶级斗争为纲,在人民内部、在党内到处抓敌隋、抓阶级敌人是大不一样的。以往那种过"左"的做法,不但无法调动各种积极因素,而且把多种积极因素变为消极因素,使人民离心离德,互相猜疑,互不信任。总之,1979年对新时期总路线第一次比较完整的表述,使全党全国人民的思想认识和实际行动摆脱了旧的以阶级斗争为纲的基本路线的束缚,达到了新水平,进入了新境界。

事隔半年多后,1980年6月中共中央十一届六中全会一致通过了《中国共产党中央委员会关于建国以来党的若干历史问题的决议》,其中在总结了多方面的历史经验之后,指出我们党在新的历史时期的奋斗目标,就是要把我们的国家,逐步建设成为现代农业、现代工业、现代国防和现代科学技术的,具有高度民主和高度文明的社会主义强国。这可以说是十一届三中全会以来第二次对新时期党的总任务、总路线的新概括。在这个新概括中,第一,已不再采用"鼓足干劲、力争上游、多快好省"的旧提法,因为这种提法过于强调主观愿望和设想,容易导致忽视客观规律。1958~1959年"大跃进"和1977~1978年"洋冒进"的教训深刻,记忆犹新。第二,不仅具体写明了早在1954年就提出的四个现代化的内容,而且把总结历史经验新提出的要建设高度物质文明和高度精神文明以及高度民主的目标加以明文规定。把"高度民主和高度文明"直接列入奋斗目标之中,这样就更为明确、更为丰富了。这样就使得我们对总任务、总路线的认识更为全面了。

1982年9月召开的中国共产党第十二次全国代表大会,总结了十一届三中全会以来近四年社会主义现代化建设和社会主义体制改革的新经验,在理论上和路线上都有了新进展和新突破。邓小平在十二大开幕词中第一次明确提出了"建设有中国特色的社会主义"的相关概念的科学命题。大会报告和大会通过的新党章中明确规定,中国共产党在新的历史时期、在现阶段的总任务是:"团结全国各族人民,自力更生,艰苦奋斗,逐步实现工业、农业、国防和科学技术现代化,把我国建设成为高度文明、高度民主的社会主义国家。"这可以说是十一届三中全会之后第三次对总路线的更为完整的表述。在这个新表述中,第一,在四个现代化的顺序中,把"工业"调到"农业"之前。农业现代化本来理应依靠工业现代化,只能先由工业现代化带头,才能实现农业现代化。我国于1954年初次提出四个现代化的任务时,就是建设"现代化的工业"领先。只是到20世纪60年代初提出"农业是基础,工业是主导"的方针之后,才把"农业现代化"提到"工业现代化"之前去了。现在又重新加以理顺。第二,原先的提法是"高度民主和高度文明",现在改变为"高度文明、高度民主",这样更为顺理成章。因为民主的程度只能随着物质文明和精神文明的发展而逐步提高。当然,民主又会促进文明建设,把民主放在文明之前也是可以的。第三,强调了要"自力更生,艰苦奋斗"。

在1982年党的十二大提出的党的总任务、总路线的指引下,全面开创了我国社会主义现代化建设的新局面。随着实践的新发展,我们党对建设有中国特色社会主义的一些重大问题认识得比较深刻了。这样,到1987年10月召开党的十三大时,就有可能对整个社会主义初级阶段党的基本路线作出完整的、准确的表述。大会提出:"在社会主义初级阶段,我们党建设有中国特色的社会主义的基本路线是:领导和团结全国各族人民,以经济建设为中心,坚持四项基本原则,坚持改革开放,自力更生,艰苦创业,为把我国建设成为富强、民主、文明的社会主义现代化国家而奋斗。"这是十一届三中全会以后我们党对总路线的第四次新概括。

(二)社会主义初级阶段基本路线提出的基本依据

邓小平理论是党制定社会主义初级阶段基本路线的理论依据。十一届三中全会以后,我们党遵循解放思想、实事求是的思想路线,深入总结历史的经验教训,在对社会主义再认识的过程中,逐步形成了中国特色社会主义理论即邓小平理论。这一理论集中反映了我们党对中国社会主义建设规律的认识,洋溢着鲜明的时代精神和民族精神,是我们党在新时期各项工作的根本指针,是中华民族振兴和发展的强大精神支柱。正是在邓小平理论的指导下,我们党形成了社会主义初级阶段的基本路线。同时,党的基本路线也是邓小平理论的集中体现,它反映了我们党对社会主义认识不断深化的新成果,是邓小平理论在现代化建设实践中的具体运用。

我国面临的国际环境是党制定社会主义初级阶段基本路线的客观依据。20世纪80年代以后,国际形势发生了重大变化。冷战结束,世界向多极化发展,和平与发展成为世界的主题。尽管世界仍很不安宁,但国际形势总体趋向缓和,国际和平环境能保持较长时期。在国际关系中经济因素的作用明显增强,世界各国看好中国市场和经济发展前景。世界科技革命和产业结构调整的进程加快,亚太地区经济迅速发展。这就为我们集中力量进行经济建设,增强我国在国际上的回旋余地,提供了新的发展机遇。同时,在日趋激烈的国际经济竞争和综合国力较量中,我国面临着发达国家在经济与科技方面占优势的压力,面临着国际关系中霸权主义和强权政治的压力。机遇和挑战并存,总体上对我国经济建设和改革开放有利。这为我们党制定和坚持党的基本路线提供了可能性。

我国所处的历史发展阶段是党制定社会主义初级阶段基本路线的国情依据。我国还处于社会主义的初级阶段,这是我国的基本国情。一方面,我国已经进入社会主义社会,建立了社会主义制度。另一方面,由于我国的社会主义制度脱胎于半封建半殖民地社会,经过几十年的努力,虽然已经取得巨大成就,但与发达国家相比还存在相当大的差距。我国的社会生产力还不发达,社会主义生产关系和上层建筑还很不完善,我们的社会主义还处在初级阶段,它的发展将是一个相当长的历史时期。因此,要把我国建设成富强、民主、文明的社会主义现代化国家,必须以经济建设为中心,坚持改革开放,坚持四项基本原则。

(三)社会主义初级阶段基本路线的基本内容

党在社会主义初级阶段基本路线文字很精练,但包括了丰富而深刻的内容。建设有中国特色的社会主义的基本路线的主要内容,可以分为以下六个部分。

1.领导力量和依靠力量

领导力量和依靠力量,即中国共产党和全国各族人民。领导我们事业的核心力量是中国共产党。要建设有中国特色的社会主义,必须要有中国共产党的领导。这是由共产党的性质和中国共产党的特点所决定的。当今,中国共产党正在借鉴其他社会主义国家兴衰成败的经验教训,适应改革开放和现代化建设的需要,不断改善和加强对各方面工作的领导,改善和加强党的自身建设。我国各族人民是有团结一致、外御其侮、革故鼎新、艰苦创业的优良传统的。党必须而且能够依靠、团结各民族广大工人、农民、知识分子以及所有社会主义劳动者、拥护社会主义的爱国者和拥护祖国统一的爱国者,结成最广泛的统一战线,把他们的力量和智慧最大限度地调动起来,才能克服前进道路上的各种艰难险阻,并不断取得新的胜利。

2."一个中心"

"一个中心"即以经济建设为中心。党和国家的各项工作都要服从和服务于这个中心,这是党在社会主义初级阶段基本路线的核心内容。1978 年的十一届三中全会鲜明提出要把全党工作的着重点和全国人民的注意力转移到社会主义现代化建设上来。1980 年 1 月 16 日邓小平在《目前的形势和任务》的报告中更进一步强调指出:"现代化建设的任务是多方面的,各个方面需要综合平衡,不能单打一。但是说到最后,还是要把经济建设当作中心。离开了经济建设这个中心,就有丧失物质基础的危险。其他一切任务都要服从这个中心,围绕这个中心,决不能干扰它,冲击它。过去二十多年,我们在这方面的教训太沉痛了。"

3."坚持四项基本原则"

"坚持四项基本原则"即坚持社会主义道路、坚持人民民主专政、坚持共产党的领导、坚持马列主义、毛泽东思想。邓小平于 1979 年 3 月 30 日在理论工作务虚会上强调指出:"我们要在中国实现四个现代化,必须在思想政治上坚持四项基本原则。这是实现四个现代化的根本前提。"①后来,邓小平又讲道:"坚持四项基本原则首先要求坚持社会主义,难道我们能够不坚持社会主义吗?不坚持社会主义,还有什么安定团结,还有什么社会主义的现代化?"②"坚持四项基本原则的核心,是坚持共产党的领导。没有共产党的领导,肯定会天下大乱,四分五裂。……资产阶级自由化的核心就是反对党的领导,而没有党的领导也就不会有社会主义制度。"③由于在世界范围内资本主义还有强大的势力,在对外开放的条件下,西方更是千方百计要对社会主义国家实行和平演变,国内总有极少数人想把西方资本主义制度照搬过来,因此旗帜鲜明地反对资产阶级自由化,始终坚持四项基本原则,将是长期的艰巨的任务。

4."坚持改革开放"

1978 年十一届三中全会公报就提出了要"对经济管理体制和经营管理方法着手认真的改革",要"认真解决党政企不分、以党代政、以政代企的现象"、"正确改革同生产力迅速发展不相适应的生产关系和上层建筑。"从 1979 年起,我国的改革从农村发展到城市,从沿海发展到内地,从经济体制发展到政治体制、文化体制,从对内体制发展到对外体制。邓小平于 1984 年提出:"我们把改革当作一种革命,当然不是'文化大革命'那样的革命。"④1985 年他进而指明:"改革是中国的第二次革命。"⑤这是因为从传统的指令性计划经济体制转变为现代化市场经济体制,从传统的党政不分、以党代政的政治体制转变为现代民主政治体制等等,都不是细枝末节的修补,而是改旧立新的根本性变革。1984 年他更进一步论证:"现在的世界是开放的世界。中国在历史

---

① 邓小平文选(第 2 卷)[C].北京:人民出版社,1994,第 164 页
② 邓小平文选(第 2 卷)[C].北京:人民出版社,1994,第 256 页
③ 邓小平文选(第 2 卷)[C].北京:人民出版社,1994,第 391 页
④ 邓小平文选(第 3 卷)[C].北京:人民出版社,1993,第 82 页
⑤ 邓小平文选(第 3 卷)[C].北京:人民出版社,1993,第 113 页

上落后，就是因为闭关自守。”“搞建设关起门不行。”[①]“一个对外经济开放，一个对内经济搞活。改革也就是搞活。对内搞活也就是对内开放，实际上都叫开放政策。对外是开放，对内也是开放。”[②]可以说，改革是对内体制的开放，开放则是对外体制的改革；对内对外都要改革开放。对外开放不仅是对西方资本主义国家，而且也对第三世界发展中国家和其他社会主义国家；不仅在经济方面，而且也在政治、文化方面。总之是全方位、多层次的对外开放，旨在博采世界文明之花，精酿社会主义之蜜。

5.“自力更生，艰苦创业”

这是我们党的一个优良传统。我们是在一个人口众多的大国建设有中国特色社会主义，必须坚持独立自主、自力更生的方针。当今世界，国际分工很不合理，国际经济秩序很不公正，霸权主义和强权政治依然存在，一些大国倚仗经济技术优势损害别国利益，甚至干涉别国内政。“像中国这样大的国家搞建设，不靠自己不行，主要靠自己，这叫做自力更生。但是，在坚持自力更生的基础上，还需要对外开放，吸收外国的资金和技术来帮助我们发展。”[③]这就是说，在社会主义现代化建设中自力更生依然是我们基本方针的基点，整个方针依然是自力更生为主，争取外援为辅。对外开放，争取外援，最终也是为了达到更好的自力更生。要真正做到自力更生，就必须艰苦奋斗、艰苦创业。艰苦奋斗、艰苦创业是中华民族的传统美德，是几千年来中华民族历经变乱，终能复兴的精神所系。在毛泽东和邓小平的著作中，都多次讲到要“艰苦奋斗”，“要有一股艰苦奋斗的创业精神。中国搞四个现代化，要老老实实地艰苦创业。”

6.富强、民主、文明三位一体的奋斗目标

这是一个完整的奋斗目标。体现了社会主义社会全面发展的要求。这里所提出的总目标已经不再具体写明工业、农业、科学技术和国防四个现代化，只概括写明“社会主义现代化”。这是因为四个现代化固然是社会主义现代化的主要内容，然而社会主义现代化的涵盖面更多、更广、更大，并且随着科技革命、产业革命、生产力革命、社会革命、政治革命、思想革命的发展，现代化的内容和要求因时而异，因地有别。19 世纪的现代化（如蒸汽化）与 20 世纪上半叶的现代化（如电气化）有所不同；20 世纪下半叶兴起新科技革命以来，现代化又具有了更新的内容，更高的要求（如信息化、智能化、全球化、国际化）。发达国家与发展中国家的现代化很不一样；资本主义现代化与社会主义现代化又有原则区别。我们的目标是在建设成为“社会主义现代化的国家”之前，还有“富强、民主、文明”三个定语，这是从经济、军事、政治、文化、思想、人民生活等多方面界定了我国社会主义现代化的具体内容。原先曾用过“高度民主和高度文明”的提法，后来考虑到在社会主义初级阶段要达到“高度”实非易事，所以就只提“民主”和“文明”。在我国这样底子单薄、人口众多、耕地缺少的国家，过去又多次犯过瞎指挥、高指标的错误，今后在预测发展目标时一定要从国情的实际出发，实事求是。这才是马克思主义者应有的求实、务实的态度。

建设有中国特色社会主义基本路线的六个要点，有着密切的内在联系，构成完整的统一整体，具有系统的科学性、操作的实践性和长期的效用性。在这六个要点中，最主要的是“一个中心”（以经济建设为中心）、“两个基本点”（坚持四项基本原则，坚持改革开放）。1992 年初邓小平

---

① 邓小平文选（第 3 卷）[C]. 北京：人民出版社，1993，第 64～65 页

② 邓小平文选（第 3 卷）[C]. 北京：人民出版社，1993，第 698 页

③ 邓小平文选（第 3 卷）[C]. 北京：人民出版社，1993，第 78～79 页

谈话中有针对性地指出:“要坚持党的十一届三中全会以来的路线、方针、政策,关键是坚持‘一个中心、两个基本点’。不坚持社会主义,不改革开放,不发展经济,不改善人民生活,只能是死路一条。”改革开放以来,我们的经济和科技发展这么快,社会面貌变化这么大,人民生活改善这么多,全国焕然一新,举世刮目相看,这就足以证明十一届三中全会以来推行的基本路线和各项方针政策是完全正确的。

二、社会主义初级阶段基本路线的重要意义

邓小平同志曾反复强调党的基本路线是建设有中国特色社会主义理论的核心内容和集中体现,指出:“基本路线要管一百年,动摇不得。”而要坚定地贯彻这一重要思想,需要不断地深化对坚持党的基本路线重要性的认识,进一步提高我们坚持党的基本路线的自觉性。

(一)坚持党的基本路线一百年不动摇,是我国改革开放和现代化建设的总设计师邓小平的一贯思想

历史经验表明,制定一条正确的路线不容易,把正确的路线坚持下去更不容易。党的十一届三中全会以后,邓小平倡导和领导制定了党的基本路线,同时,特别强调全党必须坚持党的基本路线。在收入《邓小平文选》第三卷的100多篇文章中,包含不能改变基本路线内容的就有几十篇之多。十一届三中全会以来,党领导社会主义现代化建设伟大实践的经验,集中到一点,就是要毫不动摇地坚持以建设有中国特色社会主义理论为指导的基本路线。这是我们事业能够经受考验,顺利达到目标的最可靠的保证。在1989年政治风波前后,邓小平在几次重要谈话中,都把坚持党的基本路线不能变,作为对党的第三代中央领导集体的“政治交代”。可见他是多么重视党的基本路线如何长期坚持下去的问题。

(二)只有坚持党的基本路线才能得到人民的信任和拥护

党的基本路线体现了我国各族人民的根本利益和愿望。国家的独立与统一、富强与文明,是近代以来中国人民和无数志士仁人前赴后继、英勇奋斗所渴望实现的目标,是中国几代人梦寐以求的愿望。新中国成立以来几十年的社会主义建设初步实现了中国的繁荣昌盛。但是由于种种原因,我国社会生产力发展水平和人民的物质文化生活水平较之西方发达国家和社会主义制度所应达到的程度还有很大差距。党的基本路线的核心就是以经济建设为中心,坚持四项基本原则,坚持改革开放,领导全国人民一心一意把经济建设搞上去,这体现了我国各族人民的根本利益和愿望。

党的基本路线是顺乎民心、合乎民意的正确路线。改革开放以来,在党的基本路线指引下,全国人民的物质生活和文化生活都有了明显的改善,13亿人口的大国总体上达到小康水平,这是举世瞩目的大事。广大群众实实在在感受到靠党的基本路线指引,搞改革开放,发展经济才能脱贫致富,否则只能是死路一条,党就会脱离人民群众,就会受到人民的反对。邓小平曾尖锐地指出:“只有坚持这条路线,人民才会相信你,拥护你。谁要改变三中全会以来的路线、方针、政策,老百姓不答应,谁就会被打倒。”

(三)只有坚持党的基本路线才能实现社会主义现代化

党的基本路线是社会主义现代化建设规律的正确反映,是实现社会主义现代化的根本保证。在当今世界,科学技术日新月异,国际经济文化交流日益广泛,任何国家都不可能在封闭僵化的状态下发展自己的生产力。要使生产力有较快发展,实现现代化,就必须以经济建设为中心,并

且要实行改革开放政策。我们是社会主义国家，我们要实现的是社会主义的现代化。因此，在坚持以经济建设为中心，坚持改革开放的同时还必须坚持四项基本原则。党的基本路线规定的“一个中心、两个基本点”，正确地反映了社会主义国家实现现代化的客观规律性。我们只有坚持这条基本路线才能加快经济发展，取得社会主义现代化建设的重大胜利。正是在党的基本路线的指引下，才使我国在20世纪80年代，就提前完成了社会主义初级阶段的第一步发展战略，使国民生产总值翻了一番，1995年又提前完成了国民生产总值翻两番的目标。我国的生产力发展水平、人民生活水平、综合国力都上了一个大台阶。只要我们继续坚持党的基本路线，就能保证我国社会主义现代化第三步战略目标的全面实现。

(四)只有坚持党的基本路线才能使社会主义有光明的前途

党的基本路线是我国社会主义事业能够经受住风险考验的唯一正确的路线。20世纪80年代末，国际风云变幻，世界社会主义运动遭受严重挫折，尤其是在世界上存在70多年而且唯一能够与美国实力相抗衡的社会主义大国苏联的解体，使许多人困惑不解。应当说，苏联的解体是多种因素长期作用的结果，但最根本的原因是苏联共产党长期以来没有找到一条正确的路线及时改变束缚生产力发展的旧体制，而后来又推行了一条人道的、民主的社会主义的错误路线。苏联的解体正是苏联共产党推行错误路线的必然结果。

在世界社会主义运动遭受严重挫折的情况下，我们之所以站稳了脚跟，中国特色社会主义事业取得很大的进步，最根本的原因就是我们有一条以邓小平理论为指导的党的基本路线。我们能够从容应对一系列关系我国主权和安全的国际突发事件，战胜在政治、国际领域和自然界出现的困难和风险，经受住又一次考验，排除各种干扰，保证改革开放和现代化建设的航船始终沿着正确的方向破浪前进，靠的是党的基本理论、基本路线和基本纲领的正确指引，靠的是党的高度团结统一，靠的是全党和全国各族人民的顽强奋斗。

第三节　中国特色社会主义的政治、经济和文化

新中国成立以来，党和国家领导人为了新中国的发展呕心沥血，领导人民不懈奋斗，经过不断的探索，逐步确立了中国特色社会主义发展道路，而作为中国特色社会主义的三大支柱：政治、经济、文化，其三者相互联系、相互作用，才能使我国不断前进。

一、有中国特色社会主义的经济建设

党的十一届三中全会以来，正是在邓小平理论科学指引下，我国社会主义经济建设取得了伟大成就，这是与邓小平把马克思主义基本原理同中国实际相结合，成功找到了一条建设中国特色社会主义的正确道路密不可分的道路。在有中国特色社会主义的经济建设过程中，邓小平对马克思主义中国化的推进，主要表现在以下几个方面。

(一)实现全党工作重心转移，以经济建设为中心

党的十一届三中全会作出了实现全党工作重心的转移，以经济建设为中心的历史性决策，这一历史性决策，使我国进入了社会主义现代化建设的新时期，体现了邓小平巨大的马克思主义理论勇气和政治勇气，凝聚了邓小平对社会主义建设经验教训的深刻反思和科学总结。

新中国成立后，以毛泽东为核心的第一代中央领导集体，领导全党和全国人民建立起社会主

义基本制度,进行了全面的大规模的社会主义经济建设,取得了很大成就。同时,党的工作在指导方针上也有过一些严重失误,经历了曲折的发展过程,主要表现在相当长的一段时期内,强调以阶级斗争为纲,没有把发展社会生产力的任务放在首要地位;在生产关系上盲目求纯,搞“一大二公”;在经济建设中违背客观规律,急于求成。特别是后来发生了“文化大革命”那样的“左”倾严重错误,极大地耽误了社会主义现代化建设的发展进程。以邓小平为核心的第二代中央领导集体,全面总结社会主义建设的历史经验和教训,实现了全党工作重心的转移,毫不动摇地坚持以经济建设为中心,坚持改革开放,坚持四项基本原则,开辟了社会主义建设的新时期。

(二)强调经济建设必须从社会主义初级阶段的国情出发

认清国情,是中国革命和建设中的一个首要的根本问题。如何认识我国社会主义发展阶段的问题,对于我们制定适合中国国情的路线、方针和政策,提出适合中国国情的任务、目标和措施至关重要。

邓小平在党的十一届三中全会召开前就提出,我们要在解放思想、总结经验的基础上,根据我国的实际情况,确定实现四个现代化的具体道路、方针、方法和措施。1979 年 3 月,他在《坚持四项基本原则》一文中,首次明确提出“中国式的现代化道路”的概念。1979 年 9 月,叶剑英《在庆祝中华人民共和国成立三十周年大会上的讲话》中涉及社会主义初级阶段的思想。此后,1981 年 6 月《关于新中国成立以来若干历史问题的决议》、党的十二大报告、1986 年 9 月《关于社会主义精神文明建设指导方针的决议》都明确提出我国的社会主义制度处于初级阶段的科学论断,不断丰富对初级阶段内涵和地位的认识。在党的十三大上第一次系统地论述了社会主义初级阶段理论,并作为事关全局的基本国情和制定路线、方针和政策的出发点和根本依据,提出了党在社会主义初级阶段的基本路线。这就深化和发展了毛泽东的社会主义分为“不发达阶段和比较发达阶段”的思想。

邓小平强调,一切都要从社会主义初级阶段这个实际出发,根据这个实际来制定规划。制定经济建设的蓝图、方针和政策都必须从社会主义初级阶段的国情出发。背离这一基本国情就会犯“左”或右的错误,而我们新中国成立以来由于对此认识不清楚,因此屡犯“左”的错误。所以,他在总结社会主义建设的经验教训时反复强调“不要离开现实和超越阶段采取一些‘左’的办法,这样是搞不成社会主义的”[①]。

(三)阐明社会主义初级阶段的主要矛盾和根本任务,提出社会主义本质论

邓小平在总结我国社会主义建设经验教训的基础上,继承毛泽东在社会主义矛盾问题上的积极成果,否定毛泽东在社会主义矛盾问题上的错误,科学地提出社会主义初级阶段的主要矛盾是人民日益增长的物质文化需要同落后的社会生产之间的矛盾。他说:“我们的生产力发展水平很低,远远不能满足人民和国家的需要,这就是我们目前时期的主要矛盾,解决这个主要矛盾就是我们的中心任务。”[②]由此他认为社会主义初级阶段的根本任务就是发展生产力,他说:“多年来我们吃了一个大亏,社会主义改造基本完成了,还是‘以阶级斗争为纲’,忽视发展生产力。‘文化大革命’更走到了极端。十一届三中全会以来,全党把工作重点转移到社会主义现代化建设上

① 邓小平文选(第 2 卷)[C].北京:人民出版社,1994,第 312 页

② 邓小平文选(第 2 卷)[C].北京:人民出版社,1994,第 182 页

来，在坚持四项基本原则的基础上，集中力量发展社会生产力。这是最根本的拨乱反正。"①他还提出了生产力标准，认为评判改革开放和一切工作是非得失的根本标准是"三个有利于"，"作为社会主义经济政策对不对"的"压倒一切的标准"是"归根到底要看生产力是否发展，人民收入是否增加"；把生产力的发展水平作为社会主义是否够格的标准，作为社会主义是否具有优越性、共产主义能否实现的标准。他指出，马克思主义的基本原则就是要发展生产力，社会主义的首要任务是发展生产力，逐步提高人民的生活水平，贫穷不是社会主义，社会主义要消灭贫穷。不发展生产力，不提高人民的生活水平，不能说是符合社会主义要求的。要实现共产主义，一定要完成社会主义阶段的任务。

社会主义的任务很多，但根本一条就是发展生产力，在发展生产力的基础上体现出优于资本主义，为实现共产主义创造物质基础，马克思主义最注重发展生产力。"社会主义的优越性归根到底要体现在它的生产力比资本主义发展得快一些、更高一些，并且在发展生产力的基础上不断改善人民的物质文化生活。1992 年他在南方谈话中提出了社会主义本质论，"社会主义的本质，就是解放生产力，发展生产力，消灭剥削，消除两极分化，最终达到共同富裕"②。这就把对社会主义的认识提高到了一个新的高度，为我国社会主义经济建设指明了正确的方向。

(四)提出发展社会主义生产力的方针政策

邓小平在如何解放和发展生产力的问题上，解放思想，实事求是，立足社会主义初级阶段的国情，总结社会主义建设的经验教训，进行了重大的理论创新，对推进马克思主义中国化做出了重大贡献。他认为，毛泽东不是不想发展生产力，但方法不都是对头的。"问题是用什么方法才能更有力地发展社会生产力。"③他提出了以下一些创造性思想：

1. 进行包括经济体制改革在内的各种改革

改革是中国发展生产力的必由之路。发展生产力，必须改革那些与社会主义现代化不相适应的经济体制和政治体制，"我们所有的改革都是为了一个目的，就是扫除发展社会生产力的障碍"④。为此，邓小平认为必须改革我国新中国成立以来逐渐建立起来的高度集中的计划经济体制。他立足实践，大胆探索，借鉴人类文明的成果，深入思考社会主义和市场经济的关系，提出了"计划多一点还是市场多一点，不是社会主义与资本主义的本质区别。计划经济不等于社会主义，资本主义也有计划；市场经济不等于资本主义，社会主义也有市场。计划和市场都是经济手段"⑤的科学论断。这是邓小平对马克思主义的一个重大的理论发展和创新，打破了那种将计划经济与市场经济作为划分社会主义与资本主义的基本标准的传统观念，为我们明确经济体制改革的目标即建立社会主义市场经济体制奠定了坚实的理论基础，为我国改革开放和现代化建设事业提供了有力的指导。

在改革开放过程中，邓小平立足有中国特色的社会主义，在所有制和分配方式上，提出了一系列创造性的思想。他指出："一个公有制占主体，一个共同富裕，这是我们所必须坚持的社会主义的根本原则。我们就是要坚决执行和实现这些社会主义的原则。"他说："在改革中坚持社会主

---

① 邓小平文选(第 3 卷)[C]. 北京：人民出版社，1994，第 141 页

② 邓小平文选(第 3 卷)[C]. 北京：人民出版社，1994，第 373 页

③ 邓小平文选(第 3 卷)[C]. 北京：人民出版社，1994，第 148 页

④ 邓小平文选(第 3 卷)[C]. 北京：人民出版社，1994，第 134 页

⑤ 邓小平文选(第 3 卷)[C]. 北京：人民出版社，1994，第 373 页

义方向,这是一个很重要的问题……我们现在讲的对内搞活经济、对外开放是在坚持社会主义原则下开展的。社会主义有非常重要的两个方面,一是以公有制为主体,二是不搞两极分化。"坚持以公有制为主体,这是由我国的社会主义制度的性质决定的,公有制是社会主义制度的经济基础。只有坚持公有制的主体地位,才能建立社会主义制度强大的物质基础,保证整体经济的社会主义方向,并引导非公有制经济健康发展。同时,公有制为主体也是人民当家做主、防止两极分化、最终实现共同富裕的根本保障。邓小平强调:只要我国经济中公有制占主体地位,就可以避免两极分化。他坚决反对在中国搞资本主义,搞全盘西化,就是因为生产资料私有制是与贫富悬殊、两极分化相联系的,不可能解决中国十多亿人的贫困和发展问题。所以他指出:"一旦中国全盘西化,搞资本主义,四个现代化肯定实现不了。中国要解决十亿人的贫困问题,十亿人的发展问题。如果搞资本主义,可能有少数人富裕起来,但大量的人会长期处于贫困状态,中国就会发生闹革命的问题。中国搞现代化,只能靠社会主义,不能靠资本主义。"[①]只有以公有制为主体,才能引导非公有制经济健康发展。同时,邓小平又根据中国国情和现实生产力的落后性、不平衡性和多层次性,根据生产关系一定要适合生产力状况的规律,承认非公有制经济的合理性、合法性,认为非公有制经济是社会主义经济的必要补充,要支持和推动非公有制经济的发展和壮大。他反复强调以生产力为标准,改革同生产力发展不相适应的生产关系和上层建筑,努力探索生产关系的多种形式。他说:"总起来说,第一,不要离开现实和超越阶段采取一些'左'的办法,这样是搞不成社会主义的。我们过去就是吃'左'的亏。第二,不管你搞什么,一定要有利于发展生产力。发展生产力要讲究经济效果。"在分配问题上,邓小平认为,中国社会主义初级阶段的分配模式只能是按劳分配为主体的多种分配方式,社会主义的分配原则始终要把共同富裕作为社会主义的根本原则和最终目的。他把按劳分配作为社会主义的一条根本原则,当作避免两极分化、实现共同富裕的根本途径。为此,他坚决主张不能搞平均主义,认为平均主义是违背按劳分配原则的,必然不能调动劳动者的生产积极性,提出了"让一部分人、一部分地区先富起来"、通过先富带动后富、最终实现共同富裕的大政策。邓小平强调对外开放也是发展我国社会生产力的必由之路。

2. 提出了分"三步走"基本实现社会主义现代化的经济社会发展战略

振兴中华,实现现代化,实现民富国强,是近代以来中国人民的最强烈的愿望。但如何实现呢?邓小平从 1979 到 1987 年经过八年时间的思考和探索,提出和制定了分"三步走"基本实现社会主义现代化的经济社会发展战略。1987 年 4 月,他在接见西班牙客人时,正式全面地提出分"三步走"的战略步骤。同年 10 月,党的十三大正式阐述了这一战略:第一步,实现国民生产总值比 1980 年翻一番,解决人民的温饱问题。这个任务已经基本实现。第二步,到本世纪末,使国民生产总值再增长一倍,人民生活达到小康水平。第三步,到下个世纪中叶,人均国民生产总值达到中等发达国家水平,人民生活比较富裕,基本实现现代化。然后在这个基础上继续前进。第一次制定了我国分"三步走"实现现代化的战略目标。同时,他围绕如何实现这一战略目标提出了一系列重要的思想。比如,要抓住战略重点即农业、能源和交通、教育和科学,带动经济全面发展;促进地区经济合理布局和协调发展,实现全国的大发展;抓住机遇,加快经济发展,力争隔几年上一个台阶;强调讲求质量和效益,走出一条既有较高速度又有较好效益的国民经济发展路

① 邓小平文选(第 3 卷)[C]. 北京:人民出版社,1993,第 229 页

子；在发展经济的基础上，不断改善人民生活；经济建设必须要与人口、资源和环境相协调，使经济发展能够有后劲和可持续。

3. 强调经济建设必须依靠科技和教育

邓小平敏锐把握世界经济政治发展的规律，洞察现代社会经济和科技发展的趋势，深刻总结我国现代化建设的经验教训，创造性地继承和发展了马克思主义，提出了“科学技术是第一生产力”的科学论断，强调经济建设必须依靠科技和教育，为加速我国改革开放和现代化建设提供了重要的理论依据和实践指南，在当代推进了马克思主义中国化伟大事业。为此，他说：“经济发展得快一点，必须依靠科技和教育。”[①]为了发展我国的科技和教育事业，他提出了一系列关于科技教育的地位和作用、教育事业改革发展、科技事业改革发展、人才和知识分子、加强党和政府对科技教育事业的领导等重要论述，为发展新时期我国的科技教育事业，为促进我国社会主义现代化建设取得举世瞩目的伟大成就奠定了坚实的理论和实践基础。

4. 经济建设必须按照客观经济规律办事

邓小平等反复强调尊重经济规律，按经济规律办事的重要性，而且从多方面论述了如何尊重经济规律和按客观经济规律办事。他说：“目标确定了，从何处着手呢？就要尊重社会经济发展规律，搞两个开放，一个对外开放，一个对内开放。”[②]他还从我国社会主义经济建设的历史和经验教训出发，说明为什么必须尊重经济规律以及怎样尊重客观经济规律。他指出：“毛泽东同志是伟大的领袖，中国革命是在他的领导下取得成功的。然而他有一个重大的缺点，就是忽视发展社会生产力。不是说他不想发展生产力，但方法不都是对头的，例如搞‘大跃进’，人民公社，就没有按照社会经济发展的规律办事。”在经济建设中怎样按照客观经济规律办事，邓小平特别强调一切经济工作必须从我国国情出发，总结我国社会主义经济建设的经验教训，借鉴其他国家经济建设的成功经验，制定各项经济目标、计划、政策和措施要采取科学态度，注重调查研究，认真听取各方面干部、专家和群众的意见，努力按照客观经济规律和自然规律力事；在经济工作中必须要解放思想、实事求是地解决问题，鼓实劲、求实效，不鼓虚劲，脚踏实地地工作；要统筹兼顾，处理好社会主义经济建设中的各种关系，使国民经济协调、快速、健康、可持续地发展；要学习和运用经济的办法来管理经济，按经济规律来管理经济，提高经济管理、企业管理的科学水平，造就一支能够按照经济规律办事的、懂行的人；经济建设中尊重和运用经济规律，目的是为了探索和走出一条适合中国情况和特点的又快又好的实现现代化的路子，促进国民经济持续、快速、健康发展，更好地满足人民群众日益增长的物质文化需要。

5. 强调加强社会主义精神文明建设，为社会主义物质文明建设提供精神动力、思想保证、智力支持和人才支撑

邓小平从社会主义现代化建设的全局和战略出发，高度重视社会主义精神文明建设，深刻论述物质文明和精神文明之间相互依存、相互促进的辩证关系，尖锐批评“一手硬、一手软”的现象，强调“两手抓、两手都要硬”，只有两个文明都搞好了，才是有中国特色的社会主义，主张从教育科学文化建设和思想道德建设两个方面来加强社会主义精神文明建设，提高全民族的素质，从而为

---

① 邓小平文选(第3卷)[C]. 北京：人民出版社，1993，第377页

② 邓小平文选(第3卷)[C]. 北京：人民出版社，1993，第117页

社会主义物质文明建设提供精神动力、思想保证、智力支持和人才支撑。

6. 强调经济建设必须踏踏实实地长期艰苦创业

邓小平认为"中国搞四个现代化,要老老实实地艰苦创业。"艰苦创业精神,是中华民族的传统美德,是我们党成就革命事业的强大精神动力,是党的基本路线的重要内容。在改革开放和社会主义现代化建设新时期,强调艰苦创业是非常必要的,因为"我们穷,底子薄,教育、科学、文化都落后,这就决定了我们还要有一个艰苦奋斗的过程"①。"我们的国家越发展,越要抓艰苦创业"②。弘扬艰苦创业精神,就要在经济生产和建设中十分注意节约,反对一切铺张浪费的行为,勤俭办一切事业;正确处理消费和生产的关系,合理调节两者之间的比例,反对脱离国情和经济发展水平,削弱经济发展后劲的"高消费";要坚决深入开展反对腐败的斗争,腐败现象是同艰苦创业的精神和要求背道而驰、根本对立的;要在全党、全社会加强艰苦创业精神的教育,正确把握艰苦创业精神的科学内涵、时代特征和时代要求,使广大干部和群众永远保持艰苦创业的优良传统,让艰苦创业精神在全社会蔚然成风,为我们实现现代化和中华民族伟大复兴提供强大的精神动力。

7. 社会主义经济建设要有可靠的政治保证和稳定的社会环境

邓小平创造性地运用马克思主义关于经济和政治辩证关系原理,善于把从政治角度观察、思考和解决经济问题和用经济办法解决政治问题、社会问题有机结合起来,多次强调可靠的政治保证和稳定的社会环境对于建设有中国特色社会主义经济的极端重要性,而且深入论述了如何为社会主义经济建设提供可靠的政治保证和稳定的社会环境。他强调要坚持党的基本路线一百年不动摇,提高贯彻执行党的基本路线的自觉性和坚定性,为把我国建设成为富强、民主、文明的社会主义现代化强国提供了最根本的行动指南;他强调必须始终坚持四项基本原则,保证改革开放和现代化建设有坚定正确的政治方向,有一个团结稳定的社会环境,有共同的理想、统一的意志和统一的行动;强调正确认识和处理改革、发展和稳定三者的关系,实现三者的相互协调和相互促进。

二、有中国特色的民主政治建设

建设有中国特色的社会主义,不仅是建设有中国特色的社会主义经济、文化,而且要建设有中国特色的社会主义政治。改革,也不仅要进行经济体制的改革,而且还包括进行政治体制及其他方面的改革。党的十一届三中全会以来,在邓小平的领导下,我们党不断推进政治体制改革,加强社会主义民主法制建设,有中国特色社会主义民主政治建设取得了巨大的进步。在有中国特色社会主义民主政治建设上,邓小平对马克思主义中国化的推进,主要表现在以下几方面。

(一)强调必须进行政治体制改革

党的十一届三中全会实际上开始确立了以经济建设为中心,坚持四项基本原则、坚持改革开放的路线。全会所提出的改革,既包括经济体制的改革,也包括政治体制的改革。全会明确规定,必须加强社会主义民主,健全社会主义法制;强调必须使民主制度化、法律化。1980 年 8 月,邓小平在中共中央政治局扩大会议上所作的题为《党和国家领导制度的改革》的讲话,进一步论证了进行政治体制改革的必要性,并且提出了一个比较完整的党和国家领导制度改革的纲领性

---

① 邓小平文选(第 2 卷)[C].北京:人民出版社,1994,第 146 页

② 邓小平文选(第 2 卷)[C].北京:人民出版社,1994,第 257 页

的意见。邓小平在讲话中指出，党和国家现行的一些具体制度中，还存在不少的弊端，妨碍甚至严重妨碍了社会主义优越性的发挥。他列举的弊端主要有：官僚主义现象，权力过分集中的现象（不适当地、不加分析地把一切权力集中于党委，党委的权力又往往集中于几个书记，特别是集中于第一书记。党的一元化领导，往往因此而变成了个人领导），家长制现象（不少地方和单位，都有家长式的人物，他们的权力不受限制，别人都要唯命是从，甚至形成对他们的人身依附关系），干部领导职务终身制现象，形形色色的特权现象（所谓特权，是指政治上、经济上在法律和制度之外的权利）。这些现象之所以产生，有思想上的原因，更有具体制度上的原因。因此，要克服这些现象，不仅要解决思想问题，尤其要解决制度问题。提出进行政治体制改革的任务，是“为了适应社会主义现代化建设的需要，为了适应党和国家政治生活民主化的需要，为了兴利除弊”。这个任务，是在总结以往的历史经验，特别是“文化大革命”的教训的基础上提出来的。邓小平认为，“我们过去发生的各种错误，固然与某些领导人的思想、作风有关，但是组织制度、工作制度方面的问题更重要。这些方面的制度好可以使坏人无法任意横行，制度不好可以使好人无法充分做好事，甚至会走向反面。即使像毛泽东同志这样伟大的人物，也受到一些不好的制度的严重影响，以至对党对国家对他个人都造成了很大的不幸”。这“不是说个人没有责任，而是说领导制度、组织制度问题更带有根本性、全局性、稳定性和长期性。这种制度问题，关系到党和国家是否改变颜色，必须引起全党的高度重视”。“如果不坚决改革现行制度中的弊端，过去出现过的一些严重问题今后就有可能重新出现。20 世纪 80 年代中期，特别是 1986 年，邓小平再次提出了进行政治体制改革的问题。他说，1980 年就提出政治体制改革，但没有具体化，现在应该提到日程上来。如果说，1980 年那一次提出政治体制改革，主要是总结了“文化大革命”的教训，那么，这一次更多地是以“政治体制改革同经济体制改革应该相互依赖，相互配合”作为着眼点提出问题的。

中国的改革是从农村开始，而后推向城市。1984 年，中共十二届三中全会通过了《关于经济体制改革的决定》，要求把改革的重点转向城市，把增强企业活力作为城市经济体制改革的出发点和落脚点，并提出，应实行政企职责分开、简政放权等原则。总结此后改革的经验，邓小平认为，现在看，不搞政治体制改革不能适应形势。不然的话，机构庞大，人浮于事，官僚主义，拖拖拉拉，互相扯皮，你这边往下放权，他那边往上收权，必然会阻碍经济体制改革，拖经济发展的后腿。因此，应当把进行政治体制改革作为改革向前推进的一个标志。他希望 1987 年召开的中共十三大能够提出一个政治体制改革的方案。实际上，论述政治体制改革问题，也正是党的十三大的重要内容之一。

（二）确立了政治体制改革的目标、原则和步骤

“我们的改革要达到一个什么目的呢”，邓小平认为，“总的目的是要有利于巩固社会主义制度，有利于巩固党的领导，有利于在党的领导和社会主义制度下发展生产力”。就进行政治体制改革来说，其“目的，总的来讲是要消除官僚主义，发扬社会主义民主，调动人民和基层单位的积极性”。随后，他进一步概括说，要达到的“总的目标有三条：第一，巩固社会主义制度；第二，发展社会主义社会的生产力；第三，发扬社会主义民主，调动广大人民的积极性”。关于进行政治体制改革这个问题，邓小平当时认为，“现在还没有完全理出头绪。最近我在设想，要向着三个目标进行”。“第一个目标是始终保持党和国家的活力”。这里说的活力，主要是指领导干部的年轻化。他认为，哪一天中国出现一大批三四十岁优秀的政治家、经济管理家、军事家、外交家就好了。所以，要制定一系列制度包括干部制度和教育制度，鼓励年轻人。“第二个目标是克服官僚主义，提

高工作效率”。效率不高同机构臃肿、人浮于事、作风拖拉有关,但更重要的是涉及党政不分的问题。要坚持党的领导,但党要善于领导。“第三个目标是调动基层和工人、农民、知识分子的积极性”。这就涉及把权力下放给基层、企业和实现管理民主化的问题。为了实现上述三个目标,他主张,“改革的内容,首先是党政要分开,解决党如何善于领导的问题。这是关键,要放在第一位。第二个内容是权力要下放,解决中央和地方的关系,同时地方各级也都有一个权力下放问题。第三个内容是精简机构,这和权力下放有关”。

根据邓小平的意见和建议,1986 年,中共中央成立了中央政治体制改革研讨小组,经过研究和论证,形成了《政治体制改革总体设想》(初步方案)。1987 年 10 月召开的中共十三大正式确定:“进行政治体制改革,就是要兴利除弊,建设有中国特色的社会主义民主政治。”“改革的长远目标,是建立高度民主、法制完备、富有效率、充满活力的社会主义政治体制。”“改革的近期目标,是建立有利于提高效率、增强活力和调动各方面。积极性的领导体制。”在明确进行政治体制改革所要达到的目标的同时,邓小平还指明了进行政治体制改革时所应当坚持的原则、方法和步骤。

邓小平认为,政治体制改革这个问题很复杂。它的“每一个措施都涉及千千万万的人,主要是涉及广大干部”。只有正确而妥善地加以处理,才能保持社会政治局面的稳定,从而有利于推进社会主义现代化建设事业。而且,也只有在政治体制改革中坚持正确的原则和采取适当的方法,才能有助于社会主义政治制度的自我完善和自我发展,而不致走入歧途,导致社会主义国家向资本主义的蜕变。对于进行政治体制改革应当坚持的原则、采取的方法和步骤,根据邓小平的有关论述,主要可以归纳为以下几方面。

1. 我们的政治体制改革是有前提的,即必须坚持四项基本原则

我们的政治体制改革既然是社会主义政治制度的自我完善和发展,那么改革就是为了坚持社会主义基本政治制度,保持和发展自己的优势,克服原有体制中的弊端,使之充满生机和活力。所以,邓小平强调,“在改革中坚持社会主义方向,这是一个很重要的问题”。① 而坚持四项基本原则就是坚持改革的社会主义方向。坚持共产党的领导,这是“坚持四项原则的核心”。邓小平一开始就提醒人们,“改革党和国家的领导制度,不是要削弱党的领导,涣散党的纪律,而正是为了坚持和加强党的领导,坚持和加强党的纪律”。在中国这样一个大国,没有共产党的统一领导,是不可想象的,“那就只会四分五裂,一事无成。这是全国各族人民在长期的奋斗实践中深刻认识到的真理”②。为了坚持改革的社会主义方向,邓小平认为,很重要的一点,就是“要保持自己的优势,避免资本主义社会的毛病和弊端”③。他说,我们有很多优越的东西,比如共产党的领导,民主集中制,民族区域自治制度,等等。“这是我们社会制度的优势,不能放弃。所以,我们要坚持四项基本原则”④。

2. 进行政治体制改革,要从中国的实际出发

“根据自己的特点,自己国家的情况,走自己的路。”“既不能照搬西方资本主义国家的做法,也不能照搬其他社会主义国家的做法”⑤。资本主义国家与社会主义国家的阶级实质不同,从根

① 邓小平文选(第 3 卷)[C]. 北京:人民出版社,1993,第 177 页
② 邓小平文选(第 3 卷)[C]. 北京:人民出版社,1993,第 178 页
③ 邓小平文选(第 3 卷)[C]. 北京:人民出版社,1993,第 177 页
④ 邓小平文选(第 3 卷)[C]. 北京:人民出版社,1993,第 240 页
⑤ 邓小平文选(第 3 卷)[C]. 北京:人民出版社,1993,第 138 页

本上说，资本主义的政治制度是不能照样移植到社会主义国家来的。针对一个时期中资产阶级自由化分子鼓吹的“全盘西化”的主张，邓小平旗帜鲜明地指出：“资本主义社会讲的民主是资产阶级的民主，实际上是垄断资本的民主，无非是多党竞选、三权鼎立、两院制。我们的制度是人民代表大会制度，共产党领导下的人民民主制度，不能搞西方那一套。”①

邓小平还提醒人们注意：“每一个社会主义国家的改革又都是不同的，历史不同，经验不同，现在所处的情况不同，各国的改革不可能一样。”②比如，苏联的政治体制本来就不是很成功的，而且，“即使在苏联是百分之百的成功，但是它能够符合中国的实际情况吗”③，所以，我们不能跟在任何国家后面亦步亦趋，我国政治体制改革的内容和步骤，必须根据我国的实际情况决定。

3. 政治体制改革要分步骤、有领导、有秩序地进行

由于不进行政治体制改革，不利于充分发扬社会主义民主，不利于调动广大人民的积极性，不利于增强国家的活力和适应经济改革与发展的要求，因此，我们必须认识到“进行政治体制改革的必要性和紧迫性”；由于“这个问题太困难，每项改革涉及的人和事都很广泛，很深刻，触及许多人的利益，会遇到很多的障碍”，因此，我们又“需要审慎从事”④。邓小平不止一次地告诫人们，必须懂得，政治体制改革是一项艰巨的长期的任务。“改革党和国家领导制度的方针必须坚持，但是方法要细密，步骤要稳妥”⑤。毫无疑问，我们需要通过总结经验，制定一个政治体制改革的总体设想。而在实行的时候，则“要先从一两件事上着手，不能一下子大干，那样就乱了。国家这么大，情况太复杂，改革不容易，因此决策一定要慎重，看到成功的可能性较大以后再下决心”⑥。他认为，“这个任务，我们这一代也许不能全部完成，但是，至少我们有责任为它的完成奠定巩固的基础，确立正确的方向”⑦。后来，他还说过，“恐怕再有三十年的时间，我们才会在各方面形成一整套更加成熟、更加定型的制度”⑧。对于政治体制改革来说，就是这样。

为了保证政治体制改革有步骤、有秩序地进行，必须把这项工作置于党的领导之下。邓小平认为，“在政治体制改革方面，最大的目的是取得一个稳定的环境”⑨。而只有在共产党领导之下团结奋斗，才能形成稳定的环境。他说过，“在今天的中国，决不应该离开党的领导而歌颂群众的自发性”，否则“只能导致无政府主义，导致社会主义事业的瓦解和覆灭”⑩。这个话，对于政治体制改革工作来说，是完全适用的。

（三）关于如何建设有中国特色的社会主义民主政治

关于如何建设有中国特色的社会主义民主政治，邓小平强调，要从中国实际出发，走一条有中国特色的社会主义民主政治之路。

---

① 邓小平文选（第2卷）[C]. 北京：人民出版社，1994，第341页
② 邓小平文选（第2卷）[C]. 北京：人民出版社，1994，第241页
③ 邓小平文选（第3卷）[C]. 北京：人民出版社，1993，第257页
④ 邓小平文选（第3卷）[C]. 北京：人民出版社，1994，第176页
⑤ 邓小平文选（第2卷）[C]. 北京：人民出版社，1994，第359页
⑥ 邓小平文选（第3卷）[C]. 北京：人民出版社，1993，第177页
⑦ 邓小平文选（第2卷）[C]. 北京：人民出版社，1993，第343页
⑧ 邓小平文选（第3卷）[C]. 北京：人民出版社，1994，第343页
⑨ 邓小平文选（第3卷）[C]. 北京：人民出版社，1993，第313页
⑩ 邓小平文选（第2卷）[C]. 北京：人民出版社，1994，第171页

1.坚持和完善工人阶级领导的、以工农联盟为基础的人民民主专政

人民民主专政“对于人民来说就是社会主义民主”。邓小平指出,“没有民主就没有社会主义,就没有社会主义的现代化”。因为没有民主,就不可能充分调动广大人民建设社会主义的积极性,而且会压制这种积极性;就不可能使政府实行真正科学的决策,保证各项建设事业的顺利进行;就不可能有效地遏制反社会主义的活动,使人民政权得到巩固,使社会保持稳定;就不可能对各级干部实行有效的监督和制约,其中一部分干部就可能腐化变质,即从人民的公仆蜕变为社会的主人。

从根本上说,在人民民主专政的条件下,工人、农民、知识分子和其他劳动者所共同享受的民主,是历史上最广泛的民主。但是,在民主的实践方面,我们过去做得不够,并且犯过错误。因此,更要在发扬民主方面做出切实的努力。实际上,进行政治体制改革的总方向,是为了发扬和保证党内民主,发扬和保证人民民主。为此,要把发扬民主,与加强法制结合起来,使民主法律化、制度化。

民主作为一种国家制度,它是历史的、具体的,不是超时空的、抽象的。邓小平指出,发扬民主,是我们全党今后一个长时期的坚定不移的目标。但是我们在宣传民主的时候,一定要把社会主义民主同资产阶级民主、个人主义民主严格地区别开来,一定要把对人民的民主和对敌人的专政结合起来,把民主和集中、民主和法制、民主和纪律、民主和党的领导结合起来。如果离开四项基本原则,抽象地空谈民主,那就必然会造成极端民主化和无政府主义的严重泛滥,造成安定团结政治局面的彻底破坏,造成四个现代化的彻底失败。同时,他强调必须坚持对敌人专政的问题。阶级斗争虽然已经不是我们社会中的主要矛盾,但是它确实仍然存在,不可小看。“有人说,剥削阶级作为阶级消灭了,怎么还会有阶级斗争?现在我们看到,这两方面都是客观事实。”所以,对于社会主义社会的阶级斗争,“不应该缩小,也不应该夸大。实践证明,无论缩小或者夸大,两者都要犯严重的错误。”正是按照马克思主义的基本原理和对于社会主义社会阶级斗争状况的清醒估计,邓小平反复强调“坚持社会主义就必须坚持无产阶级专政”,即人民民主专政。他深刻地指出,马克思说,阶级斗争不是他的发现,他的理论最实质的一条就是无产阶级专政。无产阶级作为一个新兴阶级夺取政权,建立社会主义,本身的力量在一个相当长时期内肯定弱于资本主义,不靠专政就抵制不住资本主义的进攻。“我们搞社会主义才几十年,还处在初级阶段。巩固和发展社会主义制度,还需要一个很长的历史阶段”。所以,“运用人民民主专政的力量,巩固人民的政权,是正义的事情,没有什么输理的地方”。“在四个坚持中,坚持人民民主专政这一条不低于其他三条。理论上讲清楚这个道理是必要的。”为了在新的历史条件下正确地和有效地行使人民政权的专政职能,邓小平指出,必须认识到,“社会主义社会目前和今后的阶级斗争,显然不同于过去历史上阶级社会的阶级斗争”。不认识这一点,“也要犯严重的错误”。据此,必须懂得,阶级斗争已经不是我们社会中的主要矛盾,因此决不能“以阶级斗争为纲”,搞“四人帮”那一套“全面专政”;必须懂得,这里的阶级斗争,“按性质来说,一种是敌我矛盾,一种是阶级斗争在人民内部的不同程度上的反映”,因此决不能混淆两类不同性质的矛盾,在人民内部实行专政;必须懂得“全党同志和全体干部都要按照宪法、法律、法令办事,学会使用法律武器(包括罚款、重税一类经济武器)同反党反社会主义的势力和各种刑事犯罪分子进行斗争。这是现在和今后发展社会主义民主、健全社会主义法制的过程中要求我们必须尽快学会处理的新课题”。西方国家的反共反华势力攻击我们实行人民民主专政是“侵犯人权”。对于这类打着维护人权的旗号反共反华的分子,邓小平进行了有力的揭露和批判。首先,邓小平指出,他们所要维护的人权,实质上是少数

资产阶级自由化分子进行反社会主义活动的“权利”，其目的是借此干涉中国的内政，企图从根本上改变中国的社会主义制度。他说：“你们注意看一些香港的议论，一些外国资产阶级学者的议论，大都是要求我们搞自由化，包括说我们没有人权。我们要坚持的东西，他们反对，他们希望我们改变。”我们不应该、也不必要顾忌他们进行的这种鼓噪。“我们还是按照自己的实际来提问题，解决问题。”因为“搞资产阶级自由化，我们内部就成了一个乱的社会，不是一个安定的社会，什么建设都搞不成了”。中国“就统一不起来了”。“对我们来说，这是一个非常关键的原则的问题”。其次，邓小平强调，必须区别本质上不同的两种人权观。他指出，我们要问，“什么是人权？首先一条，是多少人的人权？是少数人的人权，还是多数人的人权，全国人民的人权？西方世界的所谓‘人权’和我们讲的人权，本质上是两回事，观点不同。”。我们剥夺某些人进行反共反社会活动、进行颠覆人民政权活动等的自由，正是为了维护多数人的、全国人民的根本权利。再次，邓小平尖锐地揭露了西方国家谈论人权的极端虚伪性，指出他们是根本没有资格谈人权的。他说：“西方国家说我们侵犯人权，其实他们才是真正的侵犯人权。美国帮助蒋介石打内战，中国人伤亡了多少？美国支持南朝鲜进行战争，中国人民志愿军伤亡了多少？还不说一个多世纪以来殖民主义、帝国主义（包括美国在内）的侵略使中国人民遭受的损失有多大！所以，他们谈人权是没有资格的。”他还认为，“真正说起来，国权比人权重要得多。贫弱国家、第三世界国家的国权经常被他们侵犯。他们那一套人权、自由、民主，是维护恃强凌弱的强国、富国的利益，维护霸权主义者、强权主义者利益的。”在我们看来，对一个民族来说，人权首先是人民的生存权和国家的独立权，如果这两个基本条件得不到保证，就没有什么人权可言。他们打起维护人权的幌子，为的是干涉别国的内政。但是，“他们凭什么干涉中国的内政？谁赋予他们这个权力”，所以，对于他们的这种行动，“中国人民永远不会接受，也不会在压力下屈服”。邓小平这种人权观，是对马克思主义的继承和发展。对此，应该深刻认识。

2. 坚持和完善人民代表大会制度

社会主义中国的政体，是实行民主集中制的人民代表大会制度。邓小平指出，中国内地实行人民代表大会制度，“这最符合中国实际。如果政策正确，方向正确，这种体制益处很大，很有助于国家的兴旺发达，避免很多牵扯。当然，如果政策搞错了，不管你什么院制也没有用。”邓小平批评一些人盲目崇拜西方资产阶级民主。他强调，“不能搬用资产阶级的民主，不能搞三权鼎立那一套。我经常批评美国当权者，说他们实际上有三个政府。当然，美国资产阶级对外用这一手来对付其他国家，但对内自己也打架，造成了麻烦。这种办法我们不能采用”。“社会主义国家有个最大的优越性，就是干一件事情，一下决心，一做出决议，就立即执行，不受牵扯”。“过去我们那种领导体制也有一些好处，决定问题快。如果过分强调互相制约的体制，可能也有问题”。就这方面来说，我们总的效率是高的。“这方面是我们的优势，我们要保持这个优势”。他还说，“美国把它的制度吹得那么好，可是总统竞选时一个说法，刚上任一个说法，中期选举一个说法，临近下一届大选时又是一个说法”。一个时候也使得它的政策缺乏应有的稳定性，削弱这些政策的信誉和效用。“美国还说我们的政策不稳定，同美国比起来，我们的政策稳定得多。”

邓小平强调，我们要集中精力搞好社会主义现代化建设，就必须保持一个稳定的社会环境和政治环境。所以，稳定是压倒一切的。他郑重地对美国前总统卡特说过：“中国如果照搬你们的多党竞选、三权鼎立那一套，肯定是动乱局面。如果今天这部分人上街，明天那部分人上街，中国十亿人口，一年三百六十五天，天天都会有事，日子还能过吗？还有什么精力搞建设？”所以，“民主只能逐步地发展，不能搬用西方的那一套”。邓小平强调，“在政治体制改革方面有一点可以肯定,就是我们要坚持实行人民代表大会制度”。

此外,邓小平还具体阐述了关于坚持和完善人民代表大会制度中的选举和监督问题。关于普选,邓小平认为,第一,普选并不就一定能够选出人民所需要的人。第二,“即使搞普选,也要有一个逐步的过渡,要一步一步来”。大陆在下个世纪,经过半个世纪以后可以实行普选。因为我们有十亿人口,人民的文化素质也不够,普遍实行直接选举的条件不成熟。第三,如果我们现在十亿人搞多党竞选,一定会出现“文革”中那样“全面内战”的混乱局面。当然,怎样使选举制度进一步完善,更加提高其民主化的程度,更加有助于体现人民的意志和愿望,这仍然是需要通过总结经验,进一步加以解决的问题。关于监督,邓小平指出,我们不搞三权分立、两院制,但不是不要加强民主监督。早在中共十一届三中全会上,邓小平就提出,“要切实保障工人农民个人的民主权利,包括民主选举、民主管理和民主监督”。他认为,“发扬民主可以经过很多渠道来实现”。比如,加强党内的民主生活,加强纪检、监察部门的工作,加强人代会及其常委会对各级政府及其官员的监督和执法检查工作,进一步贯彻执行共产党与民主党派“长期共存、互相监督”的方针,等等。他一再强调,要有群众监督制度,让群众和党员监督干部,特别是领导干部。凡是搞特权、特殊化,经过批评教育而又不改的,人民就有权依法进行检举、控告、弹劾、撤换、罢免,要求他们在经济上退赔,并使他们受到法律、纪律处分。

3. 坚持和完善民族区域自治制度

民族区域自治制度,是我国的一项重要政治制度,也是社会主义中国的政治制度的一个重要的特点和优点。中华人民共和国是全国各族人民共同缔造的统一的多民族国家。民族区域自治是在国家统一领导下,各少数民族聚居的地方实行区域自治,设立自治机关,行使自治权。实行民族区域自治,体现了国家充分尊重和保障少数民族管理本民族内部事务权利的精神,体现了国家坚持实行各民族平等、团结和共同繁荣的原则。进行政治体制改革,重要的一条,就是要坚持和完善民族区域自治制度。民族区域自治制度的实施,对于保障少数民族人民充分行使当家做主的权利,对于促进民族地区的发展、边疆的稳定和维护国家的统一,都发挥了重要的作用。我国各民族的和睦相处与团结进步的局面与苏联、东欧一些国家及其他一些国家的民族分裂、纷争乃至武装冲突的情况形成了鲜明的对照。这个事实有力地证明了中国共产党民族政策的正确和民族区域自治制度所具有的强大生命力。为此,邓小平指出:解决民族问题,中国采取的不是民族共和国联邦的制度,而是民族区域自治的制度。我们认为这个制度比较好,完全适合中国情况。

4. 坚持和完善中国共产党领导的多党合作和政治协商制度

实行中国共产党领导的多党合作和政治协商制度,这是我国具体历史条件和现实条件所决定的,这是我国政治制度中的一个特点和优点。在新时期,邓小平进一步指出,由于中国共产党居于执政党的地位,因此,对于我们党来说,更加需要听取来自各个方面包括各民主党派的不同意见,需要接受各个方面的批评和监督,以利于集思广益,取长补短,克服缺点,减少错误。现在,“各民主党派和工商联已经成为各自联系的一部分社会主义劳动者和拥护社会主义的爱国者的政治联盟和人民团体,成为进一步为社会主义服务的政治力量……各民主党派和工商联的成员以及他们所联系的人们中,有大量的知识分子,其中不少同志有较高的文化科学水平,有丰富的实践经验,不少同志是学有专长的专门家,他们都是现代化建设中不可缺少的重要力量。原工商业者中不少人有比较丰富的管理、经营企业和做经济工作的经验,在调整国民经济、搞好现代化建设中可以发挥积极作用。原国民党军政人员以及其他爱国人士也能够利用自己的专长和社会关系，在现代化建设事业和统一祖国的大业中做出自己的有益贡献”①。因此，为了建设有中国特色的社会主义，必须坚持和完善共产党领导的多党合作、政治协商制度。1989 年 12 月，中共中央系统地提出了关于坚持和完善中国共产党领导的多党合作和政治协商制度的意见。

我国的政党制度即共产党领导的多党合作、政治协商制度，在原则上不同于资本主义国家的多党制。这是社会主义中国政治制度优于西方的一个重要方面。企图在中国搬用西方式的多党制，是不符合中国人民的根本利益的。邓小平明确地指出：“资本主义国家的多党制有什么好处？那种多党制是资产阶级互相倾轧的竞争状态所决定的，它们谁也不代表劳动人民的利益。在资本主义国家，人们没有也不可能有共同的理想，许多人就没有理想。这种状况是它们的弱点而不是强点，这使它们每个国家的力量不能完全集中起来，很大一部分力量互相牵制和抵消。我们国家也是多党，但是，中国的其他党，是在承认共产党领导这个前提下面，服务于社会主义事业的。我们全国人民有共同的根本利益和崇高理想，即建设和发展社会主义，并在最后实现共产主义，所以我们能够在共产党的领导下团结一致。我们党同其他几个党长期共存，互相监督，这个方针要坚持下来。但是，中国由共产党领导，中国的社会主义现代化建设事业由共产党领导，这个原则是不能动摇的；动摇了中国就要倒退到分裂和混乱，就不可实现现代化。”②当然，为了坚持党的领导，必须努力改善党的领导。

5. 健全法制，依法治国，建设社会主义法治国家

健全法制，依法治国，建设社会主义法治国家，是邓小平反复强调的重要思想。邓小平指出，“为了保障人民民主，必须加强法制。必须使民主制度化、法律化，使这种制度和法律不因领导人的改变而改变，不因领导人的看法和注意力的改变而改变”③。在回答外国记者关于如何才能避免发生“文化大革命”这种事情时，他强调说：“这要从制度方面解决问题。”他认为，我们过去的一些制度，实际上受了封建主义的影响，包括个人迷信、家长制或家长作风，甚至包括干部职务终身制。他说：“我们现在正在研究避免重复这种现象，准备从改革制度着手，”这是一个“关系到党和国家是否改变颜色”的大问题。首先，要逐步建立完备的法制。在中共十一届三中全会上，邓小平就说过：“现在的问题是法律很不完备，很多法律还没有制定出来。往往把领导人的话当作‘法’，不赞成领导人说的话就叫做‘违法’，领导人的话改变了，‘法’也就跟着改变”。为了改变这种不正常的现象，“应该集中力量制定刑法、民法、诉讼法和其他各种必要的法律”，例如工厂法、森林法、草原法、环境保护法、劳动法、外国人投资法等等，“经过一定的民主程序讨论通过”④。其次，要严格执法，并切实加强对执法情况的监督和检查。邓小平强调：“我们要在全国坚决实行这样一些原则：有法必依，执法必严，违法必究，在法律面前人人平等。”⑤为了严格执法，必须坚决维护宪法和法律的尊严，任何人、任何组织都没有超越法律的特权。一切政府机关都必须依法行政，切实保障公民权利，实行执法责任制和评论考核制。必须推进司法改革，从制度上保证司法机关依法独立公正地行使审判权和检察权，建立冤案错案责任追究制度。为了严格执法，必须

---

① 邓小平文选(第 2 卷)[C]. 北京：人民出版社，1994，第 204 页

② 邓小平文选(第 2 卷)[C]. 北京：人民出版社，1994，第 267 页

③ 邓小平文选(第 2 卷)[C]. 北京：人民出版社，1994，第 268 页

④ 邓小平文选(第 2 卷)[C]. 北京：人民出版社，1994，第 146 页

⑤ 邓小平文选(第 2 卷)[C]. 北京：人民出版社，1994，第 254 页

加强对执法情况的监督、检查。通过各级人民代表大会及其常设机构对“一府两院”(政府部门和法院、检察院)进行监督,是我国特有的除行政监督、群众监督、舆论监督之外的一种行之有效的监督方式。全国人大常委会把对法律的实施的检查监督放在与立法同等重要的位置。为了严格执法,还必须加强执法和司法队伍建设。这方面的一项工作,就是要坚决纠正和惩办执法犯法这种腐败现象。最后,要加强社会主义精神文明建设和法制教育,提高全体公民执法守法的自觉性。为了建设社会主义法治国家,我们不仅需要制定完备的法律,而且要对人进行教育,提高人的素质,在全体人民中树立法制观念,这就要求加强精神文明建设和民主法制教育。邓小平强调:“我们国家缺少执法和守法的传统,从党的十一届三中全会以后就开始抓法制,没有法制不行。法制观念与人们的文化素质有关。现在这么多青年人犯罪,无法无天,没有顾忌,一个原因是文化素质太低。所以,加强法制重要的是要进行教育,根本问题是教育人。法律教育要从娃娃开始,小学、中学都要进行这个教育,社会上也要进行这个教育。”[①]当然,由于我国缺少执法守法的传统、经济文化又还不发达,提高全民的法律意识和法制观念,建设社会主义法治国家,仍然是一个长期的艰巨的社会工程。历史证明,以邓小平为核心的党的第二代中央领导集体的法治思想,丰富了中国化马克思主义的法律理论,促进了中国社会主义法律建设,是中国特色社会主义建设的指导思想。

三、有中国特色的社会主义精神文明建设

邓小平强调我们要建设的社会主义国家,不但要有高度的物质文明,而且要有高度的精神文明。他关于社会主义精神文明建设的思想,具有丰富的内容,是邓小平理论的重要组成部分。在有中国特色社会主义的精神文明建设上,邓小平对马克思主义中国化的推进,表现在多方面。

(一)提出社会主义精神文明是社会主义的重要特征,具有重要战略地位

社会主义精神文明这一概念,首先出现于党的文献中,1979 年 9 月党的十一届四中全会通过的《叶剑英在庆祝中华人民共和国成立三十周年大会上的讲话》中指出:“我们要在建设高度物质文明的同时,提高全民族的教育科学文化水平和健康水平,树立崇高的革命理想和革命道德风尚,发展高尚的丰富多彩的文化生活,建设高度的社会主义精神文明。”同年 10 月 30 日,邓小平在《在中国文学艺术工作者第四次代表大会上的祝词》中说:“我们要在建设高度物质文明的同时,提高全民族的科学文化水平,发展高尚的丰富多彩的文化生活,建设高度的社会主义精神文明。”他还说:“我们要建设的社会主义国家,不但要有高度的物质文明,而且要有高度的精神文明。”随后,他论述了社会主义精神文明的内涵。1980 年 12 月邓小平指出:“所谓精神文明,不但是指教育、科学、文化(这是完全必要的),而且是指共产主义的思想、理想、信念、道德、纪律,革命的立场和原则,人与人的同志式关系,等等。”党的十二大报告提出,“社会主义精神文明的建设大体可以分为文化建设和思想建设两个方面。”1982 年 9 月,党的十二大报告阐明:“社会主义精神文明是社会主义的重要特征,是社会主义制度优越性的重要表现。过去在讲到社会主义特征的时候,人们往往强调剥削制度的消灭和生产资料的公有,按劳分配,国民经济有计划按比例的发展,以及工人阶级和劳动人民的政权。人们还强调,高度发达的生产力和比资本主义更高的劳动生产率,作为社会主义发展的必然要求和最终结果,也是它的特征。这些无疑都是正确的,但是

---

① 邓小平文选(第 3 卷)[C].北京:人民出版社,1993,第 163 页

还不足以完全包括社会主义的特征。社会主义还必须有一个特征,就是以共产主义思想为核心的社会主义精神文明。没有这种精神文明,就不可能建设社会主义。"把社会主义精神文明作为社会主义的重要特征之一,这是马克思主义史上的新论断,它使我们对社会主义的认识更为全面和深刻。1986 年《中共中央关于社会主义精神文明建设指导方针的决议》进一步表述为:"精神文明建设,包括思想道德建设和教育科学文化建设两个方面。"

为此,邓小平强调两个文明都要搞好,才是有中国特色的社会主义。因为社会主义社会需要物质文明与精神文明的协调发展和全面进步。他说:"讲社会主义,首先要使生产力发展,这是主要的。只有这样,才能表明社会主义的优越性。"同时他又指出:"我们为社会主义奋斗,不但是因为社会主义有条件比资本主义更快的发展生产力,而且因为只有社会主义才能消除资本主义和其他剥削制度所必然产生的种种贪婪、腐败和不公正现象。"这就要求加强社会主义精神文明建设,否则,就会影响社会主义优越性的发挥,社会主义的优越性就不能得到全面的体现。所以,他针对曾经出现的一手硬、一手软的现象严肃地指出:"经济建设这一手我们搞得相当有成绩,形势喜人,这是我们国家的成功。但风气如果坏下去,经济搞成功又有什么意义?会在另一方面变质,反过来影响整个经济变质,发展下去会形成贪污、盗窃、贿赂横行的世界。"他在 1992 年视察南方时提出:"广东二十年赶上亚洲'四小龙',不仅经济要上去,社会秩序、社会风气也要搞好,两个文明建设都要超过他们,这才是有中国特色的社会主义。"

邓小平强调只有加强社会主义精神文明建设,才能保证改革开放和现代化建设的坚定正确的政治方向和团结稳定的社会环境,为改革开放和现代化建设提供精神动力和智力支持。加强思想道德建设,用科学理论武装干部和群众,加强四项基本原则的教育,加强社会主义民主、法制和纪律教育,开展以为人民服务为核心、集体主义为原则的社会主义道德教育,提倡共产主义思想道德,强调稳定压倒一切,等等,就是要在全社会形成建设有中国特色社会主义的共同理想,以马克思列宁主义、毛泽东思想、邓小平理论作为全民族的精神支柱,就是要保证改革开放和现代化建设的坚定正确的政治方向和团结稳定的社会环境,为社会主义现代化建设提供强大的精神动力。邓小平反复说实现现代化,关键是科学技术要能上去。发展科学技术,不抓教育不行。加强教育科学文化建设,培养大批专家和专门人才,提高整个民族的科学文化素质,就是要为现代化建设提供强大的智力支持。唯物史观认为人是生产力中的决定因素。社会主义精神文明建设提高了广大人民的思想道德素质和科学文化素质,就出凝聚力,出生产力,就能推动社会主义现代化事业前进。

(二)阐述了社会主义精神文明建设的根本任务

邓小平把培育"有理想、有道德、有文化、有纪律"的"四有"新人作为社会主义精神文明建设的根本任务,是对马列主义、毛泽东思想的继承和发展,指明了精神文明建设的根本内容和目标,解答了两个文明协调发展的机制,找到了社会主义两个文明建设的结合点和落脚点。他说:"中国的事情能不能办好,社会主义和改革开放能不能坚持,经济能不能快一点发展起来,国家能不能长治久安,一定意义上说,关键在人。"因此,培育"四有"新人,提高全民族的思想道德素质和科学文化素质,是社会主义现代化建设成功的内在而迫切的要求。他说:"有一点要提醒大家,就是我们在建设具有中国特色的社会主义时,一定要坚持发展物质文明和精神文明,坚持五讲四美三热爱,教育全国人民做到有理想、有道德、有文化、有纪律。"他还指出:"我们多次说过,我国的经济,到新中国成立一百周年时,可能接近发达国家的水平。我们这样说,根据之一,就是在这段时间里,我们完全有能力把教育搞上去,提高我国的科学技术水平,培养出数以亿计的各级各类人才。我们国家,国力的强弱,经济发展后劲的大小,越来越取决于劳动者的素质,取决于知识分子的数量和质量。""我们历来提倡有理想、有道德、有文化、有纪律,其中最重要的是有理想、有纪律。理想就是社会主义现代化。很多人只讲现代化,忘了我们讲的是社会主义现代化。要搞四个现代化,使中国发展起来,就要有纪律、有秩序地进行建设。"邓小平的以上论述,充分表明他历来十分重视加强社会主义精神文明建设,培育"四有"新人,提高全民族素质对社会主义现代化建设的重要作用。

(三)论述了如何加强社会主义精神文明建设

1.加强四项基本原则的教育

四项基本原则是立国之本。"如果动摇了这四项基本原则中的任何一项,那就动摇了整个社会主义事业,整个现代化建设事业。"四项基本原则的对立面是资产阶级自由化。邓小平提出,四个现代化,我们要搞50至70年,在整个四个现代化的过程中都存在一个反对资产阶级自由化的问题。既然是长期的事,不可能搞运动,只能靠经常性的说服教育,必要时采取一些行政手段和法律手段。可见我们在精神文明建设中只有坚持四项基本原则教育,加强思想政治工作,克服一些同志埋头于具体事务,对政治动态不关心,对思想工作不重视,对腐败现象警惕不足,纠正的措施也不得力的错误,反对资产阶级自由化,才能培育"四有"新人,保证社会主义现代化建设的顺利进行。

大力发展科学技术,大力发展教育事业。为了发展我国的科技和教育事业,他提出了一系列关于科技教育的地位和作用、教育事业改革发展、科技事业改革发展、人才和知识分子、加强党和政府对科技教育事业的领导等重要论述。

2.加强思想道德建设

思想道德建设体现着精神文明建设的性质和方向。这就要求加强马克思主义的世界观、人生观和价值观的教育,坚持爱国主义、集体主义和社会主义的教育,加强公民道德建设,在全社会形成共同的理想和精神支柱,形成良好的道德风尚和精神风貌。

精神文明建设要"面向现代化,面向世界,面向未来",这是邓小平1983年10月1日为景山学校的题词。这"三个面向"成为我国教育改革和发展的战略指导方针,同时也是社会主义精神文明建设所要遵循的重要原则。只有遵循这"三个面向",社会主义精神文明建设才能始终立足于社会主义现代化建设实践,放眼世界、放眼未来,继承人类文明的优秀成果,永远保持旺盛的生机、活力和力量源泉,从而不断推进社会主义现代化建设向前发展。

贯彻重在建设的方针。他说,抓精神文明建设,抓党风、社会风气好转,必须狠狠地抓,一天不放松地抓,从具体事件抓起,持之以恒,贵在落实,务求实效。

要区分层次,抓住重点,在加强对全体人民教育,提高全民族素质的基础上,尤其要加强对领导干部和青少年的教育。在社会主义思想道德建设中,对领导干部、党员和群众有不同的要求,要把先进性要求和广泛性要求结合起来。领导干部要自觉带头,以身作则,率先垂范,这一点至关重要。青少年是祖国的未来、民族的希望。他们的思想道德素质和科学文化素质如何,是关系到党和国家长治久安、社会主义事业后继有人、兴旺发达的关键问题,所以邓小平反复强调要加强对领导干部和青少年的教育。

第四节　邓小平理论的历史地位

十五大把邓小平理论作为党的指导思想，写入党章，指出在当代中国，只有这个理论而没有别的理论能够解决社会主义的前途和命运问题，它是中国共产党的行动指南，从而确立了邓小平理论不可替代的历史地位和划时代意义。

一、马克思主义在中国发展的新阶段

党的十五大指出：实践证明，作为毛泽东思想的继承和发展的邓小平理论，是指导中国人民在改革开放中胜利实现社会主义现代化的正确理论。在当代中国，只有把马克思主义同当代中国实践和时代特征结合起来的邓小平理论，而没有别的理论能够解决社会主义前途和命运问题。邓小平理论是当代中国的马克思主义，是马克思主义在中国发展的新阶段。

第一，邓小平理论坚持解放思想、实事求是，在新的基础上继承前人又突破陈规，开拓了马克思主义的新境界。实事求是是马克思列宁主义的精髓，是毛泽东思想的精髓，也是邓小平理论的精髓。1978 年邓小平《解放思想，实事求是，团结一致向前看》这篇讲话，是在“文化大革命”结束后，中国面临向何处去的重大历史关头，冲破“两个凡是”的禁锢，开辟新时期新道路、开创建设有中国特色社会主义新理论的宣言书。1992 年邓小平南方谈话，是在国际国内政治风波严峻考验的重大历史关头，坚持十一届三中全会以来的理论和路线，深刻回答长期束缚人们思想的许多重大认识问题，把改革开放和现代化建设推进到新阶段的又一个解放思想、实事求是的宣言书。在走向新世纪的新形势下，面对许多我们从来没有遇到过的艰巨课题，邓小平理论要求我们增强和提高解放思想、实事求是的坚定性和自觉性，一切以是否有利于发展社会主义社会的生产力、有利于增强社会主义国家的综合国力、有利于提高人民的生活水平这“三个有利于”为根本判断标准，不断开拓我们事业的新局面。

第二，邓小平理论坚持科学社会主义理论和实践的基本成果，抓住“什么是社会主义、怎样建设社会主义”这个根本问题，深刻地揭示了社会主义的本质，把对社会主义的认识提高到新的科学水平。新时期的思想解放，关键就是在这个问题上的思想解放。我国社会主义在改革开放前所经历的曲折和失误，改革开放以来在前进中遇到的一些困惑，归根到底都在于对这个问题没有完全搞清楚。拨乱反正，全面改革，近 20 年的历史转变，就是逐渐搞清楚这个根本问题的进程。这个进程，还将在今后的实践中继续下去。

第三，邓小平理论坚持用马克思主义的宽广眼界观察世界，对当今时代特征和总体国际形势，对世界上其他社会主义国家的成败，发展中国家谋求发展的得失，发达国家发展的态势和矛盾，科学技术进步对经济社会生活的深刻影响等，进行正确分析，作出了新的科学判断。邓小平理论正是根据这种新的观点来认识、继承和发展马克思主义，强调只有这样才是真正的马克思主义，墨守成规只能导致落后甚至失败。这是邓小平理论鲜明的时代精神。

第四，邓小平理论形成了新的建设有中国特色社会主义理论的科学体系。它是在和平与发展成为时代主题的历史条件下，在我国改革开放和现代化建设的实践中，在总结我国社会主义胜利和挫折的历史经验，并借鉴其他社会主义国家兴衰成败历史经验的基础上，逐步形成和发展起来的。因此，在当代中国，马克思列宁主义、毛泽东思想、邓小平理论，是一脉相承的统一的科学体系。坚持邓小平理论，就是真正坚持马克思列宁主义、毛泽东思想；高举邓小平理论的旗帜，就

是真正高举马克思列宁主义、毛泽东思想的旗帜。

二、中国特色社会主义理论体系的本源

中国特色社会主义理论体系,就是包括邓小平理论、“三个代表”重要思想以及科学发展观等重大战略思想在内的科学理论体系。这一理论体系是马克思主义中国化的最新成果。邓小平理论对中国特色社会主义理论体系的形成做出了开创性的贡献。

首先,“中国特色社会主义”的科学概念最初源于邓小平。“走自己的道路,建设有中国特色的社会主义”。这是邓小平在1982年十二大的开幕词中首次宣布的。从此“建设有中国特色的社会主义”成为改革开放30多年来高擎的旗帜、开辟的道路、形成的理论等的专有指代。尽管十四大和十六大先后对“建设有中国特色的社会主义”的表述有所修饰,删去了词组中的“的”、“建设”和“有”几个字,但这是简化词语,无碍本意,无关大局,基本含义没变。十七大提出的“中国特色社会主义理论体系”就是由“建设有中国特色的社会主义”演变而来,后者是前者的初始表述。

其次,邓小平理论是中国特色社会主义理论体系的本源理论。在十二大提出“建设有中国特色的社会主义”后,十三大报告对十一届三中全会以来形成的一系列新的理论观点作概括时,已使用“建设有中国特色的社会主义理论”的概念。十四大报告对这个理论作进一步总结时,明确冠以“邓小平同志”名字,称之为“邓小平同志建设有中国特色社会主义理论”。十五大报告讲我们党实现两次历史性飞跃,产生两大理论成果时,对第二次飞跃理论成果的表述,就是“建设有中国特色社会主义理论”。同时指出,由于它的主要创立者是邓小平,我们党把它称为“邓小平理论”。这就是说,中国特色社会主义理论与邓小平理论在那时是等同的。十六大在继续肯定邓小平理论为党的指导思想的同时,将“三个代表”重要思想提升为指导思想,并指出它是邓小平理论的继承与发展。这样,邓小平理论的本源性开始显现。十七大报告一方面对科学发展观作了最新定位,指出它是与邓小平理论和“三个代表”重要思想既一脉相承又与时俱进的科学理论;另一方面又将改革开放以来作为指导思想的创新理论加以整合,统称为“中国特色社会主义理论体系”。它包括邓小平理论、“三个代表”重要思想以及科学发展观等重大战略思想。这是对马克思主义中国化第二次历史性飞跃的理论成果的高度概括,也是一个有长远眼光的、富于开放性的新思想。

最后,邓小平理论与“三个代表”重要思想以及科学发展观等重大战略思想的原创与传承关系。邓小平理论与“三个代表”重要思想和科学发展观,都属于马克思主义中国化第二次飞跃过程中的理论成果。从理论渊源关系看,邓小平理论与它们之间是原创与发展的关系。十七大报告指出:

“改革开放伟大事业,是以邓小平为核心的党的第二代中央领导集体带领全党全国各族人民开创的。”邓小平理论吹响建设中国特色社会主义的时代号角,指引全党全国各族人民在改革开放的伟大征程上阔步前进。

改革开放伟大事业,是以江泽民为核心的党的第三代中央领导集体带领全党全国各族人民继承、发展并成功推向21世纪的。这一代中央领导集体,高举邓小平理论伟大旗帜,与时俱进,“创立‘三个代表’重要思想,继续引领改革开放的航船沿着正确方向破浪前进。”

十六大以来,我们以邓小平理论和“三个代表”重要思想为指导,坚持理论创新和实践创新,在全面建设小康社会实践中坚定不移地把改革开放伟大事业继续推向前进。

这三段话充分说明邓小平理论、“三个代表”重要思想以及科学发展观等重大战略思想之间

的原创性与传承性关系。它们在历史发展不同阶段，根据实践的需要，解决的主要问题有所侧重，因而形成的理论形态，既一以贯之、承前继往，又与时俱进、启后开来。胡锦涛指出：改革开放以来，我们党始终坚持马克思主义的思想路线，不断探索和回答什么是社会主义、怎样建设社会主义，建设什么样的党、怎样建设党，实现什么样的发展、怎样发展等重大理论和实际问题，不断推进马克思主义中国化。就回答上述三大问题的一以贯之而言，坚持和丰富了党的基本理论、基本路线、基本纲领、基本经验，因而形成中国特色社会主义理论体系。但就上述三大问题本身来看，既是与时俱进的关系，又是前后递进的关系。只有前面的问题基本解决了，才有可能主要解决后面凸显的问题。因此，主要回答上述三大问题形成的三个理论形态，具有原创性与传承性关系。

三、世界社会主义模式多样化的成功探索

自从1943年共产国际在完成了历史使命而自行解散以来，国际共产主义运动就改变了组织方式和斗争方式。自此，各国社会主义事业也就完全由本国工人阶级及其政党，独立自主地运用马克思列宁主义基本原理，结合本国实际和时代特征，团结和领导本国人民去不断探索、争取本国革命的进展和胜利。在新的历史时期，我们党也据此制定了同各国兄弟共产党、工人阶级政党发展关系所必须遵循的四条原则，即独立自主，完全平等，互相尊重，互不干涉内部事务。国际工人阶级团结奋斗方式的这种改变，是各国工人阶级政党在政治上趋于成熟的表现和必然要求。

面对国内外形势的深刻变化，全党和全国人民根据邓小平提出的“韬光养晦”和“有所作为”的方针，在国际事务中始终坚持奉行独立自主的和平外交政策，在团结世界人民反对霸权主义、强权政治，维护世界和平，谋求共同发展的同时，既不允许别人干涉中国的内政，中国也决不干预别国内政。邓小平说过，“别人的事情我们管不了”，我们要“埋头实干，做好一件事，我们自己的事”。也就是要集中精力实行改革开放，搞好现代化建设，不断推进中国特色社会主义事业。但是，这决不意味着邓小平理论及其开创的中国特色社会主义事业没有国际意义。随着中国特色社会主义事业不断发展，邓小平理论在世界社会主义运动中的地位和影响也就与日俱增。

第一，当今中国在建设中国特色社会主义道路上，正在向现代化迈进，并开始真正富强起来，这使中国正在产生示范效应，从而使邓小平理论对广大发展中国家，具有强大遏止的吸引力。

在当今世界的190多个国家中，现代化发展得比较充分、物质生活比较富裕的只有22个，而且其核心仅是西方“七国集团”。其余的绝大多数国家，至今仍然位居发展中国家之列。资本主义带给世界的，并不是遍地鲜花，而是日趋严重的两极分化、南北差距不断拉大、世界战乱频繁。广大发展中国家在世界资本主义统治体系内，看不到发展和富强的真正希望。在这种情况下，当中国这个原是半殖民地半封建社会，现在又有近13亿人口的经济文化比较落后的大国，能够按照邓小平理论所确定的发展道路和战略步骤，通过全国人民的团结奋斗，在建设中国特色社会主义发展道路上，比较快地富强起来。这对发展中国家的示范作用、对全世界劳动人民的鼓舞作用、对人类进步的促进作用，是不言自明、难以估量的。

第二，中国在建设中国特色社会主义道路上不断前进和成功，是世界社会主义运动处于低潮期的奇迹，是邓小平理论对世界社会主义运动做出的历史性贡献。

人类社会在20世纪最重大的历史事件，是苏联在20～30年代的兴起和在80年代末90年代初的衰亡。俄国十月革命的胜利和苏联社会主义制度的建立，曾经开辟了人类历史的新纪元。而1974年后，苏联解体、东欧剧变和苏共败亡给世界社会主义运动政治上的冲击，也是极其严重

的。然而,就在世界社会主义运动由此步入低潮的时候,却在社会主义中国的大地上出现了奇迹。在由邓小平理论指导的中国改革开放和现代化建设中,中国的社会主义制度神奇地焕发出了生机和活力。中国经济由此连续获得了20多年的持续、高速和健康的发展。社会主义中国欣欣向荣、兴旺发达,使世界社会主义运动看到了曙光、看到了希望。

第三,邓小平理论客观而清醒地认识和对待当今社会主义与资本主义两种制度之间的关系,既看到它们之间存在本质对立和较量的一面,又看到它们可能长期共存和合作的另一面。这种实事求是、高瞻远瞩的战略估计,必将对世界社会主义运动的发展,产生巨大而深远的影响。

总之,邓小平理论作为马克思主义在中国的发展,上承马克思列宁主义、毛泽东思想,下启"三个代表"重要思想和科学发展观。它作为一个相对独立的思想体系,在马克思主义中国化的历史进程中,在中国特色社会主义事业发展的进程中,在世界社会主义运动的曲折前进中所占有的地位、所发挥的作用和影响,是深远的。

邓小平理论不仅是中国共产党的指导思想,而且是中华民族振兴的精神支柱。中国是个发展中国家,要建设好这个大国,取得改革开放和社会主义现代化建设的成功,就必须不断地巩固和加强全国各族人民的大团结。建设有中国特色的社会主义,把我国建设成为富强、民主、文明的社会主义国家,是我国各族人民在现阶段的共同理想。这个共同理想,集中了我国工人、农民、知识分子和其他劳动者、爱国者的利益和愿望,是我国各族人民奋发进取、克服困难、争取胜利和中华民族复兴强大的精神支柱和精神动力。邓小平理论不仅体现了我国各族人民现阶段的共同理想,而且还为实现这个共同理想指明了正确的方向和道路,因而成为调动一切积极因素、振奋民族精神、凝聚民族力量、鼓舞人民开拓进取的思想基础。因为邓小平理论是时代精神和民族精神的统一,是社会主义和爱国主义的统一,既是马克思主义的,又是"中国化"的,所以它才能成为中国共产党的指导思想,成为中华民族振兴的精神支柱。

第五章 “三个代表”重要思想:马克思主义在中国的新发展

“三个代表”重要思想“反映了当代世界和中国的发展变化对党和国家工作的要求”,“是在科学判断党的历史方位的基础上提出来的”。① 是第三代领导集体领导国内改革开放、洞察国际风云变幻工作经验的结晶,是新形势下马克思主义中国化的表现形式,是中国共产党的行动指南。

第一节 “三个代表”重要思想的形成与发展

胡锦涛指出:“十三届四中全会以来,以江泽民同志为主要代表的当代中国共产党人,高举邓小平理论伟大旗帜,准确把握时代特征,科学判断我们党所处的历史方位,围绕建设中国特色社会主义这个主题,集中全党智慧,以马克思主义的巨大理论勇气进行理论创新,逐步形成了‘三个代表’重要思想这一系统的科学理论。”②这是对“三个代表”重要思想形成和发展的高度概括。

一、“三个代表”重要思想形成的时代背景

“任何有价值的理论创新,都是时代发展的产物和实践经验的结晶”③。马克思主义中国化的新发展及其理论成果的产生,是以江泽民为主要代表的中国共产党人,把马克思主义基本原理与当今时代和中国国情紧密结合的产物,是深深扎根在中国特色社会主义建设实践中的理论创新。正确认识时代特征,是提出正确的理论、制定正确路线方针政策的前提和基础。以江泽民为代表的中国共产党第三代领导人,以长远的广泛的眼光观察世界经济、政治、文化、科技的发展变化特征,并以此为基础对国际局势作出了正确判断,指出中国发展的力量在于中国人民。研究者普遍认为,“三个代表”的提出具有深刻的时代背景和历史条件。江泽民站在世界形势由两极化向多极化迅速发展变化的历史高度,面对经济全球化进程加快、现代科学技术迅猛发展的历史趋势,着眼中国特色社会主义建设的历史全局,与时俱进、开拓创新,对中国共产党的历史使命做出了极其深刻而精辟的论断。“三个代表”重要思想是深入总结党90余年的斗争和发展经验,是深刻思考世界社会主义运动历史轨迹,是紧密联系党的现实状况和中国发展的特殊迹象而作出的科学结论。④

(一)国际背景

1. 和平与发展是当今社会的时代主题

时代的主题依然是和平与发展。各国人民都渴望世界持久和平,渴望促进共同发展,渴望过上稳定安宁的生活,共创人类美好未来,但是和平与发展这两大课题至今一个都没有解决,其中,

---

① 江泽民文选(第3卷)[C].北京:人民出版社,2006,第536页

② 胡锦涛.在“三个代表”重要思想理论研讨会上的讲话[R].北京:人民出版社,2003,第4页

③ 肖浩辉.马克思主义中国化的第三大理论成果的产生条件和卓越贡献[J].湖南社会科学,2004(2)

④ 虞云耀.深入理解“三个代表”思想对党的建设的指导意义[J].党建研究,2000(7)

威胁世界和平与稳定的主要根源就是霸权主义和强权政治的存在。另外就是各种局部争端和冲突以及恐怖主义、贫困、环境恶化、毒品等非传统安全问题更趋突出,也在很大程度上影响着世界的和平与发展。总体和平、局部战争,总体缓和、局部紧张,总体稳定、局部动荡,是当前和今后一个时期国际局势发展的基本态势。

世界上发达国家与发展中国家贫富差距日益扩大,各国的普遍发展与两极分化的矛盾异常突出,部分发展中国家的经济发展停滞,贫困化现象加剧。南北问题是影响世界和平与发展的核心问题。而世界要和平,人民要合作,国家要发展,社会要进步,是时代的潮流。如何适应这个时代潮流,把中国的事情做好,促进世界的和平与发展,是我们制定政策、开展工作的出发点。

2. 科学技术的飞速发展

20世纪90年代以来,科学技术的发展日新月异。科技革命突飞猛进是当今世界发展的强大动力。科学技术的迅速发展促使世界历史转向信息时代。信息一方面促使生产方式发生了根本变化,另一方面促使人们的生活方式、交往方式甚至思维方式都发生了根本变革。科学技术作为第一生产力,出现的这种新发展,必然会引起各相关产业乃至人类生产关系作出新的变革。然而与此同时,科学技术高速发展对于我国来说同样是一柄双刃剑,一方面信息的广泛传播给我国的发展带来了新的动力,另一方面我国的传统经济体系必须产生新的变革。在信息化背景下,实现各个产业的信息化变革,提高生产效率是我们当前的主要任务。因此,我们必须“走新型工业化道路”,优先发展信息产业,以信息化带动工业化。另外,在信息时代,知识或智力资源已经成为工业产业发展的重要动力。因此不断地革新,不断地在传统工业中运用最新的科技成果,是关系我国存在和发展的关键。

3. 经济全球化的不断深入

全球经济联系不断紧密是当今世界经济发展的基本特征。在科技迅速发展的今天,各项资源依然能够完成在全球范围内的分配,各国、各地区经济的生产、贸易、金融、投资这四个方面已经实现相互依赖、相互渗透。投资者的眼光已经逐渐破除地区的限制,封建思想对于当今经济发展的影响越来越小。经济全球化,是资本主义制度社会化大生产发展的必然结果。科技给社会化大生产的实现带来了可能,资本、技术、人力等生产要素在科技的带领下已经能够在全球范围内实现优化配置。

经济全球化给我国的发展带来了新的机遇。在经济全球化的时代里,整个世界都是我们国家发展的舞台。正如江泽民所说:“当今世界经济的发展,要求我们必须勇于和善于参与经济全球化的竞争,充分利用好国外和国内两种资源、两个市场。”[①]自然地,在西方国家主导的经济全球化规则下,经济全球化还给我国的发展带来了其负面影响。当然对于任何一个发展中国家来说,经济全球化都是一把“双刃剑”。因此,在参与经济全球化的过程中,我国应以更加积极的姿态,更加广阔的意识参与全球经济竞争。通过有效地竞争一方面实现中国特色社会主义建设稳步前进,另一方面切实维护国家安全、经济安全和文化安全。因此,我们应当全面地、清醒地认识全球经济发展的形势,沉着冷静应对,积极稳步参与,不断增强自身竞争力,提高自己在经济全球化进程中的话语权,维护本国的经济安全,促进社会主义现代化高速健康发展。

① 江泽民论有中国特色社会主义(专题摘编)[C].北京:中央文献出版社,2002,第193页

4. 多极化的政治格局

自苏联解体,东欧剧变,主导世界政治格局的"两极"被彻底打破,世界进入了"一超多强"的时代。在这个时代发展中,世界的发展正在经历一个新的矛盾,被美苏斗争所掩盖的地区、民族、宗教等问题逐渐开始凸显。国际恐怖主义、宗教极端主义、民族分裂主义成为见诸报端的三个新名词。

虽然世界许多地区仍旧处于战乱和不安之中,然而和平与发展仍旧是整个世界的主要趋势。人们追求平等和自由的脚步将不会停滞。在这种趋势的影响下,人们将不断突破固有的政治和经济规则的束缚,进入到一个更加民主和自由的环境之中。因此这种趋势既有利于推动建立公正合理的国际政治经济新秩序,又有利于世界和平与安全,符合各国人民的利益。

政治格局多极化、经济全球化极大地影响着世界各民族的生活和生产方式。在看待这些问题之时,我们一定要用冷静的意识、客观的态度、宽广的视野,运用马克思主义的方法清醒地认识当今世界的发展给我国带来的机遇和挑战。

世界经济政治的这种复杂变化必将是一个漫长、曲折而又复杂的过程。这必然对我们党的工作提出了新的要求。新的要求必然呼唤着新的理论。而"三个代表"重要思想正是在这样一种时代背景下产生的新理论。"三个代表"重要思想回答了在世界经济政治深刻复杂发展的过程中,党应该站在什么样的历史角度,朝向什么样的方向发展的问题。

(二)我国改革发展稳定的大局

"三个代表"重要思想是江泽民同志运用马克思主义立场、观点、方法,在分析研究我国国内情况发展的新变化以及中国特色社会主义发展需要的基本问题前提下,对党的发展做出的正确判断。我国国内情况从以下几个方面来理解。

1. 改革进入攻坚阶段

在经济层面上,改革的主攻方向已是社会主义公有制。创立社会主义市场经济体制和理论,是中国共产党对人类文明的一大贡献。苏联俄国的市场经济一定程度上还存在着不完善的地方。我国将社会主义公有制和市场经济结合在一起,是邓小平为代表的中国共产党人的一大新创举。从 1978 年改革开放开始,我们一开始是"摸着石头过河",在实践的过程中逐渐探索:即先把市场调节作为补充,再把社会主义市场经济确立为经济体制改革的目标模式;先从农村和特区开始改革,再渐渐推向城市和各个方面;先让个体经济、私营企业以及"三资企业"直接进入市场,再将国有企业等公有制经济推向市场。公有制经济是社会主义经济的核心,我们一定要建设好。1992 年党的十四大,我党确立了社会主义市场经济的目标模式。1993 年召开的十四届三中全会,明确了社会主义市场经济的基本框架,并提出建立现代企业制度的要求。作为社会主义市场经济主体部分的公有制经济本身的改革,成为经济体制改革的重心。

我们在经济平稳较快发展的基础上,要处理好经济发展和政治发展的关系,要做好政府职能转变的工作,政府的运作要更加规范、透明、高效和廉洁,要更好地服务于社会。在政治层面上说,依法改革已步入正轨,党的领导与依法治国相互协调发展。把依法治国与党的领导相结合,这是中国共产党人的创造。我们要进一步扩大社会主义民主,健全社会主义法制,推进决策的科学化和民主化,扩大公民有序的政治参与,等等。

经济体制改革和政治体制改革都涉及社会主义基本制度的核心部分。我国的改革进入了真正的攻坚阶段。

2. 发展处于关键时期

到20世纪末,尽管我国以人均GDP来衡量在总体上达到了小康水平,但仍有3 000多万人口不仅没有达到小康水平,甚至有一些还没有解决温饱问题,按国际标准看,他们的人均年收入,还处于赤贫状态。贫富分化的差距在加大,这是我们在发展过程中所要解决好的重大课题。

从完成信息化和工业化的双重任务的要求看:我国既面临着加快发展工业化的步伐,又面临着实现信息化的双重任务。由于中国发展的不平衡,许多地区还处在未开发状态,因此,就全国范围而言,要实现信息化,是一个十分艰巨的任务。

从可持续发展的要求看:我们面临的资源与环境的压力越来越大。我们要改变“粗放型”经济增长战略,实现经济社会与环境的协调发展。

总的来说,我国生产力和科技、教育还比较落后,实现工业化和现代化还有很长的路要走;城乡二元经济结构还没有改变,地区差距扩大的趋势尚未扭转,贫困人口还为数不少;生态环境、自然资源和经济社会发展的矛盾日益突出;我们仍然面临发达国家在经济科技等方面占优势的压力;经济体制和其他方面的管理体制还不完善;民主法制建设和思想道德建设等方面还存在一些不容忽视的问题。我国现在的发展正处于关键时期。

3. 稳定面临新的矛盾

第一,社会结构的变化与巩固党的执政基础之间的矛盾。随着经济体制改革的不断深入,外资、民营和私营经济发展迅猛;与此相联系,个体户、民营企业创业人员、私营企业主等大量出现。社会的利益主体多元化,利益关系复杂化,利益需求多样化,它导致人们价值取向多样化,导致人们思想选择的自主性增强。一些人的道德素质正在下降,党的群众基础面临着挑战。

第二,社会生活的多样化同党的传统工作方式之间的矛盾。随着改革的深化和社会主义市场经济体制的建立,我国社会生活发生了广泛而深刻的变化。

4. 国情的一些新变化

“三个代表”重要思想是江泽民运用马克思主义立场、观点、方法,在分析研究中国基本国情发展的新变化以及中国特色社会主义发展需要的基本问题前提下,对党的发展做出的正确判断。中国的基本国情发生的新变化,总结起来共有以下七个方面。

(1)中国特色的社会主义经济

改革开放以后,中国特色的社会主义经济成分发生了新变化。各种所有制经济在改革开放的大潮下竞相角逐,同过去公有制占据中国经济的全部来说,发生了很大变化。党的十四大明确提出,“我国经济体制改革的目标是建立社会主义市场经济体制”①,由此拉开了社会主义市场经济实践的序幕。对于社会主义国家来说,市场经济是一次新的实践。在市场经济条件下,经济成分、社会阶层、利益分配主体、就业方式,还是人们的价值观念、意识形态等都要发生新的变化。因为这一形势对我国的基本环境产生了根本性影响,所以党在各个方面都要不断改革过去的领导方式,实现符合时代要求的方式变革。

(2)社会阶层构成发生了新的变化

随着我国经济、政治、科技、文化的不断发展,我国社会阶层也发生了巨大变革。一方面,传统的农民肩负了国家发展中农民和工人的两个角色,担当了国家发展的根本动力。另一方面,知

① 孟繁策.国经济体制改革的目标是建立社会主义市场经济体制[J].北方论丛,1994(2)

识分子逐渐从象牙塔中走出，融入工人队伍之中，融入我国经济其他阶层之中。

民营企业和外资企业的工人、受聘于外资企业的管理技术人员、个体户、私营企业主、第三产业中诞生的新社会阶层逐渐获得我国社会的认可，在有中国特色社会主义的实践和全面建设小康社会的过程中发挥了不可磨灭的作用。

(3)社会组织结构发生了新的变化

流动的农民工大军是这个时代最显著的特征，也是我国当代难以承受的痛。农村城镇化的过程中，我国社会把农民逐渐由单一的角色个体变成多重角色个体。过去的社会组织结构逐渐显示出被打破的迹象。

(4)中国社会就业方式和人们的利益关系发生了新的变化

由于劳动性质、就业方式、分配方式的不同，人们的利益关系发生了重大的变化，不同地区、不同行业、不同部门、不同岗位的收入必然会出现差别，有的差别悬殊。在这种情况下，即要求我们党能够更好地代表全体人民的根本利益和不同社会群体的具体利益。

(5)人们的交往领域和交往方式发生了新的变化

随着经济全球化和信息科技对我国产生的新影响，我国居民的交往领域逐渐由地区拓展到全国，由国内拓展到国外。外国人来华投资办厂、经商、搞金融、发展文化和各种社会事业已成为潮流。中国到外国投资办企业、搞经济文化交流活动也是方兴未艾。中外交流活动频繁是我国不断开放的必然结果。

(6)党员和干部队伍发生了新的变化

随着我国经济的不断发展，党员和干部队伍不断扩大。到目前为止，全国已有 8000 多万党员，更有大批优秀的领导干部。党员数量大幅度扩大，干部队伍交替不断，具备时代意识的优秀年轻干部逐渐走上领导岗位。这些现象一方面给党的发展带来了新活力，但另一方面也给党的建设提出了新任务。如何培养这些年轻党员干部坚定党性，始终团结在党中央周围，为我国人民办实事、做好事是我们党要严肃面对的历史课题。

(7)党所处的地位、环境和肩负的任务发生了新的变化

我们党已经成为一个领导人民掌握着全国政权并长期执政的党，已经成为在改革开放条件下领导国家建设的党。在改革开放和市场经济发展的进程中要求党更好地发挥总揽全局、协调各方的领导作用，把全体人民和各方面的积极性调动起来，为实现共同的目标而奋斗。

5. 党情的一些新变化

江泽民说："经过八十年的发展，我们的党员队伍，党所处的地位和环境，党所肩负的任务，都发生了重大变化。我们党已经从一个领导人民为夺取全国政权而奋斗的党，成为一个领导着人民掌握全国政权并长期执政的党；已经从一个在受到外部封锁的状态下领导国家建设的党，成为在全面改革开放条件下领导国家建设的党。新党员的数量大幅度增加，干部队伍新老交替不断进行，一大批年轻干部走上领导岗位。这给党的发展带来了新活力，也提出了新挑战。"

(1)党的地位和环境的新变化

我们这里着重讲一下我党地位发生的两次大变化。在中国共产党建党之后到中华人民共和国成立，也就是 1921 年到 1949 年的 28 年间，这一时期，我党是领导人民为夺取全国政权而奋斗的党，我党的奋斗目标是摧毁旧政权，建立人民当家做主的新政权，为人民打江山。1949 年建国之后，我党已经成为领导人民掌握着全国政权并长期执政的党，我党的奋斗目标是要巩固一个新政权，是为人民坐江山。从 1949 年建国到 1978 年改革开放的这段时期，我党是在封闭条件下领

导国家建设,而 1978 年改革开放之后,我们是在开放的市场经济条件下进行现代化建设,我们的现代化建设事业取得了重大成功。

上述这些变化,带来了党同其领导对象相互关系的变化。在民主革命时期,党同党的领导对象之间的关系,是奠定在一个共同的革命目标的基础上的,这一革命目标就是民族和人民的解放,而党的领导对象是为了这样的目标奔向共产党的,正如毛泽东在延安时期所说的:“我们的共产党和共产党所领导的八路军、新四军,是革命的队伍。”“我们都是来自五湖四海,为了一个共同的革命目标,走到一起来了。”[①]这表明,当年中国共产党的领导对象,是“走到一起”来的,而之所以会“走到一起”,是“为了一个共同的革命目标”,这奠定了党同其领导对象关系的共同目标的基础。然而,当中国共产党掌握政权以后,其领导覆盖了全国,其所领导的对象就不是“为了一个共同的革命目标走到一起”来的,而是“生到一起”来的。这时的问题就是党如何领导人民。相对集中的管理模保证了党对全体人民领导的畅通无阻。

改革开放之后,当中国共产党的领导环境由封闭转变为开放后,市场经济和对外开放使社会生活多样化了,其领导的对象,开始有了更多的选择自由,市场经济环境带来的社会思潮多元化,人们的“言”“行”获得的较大的选择自由权,加强党的领导是党的建设所遇到的新的挑战。

(2)党的队伍状况的新变化

步入新世纪,中国共产党的新党员的数量大幅度增加,已从建党初的 53 位党员发展到 8000 多万的庞大队伍。同时,从组织成分看,除了传统的产业工人和农民外,党员中知识分子和其他阶层人员的比例逐渐增加;干部队伍新老交替加速进行,一大批年轻干部走上领导岗位。这一量上的巨大变化,不仅反映了党的兴旺发达,反映了党在人民群众中的深刻影响力,同时,也给党的建设提出了新的挑战。

中国共产党党员中,90%以上都是在共产党执政的条件下入党的,其中又有一半以上是在改革开放和发展社会主义市场经济条件下入党的。对于老党员和新党员的教育工作,党要极其重视。如何培养这些年轻党员干部坚定党性,始终团结在党中央周围,为我国人民办实事、做好事是我们党要严肃面对的历史课题。党风廉政建设是党的建设的一个重大问题,必须引起我们高度重视。

进入 21 世纪,是我们党进入整体性新老交替的重要时刻,一大批年轻干部将要走上中高级领导岗位,在这种情况下,进一步提高全党特别是党的干部队伍的素质尤其是思想理论素质,使党本身在思想上、政治上、组织上进一步巩固起来,经得起任何风险的考验,已成为十分紧迫的任务。

(3)党所肩负任务的新变化

我国已进入了全面建成小康社会、加快推进社会主义现代化的新的发展阶段。到 2010 年,要建立比较成熟和完善的社会主义市场经济体系,同时实现国民生产总值翻一番,为实现邓小平设计的第三步战略目标奠定坚实的基础;到 2021 年建党 100 周年的时候,在经济、政治、文化各方面形成一整套更加成熟更加定型的制度;再到本世纪中叶基本实现现代化,实现中华民族的伟大复兴。而要实现中华民族的伟大复兴,又必须争取以一国两制的方式和平解决台湾问题,实现祖国的统一,同时,还必须争取有利于中国现代化建设的和平的环境。因此,实现现代化、祖国统一,以及积极推进世界的和平与发展,是我们党进入新世纪所肩负的三大历史任务。

---

① 毛泽东选集(第 3 卷)[C].北京:人民出版社,1991,第 1004～1005 页

这三大历史任务，与党在历史上所承担的领导新民主主义革命的任务、实现由新民主主义向社会主义转变的任务，以及开辟建设有中国特色社会主义道路的任务相比，既有历史的继承性，即实现振兴中华的伟大使命，又在新的历史条件下具有新的内容和要求。这些新的内容和要求，对党的领导和建设带来了新的考验。

综上，党的历史方位、队伍状况和肩负任务所发生的新变化，对于进入新世纪后的中国共产党来说带来了新的考验，正如江泽民所说："在革命战争时期，参加党、参加革命队伍，就要准备奉献个人的一切乃至牺牲生命，大家都为崇高的革命理想和人民利益而奋斗。在反动派残酷统治的政治环境和极其艰苦的生活环境中，为了取得革命的胜利，广大党员、干部只有紧紧依靠人民群众，从人民群众中获得支持和力量，才能生存，才能发展，否则就会失败。"①他还说："历史和现实都表明，执政党的建设和管理，比没有执政的政党要艰难得多。""成为执政党特别是长期执政以后，我们遇到的一个突出问题，就是如何使广大党员、干部始终树立正确的利益观。"②中国共产党必须从严治党，以在新的历史条件下保持自己同最广大人民群众的血肉联系。由此，"三个代表"重要思想的形成，就是为了反映党情的这一变化对党和国家工作的新要求。党的建设面临的新形势新任务，是"三个代表"重要思想形成的现实依据。

二、"三个代表"重要思想形成与发展的进程

"三个代表"要求的提出是党建的根本要求，是新世纪党建的纲领，是立党治国的纲领和党的指导思想。

(一)酝酿阶段——从 1989 年到 2000 年 2 月

从 1989 年的十三届四中全会到 2000 年 2 月江泽民赴广东视察之前，是"三个代表"重要思想的酝酿与轮廓形成时期。这一时期，中国改革开放和现代化建设在经受了严峻考验之后又进入一个新的发展阶段。江泽民于 1989 年 6 月中共十三届四中全会出任党的总书记，此后，以江泽民为代表的中央领导集体，继承了毛泽东、邓小平两代中央领导集体开创的宏伟事业，领导中国继续向前发展。因此我们说，在这个时期以江泽民为主要代表的中国共产党人，特别关注并且严肃对待党的建设问题并不是偶然的，而是势在必行。

目睹了苏东各国共产党丧失执政地位甚至亡党亡国的惨剧，并且也亲身经历了国内政治风波给我国社会主义事业带来的重大冲击，江泽民等人便认真思考，思考在中国如何避免苏东剧变的重演、如何加强中国共产党的凝聚力和战斗力以防止中国社会的动荡、如何在党的领导下把中国特色社会主义建设推向前进。确切地说，以江泽民为代表的中国共产党人就是对如何坚持和改善党的领导、如何提高和改进党的执政水平和执政能力的问题，更准确地说，就是在中国"建设什么样的党、怎样建设党"等一系列重大的理论和现实问题上进行了认真的思考。这是一个关系党和国家命运和前途的头等重要的问题。因此，在新一代领导集体刚刚诞生之时，就已经强调大力加强党的建设问题。从那个时候开始，第三代领导集体对这一问题的探索从未间断。

这时期在党建方面，中共中央提出了一系列重大部署和举措。如仅在 1989 年，新班子出任后的短短几个月内就连续发出了如 7 月份的《关于近期做几件群众关心的事的决定》、8 月份的

① 江泽民文选(第 3 卷)[C]. 北京：人民出版社，2006，第 179 页

② 江泽民文选(第 3 卷)[C]. 北京：人民出版社，2006，第 181 页

《关于加强党的建设的通知》、11月份转发中纪委的《关于加强党风廉政建设的意见》和12月份通过的《关于坚持和完善中国共产党领导的多党合作和政治协商制度的意见》以及同月的《为把党建设成为更加坚强的工人阶级先锋队而斗争》的讲话等一系列重要指示。此后,在党的十三届六中全会、十四届四中全会、十四届六中全会等一系列重要会议中或者中共十四大、十五大上等代表大会上,都对党建问题进行了专门地论述或决议。此外,党的领导人也在各种场合反复强调党建问题,并在全党开展了以"三讲"为主要内容的党性党风教育活动。

1994年,中共十四届四中全会通过了《中共中央关于加强党的建设几个重大问题的决定》。该《决定》对党建面临的新形势新矛盾新问题进行了分析,提出把党的建设确立为党的"新的伟大工程",以及党的建设的目标。

早在1995年9月27日,江泽民在中共十四届五中全会召集人会议上指出:"我们的高级干部,首先是省委书记、省长和部长,中央委员和中央政治局委员,一定要讲政治。我这里所说的政治,包括政治方向、政治立场、政治观点、政治纪律、政治鉴别力、政治敏锐性。在政治问题上,一定要头脑清醒。"①

1997年,中共十五大鲜明地提出了"面向新世纪的中国共产党"的党建命题,进一步明确了新时期党的建设这一伟大工程的总目标,并全面部署了加强党的思想建设、组织建设和作风建设的具体任务。在十五大之后,以江泽民为主要代表的中国共产党人继续探索面向新世纪的党的建设问题。

为了更好地贯彻执行党的路线、方针和政策,确保社会主义现代化建设的胜利进行,1998年11月21日,中共中央作出在县级以上党政领导班子、领导干部中深入开展以"讲学习、讲政治、讲正气"为内容的党性党风教育意见。12月25日,中共中央召开电视电话会议,对在县级以上党政领导班子、领导干部中深入开展以"讲学习、讲政治、讲正气"为内容的党性党风教育进行动员部署。

1999年初,中央正式开展在全党党员干部中进行以"讲学习、讲政治、讲正气"为内容的"三讲"教育。这一年"三讲"教育全面展开。至同年底、次年初,省部和中央国家机关司处以及绝大多数地厅局领导干部的"三讲"教育,取得了明显成果,并告一段落。总的看来,这一时期有关党建最重要的会议及其成果,即江泽民所说的"党的十四届四中全会和十五大提出的党的建设新的伟大工程"②。

(二)形成时期——从2000年2月到2001年

从2000年2月江泽民赴广东视察到2001年中国共产党成立80周年大会召开之前是"三个代表"重要思想正式提出、形成时期。

21世纪之交,江泽民就如何加强新时期党的建设问题进行了大范围的调研,多次主持召开了党建工作座谈会,发表重要讲话,并赴广东、江苏、浙江、上海等地考察。在这个过程中,江泽民明确提出了"三个代表"重要思想。

2000年1月14日,他在中央纪委第四次会议上提出的"四个始终",为"三个代表"思想的提出奠定了基础。江泽民指出:"在新的国内外环境中,如何保证我们党始终保持工人阶级先锋队

---

① 江泽民文选(第1卷)[C].北京:人民出版社,2006,第457页

② 江泽民文选(第3卷)[C].北京:人民出版社,2006,第44页

性质，始终代表最广大人民群众的利益，始终经得起各种风险和困难的考验，始终坚强有力地发挥好领导核心作用，这是面向新世纪加强党的建设必须进一步解决好的最重大的课题，也是决定社会主义在中国的跨世纪发展中进一步巩固和充分显示优越性的根本问题。”①2000 年 2 月 24 日，在广州主持召开的党建工作座谈会上，江泽民第一次明确而完整地提出了“三个代表”的概念及其思想。他还指出，“办好中国的事情取决于党的思想、作风、组织、纪律状况和战斗力、领导水平。只要我党坚持‘三个代表’重要思想，就能永远立于不败之地，得到全国各族人民的衷心拥护并带领人民不断前进”②。随后，5 月 8 日至 15 日，江泽民在赴江苏、浙江和上海等地考察期间召开的党建工作座谈会上作了重要讲话，重申这一思想，并号召全党深入基层，总结实践，积极探索，开拓前进，按照“三个代表”的要求，加强党的建设。同年 10 月，在中共十五届五中全会上，江泽民发表重要讲话，对全党提出了各项要求，如高度警觉党内存在的腐败问题，研究和借鉴国际上一些长期执政的政党下台或衰亡的经验教训，深刻认识和全面、正确地把握“三个代表”的要求等。2001 年 1 月，江泽民在召开的全国宣传部长会议上，再次阐发了“三个代表”重要思想，并要求全党把对“三个代表”重要思想的研究、阐述和宣传引向深入。

（三）发展时期——从 2001 年 7 月到 2002 年

2001 年 7 月 1 日，江泽民在纪念建党 80 周年大会上的讲话，全面阐述了“三个代表”的科学内涵和基本内容。《在庆祝中国共产党成立 80 周年大会上的讲话》则是“三个代表”重要思想形成的标志性成果。江泽民指出：“总结八十年的奋斗历程和基本经验，展望新世纪的艰巨任务和光明前途，我们党要继续站在时代前列，带领人民胜利前进，归结起来，就是必须始终代表中国先进生产力的发展要求，代表中国先进文化的前进方向，代表中国最广大人民的根本利益”。③ 此后，在 2002 年的“5·31”重要讲话中，江泽民更加明确地指出了高举邓小平理论的伟大旗帜，全面贯彻“三个代表”重要思想，开创建设有中国特色社会主义事业新局面。特别是当他谈到社会主义文化建设时，首次提出要“用‘三个代表’要求统领社会主义文化建设”④。这为即将召开的中共十六大确立“三个代表”重要思想的指导地位，奠定了直接的思想准备。

2002 年 11 月 14 日，中共十六大通过的《中国共产党章程》，将“三个代表”重要思想连同马克思列宁主义、毛泽东思想、邓小平理论一起作为党的行动指南。2007 年 10 月 21 日，中共十七大通过的《中国共产党章程》，仍然坚持了这一点。这表明，“三个代表”重要思想已经得到全党乃至全国人民的认同，并且经得起时代的考验。

三、“三个代表”重要思想对党和国家建设的指导和统领

“三个代表”重要思想，体现了当今世界和中国发展的时代精神，反映了我国最广大人民的共同意愿，显示了马克思主义科学理论的强大力量，是全党全国人民在新世纪新阶段继续团结奋斗的共同思想基础。

---

① 中国共产党新闻网：http://dangjian.people.com.cn/n/2012/1019/c349309－19316593.html

② 郑永廷，杨菲蓉，江传月.中国化马克思主义发展概论[M].北京：中国人民大学出版社，第 93 页

③ 江泽民文选(第 3 卷)[C].北京：人民出版社，2006，第 272 页

④ 江泽民文选(第 3 卷)[C].北京：人民出版社，2006，第 281 页

(一)“三个代表”重要思想是我们党的立党之本、执政之基、力量之源

“始终做到‘三个代表’,是我们党的立党之本、执政之基、力量之源。”[①]这段话从立党和执政的高度,评价了“三个代表”要求的重要地位和作用,指明了“三个代表”重要思想是加强和改进党的建设、提高执政水平、推进社会主义制度自我完善和发展的强大理论武器。

有学者指出,“‘三个代表’重要思想用世界眼光贯串21世纪党的建设大思路,把党的建设同当今世界生产力发展和人类文明进步、同社会主义初级阶段根本任务、同中华民族伟大复兴相联系;把总结历史经验作为党建理论创新的重要方法,对党的历史上蕴涵着‘三个代表’意思的思想资源进行了深入的发掘、加工和提炼,对党的历史活动本质进行了科学的概括,对世界社会主义运动经验教训进行了总结;用唯物史观深化党的先进性的传统内涵,体现了党的阶级性、先进性、时代性的统一;用新的系统化思想丰富和发展马克思主义党建理论体系,密切了党建理论体系同唯物史观的联系,拓展了党建理论体系的研究领域,加强了党建理论体系的开放性。‘三个代表’重要思想是把马克思主义党建一般原理同当代中国共产党建设实际、同国际国内新情况新特点相结合的新结论。”[②]

“三个代表”要求是加强和改进党的建设的理论武器和伟大纲领;“三个代表”重要思想体现了党的性质和宗旨,是党的先进性的集中表现;“三个代表”要求,是党执政的理论武器和政治基础;“三个代表”要求,是推进我国社会主义制度自我完善和发展、实现中华民族伟大复兴的理论武器和力量源泉。“三个代表”重要思想,体现了人类社会发展的客观规律、社会主义建设的发展规律,顺应了时代发展的要求,代表了中华民族的整体利益,反映了人民群众的根本愿望和要求,是我们的事业不断成功和发展的力量源泉。

(二)“三个代表”重要思想是全党和全国人民必须长期坚持的指导思想

党的十六大把“三个代表”重要思想确立为我们党必须长期坚持的指导思想,写入了党章。十届全国人大二次会议又将“三个代表”重要思想写入宪法,成为整个国家的指导思想。

确立“三个代表”重要思想为党和国家必须长期坚持的指导思想,是党的指导思想的又一次与时俱进。从根本上说,这是由党的指导思想的重要作用和与时俱进的理论品质决定的。“三个代表”重要思想是指引全党全国人民为实现新世纪新阶段的发展目标和宏伟蓝图的根本指针。坚持贯彻“三个代表”重要思想,坚持四项基本原则,坚持改革开放,聚精会神搞建设、一心一意谋发展,我们就能够实现既定的发展目标。

把“三个代表”重要思想作为党和国家的指导思想,是在国际国内形势飞速发展的情况下,党的建设、国家建设、社会发展和人民幸福的迫切需要。关系党和国家工作的全局,关系实现全面建设小康社会的宏伟目标,关系中国特色社会主义事业的长远发展,关系中华民族的伟大复兴。

(三)坚持用“三个代表”重要思想武装全党和全国人民的头脑、统领党和国家的建设

学习贯彻“三个代表”重要思想的一项最重要、最根本的任务,就是用“三个代表”重要思想武装全党和全国人民的头脑、指导自我修养,改造主观世界,牢固树立马克思主义的世界观、人生观、价值观和正确的权力观、地位观、利益观。我们党强调用“三个代表”重要思想武装全党和全国人民的头脑,还是为了指导实践,改造客观世界,更好地推进全面建设小康社会和建设中国特

---

① 江泽民文选(第3卷)[C].北京:人民出版社,2006,第6页

② 王真.论“三个代表”理论创新的特色.教学与研究,2001(7)

色社会主义事业的发展。

以“三个代表”重要思想为指导，从实践中来，又回到实践中去；从全党的意志中来，又成为全党的意志；从人民群众中来，又成为全体人民共同的思想基础。在这种双向转化过程中，理论武装起着十分重要的作用，它不仅能够进一步统一全党的认识，充分发挥对全党的指导作用，而且能在全民族的范围内进一步汇聚人民的意愿，弘扬时代的精神，发挥理论的力量，巩固中华民族团结奋斗的思想基础，使整个中华民族的创造活力竞相迸发。

第二节 “三个代表”重要思想的科学体系

江泽民在2001年“七一”讲话中所说：“总结八十年的奋斗历程和基本经验，展望新世纪的艰巨任务和光明前途，我们党在继续站在时代前列，带领人民胜利前进，归结起来，就是必须始终代表中国先进生产力的发展要求，代表中国先进文化的前进方向，代表中国最广大人民的根本利益。”①

一、“三个代表”思想的科学内涵和精神实质

(一)“三个代表”的科学内涵

1.关于把发展作为党执政兴国的第一要务的思想

解决中国所有的问题，关键在发展。邓小平总结社会主义建设的经验教训，提出了“发展才是硬道理”的著名论断。江泽民反复强调：发展是硬道理，这是我们必须始终坚持的一个战略思想。“党要承担起推动中国社会进步的历史责任，必须始终紧紧抓住发展这个执政兴国的第一要务，把坚持党的先进性和发挥社会主义制度的优越性，落实到发展先进生产力、发展先进文化、实现最广大人民的根本利益上来，推动社会全面进步，促进人的全面发展。”围绕发展这个党执政兴国的第一要务，江泽民阐述了一系列新观点、新论断。其中包括：要聚精会神搞建设，一心一意谋发展。要以发展为主题，用发展的眼光、发展的思路、发展的办法解决前进中的问题。要调动一切积极因素，大力发展先进生产力。要抓住机遇，全面建设小康社会。发展要有新思路，改革要有新突破，开放要有新局面，各项工作要有新举措。

2.关于建立社会主义市场经济体制的思想

代表先进生产力的发展要求，加快发展生产力，要建立更具活力、更加开放的经济体系。根据马克思主义和社会主义的基本原理以及邓小平关于计划与市场的重要论述，江泽民提出了“建立社会主义市场经济体制”的改革目标，并围绕这一目标阐述了一系列新观点。其中包括：坚持社会主义与市场经济相结合；坚持和完善社会主义公有制为主体、多种所有制经济共同发展的基本经济制度；坚持和完善按劳分配为主体、多种分配方式并存的分配制度；坚持在国家宏观调控下发挥市场对资源配置的基础性作用；坚持实施“引进来”和“走出去”相结合的开放战略。

3.关于国民经济走持续快速健康发展道路的思想

我国是发展中的社会主义国家，在经济上要赶上发达国家，就必须保持必要的发展速度，但

① 江泽民文选(第3卷)[C].北京：人民出版社，2006，第272页

更要注重增长的质量,努力实现速度与结构、质量、效益相统一,走既有较高速度又有较好效益的经济发展道路。这条道路有以下基本点:一是加强和改善宏观调控,加快健全和改善宏观调控体系,根据经济形势变化,制定和实施相应的宏观经济政策,主要运用经济、法律的手段,并辅之以必要的行政手段,既抑制通货膨胀又防止通货紧缩,实现经济总量平衡和结构优化。二是把“三农”放在经济工作的首位,统筹城乡经济社会发展。三是加快转变经济增长方式,推进产业结构优化升级。四是实施西部大开发战略,促进区域协调发展。五是把扩大内需作为我国经济发展的长期战略方针和基本立足点。六是正确处理现代化建设中的重大关系,加强统筹兼顾,促进协调发展。

4. 关于建设社会主义政治文明、发展社会主义民主政治的思想

在邓小平提出建设社会主义物质文明和精神文明的基础上,江泽民提出建设社会主义政治文明,强调发展社会主义民主政治、建设社会主义政治文明是社会主义现代化建设的重要目标。围绕建设社会主义政治文明、发展社会主义民主政治的战略目标,建设政治文明涉及政治思想、政治制度、行政管理、法制建设,是一个内容广泛的系统工程。建设社会主义政治文明,最根本的就是要坚持党的领导、人民当家做主和依法治国的有机统一。这是我们推进政治文明建设必须遵循的基本方针,也是我国社会主义政治文明区别于资本主义政治文明的本质特征。党的领导是人民当家做主和依法治国的根本保障,人民当家做主是社会主义民主政治的本质要求,依法治国是党领导人民治理国家的基本方略。共产党执政就是领导和支持人民当家做主,最广泛地动员和组织人民群众依法管理国家和社会事务,管理经济和文化事业,维护和实现人民群众的根本利益。

5. 关于发展社会主义先进文化、建设社会主义精神文明的思想

中国特色社会主义文化,是凝聚全国各族人民的重要力量,是综合国力的重要标志。全面建设小康社会,必须牢牢把握先进文化的前进方向,大力发展社会主义文化,建设社会主义精神文明,不断满足人民不断增长的精神文化需求,不断丰富人民的精神世界,增强人民的精神力量。围绕这一思想,江泽民主要阐述了以下观点:(1)在当今世界,文化与经济、政治相互交融,在综合国力竞争中的地位和作用越来越突出。文化的力量,深深熔铸在民族的生命力、创造力和凝聚力之中。随着世界多极化和经济全球化趋势的发展,世界各种思想和文化相互激荡。面对这样的形势,努力建设先进文化与努力发展生产力,都是我们实现社会主义现代化的战略任务。(2)在当代中国,发展先进文化,就是建设社会主义精神文明。(3)民族精神是一个民族赖以生存和发展的精神支撑。(4)加强社会主义思想道德建设,是发展先进文化的重要内容和中心环节。(5)百年大计,教育为本;国运兴衰,系于教育。教育是发展科学技术和培养人才的基础,在现代化建设中具有先导性和全局性作用,必须摆在优先发展的战略地位。要全面贯彻党的教育方针,不断推进教育创新。

6. 关于贯彻新时期军事战略方针、推进中国特色军事变革的思想

建设巩固的国防是我国现代化建设的重要战略任务,是维护国家安全统一的重要保障。迎接世界新军事变革的挑战、加速推进军事斗争准备和军队现代化建设,这个问题关系国防和军队建设的全局,也关系维护国家的安全、统一和实现全面建设小康社会奋斗目标的全局。江泽民从战略高度阐述了以下观点:(1)在新的形势下加强军队建设,有两个问题需要高度关注:一是在复杂的国际环境中能否赶上世界军事发展的趋势,打赢未来可能发生的高技术战争,切实捍卫国家的主权、安全和统一；二是在社会主义市场经济和对外开放条件下能否保持人民军队的性质、本色和作风，始终成为党绝对领导下的革命军队。打得赢和不变质，是新形势下人民军队必须解决的两个历史性课题。新时期的军队建设和国防建设。要紧紧围绕这两个课题。(2)坚持以毛泽东军事思想、邓小平新时期军队建设思想为指导，全面贯彻“三个代表”重要思想，按照“政治合格、军事过硬、作风优良、纪律严明、保障有力”的总要求，坚定不移地走中国特色的精兵之路，从严治军，依法治军，加速推进军事斗争准备，加强军队的革命化、现代化、正规化建设。(3)坚持党对军队的绝对领导，是我军的根本原则和制度，是我军永远不变的军魂。加强军队的革命化建设，必须始终把思想政治建设摆在全军各项建设的首位，始终保持坚定正确的政治方向。(4)迎接世界新军事变革的挑战，积极推进中国特色的军事变革。(5)贯彻积极防御的军事战略方针，全面提升我军在高技术条件下的防卫作战能力。(6)实施科技强军战略，加强质量建设。(7)坚持国防建设与经济建设协调发展，在经济发展的基础上推进国防和军队现代化。

7. 关于发展两岸关系、推进祖国完全统一进程的思想

实现祖国的完全统一，是祖国繁荣富强和民族伟大复兴的基础，是海内外中华儿女的共同心愿，是中华民族的根本利益所在。统一是中国历史发展的主流。维护祖国统一是中华民族的爱国主义传统。实现祖国完全统一，是中华民族伟大复兴的根本基础，是中国共产党和人民不可动摇的坚强意志。(1)为了实现祖国的完全统一，邓小平提出了“和平统一、一国两制”构想。这个构想从中国实际出发，照顾到各方利益，既体现了实现祖国统一维护国家主权的原则性，又充分考虑台湾、香港和澳门的历史和现实，体现了高度的灵活性。按照这个构想实现祖国的完全统一，有利于台湾、香港和澳门的长期稳定，有利于祖国统一和民族振兴，有利于世界的和平与发展，可以得到国际社会的广泛认同。香港、澳门顺利回归祖国，使“一国两制”由科学构想变成生动现实，是祖国统一大业进程中的重要里程碑。在任何情况下都必须全面正确贯彻“一国两制”方针，维护和促进香港和澳门的繁荣稳定发展，并对早日解决台湾问题发挥积极的示范作用。(2)围绕推进祖国完全统一，江泽民阐述了以下观点国家要统一，民族要复兴，台湾问题不能无限期地拖延下去。通过全体中华儿女共同努力，祖国的完全统一就一定能够早日实现。

8. 关于维护世界和平与促进共同发展的思想

当今世界正处在大变动的历史时期，世界的力量组合和利益格局正在发生新的深刻变化。面对国际局势跌宕起伏，江泽民深刻洞察世界形势发展的总趋势，提出了一系列外交和国际战略思想观点：(1)和平与发展仍是当今时代的主题。世界要和平，人民要合作，国家要发展，社会要进步，是时代的潮流。总体和平、局部战乱，总体缓和、局部紧张，总体稳定、局部动荡，是当前和今后一个时期国际局势发展的基本态势。(2)发展需要和平。在和平稳定中谋求发展，是当今世界的头等大事。争取和平，为社会主义现代化建设服务，是我国对外工作的首要任务。中国外交政策的宗旨，是维护世界和平，促进共同发展。(3)正确把握世界多极化和经济全球化的发展趋势，对维护世界和平、促进共同发展十分重要。我们要顺应历史潮流，积极促进世界多极化，推动多种力量和谐并存，保持国际社会的稳定；积极适应经济全球化，参与国际经济合作与竞争，促进经济全球化朝着有利于共同繁荣的方向发展。(4)建立国际政治经济新秩序，要从当今世界的实际情况出发，反映世界各国人民的普遍愿望和共同利益，体现历史发展和时代进步的要求。(5)面对新的国际形势，应当树立新安全观。(6)维护世界多样性，提倡国际关系民主化和发展模式多样化。(7)始终不渝地奉行独立自主的和平外交政策。

(二)“三个代表”思想的精神实质

一种理论的精神实质,是指这一理论的主旨、精髓和要义,是其各种观点和论断所体现的根本精神。它包括三方面的内容:一是精髓和灵魂,即这一理论所依据的世界观和方法论,这是理论形成和发展的前提和基础;二是核心,即理论存在和发展的条件与依据;三是本质,即这一理论的根本属性,它决定着理论的性质和方向。“三个代表”重要思想是马克思主义中国化进程中产生的理论成果,是中国特色社会主义理论体系形成和发展过程中产生的阶段性成果,是系统的科学理论,其精神实质是由这一理论的灵魂或精髓、核心、本质三者共同构成、内在统一的有机整体。其中,精髓和灵魂是解放思想、实事求是、与时俱进,核心是坚持党的先进性,本质是执政为民。“三个代表”重要思想的精神实质的三个方面是辩证统一的。“坚持党的思想路线,解放思想、实事求是、与时俱进,是我们党坚持先进性和增强创造力的决定性因素。只有坚持解放思想、实事求是、与时俱进,才能保持和发展党的先进性;只有保持和发展党的先进性,才能真正做到立党为公、执政为民。”三者紧密联系、相互补充,贯穿于“三个代表”重要思想的科学理论体系中,统一于建设中国特色社会主义的伟大实践中。

1. 解放思想、实事求是、与时俱进

解放思想、实事求是、与时俱进,是“三个代表”重要思想的活的灵魂和精髓。它集中表现在两个方面:一方面,“三个代表”重要思想的形成是以解放思想、实事求是、与时俱进为思想基础和逻辑起点的;另一方面,“三个代表”重要思想的丰富和发展,仍需要继续坚持解放思想、实事求是、与时俱进。只有坚持解放思想、实事求是、与时俱进,才能以马克思主义的理论勇气,不断总结新的实践经验,在实践中创新,在创新中发展,不断赋予马克思主义新的生机与活力,把马克思主义提高到一个新的境界,才能在建设中国特色社会主义的伟大实践中不断推进马克思主义的中国化,更好地发挥马克思主义特别是马克思主义中国化最新成果对改革开放和现代化建设伟大实践的指导作用。

2. 坚持党的先进性

先进性是马克思主义政党的本质属性,是马克思主义政党的生命所系、力量所在。党的先进性是历史的、具体的,既是一以贯之的,又是与时俱进的。这就决定了保持和发展党的先进性是马克思主义政党自身建设的根本任务和永恒课题。加强党的先进性建设,就是为了不断解决好这个重大课题。

回顾 1848 年《共产党宣言》发表以来的历史,马克思主义政党在保持和发展先进性方面有许多成功经验,也有不少深刻教训。中国共产党作为马克思主义政党,在本质上具有非马克思主义政党无可比拟的先进性。这种先进性,集中体现在坚持把马克思主义科学理论作为指导,坚持把实现符合人类社会发展规律的社会主义和共产主义作为坚定信念和远大理想,坚持把立党为公、执政为民作为本质要求,坚持把民主集中制作为根本组织制度和领导制度,坚持把最广大人民作为根本力量源泉等主要方面。这种先进性,从根本上说,是由中国共产党的性质和宗旨决定的,是靠坚持不懈地开展党的自身建设来保持和发展的。历史和现实都表明,一个政党过去先进不等于现在先进,现在先进不等于永远先进;只有紧跟世界发展潮流,始终站在时代前列,才能保持和发展党的先进性。马克思主义政党赢得先进性固然不容易,在复杂的国内外环境中和长期执政的条件下保持和发展先进性更不容易。

现在,中国共产党是在国际形势深刻变化、国际竞争日趋激烈、国内改革开放日益深化的条

件下带领人民进行社会主义现代化建设的。深刻变化的国际国内环境,给党员队伍和党的自身建设带来了深刻影响,使保持和发展党的先进性既面临许多新情况新考验,又面临许多新任务新要求。面对机遇和挑战并存的形势,党只有不断保持和发展自身的先进性,始终走在时代前列,才能巩固党的执政地位、提高党的执政能力、完成党的执政使命。我们必须清醒认识新的历史条件下加强党的自身建设的必要性、紧迫性、艰巨性、复杂性,全面把握党所肩负的历史使命和党员队伍的总体状况,扎扎实实加强党的先进性建设。

"党的先进性是具体的、历史的,必须放到推动当代中国先进生产力和先进文化的发展中去考察,放到维护和实现最广大人民根本利益的奋斗中去考察,归根到底要看党在推动历史前进中的作用。"坚持党的先进性,要用时代发展的要求审视自己,以改革的精神加强和完善自己,既善于总结成功的经验,又善于吸取失误的教训;既善于通过提出和贯彻正确的理论路线带领群众前进,又善于从群众的实践创造和发展要求中获得前进动力;既善于认识和改造客观世界,又善于组织引导干部和党员在实践中加强主观世界的改造。从而实现坚持马克思主义基本原理和推进理论创新相统一,坚持党的优良传统和弘扬时代精神相统一,坚持增强党的阶级基础和扩大党的群众基础相统一,使党成为思想上政治上组织上完全巩固、始终站在时代前列带领人民团结奋进的坚强领导核心。

坚持党的先进性,是"三个代表"重要思想的核心。"三个代表"重要思想深刻回答了在长期执政条件下什么是党的先进性、如何才能保持党的先进性的问题。它把代表中国先进生产力的发展要求、代表中国先进文化的前进方向、代表中国最广大人民的根本利益作为一个整体提了出来,赋予党的先进性以更加丰富、更加深刻的时代内涵,为我们正确理解和坚持党的先进性开阔了视野和思路。

3. 立党为公,执政为民

理论的本质是由该理论所要解决的重大历史性课题所规定的。"三个代表"重要思想进一步回答了什么是社会主义、怎样建设社会主义的问题,创造性地回答了在长期执政的条件下建设什么样的党、怎样建设党的问题。"三个代表"重要思想对这两个重大问题的回答,充分展示了它的理论本质,这就是立党为公、执政为民。

一切为了人民,一切依靠人民,是马克思主义最鲜明的政治立场。实现人民愿望,满足人民需要,维护人民利益,是"三个代表"重要思想的根本出发点和落脚点,也是建设中国特色社会主义的根本目的。建设中国特色社会主义,是我国各族人民实现自己利益、创造美好生活的共同事业,是亿万人民群众广泛参与的创造性事业。我们全部工作的出发点和落脚点,就是不断实现好维护好发展好最广大人民的根本利益。中国共产党来自于人民,植根于人民,服务于人民。

"全心全意为人民服务,立党为公,执政为民,是我们党同一切剥削阶级政党的根本区别。"中国共产党的性质和宗旨,党的领导和执政地位,都与最广大人民群众的利益紧密相连。"三个代表"重要思想从立党宗旨和执政目的的高度,把中国共产党坚持马克思主义人民利益观的重点放在"立党为公"和"执政为民"上,充分体现了党热爱人民、为了人民、服务人民、造福人民的政治本色。代表中国先进生产力的发展要求、代表中国先进文化的前进方向,归根到底都是为了满足人民群众日益增长的物质文化需要,不断实现好、维护好和发展好最广大人民的根本利益。而只有切实把人民群众的利益实现好、维护好、发展好,切实把他们的积极性引导好、保护好、发挥好,才能为中国特色社会主义伟大事业奠定坚实的最广泛最可靠的群众基础,提供强大的奋进动力和力量源泉。人民群众的整体利益总是由各方面的具体利益构成的。随着改革开放的深入和社会主义市场经济的发展,物质利益的多样化是不可避免的,群众产生不同的利益要求也是不可避免的。改革越深入,越要正确认识和处理各种利益关系,把个人利益与集体利益、局部利益与整体利益、当前利益与长远利益正确地统一和结合起来。只有这样,我们的改革和建设才能始终获得最广泛最可靠的群众基础和力量源泉。我们所有的政策措施和工作,都应该正确反映并有利于妥善处理各种利益关系,都应该认真考虑和兼顾不同阶层、不同方面群众的利益。最大多数人的利益是最紧要和最具有决定性的因素,这始终关系党的执政的全局,关系国家经济政治文化发展的全局,关系全国各族人民的团结和社会安定的全局。

立党为公,执政为民,这是中国共产党的性质和宗旨的必然要求和具体体现,是共产党人应有的科学理念,也是“三个代表”重要思想的本质。

二、代表中国先进生产力的发展要求

江泽民在庆祝中国共产党成立 80 周年大会上的讲话中指出:“我们党要始终代表中国先进生产力的发展要求,就是党的理论、路线、纲领、方针、政策和各项工作,必须努力符合生产力发展的规律,体现不断推动社会生产力的解放和发展的要求,尤其要体现推动先进生产力发展的要求,通过发展生产力不断提高人民群众的生活水平。”生产力标准是衡量一个政党是否具有先进性的最高标准,能否“代表先进生产力的发展要求”,决定着一个政党的生命力。

(一)“三个代表”重要思想之前党的发展先进生产力发展的进程

中国共产党是作为工人阶级的先锋队,是以中国先进生产力的代表的身份走上历史舞台的。

以毛泽东为核心的党的第一代领导集体,重视解放和发展中国先进生产力,并将解放和发展先进生产力付诸实践。在民主革命时期,毛泽东就根据马克思主义的基本原理,提出了判断中国社会各种政党先进性的根本标准:“中国一切政党的政策及其实践在中国人民中所表现的作用的好坏、大小,归根到底,看它对于中国人民的生产力发展是否有帮助及其帮助的大小,看它是束缚生产力的,还是解放生产力的。”①这一标准表明了中国共产党的宗旨和性质,也反映了中国工人阶级的先进性。然而,由于当时中国社会的经济政治结构已严重地束缚了生产力的发展,在“三座大山”统治之下,我党的首要任务就是领导新民主主义革命,取消帝国主义在中国的特权,消灭地主阶级和官僚资产阶级的剥削和压迫,改变买办的封建的生产关系,以及改变建立在这种经济基础之上的腐朽的上层建筑,从而从根本上解放被束缚的生产力,为生产力的发展扫清障碍。这成为党的先进性的具体体现。

中共一大时,党的纲领提出要“废除资本私有制”。到了二大,党认识到了当时阻碍生产力发展的主要是帝国主义与封建势力,因此把纲领调整为“反帝反封建”。土地革命战争时期,我党着重解放农业生产力,实践了“耕者有其田”的主张。抗日战争期间,党实行了“减租减息”的土地政策。毛泽东提出的新民主主义经济的指导方针,强调了必须紧紧追随发展生产、繁荣经济这个目标。解放战争期间,随着革命形势的发展,党提出了没收封建阶级的土地归农民所有的纲领。

新中国成立后,党适时地进行了土地改革运动,逐步恢复交通、工商业。随后,党对农业、手工业和资本主义工商业实行了社会主义改造,确立了社会主义生产关系,继续解放和发展了生产力,确立了社会主义基本制度。此后,党又领导全国各族人民开始转入全面的大规模的社会主义

① 毛泽东选集(第 3 卷)[C].北京:人民出版社,1991,第 1079 页

建设，并取得了很大的成就，奠定了独立的国民经济体系和工业化基础。

一个社会要想发展好先进生产力，就要代表先进生产力的发展要求，要深刻认识生产力发展的规律，把握我国社会生产力的发展趋势和要求。邓小平开辟的建设有中国特色社会主义道路理论体系，就包含了对先进生产力发展要求的准确把握。邓小平在拨乱反正过程中，始终联系生产力的发展要求来思考中国社会的前进方向，他对先进生产力发展重大贡献正是科学技术和改革开放。

邓小平在1978年召开的全国科学大会开幕式上重申并系统阐述了“科学技术是生产力”的观点。邓小平充分认识到，新科技革命不仅使传统产业得到了脱胎换骨的改造，更使知识密集型产业日益取代传统的劳动密集型产业，产业的结构逐步向高科技和现代化方向发展。它促进了劳动工具自动化，劳动对象合成化，人的劳动智能化，以及劳动管理信息化，使生产力的发展出现了质的变化。机器大生产条件下日趋简单化的劳动又复杂起来，传统意义上的体力劳动日趋减少，凝结在产品中的劳动成分逐渐转化为以脑力劳动为主，产品真正成为知识的物化。它催化了劳动力在社会生产各部分的重新配置的过程，从事高科技产业、信息产业和服务部门的劳动者人数不断增加，而传统生产部门的就业人口相对减少，劳动生产率因此而获得极大提高。到20世纪80年代末，邓小平则进一步提出了“科学技术是第一生产力”的论断。

第三次科技革命给世界经济发展带来了重大影响，国与国之间的经济联系更加紧密，经济的开放则成了先进生产力发展的必然趋势。邓小平敏锐地把握了这一趋势。他认为：“一个对外经济开放，一个对内经济搞活，改革就是搞活，对内搞活也就是对内开放，实际上都叫开放政策。”①

党的十一届三中全会前后开始，邓小平逐步解决了过去没有完全解决好的如何切实地代表好先进生产力发展要求的三大课题：

第一，关于生产力实践的社会地位，邓小平指出：“正确的政治领导的成果，归根到底要表现在社会生产力的发展上，人民物质文化生活的改善上。如果在一个很长的历史时期内，社会主义国家生产力发展的速度比资本主义国家慢，还谈什么优越性？”②邓小平反复强调发展生产力是社会主义的根本任务，反复告诫全党要始终把经济建设置于党的中心工作的地位，抓住这个根本环节不放，顽固一点，毫不动摇，明确提出判断一切工作是非得失的“三个有利于”标准，并且在对社会主义本质的概括中，鲜明地把解放生产力、发展生产力放在首位。这也就是党的领导是否科学正确、社会主义是否具有优越性的直接标准。

第二，关于发展先进生产力的依靠力量。邓小平指出发展先进生产力要依靠工人、农民和知识分子，把知识分子看成是工人阶级的一部分，倡导“尊重知识、尊重人才”，对干部提出了“知识化”特别是“专业化”的要求。

第三，关于实现生产力解放和发展的现实途径。邓小平提出要引入市场机制，强调改革和开放，以及通过现代化的管理提高生产力的水平。

(二)“三个代表”重要思想对生产力理论的推进

1.“三个代表”重要思想突出强调了生产力的先进性

“始终代表中国先进生产力的发展要求”，必须着眼于发展先进的生产力，用先进的生产力不

① 邓小平文选(第3卷)[C].北京：人民出版社，1993，第98页

② 邓小平文选(第2卷)[C].北京：人民出版社，1994，第128页

断取代落后的生产力。发展生产力是由马克思主义的科学理论决定的。邓小平指出:“马克思主义最注重发展生产力”“马克思主义的基本原则就是要发展生产力。”①只有代表和反映生产力发展要求的阶级和社会集团,才是推动社会发展的革命力量。哪个阶级、哪个政党或政治组织代表了当时社会生产力发展的水平和要求,就顺应了历史发展的方向和趋势,就掌握了领导和推动社会变革进步的主动权。代表社会化大生产发展的要求,是通过无产阶级政党来实现的。

我党按照马克思主义建党原则建党的,以马克思列宁主义、毛泽东思想、邓小平理论作为自己的行动指南,从而决定了我们党必须坚持始终代表中国先进社会生产力发展要求的基本原则。江泽民指出:“生产力是最活跃最革命的因素,是社会发展的最终决定力量。生产力与生产关系、经济基础与上层建筑的矛盾,构成社会的基本矛盾。这个基本矛盾的运动,决定着社会性质的变化和社会经济政治文化的发展方向。”②我们党要建设有中国特色的社会主义,就必须始终把发展生产力放在一切工作的首位,坚定不移地抓住经济建设这个中心不动摇,使改革开放和现代化建设不断向前推进,确保经济发展、政治稳定,确保社会各项事业的全面进步。

2.“三个代表”重要思想突出强调了生产力中人的因素

劳动者是生产力中最活跃的因素。江泽民在“七一”讲话中指出:人是生产力中最具有决定性的力量。包括知识分子在内的我国工人阶级,是推动我国先进生产力发展的基本力量。我国农民阶级和其他劳动群众,同工人阶级紧密团结,是推动我国社会生产力发展的重要力量。不断提高劳动者及全体人民的思想道德素质和科学文化素质,提高他们的劳动技能和创造才能,充分发挥他们的积极性主动性创造性,是我们党代表中国先进生产力要求必须履行的第一要务。

人是生产力中最具有决定性的力量。生产活动是人类最基本的实践活动,生产力是人类协调人类社会和自然界之间关系的能力,即一方面是人类对自然界的开发和改造,以满足人类本身的生存发展需要的能力;另一方面是人类保护和完善自然界,实现人类社会与自然界的和谐关系,以保证人类的可持续发展的能力。劳动者是生产力诸要素中起决定的和主导作用的因素。充分发挥人的积极性、主动性和创造性,是中国共产党代表先进生产力的发展要求所必须履行的第一要务。

我国工人阶级是推动我国先进生产力发展的基本力量。人类社会的生产力是一个不断发展、不断进步的历史过程。随着生产力的发展进步,科学技术在推动生产力进步中的重要作用越来越充分地显示出来。在社会主义条件下,我国的知识分子已经成为工人阶级的一个组成部分,包括知识分子在内的我国工人阶级是推动我国先进生产力发展的基本力量。

推动生产力发展的主体力量是劳动者,我们党代表先进生产力的发展要求必须履行的第一要务,就是提高劳动者的素质,发挥人民群众的聪明才智,充分发挥人的积极性主动性和创造性。

我们要不断提高工人、农民、知识分子和其他劳动群众以及全民族的思想道德素质和科学文化素质,培养人才、造就人才,为推动先进生产力的发展培养、开发人力资源。

要充分发挥人的积极性、主动性和创造性,为先进生产力的发展提供不竭的动力。人是生产力发展中最具有决定性的力量,只有充分发挥人的积极性主动性和创造性,才能推动先进生产力的飞速前进。要使劳动者有一种强大的精神动力,正确的理想信念和先进的思想道德是人的积

---

① 邓小平文选(第3卷)[C].北京:人民出版社,1993,第63页

② 江泽民.论“三个代表”[M].北京:中央文献出版社,2001,第153～154页

极性主动性和创造性不竭的精神动力源泉;要给劳动者以劳动报酬,社会对劳动者的贡献和价值给予客观公正的承认和回报,才能持久地激发人的积极性主动性和创造性;要尊重人才、尊重知识,创造一个让人们放手干事业、创造事业的和谐的环境和条件。

3.“三个代表”重要思想突出强调了科学技术对于先进生产力形成和发展的重要作用

科学技术是生产力,这是马克思主义的基本原理。邓小平根据现代科学技术在社会经济生活中的巨大作用,提出了“科学技术是第一生产力”的著名论断。江泽民进一步指出:“科学技术是第一生产力,而且是先进生产力的集中体现和主要标志。科学技术的突飞猛进,给世界生产力和人类经济社会的发展带来了极大的推动。”①我们要充分利用新科技革命的成果,掌握、运用和发展先进的科学技术紧密结合起来,不断提高原始创新和自主创新的能力,大力推进科技进步和创新,不断用先进的科学技术改造、提高国民经济,努力实现我国社会生产力的跨越式发展。

科学技术是先进生产力的重要标志,主要体现在科学技术决定着先进生产力的性质、方向、结构和水平。

其一,科学技术决定先进生产力的性质。生产力是一个由劳动者、劳动工具与劳动对象以及劳动过程的组织管理等各种要素组成的复杂系统。某一时代特定生产力的先进性质要通过系统中每个要素的先进性质反映出来。劳动者由“体力型”转变为“知识型”,标志着生产力的先进程度提高。

其二,科学技术决定先进生产力的演进方向。在在当代,科学技术具有明显的超前性。运用分子生物学、生物化学、微生物学和遗传学等科学发展起来的生物技术,广泛地应用于工业、农业、医药卫生和食品工业等方面,使得生产力向越来越广的先进领域发展。

其三,科学技术决定产业结构的层次。20 世纪 60 年代以来,高技术产业、研究与设计业、金融保险业、文化教育业、商业与服务业等第三产业逐渐占据主导地位,产业结构的这种升级是以科技知识在产业中的密集程度为标志的。第一产业占优势的国家为农业国,第二产业占优势的国家为工业国,第三产业占优势的国家为后工业国。从第三产业的就业人口比重来看,一些发达国家在 20 世纪 70 年代末就超过 50%。特别是高科技产业的崛起和发展更有力地证明了科学技术成为先进生产力的主要标志。

其四,科学技术决定生产力的先进水平。产业的高科技化程度、产品中的科技含量密集程度、科学技术应用于生产的时间周期、科学技术在经济增长中的贡献率等,是衡量生产力先进水平的重要因素。

(三)“代表中国先进生产力的发展要求”的科学内涵

江泽民在 2001 年“七一”讲话中,对何谓“始终代表中国先进生产力的发展要求”的内涵,作了系统阐述,其要旨是:“党的理论、路线、纲领、方针、政策和各项工作,必须努力符合生产力发展的规律,体现不断推动社会生产力的解放和发展的要求,尤其要体现推动先进生产力发展的要求,通过发展生产力不断提高人民群众的生活水平。”②这一理论观点,坚持了马克思主义基本原理,继承、丰富和发展了毛泽东和邓小平关于解放和发展生产力的思想。

---

① 江泽民.论“三个代表”[M].北京:中央文献出版社,2001,第 156 页

② 江泽民文选(第 3 卷)[C].北京:人民出版社,2006,第 272—273 页

1. 发展生产力的地位:发展是党执政兴国的第一要务

“第一要务”,是指相对于党的各种繁重的任务而言,发展始终是第一位的任务、根本的任务、中心的任务,党和国家的其他事务都要围绕这个“第一要务”来进行。

江泽民在立足于我国基本国情的基础上,认为发展依然必须坚持以经济建设为中心,不断开拓促进先进生产力发展的新途径,为不断提高人民群众的生活水平、解决社会发展过程中的矛盾、完成祖国和平统一大业、推进世界和平和发展提供强大的物质基础,从而充分体现社会主义制度的优越性。

“发展先进生产力”的“发展”,主要是指生产力的发展,还包括政治发展和文化发展;既是指社会的全面进步,又包括人的全面发展。

2. 发展生产力的依靠力量:充分发挥全体人民的积极性、主动性、创造性

江泽民强调:“要集中全国人民的智慧和力量,聚精会神搞建设,一心一意谋发展。”①人民是发展的主体,改革的主体,也是实现自身利益的主体。因此,把发展作为执政兴国的第一要务,就必须尊重人民群众的利益和要求,集中人民群众的智慧和在实践中所创造的经验,从而更好地调动人民群众为实现自己利益而开拓创新和勤奋工作的主动性和积极性,使发展获得深厚的群众基础和持续不断的动力。在社会思潮多元化的今天,人民群众利益多样化,社会阶层分化也呈现出新的局面,我们要把人民群众的积极性引导好、保护好、发挥好。

我们要调动有利于社会主义现代化建设事业的一切积极因素,江泽民提出“必须尊重劳动、尊重知识、尊重人才、尊重创造”这“四个尊重”。改革开放以来,邓小平和江泽民分别提出过“尊重知识、尊重人才”,“尊重劳动、尊重人才”,“尊重创造、尊重创新”等思想概念。江泽民把这些思想观点集中起来,以“四个尊重”的形态确定为党的重大方针,体现了对马克思主义劳动和劳动价值理论的继承和发展,体现了在社会主义市场经济条件下对人才和人力资源的高度重视。在“四个尊重”中,核心是尊重劳动。劳动是整个马克思主义学说的逻辑起点。长期以来,我们党高度重视马克思主义劳动观的教育,使“劳动创造了人类”“劳动创造了世界”的观念深入人心。江泽民在十六大报告中提出:“要尊重和保护一切有益于人民和社会的劳动。不论是体力劳动还是脑力劳动,不论是简单劳动还是复杂劳动,一切为我国社会主义现代化建设作出贡献的劳动,都是光荣的,都应该得到承认和尊重。”②在劳动形态多样化的情况下,尊重劳动必然要尊重知识、尊重人才、尊重创造。

3. 发展生产力的现实途径:大力推动科技进步和制度创新

江泽民指出,在当代,科学技术已成为先进生产力的集中体现和主要标志。因此,要大力推进科技进步和创新,大力实施人才强国战略,不断用先进科技改造和提高国民经济,努力实现我国生产力发展的跨越;要推进产业结构优化升级,以信息化带动工业化,以工业化促进信息化,走出一条科技含量高、经济效益好、资源消耗低、环境污染少、人力资源优势得到充分发挥的新型工业化路子。

江泽民还提出,发展要靠制度创新。为此,必须坚持和深化改革,“对于仍然存在的不适应先进生产力和时代发展要求的一些落后的生产方式,既不能脱离实际地简单化地加以排斥,也不能

① 江泽民文选(第3卷)[C].北京:人民出版社,2006,第539页

② 江泽民文选(第3卷)[C].北京:人民出版社,2006,第540页

采取安于现状、保护落后的态度，而要立足实际，创造条件加以改造、改进和提高，通过长期努力，逐步使它们向先进适用的生产方式转变。”①要深化国有资产管理体制改革和国有企业改革，进一步探索公有制特别是国有制的多种有效实现形式；在更大程度上发挥市场在资源配置中的基础性作用，健全统一、开放、竞争、有序的现代市场体系。

四、代表中国先进文化的前进方向

(一)“三个代表”重要思想之前我国先进文化发展进程

在毛泽东看来，五四运动之后，中国产生了完全崭新的文化生产力，这就是共产主义的文化思想。在革命战争时期，毛泽东制定了新民主主义文化建设的纲领，把新民主主义文化界定为“民族的科学的大众的文化”。

新中国成立后，毛泽东和党高度重视社会主义文化建设，强调科学技术在我国现代化建设中具有关键性作用，发出了“劳动人民知识化”的号召，制定了培养有社会主义觉悟、有文化的劳动者的教育方针，以及发展社会主义科学文化的“百花齐放、百家争鸣”的“双百”方针，提出了向科学进军的战略，等等。这一切，都极大地推动了我国文化事业的发展，表明中国共产党继续代表了当时中国先进文化的前进方向。毛泽东强调，先进文化应该是“团结人民、教育人民，打击敌人、消灭敌人的有力的武器，帮助人民同心同德地和敌人作斗争”②。这一对文化的重视，在于正确地把文化看成是完成某一政治任务或实现社会理想的工具。

十一届三中全会前后开始，以邓小平为代表的党的第二代领导集体对文化建设作出了突出贡献，在文化建设问题上，实现了“拨乱反正”，重视利用新科技革命的优秀成果，牢牢把握我国先进文化的发展趋势和要求，逐步探索了文化在社会进步中的地位、先进文化建设的内容以及发展先进文化的途径这三大问题。

其一，文化的地位。文化是包含在精神文明建设中的，邓小平不仅认为社会主义文化具有为经济建设提供智力支持、精神动力以及保障社会安定的工具价值，而且还认为它本身是社会主义的重要特征，是社会主义优越性的重要体现。他强调我们的现代化是社会主义的现代化，就包含了在精神文化上解决人们的共同理想和道德的问题。

其二，文化建设的内容。在邓小平主持下，我们确定了培养“四有新人”(即有理想、有道德、有纪律、有文化的社会主义新人)的社会主义精神文明建设的根本任务，倡导教育要实现“三个面向”(即“面向现代化、面向世界、面向未来”)的目标，提出了干部队伍建设的“四化”(即“革命化、年轻化、知识化、专业化”)的要求。

其三，发展先进文化的途径。邓小平提出精神文明建设既要抵制“精神污染”，更要“重在建设”，这一建设也需要“大胆吸收和借鉴人类社会创造的一切文明成果”，从而为发展中国先进文化开辟了一条符合中国国情和时代特点的途径。邓小平把握了当代条件下文化发展的规律，选择了“重在建设”的途径。文化的“重在建设”，就意味着在同各种形式和内容的文化进行交流、借鉴的基础上进行的创新。

(二)“代表中国先进文化前进方向”的科学内涵

江泽民在2001年的“七一”讲话中，对何谓“始终代表中国先进文化的前进方向”的内涵，作

① 江泽民文选(第3卷)[C].北京：人民出版社，2006，第275页

② 毛泽东选集(第3卷)[C].北京：人民出版社，1991，第848页

了系统阐述,其要旨是:“党的理论、路线、纲领、方针、政策和各项工作,必须努力体现发展面向现代化、面向世界、面向未来的,民族的科学的大众的社会主义文化的要求,促进全民族思想道德素质和科学文化素质的不断提高,为我国经济发展和社会进步提高精神动力和智力支持。”①这一要旨坚持了马克思主义基本原理,继承、丰富和发展了毛泽东新民主主义文化和邓小平社会主义精神文明建设的思想。

1. 文化在社会主义发展和人类社会进步中的地位

文化不仅是一个政党在思想上精神上的旗帜。江泽民在1997年党的十五大报告中第一次提出:“有中国特色社会主义的文化,是凝聚和激励全国各族人民的重要力量,是综合国力的重要标志。”②

江泽民以历史唯物主义关于生产力和生产关系、经济基础和上层建筑的基本矛盾学说为依据,站在不断体现社会主义优于资本主义的特点的高度,论证了代表中国先进文化的前进方向,也是我们党始终站在时代前列、保持先进性的根本体现和根本要求。“坚持什么样的文化方向,推动建设什么样的文化,是一个政党在思想上精神上的一面旗帜。”③从现实上看,社会主义现代化事业是物质文明和精神文明相辅相成、协调发展的事业,发展先进生产力必然要求建设先进文化,必然要求有与之相应的先进文化作指引和保证。

江泽民在许多讲话都强调,当今世界的竞争,归根到底是综合国力的竞争,综合国力竞争的实质,是知识总量、人才素质和科技实力的竞争,而文化直接就是综合国力的重要标志。文化不仅仅是为某一阶段政治任务服务的工具,也不仅仅是其转化为物质力量的功能,而它本身就具有基本的社会价值,这就提升了文化的地位,反映了文化的前进方向。

2. 社会主义先进文化建设的内容

对于建设中国特色社会主义文化的内容,江泽民指出,那是以马克思主义为指导、以培育“四有”(有理想、有道德、有文化、有纪律)公民为目标,发展面向现代化、面向世界、面向未来的、民族的科学的大众的社会主义文化。这一界定是毛泽东提出的新民主主义文化建设的纲领和邓小平提出的“三个面向”的有机统一,其实质在于突出中国社会主义先进文化的建设,无论在内容和形式上,都要将传统和未来、民族和世界、普及和提高结合起来,这就使文化建设有了更丰富的内涵。

为了培养“四有公民”,江泽民提出文化建设要帮助人们树立“三观”(正确的世界观、人生观和价值观)、掌握“四科”(科学知识、科学方法、科学思想、科学精神),增强“五大意识”(自立意识、竞争意识、效率意识、民主法制意识、开拓创新精神)。江泽民还提出:“法治属于政治建设、属于政治文明,德治属于思想建设、属于精神文明……我们要把法制建设与道德建设紧密结合起来,把依法治国与以德治国紧密结合起来。”④这一论述,进一步拓展了我们对文明的理解,使我们能更全面地认识社会主义现代化目标和“三个代表”要求的内涵。党所领导的社会主义事业的发展目标,是富强、民主、文明的现代化强国,富强是物质文明,法制化的民主是政治文明,第三个文明

① 江泽民文选(第3卷)[C].北京:人民出版社,2006,第276页
② 江泽民文选(第2卷)[C].北京:人民出版社,2006,第33页
③ 江泽民文选(第3卷)[C].北京:人民出版社,2006,第277页
④ 江泽民文选(第3卷)[C].北京:人民出版社,2006,第200页

是特指精神文明。代表先进生产力的发展要求，先发展物质文明；代表先进文化的前进方向，是发展政治文明和精神文明；“三个文明”最后落脚到代表中国最广大人民的根本利益上。

为了将依法治国和以德治国更好地结合起来，江泽民在2001年的“七一”讲话中，强调加强社会主义思想道德建设是发展社会主义文化的重要内容。他认为，在社会主义市场经济条件下，在人们日益注重物质利益原则，市场竞争愈益激烈的情况下，更需要有正确道德观念的支撑，更需要增强遵守社会道德和法律规范的自律意识，“如果只讲物质利益，只讲金钱，不讲理想，不讲道德，人们就会失去共同的奋斗目标，失去行为的正确规范。”①

3. 发展社会主义先进文化的途径

江泽民指出，要“牢牢把握中国先进文化的发展趋势和要求，坚持以马克思列宁主义、毛泽东思想、邓小平理论为指导，立足于建设有中国特色社会主义的实践，着眼于世界科学文化发展的前沿，不断发展健康向上、丰富多彩的，具有中国风格、中国特色的社会主义文化”。② 这里所提出的理论指导、实践基础和面向世界问题，明确了社会主义文化建设的根本途径。

江泽民还提出，文化要“重在建设”。所谓“重在建设”，是以我为主，着力繁荣先进文化，使先进文化能“充分体现时代精神和创造精神”，且“具有世界眼光”，从而具有“感召力”。

江泽民还强调，创新是一个民族进步的灵魂，是国家兴旺发达的不竭动力。他认为，创新既是指科技创新，又包括理论创新、体制创新和其他创新，因此不仅要建立国家的创新体系，还要树立全民族的创新意识。这就突出了文化观念的创新在繁荣文化中的作用。

（三）中国先进文化要实现创新

1. 文化创新要坚持马克思主义的指导思想

一个政党能否代表先进文化的前进方向、主导文化的发展，关键在于能否为文化的发展确立正确的指导思想。江泽民指出：“要坚持和巩固马克思列宁主义、毛泽东思想、邓小平理论在意识形态领域的指导地位，用‘三个代表’重要思想的要求统领社会主义文化建设”。

社会主义先进文化建设的目标，要面向现代化，面向世界，面向未来，要具有开放性和超前性，要具有鲜明的民族特色、科学品格和服务于人民大众的社会主义性质。这种文化的先进性质，决定社会主义先进文化必须以马克思主义为指导。

社会主义文化是我国的主导文化。我们要坚持和巩固马克思主义的指导地位，开展积极的思想斗争，批评和抵制各种反马克思主义的错误观点。我们要在广大人民群众中深入开展理想信念教育，坚定走有中国特色社会主义道路的信心，团结和鼓舞全国各族人民为建设有中国特色社会主义文化而奋斗。

坚持和巩固马克思主义的指导地位是立党立国的根本，是发展有中国特色社会主义文化的根本。我们要坚定不移地把马克思主义武装全党和教育人民作为发展先进文化的首要任务，在全社会树立起共同理想和精神支柱。要用马克思主义牢固占领社会主义理论的运用，着眼于实际问题的思考，着眼于新的实践和新的发展，深入研究改革开放和现代化建设的重大理论和实践问题，从初级阶段的实际出发，积极探索有中国特色社会主义经济、政治、文化的发展规律，用在新的实践经验基础上形成的新的理论成果，来丰富和发展马克思主义。

---

① 江泽民文选(第3卷)[C].北京：人民出版社，2006，第278页

② 江泽民文选(第3卷)[C].北京：人民出版社，2006，第276—277页

同时，我们要抓好精神产品的生产，推动文化事业繁荣，要大力发展以社会主义为主旋律的多样性文化，把社会主义作为主旋律，这是有中国特色社会主义文化先进性的集中体现，是建设有中国特色社会主义文化的根本，它决定着国家和民族文化发展的价值选择。我们要做好大众文化和精英文化的建设工作，要大力倡导和发展这种文化，自觉抵制那些腐朽的、落后的、庸俗的文化，提升人们的精神文明程度和思想道德境界。

2. 文化创新要立足于中国特色社会主义建设的实践

其一，文化创新要必须立足于建设有中国特色的社会主义实践。实践是发展和繁荣社会主义文化的不竭源泉，是推动文化创新的根本动力。只有经过实践，才能证明新思想、新观念、新理论的正确性和可行性。只有经实践检验证明是符合社会发展要求和推动社会历史进步的新思想、新观念、新理论才能纳入新的文化范畴。离开社会实践，人们就很难对比和区分各种文化的先进性与落后性，也就不可能实现真正意义上的文化创新。

其二，文化创新必须解放思想、大胆探索。中国特色社会主义实践，为文化创新提供了广阔的舞台，我们要以开放的姿态进行文化创新，解放思想，更新观念，大胆探索，有所作为。随着客观事物的不断发展和社会实践的不断深入，主观与客观总要发生矛盾。人们的思想要适应新形势，就必须不断地解放思想、更新观念、大胆探索、有所作为。邓小平指出：“解放思想，就是使思想和实际相符合，使主观和客观相符合，就是实事求是。今后，在一切工作中要真正坚持实事求是，就必须继续解放思想。”①只有解放思想、更新观念，才能打破习惯势力和主观偏见的束缚；只有大胆探索、有所作为，才能面对新形势，研究新情况，总结新经验，提出新理论，丰富和发展有中国特色社会主义文化，实现文化创新。

其三，文化创新要创作出更多的优秀精神产品。优秀精神产品是先进文化的重要组成部分，是人们思想观念、社会意识和审美情趣的直接载体和物化形态，它作用于人们的思想和心理，对人们的世界观和人生观起着潜移默化的作用。坚持先进文化的前进方向，就要立足于有中国特色社会主义实践，创作出更多的优秀精神产品。优秀精神产品是一个国家文化发展水平的标志，代表着先进文化的发展方向。只有创作出更多的优秀精神产品，才能带动文化事业的繁荣。

3. 文化创新要继承和弘扬中国民族优秀传统文化

江泽民在“七一”讲话中强调要以宽广的胸怀和气魄，学习、吸收一切先进思想精华。先进文化既是人类文明进步的结晶，又是人类文明进步的旗帜，是推动人类继往开来、与时俱进的强大精神力量。文化是否先进关键是看能不能从根本上反映和促进生产力发展的要求，代表和维护最广大人民的根本利益。发展中国先进的文化，必须正确认识和处理中国先进文化与传统文化、外来文化的关系，不断增强中国特色社会主义文化的吸引力和感召力。中国社会主义先进文化植根于中国传统文化和革命文化之中。发展先进文化，进行文化创新，必须尊重历史和民族的文化传统，不能离开中国传统文化的根基。

江泽民指出：“发展和繁荣先进文化的一个极为重要的任务，就是要使我们的民族和人民在建设有中国特色社会主义事业的征程上，始终保持奋发有为、昂扬向上的精神状态。一个民族，没有振奋的民族精神，没有高尚的民族品格，没有坚定的民族志向，不可能自立于世界民族之林。我们必须不断增强全民族的精神力量，不断丰富全民族的精神世界。唯有这样，才能万众一心、

① 邓小平文选(第2卷)[C].北京：人民出版社，1994，第364页

坚忍不拔地向前奋进。”中国有五千年的光辉历史，中华民族历经沧桑，创造了人类历史上灿烂的中华文明，形成了具有强大生命力的优秀传统文化。这种优秀传统文化对中华民族的性格、心理和精神有着深刻的影响，铸成了中华民族的灵魂，是维系中华民族生生不息、绵延不断的精神纽带，是国家统一和民族团结的文化基础。我们要发展和创新中国特色社会主义文化，就要弘扬中华民族的优秀文化传统，汲取其丰富的精神营养。只有把有中国特色社会主义文化深深植根于中华民族优秀传统文化这块沃土上，才能使以马克思主义为指导的、具有社会主义思想内容和时代精神的创新文化具有恒久的生命力。

此外，文化创新要弘扬革命文化。继承和弘扬中华民族的优秀传统文化，还要注意把古代的优秀传统文化与五四以来形成的革命文化结合起来。我们既要珍惜和发展中华民族古代优秀文化遗产，又要珍惜和发展马克思主义与中国实际相结合所形成的革命文化传统。我们要重视儒家文化传统，对传统文化必须有批判地继承，有分析地利用，绝不能照抄照搬。

4. 文化创新要借鉴和吸取人类一切优秀文化成果

整个世界是一个共同体，任何文化都是人类在一定历史阶段的产物，各种文化又总都有共同性和互补性。中国特色社会主义文化是在批判继承和借鉴吸收人类创造的一切优秀文化遗产的基础上建立和发展起来的先进文化。我们不仅要吸收本国优秀传统文化，也要吸取国外优秀文化成果，对不同国家、不同民族的先进文化进行借鉴和吸收。中华民族从古到今，都非常注重学习外来的先进文化，以推动中华文明的进步。

中国的发展离不开世界。对外开放作为一项基本国策，不仅适用于社会主义经济建设，也同样适用于社会主义文化建设。积极吸收和借鉴一切对我有用的外来文化，包括资本主义国家的优秀文化，是繁荣有中国特色社会主义文化，推进文化创新的重要条件。在当今世界各种思想文化相互影响和彼此竞争日趋激烈的情况下，更要坚定不移地贯彻对外开放的基本国策，以面向世界、面向未来的广阔胸怀，博采各国文化之长，发展壮大自己。对于学习和借鉴外来文化这个问题上，要结合中国实际，有目的、有选择地借鉴与吸收。正如毛泽东所阐述的：“一切民族、一切国家的长处都要学，政治、经济、科学、技术、文学、艺术的一切真正好的东西都要学。但是，必须有分析有批判地学，不能盲目地学，不能一切照抄，机械搬用。”①邓小平也曾明确指出：“我们要向资本主义发达国家学习先进的科学、技术、经营管理方法以及其他一切对我们有益的知识和文化，闭关自守、故步自封是愚蠢的。但是，属于文化领域的东西，一定要用马克思主义对它们的思想内容和表现方法进行分析、鉴别和批判。”②江泽民反复强调，要开展多种形式的对外文化交流，博采各国文化之长，坚决抵制各种腐朽思想文化的侵蚀。江泽民指出：“要坚持以我为主，为我所用的原则，开展多种形式的对外文化交流，博采各国文化之长，向世界展示中国文化建设的成就。”③对于外来文化，我们要要有所选择，取其精华，去其糟粕。

三、代表中国最广大人民的根本利益

(一)“三个代表”重要思想之前的维护人民利益的发展历程

马克思、恩格斯在《共产党宣言》中向全世界宣告：“无产阶级的运动是绝大多数人的、为绝大

① 毛泽东文集(第7卷)[C]. 北京：人民出版社，1999，第41页

② 邓小平文选(第3卷)[C]. 北京：人民出版社，1993，第44页

③ 江泽民. 在中国共产党第十五次全国代表大会上的报告[R]. 北京：人民出版社，1997，第42页

多数人谋利益的独立的运动。”①马克思主义通过对无产阶级同人类利益的一致性,以及共产党的利益同无产阶级利益的一致性的论证,强调了共产党的利益同绝大多数人的利益的一致性。

我党成立之时,就不仅代表中国工人阶级的利益,而且代表着中国人民和整个中华民族的利益。在革命战争年代,全党同志不怕牺牲、前赴后继地为革命的胜利而英勇斗争,成为民族解放的先锋。

新中国成立后,党提出了“两个务必”,全党同志谦虚谨慎,戒骄戒躁,永远保持艰苦奋斗的革命精神。我党历来代表人民的利益,而没有任何自己的私利。要协调好人民群众眼前利益和长远利益的关系,要维护人民群众的根本利益。

邓小平在开辟建设有中国特色的社会主义道路的进程中所确定的一系列的发展战略,包含了对在社会主义条件下人民群众根本利益的准确把握。邓小平将他的战略思维转化为党的各项方针和政策,从而在很短的时间里,使中国人民真正富裕了起来。

(二)“代表中国最广大人民根本利益”的科学内涵

江泽民在2001年的“七一”讲话中,对何谓“始终代表中国最广大人民的根本利益”的内涵,作了系统阐述:“党的理论、路线、纲领、方针、政策和各项工作,必须坚持把人民的根本利益作为出发点和归宿,充分发挥人民群众的积极性、主动性、创造性,在社会不断发展进步的基础上,使人民群众不断获得切实的经济、政治、文化利益。”②这一论述体现了把最广大人民群众的切身利益实现好、维护好、发展好,把他们的积极性引导好、保护好、发挥好的重要思想,坚持了马克思主义基本原理,继承、丰富和发展了毛泽东为人民服务和邓小平“三个有利于”标准的思想。

1. 代表中国最广大人民的根本利益和人民群众的主体地位的统一性

江泽民运用历史唯物主义关于人民是历史主体的原理,论述了尊重社会发展规律与尊重人民历史主体地位的一致性。他强调指出:“最大多数人的利益和全社会全民族的积极性创造性,对党和国家事业的发展始终是最具有决定性的因素。”③马克思认为,人类社会发展的规律,就是人的活动的规律。而人作为历史主体所作的行为选择的依据,就是对经济、政治和文化利益的追求,人类的历史就是人们产生新的需要而又不断实现这种需要的历史。其中,决定历史发展趋势的,是占人口最大多数的人民群众的需要。人民群众对利益的追求所引起的持久的历史变迁,决定了历史的方向;人民群众利益如何实现,决定了历史的进程。历史活动是群众的事业,所谓人类社会发展的规律,即存在于人民群众对利益的追求及其实现的过程中。因此,首先尊重人民群众的利益和愿望,就是尊重历史发展的规律;而尊重社会发展规律,坚持为共产主义崇高理想而奋斗,就必须尊重人民群众的历史主体地位,为广大人民群众谋利益,并实现人民群众的利益。这是中国共产党建党的根本出发点,也是党的力量源泉。

2. 妥善处理好人民群众的长远利益和眼前利益的关系

人民群众的长远利益和实际利益是统一的。要将人民群众的实际利益与其长远利益统一起来。人民的利益包括眼前利益和长远利益。我们党所做的一切,从根本上说,是代表了人民的长远利益的。江泽民提出:“在整个改革开放和现代化建设的过程中,都要努力使工人、农民、知识

---

① 马克思恩格斯选集[C](第1卷). 北京:人民出版社,1995,第283页

② 江泽民文选(第3卷)[C]. 北京:人民出版社,2006,第279页

③ 江泽民文选(第3卷)[C]. 北京:人民出版社,2006,第539页

分子和其他群众共同享受到经济社会发展的成果。改革越深化,越要正确认识和处理各种利益关系,把个人利益与集体利益、局部利益与整体利益、当前利益与长远利益正确地统一和结合起来,把最广大人民群众的切身利益实现好、维护好、发展好,把他们的积极性引导好、保护好、发挥好。”①

随着改革开放的深化,市场化经济体制深入发展,人民利益出现多样化趋势,在利益关系多样化的今天,党要注意维护人民群众应该得到的和已经得到的利益。党不仅要使人民群众不断获得切实的经济利益,而且要在社会不断发展进步的基础上,使人民群众不断获得切实的政治和文化利益,从而使人民群众朝着共同富裕的目标稳步前进。

3. 妥善处理好人民群众的整体利益和各方面利益的关系

江泽民提出:“人民群众的整体利益总是由各方面的具体利益构成的。我们所有的政策措施和工作,都应该正确反映并有利于妥善处理各种利益关系,都应认真考虑和兼顾不同阶层、不同方面群众的利益。”②满足最大多数人的利益要求,这始终关系党的执政工作的全局,关系国家经济政治文化发展的全局,关系全国各族人民的团结和社会安定的全局。

在建设中国特色社会主义的进程中,建立在共同奋斗目标的基础之上的人民群众的根本利益是一致的,这就是通过建设中国特色的社会主义经济、政治和文化,促进社会主义物质文明、政治文明和精神文明的协调发展,实现中华民族的伟大复兴,以不断提高自身的物质文化生活水平,在政治上享有广泛的民主权利。

在社会深刻变革的条件下,我国社会经济成分、组织形式、就业方式和分配方式日益多样化,决定了人们的利益关系的多样化和分化。此时,中国共产党要真正代表好最广大人民的根本利益,所制定的方针政策,就必须妥善处理各方面的利益关系,正确反映和兼顾不同方面群众的利益,把一切积极因素充分调动和凝聚起来,使全体人民朝着共同富裕的方向稳步前进。

第三节　“三个代表”重要思想的历史地位

“三个代表”重要思想科学回答了中国特色社会主义事业的一系列理论问题和实践问题,开辟了马克思主义的新境界。胡锦涛指出:“‘三个代表’重要思想是面向21世纪的中国化的马克思主义,是指引全党全国人民为实现新世纪新阶段的发展目标和宏伟蓝图而奋斗的根本指针。”③

一、“三个代表”重要思想是马克思主义中国化的新成果

“三个代表”重要思想是马克思主义中国化的新成果,极大地丰富了建设中国特色社会主义理论宝库,把邓小平理论推向了新的阶段,具有重要的地位和作用。

(一)“三个代表”重要思想体现了丰富的时代特征

“三个代表”重要思想生动而具体地坚持和发展了马克思主义,对于马克思主义政党来说,保

① 江泽民文选(第2卷)[C].北京:人民出版社,2006,第262页

② 江泽民文选(第3卷)[C].北京:人民出版社,2006,第279页

③ 张西立.三个代表重要思想是21世纪中国化的马克思主义[J].特区理论与实践,2003(8)

持先进性是由党的性质、宗旨和指导思想决定的。“三个代表”的核心是要永葆党的先进性。“三个代表”重要思想的提出,既凝聚着中国共产党人对共产主义运动史上从未有过的大灾难的深刻反思,也包括对世界上一些执政几十年的政党或下台或衰亡等历史教训的高度警觉。

(二)“三个代表”重要思想,丰富了马克思主义理论宝库

它既把马克思主义基本原理同时代特征和中国特色社会主义的实际相结合,创造性地在一系列根本问题上丰富和发展了马克思列宁主义、毛泽东思想和邓小平理论,又在推动马克思主义的发展中卓有成效地坚持了马克思主义,赋予了新的活力,是坚持和发展马克思主义的典范,也是坚持和发展社会主义的典范。“三个代表”重要思想“三个代表”重要思想不仅是总结过去、立足现实、面向未来提出来的富有时代气息的新论断,更重要的是,它在理论创新的意义上给人以新的马克思主义教育。

(三)“三个代表”重要思想为我国社会主义事业做出了新的理论概括

“三个代表”重要思想是江泽民同志创造性地运用辩证唯物主义和历史唯物主义理论并有针对性地解决我国当前面临的发展问题的理论。这一理论为我们把握新时代条件下社会发展规律和存在的特殊问题作出了正确的理论指导。“三个代表”思想从历史唯物主义理论中关于生产力和生产关系、经济基础和上层建筑的原理进行了有针对性地阐发,指出党要不断发展必须代表中国先进生产力的发展要求;“三个代表”思想从上层建筑对经济基础的反作用原理出发,指出中国共产党必须代表中国先进文化的发展方向,用现金文化指导中国先进生产力的发展;“三个代表”思想从马克思主义对人民群众这一历史前进根源的认识出发,指出中国共产党必须代表中国人民的根本利益,唯有保护好人民的根本利益才能实现中国经济持续稳定发展,也才能实现共产主义的最高理想。

二、“三个代表”重要思想是实现全面建设小康社会的根本指针

胡锦涛指出,在新世纪新阶段,“三个代表”重要思想是全党全国人民继往开来、与时俱进、实现全面建设小康社会宏伟目标的根本指针。[①] “三个代表”重要思想是指引全党全国人民为实现新世纪新阶段的发展目标和宏伟蓝图而奋斗的根本指针,对我们当前和今后的各项工作都具有重大的现实指导意义。

(一)“三个代表”重要思想系统概括了社会主义建设规律

在当代中国,坚持“三个代表”重要思想,就是坚持马克思列宁主义、毛泽东思想和邓小平理论,就是真正搞建设中国特色的社会主义。社会主义建设有其内在的客观规律,“三个代表”重要思想系统地概括了我们党对社会主义建设规律的探索成果,科学预测现代化建设的发展趋势,为在新形势下建设一个什么样的党和怎样建设党指出了明确方向,规划了中国特色社会主义发展的宏伟蓝图和发展战略。

在“三个代表”重要思想指导下,建设中国特色的社会主义事业蒸蒸日上,社会主义社会的生产力高速发展,社会主义国家的综合国力日益增强,人民生活水平不断提高,人们的精神面貌焕然一新,民主团结、生动活泼、安定和谐的政治局面逐步形成。

---

① 胡锦涛.“三个代表”重要思想是新世纪新阶段全党全国人民继往开来、与时俱进,实现全面建设小康社会宏伟目标的根本指针[J].对外大传播,2003(7)

(二)"三个代表"重要思想对建设中国特色社会主义的依靠力量作出科学判断

依据改革开放和现代化建设的新实践,"三个代表"重要思想对我国社会生活和社会结构的深刻变化进行牢牢地把握,对建设中国特色社会主义的依靠力量作出了科学判断。我们要最广泛最充分地调动一切积极因素,妥善处理各种利益关系和社会矛盾,切实维护社会稳定,形成全体人民各尽所能、各得其所、和谐相处的局面,我们就能集聚起全面建设小康社会的强大力量。

"三个代表"重要思想对社会主义建设规律的探索成果进行了高度总结,对我们党今后的工作重点进行了严格要求,对建设中国特色社会主义作出了整体规划。"三个代表"重要思想依据改革开放和现代化建设的新实践,紧紧把握我国社会结构变化的深刻矛盾,对建设中国特色社会主义的依靠力量作出了科学判断。

(三)"三个代表"重要思想提出我国外交工作的战略方针

在"三个代表"重要思想指导下,我国的国际地位和国际威望不断提高,中华民族已经进入了世界先进民族之林。

"三个代表"重要思想全面审视当今世界格局的变化,准确判断国际形势的发展趋势,深刻分析国际社会各种力量和矛盾的交互运动,提出了我国外交工作的战略策略方针。坚持贯彻"三个代表"重要思想,始终奉行独立自主的和平外交政策,高举和平与发展的旗帜,维护世界和平与世界多样性,促进世界多极化和国际关系民主化,推动建立公正合理的国际政治经济新秩序,为全面建设小康社会营造和平的国际环境和良好的周边环境。

三、"三个代表"重要思想是加强和改进新时期党的建设的强大思想武器

党的十六大把"三个代表"重要思想写进了党章,同马克思列宁主义、毛泽东思想、邓小平理论一道确立为党必须长期坚持的指导思想,体现了党的指导思想的又一次与时俱进。

(一)"三个代表"重要思想对党的建设进行指导和部署

"三个代表"重要思想把党的建设新的伟大工程同中国特色社会主义伟大事业紧密联系起来,赋予党的性质、宗旨、指导思想和任务以丰富的时代内容,确定了党的建设的总体部署。胡锦涛指出:"全面贯彻落实'三个代表'重要思想,关系党和国家工作的全局,关系实现全面建设小康社会的宏伟目标,关系中华民族的伟大复兴,关系中国特色社会主义事业的长远发展。全党同志一定要从这样的高度不断增强学习贯彻'三个代表'重要思想的自觉性和坚定性,牢固确立'三个代表'重要思想在全党一切工作中的指导地位,自觉用'三个代表'重要思想指导自己的思想和行动,在建设中国特色社会主义这一前无古人的伟大实践中继续创造新的辉煌。"①

(二)"三个代表"重要思想确立了立党为公、执政为民的根本要求

始终坚持贯彻"三个代表",是我们党的立党之本、执政之基、力量之源。这里的"源"也就是"本""基",说到底是人民群众的支持和拥护。人心向背,是决定一个政党、国政权盛衰的基本因素。一个政党,尤其是执政党要想生存和发展,要想永远立于不败之地,就必须有强大的群众力量做后盾,即必须顺应民意、为民谋利、深深地牢牢地抓住民心。实现人民的愿望、满足人民的需要、维护人民的利益,是"三个代表"重要思想的根本出发点和落脚点。我们要坚持马克思主义的群众观点,各级党的领导干部都要真正做到心里装着群众,凡事心里想着群众,一切为了群众,一

① 胡锦涛.在"三个代表"研讨会上的重要讲话[N].人民日报,2003-7-1

切工作以人民群众的利益为根本出发点。

(三)“三个代表”重要思想提出了加强党风廉政建设、保持党的先进性的新要求

党风廉政建设和反腐败斗争关乎党和国家的性命攸关，关系着党和国家的兴衰存亡。“三个代表”重要思想为我们党反腐倡廉树起一道思想旗帜，确立了加强党风廉政建设、保持党的先进性的根本标准。为从源头上预防和治理腐败现象提供重要保障。正如江泽民所提出的那样，“我们提出‘三个代表’的要求，并强调按照‘三个代表’的要求加强党的建设，根本的目的就在于保证我们党能够始终保持同人民群众的血肉联系。全党同志特别是领导干部，都要从这样的政治高度看待党风廉政建设和反腐败斗争，坚定不移地把这项工作推向前进。”①

四、“三个代表”重要思想深化了对“三大规律”的认识

“三个代表”重要思想深化了对共产党执政规律、社会主义建设规律和人类社会发展规律的认识。

(一)深化了对共产党执政规律的认识

坚持“三个代表”重要思想是把握共产党执政规律的根本体现。江泽民同志指出：“马克思主义的建党学说，是无产阶级政党建设的理论武器，是马克思主义的重要组成部分。它研究和阐述工人阶级政党产生、发展和自身建设的客观规律，党领导人民夺取政权、巩固政权、运用政权和建设社会主义的客观规律。”②马克思主义建党学说产生以来，有力地指导了各国无产阶级政党的建设，指导了各国共产党领导人民夺取政权的斗争和建设社会主义的实践。

“三个代表”重要思想深刻把握了共产党执政的基本规律。共产党执政的基本规律包括六个方面：一是共产党执政的思想建设规律，就是坚持科学的思想路线；二是共产党执政的经济建设规律，就是走改革开放的强国之路；三是共产党执政的文化建设规律，就是建设高度的社会主义精神文明；四是共产党执政的政治建设规律，就是建设完善的社会主义民主政治；五是共产党执政的能力建设规律，就是提高党的执政能力和领导水平；六是共产党执政的作风建设规律，就是保持党和人民群众的血肉联系。

(二)深化了对社会主义建设规律的认识

“三个代表”重要思想对社会主义建设规律作了一系列的新探索。

1. 社会主义发展道路

在社会主义发展道路上，坚持马克思主义基本原理同中国实际相结合，坚持科学理论的指导，坚定不移地走自己的路，在新的历史时期高举邓小平理论伟大旗帜，继续研究新情况、解决新问题，全面地创造性地推进建设有中国特色的社会主义的伟大事业。

2. 社会主义发展的根本任务

在社会主义发展的根本任务上，强调社会主义建设的根本目的是实现人民群众的经济、政治、文化利益。江泽民明确提出在新世纪继续推进现代化建设、完成祖国统一大业、维护世界和平与促进共同发展是我们党肩负的重大历史任务。这是在科学总结我国社会主义建设长期历史经验的基础上，对我国社会主义现代化建设面临的新形势新任务所作的概括。

---

① 江泽民文选(第3卷)[C].北京：人民出版社，2006，第187页

② 江泽民.论党的建设[M].北京：中央文献出版社，2001，第18页

3. 社会主义发展阶段

在社会主义发展阶段上，江泽民认为社会主义初级阶段是整个建设有中国特色社会主义的很长历史过程中初始阶段。实现共产主义是一个非常漫长的过程。我们要为实现党在现阶段的基本纲领而奋斗，在条件具备时使我国社会主义建设进入更高发展阶段。在社会主义社会的各个历史阶段，都要根据经济社会发展的要求，适时地通过改革不断推进社会主义制度的自我完善和发展。

4. 社会主义发展特征

在社会主义发展特征上，江泽民指出社会主义社会是全面发展、全面进步的社会。社会主义事业是物质文明和精神文明相辅相成、协调发展的事业，建设有中国特色社会主义必须两手抓、两手都要硬。我们进行的一切工作，既要着眼于人民现实的物质文化需要，同时又要着眼于促进人民素质的提高。把人的全面发展作为社会主义的根本价值目标明确提了出来，提倡“以德治国”、建设社会主义政治文明。

5. 社会主义领导力量

在社会主义的领导力量上，党的各项工作一定要贯穿“三个代表”重要思想的要求，努力实现社会主义的本质和党的奋斗目标，进一步提高领导水平和执政水平，增强拒腐防变和抵御风险的能力。在发展社会主义市场经济的条件下，把对执政党建设的认识提到了一个新的高度，达到新的科学水平。

6. 社会主义的依靠力量

在社会主义的依靠力量上，强调包括知识分子在内的工人阶级是社会主义建设的基本力量，农民阶级和其他劳动群众同工人阶级紧密团结，是社会主义建设的重要力量，我国新的社会阶层的广大人员也是有中国特色社会主义的建设者，提出了增强党的阶级基础和扩大党的群众基础的崭新课题。

(三)深化了对社会发展规律的认识

“三个代表”重要思想与马克思列宁主义、毛泽东思想、邓小平理论一脉相承还体现在，它们都贯穿着辩证唯物主义和历史唯物主义的世界观和方法论，集中体现为解放思想、实事求是、与时俱进。解放思想、实事求是、与时俱进，是马克思主义的精髓。正是由于把握和运用这个精髓，才有毛泽东思想、邓小平理论的创立和发展，才有“三个代表”重要思想的创立和发展。解放思想、实事求是、与时俱进，贯穿着、连接着马克思列宁主义、毛泽东思想、邓小平理论和“三个代表”重要思想。“三个代表”重要思想则是在邓小平理论的基础上，进一步回答了什么是社会主义、怎样建设社会主义的问题，创造性地回答了建设什么样的党、怎样建设党的问题，集中起来就是深化了对中国特色社会主义的认识。“三个代表”重要思想的主题就是建设中国特色社会主义。

第六章 科学发展观和十八大以来的马克思主义理论创新

十六大以后，在邓小平理论和"三个代表"重要思想的指导下，党和国家领导人提出了科学发展观。科学发展观是马克思主义关于发展的世界观和方法论的集中体现，是同马克思列宁主义、毛泽东思想、邓小平理论和"三个代表"重要思想既一脉相承又与时俱进的科学理论，是马克思主义中国化的最新成果，是发展中国特色社会主义必须坚持和贯彻的重大战略思想。

第一节 科学发展观

科学发展观，既坚持了科学社会主义的基本原理和毛泽东、邓小平、江泽民关于发展的重要思想，吸收了人类文明进步的新成果，又站在历史和时代的高度，有所创新，有所发展，形成了新世纪新阶段中国特色社会主义发展的系统理论，也是需要在实践中不断丰富、发展和完善的理论，是同马克思列宁主义、毛泽东思想、邓小平理论和"三个代表"重要思想既一脉相承又与时俱进的科学理论。党的十八大会议上更把科学发展观同邓小平理论和"三个代表"重要思想一道整合为中国特色社会主义理论体系。

一、科学发展观的形成与发展

(一)国际环境

国际形势风云变幻，世界发展跌宕起伏，时代主题更加明朗。科学发展观的提出，与国际环境的总体特征紧密相关。

1. 和平、发展、合作仍然是时代的主题

世界形势变化莫测，但时代的主题仍然是和平与发展。世界要和平、国家要发展、社会要进步，这是时代的潮流。国际局势正在发生深刻变化，新的世界格局降低了大国之间发生大规模冲突或战争的可能性，多种力量相互制约、相互渗透程度的加深，有利于抑制各国间的利益冲突。目前，各国都在努力实现自身21世纪发展的战略考虑，都在努力争取一个与己有利的国际环境，在处理相互关系中都在努力寻求利益汇合点，力求通过磋商解决分歧，形成了既相互借重又相互制约、既相互合作又相互竞争的格局。在发展问题上，国际经济的发展还很不平衡，南北差距进一步扩大。许多发展中国家的发展至今仍举步维艰。这些问题已引起了世界各国的重视和关注，力求通过多种途径加以解决，以促进各国的共同发展和实现世界繁荣。因此，和平、发展与合作仍然是当今世界需要努力解决的重大课题。

2. 政治多极化

自20世纪90年代"苏东巨变"事件以来，当代世界政治发展最显著的特征就是朝向多极化发展。总起来说，政治多极化的特征主要有以下几个：

(1)组织机构多样化

自1991年12月，欧洲共同体马斯特里赫特条约签署以来，世界范围内的政治组织犹如雨后春笋般脱颖而出。且不说，欧美这种影响世界的传统国家参与的组织种类，单单就我国近年来参加的国际组织就有十多种，如世界贸易组织、上海合作组织、博鳌亚洲论坛等。多层次多维度的世界政治组织日益在世界政治经济舞台上显现其力量。

(2)发展中国家的力量日益不可忽视

发展中国家在世界政治舞台上的声音现在越来越得到重视。最直接的证据就是自2008年经济危机以来，“G8”演变为“G20”。“金砖国家”作为发展中国家的代表，在世界政治舞台上其话语权越来越大。

(3)信息时代为政治发展趋势注入不确定因素

这个时代最明显的特征就是信息的巨大作用。在国家政治交往中，信息的作用也越来越突出。近期最明显的证据可谓是斯诺登事件，这件事给美国政治交往所带来的负面效应成为多国媒体所关注的焦点。

3. 经济全球化

经济全球化已经成为世界经济发展的必然趋势，也是各国经济未来发展依赖的外部环境。经济全球化给人类带来前所未有的繁荣和发展机遇，同时也带来了巨大的风险和严峻的挑战。党的十七大报告指出，要立足社会主义初级阶段这个最大实际，科学分析我国全面参与经济全球化的新机遇新挑战。清醒认识我国全面参与经济全球化的新机遇新挑战，对于不断推进中国特色社会主义事业具有重要意义。由此可见，经济全球化已成为当今世界经济发展的重要特征，它将中国与世界紧密地联系在一起。从本质上看，经济全球化是指以市场经济为基础，以先进科技和生产力为手段，以民族国家为主体，以最大利润和经济效益为目标，是个要素相互融合的过程。从现象上看，经济全球化是指世界经济活动超越国界，通过对外贸易、资本流动、技术转移、提供服务等而形成的各国经济在全球范围的相互依赖性增强。当代世界的经济全球化具有以下明显特征：

(1)经济全球化表现为高度的流动性和高度的开放性

这主要体现为人才流、物流、信息流、资本流和知识流等生产要素在世界范围的流动日益广泛和频繁。许多国家大学生中兴起了“留学热”，中国的高端人才也纷纷在国际人才市场上崭露头角。世界上越来越多的国家和地区，改变了闭关自守的状态，逐步融入经济全球化的洪流。高科技和信息网络化，也支持和推动了经济全球化的这种高度流动性。世界上所有的国家，都不同程度地被经济全球化的浪潮所卷入。

(2)经济全球化表现为高度的集约性和高度的垄断性

这主要体现为经济全球化的基本单元和行为主体——跨国公司及国际金融机构对全球经济所产生的巨大而广泛的影响。中国加入WTO后，世界500强中的大部分跨国公司纷纷进入中国，既带来大量的资金、先进的管理技术，又为解决我国劳动力就业特别是大学生就业问题提供了机会。跨国公司及国际金融机构的经营活动几乎涉及世界经济生产活动的所有领域，而且大约控制了世界上80%的新技术、新工艺专利，70%的国际直接投资，60%的世界贸易，30%的国际技术转移。

(3)经济全球化表现为高度的渗透性和高度的互补性

这主要体现为人才流、物流、信息流、资本流和知识流的时空约束减少、成本降低及资源互补，发达国家的资本、技术、管理、文化等迅速向发展中国家渗透，发展中国家的能源资源和劳动力等也向发达国家渗透，资本、知识、资源等在全球市场流动并趋向合理配置，使世界经济呈现出一体化特征。经济全球化使世界各国经济的相互依赖性更加强化，这有助于不同国家和地区在资本、知识、资源等方面的互补，也有助于全球经济的发展。

（4）经济全球化表现为高度的依赖性和高度的异步性

这主要体现为世界上不同国家和地区之间的经济、技术、资源的依赖性增强。发达国家通过控制核心技术，可以有选择地输出先进技术、先进管理和先进设备，从而形成不对称的依赖性。经济全球化的高度异步性，使世界在一定时期内会出现后工业社会、工业社会、农业社会乃至原始社会并存的现象。因此，许多发展中国家呼吁在经济全球化进程中建立公正、合理的国际经济新秩序，反对发达国家利用经济全球化获取单方面的利益。

4. 持续发展已经是当今世界各国的共识和争相追求的一大潮流

人类的发展观经历了漫长的历史演进，发展观的进步是20世纪后半期人类文明进步的重要成果。

20世纪初特别是第二次世界大战以后，曾经流行过的把发展视为单纯经济增长的传统发展观，往往把发展看作是利用有限的资源尽可能多地生产人们所需物质的活动，其特征是强调工业化，经济增长，以国民生产总值的增长为主要目标，并以此作为衡量社会文明的唯一尺度。这种缺乏理性地追求经济的增长必然带来一系列日益严峻的问题，加剧了人与自然、人与资源的矛盾，伴随对资源掠夺开采和浪费而造成了环境污染等严重的生态问题，甚至已威胁到人类自身的生存。

20世纪后半叶这一问题开始引起人们的严重忧虑，迫使人们反思并调整传统发展模式。当今，国际社会已重视并强调生态环境保护和资源的永续利用，强调经济与社会的可持续发展，这是人类文明进步的标志。其中，包括技术和政策、制度等在内的许多科学合理的东西，我们都应当借鉴，以便少走弯路，发挥后发优势。我国作为负责任的大国，在世界生态环境保护和文明发展方面要承担起应负的责任，唯有积极实现发展观的转变，趋利避害，从而在更高的水平上推动我国的对外开放和现代化建设。

（二）国内形势

中共十六大之后，以胡锦涛为核心的中央领导集体高度关注新世纪新阶段的发展问题，并在此基础上，逐渐形成和提出了新的发展观念，即科学发展观。胡锦涛反复强调，社会主义是物质文明、政治文明和精神文明全面、协调发展的社会，我们必须致力于中国社会的协调发展和全面进步。

1. 经济增长的同时能源、环境等方面存在较大压力

我国当前经济实力显著增强，经济保持持续较快增长。但从总体来看，生产力水平还是不高，自主创新能力还不强，许多重要领域的核心技术和关键产品仍大量依靠进口，长期形成的结构性矛盾和粗放型经济增长方式尚未得到根本改变，能源、资源、环境、技术等瓶颈增大了可持续发展的压力，这些都对我国的经济发展是一种阻碍。

2. 社会主义市场经济体制还不完善

自20世纪90年代以来，我国社会主义市场经济体制初步建立，发展到今天，市场经济体制运行良好。但是我国当前的市场经济体制发展还很不完善，体制性、机制性障碍依然存在。我国的改革和体制创新进入攻坚阶段，将进一步触及产权、分配等深层次的矛盾和问题。

3. 我国现阶段的小康还是低水平的、不全面的、发展很不平衡的

我国人民生活总体上达到小康水平，但这种小康是低水平的、不全面的、发展很不平衡的小康。城乡贫困人口和低收入人口数量不少，国民贫富分化差距在拉大，统筹兼顾各方面利益难度增大，全面满足人民群众日益增长的物质文化需要任重道远。

4. 协调发展与不平衡

在协调发展方面，我们取得了显著的成绩，但发展不平衡的现象依然十分严峻。特别是“三农”问题，我国农业基础依旧薄弱、农村发展滞后的局面尚未得到根本改变，农村与城市、东部地区农村与中西部地区农村的发展水平存在一定差距，我们在促进经济社会协调发展方面仍面临着艰巨的任务。

5. 社会主义民主政治建设还不完善

在民主政治建设方面，我们社会主义民主政治不断发展、依法治国基本方略扎实贯彻，人民群众的民主法制意识不断增强，政治参与的积极性不断提高，但民主法制建设与扩大人民民主和协调经济社会的要求还不完全适应。在社会主义市场经济体制不断深化完善的前提下，我们要改变这种与经济基础不相适应的上层建筑。

6. 社会主义先进文化发展还需努力

在大众媒体兴盛的今天，多元文化思潮影响着人们的价值取向、理想追求、道德信仰等。人们受各种思想观念影响的渠道明显增多、程度明显加深，思想活动的独立性、选择性、多变性、差异性明显增强。这既是社会进步的一种标志，同时也在一定程度上造成了某些思想混乱和社会矛盾，对社会治安和社会稳定构成了一定威胁。一些人出现了价值观念扭曲、道德水平滑坡、理想信仰虚无、个人价值迷失的现象，针对这些问题，对社会主义先进文化提出了更高要求。

7. 社会建设和社会管理面临着新问题

在社会主义市场经济体制下，我国社会活力显著增强。在改革不断深入发展的推动下，社会结构、社会组织形式、社会利益格局发生深刻变化。随着工业化和城镇化进程不断加快，我国经济结构调整加速，农村大量富余劳动力向非农领域转移，人员流动性大大增强，对经济和社会发展构成了新的矛盾和问题。同时社会利益关系更趋复杂，随着社会从温饱型向小康型的转变，人们的需求日益多样化，从单纯的物质需求开始转向更多地关注精神文化需求，追求生活质量的提高。利益追求的多样化必然带来利益关系的复杂化。一些民生问题凸显，我国社会建设和社会管理面临着新问题。

8. 对外开放要求更高

随着对外开放的进一步扩大，我国经济对外依存度不断提高，同国际社会的联系更加紧密，世界经济对我国发展的影响明显加深。同时面临的国际竞争日趋激烈，经济实力的增强虽提高了我国的国际竞争能力，但也使得发达国家日益把我国作为竞争对手；而发达国家在经济科技上将长期占据优势地位，可以预见和难以预见的风险增多，我国经济社会发展的外部环境日趋复杂多变，统筹国内发展和对外开放的要求更高。

9. 腐败、国家安全问题

当前，我们内部出现了一些腐败问题，反腐成为了全党的一项重要工作。腐败问题解决不好，关系着党的生死存亡。一些犯罪活动和敌对势力的渗透破坏活动给我国社会稳定与和谐带来了消极影响。

基于此,我们在发展过程中还面临着种种的问题和困难,但是我们取得的成绩也是显著的。中央适时地提出了科学发展观,为我们解决前进道路上面临的矛盾和问题,顺利推进中国特色社会主义伟大事业提供了强大的思想武器。

(三)科学发展观的正式形成与发展

十六大以后,党中央顺应我国进一步加快改革开放和现代化建设的步伐的需要,从新世纪、新阶段党和国家事业发展的全局出发,总结国内外经济社会发展的经验教训,进一步探索和深化了对中国共产党的发展观的认识,明确提出"科学发展观"的理论。科学发展观的提出蕴含着深远的理性思考,彰显出鲜明的时代特征。总的来看,科学发展观的形成和发展经历了一个历史过程,秉承着继承和发展的原则,坚持继承与创新的统一。科学发展观是对我国前三代领导集体的继承并在此基础上发展创新,党的十六届六中全会到党的十七大,是科学发展观的体系形成阶段。

2003 年 4 月,在考察广东时,胡锦涛针对"非典"肆虐带来的严重损失,提出了"全面的发展观"的概念,要求做到集约发展、协调发展、全面发展、系统发展、可持续发展。7 月 28 日,胡锦涛在全国防治非典工作会议上指出:"我们讲发展是执政兴国的第一要务,这里的发展绝不只是指经济增长,而是要坚持以经济建设为中心,在经济发展的基础上实现社会全面发展。我们要更好地坚持全面发展、协调发展、可持续发展的发展观,更加自觉地坚持推动社会主义物质文明、政治文明和精神文明协调发展,坚持在经济社会发展的基础上促进人的全面发展,坚持促进人与自然的和谐。在促进发展的过程中,我们不仅要关注经济指标,而且要关注人文指标、资源指标和环境指标;不仅要增加促进经济增长的投入,而且要增加促进社会发展的投入,增加保护资源和环境的投入。"①这是党的十六大以后,党中央首次对科学发展观做出论述。温家宝在这次会议上也强调,在全面建设小康社会和整个现代化过程中,必须进一步树立全面的发展观,始终坚持统筹兼顾,更加注重经济与社会协调发展、城乡协调发展、地区协调发展、人与自然协调发展,更加注重政府的社会管理和公共服务职能,更加注重全面把握宏观调控的各项目标,更加注重全面提高人民的物质生活、文化生活和健康水平。② 同年 8～9 月在江西考察时,胡锦涛开始使用"科学发展观"的概念,要求"牢固树立协调发展、全面发展、可持续发展的科学发展观"。

2003 年 10 月,党的十六届三中全会通过的《中共中央关于完善社会主义市场经济体制若干问题的决定》正式提出树立和落实科学发展观的战略思想和部署,指出:"坚持以人为本,树立全面、协调、可持续的发展观,促进经济社会和人的全面发展";强调"按照统筹城乡发展、统筹区域发展、统筹经济社会发展、统筹人与自然和谐发展、统筹国内发展和对外开放的要求",③推进改革和发展。在这次全会上,胡锦涛指出:"树立和落实全面发展、协调发展和可持续的科学发展观,对于我们更好地坚持发展才是硬道理的战略思想具有重大意义。树立和落实科学发展观,这是二十多年改革开放实践的经验总结,是战胜非典疫情给我们的重要启示,也是推进全面建设小康社会的迫切要求。"④《中共中央关于完善社会主义市场经济体制若干问题的决定》把"以人为

① 胡锦涛.胡锦涛在全国防治非典工作会议上的讲话[N].人民日报,2003—07—28

② 全国防治非典工作会议在京举行[N].人民日报,2003—07—29

③ 中共中央关于完善社会主义市场经济体制若干问题的决定[R].北京:人民出版社,2003

④ 中共中央关于完善社会主义市场经济体制若干问题的决定[R].北京:人民出版社,2003

本”与“全面、协调、可持续发展”统一起来，作为我国经济社会发展的一个长远指导方针和各项工作必须坚持的原则，使科学发展的理念得到了极大充实和提升，从而也将新的发展思路与我党的性质和宗旨、党的执政理念和要求等更加紧密地联系在一起，在对发展问题的探索中鲜明地体现了马克思主义的基本立场观点。至此，构成科学发展观理论框架的核心概念——“以人为本”“全面、协调、可持续发展”“五个统筹”等——都已完整提出，标志着科学发展观作为一个重大战略思想已初步形成。

2004 年 2 月 21 日，温家宝在省部级主要领导干部“树立和落实科学发展观”专题研究班结业式上的讲话《牢固树立和认真落实科学发展观》中指出：(1)发展观是关于发展的本质、目的、内涵和要求的总体看法和根本观点。有什么样的发展观，就会有什么样的发展道路、发展模式和发展战略，就会对发展的实践产生根本性、全局性的重大影响。我们党提出的科学发展观，根据马克思主义辩证唯物主义和历史唯物主义的基本原理，总结了国内外在发展问题上的经验教训，吸收人类文明进步的新成果，站在历史和时代的高度，进一步明确了新世纪新阶段我国要发展、为什么发展和怎样发展的重大问题。(2)我们一定要深刻认识科学发展观的理论基础、精神实质和指导意义：第一，科学发展观是我们党对社会主义现代化建设规律认识的进一步深化。第二，科学发展观的实质是要实现经济社会更快更好的发展。第三，科学发展观是全面建设小康社会和实现现代化的根本指针。(3)我们要全面理解和正确把握科学发展观的主要内涵和基本要求，认真加以贯彻落实：一是坚持以经济建设为中心。二是坚持经济社会协调发展。三是坚持城乡协调发展。四是坚持区域协调发展。五是坚持可持续发展。六是坚持改革开放。七是坚持以人为本。①

2004 年 3 月 10 日，胡锦涛在中央人口资源环境工作座谈会上的讲话中指出：(1)深刻认识科学发展观对做好人口资源环境工作的重要指导意义。(2)要树立和落实科学发展观，首先必须全面准确地把握科学发展观的深刻内涵和基本要求。(3)树立和落实科学发展观，要注意把握好以下几个问题：第一，树立和落实科学发展观，必须始终坚持以经济建设为中心，聚精会神搞建设，一心一意谋发展。第二，树立和落实科学发展观，必须在经济发展的基础上，推动社会全面进步和人的全面发展，促进社会主义物质文明、政治文明、精神文明协调发展。第三，树立和落实科学发展观，必须着力提高经济增长的质量和效益，努力实现速度和结构、质量、效益相统一，经济发展和人口、资源、环境相协调，不断保护和增强发展的可持续性。第四，树立和落实科学发展观，必须坚持理论和实际相结合，因地制宜、因时制宜地把科学发展观的要求贯穿于各方面的工作。②

2004 年 9 月，党的十六届四中全会通过的《中共中央关于加强党的执政能力建设的决定》把树立和落实科学发展观作为提高党的执政能力的重要内容。

2005 年 10 月，党的十六届五中全会通过的《中共中央关于制定国民经济和社会发展第十一个五年规划的建议》强调，要坚定不移地以科学发展观统领经济社会发展全局，坚持以人为本，转变发展观念、创新发展模式、提高发展质量，把经济社会发展切实转入全面协调可持续发展的轨道。

---

① 温家宝. 提高认识，统一思想，牢固树立科学发展观——在省部级主要领导干部“树立和落实科学发展观”专题研究班结业式上的讲话[N]. 人民日报，2004－03－01

② 胡锦涛. 在中央人口资源环境工作座谈会上的讲话[N]. 人民日报，2004－03－11

2006年3月，十届人大四次会议通过的《中华人民共和国国民经济和社会发展第十一个五年规划纲要》指出，“十一五”时期促进国民经济持续快速协调健康发展和社会全面进步，要以邓小平理论和“三个代表”重要思想为指导，以科学发展观统领经济社会发展全局。科学发展观是推进社会主义现代化建设必须长期坚持的重要指导思想。

2006年10月，党的十六届六中全会通过的《中共中央关于构建社会主义和谐社会若干重大问题的决定》指出，坚持以科学发展观统领经济社会发展全局。科学发展观是推进社会主义现代化建设必须长期坚持的重要指导思想。

2007年10月，党的十七大明确指出：“科学发展观，第一要义是发展，核心是以人为本，基本要求是全面协调可持续，根本方法是统筹兼顾。”①

科学发展观，是党中央对发展内涵、发展要义、发展本质的进一步深化和创新，是在坚持毛泽东、邓小平和江泽民关于发展的重要思想，充分肯定改革开放以来我国取得举世瞩目的发展成就的基础上，从新世纪新阶段的实际出发，适应现代化建设需要，努力把握发展的客观规律，汲取人类关于发展的有益成果，着眼于丰富发展内涵、创新发展观念、开拓发展思路、破解发展难题提出来的。

科学发展观的形成和发展，既符合时代发展潮流，又符合当代中国国情；既体现出鲜明的时代特征，又包含着深刻的人文精神，还体现了中国共产党这个世界上最大的政党，中国这个世界上人口最多的大国，对全球、对人类的负责态度。如果将这一发展观付诸实践，将对中国的改革和发展产生巨大而深远的影响，将对全人类的可持续发展做出巨大贡献。科学发展观的明确表达，标志着中国共产党面向新世纪的全面发展观已经形成。

二、科学发展观的理论体系

科学发展观，第一要义是发展，核心是以人为本，基本要求是全面协调可持续，根本方法是统筹兼顾。科学发展观是我们党在新世纪新阶段准确把握世界发展趋势、认真总结我国发展经验、深入分析我国发展阶段性特征基础上确立的重大战略思想。科学发展观坚持马克思主义哲学基本原理，吸收人类文明进步的新成果，紧密结合中国特色社会主义的伟大实践，是把马克思主义哲学中国化的最新成果。

（一）第一要义是发展

党的十七大报告指出：科学发展观，第一要义是发展。以发展作为第一要义，表明坚持科学发展观，就是要坚持发展是硬道理，发展是党执政兴国的第一要务。强调发展是科学发展观的第一要义，具有十分重大的理论和实践意义。

1. 发展是第一要义反映了人类社会发展的普遍规律

马克思在1859年1月写的《政治经济学批判》序言中，阐述了人类社会的发展规律。他说：人们在自己生活的社会生产中发生一定的、必然的，不以他们的意志为转移的关系，即同他们的物质生产力的一定发展阶段相适合的生产关系。这些生产关系的总和构成社会的经济结构，即有法律的和政治的上层建筑树立其上并有一定的社会意识与之相适应的现实基础。用历史的眼

① 胡锦涛.高举中国特色社会主义伟大旗帜为夺取全面建设小康社会新胜利而奋斗——在中国共产党第十七次全国代表大会上的报告[R].人民日报，2007－10－15

光来看，人类社会到目前为止，之所以出现以奴隶社会代替原始社会、以封建社会代替奴隶社会、以资本主义社会代替封建主义社会，以社会主义社会代替资本主义社会，其每一次社会变革的最终极原因，都是因为生产力的发展。

当然，我们必须明确，从理论上讲，社会主义之所以能够替代资本主义，最终原因是它在继承资本主义生产力的基础上，能够比资本主义创造出更高的劳动生产率，同时又避免资本主义社会的各种弊病。因此，科学发展观强调发展是第一要义，正是对人类社会发展规律的充分尊重和深刻揭示。坚持发展这个第一要义，就是要把发展作为根本任务和根本要求，毫不动摇、坚持不懈地加以推进；就是要牢牢扭住经济建设这个中心，聚精会神搞建设、一心一意谋发展，大力解放和发展社会生产力。

2. 发展是第一要义体现了新中国成立以来特别是改革开放以来的基本经验

进入新世纪以后，党的第四代领导集体，根据中国特色社会主义事业的新实践，创造性地提出了科学发展观的理念，实现了我们党在发展理论上的又一次飞跃，形成了以科学发展观为指导的实现发展的“方法论”。坚持以科学发展观为指导的“方法论”要求：必须坚持以人为本的发展，合乎逻辑地承载了为实现人民群众的根本利益谋求发展和依靠人民群众的创造力量来促进发展的双重含义。必须坚持全面发展与协调发展的辩证统一，就是要以经济建设为中心，全面推进经济建设、政治建设、文化建设和社会事业建设，实现经济发展和社会全面进步；就是要统筹城乡发展、统筹区域发展、统筹经济社会发展、统筹人与自然和谐发展、统筹国内发展和对外开放，推进生产力和生产关系、经济基础和上层建筑相协调，推进经济建设、政治建设、文化建设、社会建设的各个环节、各个方面相协调。必须坚持可持续的发展，就是要通过促进人与自然的和谐，实现经济发展和人口、资源、环境相协调，坚持走生产发展、生活富裕、生态良好的文明发展道路，保证一代接一代的永续发展。同时，科学发展观还强调作为领导发展的主体力量——中国共产党必须提高领导发展的能力，要抓住发展机遇、强化发展意识、更新发展理念、创造发展环境、创新发展体制、增强发展动力、拓宽发展空间。

3. 发展是第一要义是正确把握我国社会所处的历史阶段和面临的主要矛盾的科学论断

新中国成立以来特别是改革开放以来，我们经济社会取得了巨大的发展成就。对此，党的十八大总结了十大成就：一是经济平稳较快发展，综合国力大幅提升。二是改革开放取得重大进展。三是人民生活水平显著提高。四是民主法制建设迈出新步伐。五是文化建设迈上新台阶。六是社会建设取得新进步。七是国防和军队建设开创新局面。八是港澳台工作进一步加强。九是外交工作取得新成就。十是党的建设全面加强。中国的发展，不仅使中国人民稳定地走上富裕安康的广阔道路，而且为世界经济发展和人类文明进步作出了重大贡献。

（二）核心是以人为本

党的十七大报告指出，科学发展观“核心是以人为本”，正确把握以人为本的科学内涵有助于我们更加全面深入地理解和把握科学发展观的精神实质，从而在落实科学发展观的过程中更加自觉的促进“以人为本”这个核心的实现。

科学发展观所说的以人为本，其本质的含义就是指以人民群众作为根本，要重视人民群众在发展中的根本地位和根本作用。这种根本地位和根本作用，具体而言又可以概括为必须把依靠人作为发展的根本前提，把提高人作为发展的根本途径，把尊重人作为发展的根本要求，把为了人作为发展的根本目的。下面，让我们对此加以具体的分析。

1. 依靠人是发展的根本前提

坚持以人为本，必须把依靠人作为发展的根本前提。依靠人，就是要看到人民群众是发展的主体，是实现发展的根本力量。不论是坚持发展是第一要义，还是坚持全面协调可持续发展，都要依靠人来进行，通过人来实现。胡锦涛指出："人民群众是科学发展的主体"，"推动科学发展，必须紧紧依靠人民群众，做到谋划发展思路向人民群众问计，查找发展中的问题听人民群众意见，改进发展措施向人民群众请教，落实发展任务靠人民群众努力，衡量发展成效由人民群众评判。"科学发展观把依靠人作为发展的根本前提，是唯物史观在发展问题上的必然体现。唯物史观认为，人民群众是社会物质财富的创造者，也是社会精神财富的创造者，更是推动社会变革的决定性力量。所以唯物史观又认为，人民群众是历史的创造者。同样道理，人也是发展的主体，是推动社会发展的决定性力量。

2. 提高人是发展的根本途径

坚持以人为本，就要把提高人作为科学发展的根本途径。提高人，就是要不断提高全民族的思想道德素质、科学文化素质和健康素质，努力造就数以亿计的高素质劳动者、把全面、协调、可持续发展建立在提高劳动者素质的基础上，建立在提高全民族素质的基础上。提高人，就是要把教育摆在优先发展的战略地位，加快构建现代国民教育体系，科技和文化创新体系、全民健身和医疗卫生体系，加快构建终身教育体系，促进学习型社会的形成。在全社会进一步树立全民学习、终身学习理念，鼓励人们通过多种形式和渠道参与终身学习，把我国由人口大国转化为人才资源强国。提高人，就是要实施科教兴国战略和人才强国战略，大力开发人才资源，为各类人才成长创造有利的社会环境和条件，努力造就数以千万计的专门人才和一大批拔尖创新人才，建设规模宏大、结构合理、素质较高的人才队伍，开创人才辈出、人尽其才的新局面，走人才强国之路。胡锦涛指出："全面建设小康社会、发展中国特色社会主义的伟大实践，为我国人民提高自身素质和能力、为各类人才成长进步提供了宽广舞台。把每个人的潜能和价值都充分发挥出来，努力使每个人都成为对祖国、对人民、对民族的有用之才，不仅对实现我国的发展战略目标具有重大意义，而且对提高全民素质、促进人的全面发展也具有重大意义。"

3. 尊重人是发展的根本要求

尊重人是科学发展的根本要求。胡锦涛指出：让广大劳动者实现体面劳动，是以人为本的要求，是时代精神的体现，也是尊重和保障人权的重要内容。温家宝也指出：我们所做的一切都是要让人民"生活得更加幸福、更有尊严"。

尊重人，就要尊重劳动、尊重知识、尊重人才、尊重创造。劳动中不分是体力劳动和脑力劳动，不管劳动的内容是简单的还是复杂的，这一切的劳动都要为我国社会主义现代化建设作出贡献的劳动，只要是有贡献的劳动那都是光荣的，都应该得到承认和尊重。确立劳动、资本、技术和管理等生产要素按贡献参与分配的原则，一切合法的劳动收入和合法的非劳动收入，都应该得到保护，得到尊重。尊重人，就要尊重人权，包括公民的政治、经济、文化权利。实现充分的人权，是中国改革与发展的重要内容和目标。尊重人，还必须尊重人的需求、人的生命、人的价值。人的需求与生俱来，是社会发展的原初动力。人的生命弥足宝贵，是人进行一切活动的前提。人的价值无法估量，是任何物的东西所不能取代的。满足人的需求、珍爱人的生命，实现人的价值，是尊重人的起码要求。

(三)基本要求是全面协调可持续发展

发展是当代中国的主题，是我们党执政兴国的第一要务。胡锦涛提出："科学发展观基本要求是全面协调可持续。"科学发展观所倡导的发展，之所以是科学的，就在于它是全面协调可持续的发展，即又好又快的发展，而不是片面的发展、不计代价的发展、竭泽而渔式的发展。

党的十八大报告提出，必须更加自觉地把全面协调可持续作为深入贯彻落实科学发展观的基本要求。我们所追求的发展，不是片面的发展、不计代价的发展、竭泽而渔的发展，而是又好又快的发展，是要实现经济社会永续发展。全面协调可持续，抓住了发展的内在规律，是一个相互联系、相互促进的有机整体。要按照中国特色社会主义事业五位一体总体布局，全面推进经济建设、政治建设、文化建设、社会建设、生态文明建设，促进现代化建设各方面相协调，促进生产关系与生产力、上层建筑与经济基础相协调，促进经济发展与人口资源环境相协调，不断开拓生产发展、生活富裕、生态良好的文明发展道路。

(四)根本方法是统筹兼顾

坚持把统筹兼顾作为根本方法，既抓住大局、统一筹划，又协调好各方、全面发展，对于创新和改进党的领导方法和工作方法，深入贯彻科学发展观，坚持和发展中国特色社会主义，具有十分重大的理论和现实意义。

1.统筹兼顾的理论基础

统筹兼顾根本方法的理论基础，是马克思主义哲学原理中关于矛盾发展的不平衡性理论。首先，马克思主义哲学关于主要矛盾与次要矛盾的原理告诉我们：在复杂的矛盾体系中，各种矛盾之间、矛盾的各个方面之间的发展是不平衡的，这就要分析主要矛盾和次要矛盾。所谓主要矛盾是在一个矛盾体系中处于支配地位的、对事物的发展过程起着决定作用的矛盾。它的存在和发展规定并影响着事物复杂矛盾体系中的其他矛盾的存在及发展。因此，主要矛盾就是决定事物和工作的全局的矛盾。抓主要矛盾就是抓全局，次要矛盾则是处于从属地位的，对事物的发展不起决定作用的矛盾。正是由于事物发展过程中，主要矛盾和次要矛盾所处的地位和作用不同，决定了在人们的工作实践中，只有把握住并解决了主要矛盾，次要矛盾才能随之得到有效的解决。其次，马克思主义哲学关于主要矛盾与次要矛盾的原理又告诉我们，主要矛盾与次要矛盾之间是辩证统一的关系，二者相比较而存在、互相联系、互相制约、互相作用。即主要矛盾决定着次要矛盾，次要矛盾影响着主要矛盾。主要矛盾的解决为次要矛盾的解决创造必要的前提，次要矛盾的解决也为主要矛盾的解决提供有利的条件。因此，在我们的各项工作中，既要坚持抓主要矛盾、抓全局工作这个大方向，同时又不能忽视各种次要矛盾，要做到统筹兼顾。最后，马克思主义哲学关于主要矛盾与次要矛盾的原理还告诉我们，主要矛盾与次要矛盾的区别是相对的、可变的，在一定条件下是可以互相转化的。因为在事物发展的过程中，由于出现了新的条件，原来的主要矛盾可以转化为次要矛盾，原来的次要矛盾也可能转化为主要矛盾。所以，在实际工作中，还必须注意条件的变化，并及时随着条件的变化来认识主要矛盾，转换全局工作，真正把握全局，统筹兼顾。因此，统筹兼顾其实是"重点论"与"均衡论"、"一点论"与"两点论"的有机结合。

2.统筹兼顾是长期的战略方针与重要经验

统筹兼顾是我们党在长期执政过程中一条行之有效的重要经验和战略方针。以毛泽东、邓小平和江泽民为核心的三代党中央领导集体都曾根据时代主题和实践需要的不同对统筹兼顾的发展方法进行了深刻的阐述，为以胡锦涛为核心的党的第四代领导集体集发展方法之大成、提出科学发展的统筹兼顾方法奠定了坚实的基础。早在民主革命时期，毛泽东就多次论述过统筹兼顾的方法。新中国成立后，他提出要把“统筹兼顾”作为中国社会主义建设的基本方法。在社会主义建设时期，毛泽东又把“统筹兼顾、适当安排”作为我们必须坚持的基本方针。改革开放后，以邓小平为核心的第二代党中央领导集体，针对计划经济时代的平均主义给中国带来的普遍贫穷和人民群众急切要求解决温饱的现状，提出了通过“先富”“后富”，最终达到“共富”的非均衡发展思想，使统筹兼顾方法与“以经济建设为中心”的政治路线相结合，在探索非均衡发展的统筹兼顾方法上取得了突破性的进展，为我国综合国力的快速增强作出了巨大贡献。以江泽民为核心的第三代党中央领导集体深刻分析了社会主义现代化建设全局的各种关系，特别是江泽民的《正确处理社会主义现代化建设中的若干重大关系》的讲话，不仅继承了我们党要统筹经济社会发展的思想，而且创新性地提出了统筹人口、资源、环境的发展，并在此基础上提出了可持续发展战略，从而使我们党的统筹兼顾思想更加完善。党的十六大以后，党中央领导集体概括提升党的三代中央领导集体关于发展的思想和方法，提出了科学发展观，并把“五个统筹”确立为科学发展观的根本要求。“五个统筹”，实质上就是统筹兼顾。党的十七大把科学发展观作为中国特色社会主义理论体系的重要内容，使之成为我们党的指导思想，而且特别强调科学发展观的根本方法是统筹兼顾，从而把统筹兼顾方法从一般方法、基本方法上升到了根本方法的高度，为我们深入贯彻落实科学发展观提供了方法论依据。

3. 统筹兼顾是我们党力破经济社会发展不平衡的现实格局的有力武器

我们党在30多年的改革过程中，鉴于我国经济发展十分落后，国家面貌一穷二白，人民生活温饱都没有解决的现实基础，从人民根本利益和国家发展的大局出发，把快速发展尤其是快速发展经济作为着力点。快速发展成为我国改革开放30多年所取得的最重大的成就。虽然在这个过程中，我们注意兼顾各方面的利益，注意综合平衡，政治建设、文化建设和社会建设方面也取得了重大成就。但从总体上来说，随着生产力的发展和国家经济实力的提高，政治、文化、社会以及生态建设比较滞后的问题也凸显出来，在经济建设中也出现了许多新的矛盾和问题，主要表现在：城乡差距与地区差距有所扩大，经济与社会发展不够协调，国内经济制度与国际惯例尚有差距，部分社会成员收入分配差距扩大，就业压力大，困难群众数量较多等等。为了解决上述问题，在认真总结30多年改革开放经验的基础上，我们党深刻认识到，要更好地坚持以经济建设为中心的大局，推进社会主义现代化建设，就必须坚持科学发展观，必须把统筹兼顾作为科学发展观的根本方法。只有从统筹兼顾的角度出发，认真处理好各方面关系，才能有效推进改革，才能适应经济全球化和科技进步加快的国际环境，适应全面建设小康社会的国内环境的需要。

(五)科学发展观的精神实质

精神实质是理论的精髓，是使理论得以形成和发展并贯穿始终，同时又体现在这一理论基本观点中的最本质的东西。党的十八大报告指出：“解放思想、实事求是、与时俱进、求真务实，是科学发展观最鲜明的精神实质。”学习领会科学发展观，必须深刻把握这个精神实质。把握了这个精神实质，就把握了科学发展观最本质的东西，就把握了科学发展观与马克思列宁主义、毛泽东思想、邓小平理论、“三个代表”重要思想的历史联系及其统一的科学思想体系。

1. 解放思想、实事求是、与时俱进、求真务实，是人类实践和认识的发展规律，也是马克思主义的发展规律，是一种思想方法，也是一种精神状态

正是运用这种思想方法，发扬这种精神状态，一代又一代马克思主义者在开创和发展社会主义事业的历史进程中，不断解决新课题、开拓新境界，推动理论创新不断发展、不断前进。党的十六大以后，胡锦涛强调“坚持解放思想、实事求是、与时俱进，以科学态度对待马克思主义，用发展着的马克思主义指导新的实践”，反复强调“求真务实，是辩证唯物主义和历史唯物主义一以贯之的科学精神，是我们党思想路线的核心内容”。我们党准确把握世界发展大势，准确把握社会主义初级阶段基本国情，深入研究我国发展的阶段性特征，在研究新情况、解决新问题的过程中逐步创立了科学发展观。科学发展观的形成，反映了我们党思想上的新解放、理论上的新发展、实践上的新创造，使党的理论和工作更好地体现时代性、把握规律性、富于创造性。

2. 解放思想、实事求是、与时俱进、求真务实贯穿科学发展观的始终

科学发展观创造性地运用马克思列宁主义、毛泽东思想、邓小平理论、“三个代表”重要思想，紧密结合新的实践，提出以人为本、实现全面协调可持续发展、建设社会主义新农村、建设创新型国家、建设社会主义核心价值体系、建设社会主义文化强国、构建社会主义和谐社会、推进生态文明建设、推动建设和谐世界、加强党的执政能力建设、先进性和纯洁性建设等一系列新思想、新观点、新论断，这些都是对马克思主义理论的重大贡献。可以说，科学发展观的每个组成部分、每个重要观点，都贯穿和体现了解放思想、实事求是、与时俱进、求真务实的精神品质，都既坚持了马克思主义基本原理，又讲出了新话，体现了坚持与发展的统一、继承与创新的统一，使人们深深感受到随着时代、实践和科学的发展而发展着的马克思主义的强大生命力。

3. 实践永无止境，认识真理永无止境，理论创新也永无止境

党和人民的实践是不断前进的，指导这种实践的科学理论也要不断前进。科学发展观不是封闭的，而是开放的理论体系，它既是我们推进实践创新的根本指针，又是我们深化理论探索的崭新起点。中国特色社会主义事业是不断发展的事业，前进中还会遇到这样那样的新情况新课题，还要应对各种可以预料和难以预料的风险和挑战，还要进行新的实践和新的探索。只要我们始终坚持解放思想、实事求是、与时俱进、求真务实，把握时代发展要求，顺应人民共同愿望，勇于实践、勇于变革、勇于创新，永不僵化、永不停滞，就能在科学发展观的基础上，不断有所发现、有所创造、有所前进，进一步深化对中国特色社会主义规律的认识，不断丰富中国特色社会主义的实践特色、理论特色、民族特色、时代特色，永葆党的生机活力，永葆国家发展动力，奋力开拓中国特色社会主义更为广阔的发展前景。

（六）科学发展观与马克思主义的新境界

科学发展观是马克思主义中国化的最新理论成果，它科学回答了新世纪新阶段中国面临的“为什么发展”“为谁发展”“靠谁发展”和“怎样发展”等一系列重大问题，深刻揭示了中国现代化建设的发展道路、发展模式、发展战略、发展目标和发展手段等，集中体现了马克思主义关于发展的世界观和方法论。

1. 从根本上解决了“为谁发展”的问题，是马克思主义世界观在指导发展上的集中体现

人民群众是历史发展的主体，人的自由全面发展，是马克思主义唯物史观的基本观点。科学发展观继承和发展了马克思主义关于人民群众是历史发展主体和“人的自由全面发展”的思想。科学发展观强调“以人为本”，将实现好、维护好、发展好最广大人民的根本利益作为工作的出发点和落脚点，进一步回答了“为谁发展”这一核心问题。它明确要求把人民群众作为经济社会发展的价值主体，牢固确立人民群众在发展中的主体地位，始终坚持尊重人，关心人，理解人，爱护人，解放人，发展人；使全体人民共享改革发展成果，营造全体人民充分发挥聪明才智的社会环境，把满足人民群众日益增长的物质文化需要和促进人的全面发展作为经济社会发展的目的和归宿。

2. 从根本上解决了“靠谁发展”的问题，是马克思主义群众观在指导发展上的集中体现

“以人为本”不仅包含了发展“为了谁”的价值内涵，而且也包含了发展“依靠谁”的深刻内容。马克思主义的世界观认为，人民群众是历史的创造者。“以人为本”，既强调为最广大人民的利益谋发展，又强调依靠最广大人民的力量谋发展，坚持了历史唯物主义的基本原理。科学发展观强调的“以人为本”，就是要把人民群众作为经济社会发展的主体和原动力，从人民群众的根本利益出发谋发展，通过全面建设小康社会使广大人民群众共享经济社会发展的成果，更加注重社会公平，最终实现共同富裕；就是要加强社会主义民主政治建设，为公民平等享有政治、经济和文化权益提供制度保障，使每个公民依法行使民主选举、民主决策、民主管理、民主监督的权利，参与经济文化和其他社会事务的管理；就是要不断提高人民群众的思想道德素质和科学文化素质，不断提高人民群众的生活质量和医疗保障条件，增强人民群众的健康体质。

科学发展观倡导的“以人为本”，不仅是实现又好又快发展的价值归宿，而且揭示了其动力源泉；不仅继承了马克思主义的“人的自由全面发展”的主体性思想，而且丰富了在新的历史条件下这一思想的时代内涵。

3. 从根本上解决了“如何发展”的问题，是马克思主义方法论在指导发展上的集中体现

科学发展观在回答“为什么发展”“为谁发展”“靠谁发展”的基础上，全面回答了“怎样发展”的问题。总的要求是，坚持以人为本，全面协调可持续发展。这是中国共产党人在社会主义现代化建设条件下对马克思主义唯物辩证法的新运用，是针对中国发展新阶段提出的经济社会发展的新要求和新思路。

科学发展观站在历史和时代的高度，指明了中国现代化建设的发展道路、发展模式、发展战略和发展目标，是改革开放和现代化建设必须长期坚持的重要指导思想。

党的十八大把科学发展观确立为党必须长期坚持的指导思想，意味着在我们党的旗帜上，继写上马克思列宁主义、毛泽东思想、邓小平理论、“三个代表”重要思想之后，又写上了科学发展观。这样，我们党便获得了迎接新挑战、开创新局面的新的强大思想武器。高举中国特色社会主义伟大旗帜，毫不动摇地坚持以邓小平理论、“三个代表”重要思想、科学发展观为指导，我们就能更好地把中国特色社会主义伟大事业和党的建设新的伟大工程推向前进，不断朝着中华民族伟大复兴的宏伟目标迈出坚实的步伐。

三、科学发展观的主题——构建社会主义和谐社会

构建社会主义和谐社会，实现经济社会的科学发展，归根结底还是要体现在促进和实现人的全面发展上。人的全面发展，简言之，就是指人的本质力量的充分显现，人的自由个性的充分张扬，人的内在潜能的充分挖掘和人的综合素质的充分提高。但是这些都不是自然的存在，而是人们长期进行社会实践的产物。也就是说，每当人类在认识和改造主、客观世界的活动中获取了一次胜利，人类自身也就朝着全面发展的方向前进了一步。而要想真正在认识和改造世界中取得彻底的胜利，就必须做到尊重客观规律性与发挥主观能动性相统一，实现经济社会的发展与人自身发展的相统一。

(一)社会主义和谐社会的含义

和谐社会的并不是一个最近才有的概念。我国古代思想家和古希腊思想家早就对这个问题有过探讨,这一点我们在前文已经有所描述。从中国文字的解释来看,"和"代表了人们的和睦关系,在困难面前能够共担,在成果面前能够共享;"谐"则意味着人们在工作之中能够相互协调、顺和、无抵触、无冲突之意。放在一起来看也就意味着在社会发展之中通过人际交往实现人们之间和睦相处。

和谐社会是一种社会状态,而非社会形态。在人类历史上的任何一种社会之中,都有可能出现和谐社会,例如我国封建社会之中,就有过"文景之治"、"贞观之治"和"康乾盛世"之类井然有序的社会,但是由于社会制度的限制,这些社会状态只能算是传统的和谐社会。以马克思主义为基础建立的现代和谐社会是与历史上任何曾经出现过的和谐社会形态都有本质的不同。从马克思主义哲学的角度来看,现代和谐社会至少有三个特点。

第一,现代和谐社会是一个发展着的、动态的和谐社会。人类历史是不断向前发展的。我们要建设的和谐社会也必须要满足这个规律。停滞不前的和谐,打压一切先进思想的和谐,可能暂时会存在一段时间,但是从长远的历史角度来看,这种和谐必定要被历史所遗弃。因此现代和谐社会之中,社会建设的主导力量必将注重发展最为先进的生产力,发展最为先进的文化,代表最广大人民的根本利益。以此三者带动和谐社会不断向前发展。

第二,现代和谐社会是一个有广泛联系的和谐社会。现代社会的生产力已经有了较高程度的发展,直接带动现代社会各方面联系更加直接和普遍。因此在现代和谐社会之中必须要存在着广泛的联系,以广泛的联系推动现代和谐社会生产力的发展,推动现代社会基本矛盾从量变向质变转变。

第三,现代和谐社会是一个多因素共同发展的社会,是一个人全面发展的社会。现代社会已经朝向马克思所说的社会大生产阶段发展,社会发展的各方面因素必将得到全面的发展,最终实现人的全面发展,解脱人的依赖关系。现代和谐社会的最终指向将是人的全面发展,实现人的智力劳动与体力劳动的全面结合。

因此在现代和谐社会之中,必将注重联系的发展的看待现代社会发展的各方面因素,以各方面的发展推动人的发展,实现人际和谐和人与自然界关系的和谐。

党中央提出的和谐社会概念也正是要努力形成全体人民各尽所能、各得其所又和谐相处的局面,使经济更加发展、民主更加健全、文化更加繁荣、人民生活更加殷实、人与自然关系更加和谐。因此从现阶段我国生产力生产关系发展的状况来看,和谐社会的基本内涵是,广大人民群众衷心拥护社会主义制度和中国共产党的领导,全体人民按照自己和社会发展的需要,在社会建设之中能够各尽所能、充满活力、各得其所,使各方面利益关系都得到有效调整,利用法律和道德的手段逐步消除社会上存在的各种局部矛盾,使物质、精神、文化科学发展,实现人、社会和自然关系的良性发展。因此在社会主义和谐社会建设的过程中要全面注重以人为本、全面协调可持续的科学发展观在和谐建设之中的重要作用,以之作为社会发展的基本精神领导社会主义和谐社会各个要素的发展。社会主义制度和党的领导是和谐社会建设得以实现的基本保证和决定因素。我国广大人民群众在党的领导之下各尽所能、创造性的建设社会主义和谐社会,使物质文明、政治文明、精神文明、生态文明协调发展。

因此当前所构建的社会主义和谐社会的内涵可归结为以下三个方面的基本规定:

首先,社会主义和谐社会是全体人民各尽所能、各得其所而又和谐相处的社会。《中共中央关于加强党的执政能力建设的决定》指出：形成全体人民各尽所能、各得其所而又和谐相处的社会，是巩固党的执政基础。全体人民各尽所能、各得其所的建设和谐社会是和谐社会发展的基本动力，也是和谐社会发展的最终价值目标。众所周知，社会发展的最终目标是要实现人的全面发展。人的全面发展必须要以人的需要全面满足和人的能力的自我实现作为基础。因此在构建社会主义和谐社会的过程之中，必须要注重人在社会之中的根本性地位，以人的需要满足和人的创造性发挥作为前提，充分的全面的发展人。另外生产力的发展必须要以人作为基本的载体，以人为最根本的实现手段。因此在社会建设的过程中必须要坚持尊重知识、尊重人才、尊重劳动、尊重创造的方针，使一切有利于社会进步的创造愿望得到尊重、创造活动得到支持、创造才能得到发挥、创造成果得到肯定，让一切劳动、知识、技术、管理和资本的活力竞相迸发，让一切创造社会财富的源泉充分涌流，使社会生产力的发展充满活力动力。

其次，从当前社会发展的状态来看，社会主义和谐社会的建设必须要以法律和道德建设作为最基本的手段。我国当前的法律建设水平依然不高，尚不能完全满足社会发展的最基本需要。法律网络的建设仍旧有一定的漏洞。不仅如此，我国社会主义制度在我国确立也仅有几十年的时间，现时代的道德建设仍旧处在封建社会的道德体系之中，虽然在一定程度上满足了我国社会发展的需要。但从长远来看，我国社会建设应该有满足社会主义和谐社会的新道德，以新道德全面的约束我国社会发展的过程。例如社会主义诚信道德体系建设必须要成为我国社会道德建设的一个重点内容，又或者社会主义和谐社会的道德体系建设必须要破除旧的具有阶级性质的社会道德规范，在人们的潜意识之中，所有人都是平等的为社会主义社会建设做贡献的，没有高下之分，没有官僚与平民之分，没有知识分子与劳动人民之分。

再次，社会主义和谐社会包含社会建设的安定有序。社会主义和谐社会不是不存在矛盾的社会，而是社会各种局部矛盾，非主要矛盾都能够以一种安定有序的方式得到解决的社会。在社会主义和谐社会建设的过程中，我们应该尽量的寻找到一种有效的方式解决好人民的内部矛盾，实现利益协调、成果共享和共同发展。社会主义和谐社会的不断发展必然带来各种不同社会群体之间的利益冲突，而从和谐社会建设的哲学意味来看，社会主义和谐社会处理各个社会群体之间矛盾的办法应该是本着联系的观点，发展的观点，最广大人民群众根本利益的观点，去落实和解决好人民群众之间的矛盾冲突，对各方面的利益都有妥善的安排。处理矛盾的手段应该根据社会道德和法律发展的现状，针对各个特殊矛盾具体的进行解决和处理。

社会主义和谐社会以上三个方面的含义是互相联系的统一的整体，其中人民群众是社会主义和谐社会建设的主体，法律和道德的建设是社会主义和谐社会建设的根本手段，社会建设的安定有序是社会主义和谐社会建设的基本形式。社会主义和谐社会的建设最为根本的内容还是人民利益的主体性，只有以人民利益为主体，社会主义和谐社会的建设才能够实现最根本的落实。

(二)社会主义和谐社会的基本特征

构建社会主义和谐社会，是一个系统工程，需要我们从整体上按照科学发展观的思路思考发展问题，在政治、经济、社会、文化等方面实现发展的协调和可持续，运用政策、法律、经济、行政等多种手段，统筹各种社会资源，综合解决社会协调发展问题同志从六个方面归纳出社会主义和谐社会的基本特征，这就是“民主法治、公平正义、诚信友爱、充满活力、安定有序、人与自然和谐相处”。

1. 政治上要坚持民主法治

民主法治是社会主义和谐社会在建设之中的政治上的基本要求。胡锦涛在省部级主要领导干部提高构建社会主义和谐社会能力专题研讨班上的重要讲话指出:“民主法治,就是社会主义民主得到充分发扬,依法治国基本方略得到切实落实,各个方面积极因素得到广泛调动。”在民主方面,我们要积极发扬党内民主和人民民主在社会主义建设之中的优越性,集合群智群力建设社会主义。在法治方面,我们要发挥法律的制度理性,以法律作为约束我国人民社会行为的基本手段。

2. 在制度安排上要坚持公平正义

公平正义是社会主义和谐社会应有的题中之义。我国古代至圣先师孔子曾经有言:“丘也闻有国有家者,不患寡而患不均,不患贫而患不安。盖均无贫,和无寡,安无倾”。[①] 这句话反映了我国传统思想之中对社会公平的诉求。和谐社会的实现首先要坚持制度的公平正义,以制度的公平正义落实我国人民群众在社会建设之中各得其所、各尽所能,落实党“发展为了人民,发展依靠人民,发展成果由一切人民共享”的制度理想。

3. 在道德建设上实现诚信友爱的社会新道德

社会新道德是实现我国社会主义和谐社会建设的另外一个重要的保证手段。在社会主义和谐社会建设的过程中要逐渐形成新道德,实现新道德在社会建设的制约力量。社会新道德并不是脱离旧道德的“空中建筑”,而是要建立在我国社会传统优秀道德体系的沃土之中的。诚信友爱就是其中的一个重要内容。诚信友爱既是中华民族的传统美德,也是现时代我国社会市场经济建设的基本需要。《周易》说:“人之所助者,信也”。明清时期,晋商之所以能够在国内外商界兴盛达到五百年之久,一个很重要的原因就是诚信。

4. 在社会生产力发展上要坚持充满活力

充满活力就是能够使一切有利于社会进步的创造愿望得到尊重,创造活动得到支持,创造才能得到发挥,创造成果得到肯定。以充满活力作为生产力发展的要求,体现了我们党对社会发展规律的深刻认识与洞察。一方面是对我国历史发展经验教训的总结,另一方面也是顺应知识经济发展的时代潮流的需要。社会制度的建设必须要把充满活力放在一个重要位置,发挥新思想,新科技在社会建设之中的带动作用。

5. 在社会稳定方面要实现安定有序

安定有序是实现我国社会发展的重要保障,也是社会主义和谐社会的基本条件和重要标志。安定有序要求我国社会主义和谐社会建设的过程中能够始终保持社会安定团结,社会发展井然有序,人民群众安居乐业。安定有序是和会主义和谐社会建设的前提条件。我国社会发展的指导思想邓小平理论之中早已指出稳定是压倒一切的先决条件。没有一个安定的社会环境就难以实现社会的发展。

6. 人与自然方面要实现和谐相处

人与自然和谐相处是社会发展的环境条件,也是社会的大和谐的应有之义。自然环境是人类发展的重要依靠。人类的一切活动都要在自然环境的限制之中,必须把与自然的和谐相处作为社会发展的一个重要方面。党的十七大报告提出,在人与自然和谐相处之中要“建设生态文明,基本形成节约能源资源和保护生态环境的产业结构、增长方式、消费模式”。人与自然的和谐

① 《论语·季氏第十六》

相处还要以人与人的和谐相处作为一个重要的内容。人在自身发展的过程中，由对人类的关爱发展到人类所生存环境的关爱。

总而言之，社会主义和谐社会的六大特征，既是静态和谐社会的独立评价指标，又是动态构建和谐社会的操作手段。但必须指出这六个方面的指明应该作为和谐社会发展的整体来看，整体性的要求和落实社会主义和谐社会建设的基本特征。

(三)构建社会主义和谐社会的指导思想

1.马克思主义的和谐思想

(1)关于和谐社会的基本观点

实现社会和谐是人类共同的追求和历史发展的必然趋势。马克思、恩格斯认为，资本主义文明超过了以往一切社会形态的文明，但是，资本主义文明是在种种不和谐的矛盾中产生和运行的，所以资本主义社会仍然是个片面的畸形发展的社会。资本主义社会的基本矛盾是其自身无法解决的。一方面，资本主义发展所造成的社会不平等和两极分化、人的畸形发展和异化等弊端，都是资本主义生产方式造成的，只有铲除这种生产方式及与之相适应的整个资本主义制度，用共产主义代替资本主义，才能从根本上消除这种不和谐现象，这是人类历史发展的客观趋势。另一方面，由于无产阶级与资产阶级之间的矛盾不可调和，无产阶级要获得解放，必须推翻资产阶级的统治。无产阶级和广大劳动人民是变革不和谐的旧世界、创建和谐的新世界的主要力量。

生产力的高度发展是实现社会和谐的前提条件。马克思、恩格斯指出，共产主义是以生产力的巨大增长和高度发展为前提的。“生产力的这种发展……之所以是绝对必需的实际前提，还因为如果没有这种发展，那就只会有贫穷、极端贫困的普遍化；而在极端贫困的情况下，必须重新开始争取必需品的斗争，全部陈腐污浊的东西又要死灰复燃。”[①]只有生产力的发展，才能给人类社会带来的良好的生活环境，人的物质需求和精神需求也才能得以丰富，社会秩序才能良好，国家才能安定团结。社会物质财富极大丰富，社会实行“各尽所能，按需分配”，才能达到真正和谐的共产主义社会。

未来和谐社会表现为人类社会生活各方面的协调发展。马克思、恩格斯指出，随着社会的不断文明进步，在未来，生产力高度发展，生产资料社会占有，有计划地组织社会化生产，阶级对立和阶级本身消灭，劳动不再是人类谋生的必要手段，劳动成为人类生活的一种方式，人们将快乐地劳动，社会关系和谐，城乡之间、脑力劳动和体力劳动之间的对立和差别消失，人、自然、社会之间的矛盾真正解决，人们的精神境界极大提高，人类将获得全面而自由的发展，等等。简而言之，是生产力与生产关系、经济基础与上层建筑之间相适应，其矛盾通过自身的调整来解决。

(2)关于人的全面发展的思想

这里所指的“人的全面发展”是与教育领域相联系的。马克思、恩格斯非常重视教育的和谐问题，他们有关教育和谐的思想主要是通过其关于人的全面发展思想体现的。马克思、恩格斯始终不渝的把人的全面发展确立为人类社会发展的价值指向和最高境界，认为共产主义的最终目标就是实现人的自由全面发展和人与社会、自然的和谐共生。马克思和恩格斯在《共产党宣言》中提出：“代替那存在着阶级和阶级对立的资产阶级旧社会的，将是这样一个联合体，在那里，每个人的自由发展是一切自由发展的条件。”“自由联合体”是社会和谐的最高境界，在这个境界中，

① 马克思恩格斯选集(第1卷)[C].北京：人民出版社，1995，第86页

人的能力和潜能得到充分发挥，人的多样性需求不断的得到满足，人的社会关系日益得到丰富，人的自由个性充分得到张扬。

在此基础上，马克思、恩格斯明确提出实现人的全面发展的方法和途径是生产劳动和教育相结合。马克思认为，要培养全面发展的新人就必须给予全面发展的教育，他说："未来教育对所有已满一定年龄的儿童来说，就是生产劳动同智育和体育相结合，它不仅是提高社会生产的一种方法，而且是造就全面发展的人的唯一方法。"[①]个体要充分发挥自身潜力，实现自身价值，个体要达到使自身的自然中沉睡着的潜力发挥出来.并且使这种力的活动受他自己控制的目的，不仅包括智育、体育，而且包括德育在内的教育与生产劳动相结合才能真正实现。因此，要大力发展教育，坚持教育与生产劳动相结合，使社会大多数成员都能掌握新知识、新技能，促进人的能力和潜能的开发、利用，为人的全面发展创造必要的条件，并在人与人之间、人与自然之间形成和谐的关系。

2. 中国共产党人的和谐思想

(1)以毛泽东为核心的中央领导集体的和谐思想观

培养德智体全面发展的新人。第一，培养德智体全面发展的新人是德育的终极目标。1917年4月，毛泽东在《体育之研究》一文中强调德、智、体全面发展。毛泽东认为，德、智、体三育，就其本质来说是辩证统一的关系，在德智体三者之间，德居于首要地位；智主要是指科学知识、生产知识、劳动技能。有体，无德与智，就失去了人生的意义；有体有智而无德，没有正确的政治方向，没有高尚的道德情操，没有观察事物正确的人生观、方法论，尽管智力较高，也不能为社会主义国家，为人民自觉的创造性的劳动，反而会为资本主义服务。毛泽东强调只有"三育并重"，才能达到那个达到"身心并完"的思想。第二，改造主观世界和改造客观世界相统一。毛泽东以为自觉地改造客观世界和主观世界，实现二者的统一，是无产阶级和革命人民改造世界的任务，是人类解放和发展事业向人们突出的最高任务，是人类发展程度的最高任务，是人类发展程度的重要标志。第三，教育与生产劳动相结合是促进人全面发展的途径。毛泽东根据马克思主义教育的基本原理和中国社会主义发展的特点及生产力发展水平，探索出一条教育与生产劳动相结合、脑力劳动与体力劳动相结合来实现人的全面发展的根本途径。关于如何使教育与劳动相结合，归纳起来主要有新学校办工厂、工厂办学校，学工、学农、学军，实行半工半读制，学校开展勤工俭学，以及劳动一段、学习一段等。

社会主义社会之矛盾学说。毛泽东同志创立了社会主义社会的矛盾学说。20世纪50年代，毛泽东在总结我国社会主义建设经验教训的基础上，发表了《关于正确处理人民内部矛盾问题》一文，提出了关于社会主义社会基本矛盾、两类矛盾的理论，为社会主义社会的改革，为调动一切积极因素建设社会主义，提供了理论根据。毛泽东指出，我国存在着敌我矛盾和人民内部矛盾两类不同性质的矛盾，要正确处理人民内部矛盾，团结全国各族人民把我国建成各方面富有朝气和活力的社会主义强国。

正确处理十大关系。1956年4月毛泽东在中央政治局扩大会议上发表了《论十大关系》的讲话，提出要正确处理重工业、轻工业和农业的关系，强调国家工业化要以发展重工业为重点，同时适当地发展轻工业和农业；要正确处理沿海工业和内地工业的关系，强调发展内地工业；要正

① 马克思恩格斯全集(第23卷)[C].北京：人民出版社，1972，第530页

确处理经济建设和国防建设的关系，强调用加快发展经济的办法实现国防现代化；要正确处理国家、生产单位和劳动者个人的关系，强调要统筹安排全国各阶层，兼顾国家、集体、个人三者利益，正确处理国家和农民的关系；要正确处理中央和地方的关系，强调扩大地方的权力，更好地调动地方的积极性。

(2)以邓小平为核心的中央领导集体的和谐思想观

提出了社会发展的综合平衡性。党的十三大提出的党在社会主义初级阶段的基本路线，把建设富强、民主、文明的社会主义现代化国家作为我国社会发展目标。邓小平强调经济社会发展要综合平衡，同时以经济建设为中心。

邓小平提出了不同区域、不同群体之间协调发展的大政策。邓小平在1978年12月就提出，要允许一部分地区、一部分人先富起来，然后带动其他地区、其他人富起来。他说："这样，就会使整个国民经济不断地波浪式地向前发展，使全国各族人民都能比较快地富裕起来。"[①]邓小平说："走社会主义道路，就是要逐步实现共同富裕。"[②]

"两个文明"一起抓的思想。在过去的很长一段时间里，我们只注重建设物质文明，而忽视了精神文明，这是错误的做法。我们应该在建设高度物质文明的同时，提高全民族的科学文化水平，发展高尚的丰富多彩的文化生活，建设高度的社会主义精神文明。

邓小平反复强调要两手抓，一手抓物质文明，一手抓精神文明，"两手都要硬"，不能"一手软，一手硬"。他还批评了一些人只抓经济，埋头业务，不抓精神文明的错误倾向。

社会主义市场经济不但要建立高度的物质文明，为人的全面发展创造客观条件，而且要建立高度的精神文明，通过精神文明建设提高人们的科学技术文化素质和思想道德素质，使每个社会成员都成为政治理想远大、文化知识丰富、精神志趣高尚的社会主义新人。"两个文明"一起抓实际上既为国家发展确定了重要的战略思想，也为德育的开展、为人的全面发展创造了和谐的外部环境。

正确处理改革、发展、稳定的关系。改革、发展、稳定是我国改革开放和现代化建设中具有全局意义的一组关系和三大问题。邓小平充分论述了三者之间相互依存、相互促进的辩证关系。其中，改革是社会保持稳定、走向持续发展的动力。发展是国家改革开放、保持稳定的中心目标，反过来又是稳定社会、推动改革的有力杠杆。邓小平说："发展是硬道理"。稳定是改革和发展的前提条件和政治保证。"我们搞四化，搞改革开放，关键是稳定"，"压倒一切的是需要稳定"，"中国要摆脱贫困，实现四个现代化，最关键的问题是需要稳定。"[③]我国的改革开放和社会主义现代化建设，经过多年的实践，取得了巨大的成就，积累了丰富的经验。其中十分重要的一条，就是正确处理好改革、发展和稳定三者的关系。

(3)"三个代表"和谐思想观

对人的全面发展思想的继承。江泽民同志根据科学社会主义基本原理，从人类历史发展进程和建设社会主义新社会本质要求的高度，明确把人的全面发展提到社会主义本质的高度来认识，把努力促进人的全面发展作为党的历史任务，从而使我们对社会主义本质的认识提高到新的水平。共产主义社会的本质是实现人的自由全面发展，社会主义社会要努力促进人的全面发展。

① 邓小平文选(第2卷)[C].北京：人民出版社，1994，第152页

② 邓小平文选(第3卷)[C].北京：人民出版社，1993，第373页

③ 邓小平文选(第2卷)[C].北京：人民出版社，1994，第244、377、331、286、348页

“我们建设有中国特色社会主义的各项事业所进行的一切工作，既要着眼于人民现实的物质文化生活需要，同时又要着眼于促进人民素质的提高，也就是要努力促进人的全面发展。这是马克思主义关于建设社会主义新社会的本质要求。我们要在发展社会主义社会物质文明和精神文明的基础上，不断推进人的全面发展。”这就明确把以两个文明建设为基础的人的全面发展，确定为建设社会主义新社会的本质要求和总体上的目标。

经济、政治、思想文化全面协调发展，物质文明、精神文明和政治文明共同进步。党的十五大报告围绕建设富强民主文明的社会主义现代化国家的目标，在总结近些年来实践经验的基础上进一步明确了什么是初级阶段有中国特色社会主义的经济、政治和文化、怎样建设这样的经济、政治和文化。这就把我们对中国特色社会主义全面性的认识提高到一个新的水平。我们党还在强调物质文明建设、精神文明建设的基础上明确地提出了政治文明建设的要求，把我们过去关于社会主义民主政治建设的基本主张提升到一个新的高度。

德治与法制相统一的思想。江泽民十分重视社会主义道德建设，认为在人民群众中进行社会主义道德观教育是社会主义精神文明的核心内容和中心环节，是思想政治教育工作的重要任务。同时，江泽民又非常注重加强民主法制教育。在此基础上江泽民还进一步提出把道德教育与法制教育相结合起来，要求围绕社会主义精神建设培养“四有”新人。

可持续发展战略。我国实施可持续发展战略是顺应世界潮流和从中国国情出发所作的必然选择，是关系中华民族生存和发展的长远大计。1997 年可持续发展战略被正式写入党的十五大报告。我们要把控制人口、节约资源、保护环境放到重要位置，使人口增长与社会生产力的发展相适应，使经济建设与资源、环境相协调，实现良性循环。既要考虑当前发展的需要，又要考虑未来发展的需要，不要以牺牲后代人的利益为代价来满足当代人的利益。

(4)以胡锦涛为核心的中央领导集体的和谐思想观

社会主义核心价值体系有着深刻的内涵和基本要求，马克思指导思想，中国特色社会主义的共同理想，以爱国主义为核心的民族精神和改革创新为核心的时代精神，社会主义荣辱观，构成社会主义核心价值体系基本内容。这四个方面是相互联系、相互贯通的关系。

第一，在社会主义核心价值体系中，马克思主义指导思想居于最高层面，是指对作为人们认识世界、改造世界强大思想武器的马克思主义的价值认同。马克思主义是我们党立国的根本思想，坚持马克思主义的指导地位，就抓住了社会主义核心价值体系的灵魂。在我国社会主义核心价值体系中，马克思主义为我们提供了正确的世界观和方法论，提供了正确的认识世界和改造世界的强大武器。坚持马克思主义的指导思想，就是要坚持把马克思主义基本原理同中国的具体实际相结合，不断推进马克思主义中国化。

第二，理想是一个民族、一个社会的灵魂所系。胡锦涛强调指出，理想信念，是一个政党治国理政的旗帜，是一个民族奋力前行的向导。理想是有层次的，对于共产党人来说，最高理想是实现共产主义。中国特色社会主义共同理想，是全国各族人民团结奋斗的强大动力，是对国家、民族追求的未来美好发展前景的价值认同。在现阶段，建设中国特色社会主义是我们全社会的共同理想。在本世纪头二十年，集中力量全面建设小康社会，再继续奋斗几十年，到本世纪中叶基本实现现代化，把我国建成富强民主文明和谐的社会主义国家。这个共同理想，既体现了现阶段党的奋斗目标，又体现了党的最终奋斗目标，要求共产党员把为最高理想而奋斗同为现阶段共同理想而奋斗统一于建设中国特色社会主义的实践。这个共同理想符合我国现阶段各族人民的共同理想，符合我国社会主义初级阶段生产力和生产关系、经济基础和上层建筑发展的客观要求，体现了我国所以劳动者、建设者、爱国者的共同利益和愿望。

第三，民族精神和时代精神是一个民族赖以生存和发展的精神支撑。民族精神维系着中华民族历史发展的连续性，是一个民族赖以生存和发展的精神支柱；时代精神代表了时代发展的潮流和方向，使我们自觉投身于现代化建设中，激发着人民的创造力。民族精神和时代精神相辅相成。胡锦涛指出：民族精神是我们民族的生命力、凝聚力和创造力的不竭源泉。在五千多年的发展中，中华民族形成了以爱国主义为核心的团结统一、爱好和平、勤劳勇敢、自强不息的伟大民族精神。在改革开放新时期，中华民族又形成了勇于改革、敢于创新的时代精神。民族精神与时代精神是社会主义核心价值体系的精髓，也是一个和谐的整体。我们要大力弘扬民族精神和时代精神，为不断把中国特色社会主义推向前进提供精神动力。培育和弘扬好民族精神和时代精神，就抓住了社会主义核心价值体系的精髓。

第四，社会主义荣辱观，是中华民族传统美德、优秀革命道德与时代精神的有机结合。胡锦涛在《巩固树立社会主义荣辱观》一文中明确提出了“八荣八耻”为主要内容的社会主义荣辱观，即以热爱祖国为荣、以危害祖国为耻，以服务人民为荣、以背离人民为耻，以崇尚科学为荣、以好逸恶劳为耻，以团结互助为荣、以损人利己为耻，以诚实守信为荣、以见利忘义为耻，以遵纪守法为荣、以违法乱纪为耻，以艰苦奋斗为荣、以骄奢淫逸为耻。社会主义荣辱观是社会主义核心价值体系的具体化，贯穿着爱国主义、集体主义、社会主义思想，集中体现了正确的世界观、人生观、价值观，反映了时代精神和民族精神的基本要求。社会主义荣辱观的基本理念、标准体系体现了社会主义核心价值体系中的核心内容、根本价值标准、根本价值追求、基本价值原则和基本价值、他从每个公民自立的角度，强调人的自身修养，塑造健全的人格和良好的意志品质。

胡锦涛的和谐思想还包含有科学发展观的内容，关于这一点前面已有所论述。

（四）建设和谐社会必须坚持从实际出发的原则

和谐社会的建设要结合当前的实际，从社会主义初级阶段的实际情况出发，从建设社会主义市场经济的实际情况出发，从群众的现实文化需求出发，在实践中不断探索，实事求是，根据客观实际在促进和谐社会建设方面进行探索和努力。

1. 从社会主义初级阶段的实际情况出发

建设社会主义和谐社会要密切联系社会主义建设实际。建设和谐社会，不能脱离社会现实，要符合社会发展阶段和人民群众的思想道德水平。从总体上说，我国的社会发展还处在，并将长期处在社会主义初级阶段，这一阶段还面临着人口、资源、环境等问题，社会成员的生活状态和发展条件存在很大差异，思想道德水平也不尽相同。随着改革的深入，社会成分多样化必然带来人们思想活动的独立性、选择性、多变性和差异性的增强，这一方面是历史的进步，但另一方面又对主流意识形态构成挑战。在我国还存在着：城乡教育差距较大，农村教育资源的匮乏，受教育程度和文化水平远远低于城市，不利于提高和改善农民的素质；一些社会成员诚信缺失、道德失范，社会公德、职业道德、家庭美德和个人品德建设任重道远。因而，和谐社会建设应从社会主义初级阶段的实际出发，区分不同对象和不同层次，鼓励先进，团结多数，引导不同社会阶层的人分步骤、分阶段地进行和谐社会建设，并且要意识到和谐社会的建设是一个长期曲折的过程。

2. 从建设社会主义市场经济的实际情况出发

从市场经济本身的特性和发展趋势来看，市场经济是以市场机制为基础进行资源配置的种经济形势，经济主体的一切经济活动都掩盖在交换关系之下，经济运行扑朔迷离，形势趋势难以把握，风险隐患随时存在。社会主义市场经济体制的建立，一方面为和谐社会建设注入蓬勃生机和活力，但同时市场经济的负面效应也给和谐社会建设带来新的时代难题，突出表现在社会道德“滑坡”日益严重，一些领域和行业的道德状况更是令人担忧。这反映在经济生活和社会生活之中，反映在人与人的关系处于严重的失调之中。市场经济给和谐社会的建设造成了极大的负面影响，主要表现为：一些人产生了个人利益至上的思想，把个人利益作为为人处世的标准，由此造成了社会责任感的丧失和对他人的冷漠；一些人推崇金钱至上观念，滋长了强烈的拜金主义；在一些人中盛行的自由主义、分散主义、享乐主义思想败坏了社会文化风气。社会主义市场经济的这些实际情况，对我们建设社会主义和谐社会提出了现实的挑战。因此，如何在建立社会主义市场经济条件下充分发挥市场机制的积极作用，同时有效地去建设社会主义和谐社会，这是我们必须面对和认真解决的课题。这就要求我们做到：一方面，建设社会主义和谐社会始终把社会利益、集体利益、国家民族长远利益放在首位，要坚决反对并抵制那种只顾自己的私有观念、拜金主义、享乐主义、极端个人主义等不和谐思想。另一方面，我们必须把社会主义和谐社会指导思想、目标任务和原则与市场经济的文化性质、任务、要求紧密结合起来，吸取市场经济文化的精华，剔除有悖于社会主义和谐社会的糟粕；此外，我们还要立足于社会主义市场经济的现实，与时俱进，不断从内容和形式上去加强、改善社会主义和谐社会建设。

3. 从群众的现实文化需求出发

社会主义和谐社会要从人民群众的现实需要出发，满足人民群众日益增长的精神文化需要，用健康的文化产品占领思想文化阵地。在全面建设小康社会的进程中，要坚持“二为”方向和“双百”方针，充分运用广播、影视、报刊、互联网等大众传媒手段，努力繁荣社会主义文化以满足人民群众多方面的、多层次的精神文化生活的需要。

和谐社会建设要体现在丰富群众文化生活上。健康丰富的文化生活是人们放松心情、滋养心灵的“润滑剂”和“减压阀”。优秀的文艺作品往往反映时代的呼唤和要求，对先进事物给予热忱的支持，对腐朽事物进行无情鞭挞，给予人们美好的愉悦和理性的启示，是教育人们遵纪守法，陶冶人们的道德情操，提高人们思想境界的最好精神食粮。人民需要文艺，时代呼唤着文艺的大繁荣、大发展。建设和谐社会，要以满足人民群众多方面、多层次、多样化的精神文化需求为目标，深化文化体制改革，推动文化事业和文化产业的不断繁荣发展，让人民群众享受到更多优秀的文化产品和文化服务。加强和谐精神文化产品的生产，着力提高和谐精神文化产品供给能力，按照结构合理、发展平衡、网络健全、运行有效、惠及全民的原则，以政府为主导、公益文化单位为骨干，鼓励全社会积极参与，努力构建和谐精神文化产品供给体系，切实保障人民群众看电视、听广播、读书看报、进行公共文化鉴赏、参加大众文化活动等基本文化权益。

第二节　十八大以来的马克思主义理论发展

2012 年 11 月 8 日，中国共产党第十八次全国代表大会在北京召开。会上通过了胡锦涛所做的《坚定不移沿着中国特色社会主义道路前进为全面建成小康社会而奋斗》报告。这份报告包含了中国共产党最新的马克思主义中国化理论，指导中国社会主义建设向全面建成小康社会的奋斗目标前进。

一、中国特色社会主义理论的全面深化

中国共产党第十八次全国代表大会(以下简称十八大)是一次全面深化中国特色社会主义理论的大会。在这次大会上,胡锦涛就科学发展观、人民民主主体地位、解放和发展社会生产力等多个主题做出了重要的论述。

(一)科学发展观是十八大卓越的历史贡献

1. 科学发展观是我们党应长期坚持的指导思想

胡锦涛指出:“最重要的就是我们坚持以马克思列宁主义、毛泽东思想、邓小平理论、‘三个代表’重要思想为指导,勇于推进实践基础上的理论创新,围绕坚持和发展中国特色社会主义提出一系列紧密相连、相互贯通的新思想、新观点、新论断,形成和贯彻了科学发展观。”[①]确立科学发展观在党的指导思想中的重要历史地位,是十八大最重要的决定和贡献。

党的指导思想在党的发展和国家建设中有重要的指导性作用,是旗帜,是方向。党的七大确立毛泽东思想的指导地位,党的十五大把邓小平理论确立为党的指导思想,党的十六大又把“三个代表”重要思想确立为党的指导思想。十八大确立科学发展观在指导思想中的地位,是党的指导思想又一次与时俱进的体现。这个决定关系着党和国家发展的前途和命运,是坚持和发展中国特色社会主义的必然要求,必将在全面建成小康社会的历史征程上起到极为重要的作用。

科学发展观是新世纪新阶段,党解决各类社会矛盾的重要理论创新。经过几十年的改革,我国已经进入发展关键期、改革攻坚期和矛盾凸显期。这一新的历史时期所凸显的各种社会问题迫切要求党能够在思想上、实践上、理论上都有新的发展。科学发展观正是党立足现当代基本国情,以我国社会实践为基础,以国外历史经验为借鉴,为适应新发展要求而提出的重要发展理论。科学发展观是中国特色社会主义理论体系的重要组成部分,是针对性回答“实现什么发展,怎样发展”的重要理论。科学发展观是涵盖改革发展稳定、内政外交国防、治党治国治军等各个方面的,是同马克思主义、毛泽东思想、邓小平理论和“三个代表”重要思想既一脉相承又与时俱进的科学理论,是中国共产党集体解放思想、实事求是、与时俱进、求真务实解决中国发展问题的重大理论成果,是当代中国马克思主义发展新境界。

科学发展观是党和国家处理全部社会问题的强大思想武器。我们党自十六大以后,之所以能取得一个个胜利,就是坚持马克思列宁主义、毛泽东思想、邓小平理论、“三个代表”重要思想为指导,不断在实践基础上实现理论创新。实践证明,科学发展观是党在经济社会各方面建设的重要指导理论。在过去几年,科学发展观不断指导我们加快全面建设小康社会的步伐,在今后几年,科学发展观仍然是指导我们全面建成小康社会实践的科学理论。科学发展观从实践到理论、再从理论到实践的创造中,已经是十分完善的科学体系,具有深厚的群众基础。在今后的实践中,我们还应坚持科学发展观在各项工作中的指导地位,有效破解改革发展难题、战胜前进道路上的风险挑战,实现全面建成小康社会宏伟目标,夺取中国特色社会主义新胜利。

2. 科学发展观对中国发展具有重大现实意义和深远历史意义

当今我国发展虽然取得了一些可喜的历史成就,但应该清楚中国特色的社会主义建设是一项长期复杂的艰巨工程,我们当前仍面临一些极具挑战性的矛盾和困难。贯彻落实科学发展观,

---

① 认真学习党的十八大精神人民日报重要报道汇编[C].北京:人民日报出版社,2012,第8页

解决当前我们面临的这些突出问题，需要在经济体制和政治体制做出较大的变革。因此在国家发展中，贯彻落实科学发展观必然将会是一场攻坚战、持久战。因此要用科学发展观指导国家社会主义现代化建设，要着重领会和把握报告阐述的“四个更加自觉”。

首先，“必须更加自觉地把推动经济社会发展作为深入贯彻落实科学发展观的第一要义”①。现阶段我国最大的现实仍然是我们依旧处于社会主义初级阶段，社会的基本矛盾依然是人民日益增长的物质文化需要同落后的社会生产之间的矛盾。因此我国当前最重要的任务依然是发展。要深刻认识科学发展，把握发展规律，创新发展理念，破解发展难题，为全面建成小康社会打下坚实基础。

其次，“必须更加自觉地把以人为本作为深入贯彻落实科学发展观的核心立场”②。我国是社会主义国家，人民是社会主义国家的主体。我们党的宗旨是全心全意为人民服务。党领导人民干革命、搞建设、抓改革，目的就是为了全体人民的幸福生活。以人为本是科学发展观的核心宗旨，落实科学发展观就要始终坚持以最广大人民根本利益为根本的出发点和落脚点。

再次，“必须更加自觉地把全面协调可持续作为深入贯彻落实科学发展观的基本要求”③。科学发展观不单是要实现发展，更要实现又好又快的发展，政治经济社会的全面协调可持续发展。在今后的工作中，贯彻落实科学发展要按照中国特色社会主义事业五位一体总体布局，实现政治建设、经济建设、文化建设、社会建设、生态文明建设方面协调，不断开拓生产发展、生活富裕、生态良好的文明发展道路。

最后，“必须更加自觉地把统筹兼顾作为深入贯彻落实科学发展观的根本方法”④。统筹兼顾是科学发展的重要历史经验，也是全面协调处理社会各方面矛盾和问题应坚持的重大方略。统筹兼顾要求我们全面认识和妥善处理中国建设的各方面问题，一切从实际出发，实事求是的解决中国发展的相关问题。

3. 科学发展观的精神实质是解放思想、实事求是、与时俱进、求真务实

党的十八大报告指出“解放思想、实事求是、与时俱进、求真务实，是科学发展观最鲜明的精神实质”⑤。贯彻落实科学发展观，必须认真把握这个精神实质。

首先，解放思想、实事求是、与时俱进、求真务实，是我们党实践和认识的基本规律，也是我们党的思想方法和精神状态。正确运用这一基本规律，是我们不断解决新课题、开拓新境界，推动理论创新不断发展、不断前进的必然要求。十六大以后，胡锦涛反复强调“坚持解放思想、实事求是、与时俱进，以科学态度对待马克思主义，用发展着的马克思主义指导新的实践”⑥，反复强调“求真务实，是辩证唯物主义和历史唯物主义一以贯之的科学精神，是我们党思想路线的核心内容”⑦。我们党在深入研究我国发展的阶段性特征的基础上，形成了科学发展观，是我们党在思想上、理论上的新发展、新创造。

---

① 认真学习党的十八大精神人民日报重要报道汇编[C].北京：人民日报出版社，2012，第9页

② 认真学习党的十八大精神人民日报重要报道汇编[C].北京：人民日报出版社，2012，第9页

③ 认真学习党的十八大精神人民日报重要报道汇编[C].北京：人民日报出版社，2012，第9页

④ 认真学习党的十八大精神人民日报重要报道汇编[C].北京：人民日报出版社，2012，第10页

⑤ 认真学习党的十八大精神人民日报重要报道汇编[C].北京：人民日报出版社，2012，第10页

⑥ 十六大以后重要文献选编(上)[C].北京：中央文献出版社，2005，第640页

⑦ 任守庆.务虚的工作要务实务实的工作要落实[J].理论学习与探索，2004(S1)

其次，解放思想、实事求是、与时俱进、求真务实贯穿科学发展观的始终。科学发展观第一要义是发展，核心是以人为本，基本要求是全面协调可持续，根本方法是统筹兼顾。这四个方面都需要以解放思想、实事求是、与时俱进、求真务实的工作作风和工作态度认真贯彻。科学发展观是对马克思列宁主义、毛泽东思想、邓小平理论、“三个代表”重要思想的发展和继承，是解决我国当代问题的重要指导思想，其各个组成部分都贯穿和体现了解放思想、实事求是、与时俱进、求真务实的精神品质。

再次，解放思想、实事求是、与时俱进、求真务实是科学发展观应有的理论内涵。科学发展观不是封闭的，而是开放的理论体系。贯彻和落实科学发展观要求我们能够不断解放思想，实事求是地解决问题，认真研究总结时代发展的经验，坚持求真务实的精神态度和工作作风，勇于开拓创新，不断创造，永不停滞，永不僵化，不断丰富中国发展的民族特色和时代特色。

(二)坚持中国特色社会主义道路

1. 中国特色社会主义道路是中国发展的根本方向

党的十八大报告指出“中国特色社会主义是当代中国发展进步的根本方向，只有中国特色社会主义才能发展中国”[①]。这一重要论断深刻揭示了当代中国走向光明未来的正确道路，深刻揭示了实现民族复兴、国家富强、社会和谐、人民幸福的根本途径，对于我们党带领人民在新的征程上继往开来、开拓奋进具有十分重大的意义。

实践证明，中国特色社会主义道路是中国人民走向自主富强道路的必然选择。这一道路凝聚着几代中国共产党人和无数仁人志士的心血。九十多年来，党坚持独立自主的进行革命建设，历经千辛万苦和无数探索，创立了毛泽东思想和中国特色社会主义理论体系，从根本上改变了中国人民和中华民族的前途命运。多年来，我们党经历了无数次的挑战和困难，国际上苏联解体东欧剧变社会主义阵营陷入空前危机，国际金融危机、欧洲债务危机给我国的经济环境带来严重的负面影响；在国内一系列重大自然灾害也给社会主义事业带来严峻的挑战。然而我们党在正确思想的指导下，沿着中国特色社会主义道路，排除所有困难和挑战不断向中华民族伟大复兴的梦想前进。这些实践都深层次地证明了中国特色的社会主义道路是中国人民的必然选择，是胜利实现中华民族伟大复兴梦想的必然选择。

中国特色社会主义之所以是中国人民的必然选择，是因为中国特色社会主义道路一方面坚持了科学社会主义道路，另一方面是结合了我国当代实际特征的鲜明特色。中国特色社会主义道路是马克思主义与我国实际相结合的产物，从理论上回答了建设什么样的社会主义、怎样建设社会主义的重要问题。中国特色社会主义道路是坚持历史唯物主义和辩证唯物主义的产物，指向的是实现共产主义这一最高理想，是与最广大人民根本利益相结合的重要理论，是我国社会发展应坚持的根本方向。

2. 中国特色社会主义道路的总依据、总布局和总任务

党的十八大报告指出“建设中国特色社会主义，总依据是社会主义初级阶段，总布局是五位一体，总任务是实现社会主义现代化和中华民族伟大复兴”[②]。这一重要论断是我们党不断深化对中国特色社会主义规律认识的新成果，对于我们坚持一切从实际出发，立足基本国情，夺取中

---

① 认真学习党的十八大精神人民日报重要报道汇编[C]. 北京：人民日报出版社，2012，第 14 页

② 认真学习党的十八大精神人民日报重要报道汇编[C]. 北京：人民日报出版社，2012，第 14 页

国特色社会主义新胜利，具有重要意义。

认清阶段是发展的首要问题。当代中国的发展仍处于社会主义初级阶段：社会主义各项事业发展依然不平衡，人均国民生产总值仍旧很低，人力资源丰富但人口素质依然不高，工业化、城镇化、农业现代化水平依然很低，民生问题还比较多。这些都说明，我国仍处于并将长期处于社会主义初级阶段。因此，我国发展仍然要牢牢把握这一最大实际，以社会主义初级阶段作为发展的总依据。

中国特色社会主义事业的总布局，是在当代贯彻和落实科学发展观，全面提高人民生活质量的重要要求。党的十八大提出社会主义事业建设应包含经济建设、政治建设、文化建设、社会建设和生态文明建设这五个内容，一方面是我国社会主义建设事业认识的不断发展；另一方面则是认识到中国的发展不能重走发达国家的老路，既要注重社会发展，又要注重生态环境保护。

中国特色社会主义事业的总任务是全面建成小康社会、完成社会主义现代化、实现中华民族的伟大复兴。这一总任务关系到中国人民能否走向文明富强道路，关系到中华民族能否屹立于世界民族之林不动摇。在任何时候，我们都要以总任务激励全党同志努力奋斗，百折不挠的建设中国社会主义事业。

3. 中国特色社会主义应坚持的基本内容

(1)必须坚持人民主体地位

党的十八大报告提出“必须坚持人民主体地位”①。开创中国特色社会主义事业，必须坚持人民的主体地位。马克思历史唯物主义认为，人民是历史的创造者。只有坚持人民的主体地位，中国特色社会主义事业才能不断走向胜利。中国特色社会主义事业是人民自己的事业，党和国家的全部工作都要围绕着人民的主体地位展开。因此党和政府要不断激发人民群众在社会主义事业建设过程中的积极性和创造性，充分尊重人民的首创精神。

(2)必须坚持解放和发展社会生产力

党的十八大报告指出“必须坚持解放和发展社会生产力”②。解放和发展社会生产力是中国特色社会主义事业发展的根本动力，是全面建成小康社会的重要构成因素。生产力的发展是人类社会消灭阶级、消灭对立，实现人的全面发展的根本因素。中国特色社会主义事业的发展和完善都离不开生产力的大发展。实践证明生产力的发展是解决中国现实问题的关键。全党同志必须牢牢扭住经济建设这个中心，坚持聚精会神搞建设、一心一意谋发展，不能有丝毫动摇。

(3)必须坚持推进改革开放

党的十八大报告提出“必须坚持推进改革开放”③。三十多年的实践经验证明，改革开放是坚持和发展中国特色社会主义的必由之路。因此社会主义社会应不断改革。革命导师恩格斯也说过，社会主义社会“不是一种一成不变的东西，而应当和任何其他社会制度一样，把它看成是经常变化和改革的社会”④。当前我国社会主义事业之中的突出问题，大多是体制问题，而解决这些问题必须进行体制改革。建设中国特色的社会主义事业还应顺应时代发展的要求，借鉴世界各国发展的先进经验，在坚持基本原则的情况下，积极改革自身不利条件，利用国际国内两个市

---

① 认真学习党的十八大精神人民日报重要报道汇编[C]. 北京：人民日报出版社，2012，第 14 页

② 认真学习党的十八大精神人民日报重要报道汇编[C]. 北京：人民日报出版社，2012，第 15 页

③ 认真学习党的十八大精神人民日报重要报道汇编[C]. 北京：人民日报出版社，2012，第 15 页

④ 马克思恩格斯文集(第 10 卷)[C]. 北京：人民出版社，2009，第 588 页

场实现社会主义事业建设的顺利发展。

(4)必须坚持维护社会公平正义

党的十八大报告提出“必须坚持维护社会公平正义”[①]。实现社会公平正义是中国特色社会主义的内在要求。党领导全国人民推翻封建主义、帝国主义和官僚资本主义三座大山对人民的压迫,就是要建立一个公平正义,人人当家做主的社会。随着当代社会问题的日益突出,人民群众对党和政府维护社会公平正义的要求越来越高。在今后的一段时间,我们要建立以权利公平、机会公平、规则公平为主要内容的社会保障体系,实现人们平等的生存和发展权利。公平正义是要我们长期坚持的,分阶段实现的历史范畴,必须以现阶段的生产力发展作为公平实现的物质基础。马克思恩格斯曾经指出“权利决不能超出社会的经济结构以及由经济结构制约的社会的文化发展”[②]。因此,社会基本公平需要在我国现有的物质条件基础上逐渐实现。

(5)必须坚持走共同富裕道路

党的十八大报告提出“必须坚持走共同富裕道路”[③]。共同富裕是社会主义社会的基本特征。实现全体人民物质上共同富足、精神上共同富有,这是中国特色社会主义的根本原则。共同富裕是党一直坚持的社会发展重要原则。“共同致富,我们从改革一开始就讲,将来总有一天要成为中心课题。社会主义不是少数人富起来、大多数人穷,不是那个样子。”[④]牢牢把握这一基本要求,对于逐步解决城乡区域发展差距和居民收入分配差距较大的问题,充分发挥中国特色社会主义优越性,具有重大意义。

(6)必须坚持促进社会和谐

党的十八大报告提出“必须坚持促进社会和谐”[⑤]。社会和谐是中国特色社会主义的本质属性。当前社会发展的现实经验表明,我国最广大人民的根本利益是一致的。因此解决人民内部的矛盾要按照立足当前、着眼长远的要求解决社会各种类型的矛盾,促进社会和谐,实现人民安居乐业,国家长治久安。促进社会和谐要把民生问题放在突出位置,解决人民群众最关心的问题,实现学有所教、劳有所得、病有所医、老有所养、住有所居,让人民群众过上更好的生活。

(7)必须坚持和平发展

党的十八大报告提出“必须坚持和平发展”[⑥]。和平与发展是当今世界的两大主题。实现和平发展是中国特色社会主义事业建设的必然选择。社会主义事业建设需要依靠发展社会生产力,改革社会各项基本制度实现,而不是依靠对外扩张,通过针对他国的侵略实现。恩格斯曾经说过,“一个民族当它还在压迫其他民族的时候,是不可能获得自由的。”[⑦]中国特色的社会主义是在资本主义世界的包围中慢慢成长的,因此我们必须要依靠自己的力量实现自身的不断发展。走和平发展的道路要求我们坚持对外开放,坚持走合作共赢的发展道路,认真学习和借鉴一切有利于社会主义成长的国外经验。

---

① 认真学习党的十八大精神人民日报重要报道汇编[C].北京:人民日报出版社,2012,第15页

② 马克思恩格斯选集(第3卷)[C].北京:人民出版社,1995,第305页

③ 认真学习党的十八大精神人民日报重要报道汇编[C].北京:人民日报出版社,2012,第16页

④ 邓小平文选(第3卷)[C].北京:人民出版社,1995,第364页

⑤ 认真学习党的十八大精神人民日报重要报道汇编[C].北京:人民日报出版社,2012,第16页

⑥ 认真学习党的十八大精神人民日报重要报道汇编[C].北京:人民日报出版社,2012,第16页

⑦ 马克思恩格斯选集(第1卷)[C].北京:人民出版社,1995,第309页

(8)必须坚持党的领导

党的十八大报告指出“必须坚持党的领导”①。中国共产党是领导中国特色社会主义事业向前发展的坚强核心。中国共产党的领导地位是经过艰苦卓绝的努力确立的,是历史的选择,是人民的选择。中国共产党的领导作用是不断解决中国现实问题,实现中国向前发展的政治保证。坚持党的领导地位就必须坚持立党为公、执政为民。中国共产党是中国人民的先锋队,坚持人民的主体地位,始终把实现好、维护好、发展好最广大人民根本利益看作党的的工作的根本出发点和落脚点。

二、从全面建设小康社会到全面建成小康社会

党的十八大会议上,胡锦涛提出三步走战略已经进入全面建成小康社会阶段。这标志着我国社会主义建设已经取得阶段性胜利,我国的社会主义建设已经迈入新阶段。

(一)全面建设小康社会的阶段性成果

从过去的十年以来,我国在全面建设小康社会的道路上走得越来越稳健,在经济、政治、文化等多方面的体制改革上都取得了重大的进展。

首先,在经济上,我国综合国力大幅提升,经住了全球金融危机的巨大考验。2011 年,我国国内生产总值达 47.3 万亿元人民币,已居全球 GDP 总量第二位,成为世界主要市场。第一、二、三产业发展都十分迅速,在关键技术领域取得重大突破,例如载人航天技术、载人深潜技术、超级计算机技术、高速铁路等等。人民生活水平持续改善,居民收入较快增长,家庭财产稳定增加。我国人民衣食住行用等条件取得明显进步。

其次,在政治上,我国政治体制改革持续推进,民主法治建设迈出新的步伐。我国是世界人口大国,经过十多年的建设,我国逐渐完善全球最大的民主政治体系,实行城乡按相同人口比例选举人大代表,基层民主不断发展。我国社会主义法治建设成绩也较为显著,中国特色社会主义法律体系依然形成。另外,我国在行政体制、司法体制和工作机制改革上都已取得明显进展。

最后,在社会文化服务上,我国已经在全国范围内深入开展社会主义核心价值体系建设,文化体制改革效果显著。在我国各个地方,公共文化服务体系建设都已有重大进展,文化产业、文化创作在部分地区已经成为一项支柱产业。在教育方面,我国已经完全建立起覆盖全国的免费义务教育体系,能够保证适龄儿童、青少年入学。在社会保障上,覆盖城乡的新型合作医疗建设初步建立,新型社会救助体系基本形成。

(二)全面建成小康社会

1.全面建成小康社会是中国特色社会主义事业建设的新要求

党的十八大提出全面建成小康社会的重要目标既是对十六大以后党全面建设小康社会取得成就的肯定,也是对党在十六大、十七大确立的目标基础上提出的新要求。党之所以提出这一新要求,是因为以下这些原因:

首先,全面建设小康社会取得重大进展。十六大以后的十年发展,胡锦涛带领全国各族人民,在党的思想路线的指导下,朝着全面建设小康社会的目标迈出了坚实步伐,取得了一系列的历史性成就。总体上看,我国经济建设、政治建设、文化建设、社会建设、生态文明建设在这十年

① 认真学习党的十八大精神人民日报重要报道汇编[C].北京:人民日报出版社,2012,第 16 页

中上了一个大台阶。

其次,发展的一系列阶段性特征集中体现。新世纪,在我国全面建设小康社会的过程中,新的阶段性特征逐步显现。我国经济社会发展达到一个新的历史阶段,虽然取得了一些历史成绩,但是发展中仍然存在着不平衡、不协调、不可持续的问题。

再次,我国发展的国际环境有了深刻变化。世界多极化、经济全球化、文化多样化、社会信息化朝向前所未有的深度发展。国际经济政治环境陷入空前复杂的状态。我国急需提高自身实力,应对国际挑战。

2.全面建成小康社会新要求的特点

党的十八大报告从五个方面对全面建成小康社会的目标提出了新的要求:一是"经济持续健康发展",二是"人民民主不断扩大",三是"文化软实力显著增强",四是"人民生活水平全面提高",五是"资源节约型、环境友好型社会建设取得重大进展"①。这五个要求分别从经济发展、人民民主、精神文明建设、人民生活质量、生态文明建设对全面建成小康社会做出了要求,同我国中国特色社会主义事业道路的总布局是一脉相承的。

党的十八大报告对全面建成小康社会目标提出的新要求有以下五个鲜明特点:

第一,发展目标具有连续性。全面建成小康社会的目标是在全面建设小康社会的目标上提出的,是长期性与阶段性的统一。党的十六大和十七大确立的全面建设小康社会的目标,描绘了到2020年中国特色社会主义事业发展的宏伟蓝图。经过十年的发展,我国的现实情况充分满足目标的具体要求,十八大报告在此基础上确立的全面建成小康社会的发展目标是对这一目标的深化,而不是另立一套新的目标。

第二,这些要求具有一定的针对性,是为了解决当前和今后一个时期,我国社会发展中存在的突出矛盾和问题。我国社会的发展存在一些问题。党的十八大报告提出这些具体的要求就是要从根本上解决这些问题,实现发展质量与发展效益在人民生活水平上的统一。

第三,这些要求十分注重改革开放,认为改革开放是全面建成小康社会的根本途径。在21世纪的第二个十年,我国现代化建设不仅要重点解决突出矛盾和问题,更要在重要领域和关键环节上迈出实质步伐。社会主义政治体制和市场经济体制要在发展中更加完善,为全面建成小康社会提供制度保障。

第四,生态文明建设是全面建成小康社会新要求的突出特点。生态文明建设一方面制约着人民的生活质量,另一方面则制约着我国社会主义事业的发展速度。小康社会的突出特点之一就是人民的生活质量能够有显著提升,社会主义事业发展速度较为平稳。因此强调生态文明建设,是全面建成小康社会的关键因素。

第五,提出了两个"翻一番"的新要求,既鼓舞人心又切实可行。党的十八大报告在经济持续健康发展的目标要求中提出,到2020年"在发展平衡性、协调性、可持续性明显增强的基础上,实现国内生产总值和城乡居民人均收入比二〇一〇年翻一番"②。把城乡居民人均收入同国内生产总值一起列为中国发展的具体要求在我国的发展目标中尚属首例,对我国社会发展来说具有重要的意义,充分显示了科学发展观中人文的核心地位。

---

① 认真学习党的十八大精神人民日报重要报道汇编[C].北京:人民日报出版社,2012,第18—19页

② 认真学习党的十八大精神人民日报重要报道汇编[C].北京:人民日报出版社,2012,第18页

三、十八大对全面推进党的建设的新要求

十八大报告中，胡锦涛对党的建设提出了很多具体要求，是新阶段党的建设一个新发展。胡锦涛对全面提高党的建设科学化水平做出了八点要求。这八点要求分别从思想上、根源上、制度上、纪律上把党的建设推向深入。

（一）全党同志要坚定对马克思主义的信仰

党的十八大报告指出“对马克思主义的信仰，对社会主义和共产主义的信念，是共产党人的政治灵魂，是共产党人经受住任何考验的精神支柱”①。这一重要论断，深刻阐明了马克思主义信仰是共产党人不懈的精神追求，揭示了新形势下坚持马克思主义信仰的极端重要性。

实践经验表明，没有信仰的政党和民族就如同在黑夜中失去灯塔的船只，没有奋斗目标和前进方向。不论时代条件如何变幻，马克思主义信仰的光辉依然是全世界无产者奋斗的共同纲领和行动指南。九十多年来，虽然国际风云变幻，但是中国共产主义事业的依然不断向前发展，显示出了其巨大的优越性和生命力。历史的发展告诉我们，什么时间共产党人的精神垮了，共产主义事业什么时间就会走向低潮。美国前总统理查德·尼克松在《一九九九：不战而胜》一书中分析，“东欧共产党人已完全丧失了信仰”，“共产党的意志和信心已经破灭”，“今日东欧进行和平演变的时机已经成熟”。②

中国共产党的发展是以马克思主义为科学根基的，崇高的马克思主义信仰与灵魂始终指导着中国共产党人。毛泽东同志指出“我们的党从它一开始，就是一个以马克思列宁主义的理论为基础的党，这是因为这个主义是全世界无产阶级的最正确最革命的科学思想的结晶”③。邓小平同志说：“对马克思主义的信仰，是中国革命胜利的一种精神动力。”④党从弱小走向强大，就是因为无数仁人志士坚守着这一崇高的历史信仰，在革命和建设的实践中坚持马克思主义的指导地位。可以说，有了马克思主义，中国共产党才有了发展。全党同志要坚持马克思主义信仰，自觉为党和人民的事业而奋斗。

理想信念教育是党建的永恒课题。年轻党员、年轻干部缺乏严格党内生活锻炼和重大政治风浪考验。他们在走上各级领导岗位之后，容易经受不住各种形式的考验与诱惑。对于这些人尤其要加强理想信念见于，否则会出现信仰迷茫、精神迷失的思想战线溃烂现象。江泽民曾经说：“我们共产党人的根本政治信仰是社会主义和共产主义，世界观是马克思主义的辩证唯物主义和历史唯物主义，这是任何时候都丝毫不能动摇的。”⑤胡锦涛一再强调，“理想的滑坡是最致命的滑坡，信念的动摇是最危险的动摇”。因此，在复杂的斗争环境中，党员、干部要自觉加强理想信念教育。

（二）胡锦涛对党建的新要求

1. 以人为本、执政为民，始终保持党同群众的血肉联系

党的十八大报告明确指出“为人民服务是党的根本宗旨，以人为本、执政为民是检验党一切

① 认真学习党的十八大精神人民日报重要报道汇编.[C]北京：人民日报出版社，2012，第52页

② 张录平.第五讲共产党员莫失信念[J].党员之友，2000(05)

③ 毛泽东选集(第3卷)[C].北京：人民出版社，1991第2版，第1093页

④ 邓小平文选(第3卷)[C].北京：人民出版社，1995，第63页

⑤ 江泽民.在纪念中国共产党成立78周年座谈会上的讲话[R].北京：人民出版社，1999

执政活动的最高标准"①。这一论断进一步强调了我们党的性质和宗旨，提出了新阶段我们党应有的权利观，对加强我们党的作风建设，密切干群关系具有重大意义。

以人为本、执政为民是检验党一切执政活动的最高标准，首先是由党的性质和宗旨决定的。作为一个马克思主义政党，党的一切活动都应该指向人民群众的根本利益。新时期党员干部要树立马克思主义权力观，从我做起加强党镕人民的血肉联系。其次是党执政兴国的必然要求。马克思辩证唯物主义认为，人民群众是历史的创造者。党要对历史负责，最紧要的就是对人民群众负责。我们党始终把人民群众的根本利益放在第一位是从根本上实现执政兴国的表现。再次是党完善执政方略、改进执政方式的具体体现。我们党发展九十多年以来，从革命战争年代走向社会主义建设，所有的活动都是指向人民群众的富强自主。党不断完善自身的执政方式，九十要实现科学执政、民主执政、依法执政。最后是党对执政规律和人类社会发展规律的全新认识。

群众工作是加强党同人民群众血肉联系的核心内容。党的十八大报告提出，"要围绕保持党的先进性和纯洁性，在全党深入开展以为民务实清廉为主要内容的党的群众路线教育实践活动，着力解决人民群众反映强烈的突出问题，提高做好新形势下群众工作的能力。"②这一论断其实说明了党加强同人民群众联系的主要方式和党应有的群众工作作风。加强党同人民群众血肉联系的主要方式是着力解决人民群众反映强烈的突出问题。人民群众所反映的问题是人民群众最关系的实际问题。只有把这些问题解决好、落实到位，党的其他工作才能顺利开展。党的群众工作作风应是务实清廉。务实是解决好群众问题应有的工作态度。务实要求党员干部能够正确反映群众的客观实际问题，要求党员干部能够采取合适的方式解决这些客观问题，而不是反映问题时的瞎报、瞒报、谎报，解决问题时的高、大、全式的官僚主义做法和主观主义做法。清廉是党员干部为官执政应有的工作作风。党执政兴国是为领导人民群众走向社会主义新胜利，而不是为个人搭建谋私利的工作平台。

2.积极发展党内民主、增强党的创造活力

党的十八大报告指出，"党内民主是党的生命。要坚持民主集中制，健全党内民主制度体系，以党内民主带动人民民主"③。这一论断不仅指出了把党内民主在党发展中的关键地位，而且指出了发展党内民主的总思路。

民主集中制是党内民主的主要制度体系，是推进党制度化、规范化、程序化建设的重要方面，是保证党内民主健康发展的根本保障。党的十八大报告总结党内民主发展的经验提出在今后的党建工作中积极发展党内民主的重大举措和工作着力点：第一，保障党员主体地位，落实党员知情权、参与权、选举权、监督权；第二，完善党的代表大会制度；第三，完善党内选举制度；第四，强化全委会和常委会集体领导作用；第五，扩大党内基层民主。

3.深化人事制度改革与人才队伍建设

党的十八大报告提出，要"深化干部人事制度改革，建设高素质执政骨干队伍"④。人事制度改革说到底是干部队伍建设与人才培养。改革开放以来，我们党提出干部队伍要革命化、年轻

① 认真学习党的十八大精神人民日报重要报道汇编[C].北京：人民日报出版社，2012，第53页

② 认真学习党的十八大精神人民日报重要报道汇编[C].北京：人民日报出版社，2012，第53页

③ 认真学习党的十八大精神人民日报重要报道汇编[C].北京：人民日报出版社，2012，第54页

④ 认真学习党的十八大精神人民日报重要报道汇编[C].北京：人民日报出版社，2012，第54页

化、知识化、专业化，指出干部队伍建设的方向与指导方针。党的十八大报告在过去十年干部队伍建设的经验基础上强调了干部队伍建设的两大原则。

一方面坚持党管干部原则。党的干部队伍建设要坚持贤德并重，注重实效，形成广纳群贤、人尽其才、能上能下、公平公正、充满活力的中国特色社会主义干部人事制度。在党的干部队伍建设过程中，要全面坚持民主、公开、竞争、择优方针，提高干部选拔公信度，不让老实人吃亏，不让投机钻营者得利。另外还要加强和改进干部教育培训，提高关键岗位干部素质和能力。

另一方面要坚持党管人才原则。人才队伍建设是保证党和人民事业兴旺发展的根本之举。第一，加快我国由人才大国向人才强国转型，在全社会形成尊重劳动、尊重知识、尊重人才、尊重创造的风气，确立社会人才优先发展战略。第二，加快实施重大人才工程，加大创新人才、实用人才的培养力度，充分开发国内人才资源，引进海外人才，改革人才发展机制和政策创新体制。

4. 创新基层党建工作，加快服务型党组织建设

基层党组织建设是党同人民群众联系的基础。党的十八大报告明确提出“以服务群众、做群众工作为主要任务，加强基层服务型党组织建设”①。这一重要论断明确显示了基层党建的工作任务和工作方向。

加强基层服务型党组织建设，一方面，是践行党的根本宗旨的必然要求。党要实现为人民服务的根本宗旨必然需要千千万万的基层党员在实际工作中落实党的各项政策。党的基层组织既是反映人民心声的通讯堡垒，也是落实党的政策的战斗堡垒。因此加强基层党组织建设，提高基层党员干部组织群众、宣传群众、教育群众、服务群众的本领是当前党为人民服务的必然要求。另一方面，是新时期完成党的执政使命的需要。实践证明，正是由于基层党组织充分发挥了战斗堡垒作用，才使我们党在革命、建设、改革各个历史时期能够历经磨难而不衰，取得辉煌成就。

加强服务型基层党组织建设，可以从以下三个方面入手。首先，注重增强党员服务群众的意识培养。要在广大党员干部群体中牢固树立人民群众是历史创造者的观点，虚心向人民群众学习。其次，扩大基层党组织的覆盖面，要在私营企业和外资企业中建立党组织。最后，健全联系服务群众机制。坚持领导干部下访与接防，引导群众依法表达诉求。

5. 建设廉洁政党，严明党的纪律

党的十八大报告强调要进行党的反腐倡廉建设，严明党的纪律，自觉维护党的集中统一。胡锦涛曾说：“这个问题（指反腐倡廉）解决不好，就会对党造成致命伤害，甚至亡党亡国。”②这一论断把反腐倡廉提升到了与党性命攸关的地位，充分体现了党对腐败危害性的清醒认识和对反腐败斗争的高度重视。

第一，要加强廉政教育和文化建设。对党员干部进行廉政教育是反复倡廉工作的基础。党员干部要深刻把握社会主义核心价值体系这个兴国之魂，深入学习党的政策方针，认真接受理想信念教育、党性党风党纪教育和从政道德教育。

第二，要建设制约和监督机制。建设制约和监督机制是从制度上保证反腐倡廉工作的落实。要深化党政主要领导经济责任审计制度，党政干部问责制度。

第三，深入推进制度创新。工作制度建设是拒腐防变的重要方面。一方面要完善党政主要

① 认真学习党的十八大精神人民日报重要报道汇编[C]. 北京：人民日报出版社，2012，第56页

② 认真学习党的十八大精神人民日报重要报道汇编[C]. 北京：人民日报出版社，2012，第57页

工作制度，另一方面则要加强反腐倡廉立法工作。

党的十八大报告指出党纪是党面对复杂形势挑战，完成艰巨任务的重要因素。十八大报告关于党纪建设的相关内容深刻说明了党的纪律的重要性。我党是一个人数众多的党，必须有统一的意志和严明的纪律来维护，否则只能是一盘散沙，一事无成。

严明党的纪律，首先要增强党员干部的纪律观念，提高其自觉遵守党纪的意识。其次是要加强党的政治纪律，使党员清楚地认识到党的政治方向和团结统一的重要性。党的十八大强调，在政治纪律上，“决不允许‘上有政策、下有对策’，决不允许有令不行、有禁不止”①。

① 认真学习党的十八大精神人民日报重要报道汇编[C].北京：人民日报出版社，2012，第58页

第二篇　传承、整合与创新
——马克思主义与中国文化传统

第七章　文化与传统文化

我国传统文化是我国建成社会主义小康社会的一大笔财富，对于我国社会建设具有重要的支撑作用。因此，在当前社会建设的过程中，我们要特别重视发掘中国传统文化，从马克思主义理论的角度建设社会主义文化。

第一节　文化与传统文化的内涵

一、文化是一个长期争论的概念

文化的概念在社会科学中的应用是相当混乱和模糊不清的。世界各国社会科学的辞书、类书中有关文化的条目很多，但说法不一。各种社会科学对文化概念的界定，更是众说纷纭，各持一端。19 世纪以来，人们围绕着文化的含义、内容、分类所发生的争论，一直没有停止过，至今仍没有统一的认识。出现这种情况的原因是多方面的，既有学科体系的不同，也有方法论上的分歧，有政治视野上的差别，还有民族语言表达方式上的问题。凡此种种，都给我们界定文化的概念造成了一定的困难。

汉语中文化一词似最早可以上溯到《易·彖传》之释贲卦："小利而攸往，天文也；文明以止，人文也。观乎天文，以察时变，观乎人文，以化成天下。"郑玄注说："贲，文饰也。"又说："天文在下，地文在上，天地二文，相饰成《贲》者也。犹人君以刚柔仁义之道饰成其德也。"以上文字就字面义来看，文化是人文化成，其间人处在中心地位。进而视之，则天文、地文、文明成为中国原初文化认知的三个重要范畴，以上下两体刚柔相交为文化的流变之道，以天文和地文刚柔交错为"文明以止"的人类文化形态的形成。由是观之，文化的概念在它最初的萌生阶段，已经包含了精神、物质和制度文明的不同层面的阐释。

文化一语分别来看，"文"通"纹"，许慎《说文解字》还在说："文，错画也。象交文。今字作纹。"是以有"织文鸟章，白旆央央"句。太初有纹，纹并生于天地造化之间。《老子》的不可道，不可言，而为天下母的"道"，就其本义"道途"而言，亦未始不是刻写在浩瀚宇宙之上的"纹"。所以文不单指涉文字和文章，所谓"说诗者不以文害辞"，而如法国汉学家谢和耐《汉字心理及心理功能面面观》一书赞赏不已的那样，文既通纹，便除了狭义上的文字，还可指草木纹理、星座龟壳等无数物事。很显然这也正是文化的特点。

"化"的古字是"匕"。《说文》的解释是："匕，变也。"徐灏注曰："匕化古今字。"是以《易·系辞传》说："知变化之道。"《礼记·乐记》则说："和故百物化焉。"化作为变化是为宇宙之道，变化进而演绎为教化，如《周礼·大宗伯》："以礼乐合天地之化。"这已经非常符合"文化"一语的现代含义。

1959 年，英国作家斯诺在他在剑桥大学作的题为《两种文化与科学革命》的演讲中，指出由于文学家与自然科学家相互隔离和相互误解，整个文化分裂成了两种文化，即文学文化和科学文化。人们称斯诺这次有名的演讲为"两种文化"的理论。斯诺关于两种文化的说法是否科学，我们且不去讨论，但他的演讲却道出了一个秘密：由于各个学科体系的封闭性，人们对文化概念的界定采取了完全不同的态度。

文化无疑是一个复杂的现象，它包含有非常丰富的内容。许多学科都把文化现象作为重要的研究内容，不仅社会学、人类学、民族学、考古学、社会心理学把文化作为重要的范畴，而且哲学、历史学、政治学、经济学、伦理学、教育学、法学、神学以及文学、艺术学等也都在某种意义上使用文化的概念。不同的学科由于专业知识的狭隘性和片面性，在文化概念上各持己见，相互斥说，甚至反唇相讥，竞相嘲笑对方知识的贫乏，以为本学科的知识就是人类的全部文化，其实往往是学科偏见，与文化概念的全部含义是不相符的。

文化是一种复杂的社会现象，要认识它，自然应该有科学的理论和方法。但是由于方法论的不科学、不统一，文化概念上的纷争也是令人难以想象的。历史学派常常把文化视为社会的遗产，或者是传统的行为方式的全部集合；心理学派则往往把文化视为个体心理在历史银幕上的总映像，或者是满足个人心理动机所选择的行为模式；结构功能主义者强调文化是由各种要素或文化特点构成的稳定体系；发生论者则分辩说，文化是社会互动及不同个人交互影响的产品。有的人偏重文化观念的作用，把文化定义为观念之流，或观念联结丛；有的人则倾向于文化作为社会规范的价值，把文化界定为不同人类群体的生活方式，或者共同遵守的行为模式。不同的角度，有不同的文化定义。1952 年，美国的人类学家克罗伯和科拉克洪写了一本名为《文化，关于概念和定义的检讨》的书，统计出从 1871 年到 1951 年的 80 年间，关于文化的定义有 164 种之多。由此足见仁者见仁，智者见智了。

这种情况也同样反映在中国近现代的文化研究著作中。早在五四运动以前，陈独秀在《新青年》第 1 卷第 4 号上发表《东西民族根本思想之差异》，李大钊于 1918 年 7 月在《言治》季刊发表《东西文明根本之异点》，已经注意到文化问题。五四运动以后，什么是文化以及如何发展中国的文化等问题，曾在中国学术界引起过热烈的讨论。当时的讨论主要集中于东西文明的比较研究，而对文化一词的界定影响最大的要算梁漱溟 1920 年出版的《东西文化及其哲学》一书。梁漱溟认为，文化乃是“人类生活的样法”①。梁漱溟把人类生活的样法分为精神生活、物质生活和社会生活三大内容，在他这里，文化的含义自然是很广泛的。1920 年，蔡元培在湖南作了题为《何谓文化》的演讲，提出“文化是人生发展的状况”，并列举衣食住行、医疗卫生、政治、经济、道德、教育、科学等事项。② 1922 年，梁启超在《什么是文化》一文中，谓“文化者，人类心能所开释出来之有价值的共业也”③。梁启超著有《中国文化史目录》，其中包括朝代、种族、政治、法律、教育、交通、国际关系、饮食、服饰、宅居、考工、农事等，足见他心目中的文化是一个极为广泛的概念。除此之外，一般流行的看法多是以文字、文学、思想、学术、教育、出版等为文化，即主要指精神文化。还有专以文学为文化者，以教育为文化者，以科学为文化者，以道德品格为文化者，众说纷纭，莫衷一是。到了 1926 年，胡适在《现代评论》上发表了《我们对于西洋近代文明的态度》一文，才提出了文化概念的标准来进行讨论。胡适说：“第一，文明(civilization)是一个民族应付他的环境的总成绩；第二，文化(culture)是文明所形成的生活的方式。”他把文化与文明区分开来自然是对的，但把文化看成是“一种文明所形成的生活的方式”，与梁漱溟的文化是“人类生活的样法”是一个意思，即把文化仅仅理解为人类的生活方式，这自然是不全面的。

---

① 梁漱溟．东西文化及其哲学[M]．上海：上海商务印书馆，1929，第 53 页

② 蔡元培．美学文选[C]．北京：北京大学出版社，1963，第 113 页

③ 梁启超．什么是文化[J]．学灯，1922－12－9

1952年全国高等院校调整，社会学、人类学等学科被取消，特别是在1957年“反右”运动中，社会学、文化科学被视为“禁区”。此后，关于文化的概念问题也就很少有人提及了。但这并不等于文化概念问题解决了。1982年，中国学术界在上海复旦大学召开“中国文化史研究学者座谈会”，出席会议的有来自北京、上海、天津、广州等地30多个单位的知名学者和专家。在讨论中，大家对文化的概念仍然众说纷纭，各持己见。面对着文化一词的概念比较模糊而不容易确定的状况，有的同志甚至建议说，文化的概念就像“模糊逻辑”、“模糊数学”一样，它的界域本来是不可能确定的，只要确定它到底包含哪些范围就可以了，没有必要追求简单而确定的定义。不难看出，直到今天，中国尚没有统一的文化概念，人们仍是在各自不同的理解上使用文化一词。

文化概念长期争论不清的原因，除了学科知识的狭隘性、片面性及方法论的不统一以外，还有一个重要的原因是学术思想的不同，特别是政治倾向的不同，更影响着人们对文化的看法。在中国五四前后的文化论战、论争中，人们对文化的看法所以相左，原因固然是多方面的，但他们的学术思想及政治倾向的不同，不能说不是一个重要的原因。有时出于偏见，常常把文化的概念弄到非常狭窄的地步。例如，陈独秀在《文化运动与社会运动》一文中说：“有一班人并且把政治、实业、交通都拉到文化里面了，我不知道他们因为何种心理看到文化如此广泛，以至于无所不包？若再进一步，连军事也拉进去，那便成了以武化运动了，岂非怪之又怪吗？”因此，他力主文化“是文学、美术、音乐、哲学、科学这一类的事”。陈独秀的批评固然有特殊的社会文化背景，但把文化仅仅限制在精神文化的范围内，无疑也显示出了一种局限性。

除了上述三个方面的原因外，在文化概念论争中造成混乱和模糊的另外一个因素，是民族语言的表达方式的差异。例如，在德语和法语的民族区中，人们对文化与文明的表达方式是很不同的。在德国古典哲学家的著作中，文化的概念被用于哲学、道德、美学、艺术等深奥的精神生活领域，而科学技术所创造的物质成果则被视为浅薄的“文明”。在法国人的语言中，文化则是与精神生活、物质生活及社会制度、社会地位等等联系在一起的。恩格斯无疑注意到了这一点。他在谈到这两个民族之间的竞争的本质时风趣地说：“现在还能怀疑德国的‘文化’比法国的‘文明’优越吗？”[①]这种语言表达方式的差异，也给我们研究不同国家的文化观念带来了一定的困难，特别是在牵涉到一些社会科学的著作时尤其如此。

文化，文化，一个文化的概念引起了如此的纷争，又如此地模糊、混乱和不确定，没有一个权威的学者给我们界定一个大家都能接受的文化概念，现实生活中人们使用的文化概念又如此不统一，这就难怪有些人一提到文化研究就摇头了。

二、中国传统文化的基本内涵

什么是传统文化，这是研究传统文化首先要了解的。所谓传统，“传”是指传布、流传、传授；汉刘熙《释名·释曲艺》：“传，传也，以传示后人也。”“统”是指丝绪的总束，引为一脉相承的系统，如血统、道统等；《孟子·梁惠王下》：“君子创业垂统，为可继也。”传统，有世代相继之义，如儒家所说圣贤相传的“道统”，佛教所说衣钵相传的“法统”。传统在现代意义上是英文tradition的汉译，也就是指历史沿传而来的思想、道德、风俗、艺术制度等。这实际上指的就是狭义的传统文化。传统文化，学术界下有多种定义，常见的有以下几种：

一说是从有文字开始至当代以前的各个历史时期能够历代相传的文化成果。例如儒家的道

---

① 马克思恩格斯全集(第18卷)[C].北京：人民出版社，1972，第324页

德文化经过孔孟到程朱，形成了历代相传、日渐丰富的文化。

一说是古人创造的可供今人继承的文化成果。这里所说的古人的文化是指远古经中世纪直至近现代史各个时期人们创造的文化。“可供今人继承”指的是唯有能被今人继承的文化才构成传统文化。

又一说是历史过程的一切遗产都是传统文化，所谓历史遗产就是前人创造的物质财富、精神财富和制度性的遗存。或者说就是前人留下来的广义概念的文化。

这些定义都有相对的真理性，人们可根据研究问题的需要和角度予以采纳。

所谓传统文化，我们认为这是相对现当代文化而言的。中国传统文化，就是指中华民族在进入现代社会以前的长期历史发展中形成为传统的文化。对人们的思想行为起着规范作用的观念、价值和知识的体系，是在中国历史上具有一种稳定结构的共同精神、心理状态、思维方式、价值取向。中国传统文化中的封建文化是主体，其上限可追溯到远古的原始民族公社时期，其下限则应为1919年的五四新文化运动，传统文化的统治地位由此结束，但作为相对的庞大精神实体，仍然顽强地延续着，并将在相当长的时期内与现代文化相互并存、相互影响。传统文化与现代文化共同组成中华民族文化，中国传统文化从根源上讲，不是一源分流，而是殊途同归，是历史各个时期各种文化的大融合。从哲学上讲，也是各种思想的互相影响和渗透。

文化和传统是密不可分的，离开了文化，便无从寻觅传统；没有了传统，也就不成其为民族文化。我们这里所讲的大多是过去的文化，也就是传统的文化，即为历代存在过的种种物质的、制度的和精神的文化实体和文化意识。比如一个民族的生活习俗、文章诗赋、价值观念等等，也就是通常所说的文化遗产。文化的时代性和民族性在传统文化身上得到明显的体现，各个不同的时代、各个不同的民族形成了自己不同的传统文化。需要说明的是，传统文化和文化传统是两个不同的概念。正如庞朴先生所说的：“文化传统与传统文化不同，它不具形的实体，不可抚摸，仿佛无所在，却无所不在，既在传统文化之中，也在现实文化之中，而且还在你我的灵魂之中。如愿套用一下古老的说法，可以说，文化传统是形而上的道，传统文化是形而下的器；道在器中，器不离道。”“文化传统是不死的民族魂。他产生于民族的历代生活成长与民族的重复实践，形成为民族的集体意识。简单说来，文化传统就是民族精神。”①

人们常常把中国传统文化与儒家文化等同起来，这种观点是不够准确的，或者说是有些片面的。传统文化的外延要比儒家文化更宽广。传统文化是一个民族各种思想文化、观念形成的总和，而儒家文化则仅仅是民族思想文化众形态中的一种而已。传统文化除儒家文化外，还有各种各样的形态，如道家文化、法家文化、墨家文化、兵家文化、名家文化、佛教文化，等等。同时，各种文化形态也是在其历史演进的过程中，大量融化吸收了其他各种不同思想文化内容，从而丰富了自己的思想体系。就儒家文化而言，诸如荀子集百家而自成一系；董仲舒集儒家、阴阳家而自立一说；程朱理学更是融儒释道于一体，终使儒家学说达到较完备的一种理论形态。还有像墨家主张的“兼爱”、“尚同”，道家提倡自然无为等都成为了儒家文化的互补结构。我们应当承认，正是内容不同，类型迥异的思想文化与儒家思想文化相互激荡、吸收、融合，共同熔铸了中国的传统文化。可以说，中国传统文化的核心内容是儒家文化，传统文化就是指中华民族共有的，以儒家思想文化为主线、涵括其他各种不同思想文化内容的有机构成体系。

社会主义现代化作为一代新的社会文明，是一场社会文化的巨大变革。这场变革不仅涉及

① 庞朴．文化传统与传统文化[J]．科学中国人，2003(4)

物质文化建设，而且关系到精神文化建设，诸如风俗、时尚、哲学、道德、宗教、法律、文学、艺术以及价值观、人生观、宇宙观都将在现代化建设中发生重大变革。在这样一场深刻的变革过程中，如何正确对待中国文化，是全盘否定，还是原样继承？这是一个不可回避的现实问题。

第二节　文化的分类、特点及功能

一、文化的分类

（一）文化分类的意义

首先，文化分类可以使我们认识不同民族文化独特的发展道路。人类生活的环境不同，其创造精神和能力千差万别。可以说几乎每一个人类群体都是在非常独特的条件下进行文化创造的，他们的能力、精神、欲望在历史的道路上凝结，于是就形成了许多民族，许多文化，构成了许许多多特殊的文化现象。

我们只有深入研究不同民族独特的发展道路，才能了解不同文化的特殊本质，才能观察、认识不同民族的文化个性及其精神和品格。

其次，文化类型可以帮助我们认识人类文化的丰富性和多样性。人类散居在地球的各个地方，各用全部的生命进行创造，并没有人给他们规定什么统一的格式和模式，他们基本上是按照有利于生存的原则营造环境。凡可利用的自然界，他们都利用了；凡可继承的历史遗产，他们都不抛弃。每一个历史时代，都是史前的继续，又是新的开端。就这样，不同的人类群体，不断地继承、创造，经过单重或多重的物质运动与精神运动，经过无数次交织和离散，或者与大世界的其他人类发生千丝万缕的联系，或者自己又偏居一隅，这样就形成了多种多样的文化，并且显示出丰富多彩的面貌。这些文化不仅表现了人类各种群体独特存在的方式，也表现了他们不同的人生意向。我们只有研究这千差万别的文化，才能看清人类形形色色的过去，才能认识他们形形色色的现在和将来。

（二）文化的不同类型

文化是一个社会历史范畴，按照文化学的理论，我们对文化分别从空间和时间的系统进行考察，文化于不同的区域、不同的民族、不同的历史时期，就有其不同的类型、不同的特色。以下我们就文化的分类问题作一介绍。

1. 以地域空间来分

区域文化（Regional Culture），是一门研究人类文化空间组合的学科，以文化领域作为研究对象。中国文化是一种区域文化和民族文化，指的是在中国这块土地上世代相传的中华民族共同创造的文化。断代文化和区域文化是中国文化在时空方面的具体体现。

由于历史渊源、地理环境、经济状况、风俗习惯以及语言诸方面的差异，在漫长的历史积淀中，便形成了各具特色的区域文化。从世界范围看，通常可分为东方文化和西方文化。如东方文化中，又可分为中国文化、印度文化、阿拉伯文化等。在世界文明史上，我们常说的古中国文化、古埃及文化、古巴比伦文化、古印度文化、古希腊和古罗马文化、玛雅文化等都是按区域划分的。

从空间上说，中华大地幅员广阔，生活在不同区域的人民在生活方式、文化传统上都有较大的差别，因此中国文化又由众多的区域所组成，如以河南为中心的中原文化，以两湖为中心的荆楚文化，以陕西为中心的关中文化，以山东为中心的齐鲁文化，以山西为中心的三晋文化，以福建为中心的八闽文化，以辽宁为中心的东北文化，以广东为中心的岭南文化，以江浙为中心的吴越文化，以四川为中心的巴蜀文化，以云南、贵州为中心的滇黔文化，还有以甘肃、宁夏为中心的西北文化和以西藏为中心的藏文化等等。这些区域性文化虽然互有影响，但都是各有特点，并都有自己相对独立的文化发展系统。它们既构成了中国文化丰富多彩、灿烂夺目的多方位格局，更增添了中国文化多元性的色彩。

2. 以时间来分

美国人菲利普·巴格比在对人类的比较研究基础上，著写了《文化：历史的投影》一书，力求寻找历史学、文化学与人类学三者之间关系的发展线索。确实，人类的历史就是一部文化的历史，文化本身就是历史的投影。不同的历史时期，反映出来的文化也就各具特色。通常在世界文化史上，又可划分为原始文化、上古文化、中古文化、近代文化、现代文化和当代文化。也有学者按文明的不同特色将世界文化史划分为游牧文化、农业文化、工业文化和后工业文化等概念。马克思主义则把人类历史按社会发展阶段划分，将世界文化分成原始社会文化、奴隶社会文化、封建社会文化、资本主义社会文化和社会主义社会文化等。在中国文化的历史长河中，人们也将中国文化史根据不同的时期进行断代性研究，分别将其划分为先秦文化、秦汉文化、魏晋文化、隋唐文化、、宋元文化和明清文化等。不少学者分期更细，如冯天喻所著的《中华文化史》和《中华文化史纲》等书就将先秦文化再进行断代分期，细分为中国原始文化、夏商文化、西周文化、春秋战国文化等。

3. 以民族来分

生活在我们这个地球上的人类，是由众多的民族所组成的。不论大的民族还是小的民族，都有着自己的民族文化，其文化都带有很强的民族特色。按大民族区分，如中华民族、俄罗斯民族、阿拉伯民族、印度民族、法兰西民族、大不列颠民族、日本民族等。中国文化有中华民族的特色，阿拉伯文化也有阿拉伯民族的特色。历史上许多战争，除了有一定的经济、领土纷争原因外，更多的是由于民族之间的冲突，而民族间的冲突，从更深层的意义而言，又是文化上的冲突。每个大民族的群体，又是由无数个民族所组成的。如中华民族除以汉民族为主体之外，还有五十多个民族组成这个大家庭，由于历史、宗教、区域等原因，各民族的文化也不尽相同，如蒙古文化、藏文化、维吾尔文化、苗族文化。

4. 以宗教来分

宗教在文化中的地位比较突出，故而宗教对文化的影响也比较深远，综观世界几大文化类别，基本上都带有很强的宗教色彩，诸如基督教文化、伊斯兰教文化、佛教文化、俄罗斯的东正教文化、以色列的犹太教文化等。

5. 以部门来分

部门文化(Department Culture)或称行业文化，则是以行业的文化领域作为研究对象。如军事文化、农业文化、工业文化、商业文化等，都是一种部门文化。

二、文化的特点

文化的类型与文化的特点紧密相连，文化类型决定并包含了文化特点，文化特点则是文化类型的具体表现。文化是人创造的，不同的民族由于不同的地理环境和不同的历史条件，也就产生不同的社会心理、价值取向和思维方式，由此形成不同的文化特点，这就是文化的民族性。文化又是一个社会历史范畴，文化的主体是人，而客体是整个的客观世界，由于构成文化的两大因素都是属于社会历史范畴中的概念，因而不同的时间和空间就必定形成不同的生产方式和不同的时代精神，这就是文化的时代性。每一时期文化的形成发展又都是对前一时期文化的继承发展而来，文化本身就意味着它是一种延续的、一脉相承的活体，这就是文化的继承性。人类的历史自从出现了私有制，也随之产生了阶级，阶级作为文化的主体在与客观世界的作用中所产生的文化形态，不可避免地带有某一阶级的烙印，这就是文化的阶级性。

（一）文化的民族性与趋同性

文化的民族性是文化的显著特点，但是任何一种文化并不是绝对隔绝和殊异。由于文化的扩散性与融容性，文化的民族性又逐步向趋同性发展。我们可以从人类文化史的轨迹中看出，人类从许多小的地区文明逐渐融合交流，逐渐构成一个大的地区的文化，从小的慢慢合成大的，这是一个不断继续的过程。从 20～21 世纪，我们已经看到，人类文化的趋同文化途径越来越明显。自从第二次世界大战之后，各方面的发展突飞猛进，各民族、各地区交流的频繁，各种错综复杂、切不断的关系，使得世界文化愈益结合起来，世界无法分割的事实已经被证明。在历史演变的过程中可以看到最初几个重要的文化突破，在世界若干地区构成共同文化体，人类的将来唯有合有一个共同的文化体，这便是文化从民族性走向趋同性的大势所在。

（二）文化的时代性与稳定性

每个历史时期都有着自己独特的文化，如中国文化分期中的先秦文化、汉唐文化、宋元文化、明清文化等。再如人们常说的游牧文化、农业文化和工业文化，也是指它的不同时代特点。当然文化的时代性，并不否认文化的稳定性。一个民族的文化，都有其深层的文化积淀成分。这种属于思想意识形态的文化因子，作为一种文化的代表内容或标识，将在较长的时期内沉积在一种文化深层中，在一定程度上，还可以成为一种文化的传统与这种文化相始终。如语言、文字，或宗教思想、思维方式等。

（三）文化的继承性与创造性

后一时期文化是从前一时期继承发展而来，前一时期的文化对于后一时期的文化也就是传统的文化，这个传统就是代表它的继承性。继承性是文化的重要特点，没有继承性，就意味着文化没有生命力，也就没有文化的存在。但是仅有继承，没有创造，文化就不能发展。一个民族的文化要能够有长久的生命力，就要求一个民族在继承前一时期文化的同时，去积极寻求文化的更新与创造。如果一个民族的文化缺乏创造性，就意味着它失去了生命的活力，就是一潭没有生机的死水，最终将走向这一文化的终结。

（四）文化的阶级性与非阶级性

我们承认在阶级社会中存在着剥削阶级与被剥削阶级彼此对立的两种文化，否认文化的阶级性，就不是唯物史观，但不承认文化同样有它的非阶级性的一面，也同样不是辩证唯物主义所应持的观点。不是一切文化都被打上阶级的标志，文化也常常表现出超民族、超地域、超时代以及超阶级的特点。如人们常说的“科学无国界”，就是明证。

三、文化的功能

文化是一种精神的力量，是人类社会形成以来的重要力量。这是因为，文化在社会发展之中起着重要的功能。总体来说，文化的功能主要有：认识功能、整合功能、区别功能、改造功能、发展功能、规范功能。

（一）认识功能

一是文化的认识功能可以使人类对自然环境的了解和改造日益深入，使人与自然环境的结合越来越科学。如随着文化的发展进步，减少了人类对自然的依赖。起初，人类的衣、食、住、行只是直接向大自然索取，这必然要受制于自然环境的约束。后来，人们开始懂得如何利用人工与自然的结合，解决人类衣、食、住、行等生活资料来源。种植和养殖业的出现，就是人类创造了文化带来的结果；二是随着文化的发展，人类对许多自然现象有了深刻的认识，并不断利用自然规律为人类服务，以此促进了社会的发展。如火的使用，征服江河、大山、沙漠、太空，减少自然灾害的危害，降服毒蛇猛兽、战胜水旱风雹等。特别是随着科学技术的进步，人类对天体运行、物种演化、生命起源等认识日益深化，提高了对自然规律的利用能力，电的发明，原子能、太阳能的利用，风能、水能的使用，无不是文化发展的结果。

（二）整合功能

文化整合是指不同文化相互吸收、融化、调和而趋于一体化的过程。文化不仅有排他性，也有融合性，特别是当不同的文化杂居在一起时，它们必然相互吸收、融化、调和，发生内容和形式上的变化，逐渐整合为一种新的文化体系。这种功能，可以促使人类的思想、行为趋于一致，使人类社会作为一个整体与自然界相对立。

全世界60亿人口，260多个国家和地区，上千种民族，上百种语言文字。60亿人口居住在同一地球的不同地区，各自文化有很大差异。但是多年来由于人类文化的交流，文化的整合功能使这么多的差异，在朝着逐渐缩小的趋势发展，所谓“理解”，实际上就是走向整合。另外，人类发展的社会历史也证明着这一趋势，千百万年以来，尽管种族、民族、地区的文化差异一直存在，但作为人类，在基本生活方式上却有许多相近之处。如人类都以五谷为食，都以布做衣，都在使用汽车、飞机、电视、电话，如此等等。而且人类基本上都经历过大致相同的社会形态和历史时期，这难道不是文化整合功能的具体体现吗？

（三）区别功能

文化在整合的同时，又是社会区别的重要标志。不同国家、不同地区、不同民族实质上是不同的文化。甚至文化往往也能区分人的阶层。一个人的谈吐、举止、风度、修养往往是由文化决定的。同样，打扮也可以区分出有文化的打扮和缺乏文化的打扮。当然，文化的区别在于突出个性。世界之所以如此绚丽多彩、千姿百态，都是因为文化不同而已，否则社会成为一个模式也就意义不大了。

（四）改造功能

文化可以起到改造社会，改造人的作用，这一点是人们有目共睹的事实。如1915年中国的“新文化运动”事实上是五四运动的前奏，所以后来人们也称五四新文化运动。这次运动，对于促进中国人民冲破封建思想束缚、接受新思想，并以此改造旧中国起到了极大推动作用。

尽管单纯的文化不能从根本上改造社会，然而一旦将一种新文化与人民群众的革命行动相结合，就会产生巨大的改造社会的力量。例如，马克思主义诞生以后，以一种新理论、新思想，也就是新文化号召并组织了世界无产阶级起来革命。结果达到了改造社会的目的，在世界的一部分区域里，推翻了旧的社会形态，建立了新的社会体制，推动了社会历史的发展。

同时,文化也能改造人。革命的理论可以武装革命战士,高尚的文艺作品可以陶冶人们高尚的情操,腐朽没落的文化也能够涣散人们的斗争意志,封建迷信又可以麻痹和欺骗人们。

(五)发展功能

文化能对社会结构和社会生活提供材料和蓝图,它能使社会行为系统化,使人们一进入社会就在前人既有的文化基础上发展,而不必事事从头开始。人类在几百万年中摸索、掌握到的知识和技能,通过文化的继承和积累作用,新的一代在几年、十几年就能掌握,在此基础上创造新文化,推动社会不断前进。试想,倘若没有社会文化、倘若没有文化的继承性与积累性的特点,人类社会的发展就将如同猴子掰苞谷一样,到头来一无所有。如果每一个人、每一代人都必须从钻木取火、结绳记事开始,那么,社会又怎能得到发展?

(六)规范功能

社会的存在和发展,必须在有秩序中进行。任何社会都必须依赖一整套行为规范作为控制社会秩序的必要措施,而各种行为规范正是社会文化的含义。书面规定的法律制度、约定俗成的风俗习惯,社会生活中形成的道德观念,无不是文化的表现形式。各个国家、地区,各个民族、种族、群体、组织都有自己的行为规范,都是本区、本族、本单位文化的表现。社会之所以能正常运行,是由于文化规范行为的结果。

总之,文化的社会功能是不可否定的。尽管伴随文化正功能,也有文化负功能的一面,但也绝不能因此而主张"回到自然去",或认为"知识越多越反动",这些论调只能是对社会进步的反动。我们的责任,在于充分发挥文化正功能的作用,抑制和清除文化负功能带来的影响,让社会在文化的推动下健康发展。

第三节 中国传统文化的历史演变

中国传统文化的形成和演变,经历了漫长的历史岁月。中华文化的源头,可以追溯到史前远古的蛮荒时代,传说中的文明就开始孕育了中华文化的胚胎,几经春秋战国、秦皇汉武、唐宗宋祖……朝代的不断更替,人文历史和地理的变迁,各民族以及外来文化的撞击与融合,内外因素的发生与变异,终于形成了独具特色的中国传统文化。中国传统文化的连续性是在中华文明起源的时候就形成的。

一、原始及夏、商、周时期

中华文化之源的探寻,归根结底是中华民族之源的探寻。了解中华文化,必须要了解中国人起源的情况。从原始时代到夏、商、西周,或哲说从石器时代到青铜时代,这是中华文化开始孕育和兴起的时期。

(一)原始时代

据考古学家研究,在云南元谋上那蚌村发现的距今 170 万年的猿人化石,是迄今为止我同境内发现最早的人类化石。依次排列,陕西蓝田、湖北郧县、北京周口店、河南南召等地发现的人类活动的痕迹,表明这个时代我们祖先的文化序幕已揭开了。1976 年,卢氏县发现了距今 10 万年前的"智人"化石,1995 年,河南省考占专家李占扬在卢氏刘家岭智人出土地考察后,又在东明镇段家窑发现了距今 15 万年前的旧石器时代遗址,从地面拣到打制石片石器多件。这些都说明从那时起就有了中华人类的活动。

从元谋人到北京人，我们的祖先学会使用火和控制火，开始摆脱茹毛饮血的生活状态，进入了一个新的文化发展历程。最早的文化孕育，体现在人类社会构成的演变上。人类最早的社会组织是血缘家族，即同辈人的婚姻集团，并不排斥亲生兄弟姐妹之间的夫妻关系，这样的家族是由十几个人或几十个人共同组成的松散集团。

实行族外婚是氏族产生的前提，两个家族之间形成婚姻集团，此时氏族便出现了。氏族内部都禁止婚姻，集体劳作，产品共享。又由相互通婚的不同氏族部落，再由若干部落组成一定的部落联盟。这个时期明显的标志是黄河流域的“仰韶文化”和长江流域的“河姆渡文化”。

旧石器时代标志着人类蛮荒的开辟，火的使用、弓箭的发明使原始文明更为灿烂起来。原始农业、畜牧业文化在新石器时代开始铺垫，经过母系氏族到父系氏族，私有观念的萌生、战争的血火将我们的祖先带入了阶级的门槛，中华文化就以“大汶口文化”和“良渚文化”等为过渡时期的象征，告别了原始文化时代。

在中国的新石器时代，形成了玉器文化。这是世界其他民族所没有的。玉器是当时最重要的礼器，是当时的部落领袖沟通天人的工具。最早形成玉器文化的是环太湖地区的良渚文化。良渚文化距今约5300～4000年。良渚文化的先民发明了犁耕，有了发达的稻作农业。生产力水平的提高，导致了劳动剩余的增多，就为社会分工提供了条件。一方面在农业以外，产生了发达的手工业，如漆器制作、陶器玉器制作和丝织业等；另一方面也造成了社会分化，出现了从事公共事务管理的贵族和专职人员。

中华民族的远祖，可分为华夏、东夷、苗蛮三大文化集团。发祥于黄土高原的是华夏集团，后沿黄河东进，又分为黄帝和炎帝两个部落。东夷集团发源于今日的山东、河南、安徽一带，苗蛮集团则是主要活动于今两湖和江西一带。在无数次的战争厮杀后，华夏集团取得胜利，从而巩固了其在中华民族及中华文化中的主流地位，“华夏”也就成为中华民族的历史称号。夏、商、周三代，从地下发掘的考古资料来看，大概并非是同一个部族前后相承的三个朝代，而是原来并不相同的三个部族交替取得中原支配权而又相互融合的结果。经过三个朝代文化的相承、民族的相融，华夏民族自此真正得以形成。

（二）青铜时代

以铜锡合金铸造出来的青铜器物，是中华民族进入奴隶制文明的显著标志。夏、商、西周三代以“青铜时代”著称于中国文化史。从世界的范围来看，铜是最早出现的金属，三在历史发展过程中有着极为重要的价值和意义。由于铜的出现，人们才能摆脱石器工具的束缚，从而使生产力得到极大发展，并由此跨入了一个新的文明时代。

夏朝之始，就开始熔铸青铜器了。大禹曾命九州收集铜，铸成了9个大鼎。商代后期的大型青铜器的杰作——司母戊大方鼎，工艺极为复杂，重875公斤，高134厘米，宽79厘米，表面有花纹图案和兽形，内壁还有铸字。这说明当时的铜器铸造技术已是十分高超了。

我国文字于距今六千年前的西安半坡文化。在出土的陶器上刻有50余种符号。在山东大汶口文化遗址中，还发现复合的象形文字。在代表夏文化的二里头遗址中，也在许多陶器上发现了文字符号。河南安阳发掘出来的“殷墟”中发现了我国古代文字中时代最早、体形比较完整的文字——甲骨文。这是商代王室用于占卜、纪事而刻写的文字，因此又被称为“卜辞”。商代的甲骨文、金文等从字形结构上看，已具备了象形、假借、形声、指事、会意、转注等造字方法；从语法上看，也有了名词、动词、形容词等，其句子形式、结构序位也基本上与后代的句法一致。

殷周之际，出现了对中国文化影响甚为深远的阴阳、五行思想。形成于两周初年的《易经》，是一部卜筮之书。卜筮由巫史进行。巫史作为中华民族第一代文化人，当时从事卜筮、祭祀、观天象、定历法以及教育等多种文化活动。巫史在卜筮中积累了大量筮辞，经过不断的整理筛选，形成了留传至今的《易经》。《易经》就是由卦象、卦辞和爻辞三部分所组成。卦辞、爻辞分别是对卦象和爻象的解释。《史记》说，“文王拘而演周易”。但当代学者一般都认为，《周易》应是当时的巫史们长期占掀整理的结果，由此奠定了阴阳八卦的学说。

最早提出五行说的是西周时的作品《洪范》一书。五行即由水、火、木、金、士五种物质进而推演为自然界所有物质的类概念，再运用原始辩证法得出凡事都具有相生相克的物质，表现了四周时代人们认识自然现象和宇宙本源的原始自然哲学。阴阳五行学的出现，说明当时人们已经有了矛盾对立、万物交感、发展变化等朴素辩证法思想，也是唯物主义自然观的发端。另外，西周之时，周人通过“制礼作乐”来固定上下尊卑关系，开始将制度文化、行为文化、观念文化和情感艺术文化融为一体。同时，后代传统文化中的理性主义、德治观念、民本思想以及“天人合一”的思维倾向在这里已初显端倪，并为春秋战国时儒家等各家文化体系的建立提供了源头活水。

二、春秋战国时期

在中华文化史上，春秋战国时期正处于一个革故鼎新、百家争鸣的时代，鲜明的人文意识、独特的民族精神在这一时期得以展现出米，注重伦理道德、个人修养以及实用理性的价值标准在这一时期得以确立，士的阶层崛起、士的集团出现。思想家有老子、孔子、庄子、墨子、孟子、荀子等；政治家有管仲、晏婴、子产、商鞅等；外交家有苏秦、张仪、蔺相如等；军事家有孙武、吴起、白起、孙膑等；文学家有屈原、宋玉等；论辩家有惠施、公孙龙等；史学家有左丘明等；农学家有许行等；水利学家有李冰、郑国等；天文学家有甘德、石申等；医学家有扁鹊等，真可谓众星璀璨，百家争鸣，形成了中国传统文化的第一个高峰期。

(一)诸子百家思想

先秦时期诸子百家学说的形成确立了中国传统文化的基本走向。春秋战国时期，随着社会生产力的发展，社会制度已由领主封建制向地主封建制过渡，诸侯纷争，弱肉强食，中国文化在这种环境之下也就出现了诸子烽起、百家争鸣的盛况，进入了飞跃发展的黄金时代。社会的大变动中，对不同社会问题的研究，形成了春秋战国时期许多具有重要影响的学派。西汉刘向归纳为九流十派，即儒、道、法、墨、名、阴阳、杂、纵横、农，外加小说家，这里我们将介绍其中最为重要的儒、道、法、墨四家。

1. 儒家

儒家的创始人孔子，是我国历史上著名的思想家、政治家和教育家。孔子一生致力于宣传“仁”的学说，认为“仁”就是“爱人”。但“仁”的施行要以“礼”为规范，“克己复礼为仁”。他首创私人讲学的风气，主张“有教无类”、因材施教，并有“学而不厌，诲人不倦”的精神。他在政治上提出“正名”，即“君君、臣臣、父父、子子”，提倡德治和教化，反对苛政和刑杀，认为一个国家的治理是“不患寡而患不均，不患贫而患不安”。自孔子始创立的儒家学派，建立了一个以“仁”为核心包括伦理观、政治观、历史观以及认识论等丰富内容在内的思想体系，其追求的理想目标就是建立天下大治的“大同”社会。

孟子曾受业于孔子之孙子思门下，是战国中期著名的儒学大师。孟子极力发挥孔子的“仁爱”思想，提出了完整的仁政德治思想，他主张性善之说，要求人们通过存心养性，努力扩大仁、义、礼、智等天然的优秀品质。他还提出了“民贵君轻”的观点，劝告统治者重视人民，极力主张“法先王”、“行仁政”。

荀子是先秦最后一位儒学大师。他批判地吸收各学派之优秀成果，建立了具有特色的荀派儒学。他反对孟子的性善说，主张性恶论，认为人们只有经过后天的教育才能使人向善，以至成贤达圣。同时，他全面继承孟子仁政及重民等思想，他还进一步发挥了儒家一贯崇礼的主张，但他在强调礼治的同时，又提出兼以法治的必要性。荀子还接受了道家的自然观，强调不应单纯顺应自然，应“制天命而用之”。

儒家学说以重伦理道德、重现世事功、重实用理性的醇厚之风，在春秋战国时期独树一帜。由于它切合该时代谋求安定生活的普遍社会心理，又较为易行，因而便较快得以推行，成为时代的显学和中国传统文化的主干。

2. 道家

道家的代表人物是老子和庄子。

老子，亦称老聃，姓李名耳，字伯阳，今河南鹿邑人。老子著有《道德经》五千言留世。此书包含了自然无为的天道观、有生于无的认识论、贵柔守雌的辩证法、小国寡民的国家观、顺应大道的人生观等内容。他用“道”来说明宇宙万物的演变，提出了“道生一，一生二，二生三，三生万物”。又说“道”即自然客观规律，“人法地，地法天，天法道，道法自然”。老子认为，自然无为便是“德”，人故意去有所作为，便是违反了道与德，天下就会大乱。他说，儒家的仁义礼智，都是人为的产物，故曰：“大道废，有仁义，慧智出，有大伪，六亲不和，有孝慈，国家昏乱，有忠臣。”因此他主张：“绝圣弃智，民利百倍；绝仁弃义，民复孝慈；绝巧弃利，盗贼无有。”老子超然于自然社会之上，提出了“有无相生”、“相反相成”等辩证的矛盾概念。他还认为自然的法则是物极必反，即“反者道之动”，矛盾总是在相互转化，“祸者，福之所倚；福者，祸之所伏”，“大直若屈，大巧若拙，大辩若讷”。

庄子，名周，今河南商丘人。他继承和发展了老子“道法自然”的观点，认为“道”是无限的、“自本自根”、“无所不在”的，强调事物的自生自化，否认有神的主宰。他提出“万物皆一”的观点和一切都处在“无动而不变，无时而不移”中的见解。但他又忽视了事物质的稳定性和差别，认为“天下莫大于秋毫之末，而泰山为小；莫寿乎殇子，而彭祖为夭”。他那种“天地与我并生，万物与我为一”的主观相对论，洋溢着一种超凡脱俗的气息。

道家学说，用超然的态度来对待尘世的纷争。道家在基本的人生态度和政治思想方面与儒家相冲突，但道家的出世观又与儒家的人世观又起着互补的作用：寓身仁义，仍能游心于尘世之外；位居庙堂，又可以不为世俗所累。

3. 法家

韩非子是法家的集大成者，韩国人，曾与李斯同师事荀卿。著《孤愤》《五蠹》《说难》等，受到秦王的赏识。他吸收了道、儒、墨各家的思想，尤其是有选择地接受了前期法家的主张，把法家学说推向高峰。他综合了商鞅的“法”治，申不害的“术”治，慎到的“势”治，提出以“法”为中心的“法、术、势”三者合一的封建君主统治术，给后世以深远的影响。

4. 墨家

墨家的创始人是墨翟。墨家的出现比儒家稍晚，但却与儒学的地位不相上下，甚至于可以与儒学分庭抗礼。墨子的思想，主要反映在由墨子的弟子搜集其言论而编撰的《墨子》一书中。它是墨家的经典著作，原有71篇，现存53篇，如《兼爱》《天志》《明鬼》《非命》《尚贤》《尚同》《非攻》《节用》《节葬》《非乐》等。墨子的主张反映了"农与工肆之人"的意愿。正因为如此，后世的农民起义所提出的纲领、口号，总与墨家息息相通。墨子留下的著作《墨经》中，还有许多内容涉及数学、几何、物理等方面，对中国自然科学和工艺技术的发展，不无贡献。

（二）文学艺术及科学技术

我国古代第一部记叙文和论说文的集子是《尚书》。《汉书・艺文志》说，孔子纂《尚书》，"上断于尧，下论于秦，凡百篇，而为之序"。《尚书》大都是一些"誓词"、政府的文告及告诫之语，但已具有一定的文学价值。

西周、东周时期产生了一部伟大的文学作品，这就是《诗经》。它集中了305篇作品，代表了2500年以前的诗歌创作，其中有很多优秀的作品。《诗经》分风、雅和颂三个部分，这就是音乐的最早分类。《诗经》多方面地描写了现实生活，表现了当时不同阶级和阶层的人在现实生活中的感受。《诗经》中大量地运用了比、兴等手法，获得了显著的艺术效果。

屈原是我国古代第一位浪漫主义的诗人，他开创了楚辞文体，在我国文学史上占有重要地位。他在楚辞中大量地吸收民间歌谣，极富想象地使用神话传说，写出《离骚》这样的伟大作品。他的这种创造性工作，为中国诗歌作出了杰出的贡献。

战国时期的文学除诗歌外，散文的发展也进入了一个高潮。散文主要分为历史散文和诸子散文，如《左传》《国语》《战国策》等是著名历史散文的代表作，《孟子》《庄子》《荀子》《韩非子》《法经》《孙子》等则是著名的诸子散文。这些散文的特点是感情激越，笔墨流畅，语言丰富，辞采绚烂，逻辑性强，而且长于讽喻、深于比兴，还用了大量的故事和寓言，以此来加强论理，使人印象深刻、历久难忘。

战国时代在科学技术史上也有着重要的地位，《考工记》是我国工程技术史的重要著作，《墨经》中记载了许多古代物理学的成就，《尚书・禹贡》则记述了九州各地土壤、矿产和动植物资源，《甘石星经》表现了古代天文学的突出成就，《夏小正》在古代物候学上颇具影响。在医学上，著名的扁鹊已总结望、闻、问、切等诊断方法，医著《黄帝内经》总结了脏腑经络学和病因学等方面的经验，奠定了中医学的理论基础。

三、秦汉时期

（一）文化的大一统和儒学的独尊

秦始皇统一中国，在中华文化史上具有划时代的意义，这标志着中华文化共同体的形成。这就是说王朝的统一，各民族部落的相互融合，中华文化得以强化而定型下来了。

战国时代，众诸侯割据一方，田畴异亩，车途异轨，律令异法，衣冠异制，言语异声，文字异形。秦始皇平定六国统一中国后，实施了"书同文，车同轨，度同制，行同伦"，使文化统一起来了。

在春秋战国后期，争鸣的百家开始了相互的扬弃和综合，在时代的大趋势下，荀况、韩非、吕不韦等分别对各派学说加以综合，他们都提出了集众家之长的新学说，其中吕不韦集数千宾客门人撰写出来的《吕氏春秋》更具特色。这部综合百家精华，且具思想大一统的理论，恰在秦统一中国的前夕问世。由于秦历代崇法的历史原因以及秦王政对吕不韦功高震主的恐惧，使这大一统的思想理论遭到冷遇和摒弃。秦始皇全面实施的则是申韩之术，进行残酷的思想专制和愚民政策，禁黜一切私学，以法为教、以吏为师，使原本朝气蓬勃的自由学术空气完全窒息了。

经过秦代重法治、轻教化而覆灭的教训，汉代初年统治者开始推行“无为而治”的“黄老之术”，传统文化恢复和发展起来了。“黄老之术”，是一种道家思想，主张清虚自守。汉初文、景二帝之时黄、老之盛，达到了顶峰。

汉武帝刘彻即位后，清静寡欲的黄老之术被董仲舒的新儒学代替。董仲舒的儒学在孔孟的基础上有了很大的发展，他把“讲仁义”、“重礼节”与“倡有为”、“图大治”结合起来，大力提倡“尊儒兴学”，并通过制度与教育、考试选官相联系，以此来加强政治的道德教化功能。董仲舒思想的核心是“天人感应”说，这也是他“君权神授”政治学说在哲学上的理论依据。经董仲舒提倡，汉武帝施行“罢黜百家、独尊儒术”的政策，儒学取得了“定于一尊”的显赫地位，成了汉文化的主流。其主要的表现形式，就是儒学的经学化，经书便成为儒学典籍的特称。

(二)宗教、史学、文学和科学技术

两汉时期，佛教开始从印度传入中国，以崇服黄老的道教也开始形成并发展起来，这对中国以后的文化产生了广泛的影响。

由于儒学地位的强固，佛教和道教都有儒学化的倾向，从儒学中吸取许多内容，以适应人们的需要，之后便逐渐形成了三教合流，融合统一的结果形成了其后的宋明理学。

两汉时期史学得到极大的发展。司马迁的《史记》班固的《汉书》是这一时期的代表作。司马迁，字子长，他的《史记》在中国散文发展史上起着承前启后的作用，它既开创了中国纪传体史学；也开创了中国的传记文学。《史记》它记叙了上自黄帝下至汉武帝太初年间，共计二千多年的历史，包括了十二本纪、十表、八书、三十世家、七十列传，共有130卷，50多万字。《史记》的语言历来被奉为“古文”的最高成就。东汉班固的《汉书》则是中国第一部断代史。班固效《史记》之体制，著成了中国第一部断代史《汉书》。《汉书》共100篇，叙述了自汉高祖至王莽230年的断代历史。《汉书》的语言严密工整，倾向排偶，又喜用古字，重词藻，尚典雅。这与《史记》形成了鲜明的对照。

汉赋、散文及汉乐府诗是秦汉时期文学的主要表现形式。汉赋大家司马相如所作的《子虚赋》、《上林赋》是汉赋的代表之作。汉赋以其汪洋恣肆的文辞展现了汉帝国昌盛一时的文学态势，在中国文学史上占有十分重要的地位。司马迁的《史记》是汉代散文的最高成就。汉代乐府民歌是中国文学宝库中极有价值的遗产。乐府采集的民歌，其内容广泛地反映了当时的社会生活，其中建安时期的叙事诗《孔雀东南飞》最为著名。

秦汉时期的科学技术在建筑、天文、医学以及造纸等工艺方面都有重大的成就。长城、阿房宫、始皇陵等建筑都是举世闻名的杰作。《汉书》中有世界上最早太阳黑子的正式纪录。张衡是当时著名的天文学家，他写出了《灵宪》这样的天文学著作，还发明并创制了世界上第一代利用水力转动的天文仪器——浑天仪和测量地震方位的仪器——地动仪。西汉《黄帝内经》是我国现存的最早的医学著作。东汉时张仲景的《伤寒杂病论》，是第一部论述多种外感热性病的专书，同时还介绍了内外科以及妇科等疑难杂病。华佗在东汉末年以治疗外科疾病而闻名全国，并首用“麻沸散”施行麻醉再给病人动手术。在西汉时期已有纸的创造，蔡伦总结和改进自秦以来的造纸术，采用树皮、旧布和破鱼网为原料，造出了质量很好的植物纤维纸，当时人们称为“蔡侯纸”。汉代问世的《九章算术》是我国现存最古老的数学专著，在计算面积、比例、开方、方程以及勾股定理等方面都处于世界领先地位，并构成了中国古代数学较为完整的体系，其中分数、负数的运用都早于其他国家近千年之久。

秦汉可说是中国封建文化的第一个鼎盛期。政治的统一为文化的昌盛创造了必要的条件，

而文化的鼎盛又为政治、经济的发展起了重要的作用。秦汉时期中华文化的定型便开始奠定了中国传统文化的雄厚基础。

四、魏晋南北朝时期

东汉末年,农民大起义推翻了汉王朝。中国陷入了三国魏晋南北朝的分裂局面。中国文化在这个特殊的时期里,又发生了重大的变化。在文化史家的眼中,这个时期与春秋战国时期相类似,在文化的发展上,极具自由解放的特点,智慧横溢,热情激荡,思维空前活跃,定型于汉代以经学为骨干、以儒学为独尊的文化模式趋于崩溃,取而代之的是文化生动活泼的多元发展。

(一)玄学与反玄学

"玄学"的主要经典是《周易》《老子》《庄子》,这三部书被称作"三玄","玄学"即因此而得名。所谓"玄",即虚无玄远、高深莫测之意。"玄学"宣扬的形式是清淡,清淡的内容是谈玄论道。"玄学"是一种糅合了儒和道的思想体系,它发端于魏晋之际,其代表人物是魏末的何晏、王弼和其后的嵇康和阮籍。何晏著有《无名论》,王弼著有《周易注》和《老子注》等。他们的主要思想是"贵无",认为"天地万物皆以无为本。无也者,开物成务,无往而不存者也。"[①]这"无"是神秘莫测的东西,看不到也摸不着,王弼又说:"道者,无之称也,无不通也,无不由也。"[②]在"贵无"观上王弼把重名教的儒家和重自然的道家巧妙地调和在一起,认为名教出于自然,尊卑名分都是自然的必然结果。何晏说:"天地以自然为运,圣人以自然为用。"[③]

继何、王之后,玄学的代表有嵇康和阮籍。他们提出名教是一切罪恶性的根源,认为:"君主而虐兴,臣设而贼生。坐制礼法,束缚下民;欺愚诳拙,藏智自神。强者睽视而凌暴,弱者憔悴而事人。"[④]他们所希望的理想政治是"无君而庶物定,无臣而万事理"[⑤]。他们讽刺笑骂遵守礼法的君子如同裤裆里的虱子,"行不敢离缝际,动不敢出裩裆。"[⑥]他们的思想虽有颓废消极的一面,但猛烈地冲击了儒家的名教,因此有其积极的意义。

在玄学流行的同时,反玄学的思想也随之产生了。魏末晋初的杨泉、东晋时的鲍敬言,是反玄学思想的主要代表人物。杨泉著有《物理论》,认为"所以立天地者,水也;成天地者,气也",从唯物的观点阐释了宇宙的本源。他讽刺玄学是"夫虚无之谈,尚其华藻,此无异于春蛙秋蝉,聒耳而已"。[⑦] 鲍敬言的"无君论",是反玄学思想中最激烈的主张,他认为天地之间无所谓尊卑之分,古来更没有君主,只是后来才出现了以强凌弱,以智作愚的统治制度,"有司设,则百姓困;奉上厚,则下民贫"[⑧],可见罪恶的根源在于君主。但由于时代的局限,鲍敬言不可能认识阶级、国家产生的根本原因,他的无君思想只是一种空想,不过他对当时社会不平的揭露和对门阀政治的抨击,是很有积极意义的。

---

① 《晋书·王戎传》附《王衍传》
② 王弼:《论语释疑》
③ 何晏:《无名论》
④ 《阮步兵集·大人先生传》
⑤ 《阮步兵集·大人先生传》
⑥ 《阮步兵集·大人先生传》
⑦ 杨泉:《物理论》
⑧ 葛洪:《抱朴子·诘鲍篇》

(二)佛道的流行与范缜的《神灭论》

佛教自两汉时期传入中国后，到魏晋时期逐渐盛行起来。激烈的社会矛盾斗争，政治斗争的反复无常，精神上的空虚与不安，使得当时的人们企图以求佛教来解脱，这是当时佛教盛行的社会基础。这一时期的南北统治者除了北魏太武帝拓跋焘、北周武帝宇文邕曾经毁佛外，无不大力提倡佛教，梁武帝甚至还定佛教为国教。历代皇帝竞建寺庙、石窟。印度僧人东来传经逐渐增多，中国的僧侣西往天竺求经也渐成风气。印度来的鸠摩罗什，在中土翻译了大量佛经。西行求经的中国僧侣著名的有释法显等，他从长安出发经敦煌出玉门关西行，经历 20 余国到达中天竺，留在那里三年学梵语梵经，后经海上回国，前后历时 13 年。带回大量佛经。此后还有智猛、宝云等不远万里求经。这些都可谓是唐代玄奘西行的先驱者。这也是中外文化第一次交融撞击的动人情景。

道教在东汉末被黄巾起义利用，农民起义失败后，原始道教被统治者重新改造，即所谓除去“三张伪法”，阉割了原始道教中的平等色彩部分，发展了其中的神仙术和金丹术等部分。葛洪、寇谦之是这一时期的道教代表人物。葛洪于东晋初年把道教中神仙术与儒学糅合起来，主张“以经训俗士，以方术授知音”。他一方面强调君臣上下是天理自然，不能更改，把黄巾起义所提倡的“太平道”作为“妖道”；另一方面又极力宣扬采药炼丹、养生延年之术，为门阀世族的生活提供服务，这样道教就变成了有利于统治的宗教。

北魏的寇谦之，自称被太上老君授以“天师”之位，并从所谓老子的玄孙李普文受《图录真经》等秘法，将戒律、养生术、符录、金丹融为一体。他深得魏太武帝拓跋焘的信任，因为他宣称兴道教的目的是为了辅佐“北方太平真君”，即拓跋焘，所以拓跋焘封了“天师道”为国教，在北方盛行起来。

在佛教道教盛行的魏晋时期，有一个伟大思想家却提出了“神灭论”的观点，这就是范缜。范缜是齐梁间人，少孤贫，非大族出身。他对佛教的唯心主义深恶痛绝，决心冲出佛教的藩篱。他在著作《神灭论》中提出，“神即形也，形即神也；是以形存则神存，形谢则神灭也”。[①] 接着他又进一步指出：“形者神之质，神者形之用”，说明了形神统一、形质神用的唯物主义观点，即是说肉体是精神存在的依据，精神是肉体所表现的作用，没有肉体，精神就无法体现了。这就有力地批判了神不灭论。范缜从理论上有力地冲击了佛教的思想基础，揭露了佛教的欺骗性，从而也丰富了我国古代唯物主义的思想体系，这是古代哲学思想史的光辉成就。

(三)史学、地理学、文学艺术和科学技术

魏晋时期史学很发达。在汉史方面，有宋范晔所著《后汉书》，但志书未完成，到梁刘时司马彪撰写八志将《后汉书》完成。晋陈寿著写《三国志》，宋裴松之为之作注，引书达 150 多种，文字超出正文三倍以上，使不少史实得以保存。南齐臧荣绪撰《晋书》，成为了唐修《晋书》的底本。十六国时，各国均有国史。关于南北朝史，隋以前就有 20 多种，今存有《宋书》等三种。此时地方志的出现，也是史学新成就的表现，较著名的有晋常璩所著的《华阳国志》，记述了巴蜀、汉中、南中的地区历史。

在地理学方面，成就最高的是北魏郦道元所著的《水经注》，他广泛搜罗各种资料，注录全国大小河流 1250 多条，详尽记述了河流所经的地理、历史、风土人情以至神话传说等，文笔绚烂，体

① 《梁书·范缜传》

例严谨,有很高的文学和史学价值。另外杨炫之的《洛阳珈蓝记》和裴秀绘制的《禹贡地域图》,也是这一时期地理学的成就反映。

在文学艺术方面,突出的特点是诗歌和文艺理论出现了新成就。五言诗更加成熟,无论语言与技巧,都达到了新的水平。建安文学的代表人物“三曹”和“七子”,是这一时期优秀文化的杰出代表,建安文学对后来文学发展有很大影响。文艺理论以曹丕的《典论·论文》首开其端,之后陆机的《文赋》、刘勰的《文心雕龙》等,又将文艺理论推向一个新的阶段。

魏晋时期的科学技术进入了一个黄金时期。魏晋之际的刘徽有《九章算术注》和《海岛算经》,首次用割圆求周的方法,求出圆周率为3.14,并化为分数$\frac{157}{50}$来表示,后人将之称为“徽率”。南齐的大数学家祖冲之对数学、天文历法及机械创造等都有很高造诣。他创造性地发展了圆周率的计算,求出圆周率在3.1415926到3.1415927之间,是世界上第一个将准确的圆周率推算到小数点以后第七位的人。他还用$\frac{22}{7}$和$\frac{355}{113}$这两个分数来表示圆周率,前者为“约律”,后者称“密律”。祖冲之根据自己的观察,还证实了天文历法中“岁差”的存在,并将它应用到自己制定的《大明历》中。《大明历》定一回归年为365.24281481天,与近代科学测定的日数相差不到50秒,一交点月为27.21223日,也与现代测定基本一致。祖冲之还是一位杰出的机械学家,他曾改造过诸葛亮的木牛流马,使之借助机械力量自转。他还创造了用机械发动的日行百余里的“千里船”。三国时代的马钧是当时机械制造方面最有成就的人,经他改造的龙骨水车,效率提高了百倍以上。他制造的指南车,不论车行方向如何改变,车上木人的手总是指着南方。晋傅玄赞扬马钧说:“马先生之巧,虽古公输般、墨翟、王尔,近汉世张平子,不能过也。”①北魏贾思勰所著《齐民要术》,总结了自汉以来各族人民的农业生产经验,是当时农业技术的集大成者。东汉末张仲景所著的《伤寒论》、魏晋之初王叔和的《脉经》,晋葛洪的《金匮药方》等是这一时代医学成就的集中反映。

五、隋唐时期

隋唐时期国家的政治统一,有力地推动思想文化的南北合流。杨隋和李唐相继开疆拓土,军威四震,建立起了东临日本海、西至中亚细亚、北达西伯利亚南部、南至中印半岛的大帝国。在空前壮阔的历史舞台上,中华文化腾空而起,走向了她的辉煌期。

(一)宗教与哲学

隋唐是一个文化政策开明的时代。开明、宽容的文化政策则推动着隋唐文化在多元中得到上升扩展,在深化中得到发扬光大。这是一个佛教兴旺、道教风行、儒学昌明的时代,宗教和哲学都迎来生动活泼发展的时期。

1. 宗教

在意识形态上,唐太宗奉行儒、道、佛三教并行的政策。虽然唐代不同君主由于不同原因对三教曾各有所偏重,但基本上还是并行不悖。

三国两晋以来,尽管玄学和佛教盛行,儒学一度有式微趋弱现象,但是在总体上儒学仍是作为显学。唐初,儒学开始振兴起来。唐高祖李渊“颇好儒臣”,李世民则“锐意经术”。他宣称:“朕

① 《三国志·魏志·杜夔传》注

今所好者,惟在尧舜之道。周孔之教,以为如鸟有翼,如鱼依水,失之必死,不可暂无耳。”①他诏求前代通儒的弟子儿孙,加以推求疏证,命颜师古订正了《五经》文字,颁行全国,叫做《五经定本》;又命孔颖达等编撰了《五经疏》180 卷,直至唐高宗时编成,定名为《五经正义》,令天下传习;还诏令以左丘明、公羊高、谷梁赤等 21 位经学家配享孔子庙庭。“重儒术”的提倡,以及与实行科举制度结合起来,进一步巩固了儒学的正统地位,从而在唐代出现了“学者慕响,儒教聿兴”的局面。

隋唐时期也是佛教扶摇直上的时代。佛教发展的原因主要是:统治者深知宗教对巩固统治能起到重要的作用;佛教的经典经、律、论都已大量被翻译,资料十分充足;经过长期的发展,佛教已渐趋中国化;得到改造的佛教,在这时产生了各种各样的宗派。隋唐佛教各宗派的形成,是佛教高度发展和高度中国化的重要标志之一。当时主要的佛教宗派有天台宗、法相宗、华严宗、净土宗和禅宗。其中禅宗影响最大,流行最广。禅宗对佛教教义的诠释完全中国化了,其创始人慧能吸收了儒家和道家的许多思想,宣称佛性人人皆有,是本来具备的,最大的佛性就在自己的心中,觉悟到了这一点,马上就可以成佛,这就叫做“顿悟”。哪怕是恶贯满盈的人,只要觉悟到这一点,也可“放下屠刀,立地成佛”。

唐代的道教颇受得宠,由于李唐王室奉老子李聃为先祖,唐高宗时老子又被封为太上玄元皇帝,唐玄宗时更是推崇道教,故道教势力大大发展起来。《唐六典·祠部》记载,道观遍于国内,“凡天下观总一千六百八十七所”,天台山、华山、青城山、王屋山等名山无不香雾弥漫,仙乐嘹亮。

2. 哲学

唐代主要的思想家有韩愈、李翱、柳宗元和刘禹锡。

韩愈的哲学论著主要有《原道》《原性》等名篇,他尊崇儒学,反对佛、道,提出了儒家圣人的道统说。他说,天生圣人就是来做民之君、师,并以仁义来统治和教化民众。他把儒家的理想称为“道”,自古以来,由尧、舜、禹、汤、文、武、周公、孔子、孟子,递引传授,这就是“道统”。但孟子死后,道统就中断了,他的责任就是要把失传的道统重新接连下去。他认为佛教的盛行,破坏了儒家的君臣、父子、夫妇的伦理纲常,因此必须反对佛教,提倡中国固有的仁义治国之道。

李翱的哲学论著主要是《复性书》。他继承孟子的性善论,认为人的本性是纯洁和善的,只是由于人的情欲——喜怒哀乐,本性才得不到发挥,故情是性之累。要使人们回复到原本纯洁善良的本性,就要抑制情欲,这就是抑情复性之说。抑制情欲回复本性的方法就是要按照儒家的格物、致知、正心、诚意、修身、齐家、治国、平天下的道理进行修养。

韩愈和李翱的理论在唐代后期兴起,是宋明理学的先声。其中韩愈的思想成为了程朱学派的萌芽,李翱的思想则成为陆王学派的前导。

柳宗元的主要哲学论著有《天说》《天对》及《封建论》等名篇。柳宗元反对董仲舒的“天人感应”说,他认为天和地之间充满着元气,寒来暑往是阴阳的变化,都是一种自然现象。天地、元气、阴阳就如同瓜果草木,都是自然之物,与人事的存亡得失并无关系,天绝无赏罚善恶之功能。他还说,人类的历史也并非按照圣人的安排而发展的,它本身存在必然之势。这种“天即自然”和对社会规律的初步认识都包括了深邃的唯物论思想。

(二)文学、艺术和史学

隋唐时期的政治统一与昌盛,经济发展与繁荣,给文学艺术的发展创造了十分有利的条件。

① 《贞观政要》卷六

唐代的文学艺术的形式是丰富多彩的.不仅诗歌在继承前代优良传统的基础上到这一时期走向极盛,而且传奇小说、散文等文学体裁也有了很大发展,书法、绘画、雕塑等艺术更有着辉煌的成就。

1. 诗歌

唐代是我国古典诗歌发展的全盛时期。唐诗是我国优秀的文学遗产之一,也是全世界文学宝库中的一颗灿烂的明珠。李白、杜甫、白居易固然是闻名于世的大诗人,除他们之外,还有其他无数诗人,如同满天的星斗一样。唐诗的题材非常广泛,或揭露社会的黑暗,或讴歌边塞疆场的将士,或抒发爱国思想,或描绘河山的多娇,或抒写个人的抱负和遭遇,或表达儿女爱慕之情长,或诉说朋友真挚之情感,或感叹人生离合之悲欢。总之从自然现象、政治动态、劳动生活、社会风习,细到个人感受,都成为他们写诗的题材。在创作方法上,既有现实主义的流派,也有浪漫主义的流派,而许多伟大的作品,则又是这两种创作方法相结合的典型,形成了我国古典诗歌的优秀著作。唐诗的形式是多种多样的,唐诗的风格是丰富多彩、推陈出新的。

初唐诗歌的代表有王勃、杨炯、卢照邻、骆宾王,后人称为"初唐四杰"。稍后杰出者还有陈子昂,陈诗刚建朴素,一反南朝绮靡颓废的文风。他们为唐诗的发展开拓了道路。李白生于盛唐,他继承了屈原楚辞的浪漫主义精神,加上自己的创新,形成了他那种气势磅礴、激昂豪放、想象力丰富和语言生动活泼的诗歌特色。杜甫是安史之乱前后的现实主义诗人,他的诗感情真挚,基调雄浑,揭露社会黑暗,反映民众痛苦,他被后人称为"诗史"。中唐数白居易、元稹、李贺等诗人最为著名。白居易继承了杜甫写实主义的精神,是新乐府运动的提倡者,他的诗歌特色是语言通俗,叙事平易。晚唐的诗人杰出者有李商隐、杜牧,有"小李杜"之称。整个唐代,其诗歌以浪漫主义与现实主义精神为主流,在我国乃至世界文学史上有着重大影响。

2. 散文

古文运动是中唐时期兴起的一个具有重大意义的文学改革浪潮。由于魏晋时期骈体文流行,但文风浮躁轻靡,内容空洞无物,人们纷纷提出要改变这种文风,恢复周秦两汉通行的散文。韩愈和柳宗元在这个改变文体文风的运动中贡献最大,因而并称为"韩柳"两大家。韩愈认为学古文就是为了学古道,即宣扬儒家之道,作文章必须"文以载道"、"陈言务去",要有创新精神。韩愈身体力行,以自己的理论指导作文,其名篇如《师说》《进学解》等,都是脍炙人口之作。柳宗元也提出"文以明道"的主张,反对片面追求辞藻的华丽,认为文学要"词正而理直",语言要清新,其作品如《天说》《封建论》《捕蛇者说》等,对后世影响都很大。经韩、柳的提倡,古体散文逐渐于唐及后世盛行开来。

3. 艺术

敦煌艺术是唐朝最杰出的艺术成就之一,敦煌千佛洞,即莫高窟,是一个保存大量唐代壁画的艺术宝库。这些壁画的主要题材虽然是佛教故事,但也从多方面反映了唐朝的社会状况。敦煌壁画想象丰富,绘画技巧极为娴熟,其雕塑充满了生命力和人的性格,在我国的艺术史册上留下了绚丽的一章。唐代阎立本、吴道子的人物画,李思训、王维的山水画都是我国古代辉煌艺术的重要内容。唐代也是书法走向成熟创造的时期,名家辈出,如初唐的虞世南以字体匀圆秀柔而著称,欧阳询以笔力道劲而闻名,褚遂良则尤工隶书。盛唐的颜真卿,其字方正浑厚,笔法道劲;盛唐张旭、中唐怀素擅长草书,狂放不羁,笔走龙蛇;晚唐柳公权博采众长,白成一体,把楷书艺术推至高峰。颜、怀、柳,世人称为"三绝",千百年来一直为人们所珍爱。

4. 史学

唐代特别注重史学，唐太宗即位后就专设史馆置史官修撰前代及本朝历史，并由宰相监修。唐代官修的史籍有《晋书》《梁书》《周书》《北齐书》《隋书》等，还有李延寿私撰的《南史》《北史》。唐代史学上最大的成就是刘知几的《史通》和杜佑的《通典》。《史通》是我国在史学批评方面的第一部专著，刘知几对史书的编纂体例、史料选择、人物评价、史事叙述等都提出了自己的看法。他认为，撰史必须正笔直书，才、学、识是史学家必备的三个条件，独家的见解是史家的最可贵之处，这些史学理论对后世产生了深远的影响。杜佑的《通典》是对唐玄宗之前各种典章制度的记载，分为食货、选举、职官、礼、乐、兵、刑、州郡、边防等类，共两卷。《通典》创建了新的史书体例，为后代政书的撰述开了先河。

(三)科学技术

隋唐时期，科学技术方面成就最为突出的要数天文和算学。张遂(一行和尚)是唐代杰出的天文历数家，他与南宫说等人进行了测量地球子午线的工作，他创造了一个测量天体距地平高度的仪器，叫做“复距图”。测量子午线的结果是 351.27 唐里。这个数据虽与近代科学数据有些差距，但在当时的观点中已包含了地球大小的意义，是古代天文学的一个创举。张遂编撰的《大衍历》是根据日影实测来确定历法，是对历法的杰出贡献。唐代著名的算学家有傅仁均和李淳风，其中李淳风所注的《十部算经》为后代研究古算学提供了条件。

孙思邈是隋唐之际的著名医药学家，他吸取唐以前历代的医学理论和方剂成果，结合自己的临床经验和调查所得，写成一部医学巨著——《千金要方》，这对我们医学和药物学的发展，产生了深远影响。孙思邈被后人尊称为“药王”。

在桥梁建筑上，隋朝李春设计和建造的赵州桥反映了桥梁建筑极高的水平。近 1400 年过去了，赵州桥至今仍保存完好。火药和雕版印刷在隋唐时期发明并投入了使用。古代的炼丹家早就对硫黄、硝石和木炭这些配制火药的材料有所认识，大约在唐代人们就已经开始用火药来制成火药箭和火药炮这类武器了。早在战国时期我国就出现了印章，这实际上就是雕版印刷的前驱，隋代雕版印刷正式开始使用，唐代民间印刷农书、历法、医书、碑帖等已广泛出现。敦煌石窟发现的唐印《金刚经》，书末印有“咸通九年四月十五日”字样，这是世界上迄今发现最早的印有出版日期的印刷品。

隋唐时代是中国封建社会的鼎盛期，其文化兴盛，并具有继承性、兼容性和世界性的特点。强盛、深厚的唐文化在其自身的发展过程中，还与世界各地的经济文化圈进行广泛联系，朝鲜、日本以及南亚、中西亚、欧洲等地都有唐代文化辐射的史迹。经济文化的相互交流，一方面对中国的文化自身发展有着重要的作用，另一方面也推动了世界文化发展的进程。

六、宋元时期

公元 907 年，唐朝灭亡，中国进入了最为黑暗的历史时期。北部中国相继出现了后梁、后唐、后晋、后汉和后周五个朝代；南方和河东地区则先后存在十个封建割据政权：吴、南唐、吴越、闽、楚、南汉、南平、前蜀、后蜀和北汉，史称“五代十国”。960 年，赵匡胤建立了宋朝，再度统一中国。13 世纪初，蒙古族崛起于大漠，以强悍的蒙古铁骑南征北战，在空前辽阔的版图上建立起大元帝国。这一时期，中华文化又一次发生了巨变，宋代理学在原来儒家文化的基础上，加深了哲理思辨，构成了更为完备的儒家理论体系。同时，在少数民族入主中原的过程中，游牧文化与农耕文化的撞击,中华文化又经受了一次新的洗礼和熔铸,使其展示了包含万千的生命活力。

(一)两宋哲学

支配两宋三百多年的哲学思想是理学。两宋理学是佛教哲学和道家思想渗透到儒家哲学以后出现的一个新儒家学派。唐代孔颖达撰《五经正义》结束了汉魏以来的儒家经学,唐以前的经学被称为“汉学”,宋以后儒学则被称为“宋学”,即理学。宋代理学可分为两派:一派是周敦颐、张载、程颢、程颐及朱熹为代表的客观唯心主义学派,即“程朱理学”;另一派是以陆九渊为代表的主观唯心主义学派,人称“心学”。两派都以穷理尽性为主要内容。

理学的开山祖师是周敦颐。周敦颐喜谈名理,精于易学,程颢、程颐从之受业。主要著作有《太极图说》《通书》和文集,后人合编为《周子全书》。他所提出的哲学范畴,如无极、太极、理、气、心、性、命等,以及讧诚、主静的学说,均成为其后的理学家不断探讨的内容。他把《老子》的“无极”、《易经》的“太极”、《中庸》的“诚”糅合起来,把封建的伦理纲常进行了哲学的论证。他所提出的“一实万分”“主静无欲”等观念,为以后的理学家所继承和发展。

张载认为一切存在都是由气构成的,气是万物的本体,气的运转变化就称为“道”。他还提出了“一故神,两故化”的辩证观点,认为两体互相作用互相对立的结果都终归为一,这是对“合二而一”观点的最早阐述。张载的哲学成就显著,他在关中讲学,其理论及建立的学派,人称“关学”。

程颢及其弟程颐(世称二程)共同建立了一套比较完整系统的理学体系。他们承认事物对立的普遍性,并且承认对立的相互作用是事物变化的原因。他们把天、理、心统一起来,认为最本质之物就是理。二程的哲学的中心命题为“性即理也”,主张“天下更无性外之物”。理和性是一切事物的基础,而性或理又是先于物质而存在,并且是离开物质而独立存在。二程理学的宗旨,不仅是对封建秩序进行了合理性的论证,而且更在于诱导人们通过自我修养使一切行动符合于“理”,所以二程确立理学的目标就在于“存天理,去人欲”。

朱熹是理学的集大成者,二程理学到此时发展得也更为完整系统了。他在对儒家经典著作进行大量注解阐释的过程中阐发他的哲学思想。他认为,“理在气先”,“理为本”,“理终为主”,理的最高境界则为“太极”。他提出了“理一分殊”的理论,以论证“理只是这一个,道理则同,其分不同。君臣有君臣之理,父子有父子之理”。[①] 从而把纲常名教定为无上之理,这与传统儒学相比,哲理性和价值性就更为突出了。

陆九渊与程朱理学有所不同,他提出的“心即理也”,主张“宇宙便是吾心,吾心便是宇宙”[②],从而创立了“心学”学派。这种学说认为“本心”即是真理,与佛教禅宗“一悟即是佛地”的主张颇为相似,个人修养也注重于内省和反求诸已。

除理学外,宋代还有一些具有朴素唯物主义思想的儒家学派,主要有王安石的“新学”、陈亮的“永康学派”和叶适“永嘉学派”等。王安石以儒家经学为主,吸收老子、商鞅、韩非等道家、法家思想,创立“新学”,作为变法的立论依据。他的“新故相除”论,就提出“天”与“人”都存在共同变化的规律。陈亮、叶适是宋代反对理学们空谈道德性命最有力的代表,被称为功利主义的思想家。正是在社会上充斥一片道德性命的说教时,与道学相对立的浙东事功派亦突然兴盛起来,形成了与居于主导地位的朱熹所代表的正统派理学之间的对立,从而在哲学思想领域中大放异彩。

---

① 《朱子语录》卷六

② 《象山全集》卷十

(二)文学艺术

古文运动是宋代文坛上一大事件。欧阳修是这一运动的主将，他力革唐宋及五代以来浮靡诡怪的文风，要求文章条达畅疏，不论叙事、说理或抒情，都能婉转透辟，曲尽其意。古文运动得到了范仲淹、富弼、韩琦的支持，其后王安石、曾巩、苏洵、苏轼等又相继而起，使这一运动大获全胜，宋代文坛出现了繁荣的局面。唐代的韩、柳与宋代欧阳、曾、王、"三苏"合称为"唐宋八大家"。

宋词是当时世界文学的高峰。中国诗歌的潮流到晚唐之时，出现了一个大的波折。词登上了文坛，并成为一代文学的主要样式。词始于中唐，流行于五代，南唐后主李煜、西蜀韦庄和欧阳炯、还有被称做"士行陈杂"的温庭筠等都是著名的词人。到两宋后，词的创作达到高峰，主要的人物有苏轼、辛弃疾、陆游、李清照、柳永等。宋代的文学家大都把散文用于明经载道的工具，不大用它去抒写悲欢离合之情，近体诗因字积压的拘束力与音乐相去日远，只有词的体裁能够"长短其句以就曲拍"，能够配合管弦的音阶和舞蹈的节奏，于是便成为了文人们表现哀怨悱恻时常采用的一种文体。

柳永是宋词坛上影响最大的一人。他本是一个落魄的文人，科举失意后便"好为淫讴歌之曲"，教坊的乐工每次得到新的曲调，就必求柳永去填写新词，因此他的声名便和他的新词一同传播开来。他的词清丽飘逸，广泛散布于街坊市井，以致"凡有井水饮处，即能歌柳词"。以柳永为代表的婉约词以文人俗词为中介，从民间俗词中汲取养料，着意于表现以爱的追求为中心的种种复杂情感，因而又具有晚唐五代词所没有的新的文学气质。

苏轼以他的高才逸气开创了豪放词派，冲破了宋初词坛专写男女之情和离愁别绪的境界，扫"绮罗香泽之态"、"绸缪宛转之度"，高吟"大江东去，浪淘尽，千古风流人物"。苏轼词的豪放英发之风，被南宋的爱国词人辛弃疾和陆游等全面继承下来。辛、陆的词器宇轩昂，字句间充满悲愤的激情，唱出了处于民族危难当中英雄豪杰奋发激越的情怀。李清照是南宋著名的女词人，她的词婉约清新，寻常词语随手拈来便成妙句。在她颠沛流离的晚年作品中，较多吟唱意兴阑珊、消极情绪的感伤曲调，但从她的诗句"南渡衣冠少王导，北来消息欠刘琨"来看，国家的命运也沉重地压在她的心头。

宋代时期话本、小说、曲艺等都有了新的发展。话本是话人讲故事的底本，话本的内容，有的是演说佛经中的故事，有的是讲历史故事，如说三国和说五代史等，有的则讲说一些传奇公案故事。宋代的话本流传至今的有《大唐三藏取经诗话》《五代史平话》《大宋宣和遗事》以及《京本通俗小说》等。话本的出现，在中国文学史上开辟一个新纪元。宋代傀儡戏、影戏和杂剧等都已十分流行。杂剧是唐时的参军戏发展演变而来的，情节已比较复杂，演员也有了四五人。当时还有一种以歌舞讲唱为主的戏曲，这种戏曲是由曲词连缀而成。词人们用词调填写许多歌词，以此来铺叙一个故事，称为诸宫调，这就是元曲的前身。

杂剧是元代文学的主流。元代杂剧是在宋金以来民间讲唱文学的基础上，综合宋词的成就，从诸宫调演变而来的一种歌舞剧。关汉卿是元朝最杰出的剧作家，他一生写过 70 多种剧本，保存下来的还有 18 种，其中《窦娥冤》《鲁斋郎》《拜月亭》《救风尘》《单刀会》《望江亭》等都是当时为人喜闻乐见的作品。元代著名的剧作家还有马致远、王实甫、白朴、宫天挺、纪君祥、郑光祖等人。马致远的《汉宫秋》、王实甫的《西厢记》、白朴的《墙头马上》等，都是数百年来脍炙人口的名著。

这个时期艺术方面绘画书法都出现了繁荣的局面。北宋著名的山水画家有李成、范宽、郭熙及米芾、米友仁父子等。李成善于画寒林平远的山水。郭熙长于写实，特别注意画中意境、色泽明暗和山石树木远近大小的比例。米芾父子运用水墨渲染的泼墨画，山岚树木云烟笼罩，别有一番情趣。五代后蜀的黄荃和南唐的徐熙善于花鸟，并各有特色，时人有“黄家富贵，徐熙野逸”之说。宋徽宗虽说是个昏君，但在绘画方面的造诣却很深，尤以花鸟画最为上乘，他的《柳鸦芦雁图》和《芙蓉锦鸡图》，笔画精练，画风工整，可称是形神俱妙的佳品。北宋时宫廷还成立了翰林图画院，到徽宗时发展到鼎盛。北宋末年画院中著名的画家数李唐和张择端。李唐对于山水、人物画都很擅长，又善画牛，他作的长图大卷，风格雄伟、气势非凡。张择端的《清明上河图》，是当时风俗画中的代表作。南宋后期的山水画家，著名的有马远和夏圭，人物画家著名的有李嵩、刘松人等。元代以山水画为大宗，在继承宋面的基础卜创立了新派，著名的有黄公望、王蒙、吴镇等，他们对于景物的描绘更加提炼概括，同时又侧重笔墨情趣，他们的作品成为了“文人画”的范本。

书法是绘画并行发展的艺术形式，宋代书法名家主要有蔡襄、苏轼、黄庭坚、米芾，号称“宋四家”。蔡襄的正楷端正，行本婉媚，草书则参用飞白法。苏轼擅长行、楷，用笔丰润而以韵取胜。黄庭坚善于行、草，以挺秀、韵重和侧险取胜。米芾师法王献之，行、草俱妙，技法堪称第一，另外宋徽宗的“瘦体”亦很有特点，南宋时陆游、张孝祥、文天祥等人的书法造诣也很深。

(三)史学和类书

这一时期和史学研究取得了超越前人的成就。新史学体裁的创立，名篇巨制的编纂，各种地理志的修撰以及把史学研究扩展到金石学领域等等，在史学史上都具有开拓性的意义。

司马光主编的《资治通鉴》，是我国古代的一部杰出的编年史。他用了19年时间，并在刘触、刘恕、范祖禹等人的帮助下，写成了这部上起战国、下迄五代，包括了一千三百六十二年史事的巨著。他的取材范围极广，凡正史、杂史、笔记、小说、地志、文集等等，无不采纳。他这种从《左传》改造过来的编年体例，称为“通鉴”体，成为后来编年史学的常用体裁。南宋时袁枢又把《资治通鉴》依类概括为239个历史事件，撰写了《通鉴纪事本末》，这也是新开创了的纪事本末史学体裁。

不采用编年体而着重叙述历代典章制度沿革的通史，有南宋郑樵的《通志》和宋末元初马端临的《文献通考》。郑樵的《通志》，全书二百卷，其精华是天文、地理、都邑、职官、选举、刑法、食货等二十略。马端临的《文献通考》是一部记述历代典章制度沿革的通史，全书分田赋、钱币、户口、职役等二十四门。

宋代有专设史官，分别纂修实录、国史、会要等当代史。两宋史家编写的当代史书，数量尤多为前代所不及，比较著名的有：李焘的《续资治通鉴长编》、李心传的《建炎以来系年要录》、徐梦莘的《二朝北盟会编》等。

金石学是宋代学者在史学领域中开辟的一个新园地，欧阳修的《集古录》和赵明诚的《金石录》，都是根据商周铜器铭文和秦汉以至隋唐的石刻碑志拓本，审定考释，荟萃编次而成的。洪适的《隶释》与《隶续》，搜集了汉魏的碑刻文字，附以解说论证修订成书。吕大临的《考古图》及《续考古图》、王黼编著的《宣和博古图》等还摹绘了商周彝器的形制、款式，并附以考证说明。这些对古代典章制度的研究和史事的考订都提供了可贵的史料。

专记一州一县的历史及风土人情的地方史志，在宋代也大量开始编写。如范成大的《吴郡志》、梁克家的《三山志》、罗愿的《新安志》、施宿的《会稽志》、高似孙的《剡录》等都是当时人所编写地方志中较为著名的。另外，总志全国性地理的，还有乐史的《太平环宇记》、王存的《元丰九域志》、王象之的《舆地纪胜》。还有专记宋都的有：孟元老的《东京梦华录》专写北宋都城开封的繁华景象，周密的《武林旧事》专写南宋时杭州的繁华景象。

类书是我国古代分类式的百科全书。李昉主编的《太平御览》就是宋代著名的类书。全书分15门，4558类，共1000卷。其中征引各种书达2575门。清代学者阮元还说：“存御览一书，秦汉以来佚书千余种矣。"[1]另外王钦若、杨亿纂辑的《册府元龟》，规模也非常巨大。全书千卷，分为31部，110门，从上古到五代分门别类依次排列。其特点是整章整节移录，史料价值很高。

(四)科学技术

宋元时期，是中国古代科学技术最为繁荣发展的时代，火药、印刷、指南针这三大发明到这时又有了新发展，在天文数学、医药、农艺、建筑等方面都有了新的成就。

火药广泛用于军事是宋代，此时已有了铁火炮、突火枪等火器，铸造的铜火铳是目前世界上最早的火炮。活字印刷术是在唐代雕版技术的基础上发展而来，毕昇采用胶泥活字排版印发，完成了世界印刷史上一大革命。宋时指南针已开始用于航海，这也是航海史上的空前进步。

天文学的研究宋元时期非常活跃。宋代的苏颂和韩公廉吸取前人天文学研究和齿轮应用技术等方面的成就，创制了人类有史以来的第一台"天文钟"，即水动仪象台。他们还写成了《新仪象法要》一书，把天文钟的全部结构，用图和文字记载下来。元代科学家郭守敬在天文、历法方面有很大贡献。他特别重视实际的观测和仪器的运用，创造和改进了20多种精密的天文观测仪器。在他的主持下，全国建立了27个天象观测所，为新历法的编订提供了数据。至元十七年(1280)，新历告成，名为"授时历"，以365.2425日为一年，这比实际地球绕日一周的周差只有26秒，在此之后近四百年，欧洲才出现与此相同的格利哥里历，即现行的公历。

宋代的医药相比唐代时又有较大发展。从宋初开始，就官修增订了《本草》。元丰五年(1082)，唐慎微撰写了《经史证类备急本草》一书，共收药物1746种，是《唐本草》的一倍。在临床医学方面，如对儿科的诊疗上，不但已能把麻疹与其他热病区别开来，而且还能区别天花、麻疹和水痘三种不同的病症，其病原是各不相同的。在针灸学上，王惟一设计用铜铸成人体的模型，刻划经穴，标注名称，还写成了《铜人俞穴针灸图经》一书，这是医学的一大贡献。

元代王祯在总结了自《齐民要术》以来农业技术上的成就的基础上，编成了《农书》。在《农书》中，王祯介绍了许多作物的栽培方法，对农具有许多新的创造和使用说明。另外还有许多其他发明，如"活字版韵轮法"，就是王祯对活字印刷术中的一个新发明。除《农书》外，元代有关农业科学的专著还有数十种，其中著名的是由政府编行的《农桑辑要》，以及维吾尔人鲁明善的《农桑衣食撮要》、崔蹇的《四民月令》等，这些对当时农业生产的发展都起了很大的作用。

七、明清时期

(一)明清学术思想

1. 阳明学派

王守仁因筑室讲学于故乡的阳明洞，故世称阳明先生。他早年曾按朱熹的主张，进行"格物穷理"，结果对朱熹把"物理"和"古心"分开的观点发生了怀疑，为寻求简捷的思想武器去代替程朱的繁琐哲学，从朱熹转向了陆九渊，创立了自己的哲学体系，即"阳明心学"。他以"心"为本体，认为"心"是天地万物的主宰，基本上是发挥了陆九渊"宇宙便是吾心，吾心即是宇宙"的思想。所以后人又合称他们为"陆王学派"。王守仁从维护封建思想统治的目的出发，用"致良知"的主观唯心主义进行说教，这便是阳明心学的创建基础。

明隆庆之后，王学逐步向下层转移，在当时的历史条件下，阳明心学被某些进步思想家所改

---

[1] 《鲍刻〈御览序〉》

造，形成了新派王学，主要以王艮、李贽等为代表。王艮为阳明门下弟子，是明"泰州学派"的创立者，他率先高扬起人自然之性的旗帜，并用人的自然而然的纯真本性来对抗历代鼓吹的仁义道德的"天理"决定论。王艮提出"百姓日用即道"的著名命题，"百姓日用"就包括了百姓的日常生活中的物质和精神需要，这样被理学家认为万般邪恶的"人欲"，在王艮看来便成了天经地义的"道"了。泯灭人欲、窒息人性的理学禁欲主义在泰州学派面前，受到了强劲的冲击。李贽是泰州学派的传人，然而他的异端思想，却大大超过了他的老师。他具有鲜明的封建叛逆者性格，反圣道，叛圣教。他除了对儒家思想批判之外，对佛教和道家的思想也有所探求。他认为"穿衣吃饭是人伦物理，除却穿衣吃饭，无伦物矣"。他对"六经语孟"的价值表示怀疑，认为学者不应该以孔子是非作标准。

2. 经世致用之学

王夫之因晚年隐居在衡阳金兰石船山，自署船山老人，学者尊称船山先生，是明清之际杰出的思想家。船山之父王朝聘，是一位隐居小仕的秀才。一生讲学授徒，以继武夷朱学为志，人称武夷先生。博闻好学，精通天文、地理、兵法、农林、水利之书。父亲对船山的影响极大，船山受业于父，"虽从事制义，而究极天性物理，斟酌古今，以发抒心得之实"，"天人理数财赋兵戎，罔不贯洽"①，使王船山立学有了广闻博学的根基。王船山的学问博大精深，对经史子集百家之学都有广泛的研究，造诣无不精深，天文、历数、医理、兵法乃至卜筮、星相也旁涉兼通，就是当时传人的"西学"，他也有所留心并加以研究。王船山一生著述达百余种，共计400多卷，1000多万字。他从张载的学说出发，更加深入系统地论证了理与气的关系，明确地提出了"气者，理之依也"和"天下惟器"的主张。他更认为自然和社会都是变化不息的，因而要求改革政治，积极提倡学术必须经世务时。他在《噩梦》一书中，还提出了土地不应作为帝王的私产，而应当归耕者所有的主张。

王船山的思想理论核心仍是性理哲学，对程、朱、陆、王之学既有批评，亦有继承。他自称是继承了张载的绝学，在宇宙本体论上，他进一步发挥张载关于"气"的一元论观点。他认为，"阴阳二气充满太虚，此外更无他物，亦无间隙，天之象、地之形，皆其所范围也。散入无形而适得气之体，聚为有形而不失气之常。"②他还进一步阐述：日月、水火、雷风、山泽等都是"气聚之客形"。③从气的一元论出发，王船山认为，"道"必须依存于"器"，"天下唯器而已矣"，"据器而道存，离器而道毁"。④ 在知行观上，王船山认为，知行二者"相资互用"，不可分离，尤其强调了"行"在认识中的主导作用。王船山关于"气"的观点、"道器说"以及他的知行观，明显带有唯物论和重实践的倾向，把过去理学家专重空洞的心性探求转向了外在客观物质世界的实践，即把性理哲学和经世致用紧密结合起来，倡导并推动了明末清初实学思潮的发展。

黄宗羲是明清之际伟大的思想家、史学家、文学家与教育家。黄宗羲为学领域极广，成就丰硕，于经史百家及天文、算术、乐律、释道无不涉猎，而史学造诣尤深，清政府撰修《明史》，"史局大议必咨之"。他身历明清更迭之际，认为"国可灭，史不可灭"。他论史注重史法，强调真实可信。在哲学上，认为气为本，无气则无理，理为气之理，但又认为"心即气"，"盈天地皆心也"。在政治上，他从"民本"的立场深刻批判封建君主专制，提出"君为天下之大害，不如无君"，主张废除君主

---

① 王船山. 显考武夷府君行状[A]. 载船山全书(第15册)[C]. 长沙：岳麓书社，1988，第111页

② 王船山. 周易外传[A]. 载船山全书(第1册)[C]. 长沙：岳麓书社，1988，第861页

③ 王船山. 张载正蒙注[A]. 载船山全书(第12册)[C]. 长沙：岳麓书社，1988，第16页

④ 王船山. 周易外传[A]. 载船山全书(第1册)[C]. 长沙：岳麓书社，1988，第861页

“一家之法”,建立万民的“天下之法”。他还提出以学校为议政机构的设想。他精于历法、地理、数学以及版本目录之学,并将其所得运用于治史实践、辨析史事真伪、订正史籍得失,多有卓见,影响及于整个清代。在学术上,他最突出的贡献足在政治思想上,他在所著《明夷待访录》中,对专制的暴君政治和现存的封建秩序进行了激烈的批判。他说,皇帝把天下作为自己的产业,“以天下之利尽归于己,天下之害尽归于人”,任意“敲剥天下之骨髓,离散天下之子女”,“然则为天下之大害者君而已矣”。又说,臣对君的关系不应是奴仆而应是师友,治天下“不在一姓之兴亡,而在万民之忧乐”。这些观点说明黄宗羲在当时已具有一定的民主主义思想,此外他提出了“工商皆本”的看法,反映了商品经济发展的要求。

顾炎武主要的思想则是反对封建专制政治,提出“天下兴亡,匹夫有责”的观点,作为一个江南文人,为了推翻满清统治,竟然留寓北方达二十多年,游历北方大地,其民族气节一直以来激励很多志士仁人。他在哲学思想上继承了二程和朱熹的观点,他在治学方面主张“博学于文”和“行己有耻”,提倡实事求是、踏实钻研的学风和强调民族气节。他的学问更是开了清朝朴学的先河,反对理学的“明心见性”。他对明朝后期的所谓心学,做了深刻的批判,提出“君子为学,以明道也,以救世也。徒以诗文而已,所谓雕虫篆刻,亦何益哉?”[①]他的政治思想,特别是在民族性上,对于后来晚清的资产阶级革命有引导性作用。资产阶级革命家章炳麟在反对清朝政府的时候,自署名章绛,同顾炎武初名,可见顾炎武思想的影响力之深远。

3. 颜李学派和戴震的反理学思想

清初反对宋明理学的唯物主义思想家,主要有颜元、李塨和戴震等人。颜元和他的学生李塨,反对宋明理学,主张实用、实行,当时人称“颜李学派”。他们主要主张是反对程朱唯心主义的“天理论”和“知在行先”的先验论。颜元认为,“气即理之气,理即气之理”,指出“若无气质,理将安附”。[②] 李塨则进一步提出“理在事中”,他说,“天事有条理曰理,即在事中”。[③] 颜李都强调“践履”、“习行”、“习动”在认识中的重要性,他们说:“千余年来,率天下人故纸中,耗尽身心气力,作弱人、病人、无用人者,皆晦庵(朱熹)为之也”。[④] “纸上之阅历多,则世事之阅历少;笔墨之精神多,则经济之精神少”。[⑤] 他们反对朱熹的“存天理,灭人欲”,提出“正其谊以谋其利,明其道而计其功”[⑥],并提出“以七字富天下:垦荒,均田,兴水利”。[⑦] 戴震深刻地批判了宋明理学的唯心主义,发展了古代朴素的唯物主义。他认为气是世界的物质基础,世界就是无止无休的气化过程,他说:“天地之气化,流行不已,生生不息”,“道犹行也,气化流行,生生不息,是故谓之道”。[⑧] 在认识论上,他肯定了物质世界是人们感知的来源,“耳目鼻口之官接于物,而心通其则”。他还提出了“以法杀人犹可救,以理杀人无可活”的看法,这是对程朱理学的一个重大打击。

---

① 《日知录》卷一

② 《存性编》卷一

③ 《传注问》

④ 《朱子语类评》

⑤ 《恕谷先生年谱》卷二

⑥ 《四书正误》卷一

⑦ 《习斋先生年谱》

⑧ 《孟子字义疏证》卷中

(二)史学、考据与图书整理

1. 史学

明清时期历史学发展迅速，两朝历代官修史籍有《明实录》《清实录》《明史》《大明一统志》《大清一统志》，还有《续三通》和《清三通》。这个时期的史学著述也极为丰富，谈迁用了毕生的精力，编出了一部记述明代历史的编年体史书——《国榷》，该书记述了从元天历元年(1328)即朱元璋诞生起，到南明福王政权灭亡(1645)为止，共317年间的历史。他继承了中国史学的某些优良传统，力求客观地记载史实，为明史研究保存了不少珍贵资料。其他私人著述主要是：毕沅的《续资治通鉴》，也是编年体史书，纪事本末体有谷应泰的《明史纪事本末》，高士奇的《左传纪事本末》，杂史笔记有王世贞的《合州山人别集》和沈德符的《野获编》，地方志有顾炎武的《天下郡国利病书》和《肇域志》，学术史有黄宗羲的《宋元学案》和《明儒学案》等。

这一时期史学的突出贡献还在于：其一，史学理论有进一步发展。如章学诚《文史通义》就是一部代表作，他继承了唐代刘知几《史通》的思想，在刘知几提出"史才、史学、史识"的基础上又提出了"史德"问题，认为修史者要有史德，即要客观的、不带个人偏见的态度进行修史。他反对因循守旧的学风，力倡"学贵自成一家"，修著史书应该"通古今之变而成一家之言"。其二，地方志与边疆史研究发展迅速。在这方面章学诚的作用甚大，他创建了中国地方志按纪传史修撰这种新的编写体例，主张志为一方州县之史，不能视为地理书。他纂写或参与修撰的地方志就有十余种，如《湖北通志》《常德府志》《荆州府志》等。据统计，现存的地方志书中绝大部分都是明清时期修纂的。由于清代对边疆统治的加强，因此对边疆史的研究也就兴盛起来，出现了大量研究边疆史的著述。如图理琛的《异域录》、刘统勋的《西域图志》、松筠的《钦定新疆识略》、祁韵士的《皇朝藩部要略》、曹廷杰的《东北边防纪略》等。其三，对历代史书的注释、考异与续作的成果也非常突出。如梁玉绳的《史记志疑》，壬先谦的《汉书补注》《后汉书集解》，严衍的《资治通鉴补》，钱大昕的《二十二史考异》，赵翼的《二十二史制记》等。

2. 考据

自宋以来就有人开始考订古书，明末清初顾炎武、黄宗羲等在这方面都有广博精湛的研究，成为了清代学术的开山之祖。其后由于清朝的文化高压政策，人们开始把顾、黄提倡的"经世"思想转入为"避世"思想，从要求社会改革转入"为考据而考据"，到乾嘉时期，考据之风大盛，因此人们习惯上就把考据学与乾嘉时期等同起来，称为"乾嘉学派"。当时的考据学主要分为吴、皖两派。吴派以惠栋为代表，主要著作有《古文尚书考》《九经古义》《周易述》等；皖派以戴震为代表，其著述主要有《声韵学》《声类表》《考工记图》等。另戴门弟子段玉裁、王念孙也非常著名。段玉裁的《说文解字注》，被称为"千七百年来无此作"，王念孙的《文雅疏证》《读书杂志》，也是乾嘉时期有关训诂、校勘的代表作。乾嘉时期著名的考据学者有一个庞大的群体，江永的声韵学，王引之的训诂学，王昶、毕沅的金石考订，钱大昕、王鸣盛等人的史籍整理，都名称一时。

乾嘉学派在当时文禁森严的形势下，埋首于古书之中，他们的学术便脱离了现实生活，也阻碍了其他进步思想，但也应肯定他们为古典文献的整理校勘做出了很大贡献。

3. 图书的整理与编纂

明清两代曾组织大批学者，编辑了很多卷帙浩繁的类书和丛书，举世闻名的《永乐大典》、《古今图书集成》和《四库全书》，就是这一时期编成的。

永乐年间，明朝政府选派了解缙等儒臣文士共两千余人编辑《永乐大典》。此书共22877卷，装成 10095 册，约 3.7 亿字。辑入经、史、子、集、释藏、道经、戏剧、平话、工艺、农艺等图书七八千种，是为我国最大的一部类书。

清康雍年间，陈梦雷奉命编辑《古今图书集成》，全书分历象、方舆、明伦、博物、理学、经济六篇，每篇又分门别类，篇下共分为 32 典，6117 部，全书共计一万卷，装为五千册，另有目录十册四十卷，约计 1.6 亿字。这是一部博集群书、贯通古今、内容丰富、规模巨大的大型类书。

《四库全书》纂修于乾隆年间，总纂官为纪昀、陆锡熊。著名学者戴震、邵晋涵、姚鼐、朱筠、王念孙等 360 人参与编纂，先后花时近十年才告完成。全书分经、史、子、集四类，所收书共计 3503 种，79337 卷，装订成三万六千余册，这是我国最大的一部丛书。纪昀、戴震等人还把《四库全书》内每一部书的渊源、版本、内容都做了详细的考证，写成《四库全书总目提要》，这也是我国一部重要的目录学著作。

(三)文学艺术

1. 小说

明清时代，在文学上表现最辉煌的是小说和戏剧，产生了许多不朽名著，涌现了大批杰出的作家。

古典长篇小说《水浒传》，是元末明初时施耐庵的一部杰作。在宋末元初时的《大宋宣和遗事》中就有了原故事的梗概，元代水浒戏纷纷出现，到施耐庵时经过再加工创作，最后完成了这部伟大的作品。《水浒传》是第一部把农民起义斗争反映得如此集中全面，把各种不同性格的英雄形象塑造得活灵活现的小说，这部书对明末农民起义有很大的影响，明末农民起义首领多以水浒人物绰号命名。明清统治者曾把《水浒》列为禁书，但它的故事却仍然在各地流传开来。

罗贯中编写的《三国演义》，则是明初又一部出色的长篇小说。三国故事自唐代开始流传，到宋元时三国故事已非常流行，罗贯中在此基础上重新创作，描写了魏、蜀、吴三国之间复杂错综的军事、政治斗争，塑造了许多政治家、军事家、外交家以及各类人物的形象。

明中叶时，长篇神话小说《西游记》刊行于世。吴承恩吸收了宋元以来民间传说中有关唐三藏取经的故事，通过对各种神话的人物的描写，成功地塑造了孙悟空这一艺术形象。《西游记》是我国古典长篇浪漫主义小说的高峰，作者以其杰出的文艺才能，把奇异的神话题材和丰富深刻的现实内容熔铸在一起，创造了这部神奇的杰作。此后虽有许多神话小说出现，但都未能达到《西游记》所达到的艺术高度。

明朝后期，随着城市经济的发展，出现许多反映城市生活的通俗文学。这一时期仅长短篇小说就有一百余种，著名的长篇小说有《金瓶梅》《东周列国志》《封神演义》《杨家将》等，短篇小说有“三言二拍”等。“三言”即《喻世明言》《警世通言》和《醒世恒言》，作者冯梦龙。“二拍”是《初刻拍案惊奇》《二刻拍案惊奇》，为凌濛初所编。

清初蒲松龄所著的《聊斋志异》12 卷，是用简练的语言编写的短篇小说集。作者说：“集腋成裘，妄续幽冥之录；浮白载笔，仅成孤愤之书，寄托如此，亦足悲矣。”这说明蒲松龄是借妖狐鬼怪的故事，影射社会的黑暗，发泄他愤世嫉俗的情感。

《儒林外史》是优秀的古典讽刺小说，作者吴敬梓。书中以反对封建伦理和科举八股为中心，辛辣地讽刺了当时社会封建科举制度和利欲熏心的封建文人。

《红楼梦》是一部杰出的现实主义小说，全书共 120 回，前 80 回由曹雪芹写成，原名《石头记》，后 40 回相传由高鹗和程伟元续成，改名为《红楼梦》。此书内容极为丰富，它通过对贾宝玉和林黛玉的爱情悲剧以及贾、王、薛、史四家族衰亡史的描写，形象地反映了18世纪中叶中国封建社会的矛盾和危机，揭示了封建制度濒于崩溃和灭亡的趋势。《红楼梦》的艺术成就是卓越的，是中国古典小说的巅峰之作，情节复杂，事件纷繁，人物众多，但结构严谨，脉络分明，形象动人，从思想性和艺术性上看，都不愧是一部伟大作品。

2. 戏剧

明清时期，城市经济的繁荣，使戏剧成了城市居民不可缺少的文化生活。明代的剧作著名的有高明的《琵琶记》、朱权的《荆钗记》、汤显祖的《牡丹亭》等。

汤显祖创作的《牡丹亭》，不仅是明代传奇艺术的杰作，也是我国戏曲史上浪漫主义发展的高峰。剧中写的是杜丽娘在封建礼教的束缚下，囚居深阁，花园明媚的春光焕发了她青春的觉醒，梦中与一个书生柳梦梅相爱，醒后思虑致死。三年后柳梦梅到南安养病，发现杜丽娘的画像，深为爱慕，丽娘感而复生，两人终成夫妻。这部作品，通过杜、柳生死离合的爱情故事，表现出了对封建礼教束缚的抗议，三百年来一直受到人们的欣赏喜爱，流传不衰。

元代杂剧发展时北曲盛行，明代时北曲衰落，南曲代之而起，昆腔昆曲成为当时最为流行的剧种。18世纪中叶以后，秦腔（西皮）与三黄、弋阳腔、徽调等代之而起，经南北艺人的合作加工，形成了皮黄戏即京剧。

在清代的戏曲作品中，以洪升的《长生殿》和孔尚任的《桃花扇》最为著名。《长生殿》以唐安史之乱为背景，描写了唐明皇与杨玉环的爱情悲剧，是一部现实主义与浪漫主义结合的优秀作品。《桃花扇》以明末清兵入关后江南抗清、南明政权的兴亡为历史背景，描写了复社名士侯方域和秦淮歌女李香君的爱情故事，揭露了明末社会的黑暗腐败，歌颂了抗清志士的爱国气节和宁死不屈的精神，是一部具有强烈爱国主义思想的历史剧。

3. 绘画及其艺术

明清绘画艺术达到了很高的水平，流派林立，名家辈出。明代恢复了五代十国时期和两宋以来的皇家画院，发展绘画工整纤巧的作风。著名的画家有沈周、文徵明、唐寅、仇英四大家，合称为“明四家”。他们深得宋元笔法，并能融汇变化自成体系，树立起明代绘画的独立风格。其中沈、文擅长山水，唐、仇擅长人物，尤长仕女。明末画家著名的有董其昌、崔其忠、陈洪绶等。董其昌发展了“元四家”的风格，讲求笔致墨韵，风格清润，强调士气，标榜“文人画”。崔、陈的绘画成就主要在人物，都有强烈鲜明的个性特点，画坛上有“南陈北崔”之称。

清代绘画界分为两大派：一派是以朱耷（八大山人）、道济（石涛）、髡残、肖云从、傅山（青主）等为代表的前明遗老。他们的画多表现与清廷的对立，以寄亡国之恨。另一派是以清初“六大家”为代表，即王时敏（烟客）、王鉴、王翠（石谷）、王原祁（麓台）、恽寿平（南田）和吴历（渔山）。他们师承明代的董其昌，发展了传统的文人画。清中叶，在商品经济繁荣的扬州出现了一个新画派，即以“扬州八怪”为代表，他们分别是金农、罗聘、郑燮、李卓、黄慎、汪士慎、李方膺、高翔。他们主张真情流露、抒发个性、力求创新、自成蹊径，把清代绘画艺术提高到一个新的阶段。“八怪”中又以郑燮最为著名。郑燮在画、诗、书三方面都有较深的造诣，号称“三绝”，并形成了真气、真意、真趣的“三真”特色。另外来自意大利的耶稣会传道士郎世宁，供奉于内廷，在西洋画法的基础上吸收中国画的特色，创作了许多优美的作品。

明清时期的其他艺术，如明孝陵的石雕、长陵的石兽，表现出中国雕刻雄奇伟丽的特点。北京、热河的宫苑建筑，表现了建筑的高超艺术。北京城内北、中、南“三海”和城外畅春、圆明、清漪、静宜、静明“五园”可称为是清代建筑艺术的典型。

(四)科学技术

明清时期，在医药、农艺、地理、手工业技术、数学等方面都取得了不少成就，出现了很多杰出的科学家，在我国科学发展史上作出了很大贡献。

李时珍用了三十多年的时间，参考前人的各类医学著作八百余种，并经过认真的调查和实践，历经几次大的修改，写成了《本草纲目》这部药物学巨著。全书记载药物 1892 种，药方一万多个。《本草纲目》不仅是一部重要的药物学著作，也是一部关于植物学、动物学和矿物学的重要典籍。李时珍对所有药物进行科学分类，对药物的名称、形状、性质、功能和制作方法都有详细的解释，并且绘制成图。这本书把我国药物学的研究提高到一个崭新的阶段，在世界药物学的发展上占有重要地位。

曾任明代礼部尚书、东阁大学士的徐光启对农学、数学、天文学都有很深的研究。他写的《农政全书》，对我国传统的和外国引进的农业技术都做了详尽的记录和介绍。此书还反映了徐光启的某种创新精神，他相信只要经过努力实践和研究，传统的“风土论”是可以突破的。他认为北方可以种稻，薄地也可种棉。他还亲自试验，在天津培育出了著名的“小站稻”。

宋应星是明代另一个著名科学家，他编写的《天工开物》，除介绍一般的农业生产经验外，更着重阐述各种手工业，包括纺织、染色、制盐、造纸、烧瓷、冶铜、炼铁、采煤、火药、兵器等生产技术，从原料到成品的全部生产过程都有详细的记载和分析，并有附图说明。这部著作还传到了日本和欧洲，在世界科学发展史上有一定的影响。

明末地理学家徐霞客周游全国，考察山川地形，编成了《徐霞客游记》一书。他对云南、四川、两广的地理考察极为详尽，在他的游记里，揭示了我国西南石灰岩地区溶蚀地貌的特征。他是世界上在这方面进行考察的第一人。

清代乾隆时官修的《医宗金鉴》，计 90 卷，征集了众多家传秘笈及世传经验良方，并对医学经典《金匮要略》和《伤寒论》等做了不少考订工作，这是一部介绍中医临床经验的名著。清代医林理必《内经》，法必仲景，药必《本经》，在整理、注释、传播我国古代医学上做了大量的工作。

清帝康熙对科学研究造诣很深，在天文历算上，他聘请了西方教士南怀仁等制定了康熙《永年历》《数理精蕴》《历象考成》等书。当时最著名的历算家有王锡阐、梅文鼎、王贞仪等。王锡阐著有《晓庵新法》《五星行度解》等十余种天文学著作，首创日月蚀的初亏和复圆方位角新的计算方法，他用以研究昼夜长短、月亮以及各行星的视直径的方法已接近现代。梅文鼎的《古今历法通考》，对中外历法做了比较系统的研究，是我国第一部历学史书。他对数学的研究成果显著，在《方程论》《勾股测量》《比例数解》《度算》《筹算》等书中都有自己新的创见，被人们称为“国朝算学第一”。

清代在地图测绘方面，制有《皇舆全览图》和《乾隆内府皇舆全图》，这两个地图至今仍有很高的参考价值。

第八章　中国传统文化的基本思想

在一个民族文化中，真正代表和反映该民族特质的不是物质文明成果，而是其文化中表现为意识形态的思想文化。同样，一个民族延续不断的文化传统，也是此类形态的文化。真正说来，思想文化是一个民族文化的发展导向和内在基因，它既对民族文化的发展起着规范作用，同时，也对民族文化有着较强的导向性。因此，了解中国传统文化的基本思想，不仅可以把握中国文化的根本所在，而且更能增进对中国文化全面而深入的认识。

第一节　“天人合一”思想

“天人合一”是中国传统哲学的一个基本命题，也是中国传统文化的一个基本精神。作为一种传统的思维方式，它已渗透到了中国传统文化的各个层面，并起着重大影响。可以说，中国传统的自然观或宇宙论、认识论、人性论、道德观、历史观都曾深深打上这一思想的烙印。“天人合一”是中国哲学史上关于天人关系的一种基本认识，与西方人的“天人二元论”相对立，它强调的是人类与自然界是一个和谐的统一体，并以此为基点，来说明自然法则和人类社会道德原则的内在统一性。所以，从根本上来说，中国古代的“天人合一”理论并不是真正阐述、探讨天人关系，而只是为了说明人类社会道德原则的客观性、天道性，并以人的顺应、屈从，求得社会的相安无事。在中国传统哲学中，“天人合一”既是一种宇宙观或世界观，又是一种伦理道德观。

一、“天人合一”思想的形成和发展

天人关系问题的提出，始于西周初年。这时期的天人关系，它的基本内容是：人格化至上的神监视着统治者的行为，赏善罚恶。实际上是人格神与人，特别是与统治者的关系。当时的统治者宣扬天的意志与统治阶级的原则是一致的，天按人的是非标准来赏罚。天帝作为人格化的至上神，被认为时刻监视着人间的行为。统治者敬德，上天会使得他的国家兴盛，兼有天下；统治者失德，上天便会使得国家灭亡。《尚书·召诰》中就说夏、商之所以丧失天命就是因为“惟不敬厥德，乃早坠厥命”，并说要永保周的统治，就要“敬德”，“王其德之用，祈天永命”。西周初这种天人关系实质上就是一种神人感应。然而随着“天命靡常”，使人们从历史经验中认识到人事的重要，天的地位便逐渐降低。“天视自我民视，天听自我民听”。[①] 子产说：“天道远，人道迩，非所及也，何以知之?”[②]孔子强调“为仁由己”[③]，亦不言天道。此时期先哲们轻天命重人事，并不是否定天命，而是以尽人事。知天命来求得天与人之间的协调。孔子罕言天道，但他却要求人们知天命，畏天命。“天反时为灾，地反物为妖，民反德为乱，乱则妖灾生”。[④] 他在《易传》中说：“夫天人者，

① 《孟子·万章上》
② 《左传·召公十八年》
③ 《论语·颜渊》
④ 《左传·宣公十五年》

与天地合其德，与明合其明，与四时合其序，与鬼神合其吉凶。先天而天其违，后天而奉天时。”① 在这里，他要求“圣人”要效法自然，遵循其规律，这自然规律，就是天地“德”。

与孔子同时代的道家创始人老子，明确地提出了“天”与“人”合一的“万物一体”思想。老子把“道”看作是宇宙之物质本原和自然规律，天地万物均由道而生。“道生一，一生二，二生主，三生万物”。② 作为万物中的人，必须服从自然规律。他指出：“故道大，天大、地大，人亦大。域中有四大，而人居其一焉。人法地，地法天，天法道，道法自然。”③

战国时期，儒家、道家等各家诸子为了给自己政治的道德学说提供理论上的论证，又把天人关系问题纳入各自的学说之中。

孟子把人道仁义归本于人性，人的这种善性又归本于天。他说：“尽其心者，知其性也。知其性，则知天矣。存其心，养其性，所以事天也。天寿不二，修身以俟之，所以立命也。”④尽心、知性、知天，一脉相通，人道与天道统一了起来。孟子这种“天人合一”思想在《中庸》中也有同样的表达。《中庸》云：“唯天下至诚为能尽其性，能尽其性则能尽人之性，能尽人之性则能尽物之性，能尽物之性，则可以赞天地之化育；可以赞天地之化育，则可以与天地参矣。”这里，他认为“人之性”是与“物之性”一致，主张在把握万物之性的基础上“赞天地之化育”，辅助自然变化。《中庸》和孟子的“天人合一”思想，解决了西周以来中国思想发展中的最重大问题——“天人合一”问题，把“天”由原来的人格神转到了具有仁义礼智等善性的“天命之谓性”，提出了天性与人道的合一，对后世产生了巨大影响。

道家庄子继承了老子的思想，提出了“天地与我并生，而万物与我为一”⑤的“天人合一”思想。他说：“自其异者视之，肝胆楚越也；自其同者视之，万物皆一也。”⑥又说“道通为一”⑦，“通天下一气耳”⑧，认为人与万物同一于气，同一于道，人与万物合为一体。

西汉时期，董仲舒提出了“天人感应”、“天人相类”之说，他说：“国家将有失道之政，而天乃先出灾害以谴告之；不知自省，又出怪异以惊惧之；尚不知变，而伤败乃至。以此见天心之仁爱人君而欲止其乱也。”⑨他还说：“天亦有喜怒之气，哀乐之心；与人相副。以类合之，天人一也。”⑩他认为天有意志，有喜怒，能赏善罚恶。董仲舒就是用天的“谴告”来告诫统治者必须按天的意志行事以利于封建统治的长治久安。此外，董仲舒还说：“人有三百六十节，偶天之数也。形体骨肉，偶地之厚也。上有耳目聪明，日月之象也。体有空窍理脉，山川之象也。”⑪董仲舒这种强拉硬凑的比附方法，本身没什么实际意义。

宋代理学的发展，使天人合一思想达到成熟。张载首次将“天人合一”作为命题明确地提出

---

① 《易·文言传》
② 《道德经》第二十五章
③ 《道德经》第二十五章
④ 《孟子·尽心上》
⑤ 《庄子·齐物论》
⑥ 《庄子·德充符》
⑦ 《庄子·齐物论》
⑧ 《庄子·知北游》
⑨ 《对贤良策一》
⑩ 《春秋繁露·阴阳义》
⑪ 《春秋繁露·人副天数》

来。他说:“儒者则因明致诚,因诚致明,故天人合一,致学而可以成圣,得天而未始遗人。”[①]张载所谓的“天”,一是指世界的本原——太虚,另一是指整个宇宙,而其“天人合一”主要是指人性与天道的合一。他在《西铭》中说:“天地之塞吾其体,天地之帅吾其性。民,吾同胞;物,吾与也。”他把天地之体,当作自己的身体,把自然本性当作自己本性。同时还说“性者万物之一源,非我之得私也”,认为天地万物有共同的本性,如此,人性与天道,人与自然,全融为一体。

程朱把“天人合一”思想发展到极端,以致连“合”字也无须要了。“天人本无二,不必言合”。[②] 在程朱理学中,其“天”是一种“义理之天”,又称“天理”。虽然把它说成是“生物之本。”世界之源,但实质上就是“人理”即伦理道德。“学者不必远求,近取诸身,只明人理,敬而已矣,便是约处……故有道有理,天人也,更不分别”。[③] 理只有一而人与万物各有殊,于是程朱又以“理一分殊”来表达“天人合一”思想,使“天人合一”思想在理论上更细致、更成熟。

二、“天人合一”思想的基本内涵

从西周初年的神人感应到北宋理学家正式提出“天人合一”的命题,“天人合一”思想经历了产生、发展、变化之过程,并形成了丰富的内容。大致说来,中国传统的“天人合一”思想主要有以下三层含义。

(一)天命和人事

这一内容主要体现在历史上的“天人感应”的理论学说中,认为天有意志,有喜怒哀乐之情,它主宰着天地一切,人要努力去与天的意志相配合(以德配天),“尽人事知天命”,不可违背天命,否则就会受到天的惩罚。这一观念自西周初年始,一直影响着中国的政治文化。西周初,天被视作人格化至上神,它赏善罚恶。周文王所以能攻灭殷商,一是纣王“惟不敬厥德”,二是文王“克明德慎罚”。从西周末年开始,人们即把自然界的异常现象归之于人事的不当。《国语·周语》说:“天地之气,不失其序,若过其序,民乱之也。阳伏而不能出,阴迫而不能蒸,于是有地震。”在《诗经·小雅·十月之交》中,把地震、日蚀等自然现象解释为统治者“不用其良”。在墨翟思想中,他把自然界的灾异和瑞祥,当作天对统治者的告诫或奖赏,他说:“既尚同乎天子,而未上同乎天者,则天灾将犹未止也。故当若天降寒热不节、雪霜雨露不时,五谷不熟,六畜不遂,疾菑戾疫,飘风苦雨,荐臻而至者,此天之降罚也。”[④]墨翟强调天有意志,认为天是“爱民”的,统治者违背“爱民”原则,就会受到上天的惩罚。

《管子·四时》篇中,把自然界的异常现象看作是君主政令的缺失:见日食表示“失德”,见月食表示“失刑”,见彗星表示“失和”,“风与日争明”表示“失正”。因此,君主见日食则“修德”,则可以免于天地之诛。

董仲舒明显地继承发展了墨翟等人的思想,把天人感应理论更加系统化,建立了一套在中国历史上影响深远的天人感应学说。董仲舒为了避免重复过去那种神人感应理论,他吸收先秦阴阳五行学说,给天帝披上一层自然化的外衣。在他看来,天人可以相互感应,而感应的根据就是

---

① 《易说·系辞亡》

② 《二程遗书》卷六

③ 《二程遗书》卷二上

④ 《墨子·尚同中》

天人曾有阴阳。“天有阴阳，人亦有阴阳。”[①]“阴阳之气，在上天，亦在人。在人者，为好恶喜怒；在天者，为暖清寒暑”。[②] 这里他将人之情感心理与自然现象联系起来，并在此基础上，把阴阳推衍至人之伦理。“君臣父子夫妇之义，皆取阴阳之道。”[③]不仅如此，董仲舒还将五行与阴阳相配，四时四方与阴阳五行相结合，构成一个动态的“天人合一”平衡系统，认为“圣人副天之所行以为政”，圣人的奖赏刑罚与四时之暖暑凉寒，是“以类相应”的[④]，天、人、社会在这一系统内是可以类相感，“同类相动”的。亦即彼此相通，相互影响，相互作用。董仲舒的这一天人感应理论，一方面强调了社会的人事要受到天意志的约束，另一方面，把儒家之人伦，特别是封建王权神学化。虽然其建立天人感应的目的是为封建王权统治服务，但在一定程度起到稳定社会秩序，维持国家长治久安的作用。所以说，其天人感应学说是他追求理想的王道政治的一种理论依据。

“国之将兴，必有祯祥；国之将亡，必有妖孽。”[⑤]中国哲学上的“天人感应”理论可谓一直影响着人们的观念。在历史上，不少开明的君主，每当灾异来临时，往往不免要“修德”、“弭过”，给国人下“罪己诏”，或大赦天下，甚至公开号召群臣直言上书，提意见。而每当出现所谓“祥瑞”，便大加宣扬，各级官吏上贺表，把功劳归于自己。所有这些，中国古代的史书中可谓是满目皆是。

在古代，“天人感应”思想的影响，使人们不仅认识到国家的兴亡、社会的灾祥是“天人”感应的结果，而且也把人之祸福夭寿说成是天命与人事的相应。西汉桓宽在《盐铁论》中说：“人无夭寿，各以其好恶为命。羿、敖以巧力不得其死，智伯以贪狼亡其身。天灾之征，祯祥之应，犹施与之望报，各以其类及。以其类及，故好恶行善者，天助以福，符瑞是也。……好行恶者，天报以祸，妖灾是也。”佛教传入中国后，佛教的理论中的善恶报应轮回论又进一步加强了中国本来的赏善罚恶的“天人感应”观念，并成为影响中国民众深远的传统思想。

（二）“天道”与“人道”

“天道”一般指自然界运动变化的普遍规律；“人道”一般指人类行为的客观规律和人应当遵守的道德规范。中国古代哲学家大多认为，“天道”是宇宙万物的根本规律，“人道”是人的行为规范准则。“天道”是人道的根据，“人道”必须遵循“天道”。春秋时政治家范蠡说：“天道皇皇，日月以为常，明者以为法，微者则是行。阳至而阴，阴至而阳；日困而还，月盈而匡。古之善用兵者，因天地之常，与之俱行。”[⑥]在这里范蠡强调“天道”是具有普遍意义的法则，人应根据这些法则来制定正确的方针、政策。子产把“礼”说成是贯穿天、地、人的最高原则，人类的各种具体礼节仪度无不是效法天地之常则而制定出来的。“为君臣上下，以则地义。为夫妇内外，以经二物。为父子、兄弟、姑姊、甥舅、昏媾、姻亚，以象天明。为政事、庸力、行务，以从四时。为刑罚威狱，使之畏忌，以类其震曜杀戮。为温慈惠和，以效天之生殖长育。”[⑦]范蠡、子产这种“法天”主张同样在老子和孔子学说中有所反映。老子提出“人法地，地法天，天法道，道法自然”。[⑧] 在这里，老子认为天、

① 《春秋繁露·同类相助》
② 《春秋繁露·如天之为》
③ 《春秋繁露·基义》
④ 《春秋繁露·四时之副》
⑤ 《礼记·中庸》
⑥ 《国语·越语》
⑦ 《左传·昭公二十五年》
⑧ 《老子》第二十五章

地、人、万事万物都应当遵从统一的规律——“道”，而在天道与人道的关系上，人道则是效法天道的。孔子说：“唯天为大，唯尧则之。”又说：“天何言哉！四时行焉，百物生焉。天何言哉！”[①]在孔子看来，四时变化，万物生生是自然规律，连圣人尧帝都是遵其而行之。

战国时期，人道法天道的思想空前流行，几乎被所有学派所接受，成为一种非常流行、占主导地位的思想。儒家的“亚圣”孟子认为人之性与天道相通，是“天之所与我者”。[②] 他说：“诚者，天之道也；思诚者，人之道也。”[③]又说：“尽其心者知其性也，知其性则知天矣。”[④]在他看来，“天道”与“人道”是完全一致的。在《易传》中，作者明确地提出了天道与人道的合一。《系辞》中说：“天地变化圣人象之。”《文言》说：“大人者，与天地合其德，与日月合其明，与四时合其序，与鬼神合其吉凶。先天而天弗违，后天而奉天时。”在《管子》一书中，也提出“法天合德，像地无亲，参于日月，佐于四时”[⑤]，“效夫天地之纪”[⑥]，“法天地之虚静”[⑦]。很明显，人道法天道是管仲学派的基本思想。道家中的“黄帝学派”把“法天道”作为自己最主要的思想。《九主》说：“主法天，佐法地，辅臣法四时，民法万物。”《经法》也云：“极而反，盛而衰，天地之道也，人之李(理)也。”《十六经》中则主张“人道”应当效法“天道”之阴阳、盈虚变化，把握时机，守“雌雄之节”。道家中的庄子学派，继承老子“道”及“无为”的思想，主张顺“道”之自然无为，反对儒家的“有为”。庄子说：“闻在宥天下，不闻治天下也。在之也者，恐天下之淫其性也；宥之也者，恐天下之迁其德也。天下不淫其性，不迁其德，有治天下者哉？”[⑧]此外，在精神修养方面，他主张效天地之虚静无为，以达到“形全精复，与天为一”。[⑨] 在杂家代表作《吕氏春秋》中，关于法天道的思想贯穿全书。“古之治身与天下者，必法天地”、“以天为法，以德为行”。[⑩] 其他的各家，如墨子主张“以天之志为法”[⑪]，法家集大成者韩非也说：“能象天地，谓之圣人。”[⑫]

在宋代理学中，张载进一步发展了“天道”与“人道”合一的思想。他说“性与天道合一存乎诚”[⑬]，认为“诚”是“天道”和“人性”的共同法则，人的道德的合理性，在于认识“天道”，按天地自然之规律行事。二程认为“天道”与“人道”是同一个道，“道未始有天人之别，但在天则为天道，在地则为地道，在人则为人道”。[⑭] 朱熹继承并发展了二程思想，把“天道”的生长遂成与“人道”的仁义礼智直接统一起来。“在天则为五行，在人则为五事。以天道言之，为‘元亨利贞’；以四时言之，为春夏秋冬；以人道言之，为仁义礼智。”[⑮]他还认为，天道与人道合德，“仁者，天地万物之

---

① 《论语·阳货》
② 《孟子·告子上》
③ 《孟子·离娄》
④ 《孟子·尽心上》
⑤ 《版法》
⑥ 《白心》
⑦ 《心术上》
⑧ 《庄子·在宥》
⑨ 《庄子·达牛》
⑩ 《吕氏春秋·博大览》
⑪ 《墨子·天志下》
⑫ 《韩非子·扬权》
⑬ 《正蒙·诚明》
⑭ 《遗书》
⑮ 《朱子语类》

心”,人之仁德来源于天地之仁德——生生之德。王夫之在前代儒家“天道”与“人道”合一的基础上,认为天道与人道存在有机的内在联系。“圣人尽人道而合天德,合天德者健以存生之理,尽人道者动以顺生之几。”[①]天道是人的行为最高准则。同时对于天道与人道的同一,他反对机械地照搬天道,主张人对天的效法是有选择的。他说:“是故君子择善而法天,法天之正,极高明也,强不息也。不法天之玄,玄非天之正也。”[②]他同其他理学家一样,也把“元亨利贞”之理作为贯通天人的共同原则。

(三)人与自然的合一

在中国古代的哲人看来,整个宇宙是一个流衍创化的生命系统。“生生”是“天地之大德”,因此,尊重自然界的一切生命价值,顺应自然万物“生生”之天性,成为人类崇高的道德职责。“仁者以天地万物为一体”,这是儒、道、墨等诸子共同追求的生命至善境界。

儒家一贯倡导“益于生灵”,“利于庶物”。孔子说:“君赐生,必畜之。”[③]孟子提出:“亲亲而仁民,仁民而爱物。”[④]他说:“数罟不入湾池,鱼鳖不可胜食也,斧斤以时入山林,林木不可胜用也。”[⑤]荀子说:“圣人者以己度者也,故以人度人,以情度情,以类度类。”[⑥]要求人类“以类度类”,仁于万物。荀子还说:“圣王之制也,草木荣华滋硕之时,则斧斤不入山林,不夭其生,不绝其长也;鼋鼍鱼鳖鳅鳣孕别之时,罔罟毒药不入泽,不夭其生,不绝其长也。春耕,夏耘,秋收,冬藏,四者不失时,故五谷不绝,而百姓有余食也。”[⑦]《易传》则更是强调了“天地之大德曰生”[⑧],认为生生乃是自然界发展变化的基本规律,人只有遵循自然界的“生生”法则,才能使宇宙生命不绝,阴阳变转,万物恒生。宋代理学家们从性与天道合一的角度出发,提出了尊重生命、兼爱万物的思想。张载认为天地万物有统一的本性,而兼爱则是天人合德,爱的内容不只包括一切人,还应该包括一切物。他说:“睢大人为能尽其道,是故立必俱立,知必周知,爱必兼爱,成不独成。”[⑨]他还说:“天地之塞吾其体,天地之帅吾其性。民,吾同胞;物,吾与也。”[⑩]程颢直接把遵循自然界“生生”规律与人的善德联系起来。他说:“生生之谓易,是天之所以为道也。天只是以生为道,继此生理者,即是善。”[⑪]他认为遵循自然界“生理”,才是善。更为突出的是程颢明确提出了“仁者以天地万物为一体”,认为人之仁德不仅仅体现在人的关系上,还应该体现在对自然界的关系上。朱熹在充分肯定张载、二程“兼爱”“仁爱”思想基础上,提出了“天地以生物为心者也,而人物之生又各得天地之心者也。”[⑫]即天地“生物之心”与人之“温暖爱人利物之心”是一致的。人之仁德的本质即是生生,“仁则生矣”。生生是天地万物之心。可见,儒家之仁爱自然万物的思想是一致的。

---

① 《周易外传》卷二
② 《尚书引义》
③ 《论语・乡党》
④ 《孟子・尽心上》
⑤ 《孟子・梁惠王上》
⑥ 《荀子・非相》
⑦ 《荀子・富国》
⑧ 《系辞下》
⑨ 《正蒙・诚明》
⑩ 《正蒙・诚明》
⑪ 《遗书》卷二上
⑫ 《朱文公文集》卷六十七

在道家的思想中，老子认为要实现人与自然万物和谐共存、共同发展，人必须要“知常”，如果不顾自然规律，盲目乱干，就会导致灾难性后果。他说：“不知常，妄作凶。知常容，容乃公，公乃全，全乃天，天乃道，道乃久，没身不殆。”①庄子则提出了“无以人灭天”的口号。他说：“牛马四足，是谓天；落(络)马道，穿牛鼻，是谓人。”②他认为天性是自然无为的，天性与人为是对立。人如果实施其他一些行为法规，就是违背了天性，就会引起天下大乱。“夫残朴以为器，工匠之罪地；毁道德以为仁义，圣人之过也。”③

在其他各家学说中，《管子·四时》篇提出“阴阳者天地之大理，四时者阴阳之大经也，刑德者四时之合也。刑德合于时则生福，诡则生祸”。认为君主的政令违背“四时之序”，自然界就会发生灾异。《五行》篇中则提出“人与天调，然后天地之美尘”。《吕氏春秋》要求君主“无变天之道，无绝地之理，无乱人之纪”。司马迁父子在评论阴阳五行家思想之所得也说：“夫春生、夏长、秋收、冬藏，此天道之大经也，弗顺则无以为天下纲纪，故曰四时之大顺不可失也。”④

第二节　仁爱思想

中国文化是一种典型的人本主义文化，其最显著的特征就是传统的伦理道德一直居中国文化的主导地位。与西方社会伦理的不同，伦理道德不仅是中国社会最高的行为准则，更为主要的是中国传统的伦理思想始终贯穿着一条根本的主旨——仁爱。可以说，仁爱就是中国伦理文化的核心，也是中国文化一种最为重要的精神，中国文化的方方面面无不体现着这种精神的内在实质。

仁爱思想的提出最早始于儒家的孔子，他是从人之本心都具有仁爱的基点出发，来建立他那一整套的伦理体系。由此以后，历代的儒学者基本上是秉此者来继承和发展儒家的伦理学说的。同时，受儒家这种思想的影响，一些思想家又提出有异于儒家的仁爱观，进一步丰富了中国传统的仁爱思想。总体上而言，中国传统的仁爱思想大致包含以下三方面的内容：一是“亲亲”“尊尊”的伦理仁爱；二是“博施济众”的政治仁爱；三是无等差、亲疏之别的博爱思想。

一、“亲亲”“尊尊”的伦理仁爱

亲亲、尊尊是儒家伦理道德的总原则，是儒家基于仁爱思想而创立的有关人的基本伦理，它包括家庭关系中的父子、夫妇、兄弟伦理和君臣伦理以及朋友伦理，即儒家常说的“五伦”。孔子是最先提出这种思想并致力于这种学说的倡导者。在孔子的伦理思想中，他把“仁”视作人的最高道德原则，认为“仁”的本义就是“爱人”，而仁爱是人的本心。基于这仁爱本心，他要求人与人之间要有同情心、怜爱心，要互相关心爱护、相互尊重。将人之“仁”进一步具体化，他提出了孝悌、忠恕、智勇等一系列道德原则。所谓“孝悌”，就是父子、兄弟之间爱的道德化，亦即父慈、子孝、兄友、弟恭之内容。他认为孝悌是仁之本，是人最起码的道德修养，如果一个人连孝悌之德都

① 《道德经》第十六章

② 《庄子·秋水》

③ 《庄子·马蹄》

④ 《史记·太史公自序》

不具备，就谈不上“仁”了。“君子笃于亲，则民兴于仁”。[1]“弟子入则孝，出则悌”。[2]人在“孝悌”即“笃于亲”的基础之上，推己及人，将“仁”施于他人，就是忠恕、智勇之道。“忠恕”是孔子关于人的社会道德原则。他要求人们秉“仁”之心，“己欲立而立人，己欲达而达人”[3]，“己所不欲，勿施于人”[4]。即要有一种宽厚、慈爱之心，要将心比心，推己及人，自己立达，也使他人同样立达；自己所不愿做的事，不要强加给别人。此外，孔子还提出“与人忠”，认为“臣事君以忠”[5]，“为人谋而不忠乎？”[6]忠诚不仅是为臣之道，也是“朋友交”的道德规范，与“信”同居重要地位。如果将“忠恕之道”更进一步具体，就是恭、宽、信、敏、惠。孔子在答子张问仁的时候说：“能行五者于天下为仁矣”[7]，认为庄重、宽厚、诚实、勤敏、慈惠是“天下为仁”的五种基本美德。不仅如此，他还将智勇与仁统一起来。他说，“知者不惑，仁者不忧，勇者不惧”。[8]“仁者安仁，知者利仁”[9]，“仁者必有勇”[10]，认为只有智、勇、仁三者统一，才是一个德才兼备的人。而只有德才兼备的人，才能借助于智、勇实现自己的“仁”，“智”“勇”是实现“仁”的必要手段。

孟子继承并发展了孔子的“仁爱”思想，形成了更加系统化的道德学说。孟子认为人本性善，善性是人产生恻隐、嫉恶、辞让、是非之四善端，这四善端就是孔子所说的仁、义、礼、智之德。其中，表现为恻隐之心的“仁”是人之本心。“仁，人心也”[11]，“恻隐之心，仁也”。[12]与孔子思想相一致，孟子也强调“仁”之本心最基本的体现是“亲亲”，“亲亲”是仁之实质，“仁之实，事亲是也”。[13]他说：“入则孝，出则悌，守先王之道。”[14]“事，孰为大？事亲为大”，“事亲，事之本也”。[15]在他看来，事亲之“孝悌”是至关重要的伦理道德，“人人亲其亲，长其长，而天下平”。[16]其他的社会伦理道德都是由“事亲”之仁推衍出来的。在这里，孟子将仁与义、礼、智三善结合起来，并贯穿到人与人的关系中，提出了“父子有亲，君臣有义，夫妇有别，长幼有序，朋友有信”之五伦规范。从五伦的内容看，很明显，“仁”是核心，是根本。如在君臣伦州上，孟子强调一种相瓦尊重关系，他说：“君之视臣如手足，则臣视君如腹心；君之视臣如犬马，则臣视君如国人；君之视臣如土芥，则臣之视君如寇仇。”[17]臣之“忠”要以君之“仁”为前提，“君之有过则谏，反复之不听则去”或“易位”。[18]

---

① 《论语·恭伯》
② 《论语·学而》
③ 《论语·雍也》
④ 《论语·卫灵公》
⑤ 《论语·八佾》
⑥ 《论语·为而》
⑦ 《论语·阳货》
⑧ 《论语·子罕》
⑨ 《论语·里仁》
⑩ 《论语·宪问》
⑪ 《孟子·尽心下》
⑫ 《孟子·告子上》
⑬ 《孟子·离娄》
⑭ 《孟子·滕文公下》
⑮ 《孟子·离娄》
⑯ 《孟子·离娄》
⑰ 《孟子·离娄下》
⑱ 《孟子·万章上》

他认为臣弑暴君并不为过。又如夫妇伦理,虽然他时有透露男尊女卑的思想,但他认为丈夫有责任“俯足以畜妻子”。可见,“爱人”思想是其伦理道德学说的指导原则。

从孔、孟两人的伦理思想看,儒家伦理道德学说的建立是以“仁”为基点,并将它贯穿到整个学说体系之中。正因为儒家抓住了人的这种基本人性,才使得儒家的伦理学说具有较强的适用性和欺骗性,并得以为封建统治阶级所赏识而成为中国封建社会思想文化的主干。

然而,和其他思想学说一样,以仁为核心的儒家伦理学说也在后来的历史进程中不断得到发展。其中比较典型的就是以张载、朱熹为代表的理学和以王阳明为代表的心学。

张载认为“仁”是人与万物的共同本性,从这种本性出发,他强调爱的内容应包括一切人、一切物,而不应该偏私。他说:“是故立必俱立,知必周知,爱心兼爱,成不独成。”[①]他还说:“民,吾同胞;物,吾与也。”[②]“凡天下疲癃残疾茕独鳏寡,皆吾兄弟之颠连而无告者也。于时保之,子之翼也,乐且不忧,纯乎孝者。”[③]在他看来,人与万物都是天地父母所生,在天地面前,人与人都是同胞兄弟,人与物都是同伴朋友,因此,人之爱应是“泛爱”。然而,张载的这种说爱只是儒家伦理规范中的爱,即要遵循亲亲、尊尊之忠孝道德,他反对“爱无尊等”。虽然他主张“博施济公,扩之天下”[④],对老幼、残疾、鳏寡施以同情关心,但却认为对劳动人民施行刖足肉刑,也是“仁术”。显然,张载的“泛爱”只是为封建政治统治提供伦理道德依据。

朱熹承大易之道,用“生生”之德充实仁学,把“仁”说成是“生生”之德,认为它不仅是自然界之德,也是人类之德,二者之间,人之仁德来源于天地之仁德,“仁者,天地万物之心”[⑤],“仁本生意,乃恻隐之心也”。[⑥] 朱熹把“仁”解释为天“生生之德”,除了带有对天地万物人一定的自然爱心外,更为主要的是以此说明以仁为核心的五常伦理的天命性,而“非人之能为也”[⑦],从而为儒家伦理道德的“天理”地位提供理论依据。不过,与过去儒家不同的是,其用“生生”深化仁爱的内涵,使“仁”突破道德范围,将天道与人道合一,因而使“仁”具有超越道德的生态哲学的普遍意义,将早期的有关仁的伦理哲学大大推进了一步。

与朱熹理学相一体,心学代表王阳明提出了“良知”说。他认为仁即“良知”,是人之本性,是人与生俱来的,儒家所述的忠、孝、节、廉、耻等一切封建伦理道德观点都是来源于“良知”本体。他说:“知是心之本体,心自然会知,见父自然知孝,见兄自然知弟,见孺子入井,自然知恻隐,此便是良知不假外求。若良知之发,更无私意障碍。”[⑧]在他看来,人之良知不仅表现为忠、孝之伦理道德,还表现为人见同类危难而有的恻隐之心,见鸟兽哀鸣而有的不忍之心,见草木摧折而有的怜恤之心,见瓦石毁坏而有的顾惜之心。可知王阳明“良知”之仁爱更是强调爱惜生命,突出“生”的主题。

---

① 《正蒙·诚明》
② 《西铭》
③ 《西铭》
④ 《正蒙·至当》
⑤ 《语类》卷五三
⑥ 《语类》卷六八
⑦ 《经延讲义》
⑧ 《传习录上》

二、博施济众的政治仁爱

"博施济众"是秉仁爱思想而提出的关于统治者的道德原则。早在孔子的仁学中,他就提出了"博施于民而能济众"的主张。他反对"暴"民、"虐"民,主张对民实行仁政。他说:"民之于仁也,甚于水火。"[①]"宽则得众"[②]。一次子贡问政,他说"足食、足兵,民信之矣"[③]。虽然他重义轻利,但却主张"因民之所利而利之"[④],即要求利民而行。他认为只有老百姓衣食富足了,才能施以教化,所以他对民众治理原则是"先富之而后教之"。

孟子继承了孔子的仁爱思想,从人本性善的前提出发,把"仁"定义为"恻隐之心",或称"不忍人之心"。他认为君主之"不忍人之心"的重要体现就是"仁政"。在他看来,君主的"仁"与"不仁"是关系到"得天下"与"失天下"的根本问题,施行仁政,就可以无敌于天下。"行仁政而王,莫之能御也"。[⑤] 孟子的"仁政"思想的提出,除了人之天生"不忍人之心"外,更为主要的是他已充分认识到了民众的重要地位,"民为贵.社稷次之,君为轻"。[⑥] 对于"民",他认为关键就在"爱","老吾老,以及人之老;幼吾幼,以及人之幼"[⑦]。不仅要省刑罚、薄税敛,而且更为主要的就是能"制民之产",使他们"仰足以事父母,俯足以畜妻子,乐年终身饱,凶年免于死亡"。[⑧] 在他看来,民众只有占有足以衣食的"恒产"即生产资料,才会产生安于职分的恒心,才会知礼义廉耻,不然就会"放僻邪侈,无不为己",造成社会动荡,国家倾危。孟子的仁政思想的提出,虽然是出于维护封建统治的政治目的,但也反映了当时的人们已开始认识到民众在历史中的伟大作用。此后随着儒家学说的倡兴,孟子的"仁政"思想一直影响着历代统治者的施政方针。特别是历史上那些开明皇帝,都比较重视民众的地位,比较注重以自己的仁政来养民、富民、取民。如唐太宗就曾说过:"君,舟也;民,水也。水能载舟,亦能覆舟。"[⑨]中国历史上那些诸如"文景之治"、"贞观之治"、"开元盛世"等繁盛时代的出现,无一不是君主"仁政"之体现。

在中国古代思想界,除了儒家的"仁政"爱民思想外,战国时期的管仲学派,也提出了"顺民"、"宽政"、"富民"的思想。他们从老百姓"唯利所处"之本性出发,认为百姓"见利莫能勿就,见害莫能勿避"[⑩],而百姓之"利"莫不是"仓廪实""衣食足",于是管仲学派提出了六项德政,即"原其生""输之以财""遗之以利""宽其政""匡其急""振其穷"。[⑪] 其中前三项是讲振兴农业、便利贸易、兴修水利等发展生产之事,亦就是"富民"之政。后三项是强调恤民、爱民之德。如"宽其政"就谈到"薄征敛,轻征赋,弛刑罚,赦罪过,宥小过",在"匡其急"谈到要"养长老,慈幼孤,恤鳏寡,问疾病,吊祸丧",在"赈其穷"就说到要"匡贫窭,振(赈)罢露,资乏绝",等等。管仲学派的"德政"主张,是

---

① 《论语·卫灵公》
② 《论语·尧曰》
③ 《论语·颜渊》
④ 《论语·尧曰》
⑤ 《孟子·公孙丑上》
⑥ 《孟子·尽心下》
⑦ 《孟子·梁惠王上》
⑧ 《孟子·梁惠王上》
⑨ 《贞观政要·论政体》
⑩ 《管子·禁藏》
⑪ 《管子·五辅》

从“利”的角度来阐述他们的民本思想。他首先肯定了物质经济的重要作用,比起儒家纯粹强调道德至上要现实得多。不过与儒家学派的思想动机一样,也是为了稳定封建统治秩序。在他们看来,“民贫则危乡轻家,危乡轻家,则敢陵上犯禁。陵上犯禁,则难治也”[①]。只有百姓“仓廪实”“衣食足”,他们才能做到“知礼节”“知荣辱”[②],才能“安乡重家”“敬上畏罪”[③],所以顺民、富民、爱民是“威令行”“国安”“天下治”的必备前提。管仲学派的爱民思想是我国古代思想中的瑰宝,在以后的历史进程中与儒家的仁爱思想相互吸收、融纳,成为历代统治阶级政治思想的核心。

三、无等差、亲疏之别的博爱思想

一般说来,平等博爱是西方的政治伦理思想。殊不知在中国古代的思想家中,有一些人就曾提出过“兼爱”“泛爱众”“凡间皆兄弟”的博爱思想。他们这种思想的产生,进一步丰富了我国传统仁爱思想的内容。

战国时期的墨家针对当时社会攻伐、篡贼常见等现象,指出一切祸乱的总根源就是人与人之间的“不相爱”,“子自爱不爱父,故亏父而自利;弟自爱不爱兄,故亏兄而自利;臣自爱不爱君,故亏君而自利,此所谓乱也”[④],于是他提出了“兼爱”的思想。所谓“兼”就是总全、兼顾的意思,即要求人们不分人我,不别亲疏,无所等差地去爱一切人。墨子敏锐地觉察到社会上所以出现种种损人利己之事,关键就在“爱其室,不爱异室”,“爱其家,不爱异家”,“爱其身,不爱人”,也就是人们在爱的问题上强调亲疏、等差之“别”,正是这个“别”字,使得人们产生一些恶的举动。他说:“视人之室若其室,谁窃?视人身若其身,谁贼?……视人家若其家,谁乱?视人国若其国,谁攻?”[⑤]他认为“爱人者,人亦从而爱之”,“恶人者,人亦从而恶也”,是人之常情,只要人们在爱别人的时候都能像爱自己一样,无等差、亲疏之别,那么就不会出现人与人之间的残害、毁损,也就不会出现国与国之间的相互攻伐。

当然,墨子的“兼爱”是与“交相利”紧密结合在一起的,而不是一种纯粹的精神追求。在他看来,“爱”之中包含着“利”的因素,爱人应说是“有力者疾以助人,有财者勉以分人,有道者劝以教人”[⑥]。“余力以相劳,余财以相分,良道以相教”,即“爱”要落到具体的实处,要以给予别人利益好处来体现爱,来实现爱。寒者给其衣,饥者给其食,劳者使其息,乱者使其治。“爱”与“利”的并提,是墨子“兼爱”思想的最重要的特点。

不过,需要指出的是,墨子的“兼爱”与儒家的伦理道德内容是相统一的。他说“为人君必惠,为人臣必忠,为人父必慈,为人子必孝,为人兄必友,为人弟必悌”。[⑦] 即在爱的原则上与儒家道德规范没什么二样,也是要求人们各安其位,各守其分,维护已有的道德秩序和社会秩序。这说明代表农民和手工业者的墨家足难以突破自然的阶级局限和历史局限,而只能去附和当时统治阶级。尽管如此,他那将“利”明确纳入儒家“仁爱”之中,把“利民”作为评判统治阶级的道德标准的做法,在一定程度上揭露了统治阶纯道德说教的虚伪性,在我国伦理发展思想史上具有划时代的意义。

---

① 《管子·治国》

② 《管子·牧民》

③ 《管子·治国》

④ 《墨子·兼爱》

⑤ 《墨子·兼爱》

⑥ 《墨子·尚贤》

⑦ 《墨子·兼爱》

清初著名的思想家唐甄，认为一切道德关系只有建立在平等基础之上才是合理的、可行的，“天地之道故平，平则万物各得其所”①。如果出现厚薄不一，高低不等，苦乐不均，贫富悬殊，就会造成天下不安。因此，他要求统治阶级道德仁爱由己及人，“存心茹赤子，处身于农夫，殿陛如田舍，衣食如贫士，海内如室家”。② 官对民应该像乳母对赤子那样去关心，去爱护，做到“独骑省从，时行乡里，入其茅屋，抚其妇子，民不以为官，无隐不知”③，而不要以自己的恶行弄得生民“饥无食寒无衣，父母不得养，兄弟妻子离散，婴儿之委于草莽”④。唐甄的爱民思想是一种针对统治阶级来说的“博爱”，与孟子的“仁政”思想不同的是，他强调的是一种发乎情的相互平等的爱，而不是伦理规范的爱，这在某种程度上来说是一种政治博爱。

在中国伦理史上，真正地提出充分体现人性“博爱”思想的是洪秀全。他在基督教博爱观的影响下，基于农民朴素的平等要求，提出了“凡间皆兄弟”的博爱思想。他认为人的灵魂同是白天而来，虽然“自人肉身论，各有父母姓氏”，但在本质上是平等的，“所谓一本散为万殊，万殊仍归一本”。⑤ 这种平等不止是在天国和来世，更在于“凡间”。从这一意义出发，他强调“天下凡间，我兄弟姊妹”⑥，“共一魂爷所生，何分尔我，何分异同。有衣同衣，有食同食，凡有灾病，必要延医调治，提理汤药。若有孤子孤女，以及年岁衰迈者，更宜小心看待，与其盥洁身体，洗换衣服，斯不失休戚与共、疴痒相关之义”⑦。也就是天下男女都是同胞兄弟姊妹，要休戚与共，灾福同享，视人子如己子，视人父如己父。洪秀全认为：要实行这种博爱原则，就必须反对“此疆彼界之私”，“尔吞我并之念”，把他人、他国、他民族看成都是自己的同胞兄弟，做到“他人有难尔救他”，“见人灾病同已病，见人饥寒同己寒”。⑧

洪秀全的博爱道德观不仅体现在太平军的官兵关系中，而且他还把它同经济上平均主义结合起来，提出了“天下一家，共享太平”的社会理想。在他的社会理想中，他构筑了一个“有田同耕，有饭同食，有衣同穿，有钱同使，无处不均匀，无人不饱暖”的太平世界。为了实现这种理想社会，太平天国曾设立圣库，实行“天下一家”的分配给养制度。事实证明这种绝对平均主义的博爱做法，是违背社会发展规律的，因而决定它的不现实性。同时洪秀全作为农民小私有者的代表，代表的并不是一种新的生产方式，决定了他不可能提出超越时代局限性和阶级性的社会伦理道德来。正因如此，在他作了“天王”以后，他那曾具强大号召力的“凡间皆我兄弟”的博爱思想，就很快消解在《太平礼制》的一套森严的君臣父子弟妻的封建等级制度之中。

第三节　宗法思想

在人类早期文明的演进中，一般来说，有一个大致的趋势就是社会组织关系的主体逐渐由血缘向地缘进化。和世界其他民族一样，当历史进入到了原始社会后期的时期，中华民族的父权家

① 《潜书·大命》
② 《潜书·尚治》
③ 《潜书·达政》
④ 《潜书·恤孤》
⑤ 《原道觉世训》
⑥ 《原道觉世训》
⑦ 《天情道理书》
⑧ 《原道醒世训》

长制的氏族部落组织向王权政治转化,氏族社会逐渐解体。然而.与其他民族不同的是,王权政治体系的建立并没有破坏原始的血缘关系体系,相反,则是表现为一种与血缘家族组织形式相结合的政治统治系统,而且在社会组织上也是表现为一种血缘家族式的农村乡社,因而形成了中国古代社会特有的血缘——政治一体化的社会组织模式。由于这种模式长期存在中国社会,致使古老的血缘家族观念一直深深地影响各个时代的民众,“非我族类,其心必异”[①],“神不歆非类,民不祀非族”[②],成为沿袭久远的传统观念。这种传统观念人们又称之为“宗法思想”。

宗法思想是中国基本传统思想之一,曾一直影响着中国社会,但是时代不同,其影响的程度及表现形式也不一样,若从历史时期而论,大致可分两个阶段,即:以战国为限,战国以前,形成完备的宗法制度;战国以后,宗法制度渐趋解体,“家国同构”成为中国社会结构的定势。

一、夏商周:宗法制度的确立

宗法制度是一种等级森严的血缘—政治社会构造体系,它源于原始社会父系家长制,是家族制社会向宗族制社会发展的结果。夏商时期宗族制已经形成,在甲骨文中,就有“王族”“子族”“多子族”之类的记载。在甲骨文所反映的祭祀中,也有殷王武丁以自己直接出身的先王为“大示”,而以旁系先王为“小示”之说。在王权的承递上,商人也通行嫡长继承制,如在从汤至纣的三十一王共三十次递嬗中,父死子继者为十六,几乎占了一半。这说明宗法制在商代已具雏形。

宗法制发展到西周时期,已经形成了完备的制度体系,说其完备,即此时的宗法制度在内容上完全成熟,其标志有三:

(一)嫡长子继承制

这是宗法制度的核心。这一制度纳入王权政治体系,即严格区分嫡庶。社会的最高统治者“天子”之位,由天子的嫡长子继承,奉祀始祖,是天下之大宗,并世代保持大宗地位,嫡长子又称宗子,嫡长子以外的嫡系非长子及庶子、别子,则分封为诸侯,他们对于位居王位的嫡长子为小宗,但各自在其封侯国内又为大宗,其位亦由嫡长子继承,奉祀始受封先祖宗庙。诸侯之其他嫡系子及庶子则封为卿大夫,为小宗。卿大夫的嫡长子继承卿大夫位,奉祀始受封先祖宗庙,为封邑内大宗。其他庶子为士,称小宗。士的嫡长子仍为士,庶子则为民,大宗、小宗之分依上例。由于西周行同姓不通婚制,故宗法也适用于异姓贵族,只不过同姓之间是兄弟叔伯系统,异姓之间多为甥舅系统。嫡长子继承制及大小宗之分,使得在从周天子到诸侯、卿大夫、士的纵向系统中形成了金字塔式的等级制度,站在塔顶的天子既是政治上的共主,又是宗法上的大宗。

在西周的宗法制中还有一个“别子为祖、继别为宗”的规定。别子即诸侯国君除嫡长子以外的其他嫡系诸子,别子不能与长子即继位的哥哥同祖,必须分出去自立一家,这样别子就成为自己一系的始祖,即大宗之祖,别子的宗子世代承继下去,别子的庶子即小宗,是五世而迁的,在世之后,就与族人没有宗族关系了。这就是《礼记》中所载的“五世而迁之宗”。

嫡长子继承制是通过男系血缘关系的亲疏来确立宗族内部的上下尊卑、封邦建国和宗庙祭祀之原则,通过这些原则的确立,解决了宗法内部所存在的财产、权力矛盾,维护了奴隶制的社会秩序,巩固了政治王权。

---

① 《左传·成公四年》

② 《左传·僖公十年》

(二)严格的宗庙祭祀制度

宗法制度是一种建立在血缘关系基础上的、尊卑分明的等级制度，其血缘关系的体现就是特别强调“尊祖敬宗”。尊祖敬宗既是血缘家族象征，又是维系宗族内部关系的纽带。于是隆重而庄严的宗庙祭祀制度成为宗法制度的重要内容。

宗庙，即宗族之庙，包括太庙、祖庙、祢庙等，庙主为本宗族的历代宗主。在周代，由于血缘与政治的统一，使得宗庙与国庙也往往合一。关于周代的庙制，据《礼记・王制》载：“天子七庙，三昭三穆，与太祖之庙而七；诸侯五庙，二昭二穆，与太祖之庙而五；大夫三庙，一昭一穆，与太祖之庙而三；士一庙；庶人祭于寝。”周代宗庙的排列是严格有序的，太祖庙居中，以下逐代分列，左右为昭穆。昭辈居左，穆辈居右。如从大王(古公直父)始，大王庙为太祖庙居中，大王下一代是大伯、虞仲和王季，为昭辈居左；王季下一代是文王、虢仲和虢叔，为穆辈居右；文王下一代是武王，又是昭辈居左；武王下一代是成王，又是穆辈居右，以后各代依此类推排列。对于庙的名称，父庙称“考庙”，祖父庙称“王考庙”，曾祖父庙称“皇考庙”，高祖父庙称“显考庙”，始祖及始祖以下、高祖以上的各代祖先庙称“太祖庙”。

在周代，一般来说，除宗法性祭典外，还有政治性祭典，如天子即位、诸侯即位、卿大夫受册封、诸侯秋天朝见天子、诸侯出行前后、攻伐前后、国家遇有重大事故或重大灾难等等，都要举行所谓的“告庙”。不过，有时宗法性祭典与政治性祭典是合一的。

周代的宗庙祭祀是大宗的特权，小宗无此权力。所谓“支子不祭，祭必告于宗子”[①]。这里说的是宗庙的祭祀由大宗主持，并不意味着小宗就不参加祭祖，一般情况是大宗率小宗、小宗率群弟，祭祀宗庙是宗族的共同事物。祭祖强调大宗的特权，只不过是“大宗者，尊之统也；大宗者，收族也”[②]，即为了组织、团结族人。

(三)严格的宗亲丧服制度

丧服是人们为了哀悼死者而穿戴的衣帽、服饰。它依据生者与死者关系的亲疏不同而制定出严格的等级。周代的丧服共有五等：斩衰、齐衰、大功、小功、缌麻，即习惯所称的“五服”。

斩衰是五服中最重的一种。它用粗生麻布做成，衣旁和下边不缝边，适用于子为父、妻为夫、父为长子、未嫁子女为父等，服期三年。齐衰，次于斩衰，用熟麻布做成，缝边整齐。齐衰分为四等：父卒为母、母为长子服齐衰三年；父在为母、夫为妻服杖期一年；男子为伯叔父母、为兄弟，已嫁女子为父母、为舅姑，孙和孙女为祖父母等服齐衰不杖期一年；为曾祖父母服齐衰三月。大功次于齐衰，用熟麻布做成，比齐衰精细，较小功要粗，范围已扩及堂兄弟、侄媳、庶孙、未婚堂姊妹、已嫁姊妹、已嫁侄女等，服期为九个月。小功，次于大功，用熟布制成，较大功为细，较缌麻为粗，用于伯叔祖父母、堂伯叔父母、已嫁堂姊妹、再从兄弟等等，服期五个月。缌麻，为五服中最轻者，用极细之熟布制成，用于为族曾祖父母、族祖父母、族父母、族兄弟等等，服期为三个月。

“五服”制严格按照父系单一血缘关系，把上自曾祖，下至曾孙、旁及族兄弟姊妹的同姓同宗的亲属组成一个严密的独立的组织系统，同时通过“五服”制，把宗法等级关系的亲疏、远近直接地显现出来，使宗族成员的身份地位、权利义务进一步明确化、固定化。

---

① 《礼记・曲礼下》

② 《礼记・丧服》

二、宗法制度——中国封建社会的结构定势

西周时期，我国的宗法制度已达到了相当完备的程度，但是，这种时代并没持续多久，随着周天子王权的旁落，诸侯的奋起，春秋战国以后，原来由氏族贵族血缘纽带攀结而成的统治体系迅速瓦解，这意味着严格意义上的宗法制度已开始崩坏。战国时期，王权纷纷为异姓掌握。秦汉以降，郡县制取代分封制，行政官员的选拔、任用，再不是过去的“亲亲”，代之以“贤贤”原则。尽管如此，并不意味着宗法制度就此烟消云散了，相反，它仍长期深深影响着中国社会，其突出表现是：

(一)父亲单系世系原则的广泛实行

昕谓父系单系世系，是指在血缘集团世系的排列上，完全排斥女性成贝的地位. 西周时代，这种原则的奉行极为严格，王位、君位、卿大夫爵位的继承人，绝不超出父系亲范围，而且规定嫡长子为第一一继承人。在财产继承上，只允许儿子们享有继承权，而小允许女性后裔和配偶享有。战国以后，这种父系单系世系原则仍广泛实行，如在政治权力的继承上，除绝不允许母系成员染指外，也绝不传给本姓女性后裔？“牝鸡之晨，惟家之索”的成语，便是对政治权力旁落于女性之手的严厉警告。在中国历史卜，唯一称帝的女性武则天，尽管政绩赫赫，但朝野的非议和史家的抨击不绝于书，其中不乏人身攻击。在家庭财产的继承方面，只有儿子才有权继承财产，女儿是“嫁出的女儿泼出的水”，没有财产继承资格，对于无子立嗣的，嗣子须从“同父同亲昭穆相当中”[①]择取，禁止以异姓之子立嗣。此外，在某些特种技艺方面，中国传统社会还有“传子不传女”“传媳不传女”的家规，以为传女便使技艺流入异姓他族。

(二)家族制度长盛不衰

战国以后，血缘一政治的宗法王权系统瓦解，但在社会组织群落中，以血缘为纽带的宗法性组织——家族仍是基本的模式。《白虎通·宗族篇》称：“族者何也，族者凑也，聚也。谓恩爱相依凑也。上至高祖下至玄孙，一家有吉，百家聚之，合而为亲。生相亲爱，化相哀痛，有会聚之道，故谓之族。”秦汉时期，由于政府刘强宗巨族的打击，使原有的宗族制度遭到破坏，宗族内部没有形成严密的组织。东汉至六朝时期，宗法性豪强势力崛起，形成了宗法件门阀世族。门阀世族不仅在组织内部实行宗族管理，而且以自己的宗族势力参与政权，从而形成了六朝特有的门阀政治。隋唐时期，庶族地主的崛起以及对豪强门阀的打击，特别是唐末黄巢起义军的扫荡，使宗法性豪强势力遭受灭顶之灾。但至北宋，以男系血统为中心的宗族组织在民间迅速萌发，并很快成为社会结构中具有普遍性的主流社会组织，同时在其发展中，宗族制度也日趋完善。明清时期，数百年的世系家族，“比比皆是”，“乡村多聚族而居，建立宗祠，岁时醮集，风犹近古”[②]，“一族所聚，动辄数百或数十里”[③]。

中国封建社会家族制度所以得以维系，主要仰赖族权、族规、祠堂、家谱和族田等五要素。

族权，是从氏族社会家庭父权引申出来的家族组织内部的一种特殊的社会权力。在西周宗法制度下，族权与政权完全合一，秦汉以后，随着郡县制取代分封制，族权与政权渐趋分离。也正

① 《向阳彭氏宗谱·禁例》

② 《乾隆郡武府志》

③ 《光绪石埭桂氏宗谱》卷一

是这种分离，使得族权以独立形态获得长足发展，并在社会生活中产生强大影响。族权的实施是通过管理机构的设立而进行的。一般来说，一宗族设族长一人，房长数人，组成宗族的最高权力机构。有的宗族则设总祠一人，族长、房长数人。有的房长之下还设宗纠、宗翼、总理等；有的房长下设评事等。在这些人员中，族长或祠长权力最大，是宗族管理机构的统领。族长或祠长大多选举而任，一般根据地位、财力、才能诸方面而定，有的要求年辈较高，有的注重德行，有的则强调财富。清末及民国时，南方各族尤注重财产。族长或祠长的权力相当大，主要有：主持祭祀典礼权；族产管理权；处理族中纠纷权；对族人的教化权；对违反族规人的处罚权。每当遇有重大事务，往往由族长召集管理机构其他成员开宗族大会来决断。

在封建社会，族权往往与国家政权相结合，承担地方政权的职能。它以血缘亲属关系掩盖阶级关系的“优长”，在宗族中宣扬封建伦理，执行封建礼法，维护封建秩序，巩同封建统治，以此来弥补国家政权在这些方面的缺陷。

族规，又称宗族习惯法，它足宗族全体成员共同遵守的行为规范。其内容十分庞杂，大凡宗族机构及其人员、祖宗祭祀、宗族财产、族众的婚姻家庭继承、族内秩序、处罚等都属其范围，对宗族成员具有较强的约束力。族规的制定，先由族长主持召集族中耆老、绅士、懂文识字者若干设立临时性族规议定机构，起草若干条款，然后交全族大会讨论，一经通过即成族规而具有约束力，每个宗族成员均须遵守。当然族规也不是一成不变的，随着社会的不断发展和本族的世事变迁、人情沧桑，族规也会不断修改补充，但一般而言，由于受“祖宗之法不可变”的原则限制，对族规的修改较为慎重，大多为续订规约，而将原有族规仍予保留，不加更改。

祠堂，是宗族祭祀祖先的场所。祭祀祖先是宗族最重要的活动之一。祭祖的地方为祠堂，供奉祖先的神主牌位，每逢春秋祭祀，全族成员在此隆重祭祀祖先。在宗族内部，祠堂除宗祠外，还有支祠、房祠、家祠等，但以宗祠为最重要和普遍。祠堂除祭祖外，祠堂还是向族人灌输族规家法、处理宗族事物和执行族规家约的场所。“其族长朔望读祖训于祠”①。“凡有族中公务，族长传集子姓于家庙，务期公正和平商酌妥协”②，“合族中设有以卑凌尊，以下犯上，甚至辱骂斗殴，恃暴横行者，须当投明族长及各房宗正，在祠堂责罚示戒”③，祠堂之设，在强化家族意识，延续家族血脉、维系家族团体方面发挥了巨大作用。

宗谱，是宗族的档案、经典、法规。内容包括三大部分；第一部分为立谱的宗旨、原则、序跋、凡例、目录等；第二部分是以人物为中心的系谱、传记、墓志铭以及官场经历、诗文、随笔等；第三部分是宗规、族约、祠规、祠记、祠产记、坟墓记、墓图、禁约、契据、义庄记、义田记等。通过族谱就可以明了一个宗族的世系渊源、子嗣系统、婚配关系、祖宗墓地、族产公田和族规家法，防止因年代久远或居处异动而发生血缘关系的混乱，并以此来解决族内纠纷，惩治不肖子孙。为了适应宗族发展的需要，族谱须定期续修，有的十年一修，有的三十年一修。修谱时须按家出资，若有意逃避，“即属不孝”，将会受更大处罚。

族田，是宗族的公共田产，其收入主要用于祭祀、日常管理开支、兴办教育和振恤孤老鳏寡穷苦之人。族田经营采用招佃收租的方式，为防止族众对其侵蚀，一般不准本族人承租。对于族田，许多宗族往往按其用途分为祭田、义田和学田三大类。祭田的地租供祭祀用，义田地租供救

---

① 《同治广州府制》卷十五引《广东新语》

② 孔希荣.富春孙氏宗族信仰[J].中国民间文化，1991(4)

③ 《义门陈氏打通宗潜·彝陵分普》卷二

助孤、老、鳏寡和穷苦者，学田的地租供族内办学之用："有贫困残疾者论其家口给谷，无力婚嫁丧葬者亦量给焉一遇大荒，则义计丁发粟，可谓敦宗族也。"①从族田的开支范围可知，宗族即通过物质利益关系来达到团结、凝聚族众的门的，而不至于仅仅停留在精神的训导上。可以说这种建立在物质和精神相统一之基础上的宗族亲情比起儒家的纯粹道德说教未更具有号召力，这也是家族制度在中国社会长盛不衰的原因之一。

（三）"家国同构"之精神始终贯穿于中国社会

所谓"家国同构"即指家庭一家族与国家在组织结构方向的共同性。秦汉以后，虽然血缘—政治一体化的政权模式遭到破坏，但血亲关系仍深深影响着人们的社会关系。这突出表现存两个方面：一是组织系统和权力配置上的严格父家长制。在国家政权中，皇帝把国家税为"一家"，实行君主专制，具有最高决断权，为了君主的"家天下"的世袭地位.西汉以后的君主继承基本是按宗法制原则实行。"立子以贵不以长，立嫡以长不以贤"。同时为了巩固自己的政权，也往往根据亲疏原则让他们诸子诸孙享有政治、经济大权，在各朝那些封国、封爵中，很大部分都是皇亲国戚，可以说，君主的专制权力及在政权组织上即是宗法血缘的父家长。二是伦理关系上家族性。在中国封建社会，社会伦理和国家伦理摹本上是从家族伦理演绎而来的。儒家的"五伦"，其中三伦为亲缘，而另外的二伦如事亲孝为家族伦理，推及国家即为忠君，也是由亲缘关系推论出来，"君子之事亲孝，故忠可移于君；事兄悌，故顺可移于长；居家理，故治可移于官"②。在众人的眼中，国即是家的延伸和扩大：国与家是彼此沟通的，国与民、君与民、官与民就是通过宗法家族这一中介将二者联结起来，从而构成中国社会特有的伦理政治系统。

第四节　中庸思想

中庸是中国传统哲学的基本范畴。作为一种认识论，又是一种世界观，它曾一直深深影响着中国人的思维方式，成为中国人特有的一种传统心态。在这种传统心态之下，不仅造就了中华民族平和、谦让、知足、循规蹈矩之性格特征，而且也形成中国文化特有的尚"礼"传统。

一、中国古代对中庸的认识

"中庸"一词，由"中"与"庸"二字组成，古文字"中"字，意为射箭中的，亦表示旌旗插于正中的含义。《说文》的解释是"中，正也"，"庸，用也"：从字义上来看，"中庸"即为一种不偏不倚的中正之原则，在孔子以前，执中作为一种道德原则已在《尚书》中有所体现：《酒诰》有"尔克永观省，作稽中德"，崽为经常反省自己的言行，使之符合中正之德。《盘庚》篇告诫臣子"汝兮猷念以相从，各设计中于乃心"，也是指中正之德。《洪范》中更强调了"中"的"不偏不倚"之含义，"无偏不彼（颇），遵王之义；无有作好，遵王之道；无有作恶，遵王之路；无偏无党，王道荡荡；无党无偏，王道平平；无有反侧，王道正直"。后来孔子追述尧舜时所说的"执其两端用其中于民"就是无偏颇、无党私、无反侧的中正之德。

真正地把"中庸"作为一种思想提出的始于孔子，他说："中庸之为德也，其至矣乎，民鲜久

① 《同治广州府志》卷十五引《新宁志》
② 《孝经·广扬名》

矣。”[①]在《论语》中他虽没有明确说明“中庸”是指什么，但从一些论述中可见，“中”即指事物适当的标准，亦即一定的“度”，中庸，即是一种“执其两端用其中”的方法原则。他说：“天之历数在尔躬，久执其中”[②]。“师也过，高也不及……过犹不及”[③]，“不得中行而与之，必也狂狷乎！狂者进取，狷者有所不为也”[④]。可见，“执两用中”，无过不及是其“中庸”的主旨。

战国时期的子思继承孔子的中庸思想专门作《中庸》篇来论述中庸之道。他对“中庸”解释说：“喜怒哀乐之未发，谓之中；发而皆中节，谓之和，中也者，天下之大本也；和也者，天下之达道也，致中和，天地位焉，万物育焉。”在篇中，他把人性之“诚”看作“中”，要求人的性情“发而皆中节”，即符合“诚”的原则而不偏不倚，亦就是达到“和”，认为“致中和”，则天地秩序井然，人各安其分，“在上位不陵下，在下位不援上”，万物也得以自然生长发育。

孟子在继承孔子中庸观的基础上又有了发挥，他说：“执中为近之，执中无权，犹执一也。”[⑤]就是说执中要懂得权变，反对死守正中教条。衡量的标准当然就是儒家的最高道德原则——仁，仁者即为“正”。他认为作为统治阶级来说，仁政即为正道，正道就能使“人和”，使“庶民兴”。

宋明时代，理学家极为推崇《中庸》。程颐说“善读《中庸》者，只得此一卷书，终身用不尽也”[⑥]。朱熹也说《中庸》“盖其优之也深，故其言之也功，其虑之也远，故其说之也详”[⑦]。对于“中庸”，程颐的解释是“中者，只是不偏，偏则不是中”[⑧]，“不易谓之庸”，“庸者，天下之定理也”[⑨]。还说：“天地之化，虽廓然无容，然而阴阳之度，明寒暑昼夜之变，莫不有常，此道之所以为中庸。”[⑩]在二程看来，中庸就是天地万物变化的规律，就是封建伦理道德。朱熹对中庸的解释与二程没什么差异，他说：“中庸者，不偏不倚，无过不及，而平常之理，乃命所当然，精微之极致也。”[⑪]他认为“不偏不倚”“无过不及”的实质就是恰到好处，“中者，未动时恰好处；时中者，已动时恰好处”[⑫]。怎样才能恰到好处呢？就是要符合封建伦理道德之天理，即理学家们所说的“天下不易之理”。不过在朱熹看来，中庸也是一种方法论，“执其两端，而量度取中”。对于如何“取中”，他继承孟子“执中无权，犹执一也”的思想，认为“两端不专是中间，如轻重，或轻处是中，或重处是中”[⑬]，反对绝对“执中”。

在中国古代思想中，“中庸”一词常常被解释为“中和”，还往往与“中立”、“折中”等同起来。“中立”本来的意思就是在矛盾双方之中依随两端，以求幸存。孔子则略有不同，他站在“仁”“德”立场，“中立而倚”，“和而不流”，即认为“中立”须坚持“仁”的原则，而不是游于矛盾两端以求幸

---

① 《论语·雍也篇》
② 《论语·尧曰》
③ 《论语·先进》
④ 《论语·子路》
⑤ 《孟子·尽心上》
⑥ 《二程遗书》卷十七
⑦ 《中庸章句序》
⑧ 《遗书》卷十五。
⑨ 《中庸章句》
⑩ 《中庸章句》
⑪ 《中庸章句》
⑫ 《朱子语类》卷六十二
⑬ 《朱子语类》卷六十二

存。他强调“无求生以害仁，有杀身以成仁”[①]，可知孔子的“中立”充满维护仁德的斗争精神。“折中”本意是判断事物的是非、曲直要符合正确的标准。“折”为判别作出决断的意思，“中”是指正确的标准。《韩诗外传》有“听狱折中者，皋陶也”。管仲也说：“决狱折中，不杀不拿，不诬无罪。”《史记·孔子世家》也说：“自天子以至王侯，中国言《六艺》者，折中于夫子。”这些“折中”，都是指根据正确标准作出判明、决断。然而到了封建社会中后期，中立、折中便被淡化，失去了原本。“中立”被演化为毫无原则性地依随两端或两不相涉，折中则被演化为调和或不辨是非、不究曲直、平均折半。朱熹在对中庸的解释中不是说“是恰好处，如折衷(中)是折两者之半而取中之义”，“而是折两头而取中之义”被演化的中立、折中，从根本上是歪曲了它们的本义，也曲解了孔子的“中庸”和子思的“中和”思想，是一种调和折中的形而上学观点。

二、中庸思想的基本内涵

自孔子创立中庸思想以后，历代的儒学家们纷纷为其诠释，孔孟学派定义为“中和”，二程定义为不偏不倚，朱熹则释成“不过无及”“折中”。然而，中庸思想作为中国的传统思想，它不仅仅限于儒家，在其他各家中也同样有所体现，同时，作为一种影响甚远且具民族整体性的思想，又有着时代性特点。综括起来，大致包括两种含义：一是循道而行；二是致中和。

循道而行，就是要求人们行为规范要符合“道”之准绳，因为“中”之本义是“标准”，“庸”是“用事”之意，是“常道”。在中国古代思想中，对于“道”的阐述很多，有儒家之“道”，有道家之“道”，有法家之“道”等等，但就道的内容而言，一般指天道和人道两种：天道，即指天地自然法则；人道，则指人的行为准则。可以说，在中国传统思想中，对道的强调是其最大的特点，而在对“道”的态度上，“守道”又成为各家思想的共同点。

首先，在“天道”方面，由于“天人合一”思想的强大影响，使人们都认识到“天道”的不可违犯和人循天道而行的重要性。儒家认为天地四时的变化是“百物生”的前提条件，提出了“则”“效”天道的主张。孔子说：“唯天为大，唯尧则之。”[②]《周易》中说：“若用之以顺，则两仪序而百物和；若行之以逆，则六位倾而五行乱。”《易传》中也说“天地变化，圣人效之”[③]。在儒家看来，只有遵循天地自然变化规律，才能“生养万物，通畅万物”，人类社会才能“施生”、“嘉美”、“和同”、“中正”。不仅如此，儒家还把效天道视为君之德的重要内容，并以此来评定君主德行之好坏。道家则从消极方面提出“法自然”的思想，他们甚至反对人对自然状态的任何改造和利用，主张人与天为一，人为火徒。“有人之形，无人之情”。“常因自然而不益生”[④]。“天与人不相胜也”[⑤]。道家这种与天为徒，“不相胜”，实际上是强调人对自然法则的绝对服从，也是一种消极的天道观。此外，墨家、阴阳家也同样强调对天道的遵循，如墨子说“动作有为，必度于天。天之所欲则为之，天所不欲则止”[⑥]。它要求人类社会的行为活动要“以天为法”。在阴阳家的学说中，则认为“夫春生、夏长、秋收、冬藏，此天道之大经也。弗顺则无以为天下纲纪”，提出“四时之大顺不可失”[⑦]之

---

① 《论语·卫灵公》
② 《论语·泰伯》
③ 《彖传》
④ 《庄子·德充符》
⑤ 《庄子·大宗师》
⑥ 《墨子·天志》
⑦ 《太史公自序》

主张。中国传统思想对天道的强调，根源于农业经济是中国古代社会的主要经济形态，在生产力水平十分低下的古代社会，农业生产在很大程度上依赖于自然条件。因此，遵循自然变化的规律，不违农时、不夺农时成为历代统治者施政的根本原则和道德准则。历史上许多君主所以被冠上“明君”“圣主”，其中最根本的一条也是“顺天鹿民”，不违背天地自然之法则。

其次在人道方面，中国传统思想的很大部分都是阐述人道的。在中图先哲的眼中，人类社会生存和发展的根本就在于治人，正因如此，治人思想成了中国传统思想的主干。对于治人，各家各派都提出了不同的思想，如儒家的礼治仁治，道家的“天为而治”，法家的“法治”，等等，但从中国社会的全过程来看，儒家基于仁义的礼治乃是影响中国社会至深至远的治人思想。在儒家看来，社会的有序，人与人之间的和谐，关键在于“礼”的规范，礼既是约束机制，又是行为准则。儒家的中庸思想所要求的不偏不倚、无过不及就是针对这一“礼”的准则说的，亦即要求人们的一言一行要符合“礼”这一“中”，“不及”和“过之”都会有害于人的道德和人际关系的和谐。所以，孔子强调“克己复礼”“约之以礼”，要求人们“非礼勿视，非礼勿听，非礼勿占，非礼勿动”①。孟子则认为人若离开了包括“礼”在内的四德，便是非人。董仲舒把“三纲”“五常”之礼说成是“天意”所为。更甚的是宋代理学家二程、朱熹等把儒家伦理道德之“礼”夸大到了宇宙的最高原则——天理，“父子君臣，天下之定理，无所逃于天地间”②，使儒家伦理之礼成了不可抗拒的至高无上的行为准则。从儒家对伦理之礼的重视看，他们所要求的中庸，其标准的“中”肯定不是别的内容，而只能是伦理之礼，因为从孔子始的历代儒家，他们所谈的无不是所谓仁、义、礼、信、智之个人道德以及由此体现出来的君仁、臣忠、父慈、子孝、兄友、弟悌、夫义、妇顺、朋友诚信等社会伦理道德。不仅如此，他们还把这些伦理道德原则摆到了一个至高的位置，成为“家齐”“国治”“天下平”的前提条件。可见，中庸思想的提出是在实践上为儒家的伦理道德提供方法论的指导。

致中和，是子思对孔子中庸思想的解释，他把“中”理解为“喜怒哀乐之未发”，把“和”理解为“发而皆中节”，这是从人的性情角度去解释“中庸”的：他要求人们“四情”要么不发，要么发而符合道德准绳，这在原则精神上与孔子的中庸思想仍是一致的。因为孔子所创立的行为准则其目的也是造就人际关系的和谐，“礼之用，和为贵”③。为了达到人与人之间的“和谐”相处，他除了要求人们遵循忠、孝、悌、信之伦理道德之外，还要求人们要有温、良、恭、俭、让及“己所不欲，勿施于人”④等德性，此外还要“克己”“修己”，做到严于责己，“薄责于人”。他这种“和”与子思的“和”一样，是建立在道德原则上的“和”，而不是不分是非曲直、无原则的盲从和迁就。为此，他曾明确地说“君子和而不同，小人同而不和”、“和而流”⑤。可见，孔子所提倡的“和”并不带有调和之意。同样，孟子也反对违背仁义之道德原则的盲从和迁就。如在君臣伦理上，他反对“忠君不二”论，认为对于那些无仁义之德的君主，作臣的不必效忠。“天下有道，以道殉身；天下无道，以身殉道，未闻以道殉乎人者也。”⑥不仅如此，他还要求人有一种维护“道”的气节精神，“富贵不能淫，贫贱不能移，威武不能屈”⑦，鄙视损仁损义的调和迎合行为。早期儒家“和”的思想，在某种程度上有

① 《论语·颜渊》
② 《二程遗书》卷五
③ 《论语·学而》
④ 《论语·卫灵公》
⑤ 《论语·子路》
⑥ 《孟子·尽心上》
⑦ 《孟子·滕文公下》

一定的积极意义。然而自董仲舒创立三纲五常学说特别是宋代理学把伦理道德定为“天理”以后，孔孟的“中和”本义就被湮没、歪曲了，而纯粹成了伦理规范下的“和”的追求，失去了早期儒家“和”的原则性和灵活性。

此外，早期儒家的“中和”论，还包括天地万物之“和”，儒家学说中的重要思想“天人合一”讲的就是天地万物与人是一个和谐的整体，并认为只有天地万物相“和”，才能使天地顺时而化，万物，“生生不息”。所以，在《中庸》篇中，子思在解释“中庸”时就说“致中和，天地位焉，万物育焉”。孔子、孟子从“仁”的角度，提出了“爱人”的同时，也提出了“爱物”。“君赐生，必畜之”[①]，“仁民而爱物”。在儒家看来，“天地之大德曰生”[②]，生生是自然界发展变化的基本规律，人唯有遵循自然界的“生生”法则，才能使天人相和、人与自然万物相“和”，如此，才能使宇宙生命不绝，阴阳化醇，万物化生。于此，荀子提出了“以情度情，以类度类”[③]之主张，要求人类的行动要考虑和顾及“他类”，如动物、植物等情感。张载、程颢更提出了“物，吾与也。”[④]，“仁者以天地万物为一体”⑤的思想，要求人类把天地万物当作自己的身体去温爱。儒家的仁爱天地万物和他们所常道的“则天”“效天”“顺天”，都是为了求得人与天地万物的和谐统一。在他们的思想中，天地万物之“和”是人类之“和”的必要前提，天地万物失去“和”，就没有人类“和”的产生。在我国的古代思想中，追求天地万物之“和”，不仅仅是限于儒家，而且道家、墨家、阴阳家、杂家等也同样有所强调。如阴阳家就提出了“人与天调”的主张，强调国家的政令要与天地四时之序相协调，不然，就会受到天地自然之惩罚。

三、中庸思想的阶级实质及其对我国传统社会的影响

中庸，就其本义来说，要求人们在认识问题的时候要有一个度的标准，反对过犹不及，这无疑包含着一定程度的辩证法因素。对此，毛泽东同志曾给予过高度的评价，他说：“过犹不及，是两条战线斗争的方法，是重要方法之一。一切哲学，一切思想，一切日常生活，都要作两条战线斗争，去肯定事物与概念的相对安定的质。”[⑤]但是，当它被纳入伦理学和政治学之后，便出现了一个异化过程，从原来的辩证认识走向了形而上学。

首先，中庸是适应儒家伦理道德学说的需要而产生的一种方法论，其目的就是为封建道德学说服务的。在儒家看来，人之道德是人立身处世的根本条件，也是善恶之分的标准。人若缺乏道德原则，不仅不能“身修”、“家齐”，而且也影响“国治”、“天下平”。可以说，在儒家眼中，伦理道德是放之四海而皆准的真理，是立德、立言、立功之重要前提。正因如此，他们要求人们一切要以伦理道德为准绳，要不偏不倚：偏倚都是对这准则的损害，过了和不及，都是缺乏道德原则的行为，就是没有道德修养的人。所以，于儒家而言，人最重要的问题是修身、修德，只有身修了，才有可能去谈齐家、治国和平天下。正因为德的重要，所以儒家轻视其他知识的培养，在他们学说中满纸都是仁义礼智信之类的道德内容：儒家的这种思想自西汉成为封建社会统治思想以后，不仅道德的培养仍是各个时期教育的重要内容，而且道德原则一直成为评判人们社会行为的标准，德者

① 《论语·乡党》

② 《周易·系辞传下》

③ 《荀子·非相》

④ 《西铭》

⑤ 毛泽东书信选集[C]. 北京：人民出版社，1983，第145页

受褒扬，失德者受鄙弃、受惩罚。人的一言一行，社会的一事一物，都始终贯穿着道德的标准。这说明，中庸方法论中的“标准”纳入伦理道德学说以后便走向了凝固化与僵化。

其次，“中庸”在原则上反对不偏不倚，但实际上包含着最大的偏颇。儒家“中庸”中的道德标准是“礼”，是伦理道德原则，而这伦理道德的“礼”，其出发点是“仁义”二字，亦即儒家所要求的伦理道德是建立在仁义之基础上的，不论是君臣、父子，还是兄弟、夫妇、朋友，他们之间的道德实践都是秉仁义而发的。但是，在他们提出伦理道德秉仁义的同时，儒家又提出“亲亲”、“尊尊”原则，即首先是维护君、父、兄、夫之地位和利益，维护亲族利益。特别是随着伦理道德的纲常化和天理化，上下、尊卑之分更加突出，“上下之义，尊卑之分，理之当也，礼之本也”①，而这种突出又主要表现为下对上、卑对尊的道德的凝固性，不可改变性，而上对下、尊对卑的道德则要趋于相对化，古言所说的“君要臣死，臣不得不死”，“父要子亡，子不得不亡”，就是中庸这一偏颇性的重要体现。

再次，中庸要求人们“中行无咎”，反对狷狂，使每一个人任自己的行为中处处谨慎小心，唯恐越轨逾制。《礼记》中说“庸德之性，庸言之谨”，孔子的得意门生基本上也都是“孔趋亦趋，孔步亦步”。孟子在阐述人的修养时特别强调了人的“慎独”的重要性。这种拘谨心理的要求，对于我国的国民性格来说，是起着很大的抑制作用，严重地影响了人们大胆创新、勇于探索的积极进取精神。我国国民长期以来所表现的循规蹈矩、安分守己、知足常乐等心态，在很大程度上应该归因于中庸这种思想的长期灌输和熏陶。

第四，“中和”要求人们通过性情的抑制、行为的约束来达到人与人之间的和谐，但标准或准则肯定是儒家倡导的伦理道德，也就是说“和”的前提是伦理道德，而不是超道德原则的“和”所以孔子就说“和而不同”，“和而不流”。然而到了后来，中和逐渐演化成了调和，变成了无原则性的、无是非曲直标准的曲意迁就，也就是人们常见的“好好先生”的做法。在中国历史上，这种心态在中央朝臣中表现得比较突出。比较典型的如五代时期的冯道，拥有“五朝宰相”之称，《资治通鉴》说他“为人清俭宽和，人莫测其喜愠，滑稽多智，浮沉取容”，“依违两可，无所操决”，他历唐、晋、汉、周、辽五朝，虽然朝代屡迁，但他那弃旧迎新的脸上从来没有愧色，照居三公、三师高位. 冯道这种“见风使舵”的心态把后来的“中和”思想发挥得淋漓尽致。

此外，中和作为一种近似消极的处世原则，在以后的社会里昕形成的一种重要传统心态就是忍让：孔子在他的道德学说中，就曾提出过“让”“克己”，子思把“和”解释为“发而皆中节”。《周埸·损卦》中也曾提出“君子以惩忿窒欲”，到了宋明理学，更公然宣称“存天理，去人欲”。这些所述，无一不是要求人们为了某种道德目的去忍让、节制。本来忍让是儒家所倡导和实践道德的行为方式，然而到了后来，竟演变成了人的一种基本道德，“忍让”二字被写进家训、世箴，成为家喻户晓、妇孺皆知的处世之道。明代陈白沙专门著有《忍守箴》，中称“众怒之和，唯忍为是”。杨洪的《六忍》劝人要“忍触、忍辱、忍恶、忍欲、忍怒”：吕新吾则在其《小儿语》中公然宣称“世上第一伶俐，莢如忍让为高；进履结袜胯下，古今真正人豪”。在《增广贤文》中也有一句为人们普遍所常道劝世良言：“忍一时，风平浪静；让三分，海阔天空。”正是在这忍让文化的灌输和熏陶下，我们民族形成了怒而不争的传统心态。在这种心态的驱使下，古代民众忍受着一代又一代封建统治者残酷的压榨，他们不是到不能生存的地步，一般是不会铤而走险、揭竿而起的。同样，对于我们的民族来说，又有谁能说它是一个争强好战的民族呢？历来有域外的民族入侵，而很少见华夏跨出疆

①　《伊川易传》

界去掠人霸土，中国历史上无数次的“和亲”以及无数次修筑、加固长城，就有力地证明了我们民族忍让不争的传统心态。同时在此要指出的是，我们民族特有的忍让不争的心态并不是一种懦弱的表现，而是我们民族追求民族和谐、人类和平的精神所致。

第五节 大一统思想

在世界文明史上，中华民族以其古老的渊源，从不断裂的文化发展而著称于世。与此相比较，与中国并称“四大文明古国”的古埃及、古巴比伦、古印度等文化以及曾一度与中国文化相辉耀的古希腊、古罗马文化，则只能从尚存的历史陈迹中去寻觅。不仅如此，中华民族作为一个有机的社会整体，尽管历史过程中出现了诸多政权形式的变革，但都没有改变和破裂这一整体结构。中华民族及其社会结构整体性的稳定发展，除了传统的秉于仁爱的伦理道德的制约体系外，在很大程度上得益于中国传统思想中浓厚的大一统意识。正是这种大一统的思想意识的强烈熏陶，形成了中华民族的强大内向凝聚力、整体生命力，形成了中华民族不屈不挠地克服内部忧患、抵御外来侵略的整体坚强意志的自强不息精神。

一、我国古代的大一统思想

“大一统”一词最早见于《春秋公羊传》，中称：“何言乎王正月？大一统也。”但是“大一统”作一种政治思想，在我国产生较早。在《尚书·大禹谟》中就说“无怠无荒，四夷来王”。《淮南子·原道训》也说大禹“施之以德，海外宾伏，四夷纳职”。到了周代，更提出了“普天之下，莫非王土；率土之滨，莫非王臣”①。而且在治国和礼制上也体现出这种思想。周天子把辖区分为甸服、侯服、宾服、要服及荒服五个层次，“邦内甸服，邦外侯服，侯卫宾服，蛮夷要服，戎狄荒服。甸服者祭，侯服者祀，宾服者享，要服者贡，荒服者王”②。职秩不同的五服构成了王土的整体。在礼制上，据《礼记·明堂位》所记周公明堂之位：“天子负斧依南向而立。三公中阶之前、北面、东上。诸侯之位，阼阶之东、西面，北上。诸伯之国，西阶之西、东南，北上。诸子之国，门东、北面、东上。诸男之国，门西、北面、东上。九夷之国，东门之外、西面、北上。八蛮之国，南门之外、北面、东上六戎之国，西门之外、东面、南上。五狄之国，北门之外、南面、东上。九采之国，应门之外、北面、东上。”从周公明堂之位的设置看，明显就是天下一统之模式。

真正提出“大一统”思想的是孔子，一部《春秋》所贯穿的一种基本精神即为“尊王攘夷”。“尊王”就是要维护一统天下的周天子的权威，“礼乐征伐自天子出”，反对诸侯僭礼越制之行为。“攘夷”即遏制不服王化的夷狄的侵扰，维护“诸夏”礼俗的纯正性。孔子“尊王攘夷”的大一统思想，是针对春秋以来诸侯崛起并争称雄，四周夷狄纷纷内侵，周天子的权威日渐衰微的局势而提出的，目的是维护周天子“一统天下”之局面和华夏文化的整体性。

“大一统”思想自孔子提出以后，为历代儒家所继承，成为儒家的重要思想之一。孟子提出“天无二日，民无二王”③。汉初的《公羊传》鲜明倡言“王者大一统”。汉儒董仲舒则把“大一统”

① 《诗·小雅·北山》
② 《国语·周语上》
③ 《孟子·万章》

提到了“天地之常经,古今之通谊”[①]的高度。“大一统”只是这一思想的总概括,若从内涵上来说主要体现为两方面内容:一是君权的性质和地位,二是夷夏关系。

关于君权的性质和地位,儒家的先哲孔子、孟子明确地提出“尊王”和“天子”不容有二的思想,要求维护“天子”的绝对权威。《左传》就有“国不堪贰”、“臣无二心,天之制也”的记述,法家的集大成者韩非则提出了绝对尊君论,他从天下“定于一尊”的构想出发,提出“事在四方,要存中央,圣人执要,四方要效”[②]的中央集权政治设计,规定君对民、君对臣拥有绝对的权力。“君上之于民也,有难则用其死,安平则尽其力”[③];“人主虽不肖,臣不敢侵也”[④]。到了西汉大儒董仲舒则赋予尊君论以神学理论色彩,提出了“天子受命于天,天下受命于天子”[⑤]的“君权神授”论:他从“天”是主宰一切的最高人格神的角度出发,认为“天子”是“受命于天”的“天”之子,是“民之父母”,是沟通天与人之间的媒介。他说:“三画而连其中,谓之千。二画者,天地与人也,而连其中者,通其道也,取天地与人之中以为贵,而三通之,非王者孰能当是。”[⑥]因此,“天下之人,同心归之,若归父母”[⑦]。天之道是“屈民而伸君,屈君而伸大”[⑧]。董仲舒的“君权神授”之论进一步强化了君主的绝对权威。到了宋代理学时期,程颢、程颐、朱熹等理学家以更加富有思辨性的理论体系,为君权神授作论证,将“君为臣纠”归结为“天理”。在他们看来,君陌之纲常不仅是社会的最高原则,同时也是宇宙万物之今体“理”的体现?天理张之为三纲,纪之为五常,三纲五常之伦理规范是“天下之定理”,是“人心天命之自然”,“非人之所能为也”[⑨]宋代理学的“天理”论使绝对君权主义达到了登峰造极之程度。君权的绝对化,造就了中国社会的君主中央集权专制,形成了“君统大卜”“继统万世”之局面。

关于夷夏关系,虽然在中国古代思想中有一种很强的“华夷大防”之观念,诸如“非我族类,其心必异”,“裔不谋夏,夷不乱华”,“夷、蛮、戎、狄……其性气贪婪,凶悍不仁”,但是,夏夷一体的思想则一直存在。西周的“普天之下,莫非王土;率土之滨,莫非王臣”就包括“蛮、夷、戎、狄”在内。“王使詹桓伯辞于晋曰:‘我自夏以后稷,魏、骀、芮、岐、毕,吾西土也。及武王克商、蒲姑、商奄,我东土也,巴濮、楚邓,吾南土也。肃慎、燕、亳,吾北土也。’”[⑩]孔子虽提出“攘夷”,但只是针对那些不服王化的夷狄来说的,而且其所说的“攘”夷,也无非是“诛其君而吊其民”[⑪],最终的目的还在于“以夏变夷”,即使夷狄接受“诸夏”的教化,以夏统夷。故韩愈说:“孔子之作《春秋》也,诸侯用夷礼则夷之,进于中国则中国之。”他说“攘夷”并不是排斥夷狄。在他看来,诸夏和夷狄俱为“天下一统”,没有内外之别,只有远近和礼俗之殊,而且夷狄也可用诸夏之礼去教化,使之夏化。这种思想,在《春秋》三传中体现得较突出,如《左传·成公十五年》:“春秋内其国而外诸夏,内诸夏

---

① 《汉书·董仲舒传》

② 《韩非子·扬权》

③ 《韩非子·六反》

④ 《韩非子·忠孝》

⑤ 《春秋繁露·为人者天》

⑥ 《春秋繁露·王道通三》

⑦ 《对策一》

⑧ 《玉杯》第二

⑨ 《经筵讲义》

⑩ 《左传·昭公九年》

⑪ 《孟子·梁惠王上》

而外夷狄，王者欲一乎天下，曷为以外内之辞言之？言自近者始也。”就是说王者治天下不是严格内外，而是由近及远，逐步推进教化之治。何休在解释此言就说，到了儒家理想中的“太平世”之时，“夷狄进至于爵，天下远近大小一统”。

同时，在先秦时期，还存在着夷夏一家的思想，如孟子就曾说舜是“东夷之人也”，文王是“西夷之人也”[①]。既然古之圣王舜、文王都是夷狄之人，就表明夷夏之间是没有什么界限的。但是，这种思想在拥有浓厚的夷夏之辨的春秋战国时代，毕竟只是微弱之声。

战国特别是秦以后，随着中央集权制建立和统一的多民族国家的形成，夷夏一体的大中华思想更加突出。秦始皇泰山封禅的刻石就纪曰：“六合之内，皇帝之土，西徙流沙，南尽北户，东有东海，北过大夏，人迹所至，无不臣者。”桓宽在《盐铁论》中把华夏与四夷看作一个不可分的整体，他说：“中国与边境，犹支体与腹心也。夫肌肤寒于外，腹肠疾于内，内外之相劳，非相为助也！唇亡则齿寒，支体伤而心惨怛。故无手足则支体废，无边境则内国害。”史学家司马迁则用大一统思想来作为其编史原则，在其《史记》中为边疆少数民族立传，亦即把少数民族视为君之臣。更为突出的是，他强调诸夏与夷狄本为一统，认为滇王乃楚之苗裔，“中国之虞与荆蛮勾吴兄弟也”[②]，“越虽蛮夷……历数代常为君王，勾践一称伯”[③]，显然他把夷夏看作一体。

魏晋南北朝时期，北方的羌、氐、鲜卑等少数民族纷纷在中原建立少数民族政权。民族问题紧张，夷夏之大防思想强烈，但是仍不乏夷夏一体的思想。建立汉国的匈奴贵族刘渊以《新语》中的“大禹出于西羌、文王生于东夷”为依据，不但宣称自己的先人与汉朝刘氏均为兄弟，而且以夏禹和文王为例，强调“唯德所授”为帝王资格的唯一条件。后来的拓跋琏则干脆自称“黄帝之后”。此外，南北朝时期的夷夏界限带有较强的政治意义，失去了它的实际内容，如北人称南人名“岛夷”，南人称北人为“索虏”，显然，无论是“岛夷”的南人还是“索虏”的北人，都不是纯粹的夷狄，而是夷夏的混合体。司马光把这种互相排黜的言辞称之为“皆私己之偏辞，非大公之通论”。唐宋以后，随着夷夏长时期的共处、融合，夷夏一体思想成为重要的政治思想。唐太宗李世民说：“夷狄亦人耳，其情与中夏不殊，人主患德泽不加，不必猜忌异类，盖德泽洽，则四夷可使如一家；猜忌多，则骨肉不免为仇敌。”[④]司马光则提出了“四夷怀服”的夷夏观。他在《资治通鉴・汉纪》中说：“夫蛮夷戎狄，气类虽殊，其就利避害，乐生恶死，亦与人同耳。御之得其道则附顺服从，失其道则离叛侵扰，固其宜也。是以先王之政，叛则讨之，服则怀之，处之四裔，不使乱礼义之邦而已，若乃视之如草木禽兽，不分臧否，不辨去来，悉艾杀之，岂作民父母之意哉。”在司马光思想中，君主是万民之父母，统于万国，蛮夷戎狄与诸夏同属君主，即四海混一，天下一家。更为可贵的是，对少数民族建立政权的得失，应以“据其功业之实而言之”，不应以“蛮夷”而论短长，如在总结慕容评之败亡原因时说：“慕容评者，蔽君专政，忌贤疾功，愚暗贪虐以丧其国，国亡不死，逃遁见禽。”[⑤]把少数民族政权与汉族政权放于同一位置，是其夏夷一体观念的具体体现。

在此，我们还得正确看待中国传统思想中的“夷夏大防”观念，虽然“夷夏大防”强调夷夏之辨，带有蔑视夷狄之意，但是其对华夏整体的维护，也在一定程度上是大一统思想的体现，只不过

① 《孟子・离娄》
② 《史记・吴太伯世家》
③ 《史记・东越列传》
④ 《资治通鉴・唐纪》卷一九七
⑤ 《资治通鉴・晋纪》卷一〇三

它所强调的是华夏的一体，同时，从我国历史演变中看，所谓的华夏并不是一个纯而又纯的民族整体，其本身也是一个不断发展的变体，后来的华夏族是在几千年的历史中通过不断融合周边的夷狄而形成的，所以，在某种程度上而言，夷夏之大防又起到巩固华夏民族团结，增强民族凝聚力，维护国家统一之作用。同时我们还应看到，历史上那些倡言“夏夷大防”者，主要是针对那些对汉政权构成侵害的夷狄政权而言的，而对于那些怀服的夷狄，则主张施加德泽，“救其死亡，授以生业，教之礼义”[①]即与“诸夏”一体共处，这就是“夏夷大防”之所以每在汉政权与少数民族政权冲突时兴起的原因所在。可见，“夏夷大防”论的迭兴是有着特殊的历史背景的。

二、中国“大一统”的基本制度

一个国家的正常运行，必须借助于与国家政权形式相适应的一整套统一的国家基本制度，诸如政治、经济、军事、文化等等。由于国家基本制度服务于政权的职能，因而国家政权形式的不同，其制度体系也相应不同。中国自形成国家社会一直到封建社会的后期，一直都是实行君主制，君主一人掌握政权，具有至高无上的权力，这就决定了中国古代社会的国家制度要体现出这种高度中央集权的家长式特点，即从根本上去维护“君统天下”国家模式。更为主要的是自秦汉以后，我国的封建国家是一个多民族的统一体，不仅疆域辽阔，而且民族众多。因此，如何维护“君统天下”的大一统的国家，成为历朝国家制度的根本任务。那么，在我国古代国家特别是封建国家时期，是通过哪些制度去巩固“君统天下”的大一统局面呢？综括而言，不外乎政治上中央集权制、侯国制、羁縻制和文化思想上的儒学独尊制。

中央集权制是封建国家的核心制度，它首先确立了君主的最高权威。皇帝是最高统治者，是国家权力的化身，为了保证君主权力的绝对地位，在中央设立了职能齐全的政权机关，在地方设立郡、县、乡、里等层层相统率的政权组织。通过中央政权机关和地方政权机关两大管理组织体系，将国家事务权力一统于君主。君主专制主义中央集权制是维护“君统天下”的根本保证，有助于“大一统”国家的稳定。

侯国制，又称分封制，它是君主为了维护“王天下”“家天下”而推行的一种政治制度。西周时，分封制与宗法制相结合，周天子按宗法血缘关系的亲疏实行“授民授疆土”，分封大量的姬姓国。西周通过体现宗法制的层层分封，来达到族权与政权的相结合，维护周天子“大宗”的绝对地位和国家稳固。到了封建国家时期，许多朝代的统治者特别是开国之君为了维护皇帝“家天下”地位，也推行分封这一政治制度。从历代的分封制看，各朝的分封除皇族宗亲子弟外，还有部分的异姓文武功臣。但那只不过是皇帝对文功武臣的一种羁縻政策，而且在数量上也相对较少，并且一般多为开国之际。随着皇权的日渐稳固，不仅异姓分封稀少，就是那些已被分封的异姓，也往往因种种借口而被削夺。如西汉初刘邦将追随他南征北战的重要将领韩信、彭越、英布等均分封为王。但随着汉政权的进一步稳固，刘邦认识到异姓诸王握有重兵、功劳显赫，是对刘氏政权的一种潜在危险，于是以种种借口将他们勋爵纷纷削夺，并且还定下了“非刘氏而王，天下共击之”之戒律。之后，分封的对象完全转到刘氏皇族子弟。

分封制通过权力利益的分配来达到羁縻异姓文功武臣和维护皇帝“家天下”的局面，无疑是一种行之有效的办法，但是，一旦把握不好，反过来又会造成巨大危害，这在中国历史上并不鲜见。比较典型的有汉景帝时的“七国之乱”、西晋的“八王之乱”、明朱棣的“靖难之役”、清康熙的

① 《资治通鉴·唐纪》

“三藩之乱”等等。不过，一般而言，只要皇权高度集中和强大，分封制是不会对皇权造成损害的。

羁縻制是封建国家对少数民族实行的一种政治制度，虽然历代统治阶级在夷夏关系问题有一种很强的“华夷大防”之心态，但是出于维护多民族统一国家考虑，对少数民族实行“接之以礼，示之以信，濡之以惠泽，耸之以威德”[①]的羁縻政策，仍是历代社会政治思想的主流。早在三代时，人们就已把包括蛮、夷、戎、狄在内的“溥天之下”视为“王土”，提出了“无怠无荒，四夷来工”夷夏一体思想。就是提出“攘夷”的孔子、孟子，也强调对夷狄实行德礼教化，以“以夏变夷”。随着多民族统一国家的形成，特别是周边夷狄的崛起，封建统治者在军事打击个别侵害封建政权的少数民族集团的同时，更多的则是强调以德礼恩泽去教化，去羁縻。许多朝代迁夷狄于内地、与夷狄“和亲”以及在夷狄之地实行边郡制、边州制和土司制，对它们实行与腹地一体的管理，就是这种羁縻政策的具体体现。中国封建统治者的羁縻政策，加强了夷夏的联系，促进了民族的融合，加速了夷狄的华夏化进程，有力地维护了多民族封建国家的统一。

儒家独尊是大一统思想对封建国家的根本要求，是文化领域大一统思想的具体体现。一个国家是一个统一的整体，它要求国家的各项基本制度整齐划一，只有这样才能实现从上到下的政权统治，所以，秦始皇在建立君主中央集权的专制统治时，就实行了“书同文”、“车同轨”、“行同伦”等一系列措施，来加强集权的统一国家。但是，秦朝迅速灭亡的惨痛教训，使封建统治阶级认识到了政治上的中央集权制还必须附之以思想文化的统一，才能保证中央专制集权统治的巩固。于是汉武帝时接受了大儒董仲舒“罢黜百家，独尊儒术”的建议，把儒学定于一尊，实行大一统的思想文化政策，避免了因“师异道，人异论，百家殊方，指意不同”[②]而造成的人们意识的混乱和对汉家王朝的一统法度的妨碍。将思想统一于儒家的制度，自汉以后，一直为历代封建统治者所继承，成为维护我国多民族统一国家的重要制度。不过，在此指出的是，历代统治者之所以对儒学情有独钟，不仅仅是出于思想文化统一的需要，更为主要的是因为儒家思想在内容上与“大一统”的封建皇权思想是一致的，因而倡导儒学，有助于巩固君主专制主义的中央集权制和维护大一统的封建国家。

① 《册府元龟·外臣·褒异》卷九七四

② 《举贤良对策》

第九章　马克思主义与中国传统文化相结合的路径

今天，在经济全球化、政治多极化与文化多元化的国际大背景下，坚持马克思主义的指导地位，增强国家文化软实力、中华文化国际影响力的要求更加紧迫，中国文化也呈现出一元主导、多元并存的繁荣而又复杂的局面，加之历史上中国共产党在处理马克思主义与中国传统文化关系上的一些失误，致使马克思主义与中国传统文化在当代的结合呈现出一些新的特点，遇到了一些新的挑战。如何在立足于当代中国实际需要的基础上，把马克思主义与中国传统文化结合起来，已经成为马克思主义中国化所必须解决的一个重大问题。

第一节　马克思主义与中国传统文化相结合的原因

马克思主义认为，理论在一个国家实现的程度，总是决定于理论满足这个国家的需要的程度。马克思主义之所以能够与中国传统文化结合起来，根本原因在于马克思主义适应了近代以来中国社会变革实践的需要，同时，把马克思主义与中国传统文化结合起来，也符合马克思主义与中国传统文化发展的共同要求，而这两种文化本身之间存在的大量相通之处，又使马克思主义很容易在中国传统文化中找到结合点。

一、近代以来中国社会变革实践的需要

实现中华民族伟大复兴的中国梦，是近代以来无数先进的中国人孜孜以求的梦想，但自鸦片战争以来的中国革命实践已经充分证明，中国传统文化与西方文化都不能完成这一历史任务，只有马克思主义才最终解决"中国向何处去"这一时代主题，中华民族在马克思主义指导下实现了民族独立和人民解放的梦想，并初步实现了繁荣和富强。

(一)中西方文化都不能适应近代中国社会变革实践的需要

在历史上，中国的发展水平长期处于世界的前列，中华民族为人类的文明进步作出了不可磨灭的贡献，甚至即使到了康熙乾隆时期，中国仍然创造了"落日的辉煌"。但在由传统社会向现代社会转变的过程中，中国日渐落后于西方，鸦片战争的炮火打破了天朝大国的迷梦，尤其是甲午战争，促使了中华民族真正的觉醒。严复说："中国自甲午一创于东邻，庚子再困于八国，海内憬然，始知旧学之必不足恃"(《〈英文汉诂〉卮言》)。面对"数千年未有之变局"，中国传统文化暴露出了种种弊端，显得回天乏术。自那时起，如何赶上甚至超过东西方列强，从而实现中华民族的伟大复兴，就成为170多年来中国志士仁人的伟大梦想和精神动力。党的十八大以来的新一届党中央提出的民族复兴中国梦重大战略思想之所以如此激动人心，重要原因在于中华民族在历史上历经辉煌与苦难。为了挽救民族危亡，争取国家的独立和富强，中国人民始终没有间断过对救国救民真理的艰辛探索。鸦片战争以后，很多思想家都认为"要救国，只有维新，要维新，只有

学外国。”[①]但向外国学什么？洋人的大枪大炮是我们直接感受到西方文明，于是“洋务运动”兴起，魏源提出“师夷长技以制夷”，其思想基础可以以张之洞的“中学为体，西学为用”为代表，认为向西方学习的仅仅是他们的“技”或者“器物”，至于“思想意识”我们本来就比他们先进，绝无学习的必要。但人们在惊诧甲午战争的失败以及北洋舰队的覆灭之余，发现原来日本在“明治维新”后，国力大增，从而认为要想战胜列强，必须学习西方先进的制度，于是有了“戊戌变法”。但这种变法，是在不触动封建思想文化根基上的改革，失败也是必然的。孙中山领导的“辛亥革命”，是试图在制度层面改造中国的又一次尝试，但也很快证明在中国是行不通的。人们逐渐认识到要改变中国的政治经济落后状况，必须要改变反映这种政治经济状况的传统文化，这就是近代中国向西方学习所经历的一个从器物——制度——思想文化的转变过程。亲身感受当时思想界变化的梁启超在《五十年中国进化概论》中指出：“第一期，先从器物上感觉不足……第二期，是从制度上感觉不足……第三期，便是从文化根本上感觉不足。”[②]于是1905年废除科举制度，1911年爆发了辛亥革命，使儒学先后退出教育和意识形态领域。特别是五四新文化运动，陈独秀、李大钊、胡适、鲁迅等对儒学进行了激烈的批判和猛烈的抨击，使以儒学为代表的传统文化在道德伦理、文化精神和价值认同方面发生全面的危机。实践已经证明，中国传统文化在近代中国毫无疑问地衰落了，它不能适应近代中国社会变革实践的需要。

与中国传统文化一样，西方文化在近代的发展也遇到了前所未有的挑战，中国的有识之士逐渐认识到，西方文化也不能适应近代中国社会变革实践需要。1914年第一次世界大战的爆发，把资本主义制度固有的矛盾以极其尖锐的形式暴露出来。战争的空前残酷，战后社会的极度混乱，使世人为之震惊，引起对西方文明价值的怀疑。人们第一次从世界范围内感觉到资本主义制度已丧失光明的前途，失去了原有的吸引力。李大钊在大战将结束时说：“此次战争，使欧洲文明之权威大生疑念。欧人自己亦对于其文明之真价不得不加以反省，因而对于他人之批评虚心坦怀以倾听之者亦较多。”[③]毛泽东在《中国共产党第七次全国代表大会的工作方针》中认为，第一次世界大战和十月革命对中国革命选择新的道路影响很大，“文明社会五千年来，才发生第一次世界大战。这一次世界大战，是在世界资本主义发展到了二十世纪的时代，资本家撞了资本家，市场少了，有的抢到的地方广一些，有的抢到的地方狭一些，因此打起来。这就是所谓帝国主义时代。”[④]“在第一次世界大战和十月革命胜利之后，世界的面目、历史的方向就变了。世界历史几千年以来都在发展着，进步着，但只有到了第一次世界大战和十月革命之后，才产生了新的方向。”[⑤]其实，毛泽东早在1917年8月23日《致黎锦熙信》中就曾说过，固然“东方思想均不切于实际生活”，但“西方思想亦未必尽是，几多之部分，亦应与东方思想同时改造也。”1918年斯宾格勒《西方的没落》一书首先敲响了西方文化的丧钟，稍后梁启超的《欧洲心影录》也揭露了西方文化的弊端，并转向了文化保守主义。梁启超在《欧洲心影录》中指出：“大凡一个人，若使有个安心立命的所在，虽然外界种种困苦，也容易抵抗过去，近来欧洲人，却把这件没有了。为什么没有了呢？最大原因就是，过信‘科学万能’。”梁启超认为，东方的学问以精神为出发点，西方的学问以

---

① 毛泽东选集(第4卷)[C].北京：人民出版社，1991，第1470页

② 梁启超.文学史著四种[M].长沙：岳麓书社，1985，第7页

③ 李大钊文集(上)[C].北京：人民出版社，1984，第565页

④ 毛泽东文集(第3卷)[C].北京：人民出版社，1996，第288页

⑤ 毛泽东文集(第3卷)[C].北京：人民出版社，1996，第289页

物质为出发点，所以西方物质文明虽然发达，但缺少个“安心立命的所在”的观点未必正确，他据此认为：“救知识饥荒，在西方找材料，救精神饥荒，在东方找材料”的论断也可能失之偏颇，但确实代表了当时一部分知识分子的想法。也正如毛泽东后来所说的那样，中国人也曾努力地学习西方文化，“从一八四零年的鸦片战争到一九一九年的五四运动的前夜，共计七十多年中，中国人没有什么思想武器可以抗御帝国主义。旧的顽固的封建主义的思想武器打了败仗了，抵不住，宣告破产了。不得已，中国人被迫从帝国主义的老家即西方资产阶级革命时代的武器库中学来了进化论、天赋人权论和资产阶级共和国等项思想武器和政治方案，组织过政党，举行过革命，以为可以外御列强，内建民国。但是这些东西也和封建主义的思想武器一样，软弱得很，又是抵不住，败下阵来，宣告破产了。”[①]对中华民族来说，尤其是“帝国主义的侵略打破了中国人学西方的迷梦。很奇怪，为什么先生老是侵略学生呢？中国人向西方学得很不少，但是行不通，理想总是不能实现。多次奋斗，包括辛亥革命那样全国规模的运动，都失败了。国家的情况一天一天坏，环境迫使人们活不下去。怀疑产生了，增长了，发展了”。[②]

(二)马克思主义解决了“中国向何处去”这一时代主题

为了完成反帝反封建这一历史任务，中国的不同阶级曾提出过不同的理论并进行过不同的实践，如洋务运动、太平天国运动和辛亥革命等。但由于农民阶级和资产阶级的阶级局限性，他们既没有先进理论的指导，又没有进行彻底革命的勇气，面对异常强人的反动势力，失败是必然的。但中国近代社会的矛盾，一个也没有解决，迫使先进的中国人寻找新的思想武器。正当中国人为了选择社会变革的指导思想而上下求索的时候，“俄国人举行了十月革命，创立了世界上第一个社会主义国家。过去蕴藏在地下为外国人所看不见的伟大的俄国无产阶级和劳动人民的革命精力，在列宁、斯大林领导之下，像火山一样突然爆发出来了，中国人和全人类对俄国都另眼相看了。这时，也只是在这时，中国人从思想到生活，才出现了一个崭新的时期。中国人找到了马克思列宁主义这个放之四海而皆准的普遍真理，中国的面貌就起了变化了。”

1. 在马克思主义指导下，中华民族完成了“救亡图存”这一历史任务

与伴随20世纪初期伴随着“西学东渐”的大潮而纷至沓来的其他西方学说不同的是，马克思主义是以实践为基础的高度科学性与革命性相统一的学说。第一，马克思主义具有科学性，能够给中国革命以科学的理论指导。因为它批判吸收了近代以前人类(主要是西方)所取得的优秀文明成果，是集哲学、政治经济学和科学社会主义理论于一体的客观真理，完全可以给中国革命以科学的理论指导。就马克思主义哲学来说，它是马克思、恩格斯在总结和吸收了当时自然科学的三大发现的基础上，克服了以往旧哲学中的唯心主义和形而上学的缺陷而建立起来的彻底的唯物主义的哲学。第二，马克思主义具有革命性，能够给中国革命提供强大的精神动力。马克思主义之所以能在“五四”运动后在中国广泛传播，就在于这种彻底的革命学说，它的根本的特性就是实践性，它不仅提出了指导革命的科学理论，而且还为中国革命注入了强大的精神动力。列宁指出：马克思主义“完备而严密，它给人们提供了决不同任何迷信、任何反动势力、任何为资产阶级压迫所作的辩护相妥协的完整的世界观”。马克思主义一方面与一切反动思潮和反动学派进行坚决的批判和斗争。另一方面，它又公开申明自己的理论是为穷苦的无产阶级服务的，它的全部

① 毛泽东文集(第4卷)[C].北京：人民出版社，1991，第1513页

② 毛泽东文集(第4卷)[C].北京：人民出版社，1991，第1470页

理论，都是与无产阶级的利益紧密联系在一起的：马克思主义哲学把无产阶级当作自己的物质武器，同样地，无产阶级也把马克思主义哲学当作自己的精神武器。以实现人类的解放作为自己的宗旨，这样也就必然把变革现实的实践放在首位。在《德意志意识形态》中，马克思和恩格斯公开宣布："实际上，而且对实践的唯物主义者即共产主义者来说，全部问题都在于使现存世界革命化，实际地反对并改变现存的事物。"而且，马克思主义还为无产阶级革命指明了近代中国革命的具体的任务、对象、动力、途径和前途等问题，从而保证了无产阶级革命的最终实现，这也是当时在中国传播的其他西方学说，如法国蒲鲁东、俄国巴枯宁、克鲁泡特金的无政府主义、美国杜威的实用主义等所不具备的。为多数人服务，为劳苦大众谋利益是马克思主义坚定不移的价值观。恩格斯在《在马克思墓前的讲话》中指出："因为马克思首先是一个革命家。他毕生的真正使命，就是以这种或那种方式参加推翻资本主义社会及其所建立的国家设施的事业，参加现代无产阶级的解放事业，正是他第一次使现代无产阶级意识到自身的地位和需要，意识到自身解放的条件。斗争是他的生命要素。很少有人像他那样满腔热情、坚韧不拔和卓有成效地进行斗争。"总之，马克思主义对先进的中国人之所以有巨大的吸引力，在于它具有高度的科学性和革命性，也正如列宁所说的那样："马克思学说具有无限的力量，就是因为它正确。"在马克思主义中国化的过程中，中国的马克思主义者正是把它作为中华民族变革实践的锐利武器，推翻了帝国主义、封建主义、官僚资本主义这三座大山，建立了社会主义的新中国，终于完成了"救亡图存"这一近代中国人急需完成的历史任务，实现了民族独立和人民解放的梦想。

2. 在马克思主义指导下，中华民族初步实现了繁荣和富强

毛泽东认为："马克思列宁主义来到中国之所以发生这样大的作用，是因为中国的社会条件有了这种需要，是因为同中国人民革命的实践发生了联系，是因为被中国人民所掌握了。任何思想，如果不和客观的实际的事物相联系，如果没有客观存在的需要，如果不为人民群众所掌握，即使是最好的东西，即使是马克思列宁主义也是不起作用。"马克思主义不仅能够适应中国社会革命的需要，成功解决中华民族"救亡图存"的这一历史任务，而且还为中华民族的发展指明了方向，也完全能够适应中国社会建设的需要。现在，我们之所以取得了举世瞩目的成果，比历史上任何时期都更接近中华民族伟大复兴的目标，比历史上任何时期都更有信心、有能力实现这个目标。关键在于找到了实现中华民族伟大复兴的正确道路，这条道路就是中国特色社会主义。马克思主义认为："一定的文化（当作观念形态的文化）是一定社会的政治和经济的反映，又给予伟大影响和作用于一定社会的政治和经济；而经济是基础，政治则是经济的集中表现……一定形态的政治和经济是首先决定那一定形态的文化的；然后，那一定形态的文化又才给予影响和作用于一定形态的政治和经济。"[①]"人们的观念、观点和概念，一句话，人们的意识，随着人们的生活条件、人们的社会关系、人们的社会存在的改变而改变，这难道需要经过深思才能了解吗？"[②]在当代中国，马克思主义之所以可以中国化，可以与中国传统文化结合起来，其根本原因在于马克思主义适应了我国社会现代化建设实践的需要，推动了中国社会的极大发展，初步实现了中华民族的繁荣和富强，并为中华民族的伟大复兴打下了坚实的思想基础。习近平在《在布鲁日欧洲学院的演讲》中指出："历史是现实的根源，任何一个国家的今天都来自昨天。只有了解一个国家从哪

① 毛泽东文集（第4卷）[C].北京：人民出版社，1991，第1470页

② 马克思恩格斯选集（第1卷）[C].北京：人民出版社，1995，，第291页

里来，才能弄懂这个国家今天怎么会是这样而不是那样，也才能搞清楚这个国家未来会往哪里去和不会往哪里去。”①

二、马克思主义与中国传统文化发展的共同需要

马克思主义作为一个以全人类解放为自己的历史使命的世界性的革命学说，它既具有德国民族的特性，又具有世界性。但正如一般只能存在于个别之中一样，马克思主义作为一种世界性的学说，揭示了人类社会的发展的一般规律，马克思主义学说的世界性必须借助一个个具体的民族性才能实现。离开具体的、历史的、有特色的民族形态，马克思主义的世界性就是一句空话。世界社会主义运动的实践已经证明，只有把马克思主义基本原理同各国的具体实际相结合，才能取得社会主义革命和建设的胜利。此外，马克思主义与中国传统文化结合起来，也是中国传统文化发展的必然要求。

(一)马克思主义发展的内在要求

1.马克思主义是一个世界性的革命学说

在马克思主义产生以前，民族性是文化的主要特征，即使像老子、孔子、康德、黑格尔等伟大的思想家，他们对其他民族发生过一定的影响，但由于历史的和阶级的局限性，他们的思想影响仍然是属于文化交流和传播的范围，并未改变其他民族文化的民族性。而马克思主义则不仅是人类社会从民族历史的时代转变为世界历史的时代的产物，而且，还较为客观地回应和解答了这一时代的课题。因此，从本质上说，马克思主义是一种超越民族和地域局限的世界性革命学说。同时，马克思主义还具有与时俱进的理论品质。它虽然已经诞生了一百多年的时间，但至今仍然没有过时。1999 年，由英国剑桥大学文理学院教授发起，对于谁是人类纪元第二个千年“第一思想家”这一问题进行了校内的推选。投票结果是马克思位居第一。随后，英国 BBC 广播公司，又以同一问题，在全球互联网上公开征询投票，结果仍然如此。2005 年 7 月，英国广播公司以古今最伟大的哲学家为题，调查了 3 万名听众，结果是马克思得票率第一、休谟第二(马克思以 27.93%的得票率荣登榜首，第二位的苏格兰哲学家休谟得票率为 12.6%)。

(1)国际金融危机显示了资本主义制度的暂时性

无计划的市场经济，必然导致经济危机，显示了资本主义固有矛盾并没有解决。国际金融危机以来，马克思主义的书再次成为畅销书。美国金融危机、欧债危机频频告急，由此导致失业“愤青”“占领华尔街”“占领伦敦”运动。西方资本主义世界险象环生危机四伏，正好验证了马克思主义理论对于资本主义预言的科学性，证明资本主义在解决两极分化、需求不足及公共品供给不足方面的失败。在新的历史时期，社会主义和资本主义出现了互相吸收态势。“北京共识”和“华盛顿共识”之争，实际上显示了社会主义的优越性。伊格尔顿说：“马克思根本无法描述出社会主义社会或者共产主义社会究竟是什么样子。”“他的批评者可能会因此而批评他的理论过于暧昧不明。但如果真如他们说的那样，那些对马克思‘勾勒乌托邦蓝图’的指责就站不住脚……《圣经》中的先知也从来没有试图预知未来。恰恰相反，先知的伟大之处在于他们谴责现世的贪婪、腐败和权力欲，并向我们发出警告：如果不能做出改变，人类将根本没有未来。马克思正是这样的一位先知，而不是什么预言家。”从本质上说马克思主义是一种对资本主义这种现代性社会的批判，

① 习近平.在布鲁日欧洲学院的演讲[N].人民日报，2014－4－2

因而具有丰富的后现代思想的现代性理论，在某种程度上切中我们现代社会的弊端。

(2)中国特色社会主义实践取得显著成就

实践是检验真理的唯一标准，中国经济社会快速发展的本身就说明，马克思主义具有生命力，如果没有马克思主义，很难解释是什么思想指导了今天中国的发展。新中国建立以后，在马克思主义指导下，中国社会的各项事业都有了巨大的发展。特别是改革开放以来，人民的物质文化生活水平有了很大的提高，现代化建设事业取得了巨大的成就。社会生产力、经济实力、科技实力迈上一个大台阶，人民生活水平、居民收入水平、社会保障水平迈上一个大台阶，综合国力、国际竞争力、国际影响力迈上一个大台阶，国家面貌发生新的历史性变化，为全面建成小康社会打下了坚实基础。《2013 年国民经济和社会发展统计公报》显示，2013 年中国国内生产总值(GDP)已达到 568 845 亿元。全年全国公共财政收入 129 143 亿元，比上年增加 11 889 亿元，增长 10.1%；年末国家外汇储备 38 213 亿美元，比上年末增加 5 097 亿美元；全年农村居民人均纯收入 8 896 元，比上年增长 12.4%，扣除价格因素，实际增长 9.3%；城镇居民人均可支配收入 26 955 元，比上年增长 9.7%，扣除价格因素，实际增长 7.0%。

(3)马克思主义中国化提供了很大的解释空间

中国化的马克思主义是马克思主义，但是又是中国的，是接着马克思主义讲的，也是接着中国传统文化讲的。从更长的历史时空来看，中国化的马克思主义也是中国文化的一部分。毛泽东思想和中国特色社会主义理论都既是马克思主义的，也是中国文化现代化的结果，这样就在一定程度消解了很多人的心理疑虑。同样，马克思主义中国化也吸收西方文化的有益成果，并没有背离人间的大道。从市场经济到社会主义核心价值观，从国家治理体系和治理能力现代化建设到党的建设都吸收了西方文化的有益成果。

2. 马克思主义的世界性需要通过民族性来实现

马克思主义辩证法认为，共性只能存在于个性之中，普遍性只能存在于特殊性里面。每一个民族的文化里面都有人类性的成分，永恒性寓于时代性之中。黑格尔曾就哲学的民族化说过："只有当一个民族用自己的语言掌握了一门科学的时候，我们才能说这门科学属于这个民族了；这一点，对于哲学来说最有必要。"[①]马列主义的经典作家对这一问题有过深刻的论述。恩格斯认为："毫无疑问，美国工人阶级的最终纲领，应该而且一定会基本上同整个战斗的欧洲工人阶级现在所采用的纲领一样，同德美社会主义工人党的纲领一样。在这方面，这个党必须在运动中起非常重要的作用。但是要做到这一点，它必须完全脱下它的外国服装，必须成为彻底美国化的党。"[②]列宁也曾指出："对于俄国社会党人来说，尤其需要独立地探讨马克思的理论，因为它所提供的只是总的指导原理，而这些原理的应用具体地说，在英国不同于法国，在法国不同于德国，在德国又不同于俄国。"[③]列宁的观点无疑具有普遍的意义。世界社会主义运动的实践已经证明，只有把马克思主义基本原理同各国的具体实践相结合，才能取得社会主义革命和建设的胜利。而要实现马克思主义与各国具体实践的成功结合，还需要使马克思主义取得各个民族的具体的形式，即马克思主义只有通过民族化，才能实现世界化。因为马克思主义只有与各个民族的特点相结合，与其传统文化相结合，并通过一定的民族形式，才能在这个国家扎根并真正发挥改造社

① 黑格尔. 哲学史讲演录(第 4 卷)[M]. 上海：商务印书馆，1978，第 187 页

② 马克思恩格斯选集(第 4 卷)[C]. 北京：人民出版社，1995，第 394 页

③ 列宁选集(第 1 卷)[C]. 北京：人民出版社，1995，第 274 页

会的功能。

就中国来说，要做到马克思主义与中国具体实践相结合，也必须要使马克思主义取得中华民族的形式，“使之在其每一表现中带有必须有的中国的特性”，取得“为中国老百姓所喜闻乐见的中国作风和中国气派”。也就是说，把马克思主义与中国革命的具体实践相结合的过程，同时也是把马克思主义同中国传统文化相结合的过程。因此，毛泽东指出：“从孔夫子到孙中山，我们应当给以总结，继承这一份珍贵的遗产”，并认为“马克思主义的中国化”是一个迫切需要解决的重大问题。施拉姆指出，马克思主义这一源于西方的文化意识形态，“如果不能适应中国人民的思想和精神状态而做出改变，就不可能在中国的环境中发挥作用。”实现中华民族伟大复兴的中国梦，必须坚持以马克思主义为指导，坚定不移走中国特色社会主义道路，但这条道路是在改革开放 30 多年的伟大实践中走出来的，是在中华人民共和国成立 60 多年的持续探索中走出来的，是在对近代以来 170 多年中华民族发展历程的深刻总结中走出来的，也是在对中华民族五千多年悠久文明的传承中走出来的，因此具有深厚的历史渊源和广泛的现实基础。必须推进马克思主义与中国传统文化的进一步结合。

（二）中国传统文化发展的必然要求

1. 中国传统文化具有极大的包容性

根据汤因比对世界各个文明的考察，“西方文明与中国文明之间的关系是相互完全独立的关系。”①有学者在论述中国传统形成的过程时指出，由于中国传统文化是在各种文化交融中形成的，这就使其具有了极大的包容性。“秦汉以后，中华大地上的各民族大致可以分为三个文化类型，这就是北方草原游牧文化、南方山地游耕文化、中原定居农业文化。在长达三千年的历史进程中，上述三种文化类型以中原定居文化为中心，多方面交汇融合，而气象宏伟的中国文化正是在这样一个相冲突又相融合的过程中整合而成的。”②张岱年等学者认为：“中国是个幅员辽阔的国家，各地的自然条件千差万别，社会政治文化诸方面的发展水平也多有差异，由此，古代中国又形成了不同区域文化的格局，如齐鲁文化、楚文化、吴越文化、三晋文化、秦文化等。这种不同区域文化的格局也导致了中国文化的多元结构。然而随着中国农耕经济的周边扩展，中国文化的包容性格，又促使这些区域文化相辅相成，渐趋合一。”③中国传统文化的包容性既赋予了中国传统文化强大的生命力，也赋予了中华民族强大的生命力。英国历史学家汤因比在 20 世纪 70 年代初，曾与日本学者、社会活动家池田大作有过一次著名的对话，在这次对话中，他指出：“就中国人来说，几千年来，比世界任何民族都成功地把几亿民众，从政治文化上团结起来。他们显示出这种在政治上、文化上统一的本领，具有无与伦比的成功经验。”④

中国传统文化的包容性主要体现于以下三个方面：第一，中国传统文化具有“道并行而不相悖”（《中庸》）的宽广胸怀。汉代史学家司马谈在综述先秦学术时说：“《易大传》曰：‘天下一致而百虑，同归而殊途。’夫阴阳、儒、墨、名、法、道德，此务为治者也，直所从言之异路，有省不省耳。”（《史记·太史公自序》）可见先秦的各家学说，都是为了社会得到治理（此务为治者），在这一点上

① ［英］阿诺德·汤因比. 历史研究［M］. 刘北成，郭小凌，译，上海：上海人民出版社，2000 第 50 页

② 张岱年，方克立. 中国文化概论［M］. 北京：北京师范大学出版社，2004，第 87 页

③ 张岱年，方克立. 中国文化概论［M］. 北京：北京师范大学出版社，2004，第 40 页

④ ［英］阿·汤因比，［日］池田大作. 展望二十一世纪［M］. 荀春生，朱继征，陈国梁，译. 北京：国际文化出版公司版公司，1985，第 294 页

是一致的，只是实现治理的路径、理论根据各有不同而已。汉代的班固进一步指出："诸子十家，其可观者，九家而已。皆起于王道既微，诸侯力政，时君世主，好恶殊方。是以九家之术，蜂出并作，各引一端，崇其所善，以此驰说，取合诸侯。其言虽殊，辟犹水火，相灭亦相生也。仁之与义，敬之与和，相反皆相成也。"(《汉书·艺文志·诸子略》)认为诸子学说之间虽然有差别和对立("相灭"、"相反")，但是又是互相补充、互相促进的关系("相生""相成")。所以班固在分析了先秦诸子的各家学说之后指出："若能修六艺之术，而观此九家之言，舍短取长，则可以通万方之略矣。"(《汉书·艺文志·诸子略》)中国传统文化这种"道并行而不相悖"精神还体现在儒释道之间的兼容和互补。"儒家治世，道家修身，佛教修心"的说法有一定的道理，儒家提倡"极高明而道中庸"，道家高歌"夫虽在庙堂之上，然心无异于山林之中"，佛教认为"既在孤峰顶上，又在红尘浪里"。儒、释、道三家学说，构成中国传统文化的主流，使得中国人入世以儒，顺世以道，出世以佛。由于儒、释、道三家在人生哲学方面互相补充，互相吸取，并在不同的境况下起着不同的作用，从而构成了中国人安身立命的精神家园。德清禅师指出："为学有三要：所谓不知《春秋》，不能涉世；不精《老》《庄》，不能忘世；不参禅，不能出世。此三者，经世、出世之学备矣，缺一则偏，缺二则隘，三者无一而称人者，则肖之而已。"(《憨山老人梦游集》卷三十九《学要》)紫柏大师对释儒道三教不存偏见，能抱一种宽广的胸怀平等对待，时人尝言："(紫柏)不以释迦压孔老，不以内典废子史，于佛法中不以宗压教，不以性废相，不以贤首废天台。"(顾大韶：《紫柏尊者全集跋》，《紫柏尊者别集》附录)以出世的精神做人世的事业，以天人合一的思维模式处理人与自然的关系，以明心见性的路径实现身心和谐，构成了中国传统文化的独特人生智慧。只听儒家是书呆子，只听道家是大滑头，只听佛教是枯坐僧。儒家从人的社会性出发，调节人与社会的关系，努力实现社会和谐；道家从人的自然性出发，调节人与自然性的关系，努力实现人与自然之间的和谐；佛教从人的超然性(神性)出发，调节人与自身的关系(或者说灵与肉的关系)，努力实现身心和谐。

第二，中国传统文化具有"尚和去同"的优良传统。孔子说"君子和而不同，小人同而不和"(《论语·子路》)，史伯说："和实生物，同则不继。以他平他谓之和，故能丰长而物归之；若以同裨同，尽乃弃矣。"(《国语·郑语》)东汉的仲长统提出："同于我者何必可爱，异于我者何必可憎。"(《意林》)张载也指出："乐己之同，恶己之异，便是固、必、意、我，无由得虚。"(《张子语录》)，这些言论都说明，如果固执己见，没有开阔的心胸去接受并吸收异己的思想，人类的认识就得不到发展。北宋苏轼曾这样批评王安石："王氏之文，未必不善也，而患在于好使人同己。自孔子不能使人同，颜渊之仁，子路之勇，不能以相移；而王氏欲以其学同天下。地之美者，同于生物，不同于所生；惟荒瘠斥卤之地，弥望皆黄茅白苇，此则王氏之同也。"(《答张文潜书》)，虽然苏轼和王安石在政治见解和学术思想上有分歧，他对王安石的批评也未必正确，但是，在这里，苏轼指出学术的发展必须兼容并蓄，允许不同思想共同发展是文化进步的一个重要条件的思想，还是很有启发意义的。明清之际的黄宗羲在《明儒学案·凡例》中反复申明："此编(指《明儒学案》)所列，有一偏之见，有相反之论，学者于其不同处，正宜着眼理会，所谓一本而万殊也。以水济水，岂是学问。"提出了著名的"一本万殊"的学术史观，认为不仅应该允许学术上有不同的观点，而且正是因为有了这些学术上的不同观点，才推动了学术的发展，要推动学术的进步，就是要在这些"一偏之见"和"相反之论"上下功夫("正宜着眼理会")。如果没有不同观点的交锋，"以水济水"，学术的发展也就停止了。

第三，中国传统文化具有吸收外来异质文化的恢宏气度。中国传统文化巨大的包容性不仅体现在中华文化系统内部，各种学说互相吸收、互相促进，还体现在中国传统文化能够吸收外来异质文化的恢宏气度。由于中华民族的发展长期以来居于世界前列，因而对于支撑中华民族发展的文化，有一种深厚的自信。“中华民族素有文化自信的气度，正是有了对民族文化的自信心和自豪感，才在漫长的历史长河中保持自己、吸纳外来，形成了独具特色、辉煌灿烂的中华文明。”[①]越是能够在不忘本来的基础上吸收外来，越是体现了一种文化自信。石仲泉指出：“从中华文化来说，它也具有广袤的包容性。中国作为文明古国，有着极其灿烂的文化，在人类历史上独领风骚千年以上，为世界文明的发展作出过卓越贡献。所以能如此，就是因为中华民族的许多文化是接纳、吸收和融合了外来文化而丰富起来，成为博大精深的中华文化。马克思主义尽管属于西方文化，与中华文化有很大差异，但两者都有的博大的汲纳性，使它们能够融合相通、共存共荣，而不是互相排斥、或一方吃掉另一方。”否则，就不能很好地解释为什么马克思主义传到印度没有印度化，传到非洲没有非洲化的问题。历史上对佛教文化的吸收就是一个例子，佛教在两汉传入中国以后，魏晋时期就被道术化或者玄学化，经过隋唐时期中国传统文化对它的消化吸收，一部分在吸收中国传统文化的基础上，形成了中国化的佛教（如禅宗），一部分则在宋明时期，彻底融入宋明理学，成为中国传统文化的一部分。汤一介认为：“中国的这种传统文化今后是否能发展，将取决两个条件：第一是它必须保持它的特性；第二是它又必须敢于吸收外来文化，以适应现代社会生活发展的要求。从前一方面说，它表明一种文化传统对全人类文化的独特价值，如果它不能保持其特性则这种文化传统就要在历史上消失。就后一方面说，它表明一种有生命力的文化在保持其特性的条件下而又能随着时代发展吸收新的东西，如果它丧失了吸收新东西的能力，这种文化也就不能作为一种保持其特性的文化而继续存在。而这两个方面的条件，从中国传统文化发展的历史看，大体都是具备的。”

2. 中国传统文化的发展需要吸收外来文化的有益成果

自近代以来，各国文化都面临着如何实现从传统向现代转型的问题。由于我国的传统文化在一个很长的历史时期内表现为建立在小农经济基础上的封建文化，很难直接开发和培养出适合现代社会，特别是适合社会主义市场经济需要的现代文化精神，而在20世纪初传来的建立在高度工业化基础上的马克思主义，本质上是一种具有现代性，乃至后现代性的文化，对中国传统文化来说，毫无疑问是一种具有极大互补性的优势文化。

中国传统文化正是通过与马克思主义的有机结合，传承和弘扬了自身的精华，抛弃了自身的糟粕，实现了自我提升。近代以来的中国社会发展史已经证明，经历了数千年发展而高度完备的传统文化思想体系难以适应中国社会超常规态势的发展。面对“数千年未有之变局”，以儒学为骨干的中国传统文化暴露出自身的种种弊端，受到了无情的批判。随着儒学正统地位的失落，中国传统文化与外来文化相结合的必然性日益凸显。马克思主义的传人及在中国文化转型中取得支配地位，是中国传统文化为了摆脱在近代的发展面临着的困境而进行的历史的必然的选择。

马克思主义作为一种具有世界性的革命学说，虽然它只有通过民族化才能实现其世界化，但民族化的马克思主义也必须能够体现世界性和时代性。为此，中国化的马克思主义除了要吸收中国传统文化的优秀成果之外，还需要以开放的胸怀吸收各国优秀文明成果，以增强中华文化的国际影响，使中国文化在全球化的时代对人类的发展作出应有的贡献。费孝通指出：“我们一方

① 云杉．文化自觉文化自信文化自强——对繁荣发展中国特色社会主义文化的思考（中）[J]．红旗文稿，2010（16）

面要承认我们中国文化里边有好东西，进一步用现代科学的方法研究我们的历史，以完成我们‘文化自觉’的使命，努力创造现代的中华文化。另一方面了解和认识世界上其他人的文化，学会解决处理文化接触的问题，为人类的明天作出贡献。”中国文化本身就是在吸收各种文化的基础上形成的，在新时期，它也必然能借鉴吸收外来文化的有益成果而走向世界。江泽民在《在庆祝中国共产党成立八十周年大会上的讲话》中进一步指明：“世界是丰富多彩的。各国文明的多样性，是人类社会的基本特征，也是人类文明进步的动力。应尊重各国的历史文化、社会制度和发展模式，承认世界多样性的现实。世界各种文明和社会制度，应长期共存，在竞争比较中取长补短，在求同存异中共同发展。”党的十八大指出：“扩大文化领域对外开放，积极吸收借鉴国外优秀文化成果。”

事实上，不同文化之间的碰撞和融合是文化发展的一个重要规律，诸民族文化及其哲学之间，特别是中西文化及其哲学之间的交流、碰撞和融汇正是全球化发展的一个重要方面和趋向。季羡林一向主张：“文化交流能促进交流双方文学、艺术、哲学、宗教的发展，能增进双方科学技术的昌盛，总之，一句话，能推动双方社会的前进。”罗素在《中西文化之比较》中曾说过：“不同文明的接触，以往常常成为人类进步里程碑。希腊学习埃及，罗马学习希腊，阿拉伯学习罗马，中世纪的欧洲学习阿拉伯，文艺复兴时期的欧洲学习东罗马帝国。学生胜于老师的先例有不少。”也就是说，文化之间的相互交流和相互影响，共同铸造了人类文化一个又一个里程碑。中国文化本身就是在各种文化的碰撞与交流中融合而成的，其中包括大量少数民族的文化。在历史上，中国文化很早就受到西亚文化、伊斯兰文化的影响，佛教的传入改变了中华文化儒道互补的格局，推动中国文化向心性论和本体论转型，隋唐之后，形成儒释道三教并存的状况。近代以来，欧洲基督教、天主教文化，包括科学民主等现代西方文明理念对中国文化产生重大影响，马克思主义从根本上来说属于西方文化，但是中国化的马克思主义却是马克思主义与中国文化相结合的结果。因此，没有纯而又纯的中国文化。在人类社会中，没有哪一种文化是绝对的民族性和绝对的世界性的，任何一种文化都是民族性与世界性的统一。伴随全球化特别是文化全球化的发展，西方文化将愈益全面、系统地进入中国传统文化的视野中，其科学精神、理性传统、反思品格和批判意识等特质将逐渐为中国文化所汲取、接纳，中国传统文化中的人文精神、伦理传统、“悟性”思维和和谐观念等优秀特质也将日益对西方文化发生影响，为其所借鉴和吸收，当代中国文化正是在中西文化的进一步交汇和融合中获得进一步发展并扩大其影响，从而走向世界，成为一种真正的世界性文化。

在此，我们还需要对一种观点进行澄清，即有学者认为，中国文化会因为吸收外来文化而变质甚至灭绝。实际上，一种文化是否会因为吸收外来文化而变质甚至灭绝主要取决于文化自身。当然，历史上确实存在因为外来文化入侵而导致本国文化变质甚至消灭的现象，但是，一种文化拒绝吸收外来文化，不能适应时代的需要不断调整自己，也会因为落后于时代而灭绝。对于具有极大的主体性与“通变”精神的中华文化来说，“历史证明，开放包容不会削弱中华文化的优秀内核，反而在吸收借鉴中不断丰富壮大。”汤一介以佛教中国化为例对这一问题进行了很好地说明，他说：“印度佛教传入中国后，中国文化并未因吸收印度佛教变成印度文化，文明并未因对话而变质，恰恰相反，是印度佛教文化为中国文化所吸收。印度佛教文化传入中国的全过程都可以说是在两种不同文化的交流和对话中实现的。”对于今天推进的马克思主义与中国传统文化相结合来说，未来中国文化的性质很大程度上取决于中国文化的性质与中国共产党的文化主张。

第二节　马克思主义与中国传统文化相结合的经验

在中外文化交流史中，马克思主义与中国传统文化的结合是一次成功的外来文化的中国化。从政治经济上来说，它完成了“救亡图存”这一近代中国人急需完成的历史任务，实现了民族独立和人民解放的梦想，并初步实现了中华民族的繁荣和富强；从思想文化上来说，它既极大地推进了中国传统文化向现代化的转换，又实现了马克思主义理论本身的与时俱进，从而为中华民族的伟大复兴打下了坚实的思想文化基础。认真总结马克思主义与中国传统文化相结合的经验，对于推进马克思主义与中国传统文化的进一步结合，实现马克思主义与中国传统文化的共同发展，以及构建中国特色的社会主义先进文化都具有十分重要的意义。

一、坚持以马克思主义为指导

在马克思主义与中国传统文化相结合的过程中，中国共产党始终坚持以马克思主义为指导对中国传统文化进行批判继承。毛泽东在1938年正式向全党提出马克思主义中国化的任务时就指出：“学习我们的历史遗产，用马克思主义的方法给以批判的总结，是我们学习的另一任务。”正是因为坚持以马克思主义为指导，才使毛泽东辩证地对待中国传统文化。他说，对于传统文化，“既不是一概排斥，也不是盲目搬用，而是批判地接受它，以利于推进中国的新文化。”这样，既促进了两种文化之间的结合，又从根本上决定了我国文化的性质和今后正确的发展方向。

(一)坚持以马克思主义为指导的表现

在马克思主义与中国传统文化相结合的过程中，坚持以马克思主义为指导对中国传统文化进行批判继承，主要表现在以下几个方面。

1.对中国传统文化进行整体的批判性分析

从文化的时代性上来说，马克思主义是建立在科学的世界观和方法论上的现代文明，而中国传统文化是中华民族在近代社会以前观察自然和社会的结果，是一种典型的前现代文明。虽然两者有相通之处，但在时代性上是有落差的。赵小芒指出：“马克思主义的传人正是适应了这一中国文化发展的历史需要。它不仅为中国社会改革提供必要的理论指导，而且为中国传统文化的改造注入了现代化的元素。因此，运用马克思主义改造中国传统文化，也就成为了中国共产党诞生之后，顺应时代发展潮流的必然选择。从而开始了马克思主义中国化在文化领域深入展开的历史进程。”①以马克思主义为指导对中国传统文化进行整体的批判性分析，会使中华民族更加清醒地认识到传统文化的不足，更好地把握中国传统文化的本质，有助于传统文化向现代化转型。例如，我们在分析中国哲学史时，就以历史唯物主义与辩证唯物主义的观点为指导，把中国几千年的哲学史，按照唯物主义和唯心主义斗争的历史来进行划分。虽然这种划分难免产生教条化、机械化和片面化的倾向，如把孔子划归唯心主义阵营，把老子划归唯物主义阵营，但却会使我们在浩如烟海的中国哲学思想文化中，抓住主要线索，比较清晰地认识到产生这些思想的原因。而且，中国的马克思主义者在批判分析中国传统哲学的过程中，还有目的、有意识地进行并实现了与中国传统哲学的有机结合，这样，通过阅读在马克思主义指导下写的中国哲学史，不仅

① 赵小芒.在扬弃和改造中国传统文化中推进马克思主义中国化[J].学习与实践，2008(3)

有助于认清中国哲学发展的大致历史，而且有助于提高马克思主义修养。

2. 对中国传统文化的某些概念、范畴、命题等进行重新诠释和创造性解读

坚持以马克思主义为指导，除了表现在从整体上对中国传统文化进行批判分析之外，还表现在以马克思主义为指导对中国传统文化中某些概念、范畴、命题等思想资源进行具体的重新诠释和创造性解读，赋予它们以新的含义，使之能够与当代社会相适应、与现代文明相协调。如毛泽东对“实事求是”的改造就很具有代表性。“实事求是”语出班固《汉书》，书中记载汉景帝之子刘德，喜好学问，收集典籍，可与朝廷媲美，故称他：“休学好古，实事求是。”后泛指做学问时，踏实认真地搜集资料的一种态度。毛泽东在《改造我们的学习》一文中说：“‘实事’就是客观存在着的一切事物，‘是’就是客观事物的内部联系，即规律性，‘求’就是我们去研究。我们要从国内外、省内外、县内外、区内外的实际情况出发，从其中引出其固有的而不是臆造的规律性，即找出周围事变的内部联系，作为我们行动的向导。”[①]这样，既利用了传统文化的术语，又用辩证唯物主义的基本精神对其进行改造，赋予了“实事求是”崭新的内涵，成为中国共产党人的思想路线。笔者赞同这样的观点：中国传统文化无疑是世界文化史上马克思主义诞生前最伟大的文化学说之一，它的许多命题和思想即使在今天也仍然有其普遍意义和价值。但是，时代毕竟向前发展了。传统文化要在现时代对人们的物质生活和精神生活产生巨大而积极的作用，就不能不跟随时代前进的步伐，实现自身的传统向现代的创造性转换。这就要求我们站在时代的高度，以马克思主义为理论指导，通过深入而细致的批判继承的工作，将传统文化的合理命题与合理观念融汇到时代文化和时代精神中去，从而赋予传统文化以新的形态和新的生命力，使其真正成为时代文化的一个内在的有机部分。

3. 克服中国传统文化中的非科学性和不彻底性

马克思主义与中国传统文化相结合的一个重要原因在于两者之间有很多相通之处。当然，相通并不等于相同，并不能把这些相通之处等同起来，但却可以利用这些相通之处来实现马克思主义与中国传统文化之间的结合。这就需要以马克思主义为指导，克服中国传统文化中的非科学性和不彻底性，赋予它们新的含义。中国的马克思主义者在马克思主义中国化的过程中也正是这样做的，毛泽东的《实践论》《矛盾论》就是对中国传统文化中实践观点和矛盾思想改造的很好典型。众所周知，在中…传统文化中有丰富的“变易”的思想，《周易》的“易”就是变易、变化的意思。孔子说“逝者如斯夫！不舍昼夜”（《论语·子罕》），认为世界就像江河一样川流不息。老子说：“飘风不终朝，骤雨不终日。孰为此者？天地。天地尚不能久，而况人乎？”（《老子》第二十三章）意思是说，像天地这样大的势力，也不能使狂风刮一个早晨，暴雨下一整天，更何况人呢？可见一切事物都是暂住的、变化的。但是，中国传统文化的“变易”思想是不彻底的、是非科学的。第一，这种“变易”思想虽然认为变化是普遍的规律，但还是承认有一些不变的东西，如董仲舒说：“天不变，道亦不变”（《举贤良对策》）。而且常常是道“穷”之时才思变，“穷则变，变则通，通则久”（《易传。系辞下》）对中国人的思维方式影响深远。第二，在探讨事物变化的根本原因时，要么把它归结为某种外在的神秘力量的推动（如“谋事在人，成事在天”），要么把它归结为阴阳二气的相互作用的结果，如荀子把万事万物的变化归结为“阴阳大化”（《荀子·天论》），并认为“天地合而万物生，阴阳接而变化起。”（《荀子·礼论》）。第三，习惯于“中庸”的方式对待矛盾，重视矛盾的

① 毛泽东选集（第3卷）[C]. 北京：人民出版社，1991，第801页

统一性而忽视矛盾的斗争性。在《矛盾论》一文中，毛泽东对中国古代的“变易”思想进行彻底的改造，克服中国传统文化中的“变易”发展观的不彻底性和非科学性，使中国古代的“变易”思想变成科学的发展观，实现了中国传统文化的发展观向现代化的转型。毛泽东指出，一切事物的变化是发展，而不是循环，是事物内部的矛盾性构成了事物发展变化的根本原因。他说：“事物发展的根本原因，不是在事物的外部而是在事物的内部，在于事物内部的矛盾性。任何事物内部都有这种矛盾性，因此引起了事物的运动和发展。事物内部的这种矛盾性是事物发展的根小原因，一事物和他事物的互相联系和互相影响则是事物发展的第二位的原因。”[①]同时，他还分析了社会变化的原因，指出：“社会的变化，主要是由于社会内部矛盾的发展，即生产力和生产关系的矛盾，阶级之间的矛盾，新旧之间的矛盾，由于这些矛盾的发展，推动了社会的前进，推动了新旧社会的代谢。”关于矛盾的统一性和斗争性的关系，《矛盾论》指出，矛盾的统一性是相对的，而矛盾的斗争性是绝对的，从而克服了中国传统文化辩证法对矛盾的斗争性重视不足的缺陷。但是，有些人由此认为中国共产党的哲学就是“斗争哲学”也不妥，说到底，共产党的哲学是辩证唯物主义和历史唯物主义，强调矛盾双方的对立与统一。必须坚持具体问题具体分析。《矛盾论》写作于革命战争时期，自然更加强调矛盾的斗争性，而在构建社会主义和谐社会的今天，则当然应该更加强调矛盾的统一性。

4. 创造出符合实际需要的具有中国特点的马克思主义

在马克思主义与中国传统文化相结合的过程中，坚持以马克思主义为指导，并不是仅仅表现在以马克思主义为指导对中国传统文化进行整体性批判和对其中的某些概念、范畴、命题等思想资源进行具体改造，赋予它们新的含义；也不仅仅表现在克服中国传统文化中的非科学性和不彻底性；更主要的是表现在从中国社会发展的实际需要出发，在批判吸收中国传统文化的基础上，创造出具有“中国作风”和“中国气派”的马克思主义。这样，既推动了中国传统文化向现代化的转型，又实现了马克思主义的与时俱进。毛泽东思想、邓小平理论、“三个代表”重要思想和科学发展观，就是马克思主义与中国传统文化在当代相结合的理论成果。在这里需要提及的是，由于马克思主义是我国革命和建设的指导思想，因此推进马克思主义与中国传统文化的结合不仅是理论问题，它还是甚至首先就是一个实践问题。在理论上创造出符合实际需要的具有中国特色的马克思主义以后，还要把这种中国化的马克思主义理论转化为广大人民群众认识世界和改造世界的实际行动，并在这种实际活动中得到进一步的丰富和发展。

(二)坚持以马克思主义为指导的原因

马克思主义是我们立党立国的根本，也是社会主义文化建设的根本指导思想。在马克思主义与中国传统文化相结合的过程中，必须始终坚持以马克思主义为指导。

第一，强大的社会主义政治经济基础，要求在文化上坚持马克思主义的指导作用，而在文化上坚持马克思主义指导作用，又有利于巩固社会主义政治经济基础。毛泽东指出：“一定的文化(当作观念形态的文化)是一定社会的政治和经济的反映，又给予伟大影响和作用于一定社会的政治和经济；而经济是基础，政治则是经济的集中表现……一定形态的政治和经济是首先决定那一定形态的文化的；然后，那一定形态的文化又才给予影响和作用于一定形态的政治和经济。”在我们国家，应该坚定地旗帜鲜明地坚持指导思想一元化的原则，坚决维护马克思主义、毛泽东思

① 毛泽东选集(第1卷)[C]. 北京：人民出版社，1991，第302页

想和邓小平理论在整个社会，尤其是在意识形态中的指导地位。这是关系到我们选择什么样的社会发展道路，以什么理论指导原则治党治国治军，用什么思想来教育我们青年一代的根本原则问题。

第二，保证我国文化发展的性质和方向的需要。“坚持马克思列宁主义、毛泽东思想的指导地位，是我们党立党立国的根本，也是社会主义文化建设的根本，决定着我国文化事业的性质和方向。只有这样，我们的文化建设才能沿着正确的道路健康发展，抵制和消除一切落后的、腐朽的思想文化影响，不断创造出先进的健康的社会主义崭新文化，培养出适应社会主义现代化建设需要的有理想、有道德、有文化、有纪律的新人。”我国是以马克思主义为指导的社会主义国家，马克思主义与中国传统文化相结合的结果是要形成有中国特色的社会主义先进文化，而不是向封建文化的复归，这就从根本上决定了马克思主义与中国传统文化相结合的过程中，必须坚持以马克思主义为指导。否则，就无法保证当代中国文化的性质和正确的发展方向，马克思主义与中国传统文化相结合而形成的文化也就很可能是封建主义的文化或者是资本主义的文化，而不是有中国特色的社会主义先进文化。

外来文化中国化的过程是一个外来文化与中国文化互化的过程，其中既有外来文化中国文化的问题，也有中国文化化外来文化的问题。但人们一般都把注意力集中在外来文化改变本土文化、先进文化改变落后文化的方面，而对本土文化如何悄然地同化外来文化、落后文化如何无声地消蚀先进文化的现象，则往往关注和研究得不够。现代诠释学认为，这一方面是因为中国文化与外来文化之间存在着语言间距，另一方面是由于我们在理解外来文化的时候总是从自己的前见（包括实践经验和传统文化等）出发来进行解读。外来文化如果不能自觉地坚持自己的特质，就会被中国传统文化所同化。中国化的马克思主义仍然是马克思主义，中国化的佛教仍然是佛教，其前提条件就是这些学说中一些本质的东西还没有被同化。而佛教部分宗派在宋明以后逐渐走向末路、马克思主义在“文革”时期误入歧途，也都与此有关。党的十七届六中全会中强调：坚持中国特色社会主义文化发展道路，深化文化体制改革，推动社会主义文化大发展大繁荣，必须全面贯彻党的十七大精神，高举中国特色社会主义伟大旗帜，以马克思列宁主义、毛泽东思想、邓小平理论和“三个代表”重要思想为指导。

第三，从文化的时代性来说，马克思主义优于中国传统文化。文化既具有民族性，又具有时代性。从文化的民族性来说，中国传统文化与马克思主义各有特点，应该平等对待。但从文化的时代性来说，中国传统文化是在封建社会的长期发展中日益形成的农耕文化，是小农意识的代表，具有很大的保守性，实践上已经证明它不能适应中国社会从传统向现代转型的需要，也解决不了近代中国“救亡图存”这一时代主题。而马克思主义则是在资本主义高度发达的基础上产生的无产阶级的意识形态，是迄今为止最科学的一种理论和学说，它产生于全球化的时代并能完全适应现代化建设的需要。而且，马克思主义在中国文化建设中的指导地位不是自封的，它是在与“五四”以来传到中国的各种思想斗争的实践中逐步树立起来的。近代的中国历史已经充分证明，唯有马克思主义才能指导中国的发展。在任何时候都不能削弱、偏离了马克思主义的指导，否则，中国民族复兴的伟大事业的发展就会受到破坏。

第四，一元化的指导思想引领多样化的社会思潮的需要。马克思主义认为，“思想的历史除了证明精神生产随着物质生产的改造而改造，还证明了什么呢？任何一个时代的统治思想始终都不过是统治阶级级的思想。”当前，我们正处在一个思想大活跃、观念大碰撞、文化大交融的时代，社会主义初级阶段的思想文化领域呈现出错综复杂、多元并存的结构特征。面对这种状况，一方面要认识到在社会主义初级阶段还不能完全消除这些多样化社会思潮的基础，而且，这些多样化社会思潮的互相激荡，也在客观上推动了我国文化的丰富和发展，满足了广大人民群众多样化的思想文化需求。另一方面，又必须理直气壮地坚持以马克思主义为指导，努力引领多种社会思潮。党的十八大报告指出："推进马克思主义中国化时代化大众化，坚持不懈用中国特色社会主义理论体系武装全党、教育人民，深入实施马克思主义理论研究和建设工程，建设哲学社会科学创新体系，推动中国特色社会主义理论体系教材进课堂进头脑。"总之，在社会主义先进文化建设的过程中，需要努力通过马克思主义主流文化去规范、引导、影响各种非主流文化，使主流文化与非主流文化兼容互补、共生互动、圆融通达、有机统一，以维护社会稳定，促进社会和谐、健康、有序发展。如果放弃马克思主义的指导地位，就会使整个社会因缺乏统一的价值目标而失去凝聚力，最终，社会主义现代化的目标也无法实现。

二、切实贯彻批判继承的方针

马克思主义认为，经济基础从根本上决定思想文化上层建筑，但社会意识又具有相对独立性，而这种独立性的表现之一就是社会意识在发展过程中有着自身系统的特殊历史继承性。在马克思主义与传统文化相结合过程中，中国共产党彻底打破了"中""西""体""用"的老框架，坚持从实际出发，以思想能否适应生产力的发展需要并推进社会进步作为评判中国传统文化精华与糟粕的根本标准，从而真正实现了对中国传统文、化的批判继承。

(一)中国传统文化的精华与糟粕是批判继承的基本依据

中国传统文化是中华民族经过长期积淀而形成的，它内容丰富，但杂而多端，既有精华，也有糟粕，这是我们对其进行批判继承的基本依据。张岱年在分析为什么要对中国传统文化进行批判继承时指出："文化传统具有两个方面的意义和作用，一方面它是一种精神财富，是继续前进的基础；一方面它是一种沉重的包袱，是前进的障碍。这就要进行分析。必须注意的情况是：传统文化中积极的贡献常常是难以理解、不易掌握，而易于丧失、忘却；传统文化中消极的阻碍进步的东西却不易克服、不易摆脱。优秀传统不易保持，而沉重的包袱却难以甩掉。如果不区分精华与糟粕，对于传统文化全盘否定，其结果是精华被否定了，而糟粕却依然如旧，或且变本加厉。"①

1. 传统文化的精华促进了中国社会的发展

毫无疑问，中国传统文化能够绵延几千年而不绝，其中自有精华之所在，而且，这些精华是"一以贯之"的，在当代仍然具有一定的价值，如中国传统文化中独立自主、自强不息的精神；经世致用、实事求是的精神；阴阳互补、辩证思维的精神；民贵君轻、以民为本的精神；穷变通久、探索创新的精神；等等。对于这些传统文化的精华，当然应当以马克思主义为指导，赋予它们新的含义，使其转变为社会主义现代化建设所需要的思想资源。张岱年认为："中国传统文化包含两个方面。有消极方面，也有积极方面。我们要清除消极方面的流毒，同时也要发扬积极方面……假如中国光有劣根性，中华民族就应该灭亡，就没有存在的价值了。我认为中华民族绝对不会光有劣根性，还有良根性，还有反压迫、反侵略、积极斗争、保持民族独立的这种优良的品质。我们要认识，要有自觉性，要有自我认识，要改造劣根性，发扬良根性。"中国共产党在马克思主义中国化的过程中，发扬自强不息的精神，坚持独立自主地进行革命和建设；把中国传统文化中经世致用

---

①　张岱年.史化与哲学[M].北京：中国人民大学出版社，2006，第312页

的精神，改造为中国共产党的实事求是的思想路线；吸收阴阳互补的思想，丰富马克思主义的辩证法；等等，就充分说明了这一问题。毛泽东指出："我们这个民族有数千年的历史，有它的特点，有它的许多珍贵品。对于这些，我们还是小学生。今天的中国是历史的中国的一个发展；我们是马克思主义的历史主义者，我们不应当割断历史。从孔夫子到孙中山，我们应当给予总结，继承这一份珍贵的遗产。"1944 年，毛泽东在同英国记者斯坦因的谈话时说："我们像其他国家的共产党一样，坚信马克思主义的正确性……可是，我们信奉马克思主义是正确的思想方法，这并不意味着我们忽视中国文化遗产和非马克思主义的外国思想的价值。"

坚持对中国传统文化，特别是中国传统文化精华的继承，就必须批判"全盘西化"思潮。"全盘西化"思潮在中国发展有两个高潮，一是在五四运动前后，以胡适和陈序经为代表；一是在当代，以《河殇》派和一部分新自由主义学者为代表。他们共同的特点是：都认为中国传统文化是传统社会的文化，已经不能适应现代社会发展的需要，只有全盘移植西方文化，才能根本解决中国的现代化问题。如果说五四运动前后的"全盘西化"派还在一定程度上看到了传统文化的精华，并且有矫枉过正式的反封建意义的话，那么当代的"全盘西化"派把中国传统文化说的一无是处，则往往更多的是一种非理性的宣泄。

2. 传统文化的糟粕阻碍了中国社会的进步

在对中国传统文化的精华充分肯定的同时，我们还应该看到，中国传统文化毕竟是在长期的封建社会中产生的农业文化，它具有一些与现代社会格格不入的东西，如宗法等级、鄙视劳动、因循守旧、天命神权以及谶纬迷信等观念。近代以来的中国社会发展史已经证明，中国传统文化既不能解决近代中国"救亡图存"的问题，更不能解决中国现代化的问题，特别是传统文化中的糟粕，严重地阻碍了社会的发展进步，"死的托住活的"是近代中国革命异常艰难的一个重要原因。对于传统文化中的糟粕，必须无情抛弃，即使是一些在封建社会带有历史进步意义的思想，也只能在批判的基础上进行继承。对中国传统文化，我们在看到它的优秀的、有价值的、需要继承一面的同时，还要看到它的不适应现代化社会、需要变革创新的一面。对中国传统文化应取分析的态度，区分精华和糟粕，不可一概肯定，不能只说好，不说坏。即使对于好的，也要分析。

坚持对中国传统文化，特别是对传统文化糟粕的批判，需要对 20 世纪二三十年代的"文化本位主义"派，特别是现代新儒家进行批判。他们共同的特点是：都坚持认为中国传统文化优于外来文化，未来的中国，乃至世界将由中国传统文化，甚至儒家文化所主导。

（二）批判继承传统文化是马克思主义的一个基本观点

马克思主义认为，社会存在决定社会意识，经济基础从根本上决定思想文化上层建筑。恩格斯指出："每一历史时代主要的经济生产方式和交换方式以及必然由此产生的社会结构，是该时代政治的和精神的历史所赖以确立的基础"。但马克思主义同时还认为，社会意识具有相对独立性，这种独立性的表现之一就是社会意识在发展过程中有着自身系统的特殊历史继承性。马克思早就说过："人们自己创造自己的历史，但是他们并不是随心所欲地创造，并不是在他们自己选定的条件下创造，而是在直接碰到的、既定的、从过去承继下来的条件下创造。"恩格斯在 1890 年 9 月 21～22 日致约・布洛赫的信中也指出："我们自己创造着我们的历史，但是第一，我们是在十分确定的前提和条件下创造的。其中经济的前提和条件归根到底是决定性的。但是政治等等的前提和条件，甚至那些萦回于人们头脑中的传统，也起着一定的作用，虽然不是决定性的作用。"列宁在《青年团的任务》中教导青年："应当明确地认识到，只有确切地了解人类全部发展过程所创造的文化，只有对这种文化加以改造，才能建设无产阶级的文化，没有这样的认识，我们就不能完成这项任务。无产阶级文化并不是从天上掉下来的，也不是那些自命为无产阶级文化专家的人杜撰出来的。如果硬说是这样，那完全是一派胡言。无产阶级文化应当是人类在资本主义社会、地主社会和官僚社会压迫下创造出来的全部知识合乎规律的发展。”当然，马克思主义经典作家所说的继承，是指一种扬弃，因为按照辩证法的本性，它是批判的革命的，它在对一切事物的肯定的理解中包含着对这一事物否定的理解，即必然灭亡的理解。所以，列宁在回答“为什么马克思的学说能够掌握最革命阶级的千百万人的心灵”时候说过，那是因为“凡是人类社会所创造的一切，他都有批判地重新加以探讨，任何一点也没有忽略过去。凡是人类思想所建树的一切，他都放在工人运动中检验过，重新加以探讨，加以批判，从而得出了那些被资产阶级狭隘性所限制或被资产阶级偏见束缚住的人所不能得出的结论。”

自从1938年毛泽东向全党提出马克思主义中国化以来，中国共产党一直坚持对中国传统文化采取批判继承的方针，努力使马克思主义与中国传统文化结合起来。毛泽东《在延安文艺座谈会上的讲话》中就如何对待中外文化的文学艺术遗产问题进行了系统地阐述：“我们必须继承一切优秀的文学艺术遗产，批判地吸收其中一切有益的东西，作为我们从此时此地的人民生活中的文学艺术原料创造作品时候的借鉴。有这个借鉴和没有这个借鉴是不同的，这里有文野之分，粗细之分，高低之分，快慢之分。所以我们决不可拒绝继承和借鉴古人和外国人，哪怕是封建阶级和资产阶级的东西。”而且毛泽东还指出：“继承和借鉴决不可以变成替代自己的创造，这是决不能替代的。”党的七人党章在规定“以马克思列宁主义的理论与中国革命的实践之统一的思想——毛泽东思想，作为我们党一切工作的指针”之后明确指出：“对于中国的与外国的历史遗产，我们既不是笼统地一概反对，也不是笼统地一概接受，而是以马克思主义的辩证唯物主义与历史唯物主义为基础，批判地接受其优良的与适用的东西，反对其错误的与不适用的东西。”江泽民在《在庆祝中国共产党成立八十周年大会上的讲话》中指出：“发展社会主义文化，必须继承和发扬一切优秀的文化，必须充分体现时代精神和创造精神，必须具有世界眼光，增强感召力。中华民族的优秀文化传统，党和人民从五四运动以来形成的革命文化传统，人类社会创造的一切先进文明成果，我们都要积极继承和发扬。我国几千年历史留下了丰富的文化遗产，我们应该取其精华、去其糟粕，结合时代精神加以继承和发展，做到古为今用。”

实际上，就每一时代具体的社会意识形成来说，都有两个来源：一是反映那个时代的社会存在，二是继承历史上先辈们留下来的精神文化成果。社会意识就是在这两种来源的相互作用中形成的……在二者的相互作用中形成的社会意识，对社会就不可能是一种绝对的依附关系，而是一个具有自身特殊发展规律的系统。如果片面强调社会存在决定社会意识的原理，机械地认为既然中国传统文化所赖以建立的封建主义经济基础和政治上层建筑已经消失了，中国传统文化也就应该寿终正寝了。有人指出：“中国传统文化是农业封建主义文化。这个文化，辛亥革命动摇了它的政治基础，而新文化运动使它遭到了根本性的打击。随着中国经济的发展，随着政治革命的发展，传统文化已经土崩瓦解，而在中国土地上逐渐形成了一种新的文化。因此，不存在中国传统文化的现代化问题，只存在中国文化的现代化问题。”而这恰是有些学者“站在马克思主义”立场上否认马克思主义可以与中国传统文化结合起来的原因，他们机械地对待社会存在决定社会意识的原理，把中国传统文化等同于封建文化，认为马克思主义是现代的科学的意识形态，而中国传统文化是封建意识形态，两者是根本不同的，并不能结合起来。

第三节 切实推进马克思主义与中国传统文化的深度结合

马克思主义在当代中国已经初步实现了与中国传统文化的有机结合，但正如马克思主义中国化是永无止境的一样，马克思主义与中国传统文化的结合也是一个永无止境的过程。对于今天的马克思主义者来说，推动马克思主义与中国传统文化的结合，当然不能仅仅满足于两者在形式上的结合，也不能满足于通过寻找两者之间的相通之处以实现马克思主义与中国传统文化在内容上的结合，而应该从思维方式、价值观念等思想文化的深层次和核心来推进。只有这样才能使马克思主义在中国真正“安家落户”，也才能使马克思主义中国化成为中国人的自觉意识和行动，自觉地推动马克思主义的中国化和中国的马克思主义化。

一、推动马克思主义大众化

（一）在宣传普及的内容上，把马克思主义与中国广大人民群众的日常生活实践结合起来，使口头上的马克思主义变成为实际生活里的马克思主义，实现生活化

马克思指出：“理论在一个国家实现的程度，总是决定于理论满足这个国家的需要的程度。”虽然马克思主义是科学的世界观和方法论，是关于自然界、人类社会和思维的最一般规律的概括，是人们改造主观世界和客观世界的锐利思想武器，但这一思想武器如果不和客观的实际的事物相联系，如果不为人民群众所掌握，也是不起作用的。所以，马克思主义中国化需要把马克思主义与群众的实践结合起来，赋予马克思主义鲜明的实践特色。宣传普及马克思主义同样要把马克思主义与广大人民群众的实践结合起来，即从广大人民群众的日常生活出发来解释马克思主义，实现生活化，这是马克思主义大众化最本质的诉求。而且，当代中国马克思主义大众化实现的程度，也只能通过人民群众把它应用于实践的广度和深度来得以展现和确证。

中国共产党在推动马克思主义大众化方面的一条重要经验就是把马克思主义与中国广大人民群众的日常生活实践结合起来，这也是马克思主义中国化能够取得成功的一个重要原因。毛泽东指出：“我们说的马克思主义，是要在群众生活群众斗争里实际发生作用的活的马克思主义，不是口头上的马克思主义。”即使是代表先进阶级的正确思想，只有被群众所掌握，才能变成改造社会、改造世界的物质力量。只有把马克思主义与广大人民群众的日常生活实践紧密结合起来，使其贴近实际、贴近生活、贴近群众，赋予当代中国马克思主义鲜明的实践特色，才能真正发挥马克思主义对广大人民群众认识世界和改造世界的指导作用，从而得到群众的衷心拥护。恩格斯在告诫一些在美国帮助搞工人运动的德国工人时说过：“我们的理论是发展着的理论，而不是必须背得烂熟并机械地加以重复的教条。越少从外面把这种理论硬灌输给美国人，而越多由他们通过自己亲身的经验（在德国人的帮助下）去检验它，它就越会深入他们的心坎。”

在领导中国革命和建设的过程中，毛泽东创造性使用马克思主义的世界观和方法论来认识问题、分析问题和解决问题，形成了一整套科学的思想方法、工作方法和领导方法，如群众路线、实事求是、调查研究、独立自主、个别与一般相结合、领导与群众相结合、解剖麻雀、以点带面、胸中有数、两条腿走路、抓两头带中间、弹钢琴、留有余地、多谋善断、波浪式前进、两点论、重点论，等等。这些方法已为广大干部群众所熟知，并且在实践中发挥了重要作用，这也是毛泽东对马克思主义哲学大众化的重要贡献。正如李铁映所说的那样，“用今天的眼光来看，《大众哲学》也许

不是很完美的著作，而它的作者生前也从未把它看做一个高不可及的范本。艾思奇曾经形象地把《大众哲学》比作'干烧的大饼'而非'装潢美丽的西点'。我们也不应苛求它完美，毕竟我们今天对马克思主义哲学的理解比起 20 世纪 30 年代的人们来说是大大地深化了。但是，《大众哲学》所体现的思想与时代相结合、理论与实际相结合、哲学与人民相结合的精神，永远值得我们肯定并发扬光大。"在这方面，我们也有丰富的经验。还在新民主主义革命时期，中国的马克思主义者就深入到广大农村，从老百姓生存的根本问题——土地问题入手，解决了广大人民群众的土地所有权问题，终于得到广大人民群众，特别是农民的大力支持，走出一条农村包围城市，武装夺取政权的道路。十一届三中全会以后，中国的改革开放，也是从老百姓最关心的土地问题入手，实行家庭联产承包责任制，解决了老百姓的温饱问题，赢得了占中国社会主体的广大农民的衷心拥护。在新的历史时期，中国共产党比以往更加重视社会主义新农村建设，特别是取消农业税，对农民实行直接补贴以及农村医疗保险制度的设立等政策措施，使广大农民深受其惠，受到他们的热烈欢迎，马克思主义在群众中的威信，也随之得到了进一步的提升。十八届三中全会提出："稳定农村土地承包关系并保持长久不变，在坚持和完善最严格的耕地保护制度前提下，赋予农民对承包地占有、使用、收益、流转及承包经营权抵押、担保权能，允许农民以承包经营权入股发展农业产业化经营。鼓励承包经营权在公开市场上向专业大户、家庭农场、农民合作社、农业企业流转，发展多种形式规模经营。"这就极大地调动了广大人民群众的生产积极性，增强他们对中国特色社会主义的认同感。历史经验告诉我们，要让人民群众接受并掌握马克思主义中国化最新成果，就必须从老百姓生产生活的角度来阐释马克思主义中国化最新成果的深刻内涵。只有把马克思主义这种具有严密而复杂的理论体系的学说高度概括和提炼之后，输入广大人民群众最容易接受的内容（如土地问题），才能建立起共产党与人民群众之间的精神纽带，最终消解他们对马克思主义的距离感，从而在心理上完全认同马克思主义。

（二）在宣传普及的形式上，把马克思主义与中国传统文化结合起来，使马克思主义取得为中国老百姓所喜闻乐见的形式，实现通俗化

文化是一个民族的根基和血脉，也是一个民族的"身份证"。马克思主义中国化的过程，既是马克思主义与中国革命和建设的实践相结合的过程，也是马克思主义与中国传统文化相结合的过程。对于当代中国来说，马克思主义既是必须坚持的指导思想，是一种意识形态，更是一种文化存在，而且，马克思主义要最终实现中国化，也必须与中国传统文化结合起来。有学者在分析苏联解体和东欧剧变的原因时指出："列宁之后，马克思主义苏东化之所以失败，是因为这种马克思主义苏东化仅仅是马克思主义理论的实践化。这种马克思主义苏俄化，恰恰表明了这还只是外化，还不是内化，不是真正的化。因为在这种框架下，马克思主义的苏俄化、东欧化，仍然是两张皮，苏东是苏东，而马克思主义还是马克思主义。即这种化只是马克思主义在苏东，还不是也不可能是真正的苏俄化或东欧化了的马克思主义。"苏联解体和东欧剧变的沉痛教训警示我们："马克思主义本土化不能只是这种本土化的方式、或实践化模式，马克思主义不能只是靠强权外在地存在，它必须要内在化在民族的血液、精神和灵魂中，成为真正本土的意识形态。否则，要么马上失败，要么只能靠强权寿终正寝。"当然，苏东剧变的原因是复杂的和多方面的。我们从苏东剧变中，应该吸取的深刻教训之一，就是文化领导权甚至比政治领导权更为重要。

而马克思主义中国化之所以能够成功，一个重要的原因就在于中国化的马克思主义具有鲜明的民族特色，实现了与中国传统文化的有机结合。在宣传普及马克思主义，推动马克思主义大

众化的过程中，我们也需要把马克思主义与中国传统文化，特别是传统文化中的大众文化结合起来。作为广大人民群众所创造和传承的文化，大众文化包括广大人民群众的物质生活和精神生活的一切方面，主要体现于中国传统的习俗、文学和艺术之中。有学者指出："当代中国马克思主义大众化必须贴近大众文化生活、满足大众文化需要、尊重大众文化权利、反映大众文化理想和提升大众文化人格，实现主流文化与大众文化的整合与共生，提高主流意识形态的亲和力和对各种社会思潮的整合力，从而达到当代中国马克思主义的大众化与化大众的有机统一。"在我国，中国共产党是执政党，党的理论创新成果可以通过宪法和党章等形式确立为指导思想，但是，要使这些理论成果成为广大人民群众的政治信仰和行动准则，还必须转化为"大众话语"。这就要求我们在把马克思主义与大众文化相结合的时候，必须认真学习广大人民群众日常生活的语言，特别是中国老百姓习惯的口头语言的形式，要善于对他们经常使用的警句、格言、谚语和中国古代典籍中的成语、语录、词汇、历史典故和文学故事等加以引申和发挥来表达马克思主义的某些重要的原理或原则。通过编写通俗读物、发布公益广告、宣传先进典型等多种形式，把马克思主义的内容和要求通俗化、具体化、现象化。这样，才会使马克思主义具有"新鲜活泼的、为老百姓所喜闻乐见的中国作风和中国气派"，从而易于让广大人民群众接受。

（三）在宣传普及的手段上，要把马克思主义与现代宣传手段结合起来，使马克思主义渗透到广大人民群众的生活之中，实现现代化

"灌输"是理论宣传重要方式，思想政治工作中的教育、宣传、影响、熏陶、输入、充实等都是"灌输"的具体表现形式。列宁认为，马克思主义是科学的理论体系，但不可能在工人中自发产生，而是先被少数人所掌握，然后通过对广大群众进行反复的宣传和教育，即从外面灌输进去，才能被广大群众所掌握。因此，必须加大对马克思主义的宣传和普及力度，要通过百折不挠的努力，让马克思主义"渗透到群众的意识中去，渗透到他们的习惯中去，渗透到他们的生活常规中去"，化为一种坚定的信念。他在《怎么办》一书中说："工人本来也不可能有社会民主主义的意识。这种意识只能从外边灌输进去。"五四运动之后，中国先进的知识分子与工农群众相结合，重要任务就是向工农群众"灌输"马克思主义。在当代中国要发挥马克思主义在意识形态中的领导地位，必须向人民群众"灌输"马克思主义。

但是，推动当代中国马克思主义大众化仅仅依靠"灌输"的方式显然是不行的，而且，即使是"灌输"也有一个"灌输"的方式问题，这就是宣传普及的方式问题。中国共产党是执政党，马克思主义理论以及我们党的理论创新成果可以通过宪法和党章等确定为指导思想。但是，这是显在的、外在的和带有强制性的。我们可以利用中国共产党在中国各项事业中的核心地位，加大宣传普及的力度，也可以控制主流媒体的"话语霸权"，但是，入耳不一定入脑，入脑更不等于心悦诚服，甚至还会引起广大受众的反感。要真正实现马克思主义入耳、入脑、入心的传播效果，使之真正内化为人民群众的政治信仰和行为准则，必须改变一味强调灌输的马克思主义宣传普及的老方式，积极探索与当代社会相适应的生动有效的新方式。毛泽东早在延安时就批评过进行宣传教育不看对象的简单生硬的做法。他说："我们的宣传有时也太刺耳，玫瑰花虽然可爱但是刺多扎手，'羊肉好吃烫的慌'。对于那些绅士，玫瑰花虽可爱，但因为刺多他们不大喜欢。"要真正实现马克思主义入耳、入脑、入心的传播效果，就必须改变一味强调"灌输"的马克思主义宣传普及的老方式，积极探索与当代社会相适应的生动有效的新手段，从而使理论化抽象为具体、化烦琐为简要、变晦涩为清晰、变死板为生动，让群众通俗地理解马克思主义。

值得注意的是，在当代社会，现代通信手段特别是互联网的产生和发展极大地改变了信息传播方式和人类交往方式，当代中国马克思主义的宣传普及，也必须广泛利用网络、手机、电视等现代传播手段，构建传输快捷、覆盖广泛、立体互动的马克思主义理论传播体系，推进马克思主义特别是当代中国马克思主义理论传播方式的现代化，努力把马克思主义的基本理论化为大众的文化理念，渗透到大众的生活中，潜移默化地引导人们，以至达到百姓寻常日用而不知的境界，这才是彻底的马克思主义大众化。习近平在8·19讲话中指出："宣传思想工作创新，重点要抓好理念创新、手段创新、基层工作创新，努力以思想认识新飞跃打开工作新局面，积极探索有利于破解工作难题的新举措新办法，把创新的重心放在基层一线。"有学者在分析《百家讲坛》的成功对马克思主义大众化的启示时指出："现代化的传播手段在《百家讲坛》栏目的运作过程中发挥了重要作用。如果没有中央电视台品牌的强大影响力，没有网络快速、免费的传播，没有精美书籍的大量印刷和DVD光盘的机器化刻录，《百家讲坛》不可能在短时间内跃升为收视率仅次于《新闻联播》的知名栏目，也不可能在国内迅速掀起一阵阵'国学'热潮。马克思主义大众化同样需要传播手段的现代化，这是适应信息社会传播要求的必然选择。现代化的传播手段具有实时性、交互性、开放性、快捷性等特点，对推进马克思主义大众化具有重要作用。马克思主义大众化要主动适应信息时代的新要求。"事实上，我们在推进马克思主义大众化的过程中，有些地方已经大量采用了现代化的传播手段，并且取得了很好的效果。"湖州市建立了宣传思想工作专业网站，发挥其传播迅速、影响广泛、交流互动等优势，把理论教育与党务政务、政策法规信息服务结合起来，使理论普及和宣传的内容图文并茂、声像俱全、生动活泼；利用手机短信这一方便快捷、覆盖面广的新兴信息传播方式，及时、准确地传播党的理论创新成果、重大方针政策、重要工作举措，使之为广大人民群众所了解和掌握，从而较好地凝聚了人心和力量，推动了工作和事业。"

(四)在宣传普及视野上，要利用各国的优秀文明成果来说明马克思主义中国化的必然性和合理性，实现全球化

首先，以一种全球化的视野来宣传普及中国化的马克思主义是中国化马克思主义理论本身的要求。作为马克思主义中国化的理论成果，中国化的马克思主义既实现了与中国实际的有机结合，也充分吸收了各国文明的优秀成果。中国的马克思主义者在推进马克思主义中国化的过程中，一直坚持在立足于当代中国实际需要的基础上，吸收各国文明的优秀成果。毛泽东早就指出："中国应该大量吸收外国的进步文化，作为自己文化食粮的原料，这种工作过去做的还很不够。"江泽民在《在庆祝中国共产党成立八十周年大会上的讲话》中进一步指明："世界是丰富多彩的。各国文明的多样性，是人类社会的基本特征，也是人类文明进步的动力。应尊重各国的历史文化、社会制度和发展模式，承认世界多样性的现实。世界各种文明和社会制度，应长期共存，在竞争比较中取长补短，在求同存异中共同发展。"党的十八大报告指出，增强文化整体实力和竞争力，必须"扩大文化领域对外开放，积极吸收借鉴国外优秀文化成果。"要实现中国化马克思主义大众化，宣传普及中国化的马克思主义理论，必然要求我们在宣传普及视野上，要以一种全球化的眼光。因为只有在立足于当代中国实际需要的基础上，利用各国的优秀文明成果来说明中国化的马克思主义，才能对中国化的马克思主义做出合理的解释。也只有这样，才既会使广大人民群众认识到中国化马克思主义具有鲜明的民族特征，是马克思主义与中国实际相结合的产物，又会让广大人民群众认识到中国化体现了世界性，它并没有离开人类发展的大道，而是人类社会合乎规律发展的结果。

其次,以一种全球化的视野来宣传普及中国化的马克思主义也是全球化时代的要求。在全球化的时代,随着广大人民群众文化水平的提高和信息技术,特别是互联网技术的快速发展,广大人民群众接受的信息早已越过了国界。不要说关于东欧剧变、苏联解体、北约东扩和欧洲一体化进程等问题早已经在一部分群众中争论,就是关于国外马克思主义与当代资本主义评判也已经不再是研究马克思主义专家学者的专利,它们正在逐渐进入中国广大人民群众的视野。在宣传普及当代中国马克思主义的过程中,如果不能对这些问题做出令人信服的解释和回答,就难以让他们信服。在中西马三种文化并列的情况下,进行中西马的比较,让广大人民群众自己体会中国特色社会主义的独特优势,从而更容易增强发自内心的道路自信、理论自信和制度自信。如果从实现现代化这一人类共同愿景来看,资本主义和社会主义都是实现现代化的模式,不过中国走的是社会主义道路,而西方大多数国家走的是资本主义道路,而中国之所以走中国特色社会主义道路,根本原因在于中国有自己独特的历史传统、文化积淀和基本国情。习近平在8·19讲话中指出:"对世界形势发展变化,对世界上出现的新事物新情况,对各国出现的新思想新观点新知识,我们要加强宣传报道,以利于积极借鉴人类文明创造的有益成果。要精心做好对外宣传工作,创新对外宣传方式,着力打造融通中外的新概念新范畴新表述,讲好中国故事,传播好中国声音。"

在推动马克思主义大众化的过程中,生活化的内容,通俗化的形式、现代化的手段和全球化的视野是统一,这四个方面是互相促进、缺一不可的,只有把这四个方面统一起来,才能更好地推进马克思主义大众化。

二、推动马克思主义价值观中国化

习近平指出:"价值观是人类在认识、改造自然和社会的过程中产生与发挥作用的。不同民族、不同国家由于其自然条件和发展历程不同,产生和形成的核心价值观也各有特点。一个民族、一个国家的核心价值观必须同这个民族、这个国家的历史文化相契合,同这个民族、这个国家的人民正在进行的奋斗相结合,同这个民族、这个国家需要解决的时代问题相适应。世界上没有两片完全相同的树叶。一个民族、一个国家,必须知道自己是谁,是从哪里来的,要到哪里去,想明白了、想对了,就要坚定不移朝着目标前进。"①习近平的讲话实际上指明了推动马克思主义价值观中国化的路径。

(一)从当代中国的实际需要出发,把马克思主义价值观与社会主义现代化建设的实践结合起来,赋予马克思主义价值观新内容

在社会主义现代化建设,特别是社会主义价值观培育的过程中,必须以马克思主义价值观为指导。但马克思主义价值观从时间定位上来说,它是一种后政治社会的价值观,其实现条件,目前还达不到,切不可不顾历史条件的限制,而照搬照抄马克思主义价值观的一些具体设想。比如,马克思主义公正观把公正理解为消灭阶级,从而实现所有社会成员在经济、政治、文化和社会等各方面的平等,显而易见,这在社会主义初级阶段还达不到,而只能通过"让一部分人先富起来","最终达到共同富裕"。如果想在中国特色社会主义初级阶段就实现完全的"共同富裕",结

① 习近平.青年要自觉践行社会主义核心价值观——在北京大学师生座谈会上的讲话[N].人民日报,2014-5-5

果只能是导致“共同贫穷”；如果想在中国特色社会主义初级阶段就实现绝对的“社会公平”，必然导致效率低下。就马克思主义的民主观与自由观来说，在我国社会主义现代化建设的新时期，在实践上也只能循序渐进地实现，而不能希冀一蹴而就。毛泽东指出：“在人民内部，不可以没有自由，也不可以没有纪律；不可以没有民主，也不可以没有集中。这种民主与集中的统一，自由与纪律的统一，就是我们的民主集中制。在这种制度下，人民享受着广泛的民主与自由；同时又必须用社会主义的纪律约束自己。”“我们主张有领导的自由，主张集中指导下的民主”。就马克思主义所追求的“人的自由全面发展”来说，也只有当人类社会发展到了共产主义社会后，才能完全实现，在社会主义初级阶段应该以“人的自由全面发展”为归宿，通过大力倡导“以人为本”的价值立场来逐渐向这一最终目标接近，也就是说，“人的自由全面发展”既是我国现阶段社会发展进步的理想尺度，也是现实的尺度，但在当前，它只能相对地做到或实现，而不能完全地做到或实现。总之，在推动马克思主义价值观中国化的过程中，一方面，必须坚持以马克思主义价值观为指导，另一方面，又必须从当代中国的实际需要出发，把马克思主义价值观与我国现阶段社会主义现代化建设的具体实践结合起来，割裂了马克思主义价值观与当代中国的实际需要之间的联系，就会失去历史唯物主义的基本立场。习近平指出：“一种价值观要真正发挥作用，必须融入社会生活，让人们在实践中感知它、领悟它。要注意把我们所提倡的与人们日常生活紧密联系起来，在落细、落小、落实上下功夫。要按照社会主义核心价值观的基本要求，健全各行各业规章制度，完善市民公约、乡规民约、学生守则等行为准则，使社会主义核心价值观成为人们日常工作生活的基本遵循。”

在这方面我们是有过惨痛的教训的，在“文化大革命”时期，强调“一大二公”，忽视商品、货币、市场和法律在经济发展中的作用，全面实行计划经济，砸烂公检法，追求一种无差别的公平、不受限制的自由和民主，结果导致生产力发展的巨大倒退，使专制在民主的名义下得以肆虐，集权在自由的幌子下得以强化，酿成了社会的“大乱”，而没有实现社会的“大治”(和谐)。其根本原因就在于未能充分意识到马克思价值观是后政治社会的价值观，而将其简单照搬到现实的社会主义社会中来，造成历史意义上的时序错位。

改革开放以后，中国共产党在立足于当代中国实际需要的基础上，逐渐把马克思主义价值观与我国社会主义现代化建设实践结合起来，并赋予了马克思主义价值观中国化的新内容，积极培育和践行中国特色社会主义核心价值观，实现了对马克思主义价值观的丰富和发展。党的十八大报告指出：“倡导富强、民主、文明、和谐，倡导自由、平等、公正、法治，倡导爱国、敬业、诚信、友善，积极培育社会主义核心价值观。”

在马克思主义公正观方面，公正是社会主义核心价值观的重要概念，中国共产党把“公平正义”与民主法治、诚信友爱、充满活力、安定有序、人与自然和谐相处规定为“社会主义和谐社会的要求”，注重在实践中妥善处理好公平与效率的关系，在努力提高效率的同时，更加注重社会公平，使全体人民共享改革的成果；把消除两极分化、“最终达到共同富裕”作为基本目标；注重就业和分配公正，在分配方面坚持从我国现阶段国情出发，实行按劳分配为主体、多种分配方式并存的制度，强化政府对收入分配的调节职能；坚持司法公正，十八届三中全会指出：“深化司法体制改革，加快建设公正高效权威的社会主义司法制度，维护人民权益，让人民群众在每一个司法案件中都感受到公平正义。”“保障在全社会实现公平和正义”；在国际领域，主张建立公正合理的国际政治经济新秩序，反对以大欺小，以强凌弱。

在马克思主义民主观方面，中国共产党始终把人民民主视为社会主义的生命，把坚持党的领导、人民当家做主和依法治国有机统一起来。党的十八大报告指出：要“更加注重健全民主制度、丰富民主形式，保证人民依法实行民主选举、民主决策、民主管理、民主监督”。十八届三中全会指出：“发展社会主义民主政治，必须以保证人民当家做主为根本，坚持和完善人民代表大会制度、中国共产党领导的多党合作和政治协商制度、民族区域自治制度以及基层群众自治制度，更加注重健全民主制度、丰富民主形式，从各层次各领域扩大公民有序政治参与，充分发挥我国社会主义政治制度优越性。”

在马克思主义和谐观方面，中国共产党认为社会和谐是中国特色社会主义的本质属性，是国家富强、民族振兴、人民幸福的重要保证。提出构建以“民主法治、公平正义、诚信友爱、充满活力、安定有序、人与自然和谐相处”为特征的“和谐社会”的主张。构建社会主义和谐社会的宗旨是在经济、政治、文化、社会和生态协调发展的基础上，实现全体人民各尽其能、各得其所、共同富裕，实现人的自由而全面的发展。同时，我们党还明确提出，构建社会主义和谐社会，是巩固党执政的社会基础和实现党执政的历史任务的必然要求。为了建设社会主义和谐社会，必须加强社会建设和完善社会管理体系，妥善处理不同群体利益关系，认真解决人民群众最关心、最直接、最现实的利益问题，正确处理新形势下的人民内部矛盾，加强社会治安综合治理。

关于人的自由全面发展方面，中国的马克思主义者把这一马克思主义价值观的根本目标化为中国共产党的根本宗旨——全心全意为人民服务。在新时期，我们党又把促进人自由全面发展和以人为本联系起来，党的十六届六中全会提出，要把以人为本作为构建社会主义和谐社会必须坚持的一个原则，党的十八大报告进一步指出：“必须更加自觉地把以人为本作为深入贯彻落实科学发展观的核心立场，始终把实现好、维护好最广大人民根本利益作为党和国家一切工作的出发点和落脚点，尊重人民首创精神，保障人民各项权益，不断在实现发展成果由人民共享、促进人的全面发展上取得新成效。”

(二)把马克思主义价值观与中国传统价值观结合起来，继承和改造中国传统价值观

中国传统价值观不同于马克思主义的后政治价值观，但它既是我们接受马克思主义价值观的思想基础，又是构建中国建设社会主义价值观的重要思想资源。习近平指出：“培育和弘扬社会主义核心价值观必须立足中华优秀传统文化。牢固的核心价值观，都有其固有的根本。抛弃传统、丢掉根本，就等于割断了自己的精神命脉。博大精深的中华优秀传统文化是我们在世界文化激荡中站稳脚跟的根基。中华文化源远流长，积淀着中华民族最深层的精神追求，代表着中华民族独特的精神标识，为中华民族生生不息、发展壮大提供了丰厚滋养。”例如，在中国传统文化中，也有关于公正、和谐、民主、自由等丰富的价值思想。

在民主观方面，《尚书·多方》就有记载：“天惟时求民主，乃大降显休命于成汤”，“简代夏作民主”，意为作民之主。《尚书·秦誓》说：“惟天地万物父母，惟人万物之灵”；“天视自我民视，天听自我民听。”《尚书·皋陶谟》中还提出：“民惟邦本，本固邦宁”，奠定了中国“民本”思想传统的基础。这种思想传统特别在孟子的“民为贵，社稷次之，君为轻”的表述中得到集中的体现。

在公正观方面，《礼记·礼运》中设想的“大道之行，天下为公”的“人同”世界即是公正之道的体现。孔子认为：“政者，正也。子帅以正，孰敢不正？”庄子也强调：“公而无党，易而无私。”韩非子在《解老》中明确提出“公正”一词：“所谓直者，义必公正，心不偏私也。”这些思想和论述，其意义已涉及社会理想、政治制度和伦理道德等各层面。俗话说：“不平则鸣”，历代的农民起义几乎都提出了诸如此类的口号，如唐朝末年王仙芝、黄巢先后以“天补均平大将军”和“冲天太保均平大将军”的称号发布檄文，号召广大农民群众起来推翻唐王朝的封建统治。宋代农民起义领袖钟相、杨么直接在自己的起义大旗上写上“等贵贱、均贫富”的口号。近代的太平天国运动更是把未来的社会描绘成“有田同耕，有饭同食，有衣同穿，有钱同使，无处不均匀，无人不饱暖”的社会状态。康有为写了《大同书》，主张破除国家、阶级、种族、性别、家庭等方面的不平等，建立“无差别”的“大同”社会。孙中山认为未来理想社会的状态是“天下为公”，“使老者有所养，壮者有所营，幼者有所教”，“民不争”，“甲兵不用”。在中国历史上无数的仁人志士为了实现公正的“大同社会”理想而赴汤蹈火，前赴后继。

在和谐观方面，甲骨文和金文中已有“和”字。《广韵》释此概念曰：“和，顺也，谐也，不坚不柔也。”《尚书·尧典》载：“八音克谐，无相夺伦，神人以和”。《后汉书·仲长统传》中云：“政专则和谐。”在古代典籍中，“和”与“和谐”被应用到天、地、人各个方面，用来表示其处于一种均衡、协调和统一的状态。《周易》中有“保合太和”。孔子主张“致中和”“礼之用，和为贵”“君子和而不同”。老子强调“合异以为同”。惠施宣扬“汜爱万物，天地一体”。《春秋繁露》中主张“天人之际，合而为一”。张载明确提出“天人合一”以及“仇必和而解”的重要观点。他说：“气本之虚则湛一无形，感而生则聚而有象。有象斯有对，对必反其为；有反斯有仇，仇必和而解。故爱恶之情同出于太虚，而卒归于物欲，倏而生，忽而成，不容有毫发之间，其神矣夫！”（《正蒙·太和篇》）这些论述表明，和谐观念向来就是中华民族精神的重要组成部分。

关于自由全面发展方面，从《后汉书·五行志》提出这一概念至现代，“自由”一词大量出现。先秦时期，中国思想家们虽然在形式上未曾使川“自由”一词，但却都论及有关自由的思想。《论语》中“从心所欲，不逾矩”的言论可以理解为孔子对自由的一种理解或规定。而老子主张的“为无为”和庄子主张的“逍遥游”，则典型地表达了道家对自由的体认和追求。慧能讲“内外无住，去来自由。能除执心，通达无碍，能修此行，与《般若经》本无差别。”“自性无非、无痴、无乱，念念般若观照，常离法相，自由自在”（《坛经》），代表着佛教对自由的看法。可见，中国古代的思想家认为可以通过两种方式来获得自由。一种是通过主体服从客体，从而摆脱外在的限制；一种是通过赋予主体的精神以无限的能动性，主体依靠精神上能动性来摆脱外在的限制。他们虽然把自由当作价值追求的最高目标，但是在现实生活中却不能真正找到实现自由的途径。陈寅恪在《王观堂先生挽词并序》中认为，王国维之死彰显了“其独立自由之意志，非所论于一人之恩怨、一姓之兴亡。”他指出：“先生之著述，或有时而不章。先生之学说，或有时而可商。惟此独立之精神，自由之思想，历千万祀，与天壤而同久，共三光而永光。”此外，中国传统文化中友爱、诚实、守信等价值观在当代中国也仍然具有一定的合理性，关键是要在立足于当代中国社会主义现代化建设实际需要的基础上，以马克思主义价值观为指导对其进行批判继承。

（三）吸收各国优秀的价值思想，赋予马克思主义价值观丰富的时代特色

马克思主义价值观不是凭空产生的，而是在批判继承和充分吸收既有人类优秀文化特别是人类基本价值观的基础上形成的，推动马克思主义价值观中国化，构建中国特色的社会主义价值观，当然也离不开对世界各国优秀价值思想的充分吸收。价值观既是文化的核心，也是意识形态的集中表现，以马克思主义为指导的无产阶级价值观与西方资产阶级的价值观是有根本区别的，尤其要认清西方资产阶级借推行他们的价值观以达到“和平演变”的政治目的。吸收各国优秀的价值思想，只能是在马克思主义为指导下，特别是要把对当代资本主义价值观的吸收借鉴与我国社会主义现代化建设的实践需要结合起来。

总之，在推进马克思主义价值观中国化的过程中，一方面，要坚持以马克思主义价值观为指导；另一方面，又要清醒地认识到马克思主义价值观在当代中国还不能完全实现，只有坚持把马

克思主义价值观中国化，才能真正发挥其对我国社会主义现代化建设、特别是社会主义价值观建设的指导作用，并最终构建出中国特色的社会主义价值观。

三、推动马克思主义思维方式中国化

(一)中国传统思维方式

与文化具有世界性与民族性特征一样，思维方式也既具有世界性，又具有民族性。思维方式没有世界性，马克思主义思维方式中国化既没有必要，也没有可能。思维方式没有民族性，马克思主义思维方式与中国传统思维方式的结合就失去了应有的意义。其实，每个民族和每个时代都有自己特有的思维方式，要实现马克思主义实践思维方式的中国化，就必须把马克思主义思维方式和中国传统思维方式结合起来，所以，在这里首先有必要分析一下中国传统思维方式的特点。

关于这一问题，学术界一直有不同的观点，有人认为是重“合和”的辩证思维，有人认为是重“体验”的直觉思维，也有人认为是重“致用”的实用思维，等等。中国传统思维方式具有辩证性、整体性、直觉性、反思性以及实用性等多重特征，但和马克思主义思维方式以及西方思维方式相比，最鲜明的还是其悟性特征，我们不妨把其称为悟性思维。侯才认为，西方的哲学思维方式就其主流来说是理性主义的，而中国传统哲学的思维方式与西方哲学的思维方式却迥然不同，虽然中国传统哲学的思维方式“无疑也含有理性主义的因素，但并不归结为理性主义；它较注重和强调悟性、直觉和体验，但又不归结为非理性主义和直觉主义。毋宁说，它在本质上更具有‘晤性’的色彩，是‘晤性主义’的。这种东方的悟性主义与西方的理性主义大异其趣，却又相映成辉”[①]。他通过儒家的“格致”(“格物致知”)、道家的“玄览”和中国佛教特别是禅宗的悟性理论对悟性思维这种传统思维方式进行了详细地论证。高清海先生也认为中国传统思维方式具有显著的悟性特征，他说：“无论西方或中国，‘哲学’的基点都在人的生命活动中。二者的差别只是表现在：西方关注的主要是成就人的生命活动价值，完成人性的生存使命，这使它从一开始就把‘智慧’引向了认知的方向，从‘对象意识’走上概念化的逻辑思辨之路；中国关注的是完善人的生命本性，开发生命的内在价值，由此中国发挥了注重义理性的悟觉思维。”[②]

推动马克思主义思维方式中国化，构建有中国特色的思维方式，必须辩证地对待中国传统的悟性思维方式。一方面，要认识到悟性思维方式具有其他思维方式所不具有的优点，这是中华民族对人类社会文明发展的贡献，对于这些优点，必须批判继承。另一方面，又要认识到悟性思维方式毕竟是古代的，而不是现代的，它是中国先人把握客体，特别是把握超验客体的一种思维方式，而不是现代中国人认识世界和改造世界的思维方式，其局限性也是非常明显的，它自然需要伴随时代的发展而不断演进。马克思主义的实践思维方式，从本质上是一种建立在现代化实践需要基础上的思维方式，是通过在动态中把握主客体之间的关系来把握客体的，与中国传统思维方式之间具有一定的互补性，适合中国传统思维方式向现代化转型的需要。只有把马克思主义思维方式和中国传统思维方式、特别是悟性思维方式结合起来，发挥中国传统思维方式的优点，克服其固有的局限性，才能真正实现中国传统思维方式向现代化的转变。

---

① 侯才．论悟性——对中国传统哲学思维方式和特质的一种审视[J]．哲学研究，2003(1)

② 高清海．中国传统哲学的思维特质及其价值[J]．中国社会科学，2002(1)

(二)实现马克思主义思维方式与中国传统思维方式的有机结合

具体来说,推动马克思主义思维方式中国化,可以从以下几个方面来推进马克思主义实践思维方式和中国传统思维方式、特别是悟性思维方式的结合。

1. 直观性与逻辑性相结合

中国传统文化缺乏严整的概念系统,多用格言、比喻、例证的方式表达思想,使用的概念也大多没有明确定义,只能靠人们的直觉去领会和体悟。悟性思维方式是理性直觉,处于辩证思维过程的否定之否定阶段。《老子》开篇就讲"道可道,非常道"(《老子》第一章)。庄子说"得意而忘言"(《庄子·外物》)。孔子亦云"言不尽意"(《易经·系辞》)。慧能则强调"以心传心","不假文字"(《坛经》)。悟性思维方式直观性特点的长处在于,它强调人的灵感,强调一种超越,有时能引导人们做出一些原创性的重大发现,这是通常在逻辑思维情况下难以取得的。但是通过直观所得的重大发现往往带有很大的偶然性和不确定性。凡是能够产生一定科学价值结果的直觉思维实际上都与长期艰苦的逻辑思维有密切关系,而且,直觉思维的结果还必须经过严密的逻辑论证才能具有一定的科学意义。马克思主义的实践思维方式是在对西方理性思维方式传统的批判继承上产生的,它对一切社会现象的分析,都是建立在逻辑分析的基础上,可以说具有鲜明的逻辑性特征。这样把马克思主义的实践思维方式的逻辑性和悟性思维方式的直观性结合起来,显然有利于克服悟性思维方式的局限性。李泽厚在谈到如何推动中国传统思维方式向现代转型时说:"简单地斥责中国传统思维的模糊笼统、一切以'差不多'为满足,固然不能有真正的转换性创造,盲目地推崇所谓'东方神秘主义',更休想转换传统。只有在学习、吸收、输入西方严格的逻辑分析和严密推理的思维方式(这并不难做到,中国人能极有成效地学习现代自然科学,中国传统的实用理性不但与它不矛盾,而且可以极大地助成它)基础上,来重视中国传统中的创造直观的思维特点,这才可能有助于科学和人文,才可能有助于传统思维方式的转换性的创造,而不失去其原有的优点。"①冯友兰也指出:"西方哲学对中国哲学的永久性贡献,是逻辑分析方法。……佛家和道家都用负的方法。逻辑分析方法正和这种负的方法相反,所以可以叫做正的方法。负的方法,试图消除区别,告诉我们它的对象不是什么;正的方法,则试图作出区别,告诉我们它的对象是什么。对于中国人来说,传入佛家的负的方法,并无关紧要,因为道家早已有负的方法,当然佛家的确实加强了它。可是,正的方法的传入,就真正是极其重要的大事了。它给予中国人一个新的思想方法,使其整个思想为之一变。"他还用中国古代"点石成金"的故事来说明逻辑分析方法传入中国的意义,并指出:"逻辑分析法就是西方哲学家的手指头,中国人要的是手指头。"②

2. 综合性与分析性相结合

季羡林认为:"思维模式是一切文化的基础,东方的思维模式是综合的,西方的思维模式则是分析的。"③在中国古人看来,由于世界本身是整体的,所以对世界的把握必须遵循其整体性,采用综合的方法。《老子》提出"道生一,一生二,二生三,三生万物。"(《老子》第四十二章)这里的"一"便是一个整体,《老子》说"是以圣人抱一为天下式"(《老产》第:二十二章》)。《易传》讲"观其会通"(《周易·系辞上》),强调从综合的角度去观察事物,慧施讲"泛爱万物,天地一体"(《庄子·

① 李泽厚.中国现代思想史论[M].天津:天津社会科学院出版社,2004,第42页

② 冯友兰.中国哲学简史[M].北京:北京大学出版社,2010,第265页

③ 程炳生,曾军.21世纪:中国文化的复兴——与季羡林先生谈话录[N].社会科学报,2003-1-30

天下》),也是把天地看作是一个整体。庄子说:“天地与我并生,万物与我为一”(《庄子·齐物论》)。孔子申明“吾道一以贯之”(《论语·里仁》)。汉代董仲舒的“天人感应”论把“天人合一”的思想进一步深化和系统化,以至于使这种一体性思维方式对后来的理学产生了极其重要的影响。慧能日:“佛法是不二之法”。“一切即一,一即一切”(《坛经》)。这些都可以视为对对象即“始源”之统一性的不同把握和表述。而慧能主张“性在身心存”“佛是自性作”(《坛经》),强调佛我的统一,泯除主客的分离与对立,其实质也是表达和再现对象的统一性和完整性。高清海指出:“西方讲求‘知物’,以‘有’(存在的‘实在性’)为起始;中国讲求‘晤道’,以‘无’(生命的‘生成性’)为开端。知物,是为了满足生命、实现价值;悟道,是为了圆满生命、完善人格。知物需要用‘眼’去看;悟道需要用‘心’体认。用眼看(观),是以主体与客体,内在与外在、人性与物性的分离为前提的;用心体认(悟)则以主体与客体,内在与外在、人性与物性的融通一体为基点。这就是它们的思想分野,中西哲学迥然不同的思维特质和理论风格便是由此形成的。”①中华民族把天、地、人当作一个整体来看待的思维方式,渗透到中国社会的各个方面,例如,中医就比较重视一体性思维,它不仅把人看作一个整体,而且把人与整个自然环境和社会环境也看作一个整体。一个典型的例子就是中医治病不像西医那样头痛医头,脚痛医脚。而是从整体和系统中所包含的各个部分的相互联系、相互作用中去诊断下药。这种整体思维方式优点在于它以系统的观点观察和认识事物,从而避免“只见树木、不见森林”;缺点也是明显的,那就是忽视了分析方法的重要作用,对事物的观察和研究缺乏深入细致性和严密准确性。对马克思主义的实践思维方式来说,它既注重综合性,从主客体的互相联系中观察问题,又吸取了西方哲学注重逻辑分析的传统。例如,马克思主义的政治经济学就是严格地按照逻辑分析的方法构建起来,马克思《资本论》的写作,是从资本主义社会中细胞——商品开始的,然后分析出价值和使用价值,抽象劳动和具体劳动,最后推导出生产的社会化与资本主义生产资料的私人占有制之间的矛盾。中国人在读《资本论》时,一方面会为马克思的严密的逻辑分析所叹服,另一方面则又感觉到比较难以理解,原因就在于我们的思维方式不太注重分析。实现传统思维方式的现代性转化,必须把中国传统思维方式中注重综合性思维的传统和马克思主义思维方式中注重分析思维的传统结合起来。

此外,吸收西方思维方式、特别是马克思主义思维方式重视逻辑分析的特点还有利于克服悟性思维中的模糊性。由于悟性思维方式注重对事物进行综合性思维,而不注重分析,因此,也必然具有模糊性特征,如对老子的“道”、孔子的“仁”、佛教的“佛性”,不同的人往往从不同的角度去进行不同的解释。这种模糊性的解释的优点在于有利于从整体上和以较为直观的方式把握对象,从而能够对较为复杂和抽象的对象做出相对客观的描述。但是,现代科学,特别是自然科学的发展,则要求概念要有明确的内涵和外延,“差不多”“好像”“似乎”不行,而要注重概念的精确性,而这恰是西方思维方式之所长。由于西方思维方式非常重视形式逻辑的规范作用和运用分析的逻辑方法,所以,它对所提出的一些概念、命题、术语都要求非常明确。例如,亚里士多德在他的逻辑学说中,给明确概念提出的逻辑要求是:一个定义所要满足的首要条件是这种定义必须把它要揭示的概念所反映的对象与其他对象区别开来。在亚里士多德的《正位篇》第6卷里考察了定义中可能产生的错误,并且确定了几条定义的规则,其中有:“定义应当是清晰的、有充分价值的,也就是说,定义中不容许有含混不清的表述,即不应当包含含糊的、隐喻的和生僻的词语。同时不容许把某些多余的东西加进定义的表述中。”“定义不应当是否定的,除非下定义的东西本

① 高清海.中国传统哲学的思维特质及其价值[J].中国社会科学,2002(1)

身是否定的。”可以说：“西方人给语词下定义从而用以明确概念，一般都是按这样的要求进行的。从 19 世纪末 20 世纪初兴起的分析哲学更是把概念的明确性作为哲学的一项主要任务来身体力行。受这种哲学思维方式影响，西方人的日常思维也比较注重概念的明确性。”

3. 超验性与实证性相结合

悟性思维方式所要把握的最高本质往往是一种超验性的存在，无论是儒家所说的“极高明而道中庸”；道家所说的“道”；还是佛家所说的“佛性”都有这个特征。《坛经》曰：“无上菩提，须得言下识自本心，见自本性，不生不灭。”中国传统思维方式的这种超验性的特点的优点和缺点都在于它会为人们提供一个超验的终极的目标，并诱发人们的激情，不断为之奋斗。马克思主义的实践思维方式虽然也具有一定抽象性，但它更注重的是当下，是现实，不鼓励人们去追求那虚无缥缈的存在，因而具有一种实证性的科学精神，也就是说，马克思主义的科学性也是建立在经验性与实、证性的基础上的。马克思主义实践思维方式的实证性特征体现在它的出发点是其从事实际活动的人，它的最终目标是为了建立适合人类生存的共产主义社会，而且要实现这一理想社会也必须通过人们的现实生活过程中改造世界的活动。马克思在《关于费尔巴哈的提纲》中说：“费尔巴哈不满意抽象的思维而喜欢直观；但是他把感性不是看作实践的、人的感性的活动。”[①]“人的思维是否具有客观的真理性，这不是一个理论的问题，而是一个实践的问题。人应该在实践中证明自己思维的真理性，即自己思维的现实性和力量，自己思维的此岸性。关于离开实践的思维的现实性或非现实性的争论，是一个纯粹经院哲学的问题。”[②]马克思、恩格斯在《德意志意识形态中》直接称自己的学说为“实证的科学”，他们认为：“在思辨终止的地方，在现实生活面前，正是描述人们实践活动和实际发展过程的真正的实证科学开始的地方。关于意识的空话将终止，它们一定会被真正的知识所代替。”[③]遵循马克思主义实践思维方式的实证性的科学精神，自然要求我们不唯书，不唯上，只唯实，坚持实践是检验真理的唯一标准，从主体与客体，理论与实践相统一的视角来把握客体。从而有利于克服中国传统思维方式的这种超验性的局限。

从以上几个方面把中国传统的“悟性”思维方式与马克思主义实践思维方式结合起来，主要是从这两种思维方式之间的相异性来说的，正是由于这些相异之处，构成了两者之间相结合的必要性。事实上，中国传统的“悟性”思维方式与马克思主义实践思维方式之间既是相异的，也是相通的，例如，这两种思维方式都具有反思性和辩证性（如恩格斯所言，辩证思维是佛教徒所具有的）等特点，而且也正是因为这些相通之处，构成了两者之间相结合的可能性。在推进当代中国马克思主义思维方式中国化的过程中，必须在立足于当代中国实际需要的基础上，把马克思主义思维方式与中国传统思维方式结合起来，同时吸收各国思维方式的优点，只有这样，才能实现中国传统思维方式向现代化的转型，构建出一种适应当代中国社会主义现代化建设需要的思维方式。

① 马克思恩格斯选集（第 1 卷）[C]．北京：人民出版社，1995，第 56 页
② 马克思恩格斯选集（第 1 卷）[C]．北京：人民出版社，1995，第 58 页
③ 马克思恩格斯选集（第 1 卷）[C]．北京：人民出版社，1995，第 73 页

第三篇　实践、探寻与创获
——马克思主义与中国实践

第十章 “以人为本”与社会主义和谐社会的构建

“我国的历史，浩淼博大，蕴含着丰富的治国安邦的历史经验。”面对中国传统文化中这些丰富的治国经验，我们党在社会主义建设时期重点对此进行了批判继承，以作为提高党的执政能力和构建社会主义和谐社会的思想资源。在这些传统资源中，德治的传统、“民惟邦本”的朴素的民主思想和追求和谐的社会建设思想等在当代仍然具有可资借鉴的现实价值。

第一节 “以人为本”与“和谐社会”的发展脉络与基本内涵

作为一个比较抽象且容易产生歧义的命题，“以人为本”确曾被古今中外众多的思想家们所使用过，因此，非常有必要对这一命题被重新提出的现实背景、发展脉络以及基本内涵进行科学揭示和正确理解。中国特色社会主义的以人为本，既体现了传统的智慧，又体现了对传统人本思想的超越。从我们党建设中国特色社会主义的具体实践进程来看，“以人为本”发展理念的提出，是基于对当代社会发展过程中“人”的主体地位和作用日益突出所作出的反思，尤其是在对片面追求经济增长的发展观所付出的代价的反思中而提出的，标志着我们党对社会主义社会的认识更加深刻。早在 1994 年，江泽民首次提出了“以人民群众为本”的思想。他在 1994 年全国政协新年茶话会上的讲话中指出：“我们衷心希望大家处处以党和人民的利益为重，以人民群众为本，抛弃一切官僚主义、形式主义的不良习气，真正在领导方法和工作方法方面取得新的进步，在全心全意为人民谋利益方面创造出新的气象。”在 2001 年 9 月颁布的《公民道德建设实施纲要》中就明确指出：“我国公民道德建设的指导思想是：以马克思列宁主义、毛泽东思想、邓小平理论为指导，全面贯彻江泽民‘三个代表’重要思想，坚持党的基本路线、基本纲领，重在建设，以人为本，在全民族牢固树立建设有中国特色社会主义的共同理想和正确的世界观、人生观和价值观……”而党的十六大报告也同样始终贯穿着“以人为本”的思想精髓。如在阐述“三个代表”重要思想时就提出了要“努力形成全体人民各尽其能、各得其所而又和谐相处的局面”；在阐述全面建成小康社会的目标时，最终明确要求要落实到人民、人的身上，即“人民过上更加富足的生活”、“人民安居乐业”、“形成全民学习、终身学习的学习型社会，促进人的全面发展”、“促进人与自然的和谐”；而整个报告的结束语——“共同创造我们的幸福生活和美好未来”也正是“以人为本”理念的生动体现。到了党的十六届三中全会，“以人为本”作为科学发展观的首要的和核心的内容而得以总结、概括和升华，使之成为科学发展观的一个核心的概念。

“人不是抽象的蛰居于世界以外的存在物。人就是人的世界，就是国家，社会。”[①]作为我们党的执政理念的“以人为本”，是以唯物史观为基础的。历史唯物主义告诉我们，人民群众是社会物质财富和精神财富的创造者，是推动社会发展和变革的决定性力量。马克思曾说过，未来的新社会是“以每个人的全面而自由的发展为基本原则的社会形式”。[②] 所以，马克思所揭示的“人的

---

① 马克思恩格斯选集(第 1 卷)[C].北京：人民出版社，1995，第 1 页

② 马克思恩格斯选集(第 2 卷)[C].北京：人民出版社，1995，第 239 页

解放”，是以实现“每一个人的全面自由发展”为根本价值，这是真正的、彻底的“以人为本”。正是基于这样一种前提(即把马克思主义经典作家的科学预言与中国特色社会主义的具体实践相结合)，作为科学发展观的本质与核心，“以人为本”的基本含义包括：以实现人的全面发展为目标，从人民的根本利益出发谋发展、促发展，在发展的基础上不断满足人民群众日益增长的物质文化生活需要，切实保障人民群众的经济、政治和文化权益，不断提高人民的思想道德素质、科学文化素质和身心素质，创造人们平等发展、充分发挥聪明才智的社会环境，让社会发展的成果惠及全体人民。“以人为本”作为我们党在新的历史条件下诠释科学发展观的新的执政理念，不但完全符合马克思主义，而且对马克思主义有重大发展，体现了社会主义的本质要求。“以人为本”赋予了科学发展观鲜明的时代特征与价值取向，也与时俱进地体现了马克思主义实践哲学的立场、观点和方法。很显然，科学发展观意义上的“以人为本”，已经远远超越了西方人本主义思潮和中国传统文化中的民本思想，是党的建设规律和执政规律乃至整个国家建设规律的经验总结和理论升华。

“构建社会主义和谐社会”重大战略任务的提出、展开和深化，也同样经历了一个发展过程。构建“和谐社会”的理念最早是在党的十六大报告中作为全面建成小康社会的六个具体目标之一而被提出的，但报告对“社会更加和谐”并没有展开具体的探讨。党的十六届四中全会进一步指出：“要适应我国社会的深刻变化，把和谐社会建设摆在重要位置”；“坚持最广泛最充分地调动一切积极因素，不断提高构建社会主义和谐社会的能力。”这是在党的文献中第一次出现“社会主义和谐社会”，并从加强党的执政能力的战略高度予以强调。2005 年 2 月，胡锦涛在省部级主要领导干部“提高构建社会主义和谐社会能力专题研讨班”开学典礼上发表重要讲话，对“社会主义和谐社会”的基本特征作了阐释：“我们所要建设的社会主义和谐社会，应该是民主法治、公平正义、诚信友爱、充满活力、安定有序、人与自然和谐相处的社会。”这一讲话凸显了构建社会主义和谐社会战略任务的重要位置，使中国特色社会主义事业的总体布局由“三位一体”(政治、经济与文化建设)发展为“四位一体”(政治、经济、文化与社会建设)，进一步完善、丰富和发展了中国特色社会主义理论。党的十六届六中全会进一步指出，我们要构建的社会主义和谐社会，是在中国特色社会主义道路上，中国共产党领导全体人民共同建设、共同享有的和谐社会。这一科学论断，清楚表明了我们所要构建的社会主义和谐社会的性质和定位，深刻揭示了我国和谐社会建设的领导核心、发展道路、实践主体和根本目的，为推进我国和谐社会建设指明了前进方向。和谐问题是一个古老而常新的时代课题。“和谐”一直是中国传统文化的基本理念和精髓。实现社会和谐，则是古往今来人们不断追求的共同的理想境界。在古今中外众多的思想及学说中，关于社会和谐的主张有很多从英国人莫尔描绘的“乌托邦”，到意大利人康帕内拉笔下的“太阳城”，从中国古代的“天下为公”理想，到中国近代以洪秀全为代表的农民阶级先进分子勾画的“有田同耕，有饭同食，有衣同穿，有钱同使，无处不均匀，无人不饱暖”的“太平一统”蓝图，所有这些都在不同程度上反映了人民群众对美好生活的向往和设想。马克思还曾充分肯定空想社会主义者“提倡社会和谐”是“关于未来社会的积极的主张”。但所有这些主张大多是朴素的，带有明显的时代和阶级的局限性。马克思认为，共产主义在人与人之间、人与自然之间都形成了和谐的关系，是“人类同自然的和解以及人类自身的和解”。应当说，“社会主义和谐社会”则是一个全新的概念，它所指称的是一种以社会主义制度为基础的和谐社会——即社会共同体内各种要素处于相互依存、相互协调、相互促进的状态。胡锦涛从六个方面对社会主义和谐社会的基本特征进行了归纳总结：即“民主法治、公平正义、诚信友爱、充满活力、安定有序、人与自然和谐相处”。这六个方面的基本特征成为衡量一个社会是否真正和谐的重要标尺，它不仅全面体现了社会主义和谐社会的本质，也体现了构建社会主义和谐社会的目标指向。可以说，我们党提出"构建社会主义和谐社会"重大战略任务，确实吸收、借鉴了古今中外有关和谐主张的合理因素，但绝不是它们的简单拼凑或完全搬用，而是针对中国特色社会主义建设进入全面建成小康社会新阶段时所出现的一系列新情况、新问题和新矛盾，根据马克思主义的世界观、历史观、价值观，并基于社会主义建设和改革实践所提供的新经验，而对社会和谐的含义重新进行了提炼、充实、提高、发展和改造，从而形成的一个崭新的科学概念，成为指导中国特色社会主义建设的新的执政理念和战略方针。

应当说，从 2002 年党的十六大提出全面建成小康社会战略目标，到 2003 年党的十六届三中全会提出科学发展观，再到 2004 年首次提出构建社会主义和谐社会，这是一个自然接续和演进的过程，也是一个对经济社会发展的认识逐步深化的过程，并体现出越来越明显的"以人为本"的发展倾向。"以人为本"不仅是科学发展观的本质要求，同样也是构建社会主义和谐社会的本质要求。科学发展观意义下的"以人为本"，其所强调的是要统筹人与自然、人与人、人与人自身的和谐发展，而这也正是和谐社会的理论内涵、实践要求和精神实质之所在。"以人为本"与"和谐社会"是两个既相互区别又紧密相连的概念。"以人为本"，强调了人是发展的本质、动力、目的和标志，所着眼的终极目标是促进和实现人的全面发展；而"构建社会主义和谐社会"，强调的是全体人民各尽其能、各得其所、和谐相处，其包括人与人之间、人与社会之间、人与自然之间、人和自我之间的和谐，所着眼的则是实现社会的全面进步。尽管两者的着眼点不尽相同，但无论是人的全面发展还是社会的全面进步都是同一历史进程的两个不同侧面。毫无疑问，只有坚持以人为本的科学发展观，才能真正构建起社会主义和谐社会。要实现不同民族之间、不同阶层之间、不同群体之间的和谐，要实现政治、经济、文化、社会内部诸要素之间的和谐，都需要靠人去推动、维护和协调。同样，只有构建和谐社会，才能更好地保证人的发展本质和目的的有效实现。事实上，和谐社会所要达到的人与人、人与自然、人与社会之间的和谐，包括发展目的、发展道路、发展手段的和谐，这些也正是以人为本所要追求的最高目标。所以说，以人为本和构建和谐社会两者是辩证的、统一的，两者都统一于全面建成小康社会的奋斗目标之中，统一于促进人的全面发展和人类彻底解放的历史进程之中。

第二节 "以人为本"：构建和谐社会的根本原则与核心价值

把以人为本作为构建社会主义和谐社会的根本原则，这不仅充分体现了马克思主义关于社会主义发展的思想精髓和科学发展观的核心内容，而且也充分体现了社会主义和谐社会建设的本质要求和主体保证。社会和谐是中国特色社会主义的本质属性，是国家富强、民族振兴、人民幸福的重要保证。社会主义和谐社会的这一基本规定性正是通过社会主义和谐社会的基本特征反映出来的，而"以人为本"则是贯穿于这些基本特征之中的核心价值。作为一条在总结我国长期发展经验基础上提出来的重要思想原则，"以人为本"对建设社会主义和谐社会具有至关重要的指导作用。

一、以人为本是社会主义和谐社会基本特征的集中体现

构建社会主义和谐社会，就其实现路径而言，就是希望通过加强民主法治、维护公平正义、倡行诚信友爱、激发社会活力、促进安定有序、实现人与自然和谐相处来达成整个社会的和谐。应

当说,贯穿于这六个基本方面的一条主线便是要坚持“以人为本”。“以人为本”作为社会主义社会的本质要求和核心价值,其在社会主义实践中应当展现为一种和谐发展的过程,这也即是说,可以通过社会机体自身的改革与完善,来不断促进社会成员成为自由的、自主的和自觉的人,并将人的主体性的不断提升融于人与自然、人与社会、人与人以及人与自身的和谐发展之中。作为科学发展观的本质与核心,“以人为本”同样也是社会主义和谐社会的本质与核心,它渗透于和体现在构建社会主义和谐社会的各个领域、各个方面与整个过程的始终。“民主法治”体现了广大人民群众的权利要求,是广泛调动全社会各阶层积极因素的制度保障;“公平正义”维护了广大人民群众的利益诉求,是妥善协调社会各方面利益关系,正确处理各种社会矛盾的伦理准则;“诚信友爱”倡导了全体人民之间相互信任、重视信誉、平等互助、融洽相处的和善人际关系,是提升人的素质修养、培养人的道德情感的基本要求;“充满活力”表明了人的积极性主动性创造性得到充分发掘,人的智慧才能禀赋得到尽情展现,是人这一最宝贵资源在促进社会进步的历史活动中各尽其才、各显其能的生动体现;“安定有序”提供了广大人民群众向往追求安居乐业的社会秩序和生活环境,是关心人、保护人、服务于人的社会组织机制和社会管理体制健全完善的运行结果;“人与自然和谐相处”实现了人与社会(自然环境)的稳定、协调和可持续发展,是人与社会的关系、人与人的关系得到改善,达到兼容,走向和谐的重要标尺。

二、以人为本是构建社会主义和谐社会的根本原则

社会主义和谐社会的本质要求,就是发展为了人民、发展依靠人民、发展的成果由人民共享,也就是要始终坚持以人为本。坚持将以人为本作为构建社会主义和谐社会的根本原则,突出反映了我们党把构建社会主义和谐社会的根本点放在以人为本上,在构建社会主义和谐社会的过程中,始终把最广大人民的根本利益作为党和国家一切工作的出发点和落脚点,致力于实现好、维护好、发展好最广大人民的根本利益:不断满足人民群众日益增长的物质文化需要,促进人的全面发展。而这与我们党“立党为公、执政为民”的性质和宗旨,与我们党“权为民所用、情为民所系、利为民所谋”的执政理念,同社会主义和谐社会的本质要求是完全一致的。“构建社会主义和谐社会是一个不断化解社会矛盾的持续过程。”就目前而言,构建社会主义和谐社会的主要任务,是处理和解决我国社会中所出现的诸多的现实矛盾与问题,如就业、社会保障、收入分配、教育、医疗、住房、安全生产、社会治安等等,仔细分析这些社会问题与矛盾的产生原因,我们不难发现其主要是源于我国在社会主义精神文明建设尚未完全到位的前提下市场经济对人的异化。因此,坚持以人为本、消灭社会关系的异化就成为我国当前构建社会主义和谐社会的必要前提与重要保证。作为一个正在赶超的发展中国家,将发展的效益与发展的速度有机结合地起来,这是实现经济社会又好又快发展的关键,显然,要做到这一点就迫切需要以人为本的科学发展观的指导。与传统的发展观相比,科学发展观将单纯的工业化和经济的增长与积极的社会转型和人的发展有机结合起来,强调人的发展、社会的发展、生态的和谐与经济的发展协调统一,而这种统一的出发点和归宿就是以人为本。

三、以人为本是构建社会主义和谐社会的核心价值

社会和谐,既是中国特色社会主义的本质属性,也是社会主义社会的价值追求和理想目标。建立在这一目标追求基础上的核心价值体系,其所要达成的目的就是要在全社会最大限度地尊重差异,包容多样,求同存异,团结友爱,引导人们超越民族、城乡、地域以及社会阶层等方面的差

异，增强全体社会成员的归属感和向心力，促进整个社会的和睦团结。而贯穿此中的一根主线便是“以人为本”，即是用马克思主义教育人，用中国特色社会主义共同理想培育人，用民族精神和时代精神熏陶人，用社会主义荣辱观教化人，由此形成全民族奋发向上的精神力量和团结和睦的精神纽带。应当看到，一个以马克思主义为指导、以中国特色社会主义为共同理想的和谐社会，其本身就是一个充满人文关怀和社会关爱的社会，它以维护社会成员的基本权利、保障人民群众的主人翁地位为原则。因此，以人为本作为和谐社会的核心价值，其时代内涵就是要把增进全体社会成员的根本利益，关心人、尊重人、爱护人、完善人，保障人的基本权利作为评价和衡量我们国家在制度创新、方针制定及其政策实施等方面的准则，把人民满意不满意、答应不答应、高兴不高兴作为衡量和检验我们一切工作的标尺。坚持“以人为本”的核心价值，就是要牢固地确立人民群众在国家和社会事务中的主人翁地位，尊重人民的意愿，发挥人民群众的首创精神和创造才能，既要不断提高人民群众的物质文化生活水平，又要不断提高人民群众的科学文化素质；既要真正保障人民群众的公民权利，还要以人的全面发展为社会进步的根本目的，真正使全体人民共享改革和发展的成果。

总之，时代的要求、发展的主题催生了科学发展的崭新观念和以人为本的执政理念。人类社会在经历了“以神为本”（神本主义）和“以物为本”（物本主义）之后，正步入“以人为本”的新阶段。然而，需要指出的是，作为科学发展观意义下的“以人为本”，是针对中国特色社会主义现代化建设的历史方位而提出来的，是一个富有现实指导意义的社会发展原则，因此，构建社会主义和谐社会就必须把“以人为本”作为根本原则和核心价值。“以人为本”突出的是人在社会中的核心地位和主体作用，而构建社会主义和谐社会从根本上讲恰恰就是围绕着“人”这一核心和主体来处理政治、经济、文化、社会（环境）等各个方面的关系，从而确保政治、经济、文化、社会（环境）等各个层次结构之中的各个要素之间能够协调发展。所以说，“以人为本”是构建社会主义和谐社会的题中应有之义，如果没有“以人为本”这一理念，构建社会主义和谐社会是无法取得最后的成功的。应当说，社会主义和谐社会的目标指向是人与自然的和谐、人与人的和谐、人与社会的和谐和人与自身的和谐，而此中最根本的就是要坚持以人为本，切实维护好最广大人民的根本利益，注重人的全面发展，最终达成让人民群众心情舒畅、过上生活幸福的美好愿景。构建社会主义和谐社会是实现“以人为本”的基础工程，需要全体社会成员为此付出长期而艰辛的奋斗与努力。如果我们从一个更宏阔的视角来看，以人为本价值取向的确立，不仅有助于增强整个社会的凝聚力，促进社会的和谐，而且在推进中华民族实现伟大复兴的过程中，高扬“以人为本”能够更好地体现社会主义的基本价值和人类文明进步的本质特征。

第三节　构建社会主义和谐社会的基本原则和措施

建设和谐文化，倡导和谐理念，培育和谐精神，是党的十六届六中全会通过的《中共中央关于构建社会主义和谐社会若干重大问题的决定》提出的要求，是中央领导集体在社会主义思想道德建设理论上的重大创新。社会主义和谐社会思想政治教育不仅要倡导和谐理念，培育和谐精神，建设和谐文化，而且要树立思想政治教育和谐发展的理念，促进社会主义和谐社会思想政治教育和谐发展。在构建社会主义和谐社会的过程中，必须要遵循一定的原则，采取相应的措施，以此建成符合人民要求的社会主义和谐社会。

一、构建社会主义和谐社会的基本原则

党的十六届六中全会在提出构建社会主义和谐社会的目标和主要任务的同时，也明确提出了构建社会主义和谐社会必须遵循的基本原则。这就是：必须坚持以人为本，必须坚持科学发展，必须坚持改革开放，必须坚持民主法治，必须坚持正确处理改革发展稳定的关系，必须坚持在党的领导下全社会共同建设。这六项原则，涵盖了构建社会主义和谐社会的出发点和落脚点、工作方针、内在动力、重要保障、领导核心和依靠力量，是构建社会主义和谐社会的基本要求。

(一)必须坚持以人为本

坚持以人为本，是构建社会主义和谐社会的核心原则，是工作的出发点和落脚点问题。构建社会主义和谐社会，必须把以人为本贯穿始终，要从广大人民群众的要求和愿望出发，把人民群众的整体利益放在首位，充分实现广大人民群众的根本利益，做到发展为了人民、发展依靠人民、发展成果由人民共享，促进人的全面发展。

历史活动首先是群众的事业，人民群众是社会物质财富和精神财富的创造者，是推动社会发展和变革的决定性力量。坚持以人为本的实质，就是要把实现好、维护好、发展好最广大人民的根本利益作为一切方针政策和各项工作的根本出发点，要尊重人民群众的主体地位，充分发挥人民群众的积极性、主动性、创造性，要让经济社会发展的成果惠及全体人民。与此同时，要反映和兼顾不同的群体利益，协调好各方面的利益关系，并关心每个人的利益要求，关注人的价值、权益和自由，满足人们的发展愿望和多样性的需求。以人为本，体现的是整体、群体和个体利益的有机统一。既不是把个人权益置于社会的首位，也不是只重视整体而忽视个人的价值和权益。

以人为本作为构建社会主义和谐社会的首要原则，是贯穿经济社会发展的基本方针和实际要求，必须要体现在经济社会发展的各个领域和各个环节。社会的一切发展，物质文明也好，政治文明也好，精神文明也好，都是为人服务，为了人的需要。经济建设要着眼于改善人民生活，提高人民生活水平；政治建设要着眼于保障人民当家做主的权利和合法权益；文化建设要着眼于满足人民精神文化需求，丰富人们的精神世界；社会建设要着眼于协调好各方面利益关系，促进社会和谐。坚持以人为本，既要立足于长远，更要着眼于现实，把解决人民群众切身利益问题放在首位，尤其是着重解决好就业、收入分配、社会保障、看病、子女上学、生态环境保护、安全生产、社会治安等这样一些人民群众最关心、最急迫的实际问题。急群众之所急，想群众之所想，办群众之所需，才能体现坚持以人为本的意义所在。

坚持以人为本，要不断强化尊重人、关心人、爱护人的理念。在人与人的关系上，要强调公正、平等，尊重所有人的基本需要、合法权益和独立人格，形成相互关爱、团结互助的社会氛围，促进人际关系的和谐。在人与社会的关系上，要充分重视人的尊严，社会要为人的生存和发展创造良好的社会条件和环境，要使经济社会发展的成果惠及全体人民，同时也要不断增强社会成员的公民意识和社会责任感。人与社会关系也包括人与组织的关系。坚持以人为本，也要体现组织对人的管理由单纯的管理和控制转向对人的服务和开发，要从尊重、理解、爱护和关心人的角度出发想问题、办事情、做工作，尊重人们之间的共性和个性差异，为人的发展提供平等的机会，创造宽松的环境。在人与自然关系上，要有尊重自然、保护环境的意识，节制对自然的无限度开发和利用。坚持以人为本，就每个社会成员而言，要进行观念更新，改变依附、依靠的思维惯性，不断提高自立、自强的意识，提高合作意识和互助意识；就党政干部而言，要自觉破除官本位意识，在思想上真正树立情为民所系、利为民所谋、权为民所用的观念，真心诚意实践立党为公、执政为民。

促进和实现人的全面发展，是马克思主义关于建设社会主义新社会的本质要求，也是社会主义社会全面进步的一个基本特征。坚持以人为本，就是坚持了马克思主义的社会理想，以促进和实现人的全面发展为目标。坚持以人为本，既要着眼于人民现实的物质文化生活需要，同时又要着眼于人民素质的提高，把促进人的全面发展落实到经济社会发展的全过程，在经济社会不断发展的基础上，推进人的全面发展。实现人的全面发展，有现实的要求，但也是一个长期的、渐进的积累过程，要立足于现实，从大处着眼，从具体事情做起。因此，坚持以人为本，要把促进经济社会发展与促进人的全面发展统一起来，使其相互促进，共同提高。

(二)必须坚持科学发展

坚持科学发展，是构建社会主义和谐社会的内在要求，是工作的指导思想。构建社会主义和谐社会，必须牢固树立和全面贯彻科学发展观，实现经济社会全面协调可持续发展。

发展是解决中国一切问题的治本之策，必须把发展作为促进社会和谐的根基。中国近代以来有两大主题：一个是民族独立、人民解放；一个是国家强盛、人民富裕。前一个问题要靠革命来解决；后一个问题要靠发展来解决。新中国的诞生，尤其是社会主义制度的建立，已经解决了第一个问题，接下来的问题就是发展了。发展是当代中国的主题，也是中国特色社会主义的主题。邓小平理论和“三个代表”重要思想，都是围绕发展这个主题展开的，科学发展观也是围绕发展这个主题展开的。从现阶段来说，我国还是一个发展中国家，正处于并将长期处于社会主义初级阶段，我们面临的主要矛盾，依然是人民日益增长的物质文化需要同落后的社会生产之间的矛盾。我们要建设全面小康社会、构建社会主义和谐社会，实现社会主义富强民主文明和谐的社会主义现代化，最根本的就是要坚持继续发展，把发展作为解决中国一切问题的关键。同时，我们也看到，改革开放28年来，尤其是近十几年来，这是中国经济社会发展最快的时期，也是中国老百姓普遍得实惠最多的时期，但不是社会矛盾最少的时期，也不是老百姓意见最少的时期。我们遇到的各种各样的新问题，都需要加以特别关注，都需要认真解决。但基础还是要靠发展，要用发展的办法解决前进中的问题。只有保持经济持续较快的发展，我们才有更好的物质基础促进社会的全面发展和进步，才能处理好涉及利益关系的各种社会矛盾和问题。社会的和谐，在很大程度上要取决于社会生产力的发展水平，取决于发展的协调性。必须坚持用发展的办法解决前进中的问题，大力发展社会生产力，不断为社会和谐创造雄厚的物质基础，同时更加注重解决发展不平衡问题，更加注重发展社会事业，推动经济社会协调发展。我们要充分认识到发展在促进社会和谐中的决定性作用，并要坚持通过发展促进社会和谐。

全面、协调、可持续发展，是科学发展观的基本要求。全面发展，就是以经济建设为中心，全面推进经济、政治、文化与社会建设，实现经济发展和社会的全面进步。科学发展观强调以人为本，强调全面发展，并不是意味着经济建设可以退到次要位置，更不是要放弃以经济建设为中心。经济是基础，发展经济是解决一切社会问题的前提，没有经济的发展，就谈不上其他方面的发展。对中国这样一个发展中大国来说，保持经济的快速发展，创造更加丰富的物质财富，不断增强经济实力，意义十分重大。科学发展，必须坚持以经济建设为中心，千方百计把经济搞上去，为和谐社会的形成奠定坚实的物质基础。但经济发展与社会事业的发展不是相互独立的，而是紧密相连、相辅相成的。经济发展不能欠社会发展的账，不能以损失社会事业的进步为代价，否则就会引发各种社会问题。而且，当人们的基本生活问题解决以后，就会有更高的要求。单纯的生产力发展和经济增长不可能自动带来社会的全面进步，不可能解决社会发展过程中的所有问题。经济发展与社会进步不是相互独立的，而是紧密相连、相辅相成的。单纯追求经济发展，忽视社会事业发展，一条腿长、一条腿短，经济也难以持续发展。即使经济一时上去了，迟早也要掉下来。一个社会要是单纯、片面地追求经济增长和物质生活的提高，不仅会付出环境污染、生态失衡的代价，还会引发分配不公、两极分化、社会腐败现象蔓延、思想道德堕落等社会问题，造成经济增长和社会文明衰退的反差。社会事业的发展有利于提高人的素质，也有利于促进经济的持续健康发展。因此，在坚持以经济建设为中心的同时，必须加强政治建设、文化建设和社会建设，必须处理好经济与社会事业的关系，使经济、政治、文化和社会共同发展、相互促进。我们不能以经济发展代替社会事业发展，也不能因为强调发展的全面性而否定经济发展在社会发展中的地位，更不能否定经济建设这个党和国家工作的中心。

协调发展，就是统筹城乡发展、统筹区域发展、统筹经济社会发展、统筹人与自然和谐发展、统筹国内发展和对外开放，推进生产力和生产关系、经济基础和上层建筑相协调，推进经济、政治、文化、社会建设的各个环节、各个方面相协调。协调发展不是“齐步走”，也不是没有重点的发展。协调发展，主要是指经济社会之间、城乡之间、区域之间、国内国外之间的发展，还有人与自然之间的发展，要相互衔接、相互促进，实现良性互动。在协调发展过程中，要把基础设施建设和社会事业发展的重点转向农村，改变农村发展相对落后的状况。

可持续发展，就是促进人与自然的和谐，‘实现经济发展和人口、资源、环境相协调，坚持走生产发展、生活富裕、生态良好的文明发展道路，保证一代接一代地永续发展。可持续发展，就是既要考虑当前发展的需要，满足当代人的基本需求，又要考虑未来发展的需要，为子孙后代着想。要增强可持续发展的能力，必须处理好经济增长与人口增长、与资源利用、与生态环境保护的关系。这是关系中华民族生存与长远发展的根本大计。

科学发展的实质，就是实现经济社会又快又好发展。无论在任何条件下，加快发展的意识不能淡化，加快发展的热情不能降低，加快发展的干劲不能减少，加快发展的目标不能动摇。但要实现经济社会又快又好发展，必须转变发展观念、创新发展模式、提高发展质量，尤其要纠正那种片面追求经济发展而忽视社会和人的发展的倾向，片面追求经济发展的高速度而忽视资源、生态和效率的倾向，以及忽视城乡经济、区域经济协调发展的倾向。要更加注重优化结构、提高效益、降低消耗、减少污染，更加注重实现速度和结构、质量、效益相统一，更加注重经济发展和人口、资源、环境相协调，更加注重经济、政治、文化、社会建设的整体推进、全面发展，使经济社会能够得到长期平稳较快的发展。

(三)必须坚持改革开放

坚持改革开放，是构建社会主义和谐社会的必由之路，是工作的动力源泉。构建社会主义和谐社会，要全面推进经济体制、政治体制、文化体制、社会体制的改革和创新，进一步扩大对外开放。

中国特色社会主义是在改革开放中前进的，改革开放推动着经济社会的快速发展，也促进着社会主义制度的不断完善。中国的改革开放走到今天，已经没有了回头路。不继续实行改革开放，就不可能有更好更大的发展，人民也不会答应。但改革开放也并不是一条平坦的大道，在改革开放的过程中，总会出现许多新的问题、新的矛盾，也总会遇到各种新的障碍和阻力。必须清醒地看到，当前我们在构建社会主义和谐社会进程中遇到的矛盾和问题，有的是由发展不充分带来的，这要通过加快经济发展、不断提高国家的经济实力来逐步加以解决；有的是由体制机制不完善带来的，这就要通过深化改革，消除各种影响社会和谐的体制性因素，加紧建立健全保障社会和谐的各方面投资机制。就是在解决发展问题时，也必须依靠深化改革来提供强大动力。所以，通过全面改革，建立起充满活力、富有效率、更加开放的社会主义体制，是全面深化改革的现实需要，是构建社会主义和谐社会的重要制度保证。

我们所进行的改革，是在社会主义自身基础上的自我改进、自我完善。这种自我改进、自我完善，不是社会主义制度的根本改变，不是要动摇、背离社会主义制度，而是要焕发社会主义内在的生机和活力，使社会主义制度和体制在创新中得到巩固和发展。在改革中坚持社会主义方向，一个根本性的要求，就是要在解放和发展社会生产力的基础上，实现国家强盛、人民富裕。改革的实质，就是在坚持这样的社会主义方向前提下，加强制度建设，实现体制的创新。这是中国社会主义改革的原则，也是中国社会主义改革的经验。社会主义改革与社会主义制度的巩固和完善是一致的，而不是相互对立的。

社会的发展需要有繁荣的经济，需要有繁荣的文化，也需要有完善的民主政治和规范的社会管理。中国特色社会主义的发展是全面的，改革也必然是全面的。改革既包括经济基础，又包括上层建筑；既包括经济体制，又包括政治体制、文化体制和社会管理体制。搞好经济体制改革可以解决经济社会发展中的一些重大问题，也可以为社会的全面发展和进步创造条件，为经济的持续发展和国家长治久安打下坚实的基础，但只有经济体制的改革，不可能推进社会的全面发展和进步。因此，中国改革的大思路和基本格局就是：在推进经济体制改革的过程中，坚定不移地进行政治体制改革，坚定不移地进行文化体制改革，坚定不移地进行社会管理体制改革，并且使这几个方面相互配合、相互促进。无论是经济体制改革、政治体制改革、文化体制改革，还是社会管理体制的改革，都必须有领导、有计划、有步骤、有秩序地进行，必须始终从促进经济社会的全面发展，有利于社会和谐这个大局出发，积极稳步地推进。相对于经济体制改革来说，文化体制改革、社会管理体制改革尤其是政治体制改革，任务更重，难度也更大。推进经济体制改革，发展社会主义市场经济，有更多的经验可资借鉴，也有相应的参照，而推进文化体制改革、社会管理体制改革，特别是推进政治体制改革，虽然也有一些可学习和借鉴的东西，但更多地要靠我们自己去探索、去创造。

人民群众是改革的主体，改革最深厚的力量来自于人民群众。改革体现了人民的愿望、满足了人民的需要、维护了人民的利益，才能最大限度地调动广大人民群众的积极性、主动性和创造性，才能把这种积极性、主动性和创造性转化为支持改革、参与改革的现实力量。坚持把群众利益放在首位，顺应人民的愿望和要求，这是中国改革长期赢得人民群众拥护和支持的根本原因所在。从长期的改革实践中我们已经充分地认识到，任何方面的改革，如果没有广大人民群众的支持和拥护，就不可能有效地推进，更不可能持久地进行。哪些改革措施把群众的利益放在首位，体现了群众的愿望和要求，哪些改革就有强大的动力，改革就会取得成效。改革要得到人民群众的支持和拥护，就要从人民群众的根本利益出发，着眼于满足人民群众的物质文化需要，切实保障人民群众的经济、政治和文化权益，尤其要切实解决好人民群众最为关心的实际问题，让人民群众得到实惠，得到应该得到的、看得见的物质利益，使人民群众能够共同享受到经济社会发展的成果。改革措施的制定，都须以人民群众的实际承受能力为重要前提，统筹兼顾人民群众各方面的利益，既注重维护人民群众的长远利益，又注重实现人民群众最关心、最直接的现实利益，把实现人民群众的根本利益与解决人民群众的实际困难结合起来。我们制定和实施的每一项改革措施，都是同人民群众的切身利益息息相关的，因而改革措施的制定和实施要合乎民心、顺应民意。改革措施符合了人民群众的意愿，体现了人民群众的利益，才会得到人民群众的理解和支持。有了广大人民群众的真心实意的理解和支持，就能够应对各种复杂情况和矛盾，即使改革中出现了一些偏差和失误，也不会酿成大的动荡。是否对实现人民群众的利益有利，是我们判断改革措施正确与否的根本标准；人民拥护不拥护、赞成不赞成、高兴不高兴、答应不答应，是我们衡量改革措施是否正确的重要尺度。改革中的一切方针政策，都要以符合广大人民群众的利益为最高标准，以广大人民群众的满意为基本准则。否则，改革最早、最终的受益者，也可能成为改革的阻力；改革的支持者、拥护者，也可以变成改革的反对者。坚持以群众利益作为改革决策的依据，以群众情绪作为改革决策的第一信号，才能保证改革决策和改革推行符合人民群众利益，保证人民群众成为改革的真正依靠力量。

社会主义的发展是与世界的发展联系在一起的。中国特色社会主义走的是一条独特的发展道路，但不是一条孤立的发展道路，而是一条面向世界、扩大开放的和平发展道路。中国的改革和开放是共生共长、互相促进的。对外开放是我国一项长期的基本国策。在经济全球化和世界新科技革命深入发展的新形势下，我国一方面有通过扩大开放，发挥比较优势和后发优势，加快经济社会发展的历史机遇；另一方面，我们又将长期面对发达国家在经济科技等方面占优势的压力。在新世纪新阶段，我们面临的发展机遇前所未有，面对的挑战也前所未有。只有适应这种新形势，实施互利共赢的开放战略，努力提高对外开放水平，积极发展对外经济技术合作，大力开展对外文化交流，更好地利用国际国内两个市场、两种资源，以开放促改革、促发展、促和谐，才能逐步缩小与发达国家的发展差距，不断推动我国的经济发展和社会文明进步。

改革与开放不是相互独立的两项政策，而是实现体制、机制创新的一个整体性战略。改革和开放有着内在的一致性，不仅改革本身就是开放，而且改革必然要求对外开放与之相适应。改革和开放都有打破发展的封闭状态、建立广泛的经济联系的内容，改革包含着开放，开放也就是改革，而且是更为深刻的改革。改革把社会主义与市场经济联系在一起，促进了制度完善和体制创新，实现社会主义的自我完善和发展，为加快经济社会发展提供了内在动力；开放把中国的发展与世界的发展联系在一起，促进了对一切国家的先进文明成果的借鉴和学习，为人们的观念更新和思想飞跃提供了一种横向比较和外部动力。正是因为改革和开放的同步发展，加速了我国由原有体制向新体制的转变，使中国特色社会主义可以与其他社会制度及发展模式在比较中发展，在发展中展现优势。实践证明，改革与开放相辅相成，才会促进国家经济和社会的更好更快发展。而对于任何地方的发展来说，改革措施的制定，要有利于提高对外开放的水平和效果；而开放内容和步骤的选择，也要有利于改革的深化和拓展。改革同开放结合得好，改革的步伐就能迈得更大，开放的水平就能不断提高，发展也就能更快。改革的推进，逐步消除了经济社会发展的体制性障碍，焕发了社会活力，也为对外开放创造了良好的环境；开放的推进，引进了国外资金、技术和先进的管理经验，开阔了视野，也促进了改革的深化和经济的发展。由于坚持对内改革与对外开放的结合，有了改革与开放的相互配合，形成了良性互动，中国的经济社会才有了前所未有的快速发展。中国与世界的联系正在日益扩大和加深，中国的发展变化在影响着世界，世界的发展变化也在影响着中国。

(四)必须坚持民主法治

坚持民主法治，是构建社会主义和谐社会的重要基础，是工作的保证。构建社会主义和谐社会，必须加强社会主义民主政治建设，发展社会主义民主，实施依法治国基本方略，通过民主法治来促进社会公平正义。

发展社会主义民主政治，建设社会主义法治国家，是中国特色社会主义一个重要目标。人民当家做主是社会主义民主的本质要求，依法治国是党领导人民治理国家的基本方略。发展社会主义民主，保证人民依法行使民主权利，充分发挥广大人民群众和社会各方面的积极性、主动性、创造性，团结一切可以团结的力量，调动一切可以调动的积极因素，是构建社会主义和谐社会的重要保证。没有民主法治，就没有社会主义的发展，也就不可能有社会主义和谐社会的形成。坚持和发展社会主义制度下的民主，是亿万中国人民掌握自己的命运、焕发建设国家的强大创造力量的必由之路，是实现国家富强、人民幸福和社会长治久安的必由之路。衡量一个政治制度是不是民主的，关键是要看最广大人民的意愿是否得到了充分反映，最广大人民当家做主的权利是否得到了充分实现，最广大人民的合法权益是否得到了保障。构建社会主义和谐社会，从目标、途径到方针、政策，都需要贯穿社会主义民主法治的原则。坚持社会主义民主法治，才能有利于促进社会生产力的持续发展和社会的全面进步，有利于增强党和国家的活力，保持和发挥社会主义制度的特点和优势，有利于科学地处理各个阶层的利益和矛盾，为各阶层人民群众的政治参与提供畅通的渠道和科学的制度，使各个阶层、各个群体的利益和意愿都充分得到反映和体现，让发展的成果惠及全体人民，维护国家的主权安全和国内的政治稳定。在坚持党的领导的前提下，推进社会主义民主，实现依法治国，对于构建社会主义和谐社会具有至关重要的作用。

发展社会主义民主法治，运用民主法治的方式协调利益关系、化解社会矛盾，是时代发展和社会进步的要求，是新形势下处理复杂利益关系的有效途径。人民群众是构建社会主义和谐社会的直接参加者，也是社会主义和谐的直接受益者。构建社会主义和谐社会，必须依靠广大人民群众积极参与和共同努力。只有不断发展和完善社会主义民主法治，建立健全社情民意反映制度，拓宽社情民意反映渠道，让广大人民群众能够广泛地参加国家政治生活，广泛参与事关社会发展和人民群众切身利益的重大事项的决策过程，使人民的愿望、要求充分表达出来，才能使我们党和政府各项方针政策、法律法规更能符合社会发展的实际，符合人民群众的愿望和要求，从而保护人民群众的合法权益，实现各方面社会关系的协调，促进党和人民群众以及执政党和参政党、中央和地方、各阶层之间、各民族之间等方面的和谐。因此，在构建社会主义和谐社会的过程中，必须坚持把最广大人民的根本利益作为制定和贯彻党的方针政策的基本着眼点，正确反映和兼顾不同地区、不同部门、不同方面群众的利益，在促进发展的同时，把维护社会公平放到更加突出的位置，综合运用多种手段，依法逐步建立以权利公平、机会公平、规则公平、分配公平为主要内容的社会公平保障体系，使全体人民共享改革发展的成果，使全体人民朝着共同富裕的方向稳步前进。

发展社会主义民主法治，最根本的就是要坚持党的领导、人民当家做主和依法治国的有机统一。共产党执政就是领导和支持人民当家做主，最广泛地动员和组织人民群众依法管理国家和社会事务，管理经济和文化事业，维护和实现人民群众的根本利益。要按照有利于增强党和国家的活力，有利于调动人民群众的积极性、主动性、创造性，有利于维护国家的统一、民族团结和社会稳定，有利于促进经济发展和社会全面进步的原则，积极稳妥地推进政治体制改革，健全民主制度，丰富民主形式，扩大公民有序的政治参与，保证人民依法实行民主选举、民主决策、民主管理和民主监督，享有广泛的权利和自由。

发展社会主义民主，要进一步完善人民代表大会制度。人民代表大会制度是中国社会主义民主政治最鲜明的特点，是中国人民当家做主的重要途径和最高实现方式，是中国社会主义政治文明的重要制度载体。这个制度健康发展，人民当家做主就有保障，党和国家的事业就顺利发展；这个制度受到破坏，人民当家做主就无法保证，党和国家的事业就会遭受损失。坚持和完善人民代表大会制度，要密切人民代表同人民群众的联系，使人民代表大会更好地代表人民，并接受人民的监督。人民代表大会及其常务委员会只有坚持走群众路线，深入群众，进行调查研究，充分反映各方面的意见，才能使制定的法律和作出的决定符合客观实际，符合广大人民的利益。在改革开放和发展社会主义市场经济的条件下，尤其需要保证民主渠道的畅通，使人民群众的意愿和要求能够充分反映出来，作为党和国家决策的依据。人民代表大会应当成为联系人民群众、反映民意、解决矛盾的主要民主渠道。各级人民代表必须密切联系人民群众，充分反映人民群众的意见、要求和呼声，成为人民群众的代言人。

中国共产党领导的多党合作和政治协商制度是我国的一项基本政治制度。要认真贯彻中国共产党同各民主党派和无党派人士长期共存、互相监督、肝胆相照、荣辱与共的方针，促进参加人民政协的各党派和无党派人士的团结合作，充分体现和发挥我国社会主义政党制度的特点和优势。人民政协的政治协商是党和国家实行科学民主决策的重要环节，是党提高执政能力的重要途径。按照围绕中心、服务大局的要求，把加强团结和发扬民主贯穿于政协工作的各个方面，推进政治协商、民主监督、参政议政的制度化、规范化和程序化，把政治协商纳入决策程序。

民族区域自治制度是我们党在解决民族问题上一个重大创造，是马克思主义民族理论与中国实际相结合的成果。要进一步坚持和完善民族区域自治制度，正确把握维护国家统一和实行民族区域自治之间的关系，要保证民族自治地方依法行使自治权，巩固和发展平等、团结、互助的社会主义民族关系，促进各民族共同繁荣。同时，要尊重和保护公民的宗教信仰自由权利，保持正常宗教活动的有序进行，保护宗教团体的合法权益。要鼓励和支持宗教界继续发扬爱国爱教、团结进步、服务社会的优良传统，在积极与社会主义社会相适应方面不断迈出新的步伐。

基层民主是社会主义民主政治建设的基础性工作，是社会主义民主最广泛的实践。扩大基层民主，是完善发展中国特色社会主义民主政治的必然趋势。要进一步扩大基层民主，进一步完善城乡基层政权、基层自治组织、企事业单位的民主管理制度，健全民主选举、民主决策、民主管理和民主监督制度，坚持和完善政务公开、厂务公开、村务公开等办事公开制度，完善基层政权、基层群众性自治组织、企事业单位的民主管理制度，发挥社会自治功能，保证基层群众依法行使选举权、知情权、参与权、监督权等民主权利。

依法治国，是党领导人民治理国家的基本方略，也是完善党的领导和实现人民当家做主的基本途径。深入贯彻依法治国基本方略，加快建设社会主义法治国家，是促进、实现、保障社会和谐的重要保障。法治作为民主的保障，它是一种贯彻法律至上、严格依法办事的治国原则和执政方式。要牢固树立社会主义法治理念，坚持法律面前人人平等，严格依法办事，按照有法可依、有法必依、执法必严、违法必究的总要求，全面加强和改进立法、执法、司法工作，进一步增强社会依法办事的观念，夯实社会和谐的法治基础。实行依法治国，就是要逐步实现社会主义民主的制度化、规范化、程序化，使这种制度和法律不因领导人的改变而改变，不因领导人的看法和注意力的改变而改变。在当代中国，法治的程度最直接地体现着社会主义民主政治的制度化、规范化和程序化的水平，无论党的领导还是人民当家做主，都必须严格依法办事，任何组织和个人都不允许有超越宪法和法律的特权。只有以法治为基础，发挥法律作为社会关系调整器的作用，做到在法律面前人人平等，保障社会成员依法享有的平等权利，才能实现社会的公平正义。发展社会主义民主，依法治国，要求我们党必须依法执政。依法执政，既是党的执政能力的重要内容，又是提高党的执政能力的基本原则。在坚持党的领导的前提下，改革和完善党的领导方式和执政方式，对于推进社会主义民主，实现依法治国，具有全局性作用。与此同时，还要改革和完善决策机制，推进决策的科学化民主化，加强对权力的制约与监督，这也是社会主义民主政治建设的重要任务。

要进一步完善适合中国国情的权力制约与监督机制，拓宽和健全监督渠道，充分发挥各监督主体的作用，提高监督的整体效能，把加强对权力约束的制度建设与对干部的有效监督结合起来。按照标本兼治、综合治理、惩防并举、注重预防的方针，建立健全教育、制度、监督并重的惩治和预防腐败体系。

（五）必须坚持正确处理改革发展稳定的关系

坚持正确处理改革发展稳定的关系，是构建社会主义和谐社会的重要环节，是工作的条件。构建社会主义和谐社会必须从总体上把握改革发展稳定的关系，维护社会安定团结，切实做到以改革促进和谐、以发展巩固和谐、以稳定保障和谐。

在构建社会主义社会的过程中，改革、发展和稳定，是具有全局意义的三大问题。改革是社会保持稳定、走向持续发展的动力，正是因为有了改革，中国社会主义才有了持续的发展和社会的长治久安；发展是推进改革、保持稳定的中心目标，反过来又是稳定社会、推动改革的有力杠杆；稳定是改革和发展的前提条件和重要保证。没有稳定，改革和发展都无法进行。尤其是在当前经济体制转轨时期，由于利益格局的变动和调整，各种社会矛盾有可能加剧，稳定就显得更加重要，也更加困难。只有坚定不移地推进发展，才能不断增强综合国力和国际竞争力，更好地解决前进中的矛盾和问题。只有坚定不移地推进改革，才能为经济和社会发展提供强大动力。只有坚定不移地维护稳定，才能不断为改革发展创造有利的条件。改革发展稳定是有机统一的，也是相互促进的。中国改革的启动和推进，始终着眼于加快经济社会发展的要求和目的，使一切改革的措施，改革的手段、方法和步骤，都尽可能地适应发展的要求，满足发展的愿望。把改革发展稳定紧密结合在一起，坚持在稳定中改革，在改革中发展，踏踏实实地推进社会主义和谐社会的建设，实现经济社会更好更快的发展，用发展的成果检验改革的成效，用稳定的环境增强人们改革的信心，这也是中国特色社会主义建设的一条重要经验。正确处理三者的关系，必须注意两个方面的问题：一方面是正确认识改革发展稳定之间有着不可分割的内在联系；另一方面是要在实践中善于统观全局，精心谋划，正确把握和处理经济社会生活中出现的各种矛盾。这就要求我们必须不断地面对新情况、研究新问题，及时发现和化解各种社会矛盾，维护社会稳定，为深化改革，促进发展创造条件。

要清楚地认识到，在发展的现阶段，旧体制的深层次矛盾还没有得到彻底解决，新体制还不完善，还存在着许多不利于经济社会发展的体制性、机制性的障碍。深化改革，促进发展，维护稳定，依然是我们面临的主要任务。应当肯定，过去的发展和进步是靠改革得来的，现今发展中的许多问题与改革没有到位是有关联的。要保持来之不易的良好发展趋势，进一步加快发展，拓展发展空间，必须要坚定不移地深化改革。通过改革的不断推进，实现体制创新、机制完善，为发展创造更好的条件，为发展注入新的生机和活力，从而实现社会的持久稳定。

江泽民曾把改革发展稳定比做我国现代化建设棋盘上的三个紧密关联的战略性棋子，强调每一着棋都下好了，相互促进，就会全局皆活；如果有一着下不好，其他两着也会陷入困境，就可能全局受挫。把握好改革发展稳定的关系，是构建社会主义和谐社会必须重视的一项重要领导艺术。因此，在构建社会主义和谐社会过程中，要坚持从实际出发推进改革和发展，把改革的力度、发展的速度和社会可承受的程度统一起来，把不断改善人民生活作为处理改革发展稳定关系的重要结合点，在社会稳定中推进改革发展，用改革发展促进社会稳定。既要加快发展速度，加大改革力度，又要审慎从事，把握好改革的节奏，及时化解各种矛盾，减少社会震动，努力促进社会和谐稳定。既要增强改革的坚定性，又要增强加快发展的积极性。要始终坚持以发展为主题，以改革为动力，用改革的思路、发展的办法，来解决前进中的困难和问题。只有正确把握改革发展稳定的关系，坚持以改革促和谐、以发展求和谐、以稳定保和谐，才能确保人民安居乐业、社会安定有序、国家长治久安。

(六)必须坚持在党的领导下全社会共同建设

坚持在党的领导下全社会共同建设，是构建社会主义和谐社会的力量所在，是工作的根本方针。构建社会主义和谐社会，必须加强和改善党的领导，同时要团结一切可以团结的力量，齐心协力促进社会和谐。

我们要构建的社会主义和谐社会，是中国共产党领导全体人民共同建设、共同享有的和谐社会。中国共产党作为执政党，是中国特色社会主义事业的领导核心，直接承担着实现社会主义现代化和实现中华民族复兴的历史重任。构建社会主义和谐社会，关键在于要有党的领导作保证。党在国家和社会中的地位及作用，决定了党是经济社会发展的领导者和组织者，它可以运用国家政权力量组织改革实践，可以通过制定相应的路线、方针和政策，明确社会发展的方向和道路。没有党的坚强领导，就难以保证经济社会的正常发展，就难以凝聚社会建设的力量，也难以巩固和发展社会和谐的成果。

坚持党的领导，是保证各项促进和谐的政策和措施能够顺利推进的根本前提。我们所有事业的发展都是在党的领导下进行的。坚持党的领导，才能为构建社会主义和谐社会确立正确的指导思想、基本原则，才能作出符合中国国情的决策和工作部署，才能有效地动员和组织全党和全社会的力量，保证社会建设在错综复杂的环境中始终沿着正确的方向健康发展，并不断取得新的成就。坚持党的领导，构建社会主义和谐社会，最根本的就是要坚持我们党形成的基本理论、基本路线、基本纲领和基本经验，这是中国社会主义社会向前推进的重要基础。同时，要通过发挥党的领导作用、党组织的战斗堡垒作用和党员的先进性作用，为社会主义和谐社会建设和发展提供强有力的组织保证。

坚持党的领导，要不断加强和改善党的领导。中国的经济社会取得的巨大成就，是同始终坚持党的领导分不开的。而经济社会的进一步发展，也给我们党注入了新的活力，同时对党的领导也提出了新的更高的要求。只有加强党的自身建设，改善党的领导，才能在新的发展阶段、新的形势下不断增强党的凝聚力、吸引力和战斗力。只要能够适应新的工作要求，以改革的精神加强党的建设，使党的执政方式和领导方式进一步适应执政条件和社会环境的变化，不断提高执政能力和执政水平，我们的党就能以崭新的姿态，始终站在时代的前列，站在社会发展的前列，成为一个勇于改革、充满活力的政党，一个得信于人民、造福于人民的政党。

构建社会主义和谐社会，必须不断提高党的执政能力，加强党的先进性建设，以党的执政能力建设和先进性建设推动社会主义和谐社会建设。在当代中国，一切有关经济社会问题的解决，都取决于中国共产党，取决于中国共产党的执政能力。党的执政能力的强弱，直接关系到中国特色社会主义事业的兴衰成败。回顾社会主义发展过程，总结社会主义历史经验，我们可以明确地看到一点，那就是社会主义在一些国家衰落虽说原因是多方面的，但大都是从执政党的执政能力的衰落开始的。而中国特色社会主义事业不断发展，则是同中国共产党的执政能力的不断提升联系在一起的。因此，党的执政能力建设问题，是执政党建设的重点问题，也是构建社会主义和谐社会的一个关键性问题。在中国特色社会主义形成和发展过程中，邓小平把巩固、发展和建设社会主义同加强和改善党的领导联系起来进行研究和思考，从改革党和国家领导制度的角度，对加强党的建设和提高党的执政能力提出了明确的要求。在全面推进中国特色社会主义事业的同时，对加强党的执政能力建设的重要性有了更加深刻的认识，更加明确地提出了加强党的执政能力建设的问题，并赋予了党的执政能力建设以丰富的时代内涵。中国特色社会主义事业的新发展，开创了中国共产党执政的新局面，也对党的执政能力提出了新的挑战和新的要求。正因为如此，党中央才把加强党的执政能力建设这个重大战略性课题鲜明地摆在了全党的面前。

中国共产党人，从毛泽东开始，经过几代人的努力，成功地开辟中国特色社会主义道路，国家日益繁荣昌盛，人民生活水平有显著的提高，社会主义在中国的发展走出低谷，出现了欣欣向荣的局面。实践证明，我们党的执政能力同我们党所承担的事业总体上是适应的，也是得到人民认同的。但从构建社会主义和谐社会所面对的新的形势、新的情况和新的问题方面来说，也有不少不相适应的方面。构建社会主义和谐社会的新任务和新目标，都对党的执政能力提出了新的要求，需要我们认真地研究和思考，并在实践中不断解决。

搞好中国的事情，关键在党，关键在党的各级领导干部，构建和谐社会也是如此。各级领导干部在构建和谐社会中既发挥着主导作用，也起着表率作用。抓住领导干部这个关键，不断提高领导干部构建和谐社会的意识和本领，是促进和谐社会健康发展的重要环节。领导干部要搞好自身的理论武装，强化执政为民的意识，坚持求真务实的作风，廉洁自律、勤政为民。在构建和谐社会过程中，领导干部要设身处地为群众着想，尽心竭力为群众办事，既要注重结果，又要讲究过程。对上，要让党放心；对下，要让群众满意。领导干部要不断提高在是非面前的辨别能力、在诱惑面前的自控能力、在警示面前的悔过能力，规规矩矩干事，老老实实做人，在社会中树立起良好的形象。

构建社会主义和谐社会，是我国各族人民实现自己利益、创造美好生活的共同事业，也是亿万人民群众广泛参与的创造性活动，需要全体人民共同努力奋斗，需要整合社会管理资源，发挥全社会的作用。广大人民群众深刻认识到了构建社会主义和谐社会与他们的利益的紧密联系，充分发挥了维护和促进社会和谐的积极性和主动性，构建社会主义和谐社会的工作才有了坚实的社会基础。因此，要建立健全党委领导、政府负责、社会协同、公众参与的社会管理格局。要按照党的十六届六中全会决定提出的要求，高度重视加强基层基础工作，在全社会广泛开展和谐创建活动，着眼于增强公民、企业、各种组织的社会责任，把创建和谐活动同创建文明城市、文明行业、文明村镇、文明单位结合起来，突出思想教育内涵，广泛吸引群众参与，形成全社会共同追求和谐、维护和谐的局面。要高度重视广大群众在城乡社区建设中的主人翁作用，把社区建设成为居民自治、管理有序、治安良好、环境优美、文明祥和的社会生活共同体。要加强和改进党对工会、共青团、妇联等人民团体的领导，支持他们发挥联系群众、服务群众、维护群众合法权益的重要作用。要针对社会管理中的薄弱环节，充分发挥基层党组织、城乡基层自治组织、社团和行业协会等社会组织在社会建设和管理中的作用，加快形成社会管理和社会服务的合力。

党的十六届六中全会提出的这六条原则紧密联系、彼此贯通，是一个有机联系的整体，分别从不同的角度体现了构建社会主义和谐社会的内在要求。这些原则是我们党长期以来促进社会和谐实践经验的科学总结，是我们在新的历史条件下构建社会主义和谐社会基本遵循的，必须要在推进社会主义和谐社会建设的进程中全面加以正确理解和把握。

二、构建社会主义和谐社会的措施

(一)落实科学发展观:构建和谐社会的根本途径

十六届六中全会提出:“社会要和谐,首先要发展,必须坚持用发展的办法解决前进中的问题,大力发展社会生产力,不断为社会和谐创造雄厚的物质基础,同时更加注重发展社会事业,推动经济社会协调发展。”

发展是社会和谐的基础,这一点至关重要。从促进社会和谐的角度说,发展是一个硬道理。当然,我们所讲的发展应当是科学发展。这是为了使发展更加全面、协调和可持续,不是大起大落,不是片面推进,避免付出过高的资源、环境和社会冲突代价,归根结底,是为了使发展过程更顺利一些,发展成果更好地被全体人民分享,真正体现以人为本的理念。

1. 和谐社会是以人为本、全面协调发展的社会

构建社会主义和谐社会是党中央继十六届三中全会后提出的重要论断,它和十六届三中全会提出的科学发展观有着内在的联系,是执政党的一个统一的执政宣言,都是指导新世纪的社会发展的时代最强音。可以说,科学发展观是建立和谐社会所必须遵循的指导思想和思维方式,构建和谐社会则是实现科学发展观的努力方向和具体目标。这两者都是针对以往在指导思想上存在的缺陷,为了消除它的不良后果而提出来的。提出科学发展观是要纠正过去的不科学的发展观,构建和谐社会所要纠正的是现存社会的不和谐现象。正因为过去指导思想上存在着不科学不协调的发展观,所以要提出五个统筹;正因为社会上存在着大量不和谐不稳定的现象,所以才提出加强构建和谐社会的执政能力。

胡锦涛指出,我们所要建设的社会主义和谐社会,应该是民主法治、公平正义、诚信友爱、充满活力、安定有序、人与自然和谐相处的社会。这是对社会主义和谐社会的科学概括。其中处处体现了以人为本、全面协调发展的理念。

在社会主义和谐社会基本特征中,民主法治既是其他五个方面的前提,又是它们形成和确立的基本要素和基本保障。特别要强调的是,作为社会主义和谐社会基本特征的民主法治,是中国特色社会主义的民主法治,而非有些人所力主的那样,是什么具有所谓普世价值的西方式的民主法治。科学发展观的核心是以人为本,民主法治的着眼点也是以人为本,就是用民主法治来保障社会的和谐,实现社会的和谐,使人民群众真正成为国家的主人,只有人民群众在民主法治的前提下才能实现社会的真正和谐。

公平是人类构建理想社会的一个古老且放之四海而皆准的基本原则。社会主义在理念和制度上优越于资本主义的地方,主要就是体现公平。但由于我们经济文化的相对落后,在经济体制改革过程中建立了以利益差别为基础的市场经济体制,在所有制和分配制度等方面鼓励一部分人、一部分地区先富起来。随着经济的快速发展,社会群体之间、地区之间、城乡之间、中央和地方之间的利益变动加剧,形成了欠发达地区、“三农”等突出问题。这些问题影响社会稳定,潜伏着很大的社会风险,影响着社会公平。没有公平就没有正义,就绝对不是社会主义和谐社会。而要消除两极分化,要实现公平正义,就需要用科学发展观来促进社会的健康协调可持续发展。和谐社会重在各种人际关系的和谐,友爱则是人际关系的一种理想状态:社会主义是在人格、权利、机会等方面追求人与人平等的社会它力图从政治、经济等制度上解决社会成员融洽相处的历史难题。但在社会主义初级阶段,在当前中国的社会主义实践中,这些方面还存在许多问题,如人民群众有效参与政治和社会事务的途径还不通畅，不同社会群体在经济社会发展过程中受益和表达意见的机会不等，社会互助机制尚未完善等等。解决这些问题，要采用系统工程方法，从制度供给、道德规范、教育发展、文化繁荣、社会组织培育等方面，引导和要求人们互帮互助、诚实守信、平等友爱、融洽相处。要实现这一目标，也需要用科学发展观来处理好上述社会政治的各个方面。

和谐本身是一种有序状态，和谐社会必定是运行有序的社会。社会运行有序，就是在社会生活的各个方面有章可循，出现偏差时则社会纠偏机制能够及时发挥作用。目前，由于我国政治、经济、文化、社会领域等各种条件的约束，作为社会主义题中之义的平等、民主、自由等的实现程度总体上还不高，社会有序运行所需的法律、体制、机制、秩序、规范、组织、管理等还存在一些问题。对此，我们必须通过加快民主法治建设、强化秩序规范、推进社会主义精神文明建设、促进必需的社会组织和社会协调机制的发育、健全和完善社会管理体制等途径来保证社会安定和运行有序。这同样离不开科学发展观的指导原则。

社会活力来自社会成员、社会组织和社会机制的有效作用，表现为政治活力、经济活力、文化活力、人的发展的活力等等。要促进社会充满活力，就要大力营造有利于创业和创新的机制和环境，充分调动人民群众的积极性和创造性，去推动各个领域的持续、健康、快速发展。使一切有利于社会进步的创造愿望得到尊重，创造活动得到支持，创造才能得到发挥，创造成果得到肯定。这里面也有一个协调、持续发展的问题。

2. 坚持以人为本，构建和谐社会

以人为本与和谐社会相联系，这是中国传统文化中关于社会发展思想的一个重要特点。在我国古代，儒家、道家学派重要思想家都曾把和谐作为社会理想和价值追求，并强调人在实现社会和谐中的主体作用。在人与自然的关系上，他们主张天人合一，追求人与自然的和谐。孔子主张以“仁”待人，也主张以“仁”待物，即所谓“推己及人”、“成物成己”，强调天、地、人和谐发展。孟子提出“尽其心者，知其性也；知其性，则知天矣”，追求“上下与天地同流”的境界。宋代哲学家张载首次明确提出“天人合一”的概念，认为天地万物是人的朋友，天与人、万物与人类在本质上是一致的。在人与社会的关系上，他们提倡宽和处世，追求人际关系的和谐。儒家思想一贯主张的理想人格是宽厚处世、协和人我。孔子主张“和为贵”。孟子认为“天时不如地利，地利不如人和”；他所追求的理想社会是：“老吾老以及人之老，幼吾幼以及人之幼。”墨子提出了“兼相爱”、“爱无差等”的理想社会方案。这些思想，凸现了人的主体价值和主体作用，彰显着以人为本的社会理想。

然而，无论是中国古代的以人为本或民本思想，还是西方资产阶级的人本主义思想，在本质上都是一种脱离社会关系、脱离社会现实的抽象的人性论。“以人为本”与和谐社会在很大程度上只能是一种宣言，仅仅停留在少数知识精英的书斋之中。只有马克思主义才赋予以人为本以真正的科学的并具有可操作性的内涵，也才有可能真正地将以人为本融入和谐社会理想与实践之中。马克思主义对以人为本思想的伟大贡献在于，它科学揭示了社会发展的规律和人的本质，为真正实现以人为本奠定了理论基础和实践基础。在马克思主义看来，历史进步是社会发展和人的发展相统一的过程。基于这样一种基本观点，马克思主义创始人明确指出，未来的新社会是“以每个人的全面自由的发展为基本原则的社会形式”。这一重要思想，深刻指明了以人为本在社会主义社会发展中的本质地位。

马克思主义的科学社会主义学说，正是建立在以人为本这一基点之上的。建立在私有制基础上的一切剥削形态社会，都无不以对人的自主权利的剥夺和人的畸形发展作为前提和标志。科学社会主义的历史使命，就是要寻求一条克服人被异化、解决人的畸形发展的有效途径，实现社会的发展与人的发展的有机统一。为寻求这条途径，马克思主义创始人上下求索，耗尽了毕生心血。早在1845年至1846年，即科学社会主义学说诞生之前，马克思恩格斯就提出了实现“个人的全面发展”的社会构想，指出这是共产主义者所向往的。1847年6月，恩格斯在为共产主义者同盟第一次代表大会写的纲领性文献《共产主义信条草案》中明确指出，共产主义者的目的是使社会的每一个成员都能完全自由地发展和发挥他的全部才能和力量，并且不会因此而危及这个社会的基本条件。同年10月，恩格斯又在为共产主义者同盟起草的纲领草案《共产主义原理》中设想：在彻底废除私有制的基础上，“由整个社会共同经营生产和由此而引起的生产力的新发展”的新的社会制度，“需要完全不同的人，并将创造出这种人来”，这就是要“使每一个社会成员都能够完全自由地发展和发挥他的全部力量和才能”。马克思恩格斯在创立科学社会主义学说过程中形成的关于人的全面发展的思想，在共产党人纲领性文献《共产党宣言》中得到了系统阐发。《共产党宣言》明确指出，“根据共产主义原则组织起来的社会，将使自己的成员能够全面发挥他们的得到全面发展的才能”；“代替那存在着阶级和阶级对立的资产阶级旧社会的，将是这样一个联合体，在那里，每个人的自由发展是一切人的自由发展的条件”。

马克思主义关于人的全面发展思想揭示：社会主义社会是以人为本的社会，实现人的全面发展，是社会主义社会的本质要求和最高境界。社会主义社会在实现自身发展的过程中，应当在生产力、生产关系和社会关系的各个方面，不断创造出有利于人的全面发展正常实现的条件，不断生产社会主义社会的全面性。能否做到这一点，是社会主义社会能否和谐发展的关键。

坚持以人为本，必须尊重人民群众的创造精神，全面贯彻尊重劳动、尊重知识、尊重人才、尊重创造的方针，通过深化改革，创新体制，调动一切积极因素，激发全社会的创造活力。

社会主义和谐社会应当是一个充满创造活力的社会。党的十六届四中全会提出要最广泛最充分地调动一切积极因素，注重激发社会活力，激发各行各业人们的创造活力。一个没有创造活力的社会是没有前途的。而要最广泛最充分地调动一切积极因素，最重要的就是要坚持“四个尊重”的方针，从政策上支持、制度上保证社会的开放性和竞争活力。要全面贯彻尊重劳动、尊重知识、尊重人才、尊重创造的方针。“四个尊重”是十六大报告首次提出的重要政策思想，并要求作为党和国家的一项重大方针在全社会认真贯彻。十六届四中全会把“四个尊重”作为“不断增强全社会的创造活力”的前提，进一步突出了“四个尊重”在构建社会主义和谐社会中的重要性。

要按照以人为本的原则和科学发展观的要求，积极调整社会政策，努力发挥社会政策在增强社会创造活力中的作用。社会公正是社会政策的灵魂，对于激发人们的创造活力，实现社会的良性运行和健康发展，具有非常重要的作用。当前，一要把实现社会公平作为重要的政策导向。国际上通常把基尼系数作为量度分配平等程度的指标。一般而言，基尼系数在0.2以下，收入分配就是过于平等；0.2～0.4为基本合理；0.4～0.6表现为分配不公，超过0.6则表现为过于悬殊。目前我国所有的估算都显示，我国基尼系数已经超过了0.4，这说明我国的收入分配正处在不平等时期。马克思主义政党在执政之后，承担的一个重要职责就是要维护社会公正。社会主义和谐社会必须是一个分配比较合理的社会。因此，要按照十六大的要求，正确处理效率与公平的关系，初次分配注重效率，再分配注重公平；在经济生活中把效率放在第一位，在政治生活和社会生活领域把公平放在第一位。要加大政府调节再分配政策的力度，合理调整不同阶层的利益结构，调节好社会成员之间的收入差距，努力遏制贫富差距、地区差距和城乡差距的扩大。二要从制度上保障竞争机会的平等。当前，传统的城乡二元社会结构，在很大程度上限制了机会的平等，特别是竞争起点的平等。因此，要逐步消除户籍、教育、就业、身份等方面的制度性障碍，保护进城务工人员的合法权益。三要努力促进经济社会的全面发展。在以改革的办法促进经济发展的同时，加强科技、教育、文化、环境保护等社会事业建设，重点支持收入分配、社会保障、教育和公共卫生等制度的完善。通过制定社会保险、社会救助、社会福利以及社会优抚等多元化的社会政策，加快建立健全社会保障机制，把"送温暖"、"访贫问苦"等随机性做法转化为政策性制度性的规定，切实维护困难群体的利益，实现社会和人的全面进步。

3. 保持协调发展，构建和谐社会

树立和落实科学发展观，坚持以经济建设为中心、坚持"五个统筹"，促进社会主义物质文明、政治文明、精神文明与和谐社会建设四位一体，全面发展。

发展观是关于发展的本质、目的、内涵和要求的总体看法和根本观点。有什么样的发展观，就会有什么样的发展道路、发展模式和发展战略，就会对发展的实践产生根本性、全局性的重大影响。党中央提出的以人为本、全面协调可持续的科学发展观，深刻总结了国内外在发展问题上的经验教训，站在历史和时代的新高度，进一步回答了在全面建成小康社会新阶段我国必须发展和怎样发展等重大问题。

科学发展观既是我国经济社会发展必须长期坚持的重要指导思想，也是解决我国当前诸多矛盾和问题的基本原则。以人为本，是科学发展观的本质和核心。以人为本，要求发展的目的不是为少数人谋利益，也不是为发展而发展，而是为了不断满足全体人民日益增长的物质文化生活、健康安全和全面发展的要求。以人为本，不仅要求发展是为了人，而且要求发展必须依靠人，要求通过不断提高人的思想道德素质、科学文化素质和健康素质，促进人的全面发展。以人为本的发展观要求发展必须是全面协调可持续的。全面发展的含义，包括经济发展、社会发展和人的全面发展，包括中国特色社会主义的经济、政治、文化的全面发展，包括社会主义物质文明、政治文明、精神文明的全面发展。可持续发展，是指既满足当代人的需要，又不对后人满足其需要的能力构成危害的发展，是强调发展进程的连续性、持久性。

全面建成小康社会的阶段，也正是我国从目前人均国内生产总值 1 000 美元到 2020 年 3 000 美元的阶段。国际经验表明：人均国内生产总值 1 000 美元到 3 000 美元是一个重要的发展阶段。在这个阶段，一方面，消费结构将出现新的升级，城市化进程加快；另一方面，城乡之间、区域之间、不同群众之间的收入差距有可能持续扩大，社会结构和各种利益关系的变动加快，会导致社会不稳定的因素增加。因此在这个阶段尤其要坚持以科学发展观为指导，正确处理各个方面的关系，才能顺利实现经济转型和结构升级，使经济社会发展跃上一个新的大台阶。否则就可能出现经济停滞甚至社会动荡。过去几十年间，一些处于这个阶段的发展中国家就出现过两种结果：一种是成功地跨过这个阶段，经济社会继续向前发展；另一种是像拉丁美洲一些国家那样，出现农民破产、城市失业增加、两极分化、污染严重、经济金融动荡等问题。我们必须坚持以科学发展观作为应对和解决经济社会发展中诸多矛盾的指导思想和基本原则，以保证顺利实现全面建成小康社会的宏伟目标。

4. 落实科学发展观，不断提高驾驭市场经济的能力

发展是我们党执政兴国的第一要务。全面落实科学发展观，提高党的执政能力，首先必须提高党领导发展的能力，特别是要不断提高驾驭社会主义市场经济的能力。

提高驾驭社会主义市场经济的能力,必须深刻把握社会主义市场经济的内在要求和运行特点。市场经济的共同特点是市场对资源配置起基础性作用,经济活动要遵循价值规律的要求,适应供求关系的变化,实行优胜劣汰。市场经济作为一种资源配置的手段和方法,它既不体现社会主义的本质,也不体现资本主义的本质,不论在何种社会制度下,实行市场经济都必须遵循这种共同的内在要求和运行特点。不同的社会制度下的市场经济的区别,主要不在于其经济运行的机制,配置经济资源的方式和方法,而在于市场经济是在什么样的经济条件下运行,服从于什么样的目的,即它同什么样的经济制度结合在一起。社会主义市场经济不同于资本主义市场经济的地方,在于它是同社会主义基本制度结合在一起的。就是说,社会主义市场经济在所有制结构上,是以公有制为主体,在分配制度上,是以按劳分配为主体的,发展社会主义市场经济的目的是满足人民群众不断增长的物质和文化生活的需要,最终要实现全体人民的共同富裕。

把握社会主义市场经济的内在要求和运行特点,必须坚持按市场经济规律办事,把发挥市场经济基础性作用同加强和改善国家宏观调控正确地全面地结合起来,充分发挥社会主义制度的优越性和市场机制的作用。全面科学地理解发展的含义,必须深刻认识如何发展的问题。发展必须以经济建设为中心,保持较快的经济增长速度,但社会主义要求的发展不仅仅是经济的增长,而是包括经济、社会、文化和人的全面发展在内的社会全面进步和发展,并且是惠及全体人民的发展。因此,提高驾驭社会主义市场经济的能力,必须坚持以科学发展观为指导。

(二)社会利益整合:构建和谐社会的关键所在

社会作为一个不断进化的系统与过程,是社会结构分化与社会整合的相互统一。斯宾塞认为,任何事物的发展都包含着分化阶段和随后的整合阶段,他提出的最著名的社会进化公式是:“进化是经过不断的整合与分化,是从不确定、不协调的单纯性(或同质性)到确定的、协调的繁杂性(异质性)的变化。”这就说明在事物进化过程中差别化与同一性是相对平衡的,进化就是分化与整合相平衡的过程,事物在分化之后必然要进行整合。所谓整合,其哲学意义的概念是指由系统的整体性及其核心的统摄、凝聚作用而导致的使若干相关部分或因素合为一个新的统一整体的有序化过程。其基本内涵之一就是指某一系统或某系统的核心把若干部分、要素联结在一起,使之成为一个统一整体的过程。社会进化与发展也是如此。既有社会分化又有社会整合,分化与整合相辅相成,相互统一,相互促进,社会分化和社会整合都是社会存在和发展的必要前提。

关于社会整合有许多社会学家进行了研究,其中法国社会学家迪尔凯姆做了较早的研究并提出了著名的“社会团结”的理论,美国社会学家帕森斯也提出了自己的“社会整合”思想。从这些社会学家的思想观点来看,所谓社会整合就是社会通过各种方式将社会结构的不同要素、部分结合成一个有机整体,从而提高社会一体化程度的过程。

1.社会整合的核心是社会利益的整合

社会利益分化促使了原有利益群体的内部分化和新的大量利益群体和阶层的出现,使原来的社会利益结构发生了重大改变。不同的利益群体对各自特定利益的追求,使社会利益群体之间在利益主要是经济利益的分配上形成了诸多的矛盾,这些不同形式的矛盾的直接原因是经济利益关系上的变化。在计划经济时期,人们的收入和经济利益大体处于同一水平线上,利益矛盾不明显或处于潜在的隐性的状态。然而在二十几年的改革开放中所形成的贫富差距严重拉大甚至两极分化,大量弱势群体的出现,原有优势利益群体的利益地位丧失,原来不具有优势地位的阶层却占有优势利益地位。由此,原有的利益格局被打破,新的利益格局还未形成。在新旧利益格局转换过程中，原有的社会整合方式即政府主导的单一政治行政性社会整合模式所存在的经济条件不断丧失，利益分化所导致的政治文化分歧和个人主义的利益观也使得原有的整合模式的政治权威和集体主义的主流文化地位受到了弱化，这些都给原有的社会整合方式造成极大的困难，它已经不能与新的社会结构相适应，因而使社会稳定受到了威胁，社会的和谐更是不可能。所以原有社会整合方式的失效，使在新的社会分化基础上建构新的社会整合方式成为了社会发展的必然要求。但是，新的利益分化即主要是经济利益多元化及以经济利益为主要内容的社会利益的冲突与协调又客观上要求必须建立与之相适应的以利益整合为核心的社会整合方式。

2. 社会利益整合是构建和谐社会的关键

社会是建立在利益关系上，首先是物质利益关系或经济关系基础上的社会，和谐社会当然是要构建一个利益和谐的社会。因而构建和谐社会关键在于社会利益结构的整合，形成一个新的社会整合机制即在社会结构中能够使各种因素共同发挥作用的稳定的关系模式与活动力量。它通过社会管理中心（政府）的推动，利用政策、规范、制度、机构、意识等因素，协调社会各方面的力量，形成合力并按照一定的模式进行运作。新的利益整合机制应该是由利益平衡、利益制约、利益反馈、利益制度等诸方面构成的一个涉及政治、经济、文化等领域的利益管理体系，充分调动利益各方面的积极因素与活动力量，以形成一种利益融合、协调的合力，进而构建一个和谐利益格局或利益结构，形成一个利益和谐的社会。在构建和谐社会中利益公正、利益制约、利益道德、利益反馈、利益制度等是形成社会整合机制的重要方面。十六届六中全会提出，到 2020 年，构建社会主义和谐社会的目标和主要任务之一是：城乡、区域发展差距扩大的趋势逐步扭转，合理有序的收入分配格局基本形成，家庭财产普遍增加，人民过上更加富足的生活。

（1）利益公正

社会公正根源于社会生产实践需要而产生的合理的利益关系，是人们关于社会公共秩序最基本的政治理念和道德理念。社会公正本质上就是人们的利益公正，只有利益公正才可能实现社会公正。邓小平提出的“消除两极分化，最终达到共同富裕”，不仅仅是社会主义社会的本质之一，而且还是社会主义社会发展的最基本原则。这一原则核心就是最大限度地保障广大人民群众的基本利益。随着社会结构的变化和利益的不断分化，确保各个不同利益群体和阶层都能够实现各自的利益要求，共享改革和发展的成果。实现利益公正，必然成为社会和谐的理念依据。首先，必须努力消除贫富差距过大的问题。贫富差距过大说明社会利益出现不合理分化或分配，尤其我国居民收入的基尼系数超过国际公认的警戒线水平，证明我国社会贫富悬殊问题已经非常严重。这不仅仅体现在诸多的数字上，还明显地体现在人们的社会心理上。比如大量的原国企职工下岗失业人员所具有的“相对剥夺感”情绪非常突出，大量弱势群体的基本利益没有得到保障，更是感到社会发展的不公平、不公正。这种心理上的巨大落差往往会引发他们的仇富情绪，特别是对那些因贪污受贿和非法致富所形成的贫富差距更是充满仇恨和不满。因此必须正视贫富差距拉大的问题，由于它集中反映了社会财富在人们中的分配是否公正的根本问题，所以只有实现社会利益的相对平衡的分配，才能体现出利益公正、社会公正。其次，实现利益公正就要确保人们获取利益的机会相对均等。机会均等指社会成员拥有平等的生活机会、发展机会，它保证了社会成员竞争起点上的平等，是社会公正存在的重要标志。在市场经济条件下人们在经济利益中的竞争机会往往具有自发性，这是由市场的特点决定的。但是在我国还存在城乡二元性社会结构的条件下，这种自发性容易走向社会公正的反面，即创造出大量的弱势群体或边缘群体。因而必须对市场进行宏观管理，搞好市场体制建设，以创造一个平等竞争的市场环境来确保人们都有相同的竞争起点，这样才能使社会利益差别具有积极的激励作用。再次，要建立一套完善的社会保障体系，以维护社会成员的最基本生活条件。如医疗保险、社会保险等社会保障措施会在一定程度上增强社会成员对社会生活差距的心理承受力，这也是体现社会利益公正的重要方面。

(2)利益制约

社会利益急速分化，使社会各种利益群体和阶层间的矛盾与冲突也不可避免，而且往往公开化、常规化，这些诸多的矛盾关系一旦疏通、协调不好就会引发社会的不稳定。因此需要对不同利益群体和阶层的利益诉求进行制约，避免他们之间直接产生利益冲突。通过利益制约机制，形成为社会各阶层广泛认同的阶层分化和利益分化机制，从而在经济发展中实现各利益群体和阶层共赢的局面。其重点是构建一个合理的现代利益群体和阶层结构，比如现在人们比较认可的中间阶层占主体地位的社会结构。合理的现代阶层结构可以有效地制衡与约束一些特殊阶层、特殊文化对其他阶层、其他公民的利益造成侵害，防止部分人完全受益，部分人完全受损。一个具有合理社会结构的社会，社会流动日益开放，机会日益均等，公平竞争日益成为社会的主流机制，人们的能力本位逐渐取代原来的身份本位而成为人们发展的依据。这样就会形成一个合理的社会权力结构、机会结构和激励结构，成为各利益群体和阶层的人们改变社会地位、获得资源和利益的现实可能和激励作用，从而构成一个利益平衡器或安全阀。因此，建立合理的现代阶层结构应当成为社会利益整合的一个重要目标。

(3)利益道德观的建构

道德是利益的体现，有什么样的利益追求就会有什么样的道德观念。社会结构的分化、利益的多元化和利益冲突的多样化是人们对社会利益尤其经济利益追求的结果。这也能集中体现出人们道德观上的发展变化，如现代人在利益的驱动下普遍存在重利轻义、利己主义、享乐主义、拜金主义、极端个人主义等观念，集体主义的道德已经被一部分人丢弃。在利益大分化的基础上的道德观念的堕落，说明人们对利益的追求动机和行为已经被严重扭曲。人们心中只有利益，没有了体现人们理性意识的道德，这是非常可怕的。道德作为人们日常生活中自觉性的约束力量在利益分化的社会中丧失了它的本性，这是与社会稳定和和谐发展相抵触的。因此重整人们由于利益分化而淡化和堕落的道德已成为当前刻不容缓的重大问题。道德意识的统一性是维系、整合一个社会的精神纽带，只要存在一种能够统摄社会成员的信念、信仰的社会“共同意识”，那么人们的行动就能够产生共同的方向，一个社会就会保持相对稳定的基本活动模式和社会秩序。所以社会的整合从本质上说就是在意识方面的认识的趋同性或同一性。趋同性或同一性越高，社会的整合程度就会越高。在当前的社会结构中，只有建立起反映各社会利益群体和阶层的利益观念，才能构建为各社会利益主体共同认同的社会道德意识，新的道德观才可能确立并被人们遵守。在我国社会分化还未结束，成熟的社会结构还未形成的情况下，探讨新社会新道德观的建构还是一个崭新的课题，但同时又是一个紧迫的问题。新的道德观其价值核心必须能够体现利益公平公正、利益机会平等、利益基本保障并能够反映社会整体的集体利益，形成一种“集体意识”或“集体良心”的统一的社会的一般公民的共同信仰和情操。这些都是在新的利益分化基础上建立的利益道德观所不可缺少的。

(4)利益反馈

利益反馈主要有两个途径，一是利益表达，二是中间组织协调。利益表达是社会成员向政府提出利益要求并使要求得以满足的政治行为。伴随着阶层分化和社会结构的调整，各种利益要求不断产生，政府作为最广大人民利益的代表者，有义务有责任倾听各阶层的利益诉求。这样才能使各利益群体和阶层与政府间形成一种互动，使政府能够正确地认识与掌握各社会主体的利益状况。通过建立利益表达机制，可以防止一些阶层利用非法手段和途径参与政治和公共资源的分配，谋求非法利益，对社会公共利益和其他阶层利益造成损害。利益表达行为可以使政府对社会各阶层尤其是下层群众的生活状况有一个正确的认识和把握，使政府在当前或今后的政策决策更有的放矢和更好地调解利益失衡问题。因此，建立良好的利益表达机制是社会利益整合的一个重要方面。

中间组织是介于国家与家庭之间的非政府系统组织。这类组织比一般的基层组织高一层次，能对基层社会组织起管理、指导、协调和约束作用，如行业协会等。中间组织的主要作用在于调节某一范围内基层社会组织的关系，规范基层社会组织的行为，提高组织体系的整体性，从而使基层组织发挥自身的作用。在市场经济条件下，利益分化所产生的各种利益矛盾往往是日常生活中表现出来的具体的利益关系矛盾，不同阶层利益主体的得失主要是由他们之间的相互关系决定的，而且多种多样，极富弹性。对于这些矛盾应按照“相互尊重、相互理解、相互宽容”的原则，由各阶层自身相互协商、对话、谈判以求得共识，也就是通过民间协商的方式，由中间组织或结构如社区、民间团体、法律咨询机构加以协调解决，以达成不同阶层利益得失的相对平衡，实现各阶层利益的最大化。由于中间组织大量介入党政机构、企事业单位和个人之间，他们在组织之间、个人之间和组织与个人之间建立起全新的联结纽带，促进了社会组织体系结构由层级向网络型转化。这使得各阶层利益矛盾的疏通在这些组织网中找到了途径，大大减轻了社会利益矛盾的刚性，使诸多社会利益更具有弹性，从而维护社会的稳定。

总的来说，利益表达和中间组织都能够对社会利益矛盾起“减震器”的作用。因此，建设和谐社会必须注重两者所起到的社会整合功能。

(5)利益制度

利益制度是指关于利益的占有、分配、交换和消费的基本原则等规范。它实际上是利益、权益、权利在法律上的体现。现代社会的一切利益关系都离不开法律的调解与保护。因此，建构反映新的社会利益格局的利益制度是新时期法制建设及发挥其对利益的整合作用必不可少的。

总之，社会利益分化所形成的社会利益群体和阶层间的利益矛盾与冲突，必须通过以上的利益公正、利益制约、利益道德、利益反馈、利益制度等多个方面共同作用构建一个利益关系整合的机制。通过这一机制对社会利益关系进行调节、协调，构建一个利益和谐的社会结构是构建和谐社会的关键。

(三)全面建成小康社会:构建和谐社会的物质基础

1. 构建和谐社会同全面建成小康社会的关系

(1)构建社会主义和谐社会思想，科学规定了全面小康社会所特有的社会状态和社会面貌

和谐社会是一个消除了种种“不和谐”现象的社会，是全体人民各尽所能、各得其所而又和谐相处的社会。构建社会主义和谐社会，就要使物质文明与精神文明协调一致、经济发展与文化发展协调一致、经济社会发展与人的全面发展协调一致，这既是全面建成小康社会的重要内容，也是全面建成小康社会的重要条件。

全面建成小康社会的宏伟目标是相对于21世纪初实现的社会发展程度达到总体小康水平而言的。经过改革开放以来的多年坚持不懈地奋斗，我国经济发展和经济结构调整取得了巨大

的成就，人民生活水平总体上达到了小康水平。但这个总体小康是低水平的、不全面的、发展不平衡的小康状态，其最大的问题是社会发展相对于经济发展滞后。全面建成小康社会，就是要提高人均生活水平，使全体人民生活步入小康状态，变低水平的小康社会为高水平的小康社会；在发展物质文明的同时，实现精神文明、政治文明、生态环境和人的综合素质协调发展，变不全面的小康社会为全面的小康社会；提高城镇化水平，改变城乡二元结构，加快中西部开发，变发展不平衡的小康社会为发展平衡的小康社会。最终使“经济更加发展、民主更加健全、科教更加进步、文化更加繁荣、社会更加和谐、人民生活更加殷实”。要实现这个宏伟目标，迫切要求坚持以人为本、全面协调可持续的科学发展观，努力构建社会主义和谐社会，全力促进社会与经济发展的协调，真正做到在经济发展基础上促进社会全面进步，不断提高人民生活水平，保证人民共享发展成果。从这个意义上说，“和谐”就是全面小康社会的本质特征，经济、政治、文化、环境、社会和人的全面发展协调一致是全面小康社会所特有的社会状态和社会面貌。

(2)构建社会主义和谐社会思想集中体现了全面小康社会的中国特性

到2020年，我国胜利实现全面建成小康社会的宏伟目标时，国家经济总量将比2000年翻两番，国内生产总值(GDP)将从8.9万多亿元增长到35万亿元，按目前汇率折算，将超过4万亿美元；人均GDP从800美元超过3 000美元，大体相当于日本1973年的水平，韩国1987年的水平，达到目前中上等收入国家的平均水平。但是我们所要建设的全面小康社会绝不是1973年的日本社会或是1987年的韩国社会，而是中国特色社会主义在初级阶段的一种表现形式。构建社会主义和谐社会思想集中地体现了这种全面小康社会的中国特性。

在社会属性方面，和谐社会充分体现了全面小康社会的社会主义性质。科学社会主义创始人马克思恩格斯明确提出要克服资本主义异化现象，强调实现人与自然、人与社会、人与自身的真正和谐统一是共产主义的重要目标。中国特色社会主义理论的主要缔造者邓小平也指出，社会主义本质是解放生产力、发展生产力，消灭剥削、消除两极分化，最终达到共同富裕。而在当今资本主义全球扩张的时代背景下：“社会主义存在的价值就在于它提供了一套完全不同于资本主义的价值范式，这种价值范式提倡平等和民主，反对等级制与压迫。而最重要的是社会主义价值没有把人类推到自然界的对立面，它倡导个人、社会、国家、自然界之间关系的协调、均衡发展。社会主义代表着理性、进步的价值以及伟大革命的时代”。所以要实现全面建成小康社会的社会主义性质，就必须按照构建社会主义和谐社会的目标，站在统筹全局的战略高度，从最广大人民群众的根本利益出发，坚持以人为本，以民为本，正确引导和处理各种社会矛盾，真正使广大劳动人民既是财富的主要创造者，又是财富的主要享用者，达到社会发展和人的全面发展相协调，全体人民各尽所能，各得其所而又和谐相处的状态。这也是构建和谐社会的出发点和归宿。

在社会发展水平方面，和谐社会充分体现了全面小康社会的发展程度。全面小康社会，不仅仅是一个在经济上人均GDP增长到3000美元的社会，它还应包含着政治、文化、资源、生态环境和人的自身等各方面发展目标和任务的社会。只有包括政治、文化、资源、生态环境、人的自身在内的各种社会发展指标相互协调发展的程度越高，全面小康社会的实现水平才能越高，才是一个内部和谐、外部谐调，人们各尽所学、各用所知的理想社会。同时，要实现全面建成小康社会的奋斗目标，不仅需要充分调动一切积极因素，依靠全体人民的努力奋斗，而且还需要一个团结协调、稳定有序的和谐社会环境作为必要的保障。

在社会历史传统方面，和谐社会充分体现了全面小康社会的民族特性。和谐，自古以来就是人类追求的价值目标。我国古代先哲很早就提出“和”的概念，倡导人与自然、人与人之间的和谐,并把和谐社会作为最理想的社会状态。以孔子为代表的儒家学说倡导家庭内部的和谐,并认为家国一理,家庭和谐是社会和谐的基础。孔子主张“弟子入则孝,出则弟,谨而信,泛爱众,而亲仁”,将家庭和谐推广为社会、国家、文明之间的和谐共长、相辅相成。孟子在此基础上描绘出一幅男耕女织、自给自足的小农经济社会蓝图,设计出一个“老吾老以及人之老,幼吾幼以及人之幼”的和谐社会图景。到了近代,凡有志于改造中国落后面貌的仁人志士们无不把和谐社会作为革命的终极目标。维新领袖康有为在他的《大同书》中也提出要建立一个“人人相亲,人人平等,天下为公”的大同社会。伟大的革命先行者孙中山先生更是提出了“天下为公”的革命口号,号召人民建立一个充满“博爱”的理想社会。无论这些先贤们所设想的社会有何种具体区别,它们都贯穿着“和谐”的本质,和谐是古往今来中国人心目中理想社会的灵魂。今天,我党提出构建社会主义和谐社会,使这一灵魂在全面小康社会的建设过程中得以继承和贯彻。

(3)构建社会主义和谐社会思想,明确指出了全面小康社会的发展方向

一个理想的社会应具有无本质冲突的特征。人类社会出现的种种问题与下列三种本质性的冲突有直接的渊源。一是人与自然的冲突;二是人与人,即人与社会的冲突;三是人与自身的冲突,主要表现为人的肉体与灵魂的冲突。和谐代表着世间一切事物处于均衡、协调、平顺的发展状态,和谐社会也因此历来被视为人类社会发展的无本质冲突理想状态。

马克思关于“自由人联合体”或者“人的全面自由发展的社会”的表述,无疑是指高级的和谐社会。社会主义是前无古人的事业,搞社会主义就是在创造历史。党的十六届四中全会提出要在社会主义初级阶段构建社会主义和谐社会,就是对科学社会主义在实践上的新发展。它把社会主义初级阶段定为向人的全面自由发展的社会迈进的过程,很显然,这将是一个长期的过程,是一个要经历若干具体发展阶段的动态过程,而“在这个长过程中,我们已经历了若干具体的发展阶段,还要继续经历若干个具体的发展阶段”。因此,作为社会建设水平和社会发展程度,构建社会主义和谐社会比全面建成小康社会的要求更高、时间更长、任务更重。全面建成小康社会只是这个“万里长征”的第一步,在完成了全面建成小康社会的宏伟目标之后,还要为构建社会主义和谐社会继续长期奋斗,全面建成小康社会也必将沿着全面和谐的理想社会目标不断前进。

2.全面建成小康社会,为可持续社会主义打下可靠的基础

在21世纪头20年全面建成小康社会,对于中国社会主义的可持续发展有非常重要的意义,可以使我们有较长的时间,比较从容地为可持续的社会主义打下牢靠的基础。

邓小平在1979年提出把2000年的奋斗目标确定为实现小康,以后逐步形成了三步走实现现代化的发展战略。现在人民生活总体上达到小康水平,但还是低水平的、不全面的、发展很不平衡的小康。小康社会除了有经济指标的要求,还有社会指标的要求,特别是在经济制度、政治制度、文化制度等方面有更多的工作要做。我国已连续20多年高速增长,今后还有一段时期仍处于高速增长阶段。这是因为我国有巨大的市场潜力、有巨大的剩余劳动力,储蓄率和投资率高,人均国内生产总值低,产业结构层次低,提升的空间大。只要社会稳定、政策正确,不断深化改革,国内生产总值增长的目标是完全能够实现的。

3.把统筹城乡发展作为构建和谐社会的基础性工作

统筹城乡发展,是中央提出的科学发展观的重要组成部分。统筹城乡发展,就现阶段而言,就是要加快推进城乡一体化,打破城乡二元结构,让广大城乡居民共享现代文明成果,形成以工促农、以城带乡,城乡协调发展的新格局,这是构建和谐社会的关键环节和首要任务。

(1)城乡二元结构是当前构建和谐社会的最大障碍。

处于不同社会阶层的人们的利益关系的公平、和谐应该是决定和谐社会特征能否充分显现的基础和关键。因为利益是每一既定社会的经济关系的首要表现,追求利益是人类一切社会活动的动因,也是政治发展的直接动因,这是马克思主义唯物史观的一个基本观点。正如马克思所说:“人们为之奋斗的一切,都同他们的利益有关。”当前我国经济社会发展中最大的利益矛盾就是城乡矛盾。多年来形成的城乡二元结构成为我国现阶段构建和谐社会的最大障碍。

新中国成立后,我国采取优先发展工业的经济发展战略,造成我国经济社会发展的一个显著特点,即工农差别、城乡分治,形成了典型的二元发展格局。在传统的计划经济体制下,工农产品不能平等交易,国家通过工农产品价格剪刀差,从农业部门取得了巨额的资金,农业的基础地位长期受到严重削弱。与计划体制和工业倾斜政策相适应,国家采取严格的身份户籍管理制度,并通过严格的城乡分治制度,把农民束缚在土地上,将农民排除在工业化和城市化进程之外,城市和农村实行两种完全不同的管理办法。城市居民由国家安排就业,由国家分配公共产品,实行统一的社会保障,而农民则不能享受社会福利,国家也不负责安排农民就业。农村公共用品的生产和分配由农民个人承担,这就造成了农业和农村经济发展的迟缓,农村社会发展落后于城市,农民生活质量低于城市居民,农民承受过重的社会负担,同时也使农民和城市居民在参与国家的社会经济生活方面出现一系列不平等的待遇。虽然改革开放以来我国工农关系和城乡关系逐步改善,但农业和农村在资源和国民收入分配方面仍处于不利地位,农村居民和城镇居民在发展机会和社会地位方面仍然不平等。计划经济体制下形成的城乡分割的二元结构仍未从根本上发生改变。随着城市经济建设进程的加快,工业与农业、城市与农村、市民与农民的差距越拉越大。

几千年来,农民问题始终是我国的根本问题。有人说过:“读不懂农民,就读不懂中国。”中国历史上的兴衰治乱,离开了对当时农民状况的科学考证,就无法破解其中的缘由和奥秘。推进中国当前的现代化建设事业,如果不能恰当处理农业、农村、农民问题,就会在迷茫中徘徊,大大延缓其进程。从历史经验来看,中国共产党之所以能够夺取政权,重要支点在于制定了一个科学而有效的土地革命纲领,赢得了众多农民的拥护和支持。制约中国现代化事业的最大障碍,不在城市,而在农村,只有善待农民,中国才有一个稳定和繁荣的未来。城乡二元结构,造成农民增收缓慢,城乡差距扩大,势必造成利益矛盾加剧并引发社会不满情绪,对社会的稳定和国家长治久安带来负面影响,对构建社会主义和谐社会乃至全面建成小康社会形成严重的制约,因此,必须加快推进城乡一体化,从根本上打破城乡二元结构。

(2)采取切实措施,促进城乡协调发展。

打破城乡二元结构,统筹城乡协调发展,是历史留给我们的现实课题。要做好这一课题,必须在深入探究的基础上,综合运用行政的、经济的、法律的、市场的手段,多管齐下,多策并举。换而言之,就是要大力调整经济社会发展的战略,重新构建国民收入分配格局,消除制约城乡协调发展的体制性障碍,加快农村生产方式的变革;就是要大力推进产业结构调整,增强工业反哺农业的能力,逐步拓宽农业人口向非农产业转移的渠道,提高特色农业的商品化、规模化和集约化水平,推进城乡互动,促进工农互补,实现城乡经济和社会协调发展。

第一,更新观念,统一认识,牢固树立科学的发展观和正确的政绩观。一是要树立统筹城乡发展的科学发展观,把工业与农业、城市与农村、市民与农民当作一个不可分割的整体来对待。从根本上改变“轻视农业、鄙视农村、歧视农民”的思想认识,以观念的创新促进城乡协调发展。同时,在发展思路上要放眼全局,跳出就农业论农村发展、就农村论农民增收的思维框架,站在国民经济和社会发展全局的高度，以抓工业的思路抓农业，用抓城市的力度抓农村，把给市民的待遇给农民，全力构筑城乡协调发展的平台，使城乡在互动、互融、互补、互促中实现协调发展。二是要树立正确的政绩观，建立与统筹城乡发展相适应的政府和干部业绩考评体系。正确的政绩观是实践科学发展观的根本保证。在对各级干部的政绩评价考核体系中，应增加农村工作在考评体系中的权重，并突破以往仅考核农民人均收入增长的局限，把农村经济社会全面发展纳入到考评体系中，进一步激励广大干部，更加关注农村、支持农业、关心农民，切实把科学发展观落到实处。

第二，统筹城乡规划，推进城乡一体化。统筹城乡规划，要破除厚城薄乡、二元结构的旧观念，树立城乡并重、城乡一体的新理念，实现城乡空间布局一体化。当前，重点是要进一步制定和完善城市总体规划、土地利用总体规划、生态市建设规划、产业发展规划、园林绿地系统规划、小城镇建设规划和农村村庄建设布局规划等。在明确分区功能定位和产业发展重点的基础上，加快整合城乡各种资源要素，实现资源的城乡共享。

第三，统筹城乡产业发展，实现城乡产业分工一体化，推进农业产业化、农村工业化、农民市民化。一是要把进一步发展壮大县域经济作为统筹城乡经济社会发展的切入点，促进产业集聚和人口集聚，促进农民分工分业，形成以城带乡、以工促农、产业结构调整与劳动力结构调整联动的机制。特别是做大做强特色块状经济，增强县域经济的实力和带动农村发展的实力。以县域和中心镇为依托，以特色产业为支撑，把各类企业、专业市场和城镇建设有机结合起来，做大做强块状经济，形成工业化支撑城镇化、城镇化提升工业化的发展格局。二是要加快推进农业产业化进程。要围绕农业增效、农民增收，进一步推进农业结构调整，加快农业产业化发展进程。当前，调整农业产业结构，主要是优化调整农业产业内部结构，包括品种结构、种养结构、产业布局结构等，把过去的平面调整转变到立体调整上来，努力培育农业经济发展新的增长点。要进一步依托产业优势，通过招商引资、激活民资，进一步做大做强农业龙头企业，推进农业企业化发展，努力提升农业产业化水平。三是要大力发展非农产业，加快农村劳动力转移。解决“三农”问题，最根本的问题是要减少农民。要鼓励工商资本、民间资本在农村发展非农产业，鼓励引导城市的工商经济组织向农村延伸和发展，引导二、三产业特别是现代服务业向农村拓展。

第四，统筹城乡基本建设，推动城市基础设施向农村延伸，城市公共服务向农村覆盖，城市现代文明向农村辐射。要改变农业和农村经济在资源配置和国民收入分配中所处的不利地位，加大公共财政支农力度，增加对农村公共品的供给，加快农村基础设施建设。一是要加快构建城乡快速便捷的交通网，在村村通公路的基础上，提高农村公路的等级。二是要打破行政区划界限，兴建跨行政区域的供水、供电、排污、垃圾清理、通讯、信息化、防洪建设工程等。三是要加快农村教育、文化、卫生、市场等社会服务设施建设，通过区域共建、城乡联网、设施共享，实现城乡硬件一体化。

第五，统筹城乡体制改革，加快推进体制创新，大力消除城乡一体化进程中的体制性障碍和政策制约。一是要统一城乡户籍。当前，实现城乡一体化户籍管理制度的时机日渐成熟，应适时取消农业与非农业户口划分，建立城乡统一的户籍登记制度，促进城乡劳动力自由流动。二是要统筹城乡就业。要鼓励农民进城务工，降低门槛，消除歧视，对城镇劳动力和农村劳动力实行“就业平等，保障一体”。要逐步建立农村劳动力就业服务和管理、流动监测、就业培训、供求信息和农民工维权法律服务体系框架，努力构建城乡统一的劳动力就业市场。三是要统筹城乡社会保障。要逐步建立城乡统一的社会保障个人专户，确保农民和市民社会保障的实质性公平。要建立和推广新型的农村合作医疗制度，进一步完善城乡低保制度，加快建立城乡统一的社会救助体系。

第十一章　加强党的执政能力建设

执政能力一般指以执政党为主体、以国家权力系统为客体的执政党执掌国家政权的能力。党的执政能力特指中国共产党的执政能力，是指党在执政过程中驾驭社会主义市场经济的能力、发展社会主义民主政治的能力、建设社会主义先进文化的能力、构建社会主义和谐社会的能力、应对国际局势和处理国际事务的能力。

办好中国的事情，关键在党。进入新世纪新阶段，在机遇和挑战并存的国内外条件下，我们党要带领全国各族人民全面建设小康社会，实现继续推进现代化建设、完成祖国统一、维护世界和平与促进共同发展这三大历史任务，必须大力加强执政能力建设。只有不断解决好这一课题，才能保证我们党在建设中国特色社会主义的历史进程中始终成为坚强的领导核心。

第一节　加强党的执政能力建设理论的形成与发展

执政能力建设是党执政后的一项根本建设。我们党成为执政党以后，党的历代领导集体，都十分重视党的执政能力建设。多年来，我们党在高度重视党的执政能力建设的同时，也逐步形成了一整套比较系统的关于加强党的执政能力建设的理论。

一、"党的执政能力建设"概念的提出

早在民主革命时期，我们党就在局部地区的执政实践中积累了一些宝贵经验，如实行"三三制"的政权制度，开展大生产运动，开展整风运动等。尤其在新中国成立前夕，毛泽东对执政问题进行了深刻的思考：在工作重心由乡村移到城市、城市工作必须以生产建设为中心的情况下，"我们的同志必须用极大的努力去学习生产的技术和管理生产的方法，必须去学习同生产有密切联系的商业工作、银行工作和其他工作。"[①]在中国人民民主革命胜利后、资产阶级的"糖衣炮弹"将成为无产阶级的主要危险情况下，"务必使同志们继续地保持谦虚、谨慎、不骄、不躁的作风，务必使同志们继续地保持艰苦奋斗的作风。"[②]这些经验，为党加强执政能力建设进行了有益的尝试。

新中国成立以后，以毛泽东为核心的第一代中央领导集体针对党的执政环境的新变化，对加强党的执政能力建设进行了艰辛探索。第一，从实际出发制订和实行正确的政策和策略。"政策和策略是党的生命，各级领导同志务必充分注意，万万不可粗心大意。"[③]党的正确领导不仅体现在党的理论和路线上，而且直接地体现在党的政策和策略上。必须从实际出发，建立正确的政策和策略，注意原则性与灵活性相结合。第二，培养千百万无产阶级事业接班人。党员干部是党加强执政能力建设的行为主体，是党的执政能力的重要体现。因此，早在 20 世纪 60 年代，毛泽东就高瞻远瞩，提出培养接班人的五项条件：必须是真正的马克思主义者；要为大多数人谋利益；能

---

① 毛泽东选集(第 4 卷)[C].北京：人民出版社，1991，第 1428 页

② 毛泽东选集(第 4 卷)[C].北京：人民出版社，1991，第 1438 页

③ 毛泽东选集(第 4 卷)[C].北京：人民出版社，1991，第 1298 页

团结大多数人;坚持党的民主集中制原则;善于自我批评。第三,改进领导方式和工作方法。毛泽东把任务和方法形象地比作“桥或船的问题”,指出“不解决桥或船的问题,过河就是一句空话。不解决方法问题,任务也只是瞎说一顿。”在党的七届三中全会上,提出了“不要四面出击”的方针,争取了国家财经状况的基本好转;在《论十大关系》中,又提出调动国内外一切积极因素,为社会主义事业服务;他还提出善于“解剖麻雀”、学会“弹钢琴”等具体方法,对于提高执政能力很有指导意义。第四,坚持民主集中制建设。毛泽东认为,实行民主集中制,就是要造成一个又有集中又有民主,又有纪律又有自由,又有统一意志又有个人心情舒畅、生动活泼的政治局面,以利于社会主义革命和社会主义建设。第五,加强作风建设。毛泽东把中国共产党的优良作风概括为三大作风。加强作风建设,必须注重从思想政治上建设党,培养和提高党员干部的思想政治素质;而其根本途径,就是开展整党整风运动。新中国成立初期结合“三反”、“五反”运动进行的整党整风运动,提高了广大干部的思想政治素质,保持了干部队伍的纯洁性。十年探索时期,党针对干部队伍中存在的“三风”问题进行整风,密切了党群关系。

从党的十一届三中全会到十三届四中全会前夕,以邓小平为核心的第二代中央领导集体认识到高度集权的管理体制是导致党和国家领导制度、干部制度弊端的根源,多次强调要加强执政党的建设,把执政能力建设与社会主义改革开放和现代化建设联系起来。第一,加强和改善党的领导。早在1980年1月,邓小平就指出,为了坚持党的领导,必须努力改善党的领导;要改善党的组织状况,还要改善党的领导工作状况,改善党的领导制度;党应该居于领导的地位,但并不意味着党能够代替一切,包办一切。第二,正确处理党同国家政权组织的关系,是解决党政不分、改善党的领导和执政方式的关键。邓小平不仅提出“执政党应该是一个什么样的党,执政党的党员应该怎样才合格,党怎样才叫善于领导”的问题,还进行了初步构想,如实行党委领导下的厂长负责制等。在研究体制改革的过程中,还要注意改进工作方法,使之更好地适应现代化的要求。第三,进行政治体制改革。邓小平提出政治体制改革的三个目标:一是始终保持党和国家的活力,主要是领导层干部的年轻化。二是克服官僚主义,提高工作效率。三是调动基层和工人、农民、知识分子的积极性。第四,全党要善于学习和重新学习。邓小平指出,实现现代化是一场深刻的伟大革命,全党一定要善于学习,善于重新学习;根本的是要学马列主义、毛泽东思想,还要学经济学、学科学技术、学管理;党的高级干部,要带头钻研现代化经济建设,才能不断提高执政的能力。

回顾党的执政能力建设的历程可以看出:党的第一代、第二代中央领导集体虽然在提高党的执政能力方面做过许多探索,也形成过许多非常宝贵的关于执政能力建设的思想,但是他们始终没有明确提出“党的执政能力建设”这一科学概念。正式提出这一概念的是作为党的第三代中央领导核心的江泽民。

党的十三届四中全会以来,以江泽民为核心的第三代中央领导集体,根据当今国际环境和时代要求,根据党所肩负的历史使命和在新的历史条件下的艰巨任务,根据党的自身状况和存在的问题,不断对党的执政能力问题进行研究和探索,并明确提出了“党的执政能力”和“加强党的执政能力建设”的概念。

早在1989年12月,江泽民就明确指出:“我们的党是执政的党,党的领导要通过执政来体现,我们必须强化执政意识,提高执政本领。”之后他又多次强调要认真改善党的领导方式和活动方式。在党的十四大报告中,江泽民再次提出了“努力提高党的执政水平和领导水平”问题。十四届四中全会通过的《关于加强党的建设的几个问题的决定》明确提出:党的高级干部要努力成为善于治党治国的政治家，应该具有较强的领导能力，讲究领导艺术，审时度势，驾驭全局，善于协调各方面的力量。1996 年 3 月，江泽民在《关于讲政治》的讲话中，又把提高执政能力问题作为讲政治的一项重要内容，认为“只有讲政治，才能提高广大干部特别是各级领导干部的思想政治素质，增强总揽和驾驭全局的能力，从而提高领导经济建设和现代化建设的水平”。

在党的十五大报告中，江泽民指出：十一届三中全会以来，围绕在改革开放和现代化建设条件下建设一个什么样的党、怎样建设党的问题，开创了党的建设新的伟大工程。十五大报告要求从思想上、组织上、作风上全面加强党的建设，不断提高领导水平和执政水平，不断增强拒腐防变的能力。1998 年 2 月，江泽民在十五届二中全会讲话中，又提出在经济工作中要增强承受和抵御风险的能力问题。在同年召开的中央经济工作会议上，江泽民再次强调指出，提高驾驭经济工作的能力，是全党必须始终高度重视的一个问题。

“党的执政能力”这一概念，是江泽民同志在 1999 年 1 月 11 日在省部级领导干部金融研讨班上的讲话中首次提出的。他在这次讲话中明确希望大家要学习、学习、再学习，实践、实践、再实践。他同时指出提高“执政能力是极重要的”。2000 年 2 月，他在广东高州领导干部“三讲”教育会议上的讲话中再次强调，我们党所处的历史地位、所肩负的新的任务、所面临的新形势和新课题，要求我们必须全面加强党的建设，“提高党的领导水平和执政水平、增强党的拒腐防变和抵御风险的能力”。2000 年 5 月，江泽民在上海进一步将“不断提高领导水平和执政水平，增强拒腐防变和抵御风险的能力”明确为“两大历史性课题”。2001 年 5 月，江泽民在安徽考察讲话时进一步论述了提高党的领导水平和执政能力问题。他说：办好中国的事情，关键取决于我们党。这不仅取决于党的正确的理论路线方针政策，也取决于各级党组织贯彻落实党的理论路线方针政策的能力和水平，也就是说，取决于我们党的领导水平和执政能力。他同时要求各级干部要努力提高驾驭市场的能力，提高运用民主法制办法开展工作的能力，提高按照科学规律办事的能力，努力掌握科学的领导方式和领导方法。他还指出，不断提高我们党的领导水平和执政能力，将是一项长期的重要任务。之后，在纪念中国共产党成立八十周年的讲话中，江泽民再次指出，要“进一步解决提高党的执政能力和领导水平、提高拒腐防变和抵御风险能力这两大历史性课题，全面推进党的建设新的伟大工程”。

二、“党的执政能力”内涵的初步概括

2002 年 11 月 8 日，我们党召开了十六大。作为党的正式文件，十六大报告第一次明确提出了加强党的执政能力建设的问题。十六大报告在论述加强和改进党的建设问题的六项要求时，将“加强党的执政能力建设，提高党的领导水平和执政水平”作为一项重要内容，并且对“党的执政能力”的内涵初步概括为五个方面，这就是“必须以宽广的眼界观察世界，正确把握时代发展的要求，善于进行理论思维和战略思维，不断提高科学判断形势的能力；必须坚持按照客观规律和科学规律办事，及时研究解决改革和建设中的新情况新问题，善于抓住机遇加快发展，不断提高驾驭市场经济的能力；必须正确认识和处理各种社会矛盾，善于协调不同利益关系和克服各种困难，不断提高应对复杂局面的能力；必须增强法制观念，善于把坚持党的领导、人民当家做主和依法治国统一起来，不断提高依法执政的能力；必须立足全党全国工作大局，坚定不移地贯彻党的路线方针政策，善于结合实际创造性地开展工作，不断提高总揽全局的能力”。

三、加强党的执政能力建设理论体系的初步形成

党的十六大之后，党中央对党的执政能力建设给予了更为高度的重视，把执政能力建设视为党执政后的一项根本建设。在十六届一中全会上，胡锦涛就强调指出，我们党是执政党，党的各方面建设，最终都应该体现到提高党的执政能力上来，体现到巩固党的执政地位上来。

2004 年 6 月 29 日，胡锦涛主持了中央政治局第十四次集体学习，主题就是加强党的执政能力建设问题。胡锦涛在讲话中指出："对世界上其他政党执政的一些做法和措施，我们不能照抄照搬，但对它们在治国理政方面的有益做法，我们要研究和借鉴，以开阔眼界，打开思路，更好地从世界政治经济发展的大格局中把握加强党的执政能力建设的规律。"

他同时要求"各级党委和全党同志都要充分认识加强党的执政能力建设的重大意义，坚持以提高党的执政能力为重点，全面推进党的建设新的伟大工程，不断提高领导水平和执政水平，不断改革和完善领导方式和执政方式，抓紧解决执政能力方面存在的突出问题，使党始终成为中国特色社会主义事业的坚强领导核心"。同年 7 月 23 日，中央政治局举行会议，作出决定并宣布：党的十六届四中全会的主要议程是，研究加强党的执政能力建设问题。

2004 年 8 月 22 日，胡锦涛在邓小平诞辰 100 周年纪念大会上的讲话中，系统论述了加强党的执政能力建设问题，他指出："我们要坚持以党的执政能力建设为重点，不断推进党的建设新的伟大工程。""要把马克思主义执政理论与党执政新的实践紧密结合起来，以党的执政能力建设为重点，从党的执政理念、执政基础、执政方略、执政体制、执政方式、执政资源和执政环境等方面进行努力，全面加强和改进党的思想、组织、作风和制度建设。"同年 9 月 15 日，在首都各界纪念全国人大成立 50 周年大会上的讲话中，胡锦涛再次强调了加强党的执政能力建设、提高党的领导水平和执政水平问题。

2004 年 9 月 16 日至 19 日，党的十六届四中全会胜利召开。全会正式审议并通过了《中共中央关于加强党的执政能力建设的决定》，这是我党历史上第一个关于加强党的执政能力建设的纲领性文件。《决定》强调了加强党的执政能力建设的重要性和紧迫性；总结了我们党执政 55 年来的主要经验；界定了党的执政能力建设的科学概念，提出了加强党的执政能力建设的指导思想、总体目标和主要任务；概括了加强党的执政能力建设的具体内容；论述了以提高党的执政能力建设为重点，全面推进党的建设新的伟大工程的基本要求。《决定》对党的执政能力建设的科学概念和加强党的执政能力建设的基本内容作了新的概括。

党的十八大报告明确提出"不断提高党的领导水平和执政水平、提高拒腐防变和抵御风险能力，是党巩固执政地位、实现执政使命必须解决好的重大课题。全党要增强紧迫感和责任感，牢牢把握加强党的执政能力建设、先进性和纯洁性建设这条主线，坚持解放思想、改革创新，坚持党要管党、从严治党，全面加强党的思想建设、组织建设、作风建设、反腐倡廉建设、制度建设，增强自我净化、自我完善、自我革新、自我提高能力，建设学习型、服务型、创新型的马克思主义执政党，确保党始终成为中国特色社会主义事业的坚强领导核心。"

第二节　加强党的执政能力建设的基本内容及战略意义

中国共产党把执政能力建设从党的建设中突出出来，并逐步上升到"关系党的生死存亡"的高度，有着特定的时代背景和重要意义。

一、加强党的执政能力建设的时代背景

不谋全局，不足谋一域；不谋长远，不足谋一时。中国共产党要想长期为人民执政，必须以宽广的世界眼光敏锐把握时代发展的趋势，以马克思主义的立场、观点和方法去研究世界政治、经济、文化发展的新情况、新问题，对时代主题做出科学的判断，这是党制定正确执政方略的重要前提。对于加强党的执政能力建设的时代背景，需要从世情、国情和党情等几个方面做全方位分析。

（一）国际形势

中国的发展离不开世界。只有坚持用马克思主义的宽广眼界观察世界，才能科学制定党的执政方略，才能提高党的执政能力。这需要我们“对当今时代特征和总体国际形势，对世界上其他社会主义国家的成败，发展中国家谋求发展的得失，发达国家发展的态势和矛盾，进行正确分析，作出新的科学判断。”进入新世纪新阶段，国际局势发生新的深刻变化，世界多极化和经济全球化的趋势继续在曲折中发展，科技进步日新月异，综合国力竞争日趋激烈，各种思想文化相互激荡，各种矛盾错综复杂，敌对势力对我国实施西化、分化的战略图谋没有改变，我们仍面临发达国家在经济、科技等方面占优势的压力。

首先，全球化时代的机遇和挑战。全球化是当今世界最为显著的时代特征，它不仅是一种文化思潮，更是一种客观、现实的实践运动。全球化全面、深刻地改变着人类生活，对世界经济、政治、文化及人类生活的各个领域都产生着重要影响。与之相应，全球化对各国执政党的执政能力也提出了一系列新的挑战。这种挑战对中国共产党而言，主要表现在以下几个方面：第一，执政环境的新变化。改革开放以前，中国共产党执政环境主要限于国内，在一种相对封闭的计划经济体制和意识形态战略指导下，主要是关起门来搞建设。中国社会和经济发展，基本上与世界经济和发展大势处于相对隔绝状态。全球化使党的执政环境发生了重大变化，执政空间超越了民族国家的地理边界，具有复杂的国际性、全球性。第二，执政安全的新威胁。全球化带来开放性的同时，也潜藏着巨大执政安全风险。在全球化过程中，西方发达国家一直居于主导地位，几乎操纵着全球化的进程，而发展中国家在总体上处于不利地位，面临被日益边缘化的严峻挑战。社会主义中国由于实行与西方发达国家不同的政治制度和意识形态，在全球化进程中面临特殊的压力和挑战。西方发达国家加紧实施和平演变战略，透过各种手段进行渗透和遏制，企图颠覆中国的社会主义制度和共产党的领导，严重威胁我们党的执政安全。第三，执政地位的新考验。巩固执政地位，是执政党建设的重要目标。在全方位、深层次的对外开放条件下，在西方发达国家先发优势的比较效应下，中国共产党如何执好政，掌好权，如何带领全国人民创造出更高的社会生产力和更好的生活水平，如何避免某些国家和地区执政党的影响力减弱的情况，这是中国共产党执政能力建设面临的新考验。

其次，新技术革命浪潮推动下的社会信息化、信息网络化发展趋势。当今世界伴随着信息技术的高速发展，已经处于一个信息化时代。随着新技术革命浪潮的迅猛发展，互联网深刻地影响着人们的生存方式和社会生活。在信息化时代，时空边界日渐消失，人们获取、传播信息的渠道日益多样，能力逐渐增强。信息化时代的这种变化对执政能力的影响具有双重性：就积极的方面而言，它有利于执政党采取更有效的技术手段来扩大影响、宣传政策、树立和展示自己的形象；就消极的方面而言，执政党对社会信息的控制权和对自己政策的阐释权在某种程度上受到削弱。相反，人们对执政党行为尤其是腐败等负面行为的监督力量却得到了强化，人们可以通过各种途

径迅捷、方便地获取各类信息，发表对党和政府的意见和看法。如何应对信息化时代的这种双重效应，扩大积极影响，消除消极影响，这是执政党必须认真面对的重大问题。非信息化时代，执政党建立了一整套行之有效的信息控制和舆论引导方式。但在信息化时代，这些方式会因信息渠道的多样化和高速化而出现难以控制的逆效应。在此情况下，如何利用包括互联网在内的现代传媒提高执政党的影响力和公信力，这是执政能力建设中的又一全新课题。

再次，建立政治、经济新秩序的斗争和较量。和平与发展是当今世界的两大主题，世界多极化和经济全球化在曲折中发展，综合国力竞争日趋激烈，世界的力量组合和利益分配正在发生新的深刻变化，这是中华民族实现现代复兴的重大机遇。与此同时，我们的发展也面临巨大挑战。在世界范围内，充满了建立国际政治、经济新秩序的斗争和较量。西方发达国家是国际政治、经济旧秩序的维护者和受益者，而发展中国家总体上处于不利地位，南北差距进一步扩大，在国际政治、经济体系中有进一步被边缘化的危险。西方发达国家为谋求永久性霸权地位，在极力维护国际政治、经济旧秩序的同时，在全球范围大力推广它们的价值观念、政治制度和发展模式，企图实现全球资本主义化和“西方化”。这些举措对发展中国家的文化传统、价值理念、主权安全和政治模式等都构成挑战。中国既是发展中国家，又是社会主义国家。冷战结束后，西方国家对社会主义国家加紧实施和平演变战略，尤其是面对取得巨大成就的社会主义中国，西方国家加紧实施“西化”、“分化”图谋。这些都要求正在执政的共产党认真观察世界、审视自身。在建立国际政治、经济新秩序的过程中，执政党必须正确利用国际国内两种政治资源，处理和应对国内外错综复杂的新旧矛盾，应对西方发达国家政党执政模式的挑战，巩固自己的执政地位。

综上所述，经济全球化愈益凸现，政治多极化不可逆转，文化多元化方兴未艾，科技信息化突飞猛进，这是在和平与发展的时代主题下更加显现的世界发展大势。如何利用全球化的发展机遇全方位地参与国际政治、经济新秩序的建设，提高我国的综合国力，在不同社会制度和社会文明的竞争中进一步巩固和发展我国的社会主义制度，实现中华文明的伟大复兴，这是中国共产党人面临的时代性课题。中国共产党能否主动顺应全球化时代潮流、正确把握发展趋势，统筹国内国际两个大局，内外兼顾、趋利避害，这事关中国特色社会主义事业的兴衰成败和中华民族的前途命运，也是对党的执政能力的一场严峻考验。

（二）国内形势

我国改革发展处在关键时期，社会利益关系更为复杂，新情况新问题层出不穷。在机遇和挑战并存的国内外条件下，我们党要带领全国各族人民全面建设小康社会，实现继续推进现代化建设、完成祖国统一、维护世界和平与促进共同发展这三大历史任务，必须大力加强执政能力建设。这是关系中国社会主义事业兴衰成败、关系中华民族前途命运、关系党的生死存亡和国家长治久安的重大战略课题。

首先，我国正处于社会结构转型时期。社会结构转型决定了政治系统必须随之做出调整，这种调整内在地包含执政党执政能力建设问题。对我国而言，社会结构转型就是从原来的国家—社会高度一体化模式向国家—社会的二分模式转换。在国家与社会高度一体化模式中，国家与社会的关系是一种政治统摄关系，国家过分挤占了社会的政治空间，社会失去了应有的自组织能力和自主性，出现了所谓的“强政府弱社会”的现象。由国家—社会的一体化模式向国家—社会的二分模式转变，这就要求国家弱化对社会的政治控制，减少国家干预的领域，增强社会的自组织能力和自主性，使国家—社会处于一种动态平衡状态，达到国家和社会双赢共生的局面。这种社会结构转型要求我国的政治体制做出相应的调整。我国原有的政治体制是一种高度集权的政治模式，很大程度上沿袭了过去革命战争时期和计划经济时期党的一元化领导体制。在原来的社会结构模式中，中国共产党的执政方式表现为党政合一，意识形态权威、单一。在这样的执政方式中，中国共产党的执政能力主要表现在“领袖威望”、“以党代政”等方面。中国共产党的这种执政方式在中国社会发展中曾起过重要作用。然而，随着社会主义改革开放的深入，新的社会结构开始取代传统的社会结构，尤其是国家—社会二分模式和市场经济体制的建立，要求对传统的政治模式进行调整，这就要求中国共产党适应这种社会转型的需要，改变执政方式，加强执政能力建设。

其次，经济市场化、利益多元化对执政党的执政能力提出新的考验。随着经济市场化改革的深入推进，我国经济社会呈现出多样化的结构调整和发展态势。这种多样化发展趋势主要表现在以下几个方面：一是社会经济成分的多样化，以公有制为主体、多种所有制经济平等竞争、共同发展的经济结构已经形成；二是社会阶级、阶层的多样化，传统的工人阶级、农民阶级等社会主流阶级发生了重大变化，更重要的是产生了一大批包含自由职业者、私营企业主在内的新的社会阶层；三是人们利益要求的多样化，不仅物质利益要求不断提升，而且文化利益、政治利益要求也在不断提高；四是人们的思想意识、价值观念的多样化，各种多元文化思潮对马克思主义的主流意识形态地位产生冲击。这些多样化的发展趋势，一方面是我国社会充满生机活力的表现，另一方面也是党的执政能力建设面临的新的环境和挑战。在经济市场化条件下，党执政的经济基础也发生了深刻变化，对执政党驾驭市场经济的能力提出了新的要求。经济市场化的另一个结果就是利益多元化，主要表现为利益主体和利益要求的多元化。在中国改革开放初期，我们的一些政策可以让几乎所有的利益主体都受益，社会成员也高度拥护党的政策和执政地位。但是，随着改革开放的深入进行，社会成员的利益要求出现多元化发展趋势，各种不同的利益群体开始出现利益矛盾并进行利益博弈。在这种情况下，执政党能否均衡、公正地协调好各利益群体和利益集团的关系，尤其是维护社会弱势群体的权益，防止某些利益集团将自己的利益凌驾于公共利益之上，始终代表最广大人民的根本利益，这是新时期执政党建设的新挑战。

再次，我国正处于一个风险社会。由于全球化的迅猛发展，中国改革开放的全面推进，社会结构转型的深入展开，中国社会滋生、蕴含了巨大的风险。在经济领域，我国经济本身存在许多深层次的结构性矛盾和问题。此外，中国经济融入经济全球化的程度不断加深，经济对外依存度已达到非常高的比重。世界能源价格、金融危机等任何外在的波动，都可能对我国经济发展产生直接的消极影响。在政治领域，伴随着中国的日益强大和崛起，西方一些发达国家将中国视为战略利益竞争对手，加强对中国进行遏制。它们还采取西化、分化等措施，力图颠覆中国的社会主义制度，弱化中国在国际社会的影响力。在安全领域，一些国家尤其是西方发达国家散播“中国威胁论”，妖魔化中国，并力图建立对中国的战略围堵线。中国还面临民族分裂势力、极端宗教势力和恐怖主义势力的安全威胁，这些势力在外部势力的支持下，随时都有可能选择进行安全破坏活动。在文化领域，由于中国对外开放全面推进，加之互联网等现代传播技术的发展，世界上的各种思潮都在中国汇集，泥沙俱下，良莠不齐，都对我国产生着影响和冲击，党的意识形态宣传，人们的价值观念等都面临挑战。在现代社会中，这些风险具有不可预测性、高危害性和高传播性。所谓不可预测性，指这些风险一般都是隐形的，并且具有高度的不确定性，一些偶然的、看似不相干的要素都可能带来各种风险的全面爆发；所谓高危害性，指这些风险一旦爆发，其危害将被放大，其影响也不是孤立的，将波及全社会。所谓高传播性，指的是由于现代信息技术的高度发达，由风险所导致的破坏因素将通过现代信息手段迅速传播到全社会，引发社会的动荡不安。

在风险社会中，执政党能否不断提升应对复杂局面和危机处理能力，避免局部风险向全局性危机演化，进而避免危及执政地位，这对维护执政安全将具有重要意义。

（三）党内形势

中国共产党历经革命、建设和改革，已经从领导人民为夺取全国政权而奋斗的党，成为领导人民掌握全国政权并长期执政的党；已经从受到外部封锁和实行计划经济条件下领导国家建设的党，成为对外开放和发展社会主义市场经济条件下领导国家建设的党。这些变化，对党的执政能力建设提出了全新要求。

首先，社会阶层分化对在新的历史条件下如何巩固党执政的阶级基础提出了新的挑战。第一，如何在新形势下继续保持广大人民群众的认同和拥护。改革开放以来，在党的领导下，我国经济高速增长，社会全面发展，广大人民群众普遍受益，党得到了人民群众普遍拥护和认同。这实际上是一种建立在执政绩效基础上的政绩合法性。但是，由于经济运行本身的周期性起伏变化以及可能出现的执政失误，任何政党都不可能始终如一地保持优秀的发展绩效。即使能始终保持一定的发展绩效，也不可能让所有群众普遍受益，贫富分化、社会不公等问题也会弱化执政的合法性资源。第二，新社会阶层的兴起则对扩大党执政的群众基础提出了新的要求。绝大多数新兴社会阶层人员都属于高学历、高科技、高层次人员，是社会的知识精英、技术精英，是社会先进生产力的代表。如果执政党不能够把这些在其行业中有影响力的社会精英吸纳进自己的队伍，他们就有可能在体制外寻求利益诉求渠道，这将对现行体制造成冲击。如何将新的社会阶层中的精英分子吸纳到执政党的组织内部，这是执政党必须认真解决的问题。

其次，执政党自身资源也正发生深刻变化。一方面，中国共产党自身一直处于发展中，出现了一些积极、可喜的变化。她的阶级基础工人阶级发生了很大的变化，文化水平提高了，正朝着现代化的方向发展。另一方面，执政党面对新形势新任务，在思想、政治、组织资源等方面都出现了一些亟待解决的问题。思想文化资源方面，马克思主义的主流意识形态地位受到挑战，西方民主人权观念、个人主义、享乐主义等的影响已经不容忽视。在某些党员干部身上存在理想信念动摇、党性观念淡薄、精神状态萎靡等思想现象；政治资源方面，部分政治权力资源流失变质，主要表现为政治权力部门化、部门权力利益化、部门利益法制化。权钱交易、以权谋私、徇私枉法等腐败现象没有从根本上得到遏止，大案要案时有发生，严重影响党群关系，动摇了党的政治资源优势。组织资源方面，一些基层党组织的战斗力不强，某些基层组织的凝聚力和向心力相对减弱，有的甚至处在瘫痪、半瘫痪状态。随着社会流动性的增强，流动党员增加了，与党组织的联系呈现松散状态，许多新兴行业和社会组织中尚没有建立党组织。党内民主有待提高，党组织中权力过分集中于少数几个领导，特别是集中于一把手的现象仍然普遍存在，民主集中制没有真正实行，影响广大普通党员的积极性。党的执政能力建设，必须正视执政党自身资源发生的这些变化，并采取积极的应对措施，才能保证长期为人民执好政、掌好权。

无产阶级政党夺取政权不容易，执掌好政权尤其是长期执掌好政权更不容易。党的执政地位不是与生俱来的，也不是一劳永逸的。我们必须居安思危，增强忧患意识，深刻吸取世界上一些执政党兴衰成败的经验教训，更加自觉地加强执政能力建设，始终为人民执好政、掌好权。

二、加强党的执政能力建设的基本内容

执政能力建设是党执政后的一项根本建设：大力加强执政能力建设.是关系中国社会主义事业兴衰成败、关系中华民族前途命运、关系党的生死存亡和国家长治久安的重大战略课题。加强

党的执政能力建设是党的十六大首次明确提出来的，并且对执政能力的内涵初步概括为五个方面：一是要不断提高科学判断形势的能力；二是要不断提高驾驭市场经济的能力；三是要不断提高应对复杂局面的能力；四是要不断提高依法执政的能力；五是要不断提高总揽全局的能力。

党的十六届四中全会通过的《中共中央关于加强党的执政能力建设的决定》指出："党的执政能力，就是党提出和运用正确的理论、路线、方针、政策和策略，领导制定和实施宪法和法律，采取科学的领导制度和领导方式，动员和组织人民依法管理国家和社会事务、经济和文化事业，有效治党治国治军，建设社会主义现代化国家的本领。"并从五个方面对执政能力的内涵作了新的科学概括。即按照推动社会主义物质文明、政治文明、精神文明协调发展的要求，不断提高驾驭社会主义市场经济的能力、发展社会主义民主政治的能力、建设社会主义先进文化的能力、构建社会主义和谐社会的能力、应对国际局势和处理国际事务的能力。

(一)坚持把发展作为党执政兴国的第一要务，不断提高驾驭社会主义市场经济的能力

提高党的执政能力，首先要提高党领导发展的能力。在社会主义条件下发展市经济，既是一个伟大创举，又是一个全新课题。要适应世界经济、科技发展趋势和我国改革发展的新形势，把握社会主义市场经济的内在要求和运行特点，自觉遵循客观规律，充分发挥社会主义制度的优越性和市场机制的作用.不断提高领导经济工作的水平。

(1)牢固树立抓住机遇、加快发展的战略思想，抓住经济建设这个中心不动摇。我国正处于并将长期处于社会主义初级阶段，推动发展是党执政兴国的第一要务。要紧紧抓住重要战略机遇期，聚精会神搞建设，一心一意谋发展，不断增强综合国力和提高人民生活水平。按照全面建设小康社会、走新型工业化道路的要求，以经济结构调整为主线，以改革开放和科技进步为动力，着力转变经济增长方式。全面提高国民经济的整体素质和竞争力。

(2)坚持以人为本、全面协调可持续的科学发展观，更好地推动经济社会发展。深入体察人民群众的意愿，切实把维护和实现最广大人民的根本利益体现在党领导发展的大政方针和各项部署中，落实到经济社会发展的各个方面。把推进经济建设同推进政治建设、文化建设统一起来，促进社会全面进步和人的全面发展。

(3)坚持社会主义市场经济的改革方向，始终站在时代前列领导和谋划改革。我国经济体制改革仍处在攻坚阶段，建成完善的社会主义市场经济体制和更具活力、更加开放的经济体系的任务还很艰巨。要尊重群众的首创精神，围绕改革的重点和难点，鼓励大胆探索、勇于实践，坚决破除一切妨碍发展的观念和体制机制弊端。切实解决好关系经济体制改革全局的重大问题。

(4)掌握对外开放的主动权，全面提高对外开放水平。坚持对外开放的基本国策，密切关注世界经济形势变化，制定和实施正确的涉外经济方针政策，在更大范围、更广领域、更高层次上参与国际经济技术合作和竞争。

(5)按照发展社会主义市场经济的要求，完善党领导经济工作的体制机制和方式。党领导经济工作，主要是把握方向，谋划全局，提出战略，制定政策，推动立法，营造良好环境。地方党委要结合本地实际，确定经济社会发展的基本思路和工作重点，加强和改进对经济社会重大事务的综合协调，确保中央的方针政策和各项部署的贯彻落实。主要运用经济和法律手段管理经济活动，集中精力抓好经济调节、市场监管、社会管理和公共服务。

（二）坚持党的领导、人民当家做主和依法治国的有机统一，不断提高发展社会主义民主政治的能力

坚持和发展人民民主，是我们党执政为民的本质要求和根本途径。要坚定不移地走中国共产党和中国人民自己选择的政治发展道路，坚持四项基本原则，积极稳妥地推进政治体制改革，发挥社会主义政治制度的特点和优势，巩固和发展民主团结、生动活泼、安定和谐的政治局面。

（1）推进社会主义民主的制度化、规范化和程序化，保证人民当家做主。健全民主制度，丰富民主形式，扩大公民有序的政治参与，保证人民依法实行民主选举、民主决策、民主管理、民主监督。坚持和完善人民代表大会制度，保证人民依法享有广泛的权利和自由。坚持和完善中国共产党领导的多党合作和政治协商制度。巩固和发展最广泛的爱国统一战线。坚持和完善民族区域自治制度，促进各民族共同繁荣进步。扩大基层民主，保证基层群众依法行使选举权、知情权、参与权、监督权等民主权利。

（2）贯彻依法治国基本方略，提高依法执政水平。依法执政是新的历史条件下党执政的一个基本方式。党的领导是依法治国的根本保证。加强党对立法工作的领导，善于使党的主张通过法定程序成为国家意志，从制度上、法律上保证党的路线方针政策的贯彻实施，使这种制度和法律不因领导人的改变而改变，不因领导人看法和注意力的改变而改变。全党同志特别是领导干部要牢固树立法制观念，坚持在宪法和法律范围内活动，带头维护宪法和法律的权威。

（3）改革和完善决策机制，推进决策的科学化、民主化。完善重大决策的规则和程序，通过多种渠道和形式广泛集中民智，使决策真正建立在科学、民主的基础之上。对涉及经济社会发展全局的重大事项。要广泛征询意见，充分进行协商和协调。

（4）加强对权力运行的制约和监督，保证把人民赋予的权力用来为人民谋利益。各级党组织和干部都要自觉接受党员和人民群众监督。拓宽和健全监督渠道，把权力运行置于有效的制约和监督之下。认真贯彻党内监督条例，进一步加强党内监督。建立和完善巡视制度，加强和改进对领导班子特别是主要领导干部的监督。

（5）按照党总揽全局、协调各方的原则，改革和完善党的领导方式。发挥党委对同级人大、政府、政协等各种组织的领导核心作用，发挥这些组织中党的领导核心作用。党委既要支持人大、政府、政协和审判机关、检察机关依照法律和章程独立负责、协调一致地开展工作，及时研究并统筹解决他们工作中的重大问题，又要通过这些组织中的党组织和党员干部贯彻党的路线方针政策。

（三）坚持马克思主义在意识形态领域的指导地位，不断提高建设社会主义先进文化的能力

党要带领人民推进中国特色社会主义伟大事业，必须大力发展社会主义文化，不断巩固全党全国人民团结奋斗的共同思想基础。要牢牢把握先进文化的前进方向，坚持为人民服务、为社会主义服务的方向和百花齐放、百家争鸣的方针，贴近实际、贴近生活、贴近群众，创新内容、创新形式、创新手段，努力铸造中华文化的新辉煌，为激励人民奋勇前进提供强大的精神动力和智力支持。

（1）积极推进理论创新，加强马克思主义理论研究和建设。坚持马克思主义意识形态领域的指导地位，不断增强党的思想理论工作的创造力、说服力、感召力，着力回答重大理论和实际问题，善于把人民群众的实践经验升华为理论，善于用理论创新的成果指导路线方针政策的制定，通过理论创新推动制度创新、科技创新、文化创新以及其他各方面的创新。全面落实用邓小平理

论和“三个代表”重要思想武装全党、教育人民的战略任务。推动“三个代表”重要思想的普及，抓好进教材、进课堂、进头脑的工作，关心和爱护理论工作者，培养和造就一批马克思主义理论家，特别要重视培养中青年理论人才，鼓励他们为党和人民事业的发展发挥“思想库”作用。

(2)深化文化体制改革，解放和发展文化生产力。根据社会主义精神文明建设的特点和规律，适应社会主义市场经济的要求，进一步革除制约文化发展的体制性障碍，坚持把社会效益放在首位，实现社会效益和经济效益的统一，把文化发展的着力点放在满足人民群众精神文化需求和促进人的全面发展上。以体制机制创新为重点，促进文化事业全面繁荣和文化产业快速发展，增强我国文化的总体实力。

(3)牢牢把握舆论导向，正确引导社会舆论。坚持党管媒体的原则，增强引导舆论的本领，掌握舆论工作的主动权：坚持团结稳定鼓劲、正面宣传为主，引导新闻媒体增强政治意识、大局意识和社会责任感，进一步改进报刊、广播、电视的宣传，把体现党的主张和反映人民心声统一起来，增强吸引力、感染力。高度重视互联网等新型传媒对社会舆论的影响，加强互联网宣传队伍建设，形成网上正面舆论的强势。

(4)努力探索新方式新方法，加强和改进思想政治工作。加强理想信念教育，弘扬以爱国主义为核心的民族精神和以改革创新为核心的时代精神，弘扬集体主义、社会主义思想，使全体人民始终保持昂扬向上的精神状态。坚持依法治国和以德治国相结合，实施公民道德建工程，发扬中华民族传统美德，在全社会倡导爱国守法、明礼诚信、团结友善、勤俭自强、敬业奉献的基本道德规范，反对拜金主义、享乐主义、抵御资本主义腐朽思想文化的侵蚀，抵制极端个人主义，消除封建主义残余影响，抵御资本主义腐朽思想文化的侵蚀。

(5)优先发展教育和科学事业，提高全民族的科学文化素质。深化教育和科技体制改革，充分发挥教育和科技在现代化建设中的基础性、先导性、全局性作用。全面贯彻党的教育方针，培养德智体美全面发展的社会主义建设者和接班人。弘扬科学精神，传播科学知识，提高干部群众识别和抵制封建迷信和伪科学的能力。

(四)坚持最广泛最充分地调动一切积极因素，不断提高构建社会主义和谐社会的能力

形成全体人民各尽其能、各得其所而又和谐相处的社会，是巩固党执政的社会基础、实现党执政的历史任务的必然要求。要适应我国社会的深刻变化，把和谐社会建设摆在重要位置，注重激发社会活力，促进社会公平和正义，增强全社会的法律意识和诚信意识，维护社会安定团结。

(1)全面贯彻尊重劳动、尊重知识、尊重人才、尊重创造的方针，不断增强全社会的创造活力。激发各行各业人们的创造活力，坚决破除各种障碍，使一切有利于社会进步的创造愿望得到尊重、创造活动得到支持、创造才能得到发挥、创造成果得到肯定。在全社会大力提倡团结互助、扶贫济困的良好风尚，形成平等友爱、融洽和谐的人际环境。

(2)妥善协调各方面的利益关系，正确处理人民内部矛盾。坚持把最广大人民的根本利益作为制定政策、开展工作的出发点和落脚点，正确反映和兼顾同方面群众的利益。高度重视和维护人民群众最现实、最关心、最直接的利益，坚决纠正各种损害群众利益的行为。教育引导广大干部群众正确处理个人利益和集体利益、局部利益和整体利益、当前利益和长远利益的关系，增强主人翁意识和社会责任感，自觉维护安定团结。

(3)加强社会建设和管理，推进社会管理体制创新。深入研究社会管理规律，完善社会管理体系和政策法规，整合社会管理资源，建立健全党委领导、政府负责、社会协同、公众参与的社会管理格局。更新管理理念，创新管理方式，拓宽服务领域。

(4)健全工作机制,维护社会稳定。坚持稳定压倒一切的方针,落实维护社会稳定的工作责任制。建立社会舆情汇集和分析机制,畅通社情民意反映渠道。建立健全社会预警体系,形成统一指挥、功能齐全、反应灵敏、运转高效的应急机制,提高保障公共安全和处置突发事件的能力。依法打击各种犯罪活动,保障人民生命财产安全。

(5)坚持党的群众路线,加强和改进新形势下的群众工作。加强马克思主义群众观点和党的群众路线的宣传教育,改进群众工作,密切党群、干群关系。各级党委和政府要积极研究和把握新形势下群众工作的特点和规律,探索新途径、新方法,不断提高组织群众、宣传群众、教育群众、服务群众的本领。

(五)坚持独立自主的和平外交政策,不断提高应对国际局势和处理国际事务的能力

在复杂多变的国际形势下,党要领导人民抓住机遇、应对挑战,实现全面建设小康社会的宏伟目标,为维护世界和平与促进共同发展做出贡献,必须正确应对国际局势,妥善处理国际事务和国际关系,争取良好的国际环境和周边环境。

(1)坚持用宽广的眼界观察世界,提高科学判断国际形势和进行战略思维的水平。深刻认识国内大局和国际大局、内政和外交的紧密联系,科学把握世界的深刻变化及其特点。主动顺应维护和平、促进发展的时代潮流,正确应对世界多极化、经济全球化和科技进步的发展趋势,做到审时度势、因势利导、内外兼顾、趋利避害,重视研究国际形势的发展规律,增进对世界历史和现实情况的了解,增强判断国际形势的战略性、前瞻性、指导性。

(2)坚定不移地贯彻执行对外方针政策,掌握处理国际事务的主动权。高举和平、发展、合作的旗帜,坚持独立自主的和平外交政策,走和平发展的道路,永远不称霸。按照和平共处五项原则和其他公认的国际关系准则同世界各国发展友好互利合作。坚持以冷静观察、沉着应对的方针和相互尊重、求同存异的精神处理国际事务,促进世界多极化和国际关系民主化,推动建立公正合理的国际政治经济新秩序。

(3)全面认识和把握国际因素对我国的影响,不断提高同国际社会交往的本领。全面分析和妥善应对来自外部环境的机遇和挑战,善于扬长避短,积极化解不利因素,努力变挑战为机遇。加快熟悉和善于运用国际规则和国际惯例,积极参与有关国际事务和国际规则的磋商和制定,充分反映合理主张,坚决维护我国人民和各国人民的共同权益。加强和改进对外宣传工作,进一步推动形成有利于我国发展的国际舆论环境。

始终把国家主权和安全放在第一位,坚决维护国家安全。针对传统安全性和非传统安全威胁的因素相互交织的新情况,增强国家安全意识,完善国家安全战略。坚决防范和打击各种敌对势力的渗透、颠覆和分裂活动,有效防范和应对来自国际经济领域的各种风险,确保国家的政治安全、经济安全、文化安全和信息安全。确保国防安全,是党执政的一项重大战略任务。

保持香港、澳门长期繁荣稳定是党在新形势下治国理政面临的崭新课题,解决台湾问题、实现祖国的完全统一是党肩负的神圣使命。要贯彻“和平统一、一国两制”的基本方针和现阶段发展两岸关系、推进祖国和平统一进程的八项主张,推进祖国统一大业。以最大的诚意、尽最大的努力争取和平统一的前景,坚决反对和遏制“台独”分裂势力,坚决反对和阻止外国干涉势力插手两岸事务,坚决粉碎一切把台湾从中国分割出去的图谋,坚定不移地捍卫国家主权和领土完整。

三、加强党的执政能力建设的意义

加强党的执政能力建设,在实践层面也具有十分重要的现实意义,主要体现在:

第一,加强党的执政能力建设,是党所面临的考验以及党自身建设的现实要求。改革开放以来,我党带领全国人民取得了中国特色社会主义建设的伟大胜利。但也应看到,在新的时代条件和任务下,党在领导方式和执政方式、领导体制和工作机制、领导干部的素质和能力等方面,还存在与发展社会主义市场经济、推进社会主义民主政治建设和构建社会主义和谐社会的要求不相适应的地方。所有这些,都在考验我们党应对复杂局面的能力。

第二,加强党的执政能力建设,是发展社会主义民主政治和建设社会主义政治文明的必然要求。发展社会主义民主政治,建设社会主义政治文明,是全面建设小康社会的重要目标。必须在坚持四项基本原则的前提下,积极稳妥地推进政治体制改革,坚持社会主义政治制度的自我完善和发展,同时借鉴人类文明的有益成果。这就必然要求提高党的执政能力,改善和完善党的领导方式和执政方式。

第三,加强党的执政能力建设,是新时期、新阶段全面落实科学发展观,构建社会主义和谐社会,实现中华民族伟大复兴的迫切需要。当前,在社会主义现代化建设的征途中,我们既积累了大踏步前进的坚实基础,又有许多深层次的矛盾和问题需要解决。我们既面临难得的发展机遇,又面临重大挑战。如何应对挑战,抓住机遇,都需要加强党的执政能力建设。

加强党的执政能力建设研究,在理论层面也具有重要意义,主要体现在以下几个方面:

第一,加强党的执政能力建设研究,是马克思主义建党学说的重要内容,是中国共产党总结自身执政规律的一次升华。马克思主义建党理论的积淀和新时代执政实践的深化,促使中国共产党不能停留在思想建设、组织建设、作风建设等传统领域,执政能力建设的重要意义凸显出来。无产阶级政党的产生和执掌政权,则是伴随着社会化大工业生产而出现的代表社会发展方向的无产阶级登上历史舞台以后的必然现象。无产阶级政党的性质,取得政权的途径,所建立政权的性质,执掌政权国家的国情等决定了无产阶级政党的领导方式和执政方式与资产阶级政党有着本质的区别,这就使我们研究探讨党的领导和执政规律,探索更为科学的领导方式和执政方式的任务显得更加艰巨,也更加重要。

第二,加强党的执政能力建设研究,是我们党对世界上一些执政党丧失政权的教训的深刻反思,也是科学总结和借鉴其他国家执政党治国理政经验的迫切需要。20 世纪 80 年代末 90 年代初,世界上第一个由共产党执政的社会主义国家苏联解体,东欧社会主义国家也分崩离析。这些执政党丧失政权的原因很多,但究其根源,无一不是脱离时代,失去民心,违反执政规律,失去执政能力所致。前车之覆,后车之鉴。同样作为一个社会主义国家的执政党,中国共产党必须从这些丧失政权的前社会主义国家执政党中吸取教训,努力探索新形势下共产党的执政规律和基本要求,全面提高党的领导水平和执政水平。在吸取这些政党丧失政权教训的同时,我们还要总结和借鉴其他政党包括资产阶级政党治国理政的有益做法。各个国家由于历史文化传统,政治经济条件不同,政党执政的体制和方式不尽相同。但是,在发展经济、增进民主、巩固执政等方面,却存在某些共性。面对这些执政的共同问题,世界上的一些政党包括资产阶级政党,在长期的执政实践中,摸索出了一些有效做法,积累了一些有益经验。这些做法和经验,属于人类政治文明的共同成果,不应简单地否定和拒绝,而应大胆、主动地加以借鉴和吸收。

第三,加强党的执政能力建设研究,是我们党对新的历史方位和历史使命的清醒认识和科学判断。经过 90 多年的发展,我们的党员队伍,党所处的地位和环境,党所肩负的任务都发生了重大变化。中国共产党已经从领导人民为夺取全国政权而奋斗的党,成为领导人民掌握全国政权并长期执政的党;已经从受到外部封锁和实行计划经济条件下领导国家建设的党,成为对外开放和发展社会主义市场经济条件下领导国家建设的党。这些变化，既从实践角度对加强党的执政能力建设提出了一些新要求，也从理论角度对加强党的执政能力建设研究提出了许多新的课题。没有革命的理论，就没有革命的行动。同样，没有党的执政能力建设研究，党的执政建设就会失去正确的理论指导。马克思主义经典作家曾对无产阶级政党的执政理论做过有益的探索，但是随着时代的发展，如何进一步推进无产阶级政党的执政理论研究，这是我们当前推进马克思主义中国化面临的又一项重要理论任务。

四、加强党的执政能力建设的具体措施和途径

党的执政能力建设是一项系统性工程。加强党的执政能力建设，离不开党的其他方面建设。只有以党的执政能力建设为重点，全面加强党的各项建设，才能不断推进党的建设新的伟大工程。

(1)加强思想建设，强化理论武装。这是提高党的执政能力的根本要求，也是促进执政能力和水平不断提高的内在动力。为此，我们必须坚持用中国特色社会主义理论体系武装全党，不断提高广大党员特别是党员领导干部的马克思主义理论水平，增强把马克思主义基本原理同中国具体实际相结合的能力，增强用马克思主义立场观点和方法分析问题、解决问题的能力，提高全党的理论思维和战略思维水平。

(2)增强执政意识，提高干部素质。这是加强党的执政能力建设的基础性工程。能否提高党的执政能力，一方面取决于广大党员干部是否具备“为谁执政，如何执政”的强烈意识；同时还取决于各级党的干部是否具备优良的思想道德素质和科学文化素质。能力来源于社会实践，同时也受人的基本素质制约。一个思想文化素质都很低劣的人很难具备高超的执政能力。为此，加强党的执政能力建设，必须在提高广大党员干部的思想道德素质和科学文化素质上下工夫。

(3)完善领导机制，优化执政方式。按照什么方式执政，怎样处理好党的执政与国家政权活动的关系，既是党的执政能力的反映，也影响着党的执政能力的发挥。提高党的执政能力必须进一步规范和优化党的执政方式。要坚持和正确把握党的领导主要是政治、思想和组织领导，通过制定大政方针，提出立法建议，推荐重要干部，进行思想宣传，发挥党员的作用，实施党对国家和社会的领导。坚持依法执政，严格按照法律规定的范围、程序和手段行使执政权力，把坚持党的领导、人民当家做主和依法治国有机地统一起来。坚持按照党总揽全局、协调各方的原则，进一步完善党的领导体制和工作机制。

(4)改革人事制度，健全干部队伍。这是提高党的执政能力的组织要求。没有一支善于治国理政的高素质干部队伍，所谓提高执政能力就只能是一句空话。为此，我们必须进一步深化干部人事制度改革，坚持党管干部的原则，全面贯彻革命化、年轻化、知识化、专业化的方针；坚持把那些政治上靠得住、工作上有本事、作风上过得硬的干部选拔到各级领导岗位上来；要实施人才强国战略，贯彻党管人才原则，努力把各方面优秀人才集聚到党和国家的各项事业中来。

(5)优化班子结构，坚持集体领导。这是提高党的领导能力和决策水平的基本要求。为了实现这一要求，必须根据政治坚定、求真务实、开拓创新、勤政廉政、团结协调的要求，把各级领导班子建设成为坚强的领导集体。各级领导班子要讲学习、讲政治、讲正气，顾全大局，增强团结，保持奋发有为的精神状态；要按照集体领导、民主集中、个别酝酿、会议决定的原则。完善并严格执行党委内部的议事规则和决策程序，保持协调高效运转，增强整体合力；要加强党内生活的原则性，认真开展批评与自我批评并形成制度，提高解决自身问题的能力。坚决反对和防止个人独断

专行，反对好人主义、自由主义。

（6）改进工作方式，健全基层组织。党的基层组织是党的全部工作和战斗力的基础。加强党的执政能力建设，关键是要通过加强党的基层组织建设来带动广大党员和群众。当前，我们必须根据基层党组织建设面临的新情况和新问题，积极调整组织设置，改进工作方式，创新活动内容。要探索新时期党员教育管理工作的新机制，促进广大党员发挥先锋模范作用。

（7）健全民主制度，增强党的团结。提高党的执政能力，很重要的一条就是要通过健全党内民主，增强党的团结。为此，我们要认真贯彻党员权利保障条例，建立和完善党内情况通报制度、情况反映制度、重大决策征求意见制度，逐步推进党务公开，增强党组织工作的透明度，使党员更好地了解和参与党内事务；要进一步营造党内不同意见平等讨论的环境，鼓励和保护党员讲真话、讲心里话；要加强民主基础上的集中，全党全国在指导思想和路线方针政策及重大原则问题上必须保持高度一致；全党同志必须自觉坚持党员个人服从党的组织、少数服从多数、下级组织服从上级组织、全党各个组织和全体党员服从党的全国代表大会和中央委员会的原则，坚决维护党的团结统一。

（8）致力求真务实，密切党群关系。坚持立党为公、执政为民是加强党的执政能力建设的总目标和总要求。为此，我们要大兴求真务实之风，保持党同人民群众的血肉联系，真正做到为民、务实、清廉。各级领导干部都要牢固树立马克思主义的世界观、人生观、价值观，坚持正确的权力观、地位观、利益观，始终与人民群众同呼吸、共命运、心连心，坚决反对脱离群众、以权谋私；坚持科学发展观和正确政绩观，重实际、说实话、办实事、求实效，坚决反对形式主义、官僚主义和弄虚作假；坚持谦虚谨慎、艰苦奋斗，坚决反对骄傲自满、铺张浪费。

（9）坚持拒腐防变，推进党风廉政。党风廉政建设和反腐败斗争关系党的生死存亡。党越是长期执政，反腐倡廉的任务越艰巨，越要坚定不移地反对腐败，越要提高拒腐防变的能力。各级党委要把党风廉政建设和反腐败斗争作为提高党的执政能力、巩固党的执政地位的一项重大政治任务抓紧抓实。要坚持标本兼治、综合治理，惩防并举、注重预防，抓紧建立健全与社会主义市场经济体制相适应的教育、制度、监督并重的惩治和预防腐败体系；要认真落实党风廉政建设责任制，督促各级党员领导干部加强党性修养，常修为政之德、常思贪欲之害、常怀律己之心，自觉经受住改革开放和发展社会主义市场经济条件下长期执政的考验。

（10）理顺政党关系，遵循执政规律。加强党的执政能力建设必须自觉遵循执政党建设的内在规律。规律就是事物之间的本质关系。在社会主义条件下，政党关系集中表现为党政关系、党群关系、党内关系、党外关系。提高执政能力必须努力调整和处理好上述关系，自觉地遵循执政规律。一是正确理顺执政党与国家政权之间的关系。作为执政党必须通过调控全局来实现党对国家和社会总的领导，促进经济、政治、文化和社会全面发展；二是正确处理执政党与人民群众的关系。这是巩固执政基础，加强执政党能力建设的关键所在；三是正确处理和协调执政党内部各种关系。正确处理和协调好执政党内部关系，扩大党内民主，是加强执政党能力建设的一个重要方面。因为只有通过发扬党内民主，才能激活和凝聚党内各种力量，使全党形成统一的意志，去实现执政党的执政目标；四是正确处理好共产党与其他民主党派以及其他国家政党之间的关系。我们必须坚持共产党领导的多党合作与政治协商制度，坚持“长期共存，互相监督，肝胆相照，荣辱与共”的方针。在处理同其他国家政党间的关系时，要自觉遵循“独立自主，完全平等，互相尊重，互不干涉内部事务”四项原则。

在当前新的历史条件下，我们要紧紧围绕党中央提出的关于加强党的执政能力建设的具体任务，按照推动社会主义物质文明、政治文明、精神文明、社会文明协调发展的要求，不断推进党的执政能力建设。要立足现实、着眼长远，抓住重点、整体推进，不断研究新情况、解决新问题、创建新机制、增长新本领，通过加强和改进党的建设，使党始终成为立党为公、执政为民的执政党，成为科学执政、民主执政、依法执政的执政党，成为求真务实、开拓创新、勤政高效、清正廉洁的执政党，永远保持先进性、经得住各种风浪考验的马克思主义执政党。

第三节　以马克思主义理论创新推动党的执政能力建设研究

唯物史观认为，所谓理论创新，就是人们在实践的基础上，把不断深化的对客观世界的感性认识上升到理性认识、并最终形成理论形态的认识过程。以实践为基础的科学的理论创新，能够加速推动社会的发展与进步。新中国成立以来，我们党始终十分注重以马克思主义理论创新推动党的执政能力建设，不仅加强了党的执政能力建设，也积累了丰富的经验，对于我们进一步以马克思主义理论创新推动党的执政能力建设具有十分重要而深刻的启示。马克思主义理论创新对党的执政能力建设的推动作用，主要表现在以下三个方面：

一、加强党的执政能力建设是马克思主义理论创新的重大成果

加强执政能力建设是马克思主义理论创新的内在要求。马克思主义理论创新的一个重要原则，就是必须从实际出发，实事求是。在21世纪新阶段，我们党要在机遇和挑战并存的国内外条件下，带领全国各族人民全面建设小康社会，实现继续推进现代化建设、完成祖国统一、维护世界和平与促进共同发展的三大历史任务，就必须加强党的执政能力建设。这是由当前的世情、国情、党情所决定的，也是马克思主义理论创新的内在要求。

在马克思主义中国化的进程中，我们党有过两次伟大的理论创新。以毛泽东为核心的第一代中央领导集体把马克思列宁主义基本原理与中国革命具体实践相结合，创立了毛泽东思想，实现了马克思主义中国化的第一次伟大理论创新。以邓小平为核心的第二代中央领导集体把马克思列宁主义基本原理与当代中国实践相结合，创立了邓小平理论，实现了马克思主义中国化的第二次伟大理论创新。以江泽民为核心的第三代中央领导集体坚持以马克思主义、毛泽东思想、邓小平理论为指导，坚持从中国实际出发，创立了“三个代表”重要思想。以胡锦涛为核心的中央领导集体提出以人为本的科学发展观，强调用发展着的马克思主义来指导和推动党的执政能力建设和先进性建设的理论和实践，为实现马克思主义中国化的又一次重大理论创新做出了巨大的努力。加强执政能力建设是对党的执政经验的科学总结。在“为谁执政、靠谁执政、怎样执政”这个问题上，历代党中央领导集体都进行了艰辛的探索。

二、马克思主义理论创新深化了党的执政能力建设的深刻内涵

2004年8月，胡锦涛在邓小平同志诞辰100周年纪念大会上明确指出以党的执政能力建设为重点，从党的执政理念、执政基础、执政方略、执政体制、执政方式、执政资源和执政环境等七个方面进行努力，全面加强和改进党的思想、组织、作风和制度建设。党的十六届四中全会坚持十六大提出的基本经验，用了六个“必须坚持”认真总结了党执政55年来的主要经验，从指导思想、基本制度、第一要务、党群联系、治国理政和自身建设等方面，阐述了把握执政规律、提高执政能力、完善执政方略、改进执政方式、巩固执政基础和完成执政使命等问题。这“六条经验”既是对

党的执政经验的科学总结，又是加强执政能力建设的指导原则，是从宏观上概括的；而“七个方面”则站在马克思主义执政理论的高度，是对党的执政能力建设的理论化、系统化。这些富于创新色彩的重要论述，不仅深化了党的执政能力建设的深刻内涵，对于我们进一步加强党的执政能力建设也具有十分重要的启示。马克思主义理论创新对党的执政能力建设深刻内涵的深化，主要表现在以下五个方面：

(1)必须始终坚持立党为公，执政为民的执政理念。执政理念，就是党的执政宗旨和价值取向。早在新民主主义革命时期，毛泽东就对根据地的政权建设提出了许多重要观点，如在夺取全国政权以后，要靠“民主”这条新路，跳出“其兴也勃，其亡也忽”的历史周期率，让人民监督政府。新中国成立前夕，他又提出“进京赶考”，坚持“两个务必”，始终保持同人民群众的血肉联系。在新时期，邓小平提出要以经济建设为中心，提高人民生活水平，同时不断改革党和国家的领导制度。党的十三届四中全会以来，江泽民提出“三个代表”重要思想，强调立党为公、执政为民、发展是党执政兴国的第一要务、推动三个文明协调发展。党的十六大以来，胡锦涛提出以人为本、全面协调可持续的科学发展观，强调各级领导干部坚持权为民所用、情为民所系、利为民所谋。在新的历史条件下，各级领导干部要进一步树立正确的执政理念，就要在牢固树立马克思主义的世界观人生观价值观、坚持党的群众路线、在实现人民的长远利益和当前利益结合起来上下工夫。

(2)必须不断巩固党的执政基础。执政基础，一般来说包括阶级基础、群众基础、社会基础等。要不断巩固党的阶级基础、扩大党的群众基础，解决好党和群众的关系问题。中国共产党是中国工人阶级的先锋队，同时又是中国人民和中华民族的先锋队。工人阶级是我们党的阶级基础，在改革开放和现代化建设中，只有不断壮大工人阶级队伍，提高工人阶级素质，才能不断增强党的阶级基础。与此同时，党要根据社会阶层构成发生的新变化，把承认党的纲领和章程、自觉为党的路线和纲领而奋斗、经过考验、符合党员条件的各方面优秀分子吸收到党内来。其中，来自工人、农民、知识分子、军人、干部的党员是党的队伍最基本的组成部分和骨干力量，其他社会阶层中的优秀分子入党后也可以在党这个大熔炉中提高思想政治觉悟，成为工人阶级先进分子的一员。解决这个问题，不仅要加强和改进党的组织建设，还要加强和改进党的作风建设，密切党群关系。社会基础是构建社会主义和谐社会的重要前提。要正确处理保护发达地区、优势产业和先富群体的发展活力与高度重视和关心欠发达地区、比较困难的行业和群众之间的关系，及时化解和有效消除不稳定因素。当前，在巩固党的执政基础方面，除继续加强党的阶级基础、群众基础、社会基础外，还有必要提高党领导发展的能力，不断巩固党的经济基础；大力加强思想政治工作，不断巩固党的思想文化基础。

(3)必须坚持德法结合的执政方略。新中国成立以来，我们党不断思考的一个重大理论和实践问题，就是采取什么样的方略治理国家。党的十一届三中全会之后，邓小平反复提出国家的治理应该靠“法制”，不能靠“人治”。在党的十五大报告中，江泽民提出“依法治国，建设社会主义法治国家”，正式把依法治国确立为我们党领导人民治理国家的基本方略。在2001年1月召开的全国宣传部长会议上，江泽民又提出把依法治国与以德治国紧密结合起来，实施“法治”与“德治”相结合的治国方略，标志着我们党治国方略的趋于成熟和完善。党的十六届四中全会通过的《决定》，又明确提出“科学执政、民主执政、依法执政”的要求。为此，必须坚持科学理论的指导，不断巩固科学执政、民主执政、依法执政的思想基础；认识和把握经济社会发展规律，不断增强科学执政、民主执政、依法执政的自觉性；加强制度建设，不断提高科学执政、民主执政、依法执政的水平；不断提高干部队伍素质，为科学执政、民主执政、依法执政提供组织保障；切实维护人民群众的根本利益，实现科学执政、民主执政、依法执政的根本目标。在科学执政、民主执政、依法执政的要求下坚持德法结合的执政方略，一方面要注意在宪法和法律规定的范围内，通过法定的国家政权组织形式执政，而不能以党组织的形式和名义去行使应由国家政权机关依法行使的职权，从根本上纠正和消除党大于法、权大于法、人大于法的现象；另一方面还必须把依法治国与以德治国紧密结合起来，以发挥各自不同的功能和作用。

(4)必须不断改革和完善党的执政体制和执政方式。执政体制与领导体制、执政方式与领导方式有着密切的联系。执政体制改革的核心问题是领导体制改革，而领导体制改革的重点又在于领导权限的科学划分，即领导方式的改革和完善，它与执政方式是密切相关的。执政方式，是指党对国家政权实施领导或控制的形式、途径、手段和方法的总称；而领导方式则是党对国家和社会实施领导的形式、途径、手段和方法的总称；我们党是通过对国家政权的领导来执政的，党的执政方式实际上也就是党领导政权的方式，核心问题是政党权力与国家权力的关系问题。

(5)必须不断保护执政资源、优化执政环境。执政资源，主要包括党执政的经济、政治、文化资源。在经济上，要不断发展生产力，奠定执政的物质基础；在政治上，要不断发展社会主义民主政治，奠定执政的社会基础；在文化上，不断建设社会主义先进文化，奠定执政的精神基础。有学者认为，人民群众是党执政的最大资源，要不断密切党和人民群众的血肉联系，坚持不懈地开展反腐败斗争。诚心诚意为广大人民大众谋利益，紧紧依靠人民群众，是党的一切工作的根本出发点和根本工作路线，是党成功执政的根本保证；是否代表最大多数人的利益始终关系党的政权的全局，关系国家社会安定和发展的全局。执政环境包括国内和国际环境。党执政以后即面临着权力对党的侵蚀问题，面临着敌对势力的颠覆破坏问题。要坚持从严治党的方针，对党员干部严格要求、严格教育、严格管理、严格监督，坚决克服党内在执政和改革开放条件下滋生的消极腐败现象。同时，要防止国内外敌对势力利用我们党内存在的问题，煽动群众闹事，对我“西化”“分化”。要居安思危，警钟长鸣，采取切实措施，从源头上预防和解决腐败问题，依法打击各种违法犯罪活动，增强拒腐防变和抵御风险的能力。

十八大报告中明确提出了要全面提高党的建设科学化水平，并提出要求“(一)坚定理想信念，坚守共产党人精神追求。(二)坚持以人为本、执政为民，始终保持党同人民群众的血肉联系。(三)积极发展党内民主，增强党的创造活力。(四)深化干部人事制度改革，建设高素质执政骨干队伍。(五)坚持党管人才原则，把各方面优秀人才集聚到党和国家事业中来。(六)创新基层党建工作，夯实党执政的组织基础。(七)坚定不移反对腐败，永葆共产党人清正廉洁的政治本色。(八)严明党的纪律，自觉维护党的集中统一。”这些要求对加强党的执政能力建设具有重要的指导意义。

三、马克思主义理论创新指明了加强党的执政能力建设的努力方向

面向新世纪，党的执政能力建设还面临许多新情况、新课题、新任务，需要我们解放思想、拓展思路，从思想观念、制度机制和工作方法等方面进行创新，从理论和实践两个层面实现加强党的执政能力建设的新突破。

(一)构建和完善具有中国特色的执政能力建设理论体系

2004年6月，胡锦涛提出总结执政经验，加强执政理论建设的任务。在此基础上，《决定》不仅准确界定了执政能力的科学内涵，对加强执政能力建设的指导思想、总体目标和主要任务也进行了系统阐述，标志着执政能力建设理论体系的初步形成。构建和完善具有中国特色的执政能

力建设理论体系要从以下三个方面加以努力：

第一，结合实践经验完善和发展马克思主义执政理论。马克思主义执政理论是一个博大精深的理论体系，从主体（包括整个政党、各级党组织和党员、干部三个层次）、客体（包括党通过执政完成所担负的历史使命的能力，以及各级领导干部贯彻党的路线方针政策和处理执政过程中遇到的问题、推动社会发展的能力）等方面，科学阐述了“谁执政、为谁执政、靠什么执政”的问题。近年来，学术界对此倾注了不懈的努力，但还没有形成一个科学、系统的马克思主义执政理论体系。今后一段时间的主要任务，就是坚持以马克思主义执政理论为指导，在新的实践基础上进行理论创新，不断丰富、完善和发展这一理论。

第二，吸收人类一切优秀文明成果。长期以来，我们在吸收中国古代和西方国家的相关思想方面还存在一些误区。其实，若以一种理性的眼光审视上述思想，还是有许多经验可以借鉴的。从历史上看，革命导师对历史上的优秀文明成果也是兼收并蓄、合理继承的。为此，凡是对我们构建执政能力建设理论体系、解决执政能力建设中的实际问题有帮助的东西，如中国古代官僚体制的有关经验、西方国家的相关理念等，都可以积极承继、大胆汲取，力求我们的理论具有鲜明的时代特征，始终走在世界前列。

第三，密切结合新时期的实践经验。科学的理论只有与鲜活的实际相结合，才能释放出巨大的威力。建构具有中国特色的执政能力建设理论体系，也应该坚持理论和实践的统一。当前，特别要注意结合新的形势和任务，把加强党的执政能力建设研究与树立和落实科学发展观、加强党的先进性建设、构建社会主义和谐社会等紧密结合起来。这是今后一个时期加强党的执政能力建设的重中之重。

（二）切实解决加强党的执政能力建设中的实际问题

在实践上，如何在科学理论的指导下，切实解决加强党的执政能力建设中的实际问题，我们应从以下三个方面加以努力：

第一，切实加强党的基层组织和党员干部的执政能力建设。党的执政能力，从主体上说，既包括党作为一个政治组织通过执政完成所担负的历史使命的能力，也包括各级党组织、各级领导干部在贯彻党的路线方针政策和处理执政过程中遇到的问题、推动社会发展的能力。基础不牢，地动山摇。基层组织不仅是党的路线方针政策的具体落实者，也是广大群众的直接领导者，是执政能力建设的关键环节。加强基层组织的执政能力建设，就要把坚定服务方向、严格依法行政、克服官僚主义这三项工作做好，切实提高各级党组织“驾驭社会主义市场经济的能力、发展社会主义民主政治的能力、建设社会主义先进文化的能力、构建社会主义和谐社会的能力、应对国际局势和处理国际事务的能力”的这“五大能力”。党员干部是党的执政能力建设的主体，也是执政能力建设中承上启下的一环。加强党员干部的执政能力建设，就要建立科学民主的干部选拔任用机制和管理监督机制，调动广大党员干部的积极性和主动性，切实提高各级领导干部“科学判断形势、驾驭市场经济、应对复杂局面、依法执政、总览全局”这“五种能力”。这些问题不仅是重大的理论问题，更是紧迫的现实课题。

第二，结合党的先进性建设加强执政能力建设。胡锦涛指出：“开展党的先进性建设，就是要使党的理论和路线方针政策顺应时代发展的潮流和我国社会发展的要求、反映全国各族人民的利益和愿望，使各级党组织不断提高创造力、凝聚力和战斗力、始终发挥领导核心作用和战斗堡垒作用，使广大党员不断提高自身素质、始终发挥先锋模范作用，使我们党始终保持与时俱进的品质、始终走在时代前列，不断提高执政能力、巩固执政地位、完成执政使命。”这一论断，深刻揭示了加强党的执政能力建设和加强先进性建设、保持共产党员先进性的关系。一方面,以提高党的执政能力为重点,全面推进党的建设新的伟大工程,是加强党的先进性建设、保持共产党员先进性的根本保证。另一方面,加强先进性建设、保持共产党员先进性是提高党的执政能力、巩固党的执政地位、完成党的执政使命的基础工程。

第三,不断拓宽加强执政能力建设的新途径。以实践为基础的马克思主义理论创新,在以下几个方面拓宽了执政能力建设的新途径。

一是在树立和落实科学发展观中加强执政能力建设。以发展这个根本问题为中心,以坚持以人为本、实现经济社会全面协调可持续发展的要求为出发点,是党的执政能力建设的根本目标和努力方向。二是在构建社会主义和谐社会中加强党的执政能力建设。努力营造公正公平、融洽和谐的首善之区,使立党为公、执政为民和以人为本的执政理念在社会的方方面面都得以具体实现,是执政能力建设的重要内容。三是在建设社会主义先进文化中加强执政能力建设。如何在文化多样化的形势下,始终把握先进文化的发展方向,促进先进文化的健康发展,是对加强党的执政能力建设的新考验。

第十二章　社会主义核心价值体系建设

核心价值体系是一个社会的方向盘，是一个国家的稳定器。能否构建起具有强大吸引力、凝聚力和感召力的核心价值体系，是一件关系人心向背、国家长治久安的大事。更加重视、更加积极自觉地推进社会主义核心价值体系建设，是古今中外治国理政、安邦定国、惠民泽众的宝贵经验，也是保障我国整个社会系统正常运转的精神支撑。

第一节　社会主义核心价值体系及其内在逻辑

社会主义核心价值体系是现代价值和价值观中衍生出的、代表中华民族当代精神的重要哲学概念，可以说是建设中国特色社会主义事业的活的灵魂，指引着中华民族文化精神和时代道德的发展方向。

一、价值、价值观、核心价值体系

(一)价值的基本内涵

1. 价值的定义

“价值”的含义十分丰富。在不同的语境下，在不同的学科领域中，价值的内涵和形态都各不相同。在我们熟知的马克思主义《政治经济学》中，价值就作为一个常见的概念被归结为凝结在商品中的一般的无差别的人类劳动，是商品的社会属性。价值同样常见于哲学、社会学、美学、伦理学等众多学科，用来表示事物的社会属性和人文属性。

在哲学的概念体系中，“价值”则反映了客体对主体需要的满足程度。马克思在《评阿·瓦格纳的“政治经济学教科书”》中指出：“‘价值’这个普遍的概念是从人们对待满足他们需要的外界物的关系中产生的”，“人在把成为满足他的需要的资料的外界物……进行评价，赋予它们以价值或使它们具有‘价值’属性”；并且，马克思还超越了资产阶级经济学价值观，揭示了价值背后所隐藏的人与人之间的社会关系。“而实际上价值只不过是人和人之间的关系、社会关系在物上的表现，它的物的表现，——人们同他们的相互生产活动的关系”。由此可见，价值是人们在主观上看待客观事物的观念，体现了客体满足主体感性或者理性需要的属性。价值一般通过主体对客体的判断而被反映出来。“评价的过程就是主体以其特定的需要对客体的属性在观念上加以评定的过程。价值是客观的，评价是对客观价值的主观反映”。

2. 价值的作用

从认识论的视角看，评价是主体认识客观事物的一种方式，主要涉及客观事物的作用、价值认识。而主体在社会科学之中一般指人。人是具有感性思维和理性思维的复合存在，其社会活动具有较强的目的性和主观能动性。人的活动目的是为了满足人的需要，都是在追求他认为最有价值的事物，而这种对有价值事物的追求对人类的认识活动和实践活动产生了深刻影响。

首先，这种对价值的追求直接影响着人们活动的性质和方向，决定着人们的思想、行动的方向。可以说，有什么样的价值目标，就会有什么样的行为方式；并且，对价值目标的追求贯穿于人类的社会活动的始终，是人们积极从事各种活动的最终动因，对人们选择所从事的社会活动具有指导意义。

其次，对有价值事物的追求决定了主体活动的指向性，影响着主体对事物的选择。人们依据其活动目的主动选择被改造客观事物，而其判断依据则是该种事物对人类需求的满足程度。“人对客观事物采取什么样的态度，要以某事物是否满足人的需要为中介”。价值所引发的强烈的意志和情感会引起人们创造事物的主动性、积极性，从而逐渐推动社会历史的前进。

3. 价值与规范的关系

在哲学的概念体系中，“规范”是调整社会成员社会活动的准则，是每一个社会成员都应当遵循的行为标准。“社会规范反映着各种社会、阶级、集体和团体的利益，而它们主要的、直接的任务是在社会利益居支配地位的情况下协调各种利益。所以，统一的规范按其实质是统一的利益的另一种反映。如果没有这种统一，要使人们按所希望的方向确定价值目标，以及使调节人们行为的机制有效地发挥功能都是不可能的”[①]。规范同属于社会意识形态，其中包含了显性的和隐性的社会制度。与法律、政治这种显性的制度相比，道德这种隐性的社会规范力量作为评价社会行为善恶和正当性的标准，更加强调社会价值导向作用和个体自律精神，其规范性力量来源于社会舆论和传统习俗，其规范性本质更为明显、突出。

价值和规范的相似性表现在两者都是为了调节主客体间的关系，都具有规范社会秩序的作用，而价值相对来说更加抽象。美国社会学家麦基指出：“任何社会里的规范是很容易观察到的，……相反，价值并不是显而易见的，因为价值是较为一般的原则”。一个社会有什么样的价值判断及道德标准就决定了这个社会必然会有什么样的社会规范，“如果规范与价值判断之间有任何联系的话，在我们看来，这种联系全在下列事实：规范若要有效，必须以相关的价值判断为基础”[②]。

（二）价值观的基本内涵

1. 价值观的含义

关于价值观的含义，目前学界有许多界定，比较权威的观点有：“价值观是在一定社会条件下，人的全部生活实践对自我、他人和社会所产生的意义的自觉认识，与世界观和人生观密不可分。其核心是对人生目的的认识、对社会的态度和对生活道路的选择”[③]；“所谓价值观是人们在实践中形成的关于价值和价值关系的根本观点、根本看法和根本态度。具体说，价值观是人们心目中关于某类事物的价值的基本看法、总的观念，是人们对该类事物的价值取舍模式和指导主体行为的价值追求模式”[④]。

价值观是人们对事物价值所持的抽象观念，包含了价值的内涵、价值的本质、价值的功能等一系列价值的基本问题。从是否具备系统性来看，价值观可分为“哲学的价值观”和“世俗的价值观”，“哲学的价值观”是关于价值的理论体系，一种理论化、系统化的价值观点和价值学说；而“世

---

① ［苏］A. M. 奥马罗夫. 社会管理［M］. 杭州：杭州人民出版社，1986，第 291 页

② ［美］麦基. 文化的意义和要素［J］. 现代外国哲学社会科学文摘，1988(6)

③ ［澳］方迪启著；黄藿译. 价值是什么——价值学导论［M］. 台北：联经出版公司，1986，第 97 页

④ 朱贻庭. 伦理学大辞典［M］. 上海：上海辞书出版社，2002，第 58 页

俗的价值观”是人们在长期存在的社会世俗生活中自发形成的关于价值的观点。

一个人的价值观与他后天的教育有密切关系。教育作为一种人社会化的重要工具，一方面，教育将本土文化和传统价值观念不断传承下去；另一方面，教育担负着发展新观念、新思想的重要使命。

价值观与人的实践活动是良性互动的。一方面，价值观指导人的思维实践支配人的生活实践。美国社会学家丹尼尔·贝尔指出：“思想和文化风格并不改变历史——至少不会在一夜之间改变历史。但是它们是变革的必然序幕，因为意识上的变革——价值观和道德伦理上的变革——会推动人们去改革他们的社会安排和体制”①。另一方面人的行为作为人实践活动的主要方式，通过实践活动进一步的改变人的价值观。在特定的时间、地点、条件下，人的实践活动要发生剧烈的变化，以量变的形式逐渐影响到人的价值观念。

2. 价值观的内容

价值观涉及的主要内容有价值目标、价值追求、价值规范、价值标准、价值取向以及价值信念等。人们的价值观一方面表现为价值取向甚至价值追求，这表现为人们的价值选择，影响到人们选择某一事物的标准；另一方面表现为价值尺度和准则，影响到人们的价值判断，包括人们行为的是非曲直、真假善恶，对人们的社会行为具有根本性的引导和指向作用。

社会实践活动是影响人们价值观生成的重要源泉。马克思主义认为：“全部社会生活在本质上是实践的。凡是把理论引向神秘主义的神秘东西，都能在人的实践中以及对这种实践的理解中得到合理的解决。”②在马克思看来，实践在理解社会关系中具有根本性、决定性的作用。价值观是人类社会意识形态的反映，属于社会意识；而实践活动则是生成意识形态的社会存在。

价值标准是价值观的核心内容。从认识论的角度看，价值标准是人们进行价值判断的标准，是主体判断客体有无价值及价值大小的重要准则。人们根据自身的价值标准，确定各种客观事物有无价值及价值大小，进而确定自己活动或行为取舍的价值取向。因此，价值观的关键问题是怎样确立价值的评判标准和确立什么样的价值评判标准。

价值观的表现形式主要为信仰、信念和理想等。价值观在人们的社会活动中集中表现为人们关于社会生活中人生目标、生活态度、是非判断的信仰、信念和理想等观念的总和。作为表现形式，理想、信念、信仰等观念转变成为支撑人类社会生活的精神支柱，支配和统摄人类的精神文化世界，这就决定了价值观在社会精神文化体系中属于内核的、深层的、相对稳定而起主导作用的成分，是人的精神心理活动的中枢系统，代表着一个社会应该提倡什么、不应该提倡什么的道德规范，决定着人们行为的实践取向。

最后，价值观要对人的价值作出判断，即人对自己的“主体性定位”问题。价值观要回答和解决“人为什么活着”的问题，即通常意义上的人的生活意义问题。人的主体性定位问题关系到人的生活方向和生活目标，对人生具有重要意义。从社会学的角度出发，人生价值包括人的自我价值和社会价值。对人的自我价值和社会价值的定位就决定了人的主体性定位问题。

① ［美］丹尼尔·贝尔．后工业社会的来临［M］．北京：商务印书馆，1984，第 530 页

② 马克思恩格斯文集（第 1 卷）［C］．北京：人民出版社，2009，第 501 页

(三)核心价值体系

1. 价值体系的定义

人们在长期共同的认识世界、改造世界,创造价值、实现价值的社会实践活动中,必然会形成一定的价值观念体系。

"价值体系"这一概念最早是由美国心理学家罗基奇1973年在用实证研究的方法研究人们的价值观时提出的。罗基奇把价值系统分为两类,分别是终极性价值系统和工具性价值系统。"价值体系(value system)是一个民族在一定时代、一定社会中形成和发展起来的,是一定社会、民族在一定时代社会意识的集中反映。价值体系"属于社会意识范畴,是社会意识的本质体现,是由一定社会崇尚和倡导的思想理论、理想信念、道德准则、精神风尚等因素构成的社会价值认同体系"①。由此可见,在一个社会内部,核心价值体系是始终居于主导地位、起主导作用的价值体系,决定着整个社会价值体系的基本特征和根本方向,连同其外化的制度为社会建设和发展提供强大的精神支柱。核心价值体系是逐渐形成和建立起来的,但一旦形成之后,它就具有相对稳定性,对社会生活起重要的指导作用。

2. 价值体系的特点

价值体系是由一系列价值观念构成的,因此仍旧属于社会意识形态范畴,反映社会存在,是人类社会实践的产物。作为由多维价值要素构成的复杂系统,价值体系具有以下几个特点:

首先,价值体系具有导向性。价值体系对社会成员的价值取向具有引导和制约的作用,"为了弄清自己生存在什么样的世界,为达到所期望的目标应该怎样行动,人必须拥有一种价值体系,这种价值体系能告诉人们什么是善,什么是恶,在活动中应该追求什么和避免什么"②。

其次,价值体系具有整体性和层次性。价值体系由多种不同要素构成,是一个整体,而且是由多个层次构成的,不同层次间的要素相互区别、相互制约。居于主导地位的价值观念统领其他价值观念,而其他价值观念则逐渐影响到主导地位价值观念。价值体系是一个整体系统,包含着丰富的内容和诸多要素,如指导思想、理想、信仰、信念、价值取向、价值评价等等。

最后,价值体系具有稳定性和开放性。价值体系在社会生活之中具有主导地位,处于社会文化体系的内核,是人们在社会活动中形成和发展的思想认识的深层基础。因此在一个相对稳定的社会,价值体系具有较强的稳定性,不会轻易发生剧烈的变革。然而社会价值体系作为人们社会实践的产物,必然会随着社会发展而不断革新,因此价值体系具有开放性的特征。存在决定意识,意识受制于存在;社会存在的变化必然会引起价值体系的发展变化。不同的社会形态有着不同的价值体系,价值体系的发展变化归根到底取决于社会形态存在和发展的客观要求。

3. 核心价值体系

价值观总是表现为一种观念体系,"在这个体系中居核心地位、起主导作用的就是其核心价值体系,这种体系的结构通常由价值指导、价值目标或理想、价值标准与评价、价值取向、价值创

---

① 吴潜涛.建设社会主义核心价值体系:准确理解社会主义核心价值体系的科学内涵[N].人民日报,2007—02—12

② [波兰]亚当·沙夫.马克思主义在今天的意义[J].马克思主义杂志,1996(3)

造等构成"[①]。"核心价值体系，是指在一个社会的多样价值体系中，居于主导、支配地位，反映现实生活和社会发展内在要求以及统治阶级根本利益的基本价值体系。核心价值体系属于社会意识范畴，是社会意识的本质体现，决定着社会意识的性质和方向"[②]。

总之，核心价值体系在社会的价值体系中处于最核心的部分，居核心和统领地位，决定着整个社会价值体系的基本特征。在人类历史发展进程中，社会核心价值体系发挥着和科学技术同样重要的作用。"核心价值体系是一定社会、民族在一定时代社会意识的集中反映，是一定社会系统得以运转、一定社会秩序得以维持的精神依托"[③]。

从社会学的角度看，在现实生活中，一方面，社会价值观念系统在人们复杂的社会实践活动作用下，变得十分复杂，在社会条件变革的作用下，往往会呈现出多元化、多样性、多层次的价值体系并存的局面。另一方面，价值体系受到社会政治因素的作用，从而具有鲜明的意识形态性特点，这就必然决定了价值体系中必然存在一种符合政治制度要求的主流价值体系，并以之为主导统领整个社会的价值体系。因此，一个社会只能有一个核心价值体系，代表整个社会发展的总方向和总特征，保障社会的基本经济制度、政治制度、文化制度的稳定和发展，在总体上影响着社会成员的价值取向和价值判断、规范社会成员的行为举止。

核心价值体系对其他价值观念的作用仅限于统领而非限制，因此社会核心价值体系的作用并不是要限制其他居于辅助地位的价值体系的发展，相反是要把多种价值体系进行融合，进一步丰富核心价值体系。否则核心价值体系必然要陷入被众多价值观念攻击的地步，自身发展也要受到限制，甚至不再居于核心地位。

在一个正常发展的社会中，核心价值体系是不可缺失的。因为核心价值体系往往是多元价值体系共同的部分，缺失核心价值体系则意味着社会多元价值体系没有共通的内容，陷入到分裂。这样的结果就意味着这个国家将要陷入分裂，人民走向迷茫，国家走向分裂。历史上，即使在最为动乱最为黑暗的社会，这种情况也没有出现过。在中国历史最为混乱的五代十国时期，多民族相互融合，多元价值观念有很多不能相互认同的部分，但是为大家所共同认可的人性仍然是多民族所共同遵守的价值底线。在丧权辱国的近代社会，东西方文化出现大规模的交融，人们的观念出现又过去的封建认识逐渐走向多元时代，一时间无政府主义、君主立宪制、共和制、共产主义制度、农民自立制度等多种政治观念在中国历史舞台上频频上演，然而这些观念所遵守的一个共同底线即是爱国，爱这个多灾多难的国家，这也是最后多元观念能够融合为一的主要原因。

在当前中国建设社会主义实现伟大历史变革的时期，社会价值体系必然仍要从过去计划时代的观念走向更加多元的社会，这是由经济发展所决定的。但是这个社会要朝着一个方向发展，就必须要有核心价值体系始终居于主导地位。在全球化趋势日益明显的今天，中国社会只有根植于一个共同的核心价值体系，取得全社会广泛而深刻的价值认同，才能使人们超越民族、地域等方面的差异，消除彼此之间的隔阂，增强社会成员的归属感和向心力，社会的存在与和谐发展才有稳固的基础。"社会主义，无论从社会理想、社会运动还是社会制度来说，都表征着一种与无产阶级和广大劳动人民的自由解放息息相关的价值诉求，是一种有别于资本主义的价值选择，有

---

① 王正明．价值观：和谐文化的核心——关于社会主义核心价值体系的结构及其特征的思考[J]．当代世界与社会主义，2007(3)

② 吕振宇，李明．论社会主义核心价值体系[M]．济南：山东人民出版社，2009，第21页

③ 陆传照．从执政风险视角看社会主义核心价值体系建设[J]．云南行政学院学报，2008(1)

着自己独特的价值体系”。由前文可见,社会核心价值体系要统领多元价值观念就必须要关注最广泛群体的价值体系,融汇之而成为一;其次要能够随着多元价值观念的发展而共同发展,甚至要走到多元价值观念的前方统领其走向。

二、社会主义核心价值体系是一个完备的理论体系,也是一种发展模式

从内涵上看,社会主义核心价值体系首先是一个完备的理论体系。社会主义核心价值体系是社会主义意识形态的核心内容和最重要的组成部分,是社会主义制度在价值层面的本质规定,是“反映社会主义制度本质的观念体系”。它集中体现着最广大人民的根本利益。社会主义核心价值体系是与当代中国社会主义的基本制度和根本性质紧密联系在一起的,集中体现了中国特色社会主义经济、政治、文化和社会发展的内在规定、要求和目标取向。对社会主义核心价值体系的正确把握,首先要深入理解三个关键词。一是“社会主义”。“社会主义”是对价值体系性质的限定。价值观念具有鲜明的社会形态属性,社会主义核心价值体系就是要从社会主义这一根本属性出发,以消灭剥削、实现社会公正、共同富裕和人的自由全面发展等目标为价值取向。二是“核心”。社会主义社会中价值观念体系是多样的,而核心价值体系是指在社会生活中居于统治和引导地位的社会价值体系,是社会价值体系的灵魂。它在整个社会的所有价值目标中,处于统领和支配地位,并引领和主导同一个社会的各种不同的价值观念、价值评价和价值取向沿着一定的方向发展。三是“价值体系”。价值体系属于社会意识范畴,是社会意识的本质体现。它受着一定社会基本制度的制约,是由一定社会崇尚和倡导的思想理论、理想信念、道德准则、精神风尚等因素构成的社会价值认同整体。社会主义核心价值体系不仅仅是单个的价值目标,而且是由思想理论、理想信念、道德准则、精神风尚等多种因素构成的综合价值系统。

从逻辑结构看,社会主义核心价值体系是一个有机联系的整体。社会主义核心价值体系是一个包括马克思主义的指导思想、社会主义的共同理想、爱国主义为核心的民族精神、以改革创新为核心的时代精神及社会主义荣辱观等丰富内容的多层次体系,是一个包含着灵魂、主题、精髓和基础的完整系统的思想理论体系。具体来说,它可以分为四个层次:马克思主义指导思想是社会主义核心价值体系的灵魂和前提性内容,即指导层次的内容;树立中国特色社会主义理想是社会主义核心价值体系的实质性内容,即目标层次的内容;坚持民族精神和时代精神,是社会主义核心价值体系的民族性和时代性内容,即动力层次的内容;在全社会倡导和恪守社会主义荣辱观,是社会主义核心价值体系的行为规范性内容和操作性内容的切入点,即规范层次的内容。指导层、目标层、动力层、规范层相互联系、相互贯通、相互促进,是一个有机联系的整体。

从本质上看,社会主义核心价值体系是党的主张、国家意志、社会要求和人民意愿的有机统一。核心价值体系是指具有统领一个社会一切思想观念的核心思想体系,是相对于丰富多彩的思想观念而言的,是建立在各种思想观念的基础上的。作为核心价值体系,应该具备理论体系的完备性特征。一个完备的理论体系,它必须是从对象所有因素都具备的整体之中抽出的能规定这个对象性质的最抽象范畴,而且从这个最抽象范畴开始向具体上升,又能说明这个对象的全部因素。就社会主义核心价值体系的完备性而言,大体上要求其价值观念体系应覆盖社会中的主要群体,使得不同思想觉悟、精神境界和理想追求的人们都能够在这个价值观念体系的旗帜下团结起来,并且都有进一步发展的空间。而且,这个价值观念体系还应当覆盖人们思想意识的主要领域,才能成为社会的精神生活的指导原则。社会主义核心价值体系不仅将党的主张、国家意志、社会要求和人民意愿统一起来,而且把政治与伦理、理想与现实、民族性与时代性结合起来,

是一个结构完整、逻辑严密、内涵丰富的科学体系。

从影响结果看，社会主义核心价值体系又是一种发展模式。每一个国家都有它立国的思想理念基础和价值指向。不同的思想理念基础和价值取向决定着不同国家的发展道路和状态。从全球范围来看，核心价值体系随着各国在世界经济格局中所处的地位变化而具有不同的意义。当一国的经济发展实力不强时，该国的核心价值体系只属于本国；当一国的发展实力逐步增强，成为区域中的发展大国时，该国的核心价值体系就具有了区域性的意义；同理，当一国的发展实力进一步增强，成为影响全球化进程的发展大国时，该国的核心价值体系就具有全球性的意义，具有全球性的影响力、渗透力和辐射力。随着中国经济的迅猛发展，随着“中国价值观”、“中国道路”、“中国发展模式”日益成为理论界和社会各界的理论共识，标志着“中国发展”正在对世界上包括发展中国家在内的资本主义国家产生着越来越大的影响。由此，社会主义核心价值体系的命题已经远远超出了精神文明建设或者说社会主义文化建设的范畴，它不仅仅是一个完备的理论、观念体系，而且越来越成为当代中国的发展道路、发展模式的代表。

三、社会主义核心价值体系的基本内容

社会主义核心价值体系科学内涵的四个方面，即马克思主义指导思想，中国特色社会主义共同理想，以爱国主义为核心的民族精神和以改革创新为核心的时代精神，社会主义荣辱观，是一个相互联系、相互贯通、相互促进的有机统一整体。具体来说，中国特色社会主义共同理想，是中国共产党和中国人民的价值目标，是以马克思主义的社会发展规律为依据作出的价值选择，是当代马克思主义中国化的重要内容；以爱国主义为核心的民族精神和以改革创新为核心的时代精神，是当代中国价值精神的凝结和精华，渗透并饱含着马克思主义的民族国家理论、社会动力理论和社会心理理论；社会主义荣辱观，是社会主义道德规范的集中体现，是马克思主义伦理思想和道德学说与中国特色社会主义道德建设实践相结合的最新成果。因此，马克思主义指导思想对社会主义核心价值体系发挥着理论基础和精神支柱的作用，决定着社会主义核心价值体系的根本性质和发展方向，是我们时代的精神坐标。[①]

(一)社会主义核心价值体系的灵魂：马克思主义指导思想

社会主义核心价值体系把马克思主义指导思想作为首要内容，强调要坚持马克思主义指导地位不动摇。马克思主义指导思想决定着社会主义核心价值体系的性质和方向，是社会主义核心价值体系的灵魂。

毫不动摇地坚持马克思主义的指导地位，就是抓住了社会主义核心价值体系的灵魂。在中国特色社会主义建设伟大实践中，要坚持学习马克思主义，完整准确地理解其精神实质并掌握其科学方法；坚持理论联系实际，在新的实践中不断推进理论创新；坚持和巩固马克思主义在意识形态领域的指导地位，运用马克思主义的立场、观点、方法分析社会思想的变化进程和不同性质，发挥马克思主义的主导和引领作用，使多样化社会思想朝着健康的轨道发展。

1. 坚持马克思主义在建设社会主义和谐社会中的指导地位

2005 年 2 月，胡锦涛在省部级主要领导干部提高构建社会主义和谐社会能力专题研讨班开班式上指出：“我们所要建设的社会主义和谐社会，应该是民主法治、公平正义、诚信友爱、充满活

---

① 徐东升，费聿辉. 社会主义核心价值体系研究[M]. 徐州：中国矿业大学出版社，2012，第 25 页

力、安定有序、人与自然和谐相处的社会。"2006 年 10 月，中国共产党第十六届中央委员会第六次全体会议在北京举行，审议通过《中共中央关于构建社会主义和谐社会若干重大问题的决定》，对构建和谐社会作出全面部署。构建社会主义和谐社会是我们党对社会发展规律的深刻认识，是开创社会主义现代化建设事业新局面的重大任务。

建设社会主义和谐社会必须以马克思主义为指导，是由我国的社会主义性质所决定的。我们党从诞生之日起，就把马克思列宁主义确立为自己的指导思想，同时根据时代的发展和实践的需要，不断实现指导思想的与时俱进，创立了毛泽东思想、邓小平理论和"三个代表"重要思想。这就要求我们必须把马列主义、毛泽东思想、邓小平理论和"三个代表"重要思想作为构建社会主义和谐社会的指导思想。依据我国人口众多、民族多样、多党共存、多宗教、多阶层的构成情况，每个民族、每个社会阶层都有不同的文化背景和思想根源，而且随着时代的发展变化，人们思想也越来越多样化。要构建社会主义和谐社会，需要有一个共同的指导思想，能够把各方面的力量凝聚起来，把各方面的积极性调动起来。这个共同的指导思想只能是马克思主义。

马克思主义认为和谐社会是生产力高度发展、社会各领域全面协调发展、人获得自由全面发展的社会。构建社会主义和谐社会，我们必须始终遵循马克思主义群众史观，贯彻尊重劳动、尊重知识、尊重人才、尊重创造的方针，最广泛、最充分地调动一切积极因素，发挥各方面的创造活力，不断推动经济社会发展。我们必须自觉运用马克思主义关于社会基本矛盾理论，创造更丰富的社会物质财富，以奠定构建社会主义和谐社会的物质基础；发展社会主义民主政治，保证人民依法行使民主权利，促进党和人民群众以及执政党和参政党、中央和地方、各阶层之间、各民族之间等方面关系的和谐；切实加强思想道德建设，处理好经济、政治、文化之间的关系。我们必须自觉运用马克思主义关于国家与社会关系理论，努力实现我国政治体制改革的目标，转变政府职能，实现国家与社会的分离，处理好政府与民间之间的关系，该由政府管理的事务一定要管理好，该属于社会自治的事务交由社会管理。我们必须准确理解马克思主义人学思想，将构建社会主义和谐社会的过程视为人自然性需求得以满足的过程，以提高人民群众的生活水平为落脚点，满足人的物质性需求；将个人的发展与社会整体的发展紧密结合起来，将社会整体的发展建立于社会个体的创业基础之上，使社会主体的积极性、能动性和自身潜能得以充分发挥，社会主体的素质和能力得以不断完善，使人获得全面而自由的发展。

2. 坚持马克思主义在哲学社会科学各学科领域中的指导地位

胡锦涛指出，哲学社会科学同自然科学犹如车之两轮、鸟之两翼，同等重要。他强调："哲学社会科学的发展水平和繁荣程度，是一个民族的综合素质和文化力量的重要体现和标志。积极发展哲学社会科学是全党和全社会的重要任务。"坚持马克思主义指导思想在社会主义核心价值体系中的灵魂地位，必须坚持马克思主义在哲学社会科学各学科领域中的指导地位，在哲学、经济学、政治学、法学、社会学、史学、新闻学、文学等各学科领域，用马克思列宁主义、毛泽东思想、邓小平理论和"三个代表"重要思想统领其教学、研究和建设工作，把马克思主义的立场、观点和方法贯穿到这些学科领域中，用发展着的马克思主义指导哲学社会科学各学科领域一切方面的工作。

2004 年 1 月，中共中央颁布了哲学社会科学发展史上第一个纲领性文件《关于进一步繁荣发展哲学社会科学的意见》(中发〔2004〕3 号)，《意见》深刻论述了进一步繁荣发展哲学社会科学的重要性，在关于新时期哲学社会科学的指导方针的第一条就明确强调："繁荣发展哲学社会科学必须坚持马克思主义的指导地位。马克思主义揭示了人类社会历史发展的规律，是我们认识世界、改造世界的强大理论武器。坚持以马克思列宁主义、毛泽东思想、邓小平理论和'三个代表’重要思想为指导，是我国哲学社会科学沿着正确方向发展的根本保证。”哲学社会科学就其总体和本质而言，具有鲜明的意识形态属性，始终有个坚持什么方向的问题。随着经济社会的深刻变革，我国意识形态领域发生了深刻变化。一方面，马克思主义在创新中不断发展，显示出强大的生机和活力，马克思主义在意识形态领域的指导地位日益巩固。另一方面，社会意识出现多样化趋势，各种思想观念相互交织，各种文化相互激荡，中外文化的直接碰撞、意识形态领域渗透与反渗透的斗争，不仅发生在境外，而且大量发生在境内。在这样的复杂形势下，错误思想的影响难以避免，非马克思主义的思想意识有所滋长。这就更加要求我们保持政治上的清醒和坚定，始终坚持哲学社会科学的正确方向。

坚持哲学社会科学的正确方向，就必须坚持马克思主义的指导地位。马克思列宁主义、毛泽东思想、邓小平理论和“三个代表”重要思想是我们立党立国的根本指导思想，是社会主义意识形态的旗帜和灵魂，是全党全国人民团结奋斗的共同思想基础。江泽民同志指出：“在社会科学理论方面，你可以有这样或那样的观点，但有一条是不能变的，是要统一的，就是都要用马克思主义的立场、观点、方法观察问题。”在哲学社会科学工作中，坚持马克思主义的指导地位，不是一句空洞的口号，而应当具体地体现在学科建设、教材编写、课堂教学、课题研究、学术交流、成果评价的各个环节里，体现在哲学社会科学工作者的政治立场和思想感情上，体现在研究成果对改革发展稳定的实际贡献中，把坚持科学的理论指导同坚持崇高的学术追求有机统一起来。

江泽民还指出：“坚持哲学社会科学的正确方向，还必须坚持解放思想、实事求是、与时俱进。解放思想、实事求是、与时俱进，是马克思主义的精髓，也是我国哲学社会科学的生机和活力之所在。”要着眼于巩固马克思主义在我国意识形态领域的指导地位，着眼于服务经济建设这个中心和全党全国工作大局，着眼于促进社会全面进步和人的全面发展，大力弘扬理论联系实际的马克思主义学风，坚持贴近实际、贴近生活、贴近群众，树立以实际问题为中心研究马克思主义的方法，把研究改革开放和现代化建设中的重大理论和实际问题作为主攻方向，努力使哲学社会科学工作体现时代性、把握规律性、富于创造性。要以时代的要求审视哲学社会科学工作，以改革的精神推动哲学社会科学工作，坚决防止和克服把哲学社会科学搞成脱离实际的概念游戏，搞成囫囵吞枣的照本宣科，搞成言之无物的刻板说教。

(二)社会主义核心价值体系的主题：中国特色社会主义共同理想

中国特色社会主义共同理想给我们描绘了社会经济、政治、文化、日常生活等多方面的理想状态，并且指出了追求和实现这个理想目标的道路和方式。道路就是中国特色社会主义道路，方式就是坚持中国共产党的领导。这个共同理想集中体现了当今世界和中国发展的新变化、新特征和新要求，也准确反映了人民群众的根本利益、共同愿望和普遍追求，集中表达了当代中国人民的美好追求、美好向往和美好理想。

1. 坚持党的领导

中国共产党是中国工人阶级的先锋队，同时是中国人民和中华民族的先锋队，是中国特色社会主义事业的领导核心。中国共产党的领导地位，是在领导中国人民进行革命、建设、改革的长期实践中形成的，是历史的选择。鸦片战争以后，中国内忧外患，中国人民进行了长期的抗争，但都没有成功。直到中国共产党成立并不断发展壮大起来，中国人民才在中国共产党的领导下空前地团结和组织起来，冲破重重难关，并最终取得了革命胜利。新中国成立以后，中国经济社会快速发展，国家日益昌盛，人民的社会地位、物质生活水平和文化教育水平显著提高，其根本原因也是因为有了中国共产党的坚强领导。世界上很多国家，特别是一些发展中国家，长期处于动荡和贫困状态，根本原因就是没有一个正确而坚强的政治力量能把社会力量凝聚起来。没有共产党，就没有新中国。有了共产党，中国的面貌就焕然一新。江泽民同志强调，坚持党的领导，就是要坚持党对国家大政方针和全局工作的政治领导，坚持党对军队和其他人民民主专政的国家机器的绝对领导，坚持党管干部的原则，坚持党对意识形态领域的领导，坚持共产党领导的多党合作。这些都是坚持党的领导的根本原则，如果动摇了，党的领导就会成为一句空话。这“五个坚持”体现了坚持党的领导的本质要求，它不仅是重大的理论问题，而且是重大的现实问题。能否正确把握这些根本原则，并且坚持在实践中贯彻好，关系到党和国家的前途命运。坚持中国共产党领导，是实现中国特色社会主义共同理想的根本前提。只有在党的领导下，才不会偏离前进的方向，才能够在我们这样一个多民族的发展中大国，把全体中国人民的力量凝聚起来，向着社会主义现代化的目标前进。否则，就会成为一盘散沙，四分五裂，不仅现代化实现不了，而且必然陷入混乱的深渊。

2. 坚定不移地走中国特色社会主义道路

社会主义制度在我国的建立，实现了中国历史上最广泛最深刻的社会改革。邓小平曾指出：“如果不搞社会主义，而走资本主义道路，中国的混乱状态就不能结束，贫困落后的状态就不能改变。”新中国成立后，中国共产党带领全国人民在建设社会主义的道路上进行了开创性的、艰辛的探索，取得了巨大的成就，积累了丰富的经验，也遭遇了这样那样的挫折，付出了沉重的代价。党的十一届三中全会以来，中国共产党总结我国社会主义建设的经验教训，形成了中国特色社会主义理论体系，开创了中国特色社会主义道路。改革开放以来我国经济社会发展所取得的辉煌成就雄辩地证明，中国特色社会主义符合中国国情，符合全国各族人民的利益，是中国发展、走向富强的必由之路。胡锦涛在党的十七大报告中指出“要倍加珍惜、长期坚持和不断发展党历经艰辛开创的中国特色社会主义道路和中国特色社会主义理论体系”，努力使“中国特色社会主义道路越走越宽广”。这一论述，强调了中国特色社会主义对于加快我国现代化建设的重要性，表达了我们党带领全国人民坚持走中国特色社会主义道路的坚定信念。

3. 以实现中华民族伟大复兴为己任

中华民族是一个历史悠久的伟大民族，在数千年的历史长河中，创造了十分辉煌的文明，为人类发展和进步作出了举世公认的重要贡献。但是近代以来，中国沦为半殖民地半封建的国家，国家积贫积弱，人民饱受磨难。为拯救民族危亡，中国人民进行了长期探索和斗争，许多志士仁人为之流血牺牲，但都没能改变中国人民的悲惨命运。中国共产党勇敢地担负起实现中华民族伟大复兴的庄严使命。党团结和带领全国各族人民完成了民族独立、人民解放的历史任务，为实现民族复兴奠定了最重要的基本前提。社会主义制度在我国的确立，开启了在社会主义道路上实现中华民族伟大复兴的历史征程。党的十一届三中全会以后，我们找到了建设中国特色社会主义的道路，实现民族伟大复兴的事业获得了新的强大生机。尤其是在改革开放以后，我国社会主义建设取得了举世瞩目的巨大成就。民族伟大复兴需要一代代中华儿女前赴后继、共同奋斗。当代中国各族人民，要树立为祖国繁荣富强贡献力量的远大志向，在为实现中华民族伟大复兴的奋斗中谱写壮美的篇章。

中国特色社会主义共同理想的奋斗目标集中体现在经济富强、政治民主、精神文明、社会和谐四个方面。经济富强要求我们要不断解放和发展社会生产力，提高国家综合实力，人民生活显著改善，不断走向共同富裕。坚持和完善社会主义公有制为主体，多种所有制经济共同发展的基本经济制度；坚持和完善社会主义市场经济体制，使市场在国家宏观调控下对资源配置起基础性作用；坚持和完善按劳分配为主体的多种分配方式，允许一部分地区一部分人先富起来，带动和帮助后富的人逐步走向共同富裕；进一步扭转城乡、区域发展差距扩大的趋势，形成合理有序的收入分配格局，使人们的家庭财产普遍增加，人民过上更加富足的生活；社会就业比较充分，覆盖城乡居民的社会保障体系基本建立，基本公共服务体系更加完备，保持国民经济持续快速健康发展，人民共享经济繁荣成果；创造更加发达的生产力，创造更为雄厚的物质基础，形成更为强大的综合国力，人们过上更加美好的物质文化生活。政治民主要求在党的领导下，依法治国，人民当家做主逐步变成现实。人民代表大会制度、中国共产党领导的多党合作和政治协商制度、民族区域自治制度日趋完善；积极稳妥地继续推进政治体制改革，民主团结、生动活泼、安定和谐的政治局面得到巩固和发展；健全民主制度，丰富民主形式，扩大公民有序的政治参与，公民依法实行民主选举、民主决策、民主管理、民主监督得到有效保证；公民依法行使选举权、知情权、参与权、监督权得到有效保证。巩固和壮大最广泛的爱国统一战线，健全重大问题决策前协商的制度，发挥人民政协的作用，支持人民政协履行政治协商、民主监督、参政议政的职能，坚持和完善职工代表大会和其他形式的企事业民主管理制度，发挥工会、共青团、妇联等人民团体的桥梁纽带作用；保证民族自治地方依法行使自治权，巩固和发展平等团结互助的社会主义民族关系，促进各民族共同繁荣进步。精神文明则是指文化生活进一步繁荣，精神生活丰富多彩，人的全面发展逐步实现。丰富健康的文化生活、人的精神世界更加充实是衡量人们生活质量的重要标志，是实现人的全面发展的决定性因素，也是社会现代化的重要标志。改革开放以来，我国经济社会长足发展，人们对精神文化生活的需求提出了新的更高要求。这不仅给文化建设注入了新的动力，也使得精神文化产品的生产与人民群众日益增长的精神文化需求之间的矛盾更加突出。坚持以人为本，加快文化建设，不断满足人民群众日益增长的多层次精神文化需求，推动人的全面发展，已经成为我国现代化建设的一项重大而紧迫的任务。我们既要着眼于满足人们的物质生活需要，又要着眼于满足人们精神文化生活的需要和人的素质的提高，发展面向现代化、面向世界、面向未来的，民族的科学的大众的社会主义文化，以不断丰富人们的精神世界，增强人们的精神力量，逐步实现人的全面发展。社会和谐是指全体人民各尽所能、各得其所又和睦相处。实现社会和谐，建设美好社会，始终是人类孜孜以求的社会理想，也是包括中国共产党在内的马克思主义政党不懈追求的社会理想。构建社会主义和谐社会，适应了我国改革发展进入关键时期的客观要求，体现了广大人民群众根本利益和共同愿望。社会主义和谐社会包含人与人的和谐、人与社会的和谐、人与自然的和谐。实现社会和谐必须坚持以人为本，始终把最广大人民的根本利益作为党和国家工作的根本出发点和落脚点；必须在经济发展的基础上不断满足人民群众日益增长的物质文化需求；必须促进人的全面发展，尊重人民群众的创造精神；必须通过深化改革、创新体制，调动一切积极因素，激发全社会的创造活力；必须坚持人与自然的和谐，实现物质文明、政治文明、精神文明与和谐社会建设四位一体的全面发展，实现社会全面协调可持续发展。

（三）社会主义核心价值体系的精髓：以爱国主义为核心的民族精神和以改革创新为核心的时代精神

1. 以爱国主义为核心的民族精神的基本内容

（1）团结统一：调整内部关系、增强凝聚力的基本原则

古语常说的："众志成城，众口铄金""两人同心，其利断金""同德则同心，同心则同志""人心

齐、泰山移”、“同心山成玉，协力土变金”等，都表现了中华民族先辈们对团结的备至推崇。

团结统一的民族精神，就是一个民族为实现其共同的利益和目标，协调好民族内部的意志和行动，以提高民族的凝聚力、战斗力和创造力。抗日战争时期，面临亡国灭种的民族危机，正是由于国共两党摒弃前嫌、实行合作，并以抗日民族统一战线为基础，实行正面战场和敌后战场的结合，采取阵地战与游击战的结合，军队与民众的结合，国内民众与海外华人的结合，最终战胜了日本法西斯主义的侵略，维护了民族的独立、完整与尊严。与欧洲一直处于纷争战乱不同，正是由于历史上中华民族的团结统一，从汉朝文景之治、汉武盛世、光武中兴，到唐朝的贞观之治、开元盛世，到明朝的仁宣之治、弘治中兴，再到清朝的康乾盛世、同治中兴，中国创造了一个又一个盛世局面。成为中华民族的骄傲，也激励着当代华夏儿女齐心协力，共同为中华民族的伟大复兴而奋斗。

(2)勤劳勇敢：中华民族的优秀品格和鲜明特征

自古以来，中国就是世界上幅员最为辽阔的国家之一，虽然自然灾害不断发生，自然环境恶劣，但是中华大地的儿女从不放弃，一直都勇敢地与自然做斗争，而这也一直伴随中国历史发展的全过程。在这个过程中，中国这个具有两千多年的自然经济的小农社会历史，悠久的农耕文明，在坚持人定胜天的斗争中，磨炼了中华民族的坚强意志，培养了中华民族勤劳勇敢的精神品质。因此，勤劳勇敢是形成最早、普及最广、持续最久的美德，有着永恒的意义。

勤劳是立国之本，是民族延续和发展之基。中华民族自古就把勤俭看作是修身、齐家、治国、平天下必备的品质，认为“克勤于邦，克俭于家”、“民生在勤，勤则不匮”、“忧劳可以兴国，逸豫可以亡身”“勤则难朽，逸则易坏”，“业精于勤荒于嬉”，倡导勤奋和节俭，反对懒逸和浪费。自古以来，为勤奋学习而头悬梁、锥刺股的故事，激励了一代又一代的学子们的勤学求知的热情。为开辟道路而开山挑石的愚公移山的典故，也坚定了一代又一代欲成功业者克服困难的信心。

勇敢是人们在面临挫折、危险和灾难时刻所表现的一种临危不惧、不畏艰险、奋勇斗争的精神状态。中国自古认为“勇者无惧”，即勇敢的人不惧任何困难，并且主张“率义之谓勇”，“见义不为，无勇也”，即只有为了正义的事业、为了真理的勇敢才是真正的勇敢，明确了勇敢的价值取向。在民族危亡的时刻，正是由于无数志士仁人、民族英烈们的赴汤蹈火、奋斗不息，与各种反动势力进行了艰苦卓绝的斗争，才最终维护了民族的独立、完整与尊严。

当今的中华儿女依然是勤劳勇敢优良传统的继承者。例如，“解放思想、实事求是，积极探索、勇于创新，艰苦奋斗、知难而进，学习外国、自强不息，谦虚谨慎、不骄不躁，同心同德、顾全大局，勤俭节约、清正廉洁，励精图治、无私奉献”的“创业”精神；“万众一心、众志成城，不怕困难、顽强拼搏，坚韧不拔、敢于胜利”的“98 抗洪”精神；“热爱祖国、无私奉献、自力更生、大力协同、努力攀登”的“两弹一星”精神；“万众一心、众志成城，团结互助、和衷共济，迎难而上、敢于胜利”的抗击“非典”精神；“万众一心、众志成城，不畏艰险、百折不挠，以人为本、尊重科学”的抗震救灾精神等等，都是勤劳勇敢精神在新时代的写照。

(3)爱好和平：中华民族精神的集中体现

在中国古代，“和”含有五层意思：一为天人之和，二为身心之和，三为人伦之和，四为社会秩序之和，五为协和万邦。五层意思由浅入深，层层递进，相辅相成，浑然一体，构成了中华民族生生不息的爱好和平的民族精神。①

① 胡孝红.中华民族精神论纲[M].北京：中国社会科学出版社，2006，第 82 页

中国传统文化中蕴含着丰富的和平主义思想。在我国最古老的传世文献《尚书·尧典》中提出:“克明俊德,以亲九族。九族既睦,平章百姓。百姓昭明,协和万邦,黎民於变时雍。”“协和”即和睦、融洽。“邦”即当时诸侯的封国。旨在赞颂远古的尧提倡的“协和”精神,让天下万国的各族人民和睦相处。在儒家思想中,孔子说的“礼之用,和为贵”,明确表达了追求和谐社会制度的构想;孟子说的“天时不如地利,地利不如人和”,突出强调了“人和”对于实现目标的重要性;在墨家的思想中,墨子认为战争导致“杀人多必数于万,寡必数于千”,“丧师多不可胜数,丧师尽不可胜计”,并且因使农时贻误,使百姓“居处之不安,食饭之不时,饥饱之不节”,给百姓带来灾难。因此,他主张“兼相爱,交相利”,提出“非攻”的思想,认为国与国之间应该铸剑为犁、和平相处。

古老的中华民族一直以自己的行动实践着自己的和平思想。自秦统一六国以后,直到16、17世纪,中国都是当时世界上实力最为强大的国家,但中国并没有以强凌弱,侵略他国,在对外活动中,始终是以和平交往为主:汉武帝遣使通西域,郑和七次下西洋,“丝绸之路”开贸易等等。新中国成立后,1953年,周恩来总理在接见印度政府代表团时,就完整地提出了和平共处五项原则,即互相尊重领土主权、互不侵犯、互不干涉内政、平等互利、和平共处的原则。此后,和平共处五项原则一直成为我国对外政策的基本准则,现在也已经为世界上大多数国家所接受,成为国际法的基本准则。

党的十一届三中全会以后,邓小平在对当今时代特征和总体国际形势作出新的科学判断的基础上,提出了和平与发展是当今世界两大主题的论断,主张用和平而非战争手段解决国际争端。在这一思想的指导下,中国顺利实现了中英香港回归问题和中葡澳门回归问题的和平解决。2003年12月10日,温家宝在哈佛大学发表的题为《把目光投向中国》的演讲中指出:中华民族具有极其深厚的文化底蕴,历来酷爱和平。“和而不同”是中国古代思想家提出的一个伟大思想。和谐而又不千篇一律,不同而又不彼此冲突;和谐以共生共长,不同以相辅相成。用“和而不同”的观点观察、处理问题,不仅有利于我们善待友邦,也有利于国际社会化解矛盾。2007年2月胡锦涛在南非比勒陀利亚大学发表的演讲中也指出:“中华民族历来爱好和平,主张强不凌弱、富不侮贫,主张协和万邦。”

在综合国力已经大幅度提升的今天,面对少数鼓吹“中国威胁论”的谬论的污蔑,中国政府依然向全世界庄严宣告:中国永远不称霸,中国的发展与进步不会威胁任何国家,中国将一如既往地坚持和平发展的民族振兴之路。

(4)自强不息:中华民族精神的力量源泉

“自强”指不依赖、不仰赖别人,自尊、自重、自立、自胜的意思;“不息”意味着周而复始、永不懈怠之意。自强不息的精神,是指中华民族所具有的独立自主、奋发向上、不断进取的精神。《周易》说“天行健,君子以自强不息”。一般认为,从内涵上看,中华民族自强不息的精神包含四个方面的内涵:一是锲而不舍,知难而进的精神。司马迁在《报任安书》中写道:“盘古开天地”的气魄、“女娲补天”的艰辛、“夸父追日”的毅力、“愚公移山”的无畏、“精卫填海”的执着等。二是奋发进取,刚健有为的精神。司马迁在《报任安书》中写道:“盖西伯(文王)拘而演《周易》;仲尼厄而作《春秋》;屈原放逐,乃赋《离骚》;左丘失明,厥有《国语》;孙子膑脚,《兵法》修列;不韦迁蜀,世传《吕览》;韩非囚秦,《说难》《孤愤》;《诗》三百篇,大底圣贤发愤之所为作也。”所述的就是这种愈挫愈勇、刚健有为的精神。三是革新鼎故,与时俱进精神。《诗经》上说:“周虽旧邦,其命维新”,《礼记·大学》记载“汤之盘铭曰:‘苟日新,日日新,又日新’”等,都说明了我国自强不息的民族精神所缊含的革新鼎故、与时俱进的内容。四是放眼世界,追求真理。这一内涵是自近代以来出现的，至今已深入人心。自林则徐“开眼看世界”以后，戊戌变法的康有为、梁启超，作为中国民主革命先行者的孙中山，改革开放的总设计师邓小平等，都在与世界不断交往中探求真理，寻找民族独立、富强之路。

2. 时代精神的基本内容

根据改革开放以来的实践和总结，我们将时代精神的基本内容概括为改革创新、求真务实、以人为本、民主发展以及和谐发展这五个方面，由于前面已经论述了改革创新的内容，下面将介绍剩余几方面的内容。

(1)求真务实。“求真”就是要了解实际情况，掌握事物之间的内在联系，探寻事物发展变化的客观规律；“务实”就是要时时处处坚持重实际、说实话、务实事、求实效。求真务实就是要实事求是，追求真理，掌握规律；就是要严谨扎实，大力发扬脚踏实地、埋头苦干的工作作风。

(2)以人为本。以人为本就是指以人民群众的利益为本。它体现了社会主义的本质，体现了党的宗旨，体现了党在新时期“权为民所用、情为民所系、利为民所谋”的时代作风。它不仅是科学发展观的本质和核心，也是时代精神的主旋律。它要求我们党和政府的一切工作都要以最广大人民的根本利益为出发点和落脚点，都要把尊重人、理解人、关心人贯彻始终，都要努力为每个人的全面发展创造条件，做到以人为主体、以人为动力、以人为目的。

(3)民主法治。社会主义民主是建立在法治基础上的。离开法治，民主就成为空话。只有发展社会主义民主政治，保证人民依法行使民主权利，体现人民在国家中的主人地位，才能充分调动人民群众的积极性、主动性、创造性，形成建设社会主义现代化的强大动力，夯实社会和谐的基础。在我国，人民当家做主是社会主义民主政治的本质和核心，依法治国是党领导人民治理国家的基本方略。

(4)和谐发展。和谐与发展是当今我国的两大主题，二者之间紧密相连，缺一不可。和谐是发展的催化剂。当前以发展为基础求和谐，以和谐为前提促发展，构建民主法治、公平正义、诚信友爱、充满活力、安定有序、人与自然和谐相处的和谐社会，共创民族复兴的宏伟大业已成为我国人民的共识。

以上几种时代精神是我们党在领导人民长期团结奋斗过程中所体现出的各种崇高精神的新提炼和新概括，是社会主义中国通过改革开放走向繁荣富强的时代精神。以改革创新为核心的时代精神切合时代主题、顺应时代潮流、应对时代趋势，为全面建设小康社会提供了精神动力和支撑。

3. 大力弘扬和培育民族精神与时代精神

(1)深入开展中华民族悠久历史和优秀传统教育

伟大的民族精神和时代精神不能自发地产生和传承，必须通过坚持不懈地倡导和实践，通过广泛的宣传和不懈的教育。由民族精神和时代精神的民族性所决定，弘扬和培育民族精神和时代精神，必须使国人对自己生于斯长于斯的这个民族有一个深入的了解，正视自己民族的历史和现实，正视自己民族几千年来创造的灿烂文明和曾经遭受的屈辱苦难，正视自己民族今天的发展成就。如果对自己的民族缺乏了解和理性分析，爱国之情就无从谈起，也就无从发扬民族精神和时代精神。值得注意的是，当今社会，有不少大学生对于我们国家和民族过去饱经忧患的历史，争取独立和解放的历程，不了解、不熟悉，甚至有些年纪大的人也渐渐淡忘了。这就向我们提出一个任务，必须向人们尤其是作为社会主义现代化接班人的当代大学生加强国情教育，加强爱国主义、社会主义教育，加强民族精神和时代精神教育。

要通过中国历史特别是中国近代史、现代史的教育，使人们了解中华民族自强不息、百折不挠的发展历程，了解我国各族人民对人类文明的卓越贡献，了解我国历史上的重大事件和著名人物，了解中国人民反对外来侵略和压迫，反抗腐朽统治，争取民族独立和解放，前仆后继，浴血奋斗的精神和业绩，特别是了解中国共产党领导全国人民在革命、建设和改革中为实现民族独立与人民解放，为实现国家繁荣富强与人民共同富裕而英勇奋斗的崇高精神和光辉业绩。要通过学习和了解中华民族的光辉历史和优秀传统文化，大大激发人们的民族自尊心和自豪感，不断振奋民族精神，使民族精神在改革开放和社会主义市场经济条件下得以大力弘扬和培育，获得深厚的社会土壤与高度的民族自觉。

(2)吸取世界各民族的优点，丰富和发展民族精神，形成带有时代特色的时代精神

民族精神是时代精神的积累和沉淀，因此也是一个随着时代的进步而不断丰富的过程。在历史实践中形成的以爱国主义为核心的团结统一、爱好和平、勤劳勇敢、自强不息的伟大民族精神，特别是我们党领导人民在革命、建设和改革的各个历史阶段所创造的丰富精神财富，已经成为我们中华民族精神的重要组成部分。民族精神作为一种精神力量，具有穿越时间隧道的渗透力，在今天仍然是我们全面建设小康社会，加快推进社会主义现代化的精神支柱。然而，民族精神的生命力源于她随着实践和时代的发展而不断发展成为新的时代精神。实践在无止境地发展，时代在不停顿地进步。因此，必须把民族精神与时代和社会的发展要求紧密结合起来，吸取世界各民族的包括精神成果在内的优秀文化成果，使民族精神赋予新的内容，并发展成为带有新的时代特色的时代精神。

(四)社会主义核心价值体系的基础:社会主义荣辱观

社会主义荣辱观是公民在社会主义思想指导下，逐步形成的对荣誉、耻辱的根本观念和总体态度。它是世界观、人生观、价值观在荣辱范畴的集中体现，是社会主义道德观的核心内容，对于践行社会主义公民道德具有基础性的导向作用。胡锦涛指出:“坚持以热爱祖国为荣、以危害祖国为耻，以服务人民为荣、以背离人民为耻，以崇尚科学为荣、以愚昧无知为耻，以辛勤劳动为荣、以好逸恶劳为耻，以团结互助为荣、以损人利己为耻，以诚实守信为荣、以见利忘义为耻，以遵纪守法为荣、以违法乱纪为耻，以艰苦奋斗为荣、以骄奢淫逸为耻。”“八荣八耻”是对社会主义国家公民应当遵守的基本思想道德规范的高度概括，也是从总体上对社会主义社会主导价值体系的生动表述。“八荣八耻”，有破有立，旗帜鲜明，不仅体现了中华民族的传统美德，也体现了社会主义的时代精神;不仅体现了社会主义基本道德规范的本质要求，也体现了社会主义价值观的鲜明导向。它反映了爱国主义、集体主义和社会主义思想，具有丰富的思想内涵和鲜明的时代特征。

1.“以热爱祖国为荣、以危害祖国为耻”

这是人们判别是非荣辱的最高道德准则，也是社会主义道德体系的重要内涵。邓小平曾说过，中国人民有自己的民族自尊心和自豪感，以热爱祖国、奉献全部力量建设社会主义为最大光荣，以损害社会主义祖国利益、尊严和荣辱为最大耻辱。在当代中国，爱国主义与社会主义是紧密联系在一起的。热爱祖国就是要热爱社会主义的中国，就要努力维护国家统一和民族团结，就要为构建社会主义和谐社会、实现中华民族伟大复兴而努力奋斗。

同时，热爱祖国是不能附加任何条件的。祖国是我们神圣不可侵犯的家园，她的荣辱盛衰与我们每 个人都休戚相关。祖国的利益高于一切，祖国的荣誉重于一切。无论何时何地，无论职

业地位，每一个中国人都应当牢固树立祖国至高无上的观念，坚定地捍卫祖国的尊严、维护祖国的荣誉，自觉地把祖国的兴衰存亡同个人的荣辱得失联系起来。

2."以服务人民为荣，以背离人民为耻"

人特别是青年学生总是希望实现自己的人生价值，但对什么是人生最大的价值却有不同的认识，因此便产生人生价值追求上的崇高与低下之分。有的人从极端个人主义出发，认为金钱、享乐是人生最大的价值，这样的人生价值追求必然是低级庸俗的，有的人正好相反，他们是以服务人民为荣，正如孟德斯鸠所说的"个人利益永远包括在公共利益之中"。中国共产党人以全心全意为人民服务为宗旨，邓小平把自己看作是"中国人民的儿子"，提出以人民群众拥护不拥护、高兴不高兴、赞成不赞成、答应不答应作为一切工作的标准；党中央提出的"群众利益无小事"，坚持"权为民所用、情为民所系、利为民所谋"，都是中国共产党全心全意为人民服务宗旨的表现。如果当代青年学生把人生价值定位在为他人、为社会作贡献上，以服务人民为最大光荣，以为社会作出最大贡献为崇高价值追求，这就是在价值追求上的最高体现。这样的人生才是光荣的人生，闪光的人生。

3."以崇尚科学为荣、以愚昧无知为耻"

这既是政治信仰的必然要求也是道德修养的必然要求。马克思主义的辩证唯物主义和历史唯物主义，是人类哲学思想和科学知识发展的结晶，是科学的世界观。牢固树立并坚持这个科学的世界观，不仅能使我们更加清晰地辨别什么是科学真理、什么是愚昧迷信，而且还能自觉地崇尚科学、坚持真理，反对和破除各种愚昧迷信。

当今世界，科学知识更新的速度越来越快，科学知识转化为生产力的频率越来越高，科学的力量对于财富的骤增作用，对于历史进程的推动作用越来越显著。我们要建设富强、民主、文明的社会主义现代化国家，就必须要求广大人民群众努力掌握各种科学文化知识，努力站在科学发展的前沿，这样才能更好地贯彻落实科学发展观，实现跨越式发展，创造物质财富和精神财富，改善人民生活，增强综合国力，全面建设小康社会。

4."以辛勤劳动为荣、以好逸恶劳为耻"

勤劳反映了人们为生存与发展而进行种种活动的应有状态及程度，是中华民族的重要品格。我们民族的祖先们在极其艰苦的条件下，战天斗地，移山填海，钻木取火，勤奋劳作，艰苦创业，才奠定了我们民族形成的史前基础。也正是这种不怕牺牲，排除万难、勇于献身的崇高道德精神，才使我们民族披荆斩棘，成为世界最早的文明发源地之一。在中华民族发展史上，万里长城、都江堰、京杭大运河等伟大工程都是我国劳动人民勤劳和智慧的结晶。造纸术、火药、指南针、印刷术四大发明，同样显示了华夏儿女的勤劳和智慧，不仅促进了中华民族的文明与强盛，而且促进了人类文化的传播与发展，为世界文明作出了巨大贡献。今天，劳动仍然是社会主义物质文明、精神文明和政治文明发展的基础，没有人们的辛勤劳动，就不能实现中华民族的伟大复兴。

人起源于劳动，道德的根源也来自劳动实践，勤劳为道德之本，通过劳动，人们能够磨炼意志，锤炼品质，养成热爱劳动的美德。人们在辛勤劳动、开拓进取与创造中，道德水平不断提高，正因如此，胡锦涛才把以辛勤劳动为荣作为社会主义荣辱观的重要内容。以辛勤劳动为荣，必然以好逸恶劳为耻，因勤劳者最知劳动成果来之不易。热爱劳动是社会主义道德的一个重要范畴，也是我们党一个光荣的革命传统。我们要发扬这一光荣传统，勤勤恳恳、兢兢业业，在劳动中发挥积极性、主动性，做到"春蚕到死丝方尽，蜡炬成灰泪始干。"每一个中国人都应该以辛勤劳作而感到光荣,以贪图享受、好逸恶劳为耻辱。

5."以团结互助为荣、以损人利己为耻"

团结就是力量,是中国特色社会主义事业必定胜利的基本保证,互助可以增强凝聚力,增强向心力。提倡团结互助,就是要树立社会主义的、集体主义的道德观念,在我们社会里培育和形成新型的人际关系,使人与人之间团结友爱,互相关心,互相帮助。从而把各种力量组织起来,把各种积极的、向上的因素调动起来,使广大人民群众围绕建设祖国这个大目标,拧成一股绳,形成社会和谐,促进社会安定,推动改革和建设事业的发展。

改革开放以来,建设有中国特色的社会主义事业之所以取得巨大成功,总结的经验有很多,其中关键一条就是:在党的基本路线指引下,全党和全社会形成共识,团结一致,上下齐心,共同奋斗,由此激发出极大的热情,迸发出巨大的能量,创造出伟大的业绩。

当前,我国的社会主义事业正在向前推进,改革进入攻坚阶段,碰到的大都是"硬骨头",触及的往往是"核心利益",这更需要我们继续坚定改革的信心,团结互助,万众一心,迎难而上。即使出现局部的问题,出现暂时的利益不一致,也要做到以诚相待,先人后己,先公后私,共同商量,合理解决。在处理人与人的关系上,要树立友爱相处、友好共事,关心和帮助他人,尊重和爱护他人的榜样。这样,才能让自私自利的行为无立足之地,使"团结互助"真正成为社会主义的良好道德风尚。

6."以诚实守信为荣,以见利忘义为耻"

诚实守信既是中华民族的传统美德,也是社会主义市场经济条件下必须遵守的基本道德原则。从一定意义上说,社会主义市场经济是一种法制经济,也是一种道德经济,因而需要诚实守信。因为,市场经济是以等价交换为特征的经济形态,是一种合同与契约经济,是一种有各种利益需求的人为主体的实践活动与关系。互惠互利、诚实守信、公平竞争是市场经济内生的道德律令和"游戏规则"。经商者不讲诚信,势必影响到市场经济的有序发展,尤其严重的是影响人的心理,使人无安全感,导致诚信出现危机,其后患无穷,这不仅是一个法制问题,而且也是一个道德问题。

在义利关系上,中国文化传统主张"见利思义"、"以义取利",反对"见利忘义";在义和利发生冲突时,要把义放在首位。"富贵不能淫,贫贱不能移,威武不能屈"的大丈夫人格,"不为五斗米折腰"的志士气节等构成了深沉博大的民族精神。在社会主义新时期,坚持诚实守信,就要树立正确的义利观,把义和利统一起来,反对见利忘义的行为。社会主义义利观就是坚持以广大人民群众的实际利益为出发点的革命功利主义。在马克思主义指导下,在社会主义条件下,正确处理义和利的关系,真正实现国家、人民利益、个人利益的统一。

7."以遵纪守法为荣,以违法乱纪为耻"

中华民族有悠久的法治实践,法治思想众多。《管子·明法解》记载有"法者,天下之程式也,万事之仪表也";《管子·明法》记载有"法度行则国治,私意行则国乱";《韩非子·有度》记载有"奉法者强,则国强;奉法者弱,则国弱"等思想均表现出法纪在国家治理、规范人们行为中的作用。

法治观念和法制机制是维护社会稳定和人民安居乐业的制度性保障。"以遵纪守法为荣、以违法乱纪为耻"的提出,彰显的是自律和他律的力量,倡导的是社会主义的法治观和道德观,其目的不仅是使国家的法治观念融入执法人员的内心深处,使其更好地做到有法可依、有法必依、执法必严、违法必究，使法律得以更有效地实施；更是使广大人民群众懂得遵纪守法的重要性和必要性，做到学法、知法、守法；还是使广大人民群众正确处理好自由与纪律的关系，权利与义务的关系，使人们将自己的自由和权利限制在法律允许的范围内，进而为他人自由和权利的实现提供良好的保障。

8.“以艰苦奋斗为荣、以骄奢淫逸为耻”

艰苦奋斗既是中华民族的传统美德，同样也是中国共产党的优良传统和作风，我们党是艰苦奋斗精神的忠实继承者和发扬者，毛泽东、周恩来、朱德、刘少奇、陈毅、邓小平等老一辈无产阶级革命家都是艰苦奋斗精神实践者的光辉典范。正是靠这些艰苦奋斗的优良传统，才使我国革命与建设取得了一个又一个的胜利。中国的历史经验教训充分说明，艰苦奋斗，事业必成；贪图享受，前程必毁。有无艰苦奋斗精神，对一个政党和国家来说，是命运攸关的重大政治问题。自古以来，无论是国家民族的兴旺，还是个人事业的成功，都离不开艰苦奋斗、自强不息。

艰苦奋斗也是适合社会主义市场经济需要的一种现代精神。当今，市场经济给人们带来了巨大经济效益，推动了社会经济的迅速发展，人们的生活水平特别是物质生活水平也随之极大提高，有一部分大学生在这样的环境下，滋生了一种不健康、腐朽的享乐主义心态，艰苦奋斗的优良传统被他们所遗忘。“讲排场、比阔气、攀富贵、傍款爷、一掷千金”这些不良现象更是屡见不鲜。这对社会主义事业的建设以及市场经济的健康发展造成了极为不利的影响，因为市场经济是追求利润，要求扩大再生产的经济，它需要人们充分地利用资本，有效地配置社会资源，而不是浪费社会资源。

总而言之，热爱祖国、服务人民、崇尚科学、辛勤劳动、团结互助、诚实守信、遵纪守法、艰苦奋斗，这八个方面是一个有机的统一整体，是一条基本道德底线。每一个“荣”都关系到国家的前途和人民的幸福，每一个“耻”都关系到社会的安定和个人的命运。以“八荣八耻”为主要内容的社会主义荣辱观作为社会主义核心价值体系的重要组成部分，体现了社会主义的价值导向，是引领社会风尚的一面旗帜。只有树立社会主义观，使社会成员都能知荣弃耻，褒荣贬耻，扬荣抑耻，社会主义核心价值体系才能有所依托、有所体现。

社会主义荣辱观是社会主义核心价值体系的基础。我们要确立社会主义核心价值体系并将其基本要求化为自己的自觉行动，必须以良好的思想修养和道德素质为根本基础。以“八荣八耻”为主要内容的社会主义荣辱观，旗帜鲜明地指出了在发展中国特色社会主义条件下，哪些应当坚持和提倡，哪些应当反对和抵制，它为社会全体成员判断行为得失、作出道德选择、确定价值取向，提供了基本的价值准则和行为规范。在我们这样一个具有特殊国情的发展中的社会主义大国，实现科学发展和社会和谐的目标追求，一定要确立普遍奉行的价值准则和道德要求，从而形成和谐的人际关系和培育良好的社会风尚。

社会主义荣辱观，既有先进性的导向，又有广泛性的要求，贯穿于社会生活的各个领域，涉及各个利益群体，涵盖了人生观、价值观和社会风尚的方方面面。因此，社会主义荣辱观成为社会主义核心价值体系的思想道德基础是社会主义核心价值体系的题中应有之义。

综上所述，社会主义核心价值体系是一个多层次、内涵丰富、相互联系的有机统一整体，具有广泛的适用性和包容性、强大的整合力和引领力，是联结各民族、各阶层的精神纽带。其中，马克思主义指导思想作为灵魂，处于指导地位，是最根本的，它规定了社会主义核心价值体系的性质和方向，是社会主义核心价值体系中其他价值观念形成和展开的基础，它主导和贯穿整个价值体系；中国特色社会主义共同理想作为主题，它属于社会主导的理想和信念层面，是核心，是中国共产党领导中国人民以马克思主义的社会发展规律理论为依据而作出的正确选择，是当代中国马克思主义的重要内容；以爱国主义为核心的民族精神和以改革创新为核心的时代精神作为精髓，它属于社会倡导的精神风貌层面，是全国各族人民团结奋斗的强大动力，是当代中国价值精神的凝结和精华，贯穿着马克思主义的民族国家理论和社会动力理论；社会主义荣辱观作为基础，涉及所有人所有领域的行为准则层面，是从社会生活最基本层面对中国特色社会主义共同理想、爱国主义为核心的民族精神和改革创新为核心的时代精神的体现和落实。这四个方面都是我国社会主义意识形态中最重要的组成部分，也是我国社会主义制度的思想根基，成为我们党团结带领全国各族人民开拓前进的精神旗帜，统一于中国特色社会主义现代化建设的伟大实践中。

第二节　社会主义核心价值体系的基本特征与功能

社会主义核心价值体系是社会主义制度的内在精神和生命之魂，是社会主义意识形态的本质体现。它决定着社会主义的发展模式、制度体制和目标任务，在所有社会主义价值目标中处于统摄和支配地位。深刻认识和正确把握社会主义核心价值体系，不但要全面了解社会主义核心价值体系的内涵，同时也要准确把握社会主义核心价值体系的基本特征和功能。

一、社会主义核心价值体系的特点

社会主义核心价值体系，是我们党汲取人类思想精华、适应时代发展要求创造性提出来的，拥有广泛而深厚的历史基础和现实基础，体现了马克思主义价值观与中国传统价值思想之间的有机统一。它的基本特征主要表现在以下几方面。

（一）主导性

随着我国价值观多元化转型，群体价值观念冲突日益增加。在社会主义社会，是非、善恶、美丑的界限不能混淆，坚持什么、反对什么，倡导什么、抵制什么，都必须旗帜鲜明。在面对这一情况之时，我们需要坚持马克思主义指导地位不动摇，更需要用一元化的指导思想整合多样化的社会思潮和文化追求。

作为社会主义意识形态的核心，社会主义核心价值体系具有鲜明的导向性和指向性。社会主义核心价值体系集中反映了当代社会价值取向和行为准则的主流，具有明确的主导性，它坚持了一元化指导思想，明确了共同追求，坚持了先进文化的前进方向，体现了先进性要求。马克思主义指导思想是社会主义核心价值体系在意识形态领域占据指导地位的基础；中国特色社会主义共同理想是时代发展的航标，始终引领社会朝着正确方向发展；民族精神和时代精神是凝聚一个民族共同奋斗的重要动力源泉；社会主义荣辱观则是调解社会发展内部矛盾，引领社会发展重要价值规范。

（二）先进性

社会主义核心价值体系的先进性，是指以马克思主义指导的先进思想道德来引领全体社会成员在思想道德上不断提升、共同进步，体现在倡导积极的、支持有益的、允许无害的、改造落后的、抵制腐朽的思想价值的一种特质。社会主义核心价值体系的先进性是由其基本内容决定的。以马克思主义指导思想、中国特色社会主义共同理想、以爱国主义为核心的民族精神和以改革创新为核心的时代精神以及社会主义荣辱观为基本内容的社会主义核心价值体系坚持了一元化指导思想，明确了共同追求，体现了先进性的共同要求。

社会主义核心价值体系的基本内容把马克思主义指导思想与实现中国特色社会主义共同理想有机结合起来，把中华民族优良精神与改革开放的时代精神有机结合起来，把共产党员崇高的远大理想与全体社会成员的共同理想有机结合起来，把马克思主义价值观的基本要求与社会主义荣辱观的具体标准有机结合起来，从而实现了马克思主义意识形态理论的重大突破，体现了社会主义先进文化、和谐文化建设所特有的先进性特点。

（三）现实性

社会主义核心价值体系是新世纪我党根据国内外变化的新形势提出的，具有最直接的现实性。其中的内容对解决当前社会人们关心的普遍问题，促进社会和谐，支撑科学发展，增强我国人民群众对坚持中国共产党领导、实现全面建成小康社会的信念和信心都具有重大的支撑作用。

社会主义核心价值体系还是根据我国现实社会的基本问题——发展生产力而提出的。社会主义核心价值体系作为一种意识形态引导人民崇尚科学、诚实劳动，对于创造社会物质财富具有极其重要的推动作用。社会主义核心价值体系，立足时代基础、反映时代发展要求，是时代生产力在意识形态领域的重要体现。

（四）包容性

社会主义核心价值体系之所以在诸多价值体系中具有引导作用，其根本原因还在于其能够包容各不相同的价值观念。在中共十七大会议上，胡锦涛明确指出，要“积极探索用社会主义核心价值体系引领社会思潮的有效途径，主动做好意识形态工作，既尊重差异、包容多样，又有力抵制各种错误和腐朽思想的影响”。只有坚持以社会主义核心价值体系引领社会思潮，尊重差异，包容多样，才能最大限度地形成社会共识。

社会主义核心价值体系是与我国社会主义基本制度紧密联系的。因此，社会主义核心价值体系具有与社会主义基本制度一样的性质和气度：强调主导和尊重差异。社会主义核心价值体系包容多样主要表现在以下几个方面：

既强调马克思主义在意识形态领域的主导地位，又坚持文化领域的客观事实，尊重文化发展的多样性和差异性；

既彰显中国特色社会主义共同理想的主体地位和激励作用，又不否认其他具体理想的合理性和存在价值；

既高扬以爱国主义为核心的民族精神和以改革创新为核心的时代精神，又不排斥其他适应社会发展要求的精神气质；

既承认社会主义荣辱观的引领作用，也不否认社会主义其他道德规范的作用。

但是，要把中国特色社会主义伟大事业不断推向深入，就必须以社会主义核心价值体系为基础共同发展多样性的社会价值观，通过倡导积极、支持有益、改造落后、抵制腐朽来实现社会主义核心价值体系主导下的社会思想文化的和谐。

（五）民族性

社会主义核心价值体系是对中华民族传统价值观念和时代发展特色的集中反映，符合民族心理，反映民族特征，体现民族品格。社会主义核心价值体系是全国各族人民根本利益和共同愿望的体现，获得了全国各族人民的广泛认同。从社会主义核心价值体系各组成部分来看，社会主义核心价值体系的民族性特征主要表现在以下几个方面：

第一，马克思主义指导思想既包含了马克思主义的基本原理又含有中国化的马克思主义。毛泽东思想、邓小平理论、“三个代表”重要思想和科学发展观是马克思主义基本原理同中国革命、建设和改革的具体实际相结合的产物，具有鲜明的中国风格和中国气派。

第二，中国特色社会主义共同理想中的“社会主义”体现的是普遍性、共性，“中国特色”体现的是特殊性、民族性和现实性。共同理想是建立在党对中国最基本的国情的深刻分析的基础上的，是对中国最广大人民群众共同愿望的深刻把握。

第三，民族精神和时代精神是中华民族多年以来自强不息奋斗建设经验的最高总结，已经深深地融入我们的民族意识、民族心理、民族品格与民族气质之中，成为各族人民团结一心、共同奋斗的价值取向，具有鲜明的民族特色。

第四，识荣知辱、履仁践义是中华民族的传统美德。以“八荣八耻”为主要内容的社会主义荣辱观，其说明的道德行为规范是中华民族的传统美德和优秀革命道德的完美结合，是中国人民安身立命、为人处世的价值准则。

二、社会主义核心价值体系的功能

(一)引领功能

作为一名社会成员，人总是在借助于他认识到的社会经验和各种文化发展成果，以之为基础形成自己的精神世界。然而时事远去，人们学习这些文化成果和经验中，最重要的仍是学习其中包含的价值意识、价值观念。因此，为有效应对国际国内局势的深刻变化而提出的核心价值体系，具有统摄社会价值取向实现价值引领的重要功能。

用社会主义核心价值体系引领社会思潮，其基本要求是坚持马克思主义在意识形态上的指导地位，用一元化的指导思想去统领多样化的社会思潮。一方面，“引领”作用是指坚持用马克思主义的思想分析社会变化和发展的进程以及不同性质，并针对不同情况，引导多样化社会思潮朝着健康的轨道发展；另一方面，“主导”作用是指发挥马克思主义在意识形态领域的重要引领作用，唱响马克思主义主旋律，掌握社会文化发展的主动权，使马克思主义始终处于社会主义意识形态的核心地位。

在我国社会多种思潮共同作用的情况下，必须坚持马克思主义的指导地位，用马克思主义去分析评价社会思潮。高举马克思主义旗帜，在社会主义初级阶段的基本国情之下始终沿着正确的历史发展方向向前稳定发展。能否坚持、巩固和发展马克思主义的指导地位，是一个关系党和国家生死存亡、事业兴衰成败的重大问题。在事关政治方向和根本原则的问题上，我们一定要旗帜鲜明，理直气壮，毫不含糊。

坚持马克思主义的指导地位，并不是要杜绝其他思想在社会上的发展。因为马克思主义要与时俱进，其重要思想来源即是社会其他思想。在这个问题上，必须认真处理好主流意识形态和非主流意识形态之间的关系，积极发挥好马克思主义在意识形态上的引导作用和其他思想在意识形态上的辅助作用。对待这个问题，一方面要广泛吸收多样化社会思潮中的积极因素；另一方面要坚决用发展着的马克思主义知道多样化的社会思潮，同危害主流意识形态的社会思潮展开坚决的斗争。

(二)规范功能

道德对于社会发展来说，具有鲜明的意识形态，能调节人与人、人与社会、人与自然间的关系，对人的健康全面发展具有重大作用，对于维护社会的和谐稳定同样具有重大意义。中共中央颁布的《公民道德建设实施纲要》中指出社会主义道德建设取得了很大的成绩，但同时也面临复杂的社会情况。其中的主要原因仍是我国目前处于的社会主义初级阶段，改革开放和发展社会主义市场经济，推动了社会在物质和精神上的全面进步，同时带来了社会关系产生剧烈变化，好的和坏的社会思想一同发展的复杂局面。社会主义荣辱观说明了在社会主义市场经济条件下，什么是应当坚持的，什么是可以倡导的，什么是应该反对的，什么是要坚决抵制的，为全体社会成员确立了鲜明的价值规范。

价值观不仅对人们的行为做出规范，而且对人们的行为做出调节。在面对道德两难之时，人们通常要按照一定的原则排出一个价值规范的顺序。从整个社会意义来看，这个原则就是社会核心价值体系。核心价值体系优先选择了对整个社会有利的价值规范，引导着人们在选择价值观念。例如现代社会生活压力很大，公民必须去处理工作上的各种事宜，然而这就在一定程度上没有尽到对父母的孝义，诸如这样的矛盾还有很多。这种类型的矛盾如果处理不好，就可能被激化，甚至有可能破坏整个社会的稳定团结。因此，面对这种复杂局面，党领导全国人民构建社会主义核心价值体系，目的就是要充分发挥其调节社会关系和社会矛盾的重要作用。社会主义核心价值体系对多元价值取向具有价值导向的作用，能够在其间保持合理的张力，从而指导人们多元化发展的思想和行为，并最终实现人们正确处理各种价值观上的矛盾和冲突，理性、合法地表达自己的利益诉求。

党中央将社会主义核心价值体系作为社会思潮发展的价值观念基础，把核心价值体系作为人们价值评价的标准和原则，为人们参与社会生活确定了价值规范，使人们明确了有利于社会发展方向的价值观念体系。然后通过教育群众，把这些标准具体应用到各种社会场合，从而形成社会鲜明的价值判断，规范群众的思想选择和行为选择。

（三）凝聚功能

理想包含了人们对未来的向往与追求。但人的理想若要有价值，就必须要和社会理想相一致。在现阶段，中国特色社会主义共同理想是建设有中国特色的社会主义事业，其基本含义要就是在党的领导下，走中国特色社会主义道路，实现中华民族的伟大复兴。这一共同理想能够促使每个社会成员把自己各不相同的凝聚起来，从而坚定对中国共产党的领导、中国特色社会主义道路、全面建成小康社会等一系列重大阶段性目标的信心和信念，把自己的利益和祖国人民的利益紧密联系在一起。

社会主义核心价值体系通过理想把全国各族人民凝聚在一起的重大社会功能获得了党和国家领导人的重视与肯定。在党的十七大会议上，胡锦涛强调，构建社会主义核心价值体系，提高主流意识形态的吸引力和凝聚力。

（四）人格塑造功能

一个人的价值观是一个人人格的核心，人格差别的重点同样是不同人价值观的差别。一个民族的生活方式全面展示了这个民族的特点。蕴含在民族生活方式之中的民族风俗习惯则说明了这个民族的共同价值观（这种生活方式中的各种意义规则）。民族群体中的成员在成长的过程中，要接受整个社会群体所共有的规则和观念，并作为人生活的一种文化要素或人格要素渗入到灵魂之中，并逐渐成为自然而然的东西。所谓“人同此心，心同此理”，其中的基本原因即是这些共同的价值观念、共同的文化氛围对个人长期熏陶的结果。而这一切形成于社会价值观之中，是受该民族共有观念同化的结果。宣传自己的核心价值观是每一个社会发展的必然要求，其目的是为培养它所需要、所期望的人格类型，即带有自觉塑造的意味。因此，在一个社会，一种人格或者一种观念一旦形成并且为整个社会所肯定，人们便自觉地维护着这个秩序和价值观，从而形成围绕这一价值观展开的社会文化。

社会主义核心价值体系的目的是要弘扬主流的价值观念，将其融入中华民族全体成员的血液和灵魂中，成为全体人民的精神特质。因此，一个人只有在具有社会主义核心价值体系所宣扬的精神和品格，才能称得上一个真正的中国人。

第三节　中国特色社会主义核心价值体系建设的逻辑思路

建设社会主义核心价值体系是党中央在积极适应全球化趋势加强、沉着面对世界多元文化冲击的背景下，深刻总结历史经验，充分反映社会现状和时代要求提出的全新命题，也是贯彻落实科学发展观和构建社会主义和谐社会进程中的重大理论创新。本节主要从构建社会主义核心价值体系所处的内外环境入手分析，认为要建设社会主义核心价值体系，应认真分析构建社会主义核心价值体系提出的时代背景，重点从社会主义核心价值体系的层面来系统分析和研究社会主义核心价值体系建设的路径选择，这对于我们全面有效地构建社会主义和谐社会有着重大的现实意义。

一、中国特色社会主义核心价值体系建设的内涵

“特色”是一个事物或一种事物显著区别于其他事物的风格、形式。中国特色社会主义核心价值体系建设之“特色”，是通过与资本主义核心价值体系、中国传统核心价值体系的比较凸显的。核心价值体系是一个国家、社会得以存在和发展的灵魂。不同的历史时期，不同的社会，不同的国家，其核心价值体系最主要的特征是不同的。以自由、平等、博爱为主要特征的资本主义核心价值体系，其中有益成分可以成为社会主义核心价值体系的重要组成部分，但绝不是社会主义核心价值体系的主要特征。

社会主义核心价值体系的中国特色是中国特色社会主义道路与中国特色社会主义理论体系在意识形态领域的体现。社会存在决定社会意识。社会主义核心价值体系建筑在中国特色社会主义的经济基础之上，与我国社会主义的基本制度和根本性质联系在一起，集中体现社会主义中国的政治、经济、文化要求，是反映社会主义的意识形态、理想信念、道德规范和精神追求的主导价值体系。经济基础决定上层建筑，有什么样的经济基础就应当有什么样的上层建筑与之相适应。建立在社会主义市场经济基础之上的社会主义核心价值体系，受社会主义市场经济基础的制约并反映这个基础。因此，社会主义市场经济的中国特色必然会在核心价值体系这个上层建筑中得到体现，使得这个价值体系必然成为与中国特色市场经济相适应的有中国特色的社会主义核心价值体系。

简言之，“中国特色”在视野上特指从全球化和世界视野来看待问题，以此与西方资本主义相区别；在时间维度上特指改革开放尤其是新时期，以此与中国传统相区别；内涵上特指建立在鲜明的中国现实的基础上，与当代中国实际和广大干部群众需求相结合，既继承传统，又弘扬时代精神。由此，中国特色社会主义核心价值体系建设的“特色”内涵可以包括以下三方面的内容。

(一)“中国的”视阈范围进行讨论的话语范式

以历史现实和理论先导的眼光看，一般意义上的社会主义核心价值体系应该在社会主义运动兴起的过程中提出来。事实上，一般意义上的社会主义核心价值观早在空想社会主义者那里提出过，特别是在科学社会主义创始人的著作中更有体现。因为，很难想象，在缺乏社会主义核心价值观指导的前提下，会兴起那么广泛而持久的世界社会主义运动，并取得那样大的历史成就。我国是社会主义国家，社会主义意识形态不仅是一个区别于资本主义意识形态、资本主义核心价值观的具有一般意义上的社会主义核心价值体系共在性特征的核心价值体系，也应该是结合中国实际，具有中国特色的特殊意义上的社会主义核心价值体系。它不仅是马克思主义中国化的具体表现，也是马克思主义中国化的具体形态。事实上，社会主义核心价值体系应该是从属于中国特色社会主义理论体系的，至少就其思想理论形态而言是如此。核心价值体系可以作为一种精神存在于社会实际生活过程中，而它作为一种思想理论和观念系统，则是中国特色社会主义理论体系的一部分——当然是非常重要的、核心的一部分。这正是社会主义核心价值体系的中国特色的鲜明体现。

从内容角度看，社会主义核心价值体系必须带有鲜明的中国特色。党的十六届六中全会明确提出的社会主义核心价值体系的四项基本内容都打着鲜明的中国印记。其中，“马克思主义指导思想”不仅包括马克思列宁主义，而且包括毛泽东思想、邓小平理论、“三个代表”重要思想和科学发展观等重大战略思想。坚持以马克思主义中国化的理论成果为指导，就是真正坚持马克思主义的指导思想。“中国特色社会主义共同理想”显然是中国的，“共同理想”指的是全体中国人民的共同理想，而不是世界人民的共同理想。即使中国模式在世界上具有一定的普遍性，中国特色社会主义共同理想作为社会主义核心价值体系的“主题”还是面向中国人民的；“民族精神”在这里实际上是“中华民族精神”，即以爱国主义为核心的，包括团结统一、爱好和平、勤劳勇敢、自强不息在内的伟大民族精神。“以改革创新为核心的时代精神”无疑带有世界性，不单单属于中国，但是中国的改革开放事业最突出地体现了这一时代精神，我们正是基于中国的改革开放来理解时代精神的核心的。“社会主义荣辱观”更是明显带有当代中国特色的社会主义荣辱观。简言之，社会主义核心价值体系与其他社会核心价值体系的最根本区别是，它建立在中国特色的社会主义市场经济基础之上，具有社会主义性质，体现中国特色社会主义的发展目标，是中国共产党人和全国人民的崇高理想、信仰和价值追求。

从构建方式与现实导向看，“社会主义核心价值体系”也带有中国特色。构建“社会主义核心价值体系”的任务是由党中央作为我国社会主流意识形态建设的任务提出来的。它首先是一项政治性、战略性的任务，同时也是一项理论性和学术性的任务，当然，它也必须是一项操作性和实践性的任务。党和国家提出这一任务，并确定这一核心价值体系的基本内容，在此基础上再由广大理论工作者开展广泛而集中的研究，特别是论证、阐释和完善的工作。在构建过程中，还要进行面向广大人民群众的社会主义核心价值体系教育，并把这个教育过程中的反馈意见和信息运用于进一步的构建和完善之中。这样一种构建方式无疑带有中国特色，也反映着中国传统文化的影响。

从建设进程看，具有明显的中国现实导向性和中国特色。社会主义核心价值体系要为全国人民所易于接受，就不能一般地讲社会主义理想化的核心价值，而必须紧密结合当前中国社会现实和中国人民的实际精神需求，构建适合各族人民自己的社会主义核心价值体系。由于我们处于社会主义初级阶段，因而我们建构起的社会主义核心价值体系，其内容就不都是纯粹理想性的主义、价值、理念，而是应包括一些虽然并没有完全达到社会主义的高度但对我们今天建设中国特色社会主义又是非常必要的价值观念，这样构建起来的社会主义核心价值体系，既体现先进性，又兼顾广泛性、普遍性，是与当代中国特色社会主义事业息息相关的、有生命力的价值体系。只有这样的核心价值体系才能尽快地建立起来并为全国人民所接受，从而在中国特色社会主义事业的历史进程中发挥价值引导作用。

(二)“现代的”话语范围

中国共产党领导的事业是中国特色社会主义现代化事业，当代中国的核心价值体系只能是现代性话语基础上的社会主义核心价值体系。中国传统社会是以“王权支配社会”为基本特征的社会形态，这就决定了传统社会以“王权为中心”的国家权力系统、社会结构和观念体系。可以说，“王权主义”或者说“君主专制主义”既是一种社会组织原则，也是社会“正义”的源泉和依据。在这种所谓正义和具有十足的合法性的“王权主义”关照下，传统社会形成了“君君、臣臣、父父、子子”为核心的“三纲五常”核心价值体系。现代社会则强调以人为本，提倡人人平等的民主和公平正义观念。构建以人与人之间相互尊重、人格和尊严平等为前提，以满足个体需要和促进个体全面发展为目的，富强、民主、文明、和谐为目标的核心价值体系，是中国特色社会主义核心价值体系区别于传统核心价值体系的一个重要体现。没有社会主义核心价值体系的引领，社会主义现代化建设就会迷失方向，没有对现代性需求的回应与关注，社会主义核心价值体系就失去了存在的价值。

(三)“中国特色社会主义”的建构框架

核心价值体系建设是一个过程，需要不断提高社会接受和认同程度。从某种意义上说，不断提高社会接受和认同程度是一个从中国的基本国情出发、与中国的具体实践相结合的过程。我国是一个以公有制为基础、为主体、为主导的社会主义国家，但是，我国的社会主义不是建立在充分发展的资本主义基础上，而是脱胎于半殖民地半封建社会，尚处在社会主义初级阶段，即不发达阶段，当前社会中还存在一些不协调、不平衡、不全面的矛盾和现象。比如，贫富不均，城乡、行业、地区之间的两极分化加剧等，这既是当代中国基本国情的客观呈现，也是我们党正确制定现阶段基本路线与基本纲领的基本依据，更是当前构建中国特色社会主义核心价值体系的立足点。也就是说，当前，构建以缩小贫富差距、构建和谐社会为目标，体现社会主义本质特征和社会主义制度优越性的中国特色社会主义核心价值体系，必须从这个实际出发，而不能超越这个阶段。正如邓小平同志基于社会主义初级阶段的认识对社会主义本质的概括“社会主义的本质就是解放生产力，发展生产力，消灭剥削，消除两极分化，最终达到共同富裕”一样，社会主义核心价值体系必须立足于“已经是社会主义、社会主义制度应该而且能够避免两极分化”这一基本国情进行建构。

二、社会主义核心价值体系建设的背景

社会主义核心价值体系作为社会主义意识形态的本质体现，根本上由社会主义经济基础所决定，但是又在意识形态发展的轨道上有自己的历史起源，有对其自身发展产生影响的国内外环境。基于社会主义核心价值体系的这些特点，探索大学生社会主义核心价值体系建设的思路，必须充分的了解其历史起源、社会环境以及各种影响因素。

(一)历史起源

从历史传承性来看,社会主义核心价值体系建设是对中华传统价值观教育的传承与发展,是对新民主主义时期中国共产党价值观教育与新中国成立初期社会主义价值体系教育的改进与提高,这样的历史背景对社会主义核心价值体系建设的目标、内容、方法、途径以及思路已经产生、并将继续产生深刻的影响。

1. 中华民族传统价值观念的影响

中华民族思想文化源远流长,包含的内容极其丰富,而价值观是贯穿整个中国传统文化的核心。中华传统价值观念跨越了漫长曲折的历史道路,经历了悠远坎坷的时间长河,在建设民族精神、维护社会秩序,形成民族凝聚力、向心力、创造力的过程中发挥了极为重要的作用。在几千年的教育实践中,中华民族留下了许多宝贵的价值观教育经验,甚至对于今天来说,一些经验也是值得继续传承与弘扬的。

中华传统价值观念的形成经历过漫长的历史,如表 12-1 所示。

表 12-1　中华民族传统价值观念的形成历史

时期	价值观念
夏、殷	人们以“天帝”、“天命”为最高价值准则
西周	提出“敬德保民”价值观,标志着中华民族价值观的自觉
春秋以至战国	形成“天地之生人为贵”的价值观念
秦汉时代	营造了以君主权力为核心的“三纲五常”价值观念体系,并一直延续到封建社会的终结
魏晋时期	形成了一种新的“任自然”的价值取向
隋唐时期	儒释道三家价值观念兼容并举,“万善同归”
宋元明时期	重建“天理”价值观念,这是儒家伦理道德的升值和强化
明末至清中叶	早期启蒙思潮兴起,“利欲”萌动
鸦片战争以后	五四运动高举科学民主旗帜,对传统价值观进行批判,科学民主观念特别是作为其核心的个性价值观念的提出,标志着中国传统价值观向现代价值观念的转变

经过几千年的历史沉淀,中华民族传统价值观形成了丰富的内涵。一是威武不能屈的民族气节和立志报国的民族精神。中华民族自古崇尚“富贵不能淫,贫贱不能移,威武不能屈”与“杀身以成仁”“舍身以成义”的民族气节。二是崇尚和谐,期望建立和谐人伦。中国传统文化主张“先义后利”、“见利思义”。这里的“义”是指民族利益和国家利益,“利”是指个人利益。强调社会利益高于个人利益,强调个体对整体的道德义务,是中华民族价值观中和谐精神、集体主义的鲜明体现。三是倡导“仁爱”。孔子提倡“仁者爱人”,孟子提出“君轻民重”的思想。这种要求一切人都要用“仁爱”之心去尊重人、理解人、关心人、爱护人、帮助人的思想,是中华民族价值观中最具有人民性的道德遗产。四是提倡身体力行。中华民族倡导“修身、齐家、治国、平天下”,这种价值观念是人类从事物质生产活动和自身生存发展的基本要求,也是人们共同生活的起码准则,是人类社会道德关系中具有科学性的优秀的遗产。上述几点归纳起来,就形成了中国封建社会的核心价值理念——“仁、义、礼、智、信”。几千年来,“仁、义、礼、智、信”始终是中华民族赖以生存

和发展的道德根基和思想基础，是中华民族赖以生存和发展的精神支柱和精神动力，带动着整个社会价值体系的发展和社会道德水平的提升，在整个中华民族发展中具有重要地位。

中国古代的价值观教育在儒家思想指导下，呈现出以下几方面的特点：(1)价值观教育贯穿各种教学内容和形式之中。在中国古代，虽然无论是私塾还是"公学"，一般都不进行专门的价值观教育，但在各种教学内容和形式之中却又随处渗透着价值观教育。例如，中国古代的"太学"开设读经课，学生们诵读的四书五经中就蕴藏着修己治人之道，渗透着伦理道德。学生们除了在课堂中接受价值观教育，课外的言行举止也都受到道德规范的约束。课内与课外相结合，学习与践履相统一，是中国古代价值观教育的一大特点。(2)价值观教育与智育、美育和谐统一。三者在实践上的统一来自人们思想上对德、智、美三者关系的认识。关于德与智的关系，董仲舒在《春秋繁露·必仁且智》中主张"必仁且智"，认为"仁而不智，则爱而不别也；智而不仁，则知而不为也"，只有将仁与智结合起来，才能真正做到言行举止都符合儒家的道德标准。关于德与美的关系，中国古代形成了礼乐相济、美善相乐、以美辅德的思想。由于重视乐教即美育对人的思想品德的陶冶作用，因此在中国古代的价值观教育中，吟咏诵读成为一项十分重要的方式。(3)学校、家庭、社会三位一体的价值观教育。中国传统价值观的核心是以忠孝为本的"三纲五常"，在价值观教育中，学校里灌输忠孝思想，社会上和家庭里则要求人们做忠臣、孝子，学校、家庭、社会三位一体、形成合力，使"三纲五常"成为笼罩着整个社会的网，任何人也无法摆脱。

2. 新民主主义革命时期的价值观的影响

近代以来，在民族危亡、救亡图存的历史背景下，中国社会的价值观念经历了一次大的转换。人们对传统的价值观一度产生质疑，在渴望变革的氛围中，来自西方的马克思主义思想开始影响中国，中国共产党的革命传统价值观逐步形成。新民主主义革命时期，中国共产党初步提出自己的价值主张，其目标指向建立独立、自由、富强、民主的社会主义国家。中国共产党用其价值理念整合了社会资源，在较短的时间里取得了新民主主义革命的胜利。[①]

新民主主义革命时期，中国共产党着眼于建立独立、自由、富强、民主的社会主义社会，主要在四个方面展开价值观教育。一是以共产主义为奋斗目标的马克思主义指导思想教育。近代以来，先进的中国人最终认识到以马克思主义为指导是重建强大国家的最佳选择。马克思主义在中国的广泛传播与中国共产党的成立，昭告了以马克思主义为指导，以共产主义为奋斗目标的政治价值的确立。二是以爱国主义为核心的民族精神教育。新民主主义革命时期，中国共产党高扬爱国主义的旗帜，将爱国主义作为社会核心价值体系的重要组成部分，既有助于占领民族心理的制高点，有效整合社会资源；又有助于掌舵历史的航船，克服艰难险阻，胜利到达目的地。三是以艰苦奋斗为主体的革命精神教育。艰苦奋斗是中华民族数千年来生生不息、创造出灿烂文明的精神源泉。正是由于秉承着这一精神，中国共产党才能不断获得深厚的动力，找到推动历史发展的最佳方法，完成反帝反封建和实现近代化是充满艰辛与创造的伟大事业。四是以为人民服务为宗旨的道德情操教育。全心全意为人民服务的价值目标，既是中国共产党建党立党的根本宗旨、最高的政治原则和最重要的政治行为，又是中国共产党所确立的核心价值观的主要内容，体现了共产党人的行为准则和思想品质。正如毛泽东所言："全心全意地为人民服务，一刻也不脱离群众；一切从人民的利益出发，而不是从个人或小集团的利益出发；向人民负责和向党的领

① 高梧. 论新民士主义革命时期中国共产党对社会主义核心价值体系的构建[J]. 毛泽东思想研究，2007(5)

导机关负责的一致性；这些就是我们的出发点。”①

为了实现党的核心价值体系向全社会共同的核心价值体系的转化，中国共产党人采取了以下几个方面的措施：(1)借鉴中国传统文化的价值观念，将共产主义理想根植于中华文化的沃土之中。马克思、恩格斯所设想的共产主义社会与我国古代构想的大同社会有相似之处，中国共产党在宣讲共产主义理想时有意识地将它与大同社会靠近，为中国人找到一条到达大同的路。在接近一致的社会政治理想的追求中，大多数真正以爱国主义为出发点的中国人，最终选择了马克思主义作为自己的政治信仰。(2)以群众路线为核心价值体系教育提供保证。核心价值体系本身具有导向作用，它要起引领社会思潮，为群众指明斗争方向的作用。但是这种导向作用必须通过宣传解释，化为群众的意见，并在群众行动中得到检验，才会得到群众的认同。通过走群众路线，社会的核心价值才会变成具有生命力和生长性的价值，才能引起更多人的响应和共鸣。在物质与金钱上十分匮乏的中国共产党，正是依靠群众路线，才成功实现了社会资源的最大化整合，将政党自身的奋斗目标、战斗纲领与民众的奋斗目标、战斗纲领同步化，实现了政党政治目标与民众政治目标的高度一致。(3)以普通民众喜闻乐见的形式向民众宣传社会核心价值体系。古田会议上，毛泽东要求红军征集并编制表现各种群众情绪的革命歌谣，提倡利用文艺形式进行娱乐活动与宣传活动。中国共产党人通过歌谣、话剧、舞蹈等艺术形式传播新观念，让党的核心价值体系为普通民众认可与接受，并树立起为共产主义奋斗终生的坚定信念。

3. 从新中国成立到改革开放前的价值观教育

新中国成立以后，适应社会主义革命和建设事业的需要，中国共产党的革命价值观向社会主义价值观发展，社会主义价值体系教育呈现出新的特点。从新中国成立到改革开放之间的这个时期，中国人民破除了小农意识、封建思想等许多陈旧的价值观，形成了新的社会主义价值观。与此同时，我国的价值观教育同社会发展进程一样，也经历了一个艰苦的探索过程，在曲折中发展。② 这个时期的价值观教育呈现出以下两个方面的特点。

(1)突出政治、强调实践

毛泽东指出，新中国的教育要培养有社会主义觉悟的有文化的劳动者，不论是知识分子，还是青年学生，都应该努力学习。除了学习专业之外，在思想上要有所进步，政治上也要有所进步，这就需要学习马克思主义，学习时事政治。没有正确的政治观点，就等于没有灵魂。要求青年学生学习马克思主义，学习时事政治，不断提高政治素质，从一般意义上来看，是促进人的全面发展、推动社会前进的正确主张。然而，这一时期对于政治的重视、强调和宣传，已经完全凌驾于社会其他各个领域的建设和发展之上。当时的青年学生出于对毛泽东的崇拜，也出于对革命领袖或导师理论的绝对化信仰，对党中央和毛主席言听计从。政治意识代替了经济意识，政治行为代替了经济行为，生产者的政治觉悟取代了生产觉悟、科技觉悟，于是形成了在“黄土地上插红旗，青石板上撒豆子”的局面。这个时期的价值观教育格外重视社会实践的作用。毛泽东强调“教育要与生产劳动相结合”，主张“一切学校和学科都应当这样办，分步骤地有准备地一律下楼出院，到工厂去，到农村去，同工人农民同吃同住同劳动，学工、学农、读书”。③ 他要求学生“高中毕业后，先做点实际工作。单下农村还不行，还要下工厂，下商店，下连队。这样搞他几年，然后读两

① 毛泽东选集(第3卷)[C].北京：人民出版社，1991，第1094～1095页

② 邹宏秋.社会主义核心价值体系教育论纲[M].杭州：浙江大学出版社，2008，第242页

③ 建国以来毛泽东文稿(第12册)[M].北京：中央文献出版社，1996，第34页

年书就行了”。[①] 在这样的思想主导下，大批的城市青年、学生等奔赴祖国的边疆、农村，进入工厂、连队，上山下乡接受贫下中农的再教育。

(2)经历过“革命理想主义”和“人定胜天”思想浸润后，价值观教育一度陷入困境

社会主义改造和“一五”计划的胜利完成，党和人民充满了信心，建设社会主义的热情蓬勃发展。不幸的是，毛泽东等中央和地方不少领导同志在胜利面前滋生了骄傲自满情绪。进入1956年，人们迅速建成社会主义的热情进一步高涨，对“右倾”保守思想的批判也不断升温。在这种背景下，1958年春天，党提出了“鼓足干劲、力争上游、多快好省地建设社会主义”的社会主义建设总路线。广大人民群众热烈响应，精神振奋，情绪激昂，在全国范围内迅速出现了“大跃进”的局面。大多数群众沉浸在天真的政治狂想和虚幻的道德理想主义光环影响下，坚信“只有想不到的，没有做不到的”，坚信“人定胜天”，心胸中充溢着“为有牺牲多壮志，敢叫日月换新天”的豪情壮志。这种脱离社会现实的浮夸和对社会发展进程的超乎实际的幻想，很快就被现实严酷的生活水平和生产力水平所打破，“共产主义理想”和“人定胜天”的豪言壮语因此失去了原有的魅力，失去了价值导向作用。生活在这一时代的人们也因此产生了一种被命运嘲弄和虚掷的烦恼，进而沉沦于价值失落和道德虚幻的痛苦之中，迷惘而空虚。

从1966年到1976年，十年“文化大革命”，不仅造成了社会经济的衰退，也造成了人们精神的颓废、价值的真空和信仰的危机。

(二)国际背景

1. 经济全球化的影响

全球化是当今世界发展的最重要趋势，是世界逐渐融合为一个整体的过程。它的起源可以追溯到20世纪或更久以前，但是作为一大趋势则始于第二次世界大战以后特别是20世纪70年代。近年来，随着现代科技的进步，特别是信息技术的迅猛发展，全球化在全世界范围内已是不可逆转的潮流。从整个世界来看，“全球化既是一种事实，也是一种发展趋势。无论承认与否，它都无情地影响着世界的历史进程，无疑也影响着中国的历史进程。”[②]经济全球化是全球化的首要表现，即各国经济均被卷入世界市场，诸要素在世界范围内运作，各国经济相互信赖和相互渗透日益加深，呈现某种整体化、一体化的趋势。这一趋势也对社会主义经济领域产生了重大的影响，加速了社会主义经济体制的创新，加快社会主义国家融入世界经济体系，为改变不合理的国际经济旧秩序，建立公平、合理的国际经济新秩序创立了有利条件。在经济交往的过程中，人们也开始传播不同的生活方式、观念意识、消费模式，在一个更广阔的空间里，人们开始接受异质文化，思想意识也潜移默化地改变或趋同。于是，一些根深蒂固的传统意识被逐步打破，取而代之的是人们对新思想、新观念的追求，一个更大范围内的价值观悄然形成。[③] 于是，在社会主义现代化建设中，传统文化也受到很大的冲击，长期发展中形成的截然不同的中西文化在全球化过程中也必然是一个不断斗争、不断融合的过程。西方思想的渗透和传播，带来了文明与进步，同时也伴随着腐朽与消极的思想和价值观，如何充分利用先进的文化和意识来加快社会主义建设，发展社会主义经济，在全球竞争中既保持经济的发展又坚持意识形态的独立性，是摆在现今社会主

① 建国以来毛泽东文稿(第11册)[M]. 北京：中央文献出版社，1996，第493页

② 曹天宇. 现代化、全球化与中国道路[M]. 北京：社会科学文献出版社，2003，第1页

③ 张晓红，梅荣正. 经济全球化的历史背景透视[J]. 思想政治教育导刊，2002(第5期)

义经济发展进程中的一项重要而紧迫的任务。

毋庸置疑,全球化是由经济交往和全球化的经济活动所引起的,但全球化绝不仅仅是单纯的经济过程,同时也是充满了政治、意识形态和价值观的矛盾冲突过程。正如有学者所言,“经济全球化过程不仅是一个经济过程,而且是一个伴随着意识形态运动的政治过程”。[①] 全球化、网络化对社会主义核心价值体系提出了严峻挑战,对社会价值观的影响是复杂的,既有积极方面,同时又有消极方面。西方国家利用经济全球化,积极推行文化扩张,对社会主义国家和第三世界国家发动“没有硝烟的战争”,极力以资产阶级的价值观取代社会主义价值观,妄图以资产阶级思想意识取代马克思主义的指导地位,严重威胁到我国的意识形态领域。和平演变战略的始作俑者杜勒斯曾经说过,如果我们教会苏联的人唱我们的歌曲并随之舞蹈,那么我们迟早将教会他们按照我们所需要他们采取的方法思考问题。在他们那里,新闻、广播、图书、出版、电影、电视、音乐、舞蹈、戏剧、文学、美术、教育、卫生与科学技术等都是向各国进行思想战、心理战的可被利用的“兵种”。随着高科技进入传媒,因特网的广泛运用,以美国为首的发达国家运用强大而系统的全球信息传播的网络化,并通过国际文化交流,传播其意识形态,进行文化扩张和渗透,扩大对社会主义国家的政治生活、社会生活的影响,从而从根本上影响社会主义价值观,以达到控制社会主义国家的目的。而且,近年来,由于文化产业在世界贸易中比重的激增,促使资本主义的文化扩张和经济利益日益结合起来,从而大大提高了这种文化侵略的积极性。因此,社会主义国家在全球化、网络化条件下所面临的挑战和冲击,不仅包括经济领域的冲击,也包括其政治和精神的影响。在引进西方的文化产品时,既要看到对我国文化市场和文化产业的强大冲击,也要看到对我们的思维方式、价值观念潜移默化的影响。2000 年 5 月 24 日,克林顿在美国众议院说,我们向中国出口的不仅是产品,还有我们真实的价值观;美国前驻意大利大使理查德·加德勒认为,决定美国资本主义命运和前途的是意识形态,而不是武装力量。

随着全球化向纵深发展,价值观念的变化加速,全球的价值冲突与交融、对抗与对话成为一道令人炫目的图景,一方面对各国的经济、政治和文化交流起到了促进作用,但是另一方面也使各国面对着不同文化的碰撞。全球化加剧了世界各种思想文化的流传与冲撞,人们接触不良思想与价值观的机会增多,在辨别真伪是非难度加大的情况下,更容易使一部分人迷失自我和思想混乱。“全球化把我们推入激烈的价值冲突中”,[②]全球化时代使人们在价值观上面临新的问题。“当代的人们遭遇到‘他者’从根本上的挑战。他们知道,有时候也直接经验到,世界上有种种不同的规范和价值引导人们的行为和态度,随着不同的历史、社会和文化背景而不同。因此,对许多人来说,发现‘他者’的存在使得他们认为价值完全是相对的。”[③]发达资本主义国家占主导地位的全球化,要求世界都遵循西方资本主义的意识形态、价值观和生活方式,将西方国内政治制度“外化”到国际政治中,以规范各主权国家的行为,“西方发达国家,通过跨国公司和受它们控制的国际经济组织,加紧向发展中国家进行经济渗透和扩张,在全世界争夺资源和市场,同时极力推行它们的发展模式、政治制度和价值观念,企图通过经济全球化实现资本主义的一统天下,这

---

① 郑永廷.社会主义意识形态发展研究[M].北京:人民出版社,2002,第 179 页

② [德]马蒂亚斯·霍尔茨著;王滨译.全球化与中国——一位法国学者谈当代文化交流[M].北京:商务印书馆,2002,第 35 页

③ [法]魏明德.全球化与中国——一位法国学者谈当代文化交流[M].北京:商务印书馆,2002,第 35 页

使广大发展中国家的经济主权、国家安全面临着严峻挑战和威胁。”[①]以美国为首的西方国家还借口“人权”问题干涉我国的内政，严重扰乱我国的经济发展秩序。西方反华势力还宣扬个人主义、拜金主义和享乐主义等西方腐朽的资本主义人生观、价值观和生活方式，腐蚀人们的思想，极度扭曲人们原有的生活方式，这种不健康的价值观念反映在人们的生活当中便会很容易地导致人们对社会主义产生抵制情绪，破坏社会主义经济和谐发展的环境。[②]

2. 社会主义新变化的影响

正如当代资本主义的新发展的影响一样，当代社会主义的新变化也影响了人们价值观念的发展，对社会主义核心价值体系建设提出了新的要求。加强和改进社会主义核心价值体系建设工作，同样需要认真对待当代社会主义的新变化及其对人们价值观教育的影响。

20 世纪 80 年代以来，当代社会主义运动在苏联东欧国家和中国大陆呈现出不同的发展态势。首先是苏联和东欧社会主义国家的“剧变”。20 世纪 80 年代末，在苏联计划经济模式下缓慢发展的波兰、罗马尼亚、民主德国等东欧各国与西欧国家差距越来越大，政治危机加深，民族矛盾激化，党和政府在群众中的威信下降，终于在 1989 年到 1990 年的两年时间里发生了激烈的动荡，共产党、工人党纷纷下台，丧失了执政地位，东欧各国社会制度也发生了根本性变革，放弃了社会主义道路。几乎是在同时，长期实行高度集中的计划经济、经济结构严重失衡的苏联也陷入经济急剧恶化、政治生活僵化、社会矛盾激化的境地。1991 年 12 月，随着《阿拉木图宣言》的签署，苏联解体，世界上第一个社会主义国家不复存在。其次是中国特色社会主义的兴起。与苏联和东欧国家形成鲜明对比的是，20 世纪 80 年代以来，我们总结新中国成立三十多年来的经验教训，科学的回答了“什么是社会主义，如何建设社会主义”的问题，创立了中国特色社会主义理论，启动了社会主义市场经济体制改革。紧紧抓住了“一个中心，两个基本点”，经受住了严峻的考验，从而保持了政局的稳定，促进了经济的发展，进而在世纪之交出现了繁荣昌盛的景象。苏东剧变与中国特色社会主义的兴起，成为当代世界社会主义运动中最大的两个事件，对世界格局产生了深刻的影响。

苏东剧变和中国特色社会主义兴起这两个事件，一个代表着社会主义运动的挫折，另一个代表着社会主义的发展；一个标志着社会主义运动陷于低潮，另一个标志着社会主义运动新时代的到来。如此错综复杂的历史现象，引起了许多人的迷茫和困惑，也对人们思想观念产生了冲击。究竟应该如何认识社会主义发展的历史进程，如何看待 20 世纪末苏东传统社会主义国家的演变与中国特色社会主义的兴起，成为困扰人们思想观念的一个重要问题。一些人因为苏东剧变的发生，丧失了对社会主义的信心，对马克思主义的科学性和中国特色社会主义道路的正确性产生了怀疑。这种怀疑不仅埋下了社会动乱的隐患，而且也使群众迷失了前进的方向和人生的动力。显然，正确回答这一问题，已经成为社会主义核心价值体系建设义不容辞的重要使命。只有正确回答这个问题，才能够使人民群众坚定马克思主义信仰，胸怀社会主义远大理想，致力于中国特色社会主义建设；也只有正确回答这个问题，也才能够使人民群众精神振奋、焕发生机。正因如此，在 2000 年 6 月中央思想政治工作会议上，江泽民希望全党同志共同深入研究如何认识社会主义发展的历史进程、如何认识资本主义发展的历史进程、如何认识我国社会主义改革实践过程

---

① 江泽民论有中国特色社会主义[M]. 北京：中央文献出版社，2002，第 519 页

② 杨立英，曾盛聪. 全球化、网络化境遇与社会主义意识形态建设研究[M]. 北京：人民出版社，2007，第 176～177 页

对人们思想的影响、如何认识当今的国际环境和国际政治斗争带来的影响等当前直接影响干部群众思想活动的重要问题,从思想上政治上进一步取得科学认识。这实际上回应了当代社会主义社会的新变化,提出了对大学生社会主义核心价值体系建设工作的新要求。

(三)国内背景

1. 社会转型和经济体制转轨的速度加快

社会转型是指人类社会由一种存在类型向另一种存在类型的转变,具体地说就是中国社会从传统社会向现代社会、从农业社会向工业社会、从封闭型社会向开放型社会的社会变迁和发展。社会转型意味着社会系统内在的结构的变迁,意味着人们的生活方式、生产方式、心理结构、价值观念等各方面全面而深刻的革命性变革。随着改革开放的深入发展,我国社会转型的速度在加快,现代生产方式、现代生活方式、现代生活习惯逐渐渗透到社会生活的各个领域、各个方面,传统的生产方式、生活方式和生活习惯受到现代文明的剧烈冲击,与传统生产方式和生活方式相适应的传统文化观念以及人们的价值观念必然受到挑战。社会转型和经济转轨对我国思想领域的影响是广泛深刻而复杂的。社会转型造成人们的社会心态、个体行为准则的不同、价值评价观念的差异、人们社会期待的变更,以及由市场经济活动所引发的竞争,人们的认知水平、社会角色与职业、教育背景等的不同,造成当前我国思想意识的多样化和价值取向的多元化。目前,社会思想意识呈理性和非理性交织,政治因素和经济、文化因素交织,进步和愚昧落后交织的纷繁复杂态势。一方面,市场经济的发展,使传统道德中与市场经济发展不相适应的思想意识受到挑战,与社会主义市场经济发展相适应的新的价值观念、道德观念开始逐步确立,广大群众的价值观念、道德观念发生了积极的变化,社会主义思想道德建设进入到一个新的发展时期。另一方面。市场经济的负面效应对社会主义思想道德建设产生了不容忽视的冲击。伴随着市场经济的发展而蔓延的拜金主义、享乐主义、个人主义等,腐蚀着人们的灵魂,污染着社会风气,已引起广大群众的强烈不满,成为影响社会稳定和社会主义市场经济健康发展的突出问题。面对建立社会主义市场经济体制以来我国思想道德领域出现的新情况、新问题和新特点,以社会主义核心价值体系为旗帜,努力构建适应社会主义市场经济发展的思想道德体系,是市场经济发展对社会主义思想道德建设提出的新要求,也是历史赋予我们的艰巨任务。

2. 传统观念受到较大冲击,价值观念趋向多样

一种价值观念一旦形成之后,就要存在相对较长的一段时间。但一定时期的社会意识,总是不可避免地要受到其所处时代的影响,并随着时代的变化而变化。随着改革开放的不断深化和市场经济体制的逐步完善,我国在经济体制、社会结构和利益格局等方面发生的变化,势必对原有的思想意识产生影响,促使其发生相应的变化。在当前社会中,这种变化对传统观念的冲击越来越明显,与原有的思想意识的矛盾也越来越突出。另外,新中国成立以来,由于长期受“左”的思潮影响,我们在思想认识领域长期存在一些极端化、僵化和不符合当前社会实际的错误认识,对马克思主义与当代中国的联系在理解上还存在着教条化、抽象化等等问题,也都在新的社会实践面前受到质疑。

新时期以来,随着中国改革开放实践的需要,人们对什么是社会主义、怎样建设社会主义等具有根本性的问题的认识不断趋于理性和科学,对社会发展规律的认识不断深化。但不可否认的是,传统的思想观念仍然在少数人的头脑中存在,对整个社会生活还会产生一定的影响。

我国确立社会主义市场经济体制,进一步解放和发展了社会生产力,为经济建设和社会发展

注入了强大的活力,必然推动人们传统思想意识的变化,有利于促进社会思想意识达到新的水平。市场经济的确立所带来的所有制结构、社会分配方式、社会利益关系的深刻变革,使得社会阶层不断分化,利益主体开始呈现多样化、分散化、普遍化等等倾向,这对价值观念的多样化产生了深远影响,使人们思想观念和价值观念的独立性、选择性和多样性的趋势进一步增强。不同的利益主体,对同一问题、现象、政策的态度,会呈现更多的差异性。人们在进行价值选择和价值判断时,不再根据单一的标准来鉴别,决定是非。很多人将会以自身的利益作为价值取向的标准。反映在价值观上,人们将会更加重视自己的生活价值,即把个人的自我实现、社会感性、公平的生活条件和自身欲望的满足等等与个体体验密切相关的因素,作为确立价值取向的重要标准。不同社会阶层之间、不同利益主体之间的价值冲突,也比以往表现得更为激烈。同时,借助网络等传播媒体,不同价值观念的表达手段都得到了充分的保障,这也使得价值取向差异演化为价值冲突的机会极大增加。

总之,上述历史起源、国际国内的政治、经济发展趋势和思想意识发展的基本状态,构成了当代核心价值体系建设面临的时代背景。以这一背景为基础,我们要准确把握社会主义核心价值体系建设的国际国内形势,客观分析社会主义核心价值体系建设所面临的各种机遇和挑战,切实加强社会主义核心价值体系建设,培养出党和国家需要的合格人才。

三、中国特色社会主义核心价值体系建设的路径

(一)大力加强舆论宣传,为社会主义核心价值体系建设营造良好的氛围

实践经验表明,舆论宣传坚持统治阶级意识形态的主导地位,是有阶级社会以来各个国家一贯采取的普遍做法。建设社会主义核心价值体系,首先要借助各种有效途径,加大对人民群众进行社会主义核心价值体系的宣传和普及的力度,增强新闻媒体弘扬社会主义核心价值体系的舆论引导力,为促进人的全面发展提供舆论氛围。

一是要针对民众多样化的精神文化需求,构建社会主义核心价值体系舆论宣传教育的多层次平台,尝试教育方式方法创新,注重社会主义核心价值体系的多样性宣传形式。如:把握社会主义核心价值体系的根本,充分利用传统节日的文化凝聚力及丰富有益的价值元素,将传统节日作为宣传、培育社会主义核心价值体系的重要平台,不断增强中华传统文化的全民认同感,在传统节日文化传承与创新中充分发挥社会主义核心价值体系的价值整合功能,突出爱国主义和民族精神的精髓。要进一步发挥优秀道德模范人物的典型示范作用。典型道德模范人物身上展示的坚定信念、崇高品质、高尚风格,是社会主义核心价值体系最好的诠释,宣传学习典型道德模范人物的过程本身就是社会主义核心价值宣传教育的过程。通过学习道德模范、崇尚道德模范、争做道德模范,在全社会弘扬真、善、美,真正发挥道德模范“点燃一盏灯,照亮一大片”的社会引领作用,在全社会竖起学习标杆,普及基本道德规范,使社会主义核心价值体系成为时代风尚和社会精神生活的“主旋律”。

二是各地社会主义核心价值体系建设要根据各自社会经济发展的具体实际,依托各地具有地方特色的地域性文化资源为载体,如具有地方特色的区域文化传统节日、红色文化资源、自然景观等等。适应区域经济社会发展新特点、新形势,用社会主义核心价值体系主导区域文化精神的整合,使社会主义核心价值体系的内涵和要求家喻户晓、深入人心,做到入耳、入脑、入心,使社会主义核心价值体系建设富有鲜明的地域特色和实践内涵,实现社会主义核心价值体系大众化、通俗化,更能得到普通民众的青睐和价值认同。

三是强化报纸、广播、电视等传统媒体阵地意识，充分发挥新媒体的作用，创新宣传教育活动载体。高度发达便捷的大众传播媒体是现代社会文明发展的主要标志之一。首先要充分发挥报纸、广播、电视等传统媒体的作用，做好社会主义核心价值体系的宣传普及教育工作。其次，鉴于新媒体便捷性、灵活性和受众面广的特点，利用新媒体如手机飞信、博客、微博、即时通讯、QQ、微信等这些思想政治宣传教育重要的新途径和新载体，使社会主义核心价值体系教育的社会整体功能和个体价值功能都得到充分实现。最后，还要不断提升网络媒体提供优质网络文化产品的能力，提供更加丰富多彩的体现民族精神和时代特色、彰显公平正义，品味高雅的文化产品，使网络真正成为传播先进文化的主要阵地，成为建设社会主义核心价值体系的重要载体和强大推动力量。如果能有效利用网络文化这一平台，无疑将为有力提升社会主义核心价值体系大众化、普及化工作的吸引力、感染力和亲和力提供难得的契机。

(二)将社会主义核心价值体系融入各种思想教育工作之中，增强全社会践行的自觉性

首先，我们要充分发挥思想政治工作的优势，利用各种思想政治教育形式传播社会主义核心价值体系。这是因为任何价值体系不是天赋的，也不是自然生成的，而是在后天教育灌输和社会实践中逐步形成的。例如在各类的职业技术教育等国民教育活动中，还有在机关、工厂、社区、农村等基层单位的思想政治教育活动中，都要增加社会主义核心价值体系的教育内容。通过各种教育活动，使广大人民群众深刻认识社会主义核心价值体系对社会和谐的重要性和紧迫性，深刻了解和准确把握社会主义核心价值体系的科学内涵，使之明确怎样将社会主义核心价值体系付诸自己的言行举止，从而增强全社会践行的主动性和自觉性。

其次，青少年是国家未来的希望，是民族文化传统的继承者和创新的希望。相对于成年人来说，他们思想单纯，可塑性强，是一生中思想价值观念灌输最重要的阶段。而从目前国民教育的现状来看，这方面的工作非常薄弱，有的处于空白点。其产生的消极后果已经显现，并且以后会加剧。为培养合格的社会主义公民，当前和今后必须下大力气把社会主义核心价值体系的教育从儿童抓起，常抓不懈，融入国民教育全过程。所以，国民教育是构建社会主义核心价值体系的重要阵地。要把社会主义核心价值体系纳入国民教育的培养目标。要在国民教育中建设一整套较全面、系统的社会主义核心价值观教育体系，要有计划有步骤地在国民教育各个阶段，开设由浅入深，由具体事例到理论阐述的社会主义核心价值观教育课程。要特别重视教材建设，尽快编写出从小学至大学以建设社会主义核心价值体系为主题的德育教材。要鼓励广大教育工作者以对国家民族的前途命运高度负责的精神，共同担负起教育引导青少年牢固树立社会主义核心价值体系的重任。要让青少年逐步树立正确的世界观、人生观、历史观、价值观、道德观、荣辱观，这将对中华民族的伟大复兴和全民族素质的提高产生巨大而深远的积极影响。

(三)共建共享、改善民生，为社会主义核心价值体系建设提供物质基础

1. 共建共享是改善民生的价值指向

解决人民群众最管线、最直接、最现实的问题是社会主义核心价值体系建设的核心，人民群众满意与否是评价、检验社会主义核心价值体系建设成败的重要依据所在。当前，民众对生活水平和质量的要求不断提高，对安全的食品、干净的水、新鲜的空气、优美的环境等方面有着迫切的要求，但生态不断恶化的趋势并没有得到根本扭转，环境治理任务还相当艰巨，民众生活水平还没有得到应有的提高。民生问题是当前我们国家社会发展进程中亟待解决的根本性问题。党的十八大提出了在中国共产党成立 100 年时“全面建成小康社会”新的目标，对民生问题提出了更

高的要求，强调："加强社会建设，必须以保障和改善民生为重点。提高人民物质文化生活水平，是改革开放和社会主义现代化建设的根本目的。要多谋民生之利，多解民生之忧，解决好人民最关心最直接最现实的利益问题，在学有所教、劳有所得、病有所医、老有所养、住有所居上持续取得新进展，努力让人民过上更好生活。"①

"共建共享"是改善民生问题的重要价值指向。"共建共享"在党的十六届六中全会《中共中央关于构建和谐社会若干重大问题的决定》中被首次提出，其主要内涵是：由广大人民群众共同建设，并共同享有社会发展成果，不断推进共同富裕。要求我们在发展过程中，必须坚持以人为本，激发全体人民群众的创造活力和聪明才智，一心一意谋发展。坚持一切发展为了人民，始终把发展好、实现好、维护好最广大人民的根本利益作为我们一切工作的出发点和落脚点。做到发展为了人民、发展依靠人民、发展成果由人民共享，始终把"关注民生、重视民生、保障民生、改善民生"，作为落实我们党全心全意为人民服务宗旨的基本要求。"共建共享"，归根到底是对人民群众主体地位与劳动创造的尊重，是对人民群众基本权利的维护和保障。

2. 共建共享、改善民生，要始终坚持"两个统一"

一是共建与共享的统一。共建和共享是辩证统一的关系，共建是共享的物质基础和现实前提，共享是共建的精神动力和价值归宿。一方面，只强调"共建"而忽视共享，就会忽视人民群众的受益主体地位，背离社会主义的本质，就有可能陷入拉美发展中国家的"拉美陷阱"。如墨西哥革命制度党的下台就很能说明问题。墨西哥革命制度党是拉丁美洲的第一大政党也是拉美政坛执政时间最长的政党，连续执政 71 年一直保持着社会的稳定，并持续 30 年保持年均增长 5%的经济发展速度。然而，在 2000 年的总统大选中，革命制度党黯然下台。究其原因是由于实行所谓新自由主义的经济自由政策，社会发展的结果使财富过于集中在少数人手中。据统计，到 20 世纪末，墨西哥贫困人口占全国总人口的 45%，占总人口 10%的富人拥有全国财富的 80%，下层百姓未能分享到经济发展带来的实惠，导致社会矛盾日益加剧。另一方面，只强调"共享"忽视共建，就不会有经济、政治、文化、社会、生态文明建设的持续发展，社会发展将缺乏必要的物质基础，人民群众就不能从可持续发展中得到实惠，必然会导致享乐主义横行，建设和谐社会也就无从谈起。只有共同建设的水平越高，人民群众共同享有的条件越充分，共同享有的成果才会越多。

二是公平与效率的统一。解决民生问题，归根结底要靠发展。非平衡经济发展理论表明，要保证一个社会的发展，既不能没有效率，也不能没有公平，而且在不同的发展阶段，公平和效率的关系会随情况的变化而不断调整；只有科学把握好公平与效率的关系，最大限度地实现公平与效率的统一，才能促进经济社会健康发展。实现社会公平正义既是人类社会具有永恒价值的核心理念，更是社会发展必须妥善解决的一个现实问题。各国经济社会发展的历程证明，公平正义就是社会各方面的利益关系得到妥善协调，实现公平正义是社会和谐稳定的根本条件，过分强调公平易导致平均主义和"大锅饭"现象的出现，没有效率的公平缺乏坚实的基础；而过分强调效率则会损害公平，即使获得了发展，那也只是暂时性的效率，是一种具有负效应的"无发展的增长"，不是真正意义上的良性发展。20 世纪 80 年代中后期，我国在经济建设过程中曾提出过"效率优

① 胡锦涛. 坚定不移沿着中国特色社会主义道路前进，为全面建成小康社会而奋斗——在中国共产党第十八次全国代表大会上的报告[M]. 北京：人民出版社，2012，第 34 页

先，兼顾公平”的原则，这是为了破除计划经济体制下平均主义和“大锅饭”的观念，是针对当时计划经济条件下平均主义的一种政策纠偏，以调动人们从事经济生产的积极性。实践证明，这种特殊政策在当时特殊时期是有必要的，它鼓励一部分人先富起来，然后再通过二次分配中的政府调控，缩小差距。但经济社会发展到今天，社会阶层出现了明显的分化，贫富差距越来越突出，再提“效率优先，兼顾公平”就不合时宜了。党的十七大、十八大反复强调，处理社会收入分配问题，要在一次分配中处理好效率与公平的关系，在再分配中要更加注重社会公平，真正体现“共建共享”的发展原则。

实现社会公平正义是我们党一贯的目标追求，是中国特色社会主义建设的紧要任务，“共建共享”体现了权利与义务相对等的公平正义原则，体现了社会公平与效率相统一的价值追求。在中国特色社会主义建设实践中，既要最大限度地激发人民群众的建设热情和创造力，又要使人民群众最大限度地共享经济社会发展的丰硕成果，保证绝大多数社会成员基本权利的平等、发展机会的均等，防止少数特权阶层独占社会发展成果，真正把改革发展成果体现在人民群众的生活质量的改善和思想道德素质、文化科学素质的不断提高上，使两者有机统一到中国特色社会主义建设的实践之中，这种统一的价值目标就是效率与公平的和谐统一。

第十三章　社会主义生态文明建设

自然生态环境是人类社会赖以生存和发展的前提，我国经济在快速发展过程中，粗放发展模式带来了一系列的环境污染和生态问题。面对日趋强化的资源环境约束，党中央高度重视统筹人与自然和谐发展，十八大报告将大力推进生态文明建设独立成篇，作为中国特色社会主义现代化建设“五位一体”总体布局的重要组成部分，提出建设“美丽中国”、“走向社会主义生态文明新时代”的新目标，生态系统稳定性增强、人居环境明显改善的“资源节约型、环境友好型社会”也被作为全面建成小康社会的重要标志。

第一节　社会主义生态文明建设的内涵和现实意义

一、生态文明的基本内涵

生态文明，是一个新提出不久的概念。其含义和特征，目前正处于探讨过程中。一般地说，所谓生态文明是指人类遵循人、自然、社会和谐发展这一客观规律而取得的物质与精神成果的总和；是一种以人与自然、人与人、人与社会和谐共生、良性循环、全面发展、持续繁荣为基本宗旨的文化伦理形态。

生态文明作为一种新提出的文明形态，其特征表现在许多不同的方面。

(一)生态文明是对工业文明的积极扬弃

人类社会历经了漫长的发展历史，从蒙昧到野蛮最后进入文明时代，在这个过程中人类创造了巨大的物质财富和精神财富，推动着人类社会不断向更高级的层次和形态发展。人类从产生到现在，已经经历了原始文明、农业文明和工业文明三个文明时代，生态文明将是高于这些文明形态的一个新时代。生态文明是建立在工业文明基础之上的，是对工业文明成果的去糙取精，是对工业文明的升华。对此，我们可以从两个方面理解。

1. 生态文明是在对传统工业文明的总结和反思中提出的

在漫长的人类发展历史中，无论是从渔猎社会进入农业社会，还是从农业社会进入工业社会，都伴随着人类文明的跨越式进步。但是随着时代的发展，我们应该意识到工业文明固然为人类创造了巨大的财富，但是也暴露了很多弊端。比如资源短缺、能源危机、环境污染、生态破坏、森林锐减、土地退化、淡水匮乏、酸雨和温室效应加剧、气候变暖等等。这一系列问题的出现是在工业社会发展模式下难以避免的，生态的恶化使得人类的生存条件极具下降，对人类的健康和生命造成了巨大的威胁。此种境况，引起了人们对工业文明的反思。

面对工业文明给人类社会和生态环境造成的破坏，我们不能一味渲染其严重性，更不能消极悲观。这样的做法会加深人们的恐惧心理，影响人们的正常生活。在困境下寻找解决问题的出路才是最根本的。

那么如何克服工业文明带来的弊端？对此，目前主要有两种解决的途径。

(1)修补式、应对式的调整。以环境污染问题为例,通过事后的治理来进行弥补,即“先污染、后治理”,便是这种解决途径的典型例证。

(2)变革式、预防式的根治。还是以环境污染问题为例,采取变革意味着从根本上减少污染的产生甚至不再产生。科学合理的制度和政策变革应该兼顾两个方面的内容。

①对已经造成污染的生态环境环境进行综合性治理,扭转污染困境。

②对尚未污染或者已经治理成功的污染,应该进行足够的保护,从整体上追求生态的平衡与和谐。

可见,生态文明是根除工业文明“顽疾”的“良药”,是人们在深刻反思工业化沉痛教训的基础上认识和探索到的一种可持续发展理论、路径及其实践成果。

2. 生态文明并不是对工业文明的全盘否定

工业文明的弊端才引发出人们对生态文明的关注和认可,生态文明与工业文明有着密不可分的关系。生态文明虽然是基于工业文明的弊端出现的,但这并不意味着二者是对立的,恰恰相反,二者是相互补充、和谐统一的。

(1)生态文明是对工业文明发展和提升,需要去除工业文明中的各种糟粕,继承和发扬优秀工业文明成果。

事实上,生态文明是吸取人类所有文明成果,尤其是工业文明精髓的基础上产生的。正是工业文明的飞速发展及其由此带来的科技进步,为今天的生态文明建设提供了坚实的物质基础和各项技术集成的可能性。生态文明本身就意味着对工业文明的全面提炼与升华,是工业文明的发展与归宿,是对包括工业文明在内的一切优秀传统文明的理性汲取和科学扬弃。

(2)传统工业文明在为人类社会提供高度丰富的物质世界的同时,也加剧了全球性的生态危机,不能完全归罪于工业文明。

严格地讲,在作为工业文明基础的农业文明阶段,对生态的破坏就已经不同程度地出现了。只不过与工业文明对生态的严重破坏程度相比,农业文明阶段对生态的破坏显得“微乎其微”(甚至可忽略不计),而工业文明则将人类生态系统的不和谐状态推到了近乎于“极致”而已。

(3)虽然我们要致力于生态文明建设,但不能以生态文明来完全取代或代替工业文明。

每一种社会形态都有其相应的文明结构,生态文明和物质文明是贯穿于所有社会形态始终的一种基本要求。只不过工业社会中人们对物质的追求超越了对生态文明的追求,对人类生活环境造成极其严重的破坏。在这种背景之下,人们对生态文明的要求才会显得更加重要和迫切。

当下进行生态文明建设已经成立一项重要的社会任务,在这种背景之下,生态文明的基础不仅包括工业文明所创造的各种成果,而且还应包括体现信息化过程和成果的智能文明。当然,我们在反思工业文明的生态弊端,逐步将社会引向生态文明、智能文明的过程中,人类需要付出艰辛的努力和漫长的探索,这个过程可能会持续几十年甚至上百年,因此我们必须树立起长久信心才能长期坚持下去。

我国作为一个工业化任务尚未完成的国家,在建设生态文明的过程中更是会遇到许多发达国家不曾面临的问题,即便如此为了保证广大人民的最根本利益,党和政府还是坚定不移地坚持这一基本政策。作为社会民众,我们只有牢固树立生态文明观和环境保护意识,才能保证生态文明建设的持续进行,才能帮助党和政府在新的背景下更好地完成工业化和信息化的历史任务。

(二)生态文明的核心是人与自然协调发展

在以采集和狩猎为主要经济活动的原始文明阶段,由于其生产力水平极其低下,一方面,人类为了满足自身的生存需要，不得不受制于自然、依附于自然。另一方面，由于人们对各种自然现象无法理解，逐渐形成了“图腾”崇拜，对自然存有敬畏心理和顺从的态度。从而，在人与自然的关系上，只能表现为以自然为中心，即人们只能被动地适应或受制于自然，盲目地崇拜或顺从自然。

在以种植和畜牧为主要经济活动的农业文明阶段，生产力水平相对于原始文明有了一定的发展，人类为了满足自身的生存与发展，开始对自然进行开发、利用、支配和改造。但受其生产力水平所限，人类使用的生产工具还比较简单（如传统的手工工具），使用的能源也主要是可再生的资源（如人力、畜力、水力等），所以还没有从根本上破坏自然生态系统的平衡。可见，该阶段人与自然的关系表现为：人类的一切行为都要依赖于自然界；同时人类也在积极地利用和改造自然。

到了以加工和制造为主要经济活动的工业文明阶段，生产力水平迅速提高，科学技术迅猛发展，大机器等越来越先进的工业技术不断被发明和运用，工业生产的规模也越来越大。这样，就使人的主观能动性得到突显，“人统治自然”的价值观也得以形成。认为“人是自然的主人”，而其他生命和自然界只是人类改造、征服的对象或者满足人类需要的工具。并且以为自然资源是取自不尽、用之不竭的，人类为了满足自身的需要，大肆地开发、征服和掠夺自然。而对自然的承受能力和发展的可持续性问题无所顾及。当然，在人与自然的对立中，大自然也在以生态规律作用的形式对人类实施报复和惩罚。总之，该阶段人与自然的关系表现为征服与被征服、掠夺与被掠夺、奴役与被奴役的关系，人类成为自然界的中心。

可见，从原始文明到农业文明和工业文明，人与自然的关系也由原始的依存，逐步演化为对立。

今天，我们所要建设的生态文明，在人与自然的关系上，就要彻底改变那种征服与被征服、掠夺与被掠夺、奴役与被奴役的对立关系。一方面，培育和建设生态文明，并不是要让人类消极地回归自然或者在自然面前无所作为，而是要以积极的态度，去自觉地改善和优化人与自然的关系，尊重、善待和保护自然，实现人与自然的和谐发展，以最大限度地实现人类自身的利益，尤其是全局的利益和长远的利益。另一方面，人类在自身发展的同时，也要积极运用自己的知识、技术，去主动地维护好生态系统的发展进化。就是说，从传统工业文明到现代生态文明，意味着从人统治自然过渡到人与自然平等友好、和谐共生、协调发展、良性循环。

（三）生态文明与物质文明、精神文明和政治文明相辅相成

人与自然的和谐发展是生态文明的核心也是其追求的最终目标，但是我们应该明确生态文明的发展以绝不是只表现在人与自然的关系这一个方面，而是包括人与人、人与自然、人与社会等各个方面的协调发展，生态文明的建设是一个复杂的综合工程。它涉及人类各种经济社会文化等活动的领域，反映人与人、人与自然、人与社会等各个方面关系的和谐状态。

生态文明下的社会发展，不仅是工业和经济的发展，也是生态环境的发展；生态文明下的进步，不仅是社会的进步，也是人社会与环境系统的整体进步；生态文明下的提升，不仅仅是人们物质生活水平的提升，更是人们生活环境和生活品质的综合提升。因此，在开展生态文明建设的同时，我们还要紧紧抓住经济发展和精神文明建设不放松。

生态文明与物质文明、政治文明、精神文明都是全面建设小康社会的组成部分，它们之间是相辅相成的，缺少任何一个部分社会主义现代化建设都是不完整的。四种文明共同构成当代人类社会文明系统整体。

（1）物质文明主要表现为物质生产力的进步与人们物质生活水平的提高。

(2)政治文明主要表现为人们政治理念的进步与政治制度的完善。

(3)精神文明主要表现为精神生产的进步与精神生活的满足和提高。

(4)生态文明则主要表现为人类本身及其与生态环境之间关系的协调、生态意识的增强、生态制度的完善和生态环境的改善等。

从这几个文明的关系来看,生态文明是物质文明、精神文明、政治文明的基础和前提;生态文明也离不开物质文明、政治文明和精神文明。

鉴于三者密切的关系联系和相互作用,我们在开展生态文明建设的过程中,应该最大程度地将产业、技术、理念、文化、伦理、制度、政治等各个不同的层面融入整个发展之中来,对生产方式、生活方式和价值观念进行一场根本性的变革,以尊重自然、维护自然、顺应自然为前提,以人与人、人与自然、人与社会和谐共生为宗旨,以建立资源节约型、环境友好型社会和与之适应的经济增长方式、消费方式为基础,以引导人们走持续发展、和谐发展的道路为着眼点,搞好诸如生态意识、生态伦理、生态道德、生态行为、生态产业、生态制度、生态社会、生态管理、生态文化、生态经济、生态政治等方面的文明建设。

二、生态文明是社会主义的应有之义

社会主义的本质是解放生产力、发展生产力,消灭剥削,消除两极分化,最终达到共同富裕。自然生态环境是人类社会生存发展的首要前提和基本条件,社会主义国家要保持经济持续快速发展,创造出丰富的物质产品,必须转变传统的工业文明发展模式,走可持续的生态文明发展之路,使经济发展和人口资源环境相协调,只有当经济发展成为一种可持续的发展,成为一种既关注局部又关注全局、既关注当代又关注将来的发展时,解放生产力、发展生产力才会有深厚的物质基础。马克思主义认为,共产主义社会是促进人的全面发展的社会,而传统工业文明对人的剥削与对自然的掠夺是同时进行的,自然异化和人的异化是同一过程。生态环境与人的生存发展状况密切相关,森林的过度砍伐导致的气候变暖与沙漠化,草原的过度放牧对植被的破坏,农药残留对人体的伤害,工业废水、废气、废渣对水质、大气、土质的污染等,都是对基本人权的侵害,因此,人和自然协调发展处理得不好,不仅经济和社会得不到可持续发展,而且社会不能从根本上消灭剥削,人也不能实现全面发展,只有建设生态文明,实现人与自然之间的“和解”,使人们在优美的生态环境中工作和生活,人与人之间的“和解”、人的全面发展才能成为现实。世界发展的经验以及中国改革开放 30 多年来的实践表明,贫困与环境问题之间存在着一种密切的关联,正如“贫困是最大的污染”这一理念所昭示的,消除贫困与生态环境优化总是正相关的。当然,穷人或许并不是环境的破坏者,但后果却是绝对的——即穷人必将承担最大的环境风险,遭受最严重的环境污染、生态破坏的恶果,资本主义社会早期的无产阶级生存状况已经证明了这个结论。良好的生态环境对于提高弱势群体和落后地区的生存状况,确保全体人民公平共享自然赋予的天然资源和社会发展的文明成果起着基本的保障作用。总之,生态环境是解放生产力和发展生产力的物质前提,是消灭剥削、消除两极分化并实现共同富裕的现实条件,因此生态文明与社会主义具有内在的一致性,将生态文明与社会主义相结合是对社会主义本质的重大发现。

生态文明也只能是社会主义的。马克思、恩格斯在批判与超越资本主义时指出,资本主义无限追逐利润的思维方式、生产方式、技术模式和消费方式必然导致对自然环境的破坏,而当自己的自然资源无法维系现有的经济规模和生活水准时,他们就会通过资本全球化实施“生态殖民主义”、“生态帝国主义”的环境策略,把发展中国家视为自然资源的原料地和污染物的排放地,不断向落后的国家和地区转移工业产品的生态成本，让发展中国家为他们的资源环境“埋单”，导致全球范围内的环境污染、资源掠夺和生态破坏，因此，资本主义制度是造成全球生态危机的根本原因，资本主义的本性内在地决定了在资本主义制度下不可能实现真正意义上的生态文明。马克思进一步指出，实现人类同自然的和解及人类本身的和解的关键是“对我们迄今存在过的生产方式以及和这种生产方式在一起的我们今天整个社会制度的完全的变革”①，即改变历史上出现过的生产方式以及同这种生产方式相联系的私有制度，建立社会主义和共产主义制度，只有“共产主义是私有财产即人的自我异化的积极的扬弃，因而是通过人并且为了人而对人的本质的真正占有；因此，它是人向自身、向社会的（即人的）人的复归，这种复归是完全的、自觉的，而且保存了以往发展的全部财富的。这种共产主义，作为完成了的自然主义，等于人道主义，而作为完成了的人道主义，等于自然主义，它是人和自然界之间、人和人之间的矛盾的真正解决，是存在和本质、对象化和自我确证、自由和必然、个体和类之间斗争的真正解决。”②

三、社会主义生态文明建设的现实意义

(一)社会主义生态文明提出的背景

改革开放 30 多年来，我国的社会主义建设事业取得了伟大的成就，经济实现了持续快速增长，综合国力进一步提高；民生得到显著改善，人民生活总体上进入了小康水平；初步建立了一个适应经济发展的市场经济体制，市场在资源配置中起决定性作用。

但是，随着我国现代化建设的加快，随着工业发展的加快，我们在享受到工业文明带给我们的舒适便利的同时，也遇到了严峻的生态环境危机。水污染、大气污染、汽车尾气污染、土壤退化等，都对我们未来的发展造成极大的负面冲击。

2005 年 4 月 22 日在首届“环境与发展”中国论坛上，国家环境保护总局解振华局长作了题为《中国环境形势及未来 15 年环境战略》的演讲，提供的数据令人触目惊心。他说：环境形势仍然十分严峻，主要污染物的排放总量超过环境的自治能力，环境污染严重；流进城市的 90％的河段受到严重污染，75％的湖泊出现富氧化，沿海赤潮发生次数比 20 世纪 80 年代增长了 3 倍；一些中小城市和农村地区污染有加重的趋势；酸雨影响面积已经占国土面积的 1/3，近年来强度有加重的趋势；最近这一两年随着经济的增长，二氧化硫的排放量也在增长。工业废弃物每年产生 1100 吨，处理组织率为 68％，城市无害化处理率不到 20％。生态破坏的问题还很突出，全国水土流失面积 356 万平方公里，每年新增 1.5 万平方公里；沙化土地 174 万平方公里，每年新增 3436 平方公里；森林面积持续增长，但是森林资源总量不足，生态功能退化；90％以上的天然草场退化，每年增加退化的草原 2.5 万公顷。一些北方河流水资源开发利用率超过了国际生态警戒线，其中黄河、淮河、辽河开发利用率超过了 60％，海河超过 90％，流域生态功能严重失调；华北平原由于地下水位下降出现世界上目前最大的地下水漏斗；有 10％～15％的高等植物物种处于濒危状况，物种资源流失严重，有害外来物的入侵每年造成 1000 多亿元的经济损失。③

在资源总量上，我国是一个资源大国，品种丰富，一些重要资源拥有量位居世界前列。但从人均资源占有量看，却低于世界平均水平。水资源人均占有量只相当于世界人均占有量的

① 恩格斯. 自然辩证法[M]. 北京：人民出版社，1984，第 306 页

② 马克思恩格斯全集[C]. 北京：人民出版社，2002，第 297 页

③ 薛晓源. 生态风险、生态启蒙与生态理性[J]. 马克思主义与现实，2009(1)

25%,人均石油储量仅为世界平均水平的11%,天然气仅为4.5%,即使储量最丰富的煤炭,人均储量也仅为世界平均水平的79%。至2003年年底,我国耕地总面积为18.51亿亩,人均耕地面积仅1.43亩,不到世界平均水平的40%。资源短缺已成为制约经济、社会发展的瓶颈。我们要转变经济社会发展思路和经济发展模式。

(二)社会主义生态文明的地位

我们从社会主义实践的角度来说明社会主义生态文明的地位。

在经济基础上,中国特色社会主义实践需要坚实的经济基础。物质文明的产生与发展依赖于生产力的发展。只有经济强大了,社会主义建设才能蓬勃发展。因此,就满足人民群众物质需要与实现人民群众基本利益的角度来说,社会主义现代化建设必须以经济建设为中心,抓好经济建设,促进社会物质生产水平的提升。

在政治体制上,科学的政治体制是推动中国特色社会主义实践发展的制度支撑。政治文明的实践进程代表了社会主义现代化建设的发展方向与发展水平。因此,必须根据社会发展和社会建设的客观规律,根据现代化建设的实践步骤与人民群众的利益需求,不断完善社会主义政治体制,保证政治体制对于现代化建设的科学引导与有效监管,提升社会主义现代化建设的水平。

在文化发展上,"百花齐放、百家争鸣"的文化氛围对中国特色社会主义实践发展具有积极的推动作用。文化是一个社会发展水平的基本标志,文化的繁荣与否表征了一个社会的精神面貌。中国特色社会主义需要繁荣的文化。只有文化发展繁荣了,才能不断满足人民群众日益增长的文化生活需要,体现社会主义现代化建设的文明成果。

在社会环境上,中国特色社会主义实践需要稳定的社会环境。社会主义现代化建设具有特定的战略步骤与发展进程,每一步都同社会发展与人民需要相联系。在这一过程中,人民需要的充分满足与诉求的合理表达、社会矛盾的化解与社会氛围的和谐,是现代化建设事业得以顺利开展的基本保障,也是中国特色社会主义实践的成果与目标。因此,作为社会主义社会的基本属性,社会和谐也是中国特色社会主义实践的现实目标之一。

我国社会在发展过程中,经济发展与人口资源环境之间的矛盾需要生态系统作保障;经济社会发展需要有效资源作保障;人们安居乐业需要优良自然环境作保障。在整个中国特色社会主义建设事业的发展进程中,生态文明不仅是社会主义实践体系的组成部分,更是完善社会主义实践、提升社会主义建设水平的助推器。在社会主义现代化建设的实践进程中,必须按照社会结构的构成,坚持全面发展、全面进步的原则,把我国建设成为一个经济富强、政治民主、文化繁荣、社会和谐、生态良好的社会主义现代化强国。

(三)社会主义生态文明是社会主义和谐社会的本质要求

十六大报告明确指出:"促进人类与自然的和谐,推动整个社会走上生产发展、生活富裕、生态良好的文明发展道路。"十六届三中全会《关于完善社会主义市场经济若干问题的决定》中提出:"坚持以人为本,树立全面、协调、可持续的科学发展观,促进经济社会和人的全面发展。"十六届四中全会上进一步明确提出:"努力构建社会主义和谐社会,实现人、社会和自然的和谐发展",并且把"构造社会主义和谐社会能力"作为我们党应该提高的五大执政能力和总体目标之一。在十六届六中全会上通过了《中共中央关于构建社会主义和谐社会若干重大问题的决定》。十七大报告明确指出:"社会和谐是中国特色社会主义的本质属性","构建社会主义和谐社会是贯穿中国特色社会主义事业全过程的长期历史任务,是在发展的基础上正确处理各种社会矛盾的历史过程和社会结果”。十八大报告明确指出:“把社会建设放在更加突出的位置,加快推进社会建设,既是对我国改革开放和现代化建设经验的科学总结,也是推进我国经济社会科学发展和谐发展的战略举措。加强社会建设,是社会和谐稳定的重要保证。必须从维护最广大人民根本利益的高度,加快健全基本公共服务体系,加强和创新社会管理,推动社会主义和谐社会建设”。十八届三中全会又一次吹响了改革的号角,为构建社会主义市场经济、民主政治、先进文化、和谐社会和生态文明指明了方向,描绘了蓝图。十八届三中全会进一步提出:“全面深化改革做出系统部署,强调坚持和完善基本经济制度,加快完善现代市场体系,加快转变政府职能,深化财税体制改革,健全城乡发展一体化体制机制,构建开放型经济新体制,加强社会主义民主政治制度建设,推进法制中国建设,强化全力运行制约和监督体系,推进文化体制机制创新,推进社会事业改革创新,创新社会治理体制,加快生态文明制度建设,深化国防和军队改革,加强和改善党对全面深化改革的领导”。这些都体现了我们党对人类社会发展规律、现代化建设规律和党的执政规律认识的深化,也表明我们党对社会主义的认识以及对人类社会文明发展的认识达到了一个新的高度。

在现阶段,构建社会主义和谐社会,就是建设一种民主法治、公平正义、诚信友爱、充满活力、安定有序、人与自然和谐相处的社会。社会主义和谐社会之“和谐”包括人与自然的和谐、人与社会的和谐、人与人的和谐、人与自身的和谐,其中,人与自然的和谐不仅是和谐社会的重要组成部分,而且是和谐社会构建和发展的基础。因为,经济的发展和社会的进步都离不开自然。生态文明建设与社会主义和谐社会的构建相互依赖、相互促进、相辅相成,二者在理论和实践上具有高度的一致性。

在生态文明建设这个问题上,十八大报告特别予以强调。由于工业化所带来的环境危机使人类遭到大自然的严厉惩罚。工业文明越是迅速发展,其“双刃剑”的作用明显暴露,人与自然的冲突随之加剧。我国在现代化建设过程中,也面临着同样的问题。

在现代化建设过程中,我国正在面临着日益严峻的生态环境压力。我国底子薄、基础弱,拥有庞大的人口数量,总体资源量大,但是人均资源相对短缺。我们正在遭遇着“生态殖民主义”的侵略。我国在生态环境保护方面的任务很艰巨。我党一直注重生态环境的重要性,把生态环境的保护与中国社会主义现代化建设的实际紧密结合起来,在集中力量谋求经济发展的同时,仍然保持对社会经济发展、人的发展和自然之间关系的清醒认识。1979 年邓小平就提出了“加快经济发展,保护生态环境”辩证统一的思路。1990 年邓小平又指出要把“自然环境保护”问题列为关系全局发展与跨世纪发展的六大战略问题之一。[①] 此后,党和国家把经济发展与环境保护作为社会主义现代化建设的重大问题来抓。1992 年我国签署了两个环境问题国际公约。1994 年编制出实施可持续发展战略的《中国 21 世纪议程》。1995 年 9 月党的十四届五中全会通过了《中共中央关于制定国民经济和社会发展“九五”计划和 2010 年远景目标的建议》,第一次把可持续发展作为重要指导方针。1997 年党的十五大再次重申“我国是人口多、资源相对不足的国家,在现代化建设中必须实施可持续发展战略”,第一次把可持续发展战略写入党的代表大会文件。

马克思主义的生态文明理论是建设社会主义生态文明建设的重要指南。生态文明是人们正确认识和处理人、社会与自然相互关系的理念、态度以及生活方式,它是对工业文明的扬弃。建立人与自然和谐共处的新的社会文明,必将从根本上改变人类的生存方式、生产方式、消费方式、生活方式、思维方式。在新的历史时期,我们党在中国特色社会主义道路的探索中,提出了建设社会主义

① 邓小平文选(第 3 卷)[C]. 北京:人民出版社,1993,第 363 页

和谐社会的奋斗目标,并在党的文献中首次提出"生态文明"这一新概念,与物质文明、政治文明、精神文明和社会文明并列,体现出社会主义生态文明是社会主义和谐社会的本质要求。

四、社会主义生态文明建设的"中国特色"

20 世纪中叶,面对严重的环境污染,发达国家开始认真着手解决环境问题,加大污染治理力度,尤其在后金融危机时期,加大环境投资、共同应对气候变化、加快绿色发展成为各国共识,人类社会正处在由工业文明向生态文明转型的过渡期。中国共产党深刻把握时代发展趋势,于十七大正式提出生态文明建设理念,然而中国的生态文明建设并非亦步亦趋或照搬两方模式,而是具有其鲜明的中国特色。

(一)中国的生态文明具有深厚的中华文化根基

文明总是在传承中不断进化的,文明的进步不可能完全摒弃长期以来积累的传统文化而从头开始,中国的生态文明建设必须继承和发扬我国传统文化的精华,不断充实和丰富社会主义生态文明建设思想。中国五千年传统文化中蕴涵着深刻的生态智慧,儒家的"天人合一"思想,主张以仁爱之心对待自然,体现了以人为本的价值取向和人文精神;道家提出"道法自然",强调人要以尊重自然规律为最高准则,达到"天地与我并生,而万物与我为一"的主客体相融的境界;佛家认为众生平等,万物皆有生存的权利,这些热爱自然和保护自然的思想成为中国优秀传统文化的一部分,为我国生态文明建设提供了坚实的哲学基础与思想源泉。中华道统不仅在价值理念上具有深刻的生态诉求,而且还有一系列的制度设计与之相匹配,更是深入到了广大人民群众几千年的生活实践中,中国历朝历代都有生态保护的相关律令,如《逸周书》上说:"禹之禁,春三月,山林不登斧斤。"《周礼》上说:"草木零落,然后入山林。""殷之法,弃灰于公道者,断其手。"中国传统文化中固有的生态和谐观与生态文明的内涵一致,对于解决当前的经济危机与生态危机具有重要的理论价值和现实意义,因此,近几年来,越来越多的西方有识之士在重新反思人与自然、人与社会和人与自我三大关系的探索中,将目光转向了东方尤其是中国传统文化。中华文明精神的延续决定了中国的生态文明建设从一开始就被打上深深的传统文化烙印,对传统中华文化进行扬弃,将充满生态智慧的中华道统在现代社会实现创造性转化,并以包容开放的心态积极吸收借鉴西方的理性生态思想,必将为中国的生态文明建设奠定坚实的思想文化基础,把中国社会主义生态文明建设引向更高水平。

(二)中国生态文明建设是在工业化、城市化高速发展时期提出的全新任务

根据马克思的社会形态理论,人类社会还处于"物的依赖性"阶段,作为发展中的人口大国,中国对物质财富的向往和追求更是强烈。工业化作,为人类创造物质财富的重要手段,中国目前还不可能废弃。然而,作为工业文明的迟到者,中国在开始工业化的时候就不得不面临重大难题,那就是,已经完成工业化的西方发达国家造成了环境污染与资源破坏的既定事实,地球给中国留下继续发展传统工业化的空间不多,也就是说,西方国家是在工业化完成后才遇到污染等问题,而中国在起步阶段就受到环境因素掣肘,不可能也不应该像过去西方国家那样靠掠夺其他国家和全球资源来发展工业化。此外,中国的工业化是迄今为止人口最多的工业化,人均占有资源相对匮乏,如果我们效仿工业化先行国的发展模式,必将陷入经济增长的死胡同而不能自拔,如果等到工业化完成以后再来建设生态文明,那只能是坐以待毙、自掘坟墓。我们很清楚,必须将生态文明作为现有文明形态的一个要素来抓,在经济活动中注入"生态血液",实现经济活动生态

化，唯有如此，我们才不至于陷入“发展—倒退”的悖论。过去30多年粗放式经济发展已经给我国资源环境带来严重破坏，而现在以及今后很长一段时期，我国将处于工业化和城市化的高速发展时期，矿产、土地、水和森林等主要自然资源的消耗及其所导致的各项污染物排放会继续增大，这将给我国有限的生态环境容量带来更大压力。因此，中国在“以历史上最脆弱的生态环境承载着历史上最多的人口，承受着历史上最空前的资源消耗和经济活动，面临着历史上最为关键的工业化和城市化发展时期”的特殊国情下提出生态文明建设，是对我国现代化建设提出的更高的全新要求，我们不得不面临工业化、城市化与生态文明同步发展的双重任务，这是其他国家在发展时期从未经历过的。

(三)社会主义制度的先进性决定了中国生态文明建设的全球引领性

今天，全球性生态危机正在召唤一种人与自然、人与社会、人与自我全面和谐的生态文明来延续人类的生存，生态文明是既农业文明、工业文明发展后的一个更高阶段，代表了一种更为高级的人类文明形态，21世纪将是一个生态文明的世纪。社会主义制度作为目前世界上最先进的社会制度，必然要求与之相适应的先进的文明形态，因此中国特色社会主义应该顺应人类文明发展的时代趋势，重新定位人类与自然的关系，在吸收和借鉴世界文明的先进生态理念的基础上，建立能反映最广大人民根本利益和要求并在诸多思潮的较量中日益显示其生命力的面向现代化、面向世界、面向未来的生态文化，在世界从工业文明向生态文明的跨越与转型中发挥引领作用，促成全世界可持续发展的新潮流，实现自然环境与人类社会的和谐共生。目前，中国已经制定了生态文明建设和绿色发展战略规划，在思想认识、理念框架、政策支持和机制构建等各个方面都走在了世界前列，中国共产党在政治制度上的独特优势将使得“生态文明”理念不仅停留在纸面上，而是能够真正落到实处，形成综合系统的国家发展战略体系，成为中国特色社会主义建设总布局的重要支柱。同时，中国作为世界上最大的发展中国家，生态环境的影响全球性特征意味着中国的生态文明建设将不仅着眼于国内，还将在世界舞台上发挥自己的国际责任，将中华文明的“和合”思想和具有中国特色的生态文明理念进一步延伸，不仅要实现人与自然之间的和谐共处，也要实现人与人之间的和谐，国家与国家之间的和谐，尤其是南方国家与北方国家之间的平等与和谐发展，以高度发展的文化自信和文化自觉实现中华民族和中华文明伟大复兴，为发展中国家文明形态的跨越式发展做出表率、提供典范，以前瞻性、导向性和方向性的生态文明理念和实践为人类文明的转型和发展做出更大贡献。

第二节　生态文明的相关理论基础

自古以来，人与自然的关系就是人类文明的一个永恒话题，也是人类社会发展的不朽课题。充分挖掘中国传统文化中的生态思想和智慧哲学，继承发展马克思主义生态观，深刻体悟新中国成立以来中国共产党对人与自然和谐共生问题的探索道路，是我们开展生态文明研究的思想前提和理论起点。

一、中国古代朴素的生态伦理思想

在我国，关于人与自然关系的思考源远流长，尤其是在春秋战国时期，诸子百家的兴起、文化的多元与冲突使古代先哲对自然生态环境的认识有着独到的见解，这些思想为中华五千年文明史的延续发展提供了道德基础，其蕴涵的丰富哲理在全球化、城市化和信息化的现代社会依然具有深刻的启示意义。本部分主要探讨在中国传统文化中占有突出地位、对后世影响深远的儒道佛三家的生态伦理思想,从而为妥善处理人与自然的关系提供朴素而深刻的生态文明思想资源。

(一)儒家的生态伦理思想

在儒家思想中,人与自然的关系首先被表述为"天人关系",即"天人合一"。《易传》中反复强调"天之大德曰生","生生之谓易"。[①]"夫大人者,与天地合其德,与日月合其明,与四时合其序,与鬼神合其吉凶。"[②]荀子曰:"天地合而万物生,阴阳接而变化起。"[③]董仲舒说:"天人之际,合而为一,同而通理,动而相益,顺而相受,谓之德道。"[④]从这些论述中可以看出,儒家思想把天、地、人三者放在一个整体系统中,强调人与自然息息相通、相辅相成的和谐关系。

儒家深刻洞悉到万物之间存在着某种内在的必然本质联系,人作为天地万物的一部分,必须要顺天守时,严格按照客观自然规律办事。正如荀子指出的:"天有行常,不为尧存,不为桀亡。应之以治则吉,应之以乱则凶。"[⑤]因此,人类要"以时禁发","草木荣华滋硕之时则斧斤不入山林,不夭其生,不绝其长也;鼋鼍、鱼鳖、鳅鳣孕别之时,罔罟毒药不入泽,不夭其生,不绝其长也;春耕、夏耘、秋收、冬藏,四者不失时,故五谷不绝而百姓有馀食也。污池、渊沼、川泽谨其时禁,故鱼鳖优多而百姓有馀用也;斩伐养长不失其时,故山林不童而百姓有馀材也。"[⑥]孟子也说:"不违农时,谷不可胜食也。数罟不入湾池,鱼鳖不可胜食也。斧斤以时入山林,材木不可胜用也。谷与鱼鳖不可胜食,材木不可胜用,是使民养生丧死无憾也。"[⑦]

儒家思想的核心是"仁爱",不仅"仁者爱人",而且推广至爱护和善待天地万物,将"仁"的范围由"仁民"扩大到"鸟兽昆虫",充分体现了"仁爱"思想广泛的精神内涵。孔子提倡"国君春田不围泽,大夫不掩群,士不取麛卵"[⑧]以及"钓而不网,弋不射宿"[⑨]。孟子曰:"君子之于禽兽也,见其生,不忍见其死;闻其声,不忍食其肉。是以君子远庖厨也"[⑩]。荀子、董仲舒以及后来的宋明儒家在继承孔孟仁爱思想的基础上,进一步将人类对生态环境的珍惜和爱护上升到道德要求的最高层次。荀子说:"夫义者,内节于人而外节于万物者也。"[⑪]董仲舒说:"质于爱民,以下至鸟兽昆虫莫不爱。不爱,奚足谓仁。"[⑫]他们把道德关爱从人的领域拓展到整个自然界和一切生命的宽广视域,把道德看作人际道德和生态道德的统一,彰显了普遍的生命关怀和宏大的博爱情怀。

儒家还崇尚勤俭节约,对大自然要"用之有节"。孔子强调,"奢则不逊,俭则同。与其不逊也,宁固。"[⑬]荀子则认为,节俭可以抵制自然所带来的灾害,"强本而节用,则天不能贫;养备而动

---

① 《易传·系辞上》
② 《易传·乾·文言上》
③ 《荀子·论礼》
④ 《春秋繁露·第三十五章》
⑤ 《荀子·天论》
⑥ 《荀子·王制》
⑦ 《孟子·梁惠王上》
⑧ 《礼记》
⑨ 《论语·述而》
⑩ 《孟子·梁惠王》
⑪ 《荀子·强国》
⑫ 《春秋繁露·仁义》
⑬ 《论语·述而》

时，则天不能病；修道而不贰，则天不能祸。故水旱不能使之饥渴，寒暑不能使之疾，祆怪不能使之凶。本荒而用侈，则天不能使之富；养略而动罕，则天不能使之全；倍道而妄行，则天不能使之吉。故水旱未至而饥，寒暑未薄而疾，祆怪未至而凶。”[①]

(二)道家的生态伦理思想

道家思想的核心范畴是“道”。老子强调道生万物，天地人同源，“道生一，一生二，二生三，三生万物。万物负阴而抱阳，冲气以为和。”[②]道家认为宇宙有四大：“道大，天大，地大，人亦大。域中有四大，而人居其焉。”[③]在这四大中，道是最伟大的，而人居最后，“人法地，地法天，天法道，道法自然。”[④]在道家看来，万物都由道所创生，他们拥有共同的本源——道，也就决定了万物具有共同的本质并遵循共同的法则，因此，“以道观之，物无贵贱”[⑤]，人作为众多生物中的一种，不应该从自己的主观角度有差别地对待万物，人类和其他生物一样拥有平等的价值和尊严，万物应得到同等的尊重。

在人与自然的关系上，道家也主张“天人合一”，“天地与我并生，而万物与我为一”。[⑥] 但是道家的“天人合一”与儒家的“天人合一”有所不同，儒家思想提倡的“天人合一”带有人类中心主义的倾向，主张以满足人类需要为价值中心，是一种“贵己贱物”的态度。而道家并不认为人有什么特别的地方，从来不主张对自然界“制天命而用之”、“物畜而制之”，也不把自然看作是人类索取和控制的对象，而是把人看作是自然界的一部分，追求人的自然化，强调人与自然万物和谐相处。

在处理人与自然关系的问题上，自然无为的处世态度是道家生态伦理思想的一个重要方面。在这里，“无为”是顺其自然不含人力之强加妄为的意思，反对那种“以人助天”、“以人灭天”、“敖倪于万物”等用人为的力量随意地改变自然和破坏自然的行为。具体来说，无为可分为外在行为的“无为”和内在行为的“无为”两个方面。

外在行为的“无为”是指人的行为应当顺应自然，按照自然规律行事，所谓“生而不有，为而不恃，长而不宰”[⑦]，“以辅万物之自然而弗敢为”[⑧]，让万物自然地享尽天命。对于违背自然规律的胡作非为，庄子予以强烈的谴责：“且夫待钩绳规矩而正者，是削其性者也；待绳约胶漆而固者，是侵其德者也。”[⑨]庄子进一步警告说，“知常曰明，不知常，妄作凶”[⑩]，“乱天之经，逆物之情”必然造成“云气不待族而雨，草木不待黄而落，日月之光益以荒矣”、“灾及草木，祸及止虫”[⑪]等灾难性后果。

内在行为的“无为”是指人应当约束内心的欲望，做到“少私寡欲”。道家认为人类的物质欲

---

① 《荀子・天论》
② 《老子・四十二章》
③ 《道德经・二十五章》
④ 《道德经・二十五章》
⑤ 《庄子・秋水》
⑥ 《庄子・齐物论》
⑦ 《老子・五十一章》
⑧ 《老子・六十四章》
⑨ 《庄子・外篇・骈拇》
⑩ 《道德经・十六章》
⑪ 《庄子・外篇・在宥》

望应建立在正常合理的需求基础上，所谓“量腹为食，度形而衣”，“食足以接气，衣足以盖形，适情不求余”，“知足不辱，知止不殆，可以长久”。① 道家还认为，“五色，令人目盲；五音，令人耳聋；五味，令人口爽；驰骋畋猎，令人心发狂；难得之货，令人行妨”②，“甚爱必大费，多藏必厚亡”③，“祸莫大于不知足，咎莫大于欲得，故知足之足，常足也”④，意思是凡事过度肯定招致祸患，因此对待万事万物要有个“度”，适可而止。

（三）佛家的生态伦理思想

佛家在人与自然关系的认识上主张“天地同根，万物一体，法界通融”，还提出了“依正不二”的思想，“依”指生存环境，“正”指生命主体。也就是说，佛家认为，生命主体和生存环境作为同一整体是相辅相成、密不可分的，一切现象都处在相互依存、相互制约的因果联系中，一切生命都是自然界的有机组成部分。这与儒家和道家的“天人合一”观点有异曲同工之妙。

众生平等是佛教生态伦理的核心思想。佛教从佛性出发认为十二类众生虽有别，但其生命本质是平等的，都由缘而生，皆有佛性，即在成佛的原因、根据和可能性上是平等的。《大方广如来藏经》云：“一切众生，最在诸趣，烦恼身中，有如来藏，常无染污，德相具足，如我无异。”佛教不仅肯定有情的众生有佛性，而且无情的草木也有佛性：“不但众生有绑性，草术亦有佛性也。”⑤“青青翠竹，尽是法身；郁郁黄花，无非般若。”“有情、无情、皆是佛子”，“以此义故，若众生成佛时，一切草木亦得成佛。”⑥这就从观念上彻底否定了人在自然界“唯我独尊”的地位，否定了人对万物自命不凡的“妄有之见”，成为佛教独具特色的生命理论。

为了践行“众生平等”的思想，佛教还提出了诸如不杀生、素食、放生、爱护环境等一系列行为规范。佛教说：“诸恶莫作，众善奉行”，“诸罪当中，杀罪最重；诸功德中，不杀第一”⑦。此外，佛教还认为，人的身心活动都是有因果报应的，“善得爱报，不善得不爱报，无记无报”⑧就是业报的法则。这些都是佛教的众生平等观和尊重生命、关爱生命的慈悲精神的根本体现。

二、马克思主义生态文明思想

（一）马恩生态思想的内涵

1. 马克思、恩格斯对自然神秘化的批判

马克思和恩格斯没有专门针对自然崇拜的论述，而是通过批判所谓“真正的社会主义”来表明他们对自然崇拜、自然神秘化的态度的。“真正的社会主义”又称“德国的社会主义”，是 19 世纪 40 年代流行于德国知识分子中的一种小资产阶级社会主义思潮。当时，德国资产阶级反对封建制度的斗争刚刚开始，小资产阶级害怕资本主义的发展和无产阶级革命的兴起，力图保存小生产者的地位，一些代表小市民利益的知识分子便将法国的社会主义、共产主义文献搬到德国，同

① 《老子・四十四章》
② 《老子・十二章》
③ 《老子・四十四章》
④ 《老子・四十六章》
⑤ 《大智度论》
⑥ 《大智度论》
⑦ 《大智度论》
⑧ 《成实论》

黑格尔、费尔巴哈的异化，人类的本质，真正的人等范畴结合起来，形成了这种思潮。

马克思和恩格斯在《德意志意识形态》中引述了“真正社会主义”投向“自然怀抱”的精神情怀：“……五色缤纷的花朵……高大的、骄傲的橡树林……它们的生长、开花，它们的生活，——这就是它们的欢乐、它们的幸福……在牧场上，无数的小动物……林马……活泼的马群……我（“人”说道）觉得这些动物除了那种在它们看来是生活的表现和生活的享受的东西之外，它们不知道而且也不希望其他的幸福。当夜幕降临的时候，我看到无数的天体，这些天体按照永恒的规律在无限的空间旋转。我认为这种旋转就是生活、运动和幸福的统一。”[①]这种描述完全把大自然理想化、神秘化了。马克思、恩格斯指出，在自然界中“人”除了看见鲜花绿草、流水潺潺，可能还会看见许多其他的东西，如：植物和动物之间的残酷竞争；“高大的、骄傲的橡树林”夺去了小灌木林的生活资料，等等。所以，自然界绝不是“真正的社会主义”者想象中童话的乐园，那里面充满了残酷的斗争。自然界真正是个适者生存、弱肉强食的世界，每天都在发生血淋淋的生存斗争。人类社会不能以自然界为榜样，否则只会把自然中的“丛林法则”引入人类社会。

马克思和恩格斯还指出：“真正的社会主义”把自然界各种物体及其相互关系变成神秘的“统一体”，其错误就在于，“把某些思想强加于自然界，他想在人类社会中看到这些思想的实现”[②]。他们把想象中美好的图景加于自然界，然后再把这种想象中的世界当作人类社会的教材，鼓吹人类社会向自然界学习，于是也就否认了人对自然界的劳动改造。因此，自然崇拜、自然神秘化的最大危害就是否认了人的主体地位，否认了人的主动性和创造性，否认劳动的价值，当然也就否认了人类社会的进步，必然导致倒退的、反动的历史观。

2. 人在改造自然的过程中保护自然

（1）人创造环境

马克思和恩格斯明确提出了“人创造环境”的思想。人和动物不一样，动物是被动性的存在物，人则是主动性的存在物，人类比一切动物强，在于人的主动的创造性。人与动物的本质不同表现为：首先，现实的人是社会的存在物，是人的实践的结果，脱离了社会性和实践性，人就退化为一般的自然生物。其次，动物只具有被动性，人则是主动性与被动性的统一。动物依靠与自然的完全同化来满足自己的需要，但人是通过把自在的自然转化成为我的自然来满足自己的需要的。最后，自然力、生命力等作为欲望存在于人身上，人的欲望既有物质的，又有精神的，人的精神欲望（当然是在社会实践基础上的）是动物所没有的，它引领着人的实践的方向。人的能动性是使人始终把追求更适宜的环境作为奋斗的目标。马克思和恩格斯主张依靠积极的、能动的实践活动来实现“环境的改变和人的活动的一致”。

（2）人对自然的改造要有所为、有所不为

人是自然性和社会性的统一。其自然性决定了人必须持续地对自然进行改造活动。改造自然的活动是人类生存和发展的物质基础，是人创造历史的基本条件。因此人的“第一个历史活动”就是生产满足这些需要的物质资料，这之后，人才能从事政治、宗教等社会活动，才能从事哲学研究、科学研究等精神活动，进而创造理论体系。所以，社会物质活动是社会精神活动的基础，离开社会物质活动，社会精神活动就停止了，人类的历史也就停止了，人类也将像自然进化史上

① 马克思恩格斯全集（第3卷）[C]. 北京：人民出版社，1960，第556页

② 马克思恩格斯全集（第3卷）[C]. 北京：人民出版社，1960，第561页

无数消失的生物物种一样消失了。

人对自然改造的“有所为”主要体现在：通过改造自然来获取物质资料，这一方面的活动一天也不能停止。然而，随着人类改造自然的能力越来越强、人所使用的手段和工具越来越强大，随着科学技术的日益进步，人的活动给自然界带来的负面影响愈益显现出来。环境问题已经直接影响到当代人的生存，更加威胁到后代人的生存和发展。这就要求人对自然的改造还要“有所不为”，即：人必须减少自身行为的盲目性，增强计划性、目的性，这样才能更加合理地进行人与自然的物质变换，进而保护自然环境，这一方面的活动使人成为真正意义上的“人”。

(二)马恩生态思想的特征

1. 人的尺度和物(自然)的尺度的结合

人类实践应该遵循社会与自然两种尺度统一的观点，最早是由马克思发现的。人按照“种的尺度”进行生产，是指人按照世界上各种存在物的固有属性、本质和运动规律所设定的尺度，即“物的尺度”进行生产。这种“物”既包括狭义的自然界也包括人工的自然界和存在于人类社会中的各种社会关系。人把自己“内在的尺度运用于对象”，则是指人按照内在的需要、欲望、目的和人的本质力量的性质所设定的尺度，即“人的尺度”去进行生产和改造自然物。马克思在这里明确地指出了“物的尺度”与“人的尺度”的内在统一性。这也要求我们既要克服客体的局限，不要在必然性中遗忘主体，又要防止主体的膨胀，任意支配自然，超越自然的必然性，使自然失去平衡。

近一个世纪以来，人类主体性得以彰显，人类的物质生活更加发达。在物质发达的条件下，经济的发展确实带来了生态环境的恶化，资源利用遭遇了极大危机，人类生存的环境也遭到了极大的破坏，由于环境导致的人类疾病绝不在少数。严峻的现实使人类震惊了。一些人提出了错误的论断，他们开始怀疑人的主体地位，主张摒弃人类中心主义，而用自然中心主义取而代之，这样一来，人的尺度被消解，物的制度被过于强化，自然开始支配人类了，这是极其危险的信号。

马克思主义生态学的一个共同特征就是重新回归马克思的两种尺度统一的思想，提出建立一种科学的生态学的现代人类中心主义。格仑德曼和佩珀都认为，人类在反对生态危机、重新检讨自身对自然界的态度的同时，不应放弃“人类尺度”。只有这种现代的人类中心主义能把人类的利益和自然的利益统一起来，避免主体(人类)与客体(自然)分裂的二元论。马克思主义生态学思想家们认为，只有人才是解决一切问题的核心，人的发展只有与自然和谐了，才能解决全球性生态危机，重建人与自然的和谐关系。所以，人与物找到了完美的契合点，人与自然获得了和谐的相处与发展。

2. 重构马克思的自然与历史唯物主义理论

马克思主义生态学中的另一个重要的共同特征是主张重构马克思的自然与历史的唯物主义方法。马克思主义生态学的思想家们一致认为，马克思深刻的生态学认识来自于一种系统的与科学革命紧密相关的对唯物主义的自然概念和唯物主义历史概念的发展。

在福斯特看来，要想真正理解马克思主义，就要理解人与自然的关系，理解人与自然新陈代谢的基本特点，这是至关重要的。福斯特用翔实的历史分析重新恢复了被扭曲的马克思的唯物主义与自然观。

奥康纳则主张对马克思主义在人类与自然界的相互作用问题上的辩证的和唯物主义的思考方法做出重新阐释。奥康纳提出要建构一种有别于传统历史唯物主义的马克思主义生态学的历史观，这种历史观致力于探寻一种能将正确理解的“自然”以及在这一基础上的“文化”主题与传统马克思主义的劳动或物质生产的范畴融合在一起的方法论模式。奥康纳对自然与文化的生产力和生产关系作出了具体解释，对自然与历史的唯物主义概念重新进行了阐释，建立了马克思主义生态学的唯物主义方法与历史唯物主义体系。马克思主义生态学的建构虽然还存在着缺陷，但是他们的理论建构使历史唯物主义的理论结构和内容在当代生态学视域内得到了丰富和更新。

3. 生态自然观：解读人与自然关系的新范式

“范式”概念是由库恩提出的，主要指“科学共同体”共有的概念框架，哲学观点、科学成果、方法论、习惯、教材、实验工具等都属于“科学共同体”。按照这种理解，我们把人类的自然观念称之为对人与自然关系的解读的不同“范式”，这种范式随着时代的发展在内容上发生过多次重大的变化，即自然观的转向。

一般认为，人类解读人与自然关系的这种范式大致经历过自然宗教自然观、有机论自然观、机械论自然观和生态自然观等几种变化形式。马克思主义生态学的自然观属于生态自然观发展阶段，是当代人类解读人与自然关系的新范式。马克思主义生态学思想家们都认为这种新自然观是在批判传统自然观包括传统马克思主义的机械自然观的基础上建构起来的。在面对20世纪人类社会所面临的人与自然之间的尖锐矛盾——环境污染、生态危机等全球问题空前凸显的现实状况时，他们一致认为，传统自然观包括传统的马克思主义机械自然观仍然存在着局限。

马克思主义生态学思想家们认为，在对待自然的问题上片面的人类中心主义和非人类中心主义的观点都不能正确解读人与自然的当代关系。他们主张，在当代，人类应该坚持一种新的自然观，这种新自然观就是综合了生态学与马克思主义的生态自然观。这是对传统自然观的本质内在超越。马克思主义自然观旨在协调人类理性与自然给予之间的限度。马克思主义的自然观是现代人类所要树立的自然观。

马克思主义生态学思想家们立足于对人、自然以及二者之间关系的考察和反思，提出最终建立一种人与自然和谐共存、持续发展的理想社会。福斯特用翔实的历史分析重新恢复了被扭曲的马克思的唯物主义与自然观。他从清理哲学史上的唯物主义形态和马克思的唯物主义传统入手，来建立一种新的自然哲学研究范式。在自然哲学研究范式下，人与自然之间的关系不用技术尺度来衡量，而是用社会价值来衡量。

这样，马克思主义生态学思想家就从理论上共同建构起了一种解释人与自然关系的新自然观。

4. “红”与“绿”的结合

马克思主义生态学从生态危机引发的“生态革命”中寻找马克思主义新的增长点，试图把生态学与马克思主义相结合，给人们找到一条“红”（马克思主义的社会革命）与“绿”（生态革命）相契合的社会发展道路。

马克思主义生态学者都明确自称是马克思主义者，他们强调要站在马克思主义的立场上研究发达资本主义国家的生态环境问题，探索解决危机的途径和方法。他们认为生态学理论以及生态主义运动只有也必须在马克思主义的领导下才能发挥重要作用，但同时他们又宣称马克思主义生态学是对传统马克思主义的一种“补充”、“发展”和“超越”。反映在自然观上，马克思主义生态学把马克思主义的辩证唯物自然观与当代的生态学理论和运动结合起来，提出建立一种生态学的马克思主义自然观。佩珀认为，马克思主义主张社会和自然之间关系上的一种辩证观点，这不同于生态中心主义者和技术中心主义者的看法，马克思主义持一种社会变革的历史唯物主义方法，而且后者应当贯穿于绿色战略之中。佩珀还提出，绿色分子通过放弃那些更接近于自由主义及后现代政治的无政府主义方面而更好地与红色分子协调；与此同时，红色分子通过复活那些马克思主义和社会主义传统而与绿色分子协调。

自然是马克思主义生态学的核心概念。马克思主义生态学借助于对马克思的有关社会和自然的思想的分析，结合二十世纪的社会与自然界关系的现实状况重新解释马克思的唯物主义、马克思的历史唯物主义或马克思主义自然观，建构马克思主义生态学的自然观或历史观，以此作为分析和批判二十世纪的资本主义的世界观。马克思主义生态学思想家们认为，马克思主义的普遍原理要与当代生态文明建设相结合，人类要与大自然和谐相处，资本主义与人类、与大自然的发展是相悖的。只有推翻资本主义制度，生态危机才能得以根治，才能获得人与自然的和谐发展，建立起生态社会主义的模式来，这种新的生态学自然观是科学的。

三、马克思主义生态思想在中国的形成与发展

中国化的马克思主义生态思想形成于毛泽东对中国社会主义生态建设的探索，发展于邓小平经济优先发展环境观、江泽民可持续发展环境观和胡锦涛、习近平的生态文明环境观。

以邓小平为核心的党的第二代领导集体从中国的实际出发，正视人与环境、经济发展与环境保护之间对立统一关系，指出在社会主义初级阶段要以经济建设为中心，经济发展是环境保护的基础，保护环境是社会主义现代化建设的重要任务，形成了经济优先发展环境观。

随着现代化建设的深入，发展的深层次矛盾和问题日益明显。能源和原材料对国际市场的依存度也越来越高，资源相对短缺、生态环境脆弱、环境容量有限，逐渐成为中国发展中的重大问题。如何实现可持续发展，构建和谐社会，是新的历史条件下中国人必须面对和回答的事关民族命运和前途的大课题。以江泽民为核心的党的第三代领导集体，密切关注这一人类社会新的发展战略，结合中国的实际情况，明确提出在现代化建设中必须实施可持续发展战略，形成了可持续发展的环境思想。

胡锦涛把马克思主义生态学说与中国当前国情相结合，创造性地提出了以人为本，全面、协调、可持续的科学发展观，突出表现了尊重自然、保护环境、关心人类、着眼当前、思考未来的生态文明新理念。

第一，实现人与自然的和谐发展。由于传统经济发展方式的高投入、高产出和高污染，使我国的工业化过程伴随着大量废水、废气、废渣的排放而造成了严重的环境污染问题，不合理的自然资源开发导致了森林锐减、生物多样性减少、水土流失和土地的荒漠化等问题，再添上人口增加、资源紧张等问题，严重制约着经济质量的提高，加剧了环境与发展之间，区域发展之间，人口、资源和环境之间的矛盾。因此，走出一条科技含量高、经济效益好、资源消耗低、环境污染少、人力资源优势得到充分发挥的新型工业化之路，是经济健康发展的客观要求，也是全面建设小康社会，加快经济社会又好又快发展的必然选择。

2004 年在考察江苏时，胡锦涛就讲过，在发展中必须充分考虑资源和环境的承受力，统筹考虑当前规划和未来发展的需要，努力使我们今天所做的一切能给后人留下的是赞叹，而不是遗憾。2005 年 4 月 2 日，在北京参加义务植树活动时，胡锦涛又说，环境是大家共同生活的一个家园，现在讲经济社会可持续发展，可持续发展就得依托环境。他还强调，全社会都要坚持不懈地

做好爱护环境、保护环境、建设环境的工作，努力实现人与自然和谐发展的目标。2006 年“两会”期间，胡锦涛参加西藏代表团审议时，特别提到了要搞好西藏的生态保护和建设。自然生态环境是人类社会赖以生存和发展的重要物质基础，社会的和谐建立在人与自然和谐的基础之上。社会主义和谐社会应该是人与自然和谐相处的社会。2008 年 4 月，胡锦涛在海南考察时强调：把建设生态文明、保护生态环境放在经济社会发展的首要位置，做到在保护中发展、在发展中保护。他还指出：良好的生态环境既是经济社会可持续发展的重要依托，也是中华民族生存和发展的根本基础。

第二，发展循环经济。按马克思主义生态学原理，经济发展走工业生态化之路，就必须要实行循环经济，发展清洁的生产方式，节能减排，进而实现人与自然、经济与环境、发展与健康、当代人与后代人利益的协调和共赢。党的十六大之后，胡锦涛指出：要加快转变经济增长方式，将循环经济的发展理念贯穿到区域经济发展、城乡建设和产品生产中，使资源得到最有效的利用。党的十六届四中、五中全会决议又明确提出要大力发展循环经济，把发展循环经济作为调整经济结构和布局，实现经济增长方式转变的重大举措。具体来说，发展循环经济，就是要达到经济发展和环境保护的双赢。

第三，建设生态文明。生态文明是人类遵循人与自然和谐发展规律、推进经济社会发展取得的物质与精神成果的总和，是以人与自然、人与人和谐共生、全面发展、持续繁荣为宗旨的文化形态。生态文明是绿色文化，标志是绿色环境，是建立在先进生产力基础之上的文化追求，是一种让人民群众普遍感到舒适、感到幸福的文明形态。2008 年 1 月 14 日，胡锦涛在安徽考察工作时的讲话中指出：“建设生态文明，实质上就是要建设以资源环境承载力为基础、以自然规律为准则、以可持续发展为目标的资源节约型、环境友好型社会。”党的十七大第一次把建设生态文明作为一项战略任务提了出来，并在报告指出：“建设生态文明，基本形成节约能源资源和保护生态环境的产业结构、增长方式、消费模式。”“努力在大江南北、淮河两岸实现经济繁荣、人民富足、生态良好的发展目标。”倡导生态文明建设，不仅对中国自身发展影响深远，也是中华民族对全球日益严峻的生态环境问题作出的承诺。

第四，完善环境保护的法治体系。环境保护法治体系是国家制定的合理开发利用自然资源、保护改善环境的各种法律、规范共同构成的相互联系、相互补充、内部协调一致的有机整体。它把人类的生存环境作为保护对象，把人们在生产、生活中所产生的同保护和改善环境有关的社会关系作为其调整社会关系的特定领域。胡锦涛在党的十七大报告中明确提出：“要完善有利于节约能源资源和保护生态环境的法律和政策，加快形成可持续发展体制机制。落实节能减排工作责任制。”把完善环境法律法规作为实现经济社会又好又快发展的手段和重要保障，有利于从源头上制止环境污染蔓延和生态破坏，有利于资源的优化配置，有利于降低发展成本，减少污染处理的费用，是实现可持续发展的基本条件和重要保证。

党的十八大把生态文明建设纳入了中国特色社会主义事业的总体布局，把生态文明建设放在突出位置，融入经济建设、政治建设、文化建设、社会建设的各个方面和全部过程，中国特色社会主义事业总体布局由经济建设、政治建设、文化建设、社会建设“四位一体”，拓展为包括生态文明建设的“五位一体”，生态文明建设的地位更加明确，这是我党社会主义建设规律在实践和认识上不断深化的重要成果。

习近平指出，在建设生态文明方面，要更加重视和加强对森林资源的建设和开发，同时还要注重加强海洋管理，保护海洋环境。我们要扎实推进生态文明建设，努力建设美丽中国。

第三节　新时期生态文明建设的战略选择

当前我国正处于经济社会发展的重要转型时期，环境形势依然严峻，资源压力继续加大，生态文明建设任重道远。本章在全面分析中国现阶段生态环境发展现状的基础上，提出了推进中国特色社会主义生态文明建设的战略选择和相关政策建议，以更好地促进"美丽中国"建设，努力走向社会主义生态文明新时代。

一、大力提升公民环境素质

观念决定思路，思路决定出路。大力提升公民环境素质，在全社会牢固树立生态文明观念，唤起公众的环境忧患、责任和参与意识是生态文明建设的基本前提。根据不同社会群体、人在不同发展时期的认知特点，大力提升公民环境素质主要有以下四个途径。

(一)高度重视生态文明教育

中小学时期乃至幼儿时期是世界观、价值观、人生观逐步形成的基础阶段，对人的思想观念和意识形态等影响深远，因此生态文明教育要"从娃娃抓起"，将环境课程纳入中小学必修课程，根据青少年的生理年龄、知识基础、心理发展与接受能力等特点，不断改进教育方式方法，激发他们热爱自然的美好情感，培养他们积极思考、主动探索大自然的良好品质，帮助他们获得人类与环境、动植物与环境的基本知识和生活常识，进而形成科学环保的日常行为和习惯。

要改革完善创新型人才的高等教育培养模式，根据国家生态文明建设的需要，在面向全体学生的公共必修课中开设环境教育课程，使其科学全面地认清当前我国面临的环境形势，熟知并能有效运用环境科学基础知识、环境保护法律法规等。大力促进环境经济学、环境哲学、环境伦理学、民族环境学等交叉学科的发展，将环境保护理念和知识融入各学科的专业教育中，引导学生关注、探讨和参与社会热点环境问题。

要鼓励和支持社会各界开展有针对性的环境教育在职培训，尤其要加大对党政领导干部和企业领导干部的环境素质培育力度，因为各级领导干部处于决策地位，他们的环境素质直接关系到生态文明建设政策举措的实施和落实，他们的环境行为往往对整个社会的环境行为起着关键的示范作用，因此干部教育是公民环境素质培育的重要环节。各级各类机关单位、企事业单位要通过开办系列讲座与常态化学习相结合的方式，向领导干部传输环境保护的科学知识和法律法规；各级党校和行政学院等干部教育机构要开设系统的环境教育课程，通过组织轮训使全体干部接受较为系统的生态文明教育；要把领导干部接受环境教育培训的情况和成效纳入考核体系，切实从硬约束上增强各级各类领导干部提高自身环境素质的主动性和积极性。

(二)实施全民环境宣传教育行动

公民环境素质的培育需要广泛、生动、具体的社会宣传，营造形成"以保护环境为荣、以破坏环境为耻"的舆论氛围，生态文明的理念和内容才能在潜移默化中真正被群众所接受和认可。实施全民环境宣传教育要充分利用互联网、电视广播、报刊书籍、宣传栏等大众媒介，形成覆盖面广、成效显著的宣传网络，为公众了解学习相关环境知识和法规政策提供有利条件；要鼓励新闻媒体、环保志愿者、民间环保组织等充分发挥在揭露违法行为、提倡科学消费方面的重要作用，引导学校、企事业单位、社区等建立环保网站、发行环保刊物、组织环保意识调查等互动性活动，形成生态文明理念宣传的社会合力；要大力推进环境信息公开，如发布当地环境质量信息、设立污染企业名录、曝光环境污染事件、制定“绿色消费指南”等，充分利用群众身边的真实案例、最近发生的新闻事件等素材，引发公众对环境问题的高度重视，增强环境保护的责任感及紧迫感，并做出正确的环境行为选择；要以各种环保节日为重大契机，设立特定的宣传主题，策划一系列主题鲜明、创意新颖、影响深远的环境宣传教育活动，创建一批吸引当地群众积极参与提高环境质量实践的活动品牌，在全社会推动形成广泛的生态文化认同和健康绿色的生活生产方式。

(三)加强环保非政府组织能力建设

各级政府部门要加强政策扶持力度，对人民群众参与或成立各类合法的民间环保组织予以支持和引导，依照有关规定依法办理社团登记手续，科学制定环保社会组织发展规划和促进政策，推动民间环保组织机构建设，打造定位准确、功能全面、作用显著、具有地方特色的民间环保组织体系，重点培育一些运行和管理能力较强、在全国具有较大影响的环保社团，鼓励他们定期或不定期举办生态文明论坛或讲座、创办全国性生态文明期刊等，联合各界人士共同合作，广泛开展社会公益行动。

各级环保部门要建立与民间环保组织之间定期的沟通、协调与合作机制，及时向他们宣传政府部门的有关环境保护政策，适时吸纳民间环保组织代表参与政府及有关部门环保工作的决策咨询，鼓励建言献策，支持他们监督各单位环保法律法规和政策措施的贯彻落实情况，支持他们为维护人民群众的环保权益而进行的各种诉求，鼓励他们积极开展国际环境保护合作交流，努力拓展民间环保组织的参与渠道和活动空间，提高他们的政策、业务水平和参与环境保护事业的能力。同时，要加强监督管理，规范和保障民间环保组织有序健康发展，对不顾中国国情、生搬西方模式的极端环保主义者要加强正确引导、规范和矫正，对那些打着环保的幌子开展非法活动的组织和个人要坚决依法取缔和处罚。

(四)保障公众环境参与权益

要健全完善保障公众环境参与的法律法规。通过立法明确规定参与权是公民环境权利的重要组成部分，任何人不得侵犯和阻挠，要细化公众环境参与的具体途径、程序和方式，规范信息公开的范围、内容、时效、责任结果以及对信息公开的质疑、咨询、监督方法等，各地区也应结合自身的实际情况制定相应的实施条例，使得法律法规具有操作性和可行性，确保公众环境参与真正具体化、制度化、法律化。

要建立覆盖全过程的项目环境信息披露机制。在项目立项阶段，相关部门和企业应编制环境影响评价(EIA)大纲，及时将大纲评价内容及环境影响结论明确易懂地公布于众，鼓励公众就所关心的环境问题以及对自身利益的损害程度提出看法，环境保护部门及相关企业通过分析整理，采纳合理意见；在项目施工阶段，要将有关工艺流程、管线布设、环保措施及达标情况等信息透明化，接受公众的监督；在项目竣工验收阶段，应如实反映项目建设是否达到既定的环保法规、标准要求，听取公众对项目满意程度的反馈，公众满意后，项目才算验收合格；在项目运行阶段，评估部门要深入公众进行个别访谈、发放问卷、召开座谈会等形式了解项目对周围公众及其生活环境的实际影响情况，并将评估结论公开公布，全面保障公众的知情权，为公众关注环境保护、参与环境保护监督与管理提供充分条件。

二、转变发展方式

转变发展方式，走新型工业化道路，并依靠企业的技术创新，解决各种资源环境难题。

过去的生产方式建立在对资源和能源大量消耗的基础上，从原料到产品到废弃物，是一种非循环的生产；生活方式以消费主义为原则，以奢侈性消费为特征，认为更多地消费就是对个人社会地位的承认和对经济发展的贡献。建设生态文明，要求致力于构造一个以环境资源承载力为基础、以自然规律为准则、以协调可持续发展为目标的资源节约型和环境友好型社会。在生产方式方面，强调节约资源，发展循环经济，提高可再生能源的比重，从源头上减轻对环境资源的压力；在人与自然和谐相处的前提下，紧紧抓住转变经济增长方式这个中心环节，调整产业结构，推进科技进步，走新型工业化道路，大力推进低成本、低代价的绿色产业，实现绿色增长。在生活方式方面，以实用节约为原则，以适度消费为特征，追求基本生活需要的满足，崇尚精神和文化的享受。应该清醒地认识到，由于中国巨大的人口基数和经济规模，即使我们采用各种末端治理措施，仍然不能避免严重的环境影响。要真正实现与自然和谐的生产生活，需要大规模开发和使用清洁的可再生能源，实现对自然资源的高效、循环利用；需要大力发展服务业和新兴产业，提高服务业和新兴产业在国民经济中的比重和水平，完善服务业行业和新兴产业准入条件，引导服务业和新兴产业节能、减排和降耗；需要遏制盲目投资、低水平重复建设，限制高耗能、高耗水、高污染产业的发展，加快淘汰浪费能源资源、污染环境的落后工艺、技术和设备；需要“以信息化带动工业化，以工业化促进信息化，走出一条科技含量高、经济效益好、资源消耗低、环境污染少、人力资源优势得到充分发挥的新型工业化路子”。当然，对于尚处于工业化时期的中国，这些挑战是巨大的；但作为后发国家，也存在着超越既有基础设施，直接采用新型技术设备的机遇。

建设生态文明，企业发挥着举足轻重的作用。必须把建设资源节约型、环境友好型社会的要求落实到每个企业。要通过市场化手段，依靠企业的技术创新，解决各种资源环境难题。企业追求利润和效率无可置疑，但当资源、环境要素变得越来越稀缺、昂贵，市场对生产要素、对价格变化的敏感性越来越高时，新能源的开发、资源的回收利用、生产效率的提高就成为企业回应生产要素变化的自主追求。像秸秆发电、氢能和太阳能汽车、太阳能电池等等大都不是出自政府的计划，而是市场变化导引出的企业创新。随着时代的进步，节约生产、绿色生产和绿色产品已成为企业竞争力的重要标志和现代企业的发展方向。每一个企业，都应当本着对人类社会和资源环境高度负责的精神，加大技术创新力度，加大节能、节材和环境保护方面的投入，完善有关设施，生产绿色产品，承担相关社会责任。在这些方面，政府应该做的是加强宏观调控，对资源能源节约和清洁能源、新能源、新材料的开发利用给予政策优惠，加强法律保障等。各级政府一方面要鼓励和引导企业“开发和推广节约、替代、循环利用和治理污染的先进适用技术，发展清洁能源和可再生能源，保护土地和水资源，建设科学合理的能源资源利用体系，提高资源能源利用效率”，“加大节能环保投入”，“发展环保产业”；并将政府采购与建设生态文明相结合，以政府绿色采购引领企业环保技术创新，推动绿色消费和绿色市场的形成。另一方面，要依法加快淘汰落后生产企业的步伐。落后生产企业是资源浪费和环境污染的主要源头。各级政府要拿出“壮士断臂”的决心和勇气，严格按照国家有关法律法规和政策标准，淘汰一批不符合环境保护要求和安全生产条件的小钢铁、小火电、小煤矿，等等，同时通过市场化手段，探索落后生产企业的退出机制。

三、完善生态文明法律法制建设

加强法制，建立健全生态补偿、奖惩制度，形成科学的社会核算体系，以绿色 GDP 作为评价政府工作的重要标准。

树立可持续发展的生态文明观，建设社会主义生态文明，一靠教育，二靠法制，这两者是相辅相成的。生态文明观念的教育固然重要，但在目前，当我们所面临的生态问题十分严重的时候，法律的手段显得尤为重要。大量的事实也说明：当乱砍滥伐屡禁不止的时候，当一些严重污染环境的工厂该关不关的时候，当污染源造成巨大危害的时候，不采取严厉的法律措施是不行的。现在的问题是，有法不依，执法不严，违法不究，甚至知法犯法的情况时有发生。对此，我们必须予以高度重视，切实维护法律的尊严。要完善资源环境保护立法，加大资源环境执法力度，下力气解决有法不依、环境保护法执行打折扣的问题。要建立健全补偿、奖惩制度。有必要制定一系列特殊的优惠政策，对发展循环经济、推行清洁生产等成效显著的企业，要给予税收减免等政策优惠，鼓励和引导企业积极开发利用有利于节约资源能源、保护生态环境和促进循环经济发展的技术和产品，加快企业节能降耗技术改造，督导企业严格执行环境法律法规和污染排放标准，完善和落实企业应对突发环境事件的应急预案，努力建设资源节约型、环境友好型企业。鼓励和支持生态型产业的发展，建设生态园区和生态村镇。实行有利于科学发展的财税制度、资源有偿使用制度，适时征收环境税、资源税。建立生态环境补偿机制，落实以财政转移为主要手段的生态补偿政策，这主要包括限制传统工业发展权益损失补偿政策、提高地表水环境质量标准地方经济损失补偿政策、保障下游用水当地水资源使用权损失补偿政策、高耗水种植业结构调整损失补偿政策、保障生态林业用地而损失的土地开发使用权损失补偿政策、提高生态功能区域标准地方经济损失补偿政策、生态工程管护费用补偿政策、自然保护区管护费用补偿政策，等等。生态补偿机制的根本目标是体现社会公正，从根本上实现统筹协调发展。同时，要加大对污染环境主体的监管、处罚力度。要执行更为严格的环境保护政策，严厉查处资源环境违法行为，千方百计实现节能减排目标。对那些死抱着传统增长方式、不惜环境代价者，必须采取更为严厉的惩罚措施。要做到绿色信贷、生态环境补偿等信息公开，解决生态文明建设过程中的形式主义和权力寻租问题。

建立和完善科学合理的社会核算体系，以绿色GDP作为评价政府官员政绩的重要标准。我们过去多年的做法是把国内生产总值作为衡量社会发展的最重要指标甚至是唯一指标，这种做法不能准确反映发展的社会成本，不能准确衡量经济增长的代价和方式，也不能准确衡量效益、效率和实际的国民财富，特别是不能对是否实现了社会公正和人民幸福做出准确判断。更为严重和危险的是它助长了一些政府部门和官员为追求过高的GDP增长而破坏环境、耗竭式地使用自然资源的行为，从而陷入了“拼资源求发展”、“有增长无发展”、“有发展无幸福”的困境。针对这种情况，我们需要转变观念，用绿色GDP作为衡量社会发展的指标，作为考核政府官员政绩的重要依据，即把环境污染所造成的环境质量下降、生态退化、资源过度消耗等带来的损失从GDP中扣除，以此督促政府部门及相关的决策者提高资源配置效率，促使他们在制定经济社会发展规划时不得不重视对生态环境的保护。

四、广泛开展环境外交

当今国际形势复杂多变，中国环境外交必须坚持从中国基本国情出发，以积极的姿态着眼于国家利益与世界利益的高度统一，遵循联合国宪章以及国际法公认的国际关系准则，积极制定、适时调整、不断创新环境外交新战略，为我国生态文明建设创造良好的外部条件。

(一)夯实环境外交的国内基础

1.加强对环境外交人才的选拔培养，不断提升环境外交中谈判和斡旋的能力

我们要加强环境外交高等教育，开设环境科学—外交学、国际环境法—外交学、国际贸易—

外交学、世界经济—外交学等组合的“双学位”教育，在环境系科增设外交学等课程，打造复合型环境外交干部人才队伍。要建立和完善若干配套政策，如增加财政专项预算或财政补贴政策，支持政府、专业队伍与学者深入研究环境外交的发展现状、局限与趋势，理性看待环境安全问题对世界环境与发展的影响、对国际环境秩序的影响；着力研究当前十分紧迫的温室气体减限排、荒漠化、沙尘暴、酸雨、臭氧层破坏、危险废弃物跨境转移等环境外交问题；认真研究并及时跟踪发达国家和发展中大国的环境外交政策及其重大变化；深入研究环境外交与整体外交的关系等，科学谋划制定中国环境外交战略规划，完善中国环境外交政策，提高环境外交的能力和水平。

2. 完善与环境有关的贸易与投资制度，不给跨境污染向我国转移以漏洞可钻

要严格依照国际 ISO 14000 环境标准及国际贸易协定的调整变化情况，及时制定或修订完善国内相关法规制度，加强对进口商品的检验检疫，坚决禁止那些危害人们身体健康及动植物安全的危险废物、国外淘汰的不符合环保标准的产品进入中国。要加强行政执法力度，严厉打击走私有害废物入境的行为，杜绝洋垃圾市场。要建立完善国际投资产业准入制度，对外商投资的领域与项目进行全面客观的环境影响评价，实施分类管理，对那些高污染而又无法控制的项目，坚决禁止设立；对一些污染程度较大、经济发展需要而又没有配套环保设施和技术的产生，要求外商投资必须同时引进环保设施和技术，并对外商投资的设备进行环保鉴定。此外，还要注重运用市场机制引导外商投资，对那些投资于资源综合利用以及污染防治的新技术和新设备、投资于具有重大影响的生态农业、生态修复建设等领域，可实行税收减免以及固定资产加速折旧等优惠政策；对于外商投资的污染产业、污染产品征收以各种环境税；对已经设立的外商投资企业在生产经营过程中造成了环境污染，相关政府管理部门除了严格按照排污费征收制度、现场检查制度、强制性应急措施制度等履行职责外，对那些情节特别严重的，要追究法律责任，绝不能从经济效益考虑或从吸引更多外资考虑，对造成环境污染的外资企业姑息纵容。

(二)坚持服务国家根本利益的最高原则

1. 坚持独立自主、平等互利的基本立场

主权独立与平等是我国处理一切国际事务的基本方针，它包含两方面基本含义，其一是绝不允许他国干涉中国的主权事务；其二是中国绝不干涉他国主权，一切活动都在相互尊重、平等协商的基础上进行。环境外交作为外交领域的一部分，自然也不例外。对于一些发达国家以环保为名干涉我国主权或者援助附加的不合理条件，我们要坚决予以抵制，尤其是要高度警觉“中国生态环境威胁论”的险恶图谋，谨防某些反华势力利用它对中国制度体制和民主政治进行诋毁、指责和干涉，警惕生态环境与经济贸易之间的耦合动向及其态势，关注应对全球金融危机背景下兴起的绿色新政趋势和由此引发的一切可能性问题。

2. 坚持争取和捍卫发展中国家权益的基本立足点

中国与广大发展中国家有着相似的遭遇和共同的需求，在国际环境舞台上面临着同样的威胁，承担着同样的任务，是天然的盟友。在未来的国际环境事务中，我国必须继续坚持团结发展中国家共同斗争的一贯策略和基本经验，充分整合发展中国家的集体力量，反对发达国家利用环境问题推行霸权主义和环境殖民主义；要敦促发达国家尽快实现 1992 年里约大会上承诺的在资金和技术上对发展中国家环境保护予以支持；要加强同七十七国集团的协调与合作，积极参加国际贸易的谈判，反对发达国家以环境保护为名义实行贸易保护主义，对发展中国家设置不合理的绿色壁垒；监督发达国家遵守国际公约，等等。

3. 注重国际环境法律手段的运用

通过谈判形式达成由众多国家参与的国际条约或协定对国际环境义务作出规定进而解决争议是环境外交的普遍手段，因此中国环境外交应格外重视法律手段的运用，其中最重要的是在立法阶段，从以往的一般参与者向维护者、建设者转变，参与国际规则的制定和修改进程，在科学评估即将参与的国际环境协议对本国生态环境和经济社会造成的影响的基础上，促成环境保护国际公约内容的进一步充实，避免承诺并承担与中国国力与国情不符的国际环境责任，防止将跨境污染转移、国际“环境殖民主义”等写入相关的国际公约以及双边或多边协议之中，争取最大利益，维护国家生态安全。

（三）继续推动多层次宽领域的环境合作

1. 在合作区域上，立足周边、面向世界

要继续巩固与美、德、俄、加、英等环境大国的双边合作机制，深化与日、韩、印等周边国家及东盟、亚太地区的区域环境对话机制，开拓与巴西、伊朗等发展中大国的环境合作与交流，加强与非洲、拉丁美洲国家的环境合作，在求同存异、协商一致的前提下，制定和完善有关环境问题的国际公约，共同推进全球生态环境的改善。

2. 在合作领域上，开拓合作项目、明确合作重点

要通过双边与多边合作以及与联合国机构以及其他国际机构的环境合作，争取和拓展有关环境基础设施建设等方面的资金支持和国际援助；主动引进有利于保护环境、治理污染和资源再生的项目投资或环保新技术；积极开展国际环保交流合作，学习借鉴世界上关于技术推广、人才培训、信息传播、政策制定等方面先进经验和管理机制；善于总结并吸取其他国家在环境治理方面的失败教训，避免重蹈覆辙。

3. 在交往主体上，高度重视民间环境外交的积极作用

要健全完善国内现有环境机构的环境合作制度架构，鼓励高校、企业以及民间环境非政府组织参与全球范围的国际环境合作，支持他们举办一些大型国际会议，促使他们积极自信地向世界展示和宣传中国生态文明建设的努力和成就，帮助他们与国际环境组织之间建立高效有力、常态性的信息资源交流和共享机制，不断提升我国生态文明建设的层次和水平。

参考文献

[1]马克思恩格斯选集(第1～4卷)[C].北京:人民出版社,1995

[2]马克思恩格斯全集(第3卷)[C].北京:人民出版社,1960

[3]马克思恩格斯全集(第20卷)[C].北京:人民出版社,1971

[4]马克思恩格斯全集(第42卷)[C].北京:人民出版社,2000

[5]列宁全集(第3卷)[C].北京:人民出版社,1959

[6]毛泽东文集(第1～8卷)[C].北京:人民出版社,1999

[7]邓小平文选(第1～3卷)[C].北京:人民出版社,1994

[8]江泽民文选(第1～3卷)[C].北京:人民出版社,2006

[9]李大钊全集[C].北京:人民出版社,2006

[10]中国共产党第十七次全国代表大会文件汇编[C].北京:人民出版社,2007

[11]十六大以来重要文献选编[C].北京:中央文献出版社,2008

[12]齐卫平.政党治理与执政能力建设研究[M].上海:上海人民出版社,2014

[13]郭兆晖.生态文明体制改革初论[M].北京:新华出版社,2014

[14]方爱东.社会主义核心价值观研究[M].合肥:中国科学技术大学出版社,2014

[15]辛世俊.马克思主义人学中国化新探[M].北京:人民出版社,2013

[16]房宁,杨海蛟.马克思主义政治学研究[M].北京:中国社会科学出版社,2013

[17]丁东宇.自由的寻找:马克思和谐社会思想转变的内在逻辑研究[M].哈尔滨:黑龙江大学出版社,2012

[18]冯友兰.中国哲学简史[M].北京:北京大学出版社,1995

[19]顾海良.马克思主义发展史[M].北京:中国人民大学出版社,2009

[20]何一成.马克思主义中国化专题研究[M].长沙:湖南人民出版社,2005

[21]柳国庆.马克思主义中国化历史经验研究[M].杭州:浙江大学出版社,2006

[22]李泽厚.中国古代思想史论[M].天津:天津社会科学院出版社,2004

[23]李泽厚.中国近代思想史论[M].天津:天津社会科学院出版社,2004

[24]李泽厚.中国现代思想史论[M].天津:天津社会科学院出版社,2004

[25]龙德成.马克思主义者瞿秋白[M].北京:中共党史出版社,2005

[26]邓剑秋.马克思主义中国化思想[M].北京:人民出版社,2009

[27]周连顺.探索与出路——毛泽东与马克思主义中国化[M].北京:人民出版社,2009

[28]汪青松.马克思主义中国化与中国化的马克思主义[M].北京:中国社会科学出版社,2005

[29]何继龄.马克思主义中国化问题研究[M].北京:中国社会科学出版社,2006

[30]施维树.马克思主义中国化论析[M].成都:四川大学出版社,2007

[31]许庆朴.马克思恩格斯学说与中国现实[M].北京:人民出版社,2007

[32]张岱年.文化与哲学[M].北京:中国人民大学出版社,2006

[33]陈序经.中国文化的出路[M].北京:中国人民大学出版社,2004
[34]李鹏程.毛泽东与中国传统文化[M].北京:人民出版社,1993
[35]陈至立.中国共产党建设史[M].上海:上海人民出版社,1991
[36]张荣臣.党的组织建设实例讲解[M].北京:中央文献出版社,2003
[37]江金权.建设一支高素质的干部队伍[M].上海:上海人民出版社,2000
[38]刘伟.江泽民党的组织建设理论研究[M].济南:山东人民出版社,2002
[39]陈学琳.任人唯贤思想研究[M].广州:中山大学出版社,1991
[40]袁训忠.建设跨世纪高素质干部队伍[M].北京:国防大学出版社,1998
[41]赵云献.马克思主义执政党建设原理[M].北京:人民出版社,1998